高等学校交通运输与工程类专业教材建设委员会规划教材

Steel Bridges
钢 桥

——钢结构与组合结构桥梁

（第 2 版）

赵 秋 主 编
吴 冲 主 审

人民交通出版社

北京

内容提要

本书是土木工程专业(道桥方向)、道路桥梁与渡河工程专业必修课教材。全书结合《公路钢结构桥梁设计规范》(JTG D64—2015)、《公路钢混组合桥梁设计与施工规范》(JTG/T D64-01—2015)、《公路桥涵设计通用规范》(JTG D60—2015),系统介绍了常用钢结构梁桥和组合结构梁桥的结构形式、构造原理和设计计算理论与方法;简要指出了钢拱桥、钢塔、缆索系统等复杂钢结构的构造特点和计算要点;同时,初步给出了钢桥制作与安装、防腐涂装等知识。书中部分内容配以典型的钢结构桥梁工程实例进行介绍,并考虑了不同层次的学习需求。

本书除可作为高等院校土木工程专业(道桥方向)、道路桥梁与渡河工程专业教学用书外,亦可供从事桥梁工程的技术人员参考使用。

图书在版编目(CIP)数据

钢桥:钢结构与组合结构桥梁/赵秋主编. — 2 版
. — 北京:人民交通出版社股份有限公司,2024.6
ISBN 978-7-114-19337-8

Ⅰ.①钢… Ⅱ.①赵… Ⅲ.①钢桥—组合结构—桥梁设计 Ⅳ.①U442.5

中国国家版本馆 CIP 数据核字(2024)第 020478 号

高等学校交通运输与工程类专业教材建设委员会规划教材
Gangqiao——Gangjiegou yu Zuhe Jiegou Qiaoliang

书 名:	钢桥——钢结构与组合结构桥梁(第 2 版)
著 作 者:	赵 秋
责任编辑:	卢俊丽 袁倩倩
责任校对:	刘 芹
责任印制:	刘高彤
出版发行:	人民交通出版社
地 址:	(100011)北京市朝阳区安定门外外馆斜街 3 号
网 址:	http://www.ccpcl.com.cn
销售电话:	(010)59757973
总 经 销:	人民交通出版社发行部
经 销:	各地新华书店
印 刷:	北京建宏印刷有限公司
开 本:	787×1092 1/16
印 张:	25
字 数:	618 千
版 次:	2017 年 12 月 第 1 版 2024 年 6 月 第 2 版
印 次:	2024 年 6 月 第 2 版 第 1 次印刷 总第 5 次印刷
书 号:	ISBN 978-7-114-19337-8
定 价:	62.00 元

(有印刷、装订质量问题的图书,由本社负责调换)

第2版前言

"钢桥"是高等教育"土木工程"和"道路桥梁与渡河工程"专业的一门专业课,是"桥梁工程"系列课程的重要组成部分。本教材主要根据福州大学"钢桥"课程教学大纲编写,同时考虑桥梁工程技术人员的学习需要。按照教学大纲的要求,学生在学习了"材料力学""结构力学""桥梁钢结构基本原理"等必修课程的基础上,通过本课程的学习,能够掌握常用钢梁桥和钢与混凝土组合梁桥的结构形式和构造原理、设计计算理论和方法,了解钢拱桥、钢塔、缆索系统等复杂桥型的钢结构特点和计算要点,同时对钢桥制作与安装、防腐涂装等知识有初步的了解。对于与混凝土桥梁具有共性的部分如桥梁体系和结构分析方法等,主要由"桥梁工程"课程讲授,本课程中不做重复。

本教材在第一版的基础上,对全书内容进行了多轮检查与修改,同时依据福州大学"钢桥"课程教学大纲进行了修订与更新,使教材内容更加系统化、科学化、先进化。结合钢结构桥梁三维数字化模型,辅助理解钢桥结构与构造,呈现纸数融合教材效果。基于第一版教材,本版教材主要有以下特点:

(1)与第一版教材相比,本教材在内容上做了更加细致的补充与更新,对原书不足之处进行了查漏补缺,同时对全书的内容结构做了更妥善的调整,更具有逻辑性。

(2)本教材对原组合简支梁算例进行了修正,同时增加了钢-混凝土组合连续梁算例。

(3)本书在第一版的基础上,对各章节内容进行了思政元素提炼,并将其归为中国特色社会主义、中国梦、社会主义核心价值观、法治、劳动与敬业、心理健康、中华优秀传统文化七大类,并增添了相关课程思政内容,于各章对应处增添二维码,读者可进行相关内容的拓展阅读。

(4)针对代表性的钢桥结构与构造,提供了三维BIM模型,通过在相关内容处扫二维码看到三维视图,达到了纸数融合效果。

全书由福州大学赵秋编写,同济大学吴冲教授主审。感谢人民交通出版社股份有限公司卢俊丽编辑的大力支持。感谢研究生林惠婷对课程思政内容的总结,感谢研究生郑泽宇编写了组合连续梁算例。

限于编者水平,如有不妥之处,愿广大读者能够将意见与建议反馈给主编,便于该书日后的修订。

编 者
2023年11月

第1版前言

"钢桥"是土木工程专业或道路桥梁与渡河工程专业的一门专业课,是"桥梁工程"系列课程的一个重要组成部分。本教材主要根据福州大学"钢桥"教学大纲编写,同时照顾了工程技术人员的学习需要。按照教学大纲的要求,学生在学习了"材料力学""结构力学""桥梁钢结构基本原理"等必修课程的基础上,通过本课程的学习,能够掌握常用钢结构梁桥和组合结构梁桥的结构形式和构造原理、设计计算理论和方法,了解钢拱桥、钢塔、缆索系统等复杂钢结构的构造特点和计算要点,同时对钢桥制作与安装、防腐涂装等知识有初步的了解。对于与混凝土桥梁具有共性的部分,如桥梁体系和结构分析方法等,其主要由"桥梁工程"课程讲授,"钢桥"课程中不做重复。

以混凝土桥为主的《桥梁工程》教材经历了统编→自编→统编→自编四个阶段,在老一辈桥梁工程工作者数十年的努力下,已打下了坚实基础,其基本结构和内容已基本成型。特别经过本轮规范修订,桥梁工程教材必将走向新的发展阶段。由于历史的原因,我国的桥梁工程教材只是针对于混凝土桥,钢桥教材只有少数几本,且更新速度极慢。(今随着《公路钢结构桥梁设计规范》(JTG D64—2015)、《公路钢混组合桥梁设计与施工规范》(JTG/T D64-01—2015)两本规范的相继发布),作者在多年教学与理论研究基础上,参考多部相关著作与规范编写了本教材。本教材主要有以下特点:

(1)教材中的钢桥是指主要受力构件为钢结构的桥梁,可以包括不同材料的桥面板结构,当桥面板为混凝土板或组合桥面板时为组合梁桥,当桥面板为钢桥面板时为纯钢桥。

(2)与国内现有钢桥教材相比,本教材在内容上做了较大的添加与更新。

(3)鉴于钢桥结构构造复杂的特点,教材中设置了大量的插图,方便理解。

(4)本教材去掉了现有钢桥教材中涉及"钢结构基本原理"部分的内容,该部分内容见后续出版的《桥梁钢结构设计原理》。

在第一章"概论"中,主要介绍了钢桥的主要类型和发展概况,并从可持续发展角度论述绿色钢桥及我国钢桥未来发展,还介绍了钢桥设计基本原则、桥梁所受的作用和结构设计方法。通过对钢结构桥梁的多种不同分类方式,反映出钢桥在各个方面的特征。在介绍桥梁所受作用时,不仅包括公路的汽车荷载和城市道路的汽车荷载,还包括铁路和高速铁路的列车荷载以及对于公铁两用桥梁荷载的规定。第二章为"桥面结构和铺装",主要介绍了钢桥中常用的钢桥面板、钢筋混凝土桥面板和钢混组合桥面板的构造、设计和计算原理与方法,以及构造细节和设计中应该特别注意的问题,并在最后介绍了钢桥面铺装的类型、设计以及常见的病害。第三章为"钢板梁桥",主要针对组合钢板梁桥中钢结构部分,介绍了钢板梁桥的总体布置与结构形式,主梁的构造、设计与计算,横向联结系与纵向联结系的构造、设计与计算。第四章为"钢箱梁桥",主要介绍了钢箱梁桥的组成与总体设计,其中,腹板加劲肋的构造与计算原理在第三章中讲解,此外,还介绍了横隔板的构造与计算原理、钢箱梁弯剪与扭转分析方法。第五章为"钢桁梁桥",主要介绍了钢桁梁桥的组成与结构形式、构造原理、设计计算基本原理与方法。第六章为"组合梁设计原理",主要介绍了组合梁的组合作用和特点,组合梁的基本设计原理,组合梁温度、收缩和徐变原理与计算方法,组合梁连接件的构造与设计方法,组合梁的强度、稳定、疲劳、裂缝和变形的验算内容,最后给出一个简支组合梁桥的计算示例。其中,组合梁的基本设计原理包括有效宽度计算、换算截面几何特性、组合梁应力计算、内力计算、截面刚度计算及预应力计算。第七章为"钢拱桥",主要介绍了钢拱桥的组成与类型、钢拱桥的构造与力学性能。第八章为"钢塔与缆索系统",主要介绍了钢斜拉桥和悬索桥的钢塔和缆索系统及构造与受力特点、设计计算要点,以及两个钢塔实例,关于斜拉桥和悬索桥中主梁结构,可根据具体结构形式参考第二章～第七章的内容。第九章为"钢桥施工",主要介绍了钢桥的制造线形与安装线形、桥梁钢结构现场架设、工厂组装、零件制造以及钢桥的防腐涂装。

全书由福州大学赵秋编写,同济大学吴冲教授主审。感谢吴冲教授对本教材提出的许多宝贵意见。感谢人民交通出版社股份有限公司卢俊丽编辑的大力支持。感谢研究生林楚的绘图工作以及方向明和陈孔生的例题计算。研究生郭杨斌,本科生吕志林、黄燕萍,对教材进行了文字校对工作,在此一并感谢。由于编者水平有限,教材中不可避免有谬误之处,敬请读者批评指正,并将意见寄到福建省福州市福州地区大学新区学园路2号福州大学道路与桥梁工程系。

赵 秋
2017年10月

本教材课程思政数字资源

序号	分类	资源类型	页码
1	钢桥事故	文档,通过钢桥事故的学习,引导学生认识到工程安全的重要性,意识到事故的发生往往源于对安全的忽视或疏忽。培养他们的安全意识和责任感以及法纪意识和道德感,让他们明白在工程实践中,安全永远是第一位的	11
2	桥梁人物事迹(茅以升)	文档,体会到我们国家的富强、民族振兴、人民幸福、共同富裕、中国智慧、中国方案、中国力量及作为一名工程师的自豪感、荣誉感	15
3	钢桥的历史与发展(武汉长江大桥、南京长江大桥)	文档,通过阅读体会两位杰出的桥梁大师追求卓越、精益求精、不断进取的精神,同时学习两位大师作为桥梁事业的奠基人,他们身上强烈的社会责任感和勇于担当的精神,鼓励学生为社会发展和进步贡献自己的力量,培养他们爱国主义情怀,鼓励学生为国家和民族的繁荣贡献自己的力量	15
4	桥梁人物事迹(李国豪)		16
5	桥梁可持续发展与面临挑战	文档,通过阅读理解作为工程师未来工程的发展方向及将要面临的挑战,体会到桥梁建设过程中不仅要考虑结构的强度,还要考虑环保、节能、低碳等可持续发展要素	17
6	钢桥面板与铺装病害	文档,通过阅读引导学生了解桥梁铺装病害的成因、发展过程及防治措施,可以培养他们严谨的科学态度和求真务实的品质	40
7	结构形式	文档,通过阅读扩展知识了解不同结构形式的不同场景和需求。引导学生了解不同结构形式的优缺点、适用材料、适用工法及经济性,培养学生的创新意识、辩证思维能力及决策能力及追求卓越、精益求精的精神品质	111
8	组合梁的经济性及选型原则	文档,通过阅读引导学生认识到在工程实践中,除了追求技术上的卓越,还需要注重经济效益,培养他们的成本意识和经济思维,以及有责任关注社会需求和公共利益,培养学生的社会责任感和职业道德	225
9	钢拱桥的历史	文档,通过阅读了解钢拱桥的历史,引导学生了解中华民族在科技、工程方面的卓越贡献,培养民族自豪感。同时通过了解钢拱桥的发展历程,可以引导学生理解创新对于科学进步的重要性,培养创新意识	306
10	钢桥施工	文档,通过阅读了解施工的现场情况,让学生利用理论联系实际,做到具体问题具体分析,形成科学求真务实的核心价值体系	353
11	施工现场		353

本教材三维模型数字资源

序号	分类	资源类型	页码
1	钢桥面板结构构造模型	三维模型.fbx	41
2	预制混凝土桥面板模型	三维模型.fbx	69
3	钢板梁桥全桥模型	三维模型.fbx	108
4	钢主梁模型	三维模型.fbx	115
5	钢箱梁梁段去顶板模型	三维模型.fbx	150
6	钢箱梁桥梁段模型	三维模型.fbx	150
7	带支承加劲肋横隔板模型	三维模型.fbx	164
8	未带支承加劲肋横隔板模型	三维模型.fbx	164
9	钢桁梁桥全桥模型	三维模型.fbx	185
10	主桁模型	三维模型.fbx	199
11	钢桁梁节点模型1	三维模型.fbx	211
12	钢桁梁节点模型2	三维模型.fbx	211

目录

第一章 概论	1
第一节 钢桥的主要类型	1
第二节 钢桥发展概况与桥梁可持续发展	8
第三节 钢桥设计一般规定	20
思考题	38
第二章 桥面结构与铺装	39
第一节 钢桥面板	40
第二节 混凝土桥面板	68
第三节 组合桥面板	92
第四节 钢桥面铺装	95
思考题	106
第三章 钢板梁桥	108
第一节 钢板梁桥总体布置与结构形式	109
第二节 主梁	115
第三节 横向联结系与纵向联结系	131
思考题	148
第四章 钢箱梁桥	150
第一节 钢箱梁桥总体布置与结构形式	150
第二节 主梁	160
第三节 横隔系(板)	163
第四节 钢箱梁受力分析	175
思考题	184
第五章 钢桁梁桥	185
第一节 钢桁梁的组成与结构形式	185
第二节 钢桁梁桥构造	199

| 第三节　桁梁桥计算·· 219
| 思考题·· 223

第六章　组合梁设计原理·· 225
　　第一节　概述·· 225
　　第二节　基本计算原理·· 228
　　第三节　组合梁温度、徐变与收缩·· 242
　　第四节　钢-混凝土界面连接·· 249
　　第五节　组合梁验算··· 264
　　第六节　简支组合梁算例··· 269
　　第七节　组合连续梁算例··· 284
　　思考题·· 305

第七章　钢拱桥·· 306
　　第一节　钢拱桥的组成与类型··· 306
　　第二节　钢拱桥构造设计··· 311
　　第三节　钢拱桥力学性能··· 321
　　思考题·· 329

第八章　钢塔与缆索系统·· 331
　　第一节　钢塔·· 331
　　第二节　缆索系统·· 340
　　思考题·· 346

第九章　钢桥施工·· 347
　　第一节　钢桥制造线形与安装线形··· 348
　　第二节　桥梁钢结构架设··· 352
　　第三节　现场拼装、运输与组装··· 361
　　第四节　零件制造·· 366
　　第五节　钢桥防腐涂装·· 374
　　思考题·· 383

参考文献·· 384

第一章
概论

长期以来,受我国所处的经济社会发展水平和公路建设发展阶段制约,公路桥梁主要采用钢筋混凝土与预应力混凝土结构建造。新中国成立初期,钢产量低、建设资金不足,而混凝土桥梁具有就地取材、原材料价格较低、对施工设备要求不高以及施工工艺成熟等优势,因而被广泛采用。然而混凝土桥梁存在结构自重大、使用性能退化机理不明确、拆除后建筑垃圾难以处理等问题。相对于混凝土桥梁,钢结构桥梁具有自重轻、材料力学性能明确、破坏机理清晰、质量可靠度高、耐久性好、易工厂化自动化生产、施工速度快、建造周期短、抗震性能好、节能环保、可循环使用等优点。在良好的使用和养护条件下,其使用寿命可以达到100年以上。从桥梁建设品质、结构耐久性、资源节约和全寿命周期成本等方面综合分析,钢结构桥梁较混凝土桥梁有明显的优势,符合公路行业发展趋势,对我国桥梁建设和相关产业的发展具有重要意义。

第一节 钢桥的主要类型

钢结构桥梁的分类方式多种多样,每一种分类方式都可以反映出桥梁在某一方面的特征。钢桥可以按以下方法进行分类:①使用功能;②几何形状;③结构受力体系;④桥面板类型;⑤横截面类型;⑥桥面板位置;⑦钢结构架设方法;⑧桥面板施工方法。

一、按使用功能分类

依据使用功能,钢结构桥梁可以分为四类:公路钢桥(highway steel bridge)、城市钢桥(municipal steel bridge)、铁路钢桥(railway steel bridge)、公铁两用钢桥(highway and rail transit steel bridge)。

公路钢桥:主要供公路上的汽车行驶,根据钢结构桥梁所在公路级别,又可以分为高速公路桥梁、一级公路桥梁、二级公路桥梁、三级公路桥梁、四级公路桥梁。

城市钢桥:主要供城市内的汽车行驶和行人通行,主要包括城市立交桥和高架道路桥梁。根据城市道路等级可分为快速路、主干路、次干路、支路共四个等级。城市桥梁可以只供汽车行驶或在两侧设置人行道;或者专供行人通行,又称为人行钢桥(foot steel bridge),由于人行钢桥荷载较小,设计师在选择桥梁的建筑造型时具有极大的自由。

铁路钢桥:主要供铁路列车行驶,桥的宽度比公路的小,所承受的车辆活载相对较大、冲击力大,要求能抵抗自然灾害的标准高,特别是结构要求有一定的竖向刚度、横向刚度和动力性能。

公铁两用钢桥:同时承载铁路(或轨道交通)和公路(或城市道路)两种交通荷载,这种桥梁一般分上下两层或者左右两侧分别承载。而对于同时承载多种交通荷载的市区桥梁,可能同时具有上下分层和左右分侧两种区分交通荷载的方式。

二、按几何形状分类

根据桥梁轴线形状和支座的对齐方式可以从平面外形将桥梁分为三类:直桥(right bridge)、曲线桥(curved bridge)和斜桥(skew bridge)(图1-1)。

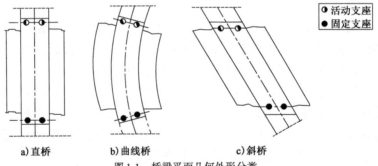

图1-1 桥梁平面几何外形分类

直桥在平面上呈矩形形式,这种桥型具有经济、设计简单和架设方便等优点。

曲线桥(也称弯桥)的桥轴线采用曲线形式,特别在立交桥的匝道桥处必然要用到曲线桥。曲线桥梁会增加桥梁构件施工难度,对有些桥梁,可能仅采用弯曲的桥面板,而支承构件(主梁)由一系列直梁相互连接构成。

斜桥是指桥梁的支座连线与桥轴线不垂直的桥梁。在桥梁建设中,常常由于桥位处的地形限制,或者由于高等级公路对线形的要求而将桥梁建成斜桥。

三、按结构受力体系分类

工程结构的受力构件离不开拉、压和弯三种基本受力方式,并由基本构件组成各种结构物。主要有以下五种受力体系的桥梁:梁桥(girder bridge)、拱桥(arch bridge)、刚构桥(rigid frame bridge)、斜拉桥(cable-stayed bridge)、悬索桥(suspension bridge)。另外,由上述基本受力体系相互组合,派生出在受力上也具有组合特征的多种桥型,如梁与拱组合体系桥梁、梁与斜拉组合体系桥梁、梁与悬索组合体系桥梁、斜拉与悬索组合体系桥梁。

(一)梁桥

梁桥是一种在竖向荷载作用下无水平反力的结构,主要通过主梁弯曲将竖向荷载传递至基础。由于外力(恒载和活载)的作用方向与承重结构的轴线接近垂直,故与同样跨径的其他结构体系相比,梁内产生的弯矩最大。多孔梁桥的梁在桥墩上不连续的称为简支梁桥(simply supported grider bridge),如图 1-2a)所示;在桥墩上连续的称为连续梁桥(continuous grider bridge),见图 1-2b);将简支梁梁体加长,并超过支点,在桥墩上连续,在桥孔内中断的称为悬臂梁桥(cantilever grider bridge),支承在悬臂上的简支梁称为挂梁(hanger beam),伸出有悬臂的梁称为锚梁(anchor beam),见图 1-2c)。梁式钢桥按主梁形式又可分为钢板梁桥、钢箱梁桥和钢桁梁桥。梁桥是最经济的结构形式,然而自重会限制其跨径发展,当主梁采用钢箱梁形式时,铁路桥梁极限跨径约为 150m,公路桥梁极限跨径约为 300m。桁架桥能够充分发挥钢材的性能,因而桁架桥的极限跨径能达到 500m 以上,然而桁架桥的梁高会随跨径急剧增加。由于美学等原因,目前已经很少采用大型的桁架式桥梁,尤其在城市地区。

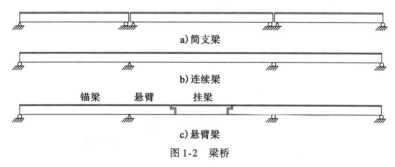

图 1-2 梁桥

(二)拱桥

钢拱桥的主要承重结构是拱肋或拱圈,在竖向荷载作用下,下部结构承受水平推力。同时,这种水平推力将显著抵消荷载所引起在拱肋(或拱圈)内的弯矩作用。因此,与同跨径的梁桥相比,拱的弯矩和挠度要小得多。拱桥根据自身的结构形式又可以细分为三铰拱、两铰拱和无铰拱。三铰拱适用于基础状况不理想的情况,由于拱顶铰施工困难及维护费用很高,三铰拱目前很少采用。无铰拱要求具备良好的基础条件,因此,这种类型的桥梁一般应用于山区。两铰拱的拱桥在国外最为常见,而国内无铰拱桥较多。当拱肋采用钢箱或桁架结构时,拱桥跨径可达到 550m。

如果拱桥不能充分承受两端支承处的水平力,不仅拱脚会产生很大的位移,而且拱内也会产生很大的弯矩,不能充分发挥拱的优势。拱桥可以采用两种方法来承受两端支承处的水平力:一种是设置坚固的基础,水平力由基础承受,为有推力拱,适用于地基良好的桥位;另一种是在拱的两端设置拉索或者梁(称为系杆或系梁)等,使得水平力互相平衡,为无推力拱,也称为系杆拱,适用于地基较差的桥位。

仅供人、畜行走的拱桥可以把桥面直接铺在拱肋上。而通行现代交通工具的拱桥,桥面必须保持一定的平直度,不能直接铺在曲线形的拱肋上,因此要通过立柱或吊杆将桥面间接支承在拱肋上。根据桥面与拱肋的相对位置关系,拱桥(图1-3)可分为上承式拱桥(桥面在拱肋的上方)、中承式拱桥(桥面位于拱肋的中间部位)与下承式拱桥(桥面在拱肋下方)。

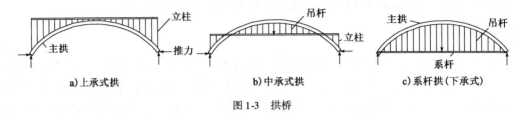

图1-3 拱桥

(三)刚构桥

刚构桥的主要承重结构是梁和立柱结合在一起的刚架结构,梁和柱的连接处具有很大的刚性。在竖向荷载作用下,梁主要受弯,而在柱脚处也具有水平反力,其受力状态介于梁桥和拱桥之间。刚构桥常用连续刚构桥和斜腿刚构桥(图1-4)。连续刚构桥属多次超静定结构,在设计中一般应减小墩柱顶端的水平抗推刚度,使在温度变化下结构内不致产生较大的附加内力。斜腿刚构桥的跨中部分和斜腿不仅受弯,同时也像拱桥一样受压。因而斜腿刚构桥的基础同时受到水平和垂直两方向力的作用,斜腿刚构桥的两个边跨为仅受弯曲作用的梁。

图1-4 刚构桥(斜腿刚构桥)

(四)悬索桥

桥面支承于悬索上或用吊索挂在悬索(通常称主缆)上的桥称为悬索桥(图1-5),也被称为"吊桥",有地锚式悬索桥和自锚式悬索桥两种形式。和拱肋相反,悬索的截面只承受拉力,为了使桥面具有一定的平直度,将桥面用吊索挂在悬索上。为了避免车辆驶过时桥面随着悬索一起变形,现代悬索桥一般均设有刚性梁(又称加劲梁,stiffening girder)。桥面设在加劲梁上,加劲梁吊在悬索上。一般悬索桥的主要承重构件主缆锚固在锚碇上,称为地锚式(external anchored)悬索桥。也可将主缆直接锚固在加劲梁上,从而取消了庞大的锚碇,变成了自锚式(self-anchored)悬索桥。由于钢结构的重力小,因而悬索桥加劲梁适合采用钢结构,大跨径悬索桥通常采用钢桥面板(正交异性板)。

(五)斜拉桥

斜拉桥是将梁用若干根斜拉索连接于索塔上的结构形式,由塔柱、主梁和斜拉索组成。斜拉索不仅为主梁提供弹性支承,而且其水平分力对主梁产生很大的轴力。斜拉桥可以通过调整斜拉索的初始索力达到调整主梁弯矩、桥面高程和提高索及桥梁整体刚度的目的。设计中可以根据受力需要计算确定斜拉索的初始索力,施工中通过施工控制调整索力,使之达到设计值。

斜拉桥根据拉索顺桥向排列形式又可以分为三种类型:辐射形、扇形和竖琴形(图1-6)。拉索中的水平分力对主梁施加很大的压力。

第一章 概论

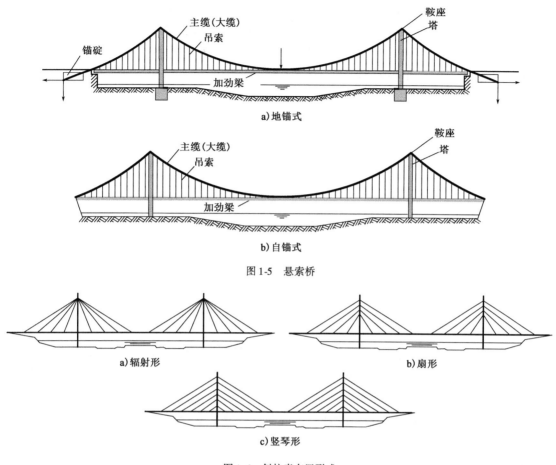

图 1-5 悬索桥

图 1-6 斜拉索布置形式

通常来说，不同的桥型和结构形式，有其适用的不同经济跨径范围（图 1-7）。下部结构的造价对上部结构的布置和选型具有重要的影响。当下部结构建造费用较低时，采用较短的梁跨有可能使整体结构更为经济；反之，当下部结构的建造费用较高时，采用较大的梁跨则可能更为合理。

四、按桥面板类型分类

桥面板主要分三种类型（图 1-8）：混凝土桥面板、正交异性钢桥面板、钢-混组合桥面板。

混凝土桥面板与钢梁相连接形成钢-混组合结构梁桥，这种连接方法对主梁的抗弯能力和抗扭转能力均有贡献。特别是对于梁上缘受压、下

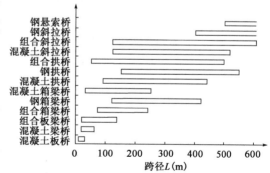

图 1-7 不同桥型的经济跨径范围

缘受拉的正弯矩区，可充分发挥混凝土板的抗压能力和钢梁的抗拉能力。对于中等跨径桥梁，发达国家通常采用钢-混组合梁桥结构形式。

正交异性钢桥面板按一定间距在板的表面布置相互垂直纵、横加劲肋的加劲钢板。虽然钢桥面板纵、横两个方向的弹性模量是相同的，但其两个方向的加劲肋并不相同，使得两个方

向的惯性矩也不相同,故可称之为"正交异性板"。作为主梁上翼缘的钢桥面板,与混凝土桥面板相比,自重大为降低,但费用较高。因此,对于自重占总荷载较大的大跨径桥梁,或者需要提高承载能力的桥梁,一般采用正交异性板。然而,正交异性板由于车轮荷载的反复作用容易导致疲劳问题,设计时应小心处理。

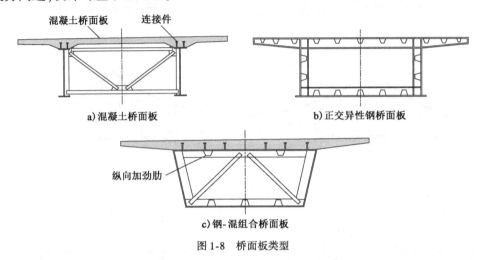

图 1-8　桥面板类型

当钢-混组合梁桥的钢梁上翼缘较宽以至于在两主梁之间横向连通,或对于具有钢桥面板的钢桥,在钢桥面板上面铺一层混凝土层并通过剪力连接件连接,均可转化为组合桥面板。组合桥面板由于其组合作用,比混凝土桥面板重量轻,底层钢板可充当混凝土层浇筑时的底模;与钢桥面板相比,桥面板刚度增大,降低了钢桥面板疲劳开裂风险。组合桥面板形式较多,将在第二章进行详细讲述。

五、按横截面类型分类

由钢梁和混凝土桥面组成的组合梁桥,其横截面可分为两种:开口截面和闭口截面(图1-9)。当横截面由两个或两个以上的工字形梁(热轧或由钢板装配)、桁架梁或多个小箱梁构成时,称为开口截面;当横截面由一个单室或多室的箱梁构成时,称为闭口截面。开口截面和闭口截面的不同之处主要与它们抵抗偏心荷载引起的扭矩方式有关。

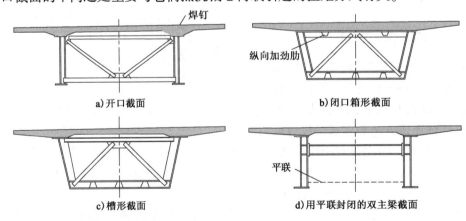

图 1-9　横截面类型

开口截面[图 1-9a)]通常包括双主梁截面和多主梁截面,闭口截面包括完全由钢材制作的箱形截面[图 1-9b)]、槽形截面[图 1-9c)]和通过底部平联封闭的双主梁截面[图 1-9d)]。图 1-9b)、图 1-9c)及图 1-9d)均是由混凝土板与钢截面组成的闭口截面。

当考虑桥梁抵抗扭矩时,需要区分开口截面与闭口截面。开口截面由于具有较小的抗扭刚度将产生较大的翘曲变形;而闭口截面抗扭刚度较大,扭转变形非常小。因此,对于曲线梁桥采用闭口截面是较为有利的。

六、按桥面板位置分类

桥面板按相对主梁位置,可以分为上承式桥面板和下承式桥面板(图 1-10)。采用上承式桥面板可以保护下面支承钢梁免受车辆荷载的冲击作用和自然环境的影响,同时为行车道加宽提供了可能。对于相同间距的主梁,上承式桥面板形式所需的桥面板厚度更小,而且无须设计横梁来传递荷载。对于所需桥面板较宽的情况(如三车道以上)上承式桥面板形式是最经济的构造方式。

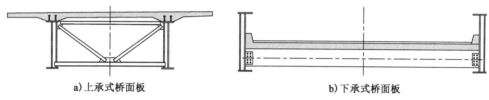

a) 上承式桥面板　　　　　　　　b) 下承式桥面板

图 1-10　桥面板位置

然而,上承式桥梁的总高度比较大,当梁高受到限制时,采用下承式比较合理。当采用下承式钢板梁桥时,主梁可以起到隔噪声的作用;另外,下承式板梁作为大跨径桥型的主梁结构,吊杆可直接锚固于主梁上,因而较多使用在悬索桥和拱桥上。

七、按钢结构架设方法分类

桥梁钢结构架设方法常用的有三种,即起重机吊装施工、悬臂施工、顶推施工。除以上三种架设方式外,在其他特殊情况下还可采用专门的施工方式,如采用驳船整桥运输吊装、以桥台为支点转体施工等。

当桥梁离地面的高度比较小时,可以使用在地面上的起重机架设桥梁(图 1-11)。通过起重机或升降机将每个桥梁构件安置在桥墩或临时支架上,然后将这些构件焊接于已施工好的主体结构上,焊接的接头位置须设置在远离支座的低应力区域。

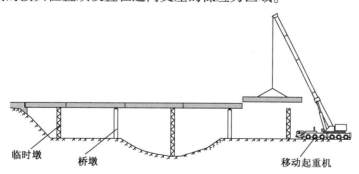

图 1-11　采用地面起重机吊装

当桥梁离地面的高度比较大或者桥梁需跨越峡谷而无法设置起重机或运用起重机施工受限时,可采用悬臂架设法(图1-12)。钢梁分段安装,通过悬臂外伸向相邻支座延伸。为避免悬臂段产生过大应力,有时需额外设置临时墩(当桥梁离地高度适中时)。悬臂施工法适用于桥梁跨越重要航道施工的情况,斜拉桥尤其适合悬臂施工法。

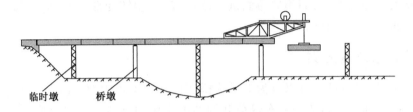

图1-12 悬臂施工

顶推施工与悬臂施工适用条件类似(图1-13),先在桥梁的一端沿桥轴线方向拼装主梁节段,然后运用顶推方式将桥梁从一侧桥台往另一侧顶推或拖拽。为了避免随悬臂长度增加而增大负弯矩,通常要在悬臂段前端设置导梁以减小悬臂重量。

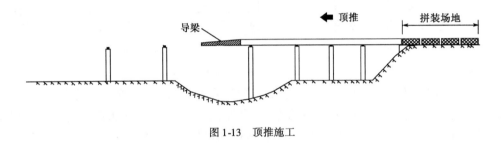

图1-13 顶推施工

八、按桥面板施工方法分类

钢主梁顶部的混凝土桥面板主要有三种基本施工方法:现浇桥面板、分段顶推桥面板和预制组拼桥面板。

现浇桥面板是指在固定模板上或移动模板上(小台车沿着钢梁移动)浇筑混凝土的施工方式,应用该施工方式时钢主梁可以设置支架,也可以不设置支架。

分段顶推桥面板是指沿桥梁轴线分段预制混凝土桥面板,然后通过顶推方式使桥面板在钢主梁上就位,该桥面板施工方式与主梁顶推施工一致。

预制组拼桥面板是指在钢主梁上沿桥轴线从一端向另一端逐块安装预制桥面板的施工方式,该施工方式需通过地面上的起重机或安装于桥上的挂篮将预制桥面板吊装就位。

第二节 钢桥发展概况与桥梁可持续发展

一、钢桥发展概况

19世纪20年代,随着铁路蒸汽机车的出现,人们开始修建铁路,铁路钢桥也随之产生。

由于以内燃机为动力的汽车是在19世纪末叶(1875年)才出现,故公路钢桥的出现是在铁路钢桥之后。但是,随着公路的蓬勃发展和多样化需要,在20世纪30年代,原先由铁路钢桥占有的各种大跨径钢桥纪录逐步被公路钢桥所取代。特别是在第二次世界大战以后,各国由于战后重建的需要,修建了大量的公路钢桥,使得钢桥设计理论与制造技术得到不断完善,建立起了较为完善和系统的设计规范与制造施工工艺。

从钢桥的材料应用、设计理论和建设规模的发展来看,钢桥的发展大致可以分为以下四个阶段。

（一）1920 年之前的发展

1920年之前钢桥以铁路桥为主,如果以材料区分,在1890年之前以铁桥为主,使用的材料主要是铸铁和锻铁,1890年之后钢桥增多。这一时期,设计桥梁所需的力学理论处在逐步形成与逐步完备之中,但桥梁设计规范起初并没有提上日程,钢桥设计主要依赖于建造桥梁的实干家的经验,稍有不慎,就会遭逢失败。在这期间,一些创跨径纪录的大桥经工程师们殚精竭虑地工作终于建成,并且经受住多年营运的考验成为了历史名桥。

早期的铁桥和过去的非金属桥形式相同,由于铸铁性脆,宜于受压,不宜受拉,故只适宜作为拱桥建造材料,所以到18世纪晚期铁桥还很少。最著名的铁桥是1779年建于英国 Coulbrookdale 的 Severn 河上的 Iron 桥,由 Abraham Darby 和 John Wilkinson 所建,它由五个半圆弧肋拱并列组成净跨30m的单拱,见图1-14。

悬吊桥梁的历史十分悠久,已知的首座采用锻铁铁链悬吊的人行桥建造于公元65年(汉代)的中国。早期的铁链重量限制了桥梁跨径,使其只能达到20m左右,直到1817年英国人发明了铰接式铁拉杆,才使得悬吊桥梁的跨径有了很大的提高。1826年,由英国人 Telford 主持建造的跨越 Menai 海峡的悬索桥(图1-15),其跨径达到了创纪录的176m,具有里程碑意义。美国1856年建成的尼亚格拉河悬索桥,其四条主缆是用平行锻铁丝在空中编制的(这一空中编制法由 Roebling 在1841年取得专利),塔是石砌的,加劲梁是木桁梁,跨径达250m。

图 1-14　英国 Iron 桥

图 1-15　英国 Menai 海峡大桥

19世纪中叶,抗拉性能更好的锻铁开始应用于工业生产并用于建造桥梁。1850年,英国威尔士 Britannia 地区所建成的一座大型箱管连续梁桥便是该时期的一个代表,见图1-16。造桥材料是锻铁(当时用于造船),成桥的跨径为70m+146m+146m+70m,箱梁总高达9.09m,列车从箱中通行。该桥在1970年被大火烧毁,于1971年被替换为一座钢桁架桥。

19世纪下半叶,桥梁进入了钢桥时代。美国1874年建成的圣路易密西西比河Eads桥,为无铰桁架钢拱桥,跨径布置为153m+158m+153m,见图1-17。该桥为公铁两用桥,分为两层,上层为公路,下层为双线铁路。美国人自豪地称这座桥创造了五项"纪录":①用压气沉箱下沉到水下30.0m,创造了深度纪录;②在铁路拱桥方面,创造了跨径纪录;③第一次在上弦和下弦都使用圆钢管;④在钢材质量还受怀疑的情况下,桥梁主体结构部分首次采用了高质量的合金钢;⑤第一次采用了悬臂拼装法进行桥梁安装,开启了近代钢桥的新时代。该桥至今在用。

图1-16 威尔士Britannia桥

图1-17 美国Eads桥

1869—1883年由美国著名的索桥专家约翰·A.罗布林(John A. Roebling)设计的Brooklyn(布鲁克林)悬索桥建成(图1-18)。该桥位于纽约的东河,主跨486m。塔柱由花岗岩砌筑而成,除主索外还用斜拉索加劲。Brooklyn悬索桥与著名的埃菲尔铁塔成为那个时代的结构经典之作。由于罗布林等工程师的努力,悬索桥跨入了大跨径重荷载桥梁的行列,迄今这种桥型仍是世界上跨径最大的桥型。

1890年英国建成钢悬臂桁架梁Firth of Forth桥(福斯湾铁路桥)全长1 625m,其中中间两孔长521.3m(图1-19)。全桥用钢54 000t,每米用钢量达33.2t(双线),并将桥左、右两片桁梁向内斜置,增加对横向风力倾覆的抗力。采用悬臂拼装法施工,在悬挂跨和伸臂之间增添临时杆件,借此能从桁梁根部(桥塔)一直拼到跨中,在合龙之后再将临时杆件拆除,使结构体系转变为静定的悬臂桁架梁。

图1-18 美国Brooklyn桥

图1-19 英国Firth of Forth桥

1918年加拿大在魁北克建成的双线铁路悬臂桁梁桥,在历经两次重大施工事故之后,创造了钢桁梁桥跨径 548.6m 的世界纪录,并保持至今。该桥 1900 年基础开工,第一次事故是 1907 年 8 月 29 日上午,当起重机向前一个节间行进时,9 000t 钢结构(悬臂,连同悬挂跨的一部分)轰然塌落。在场工人共 86 名,幸免于难者只有 11 人。事故主要原因是:受压弦杆的拼接铆钉和组装螺栓有一部分还没有装上去,由于角钢缀条过于单薄而发生压溃破坏,不能将强大的腹板组合成一整根杆件。这次事故之后,该桥主要杆件的钢材改为镍钢,重新做设计,将桥址中心线向南移动 20m 重新修建基础。新的钢桁梁的锚跨和悬臂的制造和架设工作很顺利,其悬挂跨则是改用整体提升的方法来安装。1916 年 9 月 11 日上午 11 时,当悬挂跨已提升 3.6m 之后,位于扁担梁之上,用于支承该悬挂跨的四个十字状铸铁支座之一突然被压碎,悬挂跨随即倾斜,由于惯性大,悬挂跨滑落水中。当场有 13 人死亡。一年之后另制一新的悬挂跨仍用整体提升方法,但将铸铁支座改为铅板,成功地完成了架设任务。该桥 1918 年开通(图 1-20)。

受 Eads 桥成功的影响,许多精美的拱桥被建造了起来。这些桥中值得一提的是建于 1917 年纽约的钢桁拱 Hell Gate(狱门)桥(图 1-21)。该桥主跨为 297m,用钢量为 39 200t。狱门桥实质上是两铰拱,但为表示其厚重宏伟,在拱的两端各设巨大的石砌桥头堡一座,并在外观上将桁式拱的上弦以水平位置伸入堡内,使人感觉到整个拱的两端嵌在坚固的堡内。

图 1-20　加拿大魁北克悬臂桁梁桥

图 1-21　纽约 Hell Gate 桥

(二)1920—1945 年的发展

第二次世界大战之前,钢材强度进一步提高,钢桥设计和施工方法也都较成熟。汽车工业的发展带来对交通需求的增长,因此修建了大量公路钢桥,各种桥型均有所发展,创造了许多世界纪录。在 20 世纪 20—30 年代,钢桥的设计理论有了很大的发展。1923 年,英国成立一个桥梁应力委员会。1926 年,德国铁路颁布《铁结构规范》。1923—1933 年,美国成立了一个钢压杆研究专门委员会。

公路钢桥的蓬勃发展是在 20 世纪 30 年代之后。1931 年在纽约市建成跨径达 1 067m 的华盛顿悬索桥,其原设计是在上层设 8 车道公路桥,下层设 4 线电车道,但在 1931 年开通时只修建了上层,1962 年才将下层电车道改为汽车道从而补建完成。

1932 年,澳大利亚在悉尼港建成一跨径 503m 的两铰中承式推力型钢桁架拱桥(图1-22)。该桥的立面与美国狱门桥相似,以下弦为准,拱的矢跨比是 1:5。按铅垂线计量,拱的桁架高度在跨中是 18.3m,在支承铰处则是 57.3m。桁拱用钢量是 38 000t,主要是硅钢。美国人为争"第一",赶在 1931 年建成主跨 504m 的 Bayonne(培红)桥,但活载比悉尼港钢拱桥小得多。

由于该类桁拱的上弦及腹杆在两端受力很小，但从构造上考虑又不得不采用较大的截面面积，从而导致该桥型较费钢材。在那之后，再也没有修建更大跨径的中承式推力型钢桁拱桥。

悬索桥是能够充分发挥钢材优越性能的一种桥型。美国从19世纪下半叶到20世纪上半叶，修建了大量的悬索桥，该时期被称为美国悬索桥的黄金时期。其中举世闻名的金门大桥堪称世界桥梁的杰作。金门大桥位于美国西海岸的旧金山市，1937年建成，主跨1 280.2m，桥面宽27.43m，主梁为钢桁梁结构，曾保持了27年桥梁最大跨径的世界纪录（图1-23）。

图1-22　澳大利亚悉尼港钢拱桥

图1-23　美国金门大桥

1940年，主跨853m的美国Tacoma悬索桥（图1-24），建成4个月后在19m/s的风速下倒塌，震惊了世界。此后，悬索桥风致振动问题的研究得到重视。风振问题研究的结果使大跨径悬索桥加劲梁的设计产生了两种不同的设计理念。第一种设计理念继续采用美国式的桁架加劲梁，但加劲梁要有足够的抗弯、抗扭刚度。第二种设计理念则采用闭口的、具有空气动力稳定性（流线型）的箱梁，通过减小风的作用来保证桥的稳定性。这种加劲梁的尺寸与用钢量均较桁架式小。第一座采用箱形加劲梁的悬索桥是英国的Severn（塞文）桥（图1-25），主跨988m，建于1966年。这种加劲梁的悬索桥又被称为英式或欧式悬索桥，以区别于美式的桁架梁悬索桥。

图1-24　美国Tacoma悬索桥

图1-25　英国Severn桥

（三）1945年—20世纪末的发展

第二次世界大战后，世界进入了相对和平的建设时期，随着战后基础设施的恢复建设，交通建设也得以加快,桥梁又迎来了发展期。在第二次世界大战之前,许多桥梁,特别是那些创纪录的大跨桥梁,往往是在不计成本的情况下建成的。第二次世界大战以后,工程结构向经济、耐用方向发展,要求对各种技术经济指标(省料、省工、总造价低、对环境保护的影响等)进行综合评估。

战后重建的欧洲迎来了大规模采用箱梁桥的时期,联邦德国在建造变高度钢箱梁桥方面走在了前列,这些桥大多位于莱茵河及其支流上。从1980年开始,由于钢箱梁桥在更大跨径范围内与斜拉桥相比不具有竞争力,钢箱梁桥一般适用于跨径范围在200m左右的桥梁,这使得大跨径桥梁绝大多数采用缆索承重式桥梁。

欧美各国于20世纪50年代陆续开始实施高速公路建设和城市规划,斜拉桥的复兴是这个阶段的标志性成就。1956年第一座现代斜拉桥Strömsund(斯特罗姆桑特)桥在瑞典诞生(图1-26)。此桥跨径布置为74.7m+182.6m+74.7m。拉索按扇形布置,桥塔是门形框架,加劲梁包含两片板梁,并布置在索面之外使拉索可锚固在板梁内侧。1995年,法国建成当时世界上跨径最大的斜拉桥——Normandie(诺曼底)大桥(图1-27)。该桥全长2 141.25m,跨越塞纳河入海口,主跨达到856m。它是一座与当地景观完美协调的斜拉桥,以其细长的结构和典雅的造型而著称,被称为"20世纪世界最美的桥梁"。

图1-26 瑞典Strömsund桥　　　　　　　　图1-27 法国Normandie大桥

流线型扁平钢箱梁悬索桥的问世是第二次世界大战后现代桥梁工程的另一标志性成就。英国在1966年建成主跨988m的Severn(塞文)桥后,于1981年又建成了主跨径1 410m的恒伯尔桥,该桥是当时最大跨径的悬索桥。1998年丹麦的Great Belt(大贝尔特)桥建成通车,主跨为1624m(图1-28),堪称英式悬索桥的典范。丹麦虽然国土面积不大,但地处北欧、西欧交通要道,又是一个岛国,因此修建了许多大桥,桥梁技术相当发达。

这一时期,钢拱桥的发展相对缓慢,因为当跨径超过300m时,钢拱桥比钢斜拉桥用钢量大,施工难度增大,对地质条件要求较高,使其竞争能力降低。1977年,美国弗吉尼亚州建成一座主跨518.3m的桁架拱桥——New River Gorge(新河谷)桥(图1-29),时隔36年再次更新了钢拱桥的跨径纪录。该桥宽22m,全长924m,用耐蚀钢($ASTM-A_{588}$)建造,因此不需要涂油漆。

作为钢桥的另一种表现形式,组合结构桥梁由于构造简单、制作与施工比较容易,故得到了广泛应用。组合钢板梁桥从欧洲开始发展起来,但组合梁桥发展并非一帆风顺,20世纪60年代以前建设的组合结构桥,许多因混凝土板产生严重裂纹和剪力键的疲劳破坏,大大降低了其安全性和耐久性。因此,在 20 世纪 60 年代末至 70 年代末,组合结构桥梁的建设受到较大影响。1971 年欧洲国际混凝土委员会(CEB)、欧洲钢结构大会(ECCS)、国际预应力联盟(FIP)和国际桥梁及结构工程协会(IABSE)组成了组合结构联合委员会,总结了 20 世纪 60 年代组合结构发展中所取得的经验,编制了组合结构模范准则(Model code),作为各国编制规范(如英国 BS5400 标准、德国 DIN 标准、美国 AASHTO 规范以及日本钢-混凝土组合结构设计规范等)的指导性文件,进一步促进了组合结构桥梁的发展。20 世纪 70—80 年代,法国、联邦德国、日本等国家对组合结构的特性进行了深入的研究,充分利用设计和施工之间的相互依存性,建立了一些新的设计方法和施工方法,开发了许多新型剪力键。

图 1-28　丹麦 Great Belt 桥

图 1-29　美国 New River Gorge 桥

随着组合结构桥梁的不断发展,在 20 世纪 90 年代,其应用范围已从简支梁桥延伸到连续梁桥、连续刚构桥、拱桥、斜拉桥和悬索桥等,既有人行桥、公路桥,也有铁路桥和公铁两用桥。欧洲各国新建中小跨径桥梁已经不完全采用钢筋混凝土或预应力混凝土结构,而改用钢桥或组合结构桥梁。自动化焊接技术及数控切割钢板等施工技术的进步是促进这种改变的原因之一。此外,焊接性能大幅提高以及高强钢材和高性能钢材的出现也成为促使这种转变的重要原因,而车间及施工现场运用的起重设备的进步使得制作大型构件成为可能。预制的大型构件使得施工现场工作变得简单而且省时。在上述各方面因素作用下,未来几十年里组合梁桥,尤其是钢板组合梁桥,仍可能被中小跨径桥梁广泛采用。

(四)20 世纪末之后的发展

20 世纪末,世界经济快速增长区域由欧美转移到了亚洲,特别是位于东亚的日本和中国。随着亚洲经济的发展,桥梁又进入一个新的发展高峰期。

日本现代桥梁从 20 世纪 50 年代起步,在 70—80 年代时进入建造的高峰期,尤其是在本州四国联络桥中建造了一批大跨径的悬索桥与斜拉桥。日本在悬索桥建设方面基本沿用美式悬索桥。1998 年完工的明石海峡大桥,跨径为 960m + 1 991m + 960m,是当今世界上已建成的跨径最大的桥梁,主梁采用钢桁梁(图 1-30)。1999 年建成的多多罗大桥(图 1-31)创造了钢斜拉桥世界纪录,跨径为 270m + 890m + 320m,主梁采用扁平钢箱梁,跨径超过诺曼底大桥而位居当时的世界第一。

在新中国成立前,1937 年我国建成钱塘江大桥,桥全长 1453m,主桥 18 孔,由 2 × 14.63m 简支上承式钢板梁与 16 × 65.84m 简支钢桁梁组成。该桥按公路、铁路两用桥设计,上层为双车道公路,车道宽6.1m,两侧人行道各宽1.52m;下层为单线铁路。该桥由我国著名桥梁专家茅以升主持设计施工,是由我国自行设计和建造的第一座双层式公路、铁路两用特大桥。1937年12月23日,为阻止日军南下,人们将大桥炸毁。1953年大桥完全修复。钱塘江大桥的修建,是中国铁路桥梁史上一个辉煌的里程碑,它的建成,不仅结束了我国无力建造特大桥的历史,而且为浙江省乃至华东地区的交通运输做出了巨大贡献。

桥梁人物事迹（茅以升）

图1-30　日本明石海峡大桥

图1-31　日本多多罗大桥

新中国成立后,随着国力的增强、经济的发展、科学技术的进步,桥梁事业和工程技术也不断地进步。1957年第一座长江大桥——武汉长江大桥(图1-32)的建成,结束了我国万里长江无桥的状况。从此"一桥飞架南北,天堑变通途"。大桥的主桥为3联3×128m的连续钢桁梁,双层桥面,下层铁路,上层公路,公路桥面宽18m,两侧各设宽2.25m的人行道,包括引桥在内全桥总长为1 670.4m。该桥的大型钢梁的制造和架设、深水管桩基础的施工等,为发展我国现代桥梁技术开创了新道路。1969年我国建成了南京长江大桥,它是我国自行设计、制作、施工,并使用国产高强钢材的现代化大型桥梁。主桥除北岸第一孔为128m简支钢桁梁外,其余为9孔3联,每联为3×160m的连续钢桁梁,上层为公路桥面,下层为双线铁路。南京长江大桥的建成,成为我国桥梁史上又一个重要标志。

钢桥的历史与发展(武汉长江大桥、南京长江大桥)

与国外相比,早期我国钢拱桥修建较少,跨径一般也不大,直到2003年建成了上海卢浦大桥(图1-33),跨径达到550m,为当时的世界第一。之后几年,大跨径钢拱桥在我国修建较多,如已建成的跨越珠江的广州新光大桥(主跨为428m)、重庆菜园坝大桥(主跨为420m),而重庆朝天门大桥(主跨为552m)为世界上最大跨径的钢拱桥。

图1-32　武汉长江大桥

图1-33　上海卢浦大桥

除了上述的梁桥、拱桥之外,我国现代的大跨径缆索支承桥梁——斜拉桥与悬索桥更是从无到有,桥型不断丰富、跨径不断增大、技术不断进步。1991 年上海建成南浦大桥,为跨径 423m 的双塔双索面的组合梁斜拉桥。由于采用了适当的设计理论、施工工艺和构造,使得南浦大桥避免了结构性裂缝的产生,从而比国外组合梁结构更可靠。随后,1993 年上海建成另一座大跨径的斜拉桥——杨浦大桥(图 1-34),跨径达 602m,使我国的斜拉桥技术达到世界先进水平。该桥为双塔双索面、扇形拉索布置的组合梁斜拉桥,加劲梁由箱形主梁、工字形横梁以及 26～40cm 厚桥面板组合而成。2003 年建成的福建闽江青州桥,为主跨 605m 的组合梁斜拉桥。2005 年建成的南京长江三桥为主跨 648m 钢箱梁斜拉桥,该桥桥塔为钢塔。2008 年建成苏通长江大桥(图 1-35),主跨达 1 088m,桥塔高度达 300.4m,主梁采用扁平钢箱梁,为当时世界上跨径最大的斜拉桥。该跨径纪录被 2012 年 7 月建成通车的主跨 1 104m 的俄罗斯岛大桥打破,该桥位于俄罗斯远东地区符拉迪沃斯托克市(海参崴)(Владивосток)。于 2019 年开工建设的常泰长江大桥位于长江下游扬中河段,连接江苏省泰兴市与常州市,为主跨跨径 1 176m 的公铁两用钢桁梁斜拉桥,孔跨布置为(142 + 490 + 1 176 + 490 + 142)m = 2 440m。常泰长江大桥预计于 2024 年建成。

桥梁人物事迹
(李国豪)

图 1-34　上海杨浦大桥

图 1-35　苏通长江大桥

我国现代悬索桥虽起步较晚但起点较高,20 世纪 90 年代,相继建成了钢箱加劲的湖北西陵长江大桥(主跨 900m,1996 年)、广东虎门大桥(主跨 888m,1997 年,如图 1-36 所示)、香港青马大桥(主跨 1 377m,1997 年)、江阴长江大桥(主跨 1 385m,1999 年),标志着我国进入能修建现代大跨径悬索桥国家的行列。2005 年通车的江苏润扬长江大桥,南汊桥为主跨 1 490m 的钢箱梁悬索桥。2009 年浙江舟山西堠门大桥建成通车,主跨达 1 650m,成为当时我国跨径最大的桥梁,位居世界桥梁跨径的第二位(图 1-37)。随后于 2019 年建成通车的湖北武汉杨泗港长江大桥(主跨 1 700m,双层钢桁梁公路桥)和广东虎门二桥(现更名为南沙大桥)坭洲航道桥(主跨 1 688m,扁平钢箱梁公路桥)进一步提升了我国悬索桥建造水平。目前我国正在建造世界最大跨径悬索桥——张靖皋长江大桥,主跨达 2 300m,大桥计划于 2028 年建成通车。

图 1-38 描述了从 1800 年至今,箱梁桥、桁梁桥、拱桥、悬索桥及斜拉桥跨径纪录变革过程。

二、桥梁可持续发展

可持续发展已成为国内外工程界普遍关注的问题。当前环境、资源对公路桥涵建设的约束不断强化,加快资源节约型、环境友好型行业建设已成为行业转型发展的重要途径。为此,我国提出了"绿色交通"的发展战略,旨在将可持续发展的理念贯彻落实到交通运输发展的各个领域和各个环节。

图 1-36　广东虎门大桥

图 1-37　浙江舟山西堠门大桥

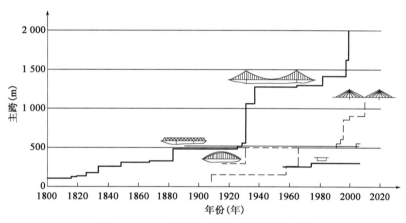
图 1-38　1800 年至今不同桥型跨径纪录的演变

（一）可持续发展概念

在 20 世纪 80 年代,发达国家由于自 20 世纪 60 年代建设高潮中所建造的一些桥梁和结构工程出现了影响其耐久性和使用寿命的质量问题,大量养护和加固费用的支出使工程师们认识到结构耐久的重要性,因而提出了结构全寿命经济的问题。从 20 世纪 90 年代起,对有限资源的节约和环境的保护越来越受到人们的关注,可持续发展成为各国政府的战略目标。在土木工程领域的国际会议上也频繁出现可持续的议题,并逐渐形成"可持续结构工程"的概念。其中,桥梁工程的可持续发展最早是由国际桥梁与结构工程协会提出的。

桥梁可持续发展与面临挑战

可持续发展既是时间的也是空间的。从时间维度上讲,指"既满足当代人的需要,又不对后代人满足其需求能力构成危害的发展";从空间维度上讲,指"特定区域的需要不削弱其他区域满足其需求能力的发展"。可持续指标可分为三种:经济可持续、生态可持续、社会可持续。其中,经济可持续主要是使用期养护和全寿命成本两方面,生态可持续主要体现在资源消耗和建设排放方面,社会可持续则是精神与物质之间、个人与群体之间和道德与技术之间的关系。许多国家的政府制定了相关政策以鼓励可持续发展。可持续发展背后的潜在原则,就是要在经济效应、社会效应和环境效应三者之间取得平衡。可持续发展强调节约自然资源和对环境进行保护。要实现降低全球范围内的温室气体排放量这一目标,在很大程度上需要同时节约固化能耗和不可再生的运行能耗。所谓固化能耗,是指材料的加工、使用和后期的处置或重复利用过程中消耗的能量。运行能耗,是指建筑物在运营过程中所消耗的能量,如采暖、照明、动力设备消耗的能量,受建筑物的设计方案和维修策略的影响很大。钢材是一种高效的结构材料,能够使浪费减少至最低,还可以再利用及重复利用。

(二)绿色钢桥

长期以来,我国公路桥梁主要采用钢筋混凝土结构,这是由经济社会发展水平和公路建设发展阶段所决定的。新中国成立初期,钢产量低、建设资金不足,而混凝土桥梁具有就地取材、原材料价格较低、对施工设备要求不高以及施工工艺成熟等优势,因而被广泛采用。

在长期对混凝土建筑材料大量消耗的背景下,天然砂石被大量开采,严重破坏了水土保持,特别是那些滥采砂石的情况,更是严重地破坏了生态环境。目前国内砂石短缺现象已逐步显现,且随着时代变迁,砂石材料的取得更加困难。水泥生产带来的环境污染,将进一步危及环境。而当混凝土桥达到使用寿命时旧桥需要拆除,混凝土桥比钢桥拆除困难,所拆除的混凝土将会造成另一环保问题。因此,大量采用混凝土材料建造桥梁的弊端已经显现。

1988年国际材料学科研讨会首次提出"绿色材料"概念,随后各国纷纷制定了"绿色建材"的性能标准。对混凝土与钢材两大建筑材料的资源消耗和碳排放的研究表明,钢结构明显优于混凝土结构,因此钢结构被认为是对地球环境影响较小的工程结构材料。在国外,钢材又被称为绿色建筑材料,或是绿色钢结构,因此在发达国家钢结构已是土木建筑主流。钢结构桥梁在绿色环保与可持续发展方面的优越性主要来自以下几个方面。

(1)结构方面:混凝土结构自重大,结构效率低,当跨径增加时,抵抗自身重量所需材料倍增,导致下部结构工程量增加。而钢结构材质均匀、强度高、自重小,材料效率高,可凭借较小的自重抵抗较大的外部作用。在工程应用中,混凝土结构现场工序较多,质量难以控制,且其耐久性影响因素复杂、性能退化机理不明确。钢结构具有工厂化程度高、质量易控制、安全储备高的特点,且其耐久性影响因素和退化机理简单。因此,钢结构桥梁的服役寿命易于得到保障。

(2)成本方面:一般混凝土桥前期投入费用比钢桥低。对于养护,传统观念认为混凝土桥梁不需要养护,但随着混凝土桥梁的病害越来越多,这一观念被打破,人们认识到混凝土桥梁也需要在使用期养护。同时随着钢桥的使用期养护技术的提高,在这方面混凝土桥梁并不具备很大的优势。

(3)碳排放方面:在全寿命周期内,混凝土结构平均每年的碳排放为 82.52kg/m^2,而钢结构平均每年的碳排放为 75.62kg/m^2。

(4)能耗方面:混凝土结构为 214 万 kJ/m^2,而钢结构为 196 万 kJ/m^2。

(5)循环利用方面:混凝土结构拆除形成的建筑垃圾,会对环境带来较大冲击,而钢结构可循环利用,冶炼废钢较铁矿石可节能60%、节水40%、减少废气86%、废水76%和废渣97%。全世界所有的钢材产品中,有50%都是由回收资源生产得到的,这样可减小固化能耗、污染以及资源损耗。钢结构节能减排和无限循环利用的优势是混凝土结构无法相比的。

综上所述,钢结构桥梁结构性能优异,且具有显著的环保优势。虽然初期建设成本较高,但全寿命周期成本与混凝土桥梁相差不大。钢结构建筑80%以上的材料可回收利用,形成钢材的战略资源储备,使城市成为一座隐形的钢铁矿山。正因如此,发达国家近年来新建桥梁中,钢桥占绝对优势,当然这也和发达国家土地、人工及砂石利用价格较高有关。

(三)我国钢桥的未来

相对于钢筋混凝土桥梁,钢结构桥梁具有自重轻、跨越能力强、材料力学性能明确、破坏机理清晰、抗震性能好、质量可靠度高、耐久性好、使用寿命长、易于工厂化自动化生产、施工速度快、建造周期短、抗震性能好、节能环保、可循环使用、综合能耗低、对环境影响小等优点。在良好的使用和养护条件下,钢结构桥梁使用寿命可以达到100年以上。从桥梁建设品质、结构耐久性、资源节约和全寿命周期成本等方面综合分析,钢结构桥梁较钢筋混凝土桥梁有明显的优势。目前,世界发达国家已逐步发展到了以钢结构桥梁为主的阶段,法国、日本、美国的钢结构桥梁比例已经分别达到了85%、41%、35%,国际上钢结构桥梁已成为桥梁建设的主流发展方向。相比较而言,我国的钢结构桥梁应用不够广泛,占桥梁总数尚不到1%,目前主要应用在特大跨径桥梁上。

当前,我国钢铁产能利用率不足70%,远低于正常水平,钢铁行业去产能、去库存的形势紧迫,需要各行业加大支持力度,来帮助化解产能过剩。同时也需要设计人员重视环境和资源,贯彻国家和行业的宏观要求,拥有产业链纵深思维。近年来,我国每年新增桥梁约2.8万座,是使用钢材的重要领域。当前,适逢我国钢材价格较低的有利机遇,在公路建设中加快推广钢结构桥梁既是当前我国经济形势的现实需要,也是按照国家供给侧结构性改革要求加快推进钢结构桥梁的重要发展机遇,符合行业发展趋势,对我国桥梁和相关产业的发展具有重要意义。

在人类的发展史上,一座桥梁百年寿命如白驹过隙,桥梁的建设和拆除将有无数次的循环,如不重视桥梁建设的绿色环保和可持续发展,将给地球带来巨大麻烦。2016年4月交通运输部印发《关于推进公路钢结构桥梁建设的指导意见》,决定推进钢箱梁、钢桁梁、钢混组合梁等公路钢结构桥梁建设,提升公路桥梁品质,发挥钢结构桥梁性能优势,助推公路建设转型升级。为顺利推进钢结构桥梁建设,该指导意见提出了7条重点措施:

(1)加强方案比选,鼓励选用钢结构桥梁。从工程可行性研究阶段开始,综合考虑桥梁建设成本、安全耐久、管理养护等方面的因素,加强对混凝土桥梁和钢结构桥梁方案进行比选论证,鼓励择优选用钢结构桥梁。

(2)合理选型,更好地发挥钢结构桥梁的优势。根据桥梁使用功能和所处区域环境综合确定桥梁结构形式。

(3)重视钢结构桥梁的构造设计。在环境条件适合的项目中推广使用耐候钢,提高结构抵抗自然环境腐蚀能力,降低养护成本。

(4)全面提高结构可维护性。桥梁设计充分考虑后期管理养护的功能性需要,完善检修构造措施,做到可达、可检、可修、可换,提高日常检测维修工作的便利性、安全性。

(5)推进钢结构桥梁工业化、标准化、智能化建造。大力推进钢结构桥梁建设标准化设计、工业化生产、装配化施工,提升桥梁工程的品质。

(6)完善相关标准和定额。认真总结现有钢结构桥梁技术标准执行情况和建设、管理、养护经验,针对钢结构桥梁推广使用过程中的问题,及时修订完善相关标准规范。

(7)加强专业人才培养。鼓励高校、科研、设计、制造、安装、管养等单位加强钢结构专业人才引进和培养。

客观地讲,钢桥的设计、施工及养护与普通混凝土桥梁相比有较大区别,像其他制造业一样,需要更加专业的技术人才,进行更加精细化的工作,才能保证钢桥安全,并节约成本,使钢桥更有竞争力。这也是实现我国由桥梁大国向桥梁强国发展的必经之路。

第三节　钢桥设计一般规定

一、钢桥设计基本原则

桥梁是道路的重要组成部分,特别是大、中桥梁对当地的政治、经济、国防等都具有重要意义。除了跨越河流与道路等障碍需要外,在路线中,当道路所处的土方路段的基础为厚软基时,桥梁方案可与道路方案做比较;对于城市道路,由于土地资源稀缺,建设桥梁可以节约土地,因此桥梁方案也可与道路方案做比较。

桥梁的桥型、跨径、孔数设计应遵循安全、耐久、适用、环保、经济、美观的原则,并根据公路功能和技术等级,考虑因地制宜、就地取材、便于施工和养护等因素进行总体设计,在设计使用年限内应满足规定的正常交通荷载通行的需要。

近些年的桥梁安全事故,使桥梁工程设计者和管理者认识到结构物的安全、耐久是最基本的要求。在保证安全和耐久的前提下,桥梁设计要优先考虑满足功能需求,即要满足"适用"的要求,再根据具体情况考虑环保、经济和美观的要求。环保问题关系到社会的可持续发展,必须给予高度重视。

与设计其他工程结构物一样,在钢结构桥梁设计中必须考虑下述各项要求。

1. 安全

桥梁结构及其各部分构件,在制造、运输、安装和运营过程中应具有足够的强度、刚度、稳定性和抗疲劳能力。桥梁结构的强度应使全部构件及其连接的材料抗力和承载能力具有足够的安全储备。对于刚度的要求,应使桥梁在荷载作用下的变形不超过规定的容许值,过大的变形会使结构连接松弛,而且会导致高速行车困难,引起桥梁剧烈的振动,使行人不适,严重者会危及桥梁结构的安全。结构的稳定性,是指使桥梁结构在各种外力的作用下,具有能保持原来形状和位置的能力,如桥跨结构和墩台的整体不致倾倒和滑移,受压构件不致引起纵向屈曲失稳等。结构的抗疲劳能力,是指在使用年限内,在重复车辆荷载、风荷载等交变荷载的作用下桥梁钢结构构件和连接抵抗产生疲劳裂纹或断裂的能力。

桥梁除了具有上述抵抗各种作用的能力外,还需有抵抗偶然作用和地震作用的能力。位于河道中或具有通航要求的桥梁,还应具有抵抗漂流物撞击和船撞的能力。在地震区修建桥梁时,结构还要满足抵御地震破坏力的要求。尤其是刚度较小桥梁,还要考虑抗风安全问题。为了加强桥梁的安全管理,增强安全风险意识,优化工程建设方案,提高工程建设和运营的安全性,桥梁设计阶段须开展风险评估工作。

2. 耐久

结构的耐久性是指在设计确定的环境作用和养护、使用条件下,结构及其构件在设计使用年限内保持其安全性和适用性的能力。设计使用年限是体现桥梁结构耐久性的重要指标，《公路桥涵设计通用规范》(JTG D60—2015)(简称《公桥通规》)综合考虑了国标的规定、公路功能、技术等级和桥梁重要性等因素，规定了桥梁主体结构和可更换部件设计使用年限的最低值。《公路钢结构桥梁设计规范》(JTG D64—2015)(简称《公路钢桥规范》)规定：公路钢结构桥梁应进行耐久性设计，特大桥、大桥、中桥主体结构应按不小于100年设计使用年限进行设计，高速公路、一级公路、二级公路上的小桥主体结构宜按不小于100年设计使用年限进行设计。《公路钢桥规范》比《公桥通规》对使用年限的规定有所提高，这是考虑到钢材的材料性能比较优异，在正常设计、正常施工和正常使用并做好防腐等耐久性措施的前提下，可以达到要求的年限，并且不增加过多的经济成本，这一要求也得到了行业内专家的认可。可更换构件的设计使用年限低于桥涵主体结构，在设计使用年限内需要进行维修和更换，比较典型的构件包括斜拉索、吊杆、伸缩装置、支座等。在桥梁设计中，应考虑未来维修、更换的需要。这些构件具体使用寿命要求见《公桥通规》。

桥梁应按照设计使用年限和环境条件进行耐久性设计。耐久性设计时需通过勘察分析影响结构耐久性的环境因素。在桥梁工程开始前，要对桥梁施工现场进行勘察，对于所在地的气候以及地质水文条件、环境进行分析，通过查找相关资料，分析这些因素对桥梁结构耐久性影响的退化机理，最后确定结构耐久性。养护是公路桥涵安全性和耐久性的重要保障，桥梁设计要满足可到达、可检查、可更换的设计要求。对桥梁钢结构部分要做好防腐方案设计和检修通道设计，保证在桥梁运营期间可以再次涂装，便于结构的检查、维修与更换。

3. 适用

根据桥梁的使用功能和交通量合理确定桥梁的纵断面、平面、横断面。桥上的行车道和人行道宽度应保证车辆和人群的安全通行，并应满足将来交通量增长的需要。桥型、跨径大小和桥下净空应满足泄洪、安全通航或通车等要求。桥的两端应方便车辆的进入和疏散，不致产生交通堵塞现象。总之，需通过有效的交通组织设计，确保整体交通安全。

靠近村镇、城市、铁路及水利设施的桥梁，应结合各有关方面的要求适当考虑综合利用，位于农村的桥梁应适当考虑农田排灌的需要。

对于城市桥梁，要考虑可能过桥的管线的需要，可敷设通信电缆、热力管、给水管、电压不高于10kV的配电电缆和压力不超过0.4MPa的燃气管，但必须采取有效的安全防护措施。同时，不得在桥上敷设污水管、压力0.4MPa以上的燃气管和其他可燃、有毒或腐蚀性的液、气体管。

桥梁结构设计应考虑桥面铺装，进行综合设计。桥面铺装应有完善的桥面防水、排水系统。

4. 环保

桥梁设计必须注重低能低碳、有利于环境保护，并考虑可持续发展的问题，在从桥梁建设到使用的整个时间范围内，最大化地节约资源以及减少环境污染，有效控制桥梁施工与使用后对环境造成的不良影响。

在桥梁设计的初始勘探环节，必须有效结合地形地貌进行科学测绘，准确掌握工程施工地形和地质特点，以便于从桥位选择、桥跨布置、规模大小、桥的造型、基础方案、墩身外形、上部结构、施工方法、交通预测等多方面来考虑环境，采取必要的环境监测环保体系，将不利影响减至最低程度。桥梁施工完成后,将桥两端植被恢复或进一步美化桥梁周边的景观,亦属环境保护的内容。尽量采用绿色环保、可回收利用的钢材建造,减少资源消耗和环境污染问题的发生。不采用对环境、人体等有害的涂装、施工工艺。桥梁结构尽可能地采用装配式结构,机械化和工厂化施工,减小对当地环境的影响。

5. 经济

桥梁设计应体现经济上的合理性。在设计中必须进行详细周密的技术经济比较,使桥梁的总造价和材料、能源等的消耗最少。在技术经济比较中,除综合考虑结构形式和施工方法的合理选择外,还应充分考虑桥梁在使用期间的运营条件以及养护和维修等方面的问题,考虑全寿命周期内的综合经济性。此外,能满足快速施工要求,以达到缩短工期目的的桥梁设计,不仅能降低造价,而且提早通车也会带来经济效益。

6. 美观

在安全、耐久、适用和经济的前提下,应尽可能使桥梁具有优美的外形,与周围自然环境和景观相协调。城市桥梁和游览地区的桥梁,可较多地考虑建筑艺术上的要求。特大桥和上跨高速公路、一级公路的跨线桥,应结合自然环境与桥梁结构特点进行景观设计。合理的结构布局和轮廓是美观的主要因素。桥梁各部分结构在空间中应具有和谐的比例,注意对细部构造的美学处理,不应把美观片面地理解为豪华的细部装饰和猎奇、复杂、怪异的结构。

7. 可施工性

公路钢结构桥梁设计应提出对制作、运输、安装方面的要求。结合我国的制造工艺和装备,选择合理的便于制作和安装的结构形式,宜采用标准化、通用化的结构单元和构件,便于自动化施工。结合所拟定的架梁方案、起吊设备的最大吊重和最大吊距以及运输条件,考虑构件长度及重量,便于架设和运输。注重构造与连接细节设计,留有足够的制作空间,特别是重要受力接头部位,要便于检查人员和检测设备进入,便于日常检查和维护。

二、桥梁所受的作用

(一)桥梁作用分类

根据桥梁的功能,桥梁结构除了承受本身自重和各种附加恒载作用外,在设计使用年限内应满足规定的正常交通荷载通行的需要,主要承受桥上如火车、各种汽车以及各种非机动车和人群荷载等交通荷载的作用。而且桥梁结构处在自然环境之中,还要承受各种自然因素的影响,如风力、温度变化、水流冲击以及地震作用等。桥梁所受作用示意如图1-39所示。

作用是指施加在结构上的集中力或分布力(直接作用,也称荷载)和引起结构外加变形或约束变形的原因(间接作用)。引起结构反应的原因可以按作用的性质分为截然不同的两类:一类是施加于结构上的外力,如车辆、人群、结构自

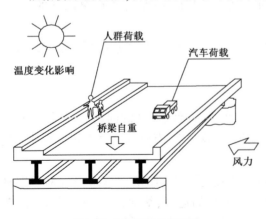

图1-39 桥梁所受作用示意

重等,它们是直接施加于结构上的,可用"荷载"这一术语来概括;另一类不是以外力形式施加于结构,它们产生的效应与结构本身的特性、结构所处的环境等有关,如地震、基础变位、混凝土收缩和徐变、温度变化等,它们是间接作用于结构,如果也称"荷载",容易引起人们的误解。因此,目前国际上普遍将所有引起结构反应的原因统称为"作用",而"荷载"仅限于表达施加于结构上的直接作用。《公桥通规》中将桥梁作用(action)分为四大类,即永久作用(permanent action)、可变作用(variable action)、偶然作用(accidental action)和地震作用(earthquake action),见表1-1。

桥梁所受作用的分类　　　　表1-1

编号	作用分类	作用名称
1	永久作用	结构重力(包括结构附加重力)
2		预加力
3		土的重力
4		土侧压力
5		混凝土收缩及徐变作用
6		水的浮力
7		基础变位作用
8	可变作用	汽车荷载
9		汽车冲击力
10		汽车离心力
11		汽车引起的土侧压力
12		汽车制动力
13		人群荷载
14		疲劳荷载
15		风荷载
16		流水压力
17		冰压力
18		波浪力
19		温度(均匀温度和梯度温度)作用
20		支座摩阻力
21	偶然作用	船舶的撞击作用
22		漂流物的撞击作用
23		汽车撞击作用
24	地震作用	地震作用

表1-1中各作用的详细计算可参考《公桥通规》规定,本书不做介绍。下面只对汽车荷载、疲劳荷载和温度作用进行说明。

(二)汽车荷载

1.公路汽车荷载

《公桥通规》将公路桥梁汽车荷载分为公路-Ⅰ级和公路-Ⅱ级两个等级。高速公路、一级公路、二级公路上的桥梁，汽车荷载等级应采用公路-Ⅰ级；三级公路和四级公路上的桥梁，汽车荷载等级应采用公路-Ⅱ级。二级公路作为集散公路且交通量小，重型车辆少时，其桥涵的设计可采用公路-Ⅱ级汽车荷载。对于交通组成中重载交通比重较大的公路桥涵，宜采用与该公路交通组成相适应的汽车荷载模式进行结构整体和局部验算。

汽车荷载分车道荷载和车辆荷载两种形式。

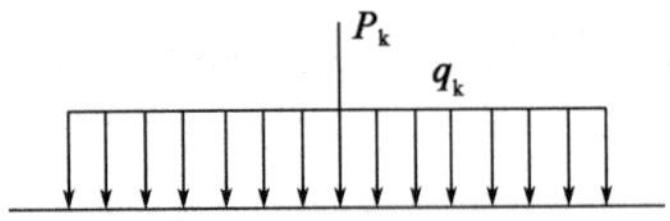

车道荷载由均布荷载和集中荷载组成。桥梁结构的整体计算采用车道荷载；桥梁结构的局部加载、涵洞、桥台和挡土墙土压力等的计算采用车辆荷载。车道荷载与车辆荷载的作用不得叠加。车道荷载的计算图式如图1-40所示。

图1-40 桥梁车道荷载

公路-Ⅰ级车道荷载的均布荷载标准值为 $q_k = 10.5 \text{kN/m}$。集中荷载标准值 P_k 取值见表1-2：桥梁计算跨径 $L_0 \leq 5\text{m}$ 时，$P_k = 270\text{kN}$；桥梁计算跨径 $L_0 \geq 50\text{m}$ 时，$P_k = 360\text{kN}$；桥梁计算跨径 $5\text{m} < L_0 < 50\text{m}$ 时，P_k 值采用直线内插求得，$P_k = 2(L_0 + 130)$（L_0 以 m 计）。计算剪力效应时，上述集中荷载的标准值 P_k 应乘以 1.2 的系数。

集中荷载 P_k 取值 表1-2

计算跨径 L_0(m)	$L_0 \leq 5$	$5 < L_0 < 50$	$L_0 \geq 50$
P_k(kN)	270	$2(L_0 + 130)$	360

注：计算跨径 L_0，对于设支座的桥梁，L_0 为相邻两支座中心间的水平距离；对于不设支座的桥梁，L_0 为上、下部结构相交面中心间的水平距离。

公路-Ⅱ级车道荷载的均布荷载标准值 q_k 和集中荷载标准值 P_k 为公路-Ⅰ级车道荷载的 0.75 倍。

桥梁设计时，应根据设计车道数布置车道荷载。每条设计车道上均应布置车道荷载。车道的均布荷载标准值应满布于使结构产生最不利效应的同号影响线上，集中荷载标准值只作用于相应影响线中一个影响线峰值处。

公路桥梁设计车道数应符合表1-3的规定。横桥向布置多车道汽车荷载时应考虑多车道汽车荷载的折减；布置一条车道汽车荷载时，应考虑汽车荷载的提高。横向车道布载系数应符合表1-4的规定。多车道布载的荷载效应不得小于两条车道布载的荷载效应。

公路桥梁设计车道数 表1-3

桥面行车道宽度 W(m)		桥涵设计车道数（条）
单向行驶桥梁	双向行驶桥梁	
$W < 7.0$		1
$7.0 \leq W < 10.5$	$6.0 \leq W < 14.0$	2
$10.5 \leq W < 14.0$		3
$14.0 \leq W < 17.5$	$14.0 \leq W < 21.0$	4
$17.5 \leq W < 21.0$		5
$21.0 \leq W < 24.5$	$21.0 \leq W < 28.0$	6
$24.5 \leq W < 28.0$		7
$28.0 \leq W < 31.5$	$28.0 \leq W < 35.0$	8

横向车道布载系数　　　　　　　　　　　　　　　　　　　　　　　　　表1-4

横向布置设计车道数(条)	1	2	3	4	5	6	7	8
横向折减系数	1.20	1.00	0.78	0.67	0.60	0.55	0.52	0.50

大跨径桥梁上的汽车荷载应考虑纵向折减。当桥梁计算跨径 $L_0 > 150\text{m}$ 时,应按表1-5规定的纵向折减系数进行折减。当为多跨连续结构时,整个结构均应按最大的计算跨径考虑汽车荷载效应的纵向折减。

纵向折减系数　　　　　　　　　　　　　　　　　　　　　　　　　　　表1-5

计算跨径 L_0(m)	纵向折减系数	计算跨径 L_0(m)	纵向折减系数
$150 \leqslant L_0 < 400$	0.97	$800 \leqslant L_0 < 1\,000$	0.94
$400 \leqslant L_0 < 600$	0.96	$L_0 \geqslant 1\,000$	0.93
$600 \leqslant L_0 < 800$	0.95		

车道荷载的横向分布系数应按设计车道数布置车辆荷载进行计算,如图1-41所示。

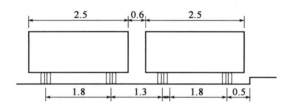

图1-41　公路桥梁车辆荷载横向布置(尺寸单位:m)

公路桥梁车辆荷载的立面、平面尺寸如图1-42所示,其主要技术指标规定见表1-6。公路-Ⅰ级和公路-Ⅱ级汽车荷载采用相同的车辆荷载标准值。

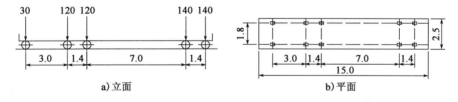

a)立面　　　　　　　　　　　　　　　　　b)平面

图1-42　公路桥梁车辆荷载布置(尺寸单位:m;荷载单位:kN)

公路桥梁车辆荷载主要技术指标　　　　　　　　　　　　　　　　　　表1-6

项目	单位	技术指标	项目	单位	技术指标
车辆重力标准值	kN	550	轮距	m	1.8
前轴重力标准值	kN	30	前轮着地宽度及长度	m	0.3×0.2
中轴重力标准值	kN	2×120	中、后轮着地宽度及长度	m	0.6×0.2
后轴重力标准值	kN	2×140	车辆外形尺寸(长×宽)	m	15×2.5
轴距	m	3+1.4+7+1.4			

2. 城市汽车荷载

《城市桥梁设计规范》(CJJ 11—2011)(简称《城桥规范》)规定,桥梁设计时,汽车荷载的计算图式、荷载等级及其标准值、加载方法和纵横向折减等应符合下列规定。

(1)汽车荷载应分为城-A级和城-B级两个等级。

(2)汽车荷载应由车道荷载和车辆荷载组成。车道荷载应由均布荷载和集中荷载组成。桥梁结构的整体计算应采用车道荷载,桥梁结构的局部加载、桥台和挡土墙压力等的计算应采用车辆荷载。

(3)车道荷载的计算应符合下列规定。

①城-A级车道荷载的均布荷载标准值(q_k)应为10.5kN/m。集中荷载标准值(P_k)的选取:当桥梁计算跨径小于或等于5m时,P_k = 180kN;当桥梁计算跨径大于或等于50m时,P_k = 360kN;当桥梁计算跨径在5~50m之间时,P_k值应采用直线内插求得。当计算剪力效应时,集中荷载标准值(P_k)应乘以1.2的系数。

②城-B级车道荷载的均布荷载标准值(q_k)和集中荷载标准值(P_k)应按城-A级车道荷载的75%采用。

③车道荷载的均布荷载标准值应满布于使结构产生最不利效应的同号影响线上;集中荷载标准值应只作用于相应影响线中的一个最大影响线峰值处。

(4)车辆荷载的立面、平面布置及标准值应符合下列规定:

①城-A级车辆荷载的立面、平面、横桥向布置如图1-43所示,相应标准值应符合表1-7的规定。

车轴编号	1	2	3	4	5
轴重(kN)	60	140	140	200	160
轮重(kN)	30	70	70	100	80

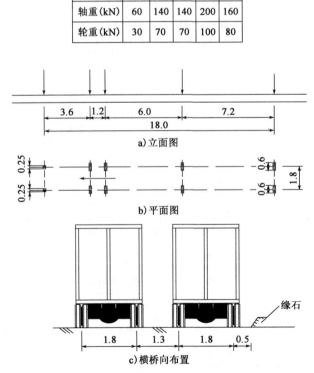

图1-43 城-A级车辆荷载立面、平面、横桥向布置(尺寸单位:m)

城-A级车辆荷载 表1-7

车轴编号	1	2	3	4	5
轴重(kN)	60	140	140	200	160
轮重(kN)	30	70	70	100	80
纵向轴距(m)		3.6	1.2	6	7.2
每组车轮的横向中距(m)	1.8	1.8	1.8	1.8	1.8
车轮着地的宽度(m)×长度(m)	0.25×0.25	0.6×0.25	0.6×0.25	0.6×0.25	0.6×0.25

②城-B级车辆荷载的立面、平面布置及标准值应采用《公桥通规》中车辆荷载的规定值。

(5)车道荷载横向分布系数,多车道的横向折减系数,大跨径桥梁的纵向折减系数,汽车荷载的冲击力、离心力、制动力及车辆荷载引起的桥台或挡土墙后填土破坏棱体上的土侧压力等均应按《公桥通规》的规定计算。

《城桥规范》规定,主干路设计汽车荷载应采用城-A级,支路应采用城-B级;快速路、次干路上如重型车辆行驶频繁时,设计汽车荷载应选用城-A级,否则用城-B级;小城市中的支路上如重型车辆较少时,设计汽车荷载可采用城-B级,车道荷载效应乘以0.8的折减系数,车辆荷载效应乘以0.7的折减系数;小型车专用道路,设计汽车荷载可采用城-B级,车道荷载效应乘以0.6的折减系数,车辆荷载效应乘以0.5的折减系数。

(三)疲劳荷载

对大多数公路桥梁结构,汽车荷载是导致疲劳破坏的主要因素,故《公路钢桥规范》中规定通过汽车荷载进行疲劳验算,并根据不同的疲劳验算状况分为三种疲劳荷载计算模型。

1. 疲劳荷载计算模型Ⅰ

采用等效的车道荷载,车道荷载的计算图式如图1-40所示。集中荷载为$0.7P_k$,均布荷载为$0.3q_k$。疲劳荷载计算模型Ⅰ横桥向布置多车道汽车荷载时,应考虑疲劳荷载多车道折减,横向车道布载系数应符合表1-4的规定。布置一条车道汽车荷载时,应考虑汽车荷载的提高。多车道布载的荷载效应不得小于两条车道布载的荷载效应。大跨径桥梁上的汽车荷载应考虑纵向折减。当桥梁计算跨径$L_0 \geq 150m$时,应按表1-5规定的纵向折减系数进行折减。当为多跨连续结构时,整个结构应按最大的计算跨径考虑汽车荷载效应的纵向折减。

疲劳荷载计算模型Ⅰ对应于无限寿命设计方法,这种方法考虑的是构件永不出现疲劳破坏的情况。与其他疲劳计算模型相比,该模型比较保守,特别是对有效影响线长度超过110m的桥梁。

2. 疲劳荷载计算模型Ⅱ

当构件和连接不满足疲劳荷载模型Ⅰ验算要求时,按模型Ⅱ验算,模型Ⅱ用于验算全局受力构件在其设计使用期内的安全性。疲劳荷载模型Ⅱ采用双车模型,两辆模型车轴距与轴重相同,其单车的轴重与轴距布置如图1-44所示。加载时,两模型车的中心距不得小于40m。疲劳荷载计算模型Ⅱ仅按单车道加载,多车道效应通过多车道效应系数考虑。

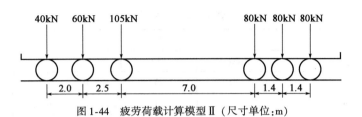

图 1-44 疲劳荷载计算模型Ⅱ（尺寸单位：m）

3. 疲劳荷载计算模型Ⅲ

桥面系构件应采用疲劳荷载计算模型Ⅲ。该计算模型为单车模型，模型车轴载及分布见图 1-45。疲劳荷载计算模型Ⅲ车重最重，轮数较少，适用于正交异性板、横隔板/梁、纵梁等直接承受车轮荷载的构件的疲劳验算。考虑到这些构件对车轮位置更加敏感，图 1-45 给出了这种疲劳车的横向轮距以及轮胎接地面积。疲劳荷载计算模型Ⅲ不考虑后跟其他车辆的情况。

采用疲劳荷载计算模型Ⅲ计算疲劳应力时，应考虑车轮在车道上的横向位置概率，概率分布如图 1-46 所示。加载区域 1 应布置在横向最不利位置。正交异性钢桥面板各疲劳细节对车载不敏感，仅对轮载敏感，且由于正交异性钢桥面板各疲劳细节的有效影响面范围狭小，变化幅度大，因此疲劳细节还对轮载的横向位置十分敏感。

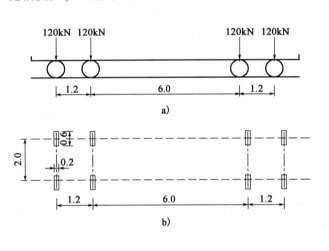

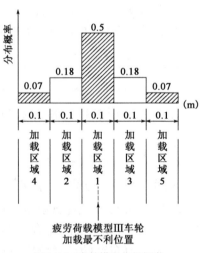

图 1-45 疲劳荷载模型Ⅲ（尺寸单位：m）　　图 1-46 车轮横向位置概率

采用疲劳荷载计算模型Ⅲ进行加载的具体步骤说明如下：

（1）首先建立正交异性板的局部有限元模型，计算各疲劳细节的影响面。

（2）找出疲劳影响线上应力数值最大的点，该点所对应的影响线为加载区域 1，加载区域 1 向两侧横向偏移 0.1m 对应的影响线分别为加载区域 2 和 3。加载区域 1 向两侧横向偏移 0.2m 对应的影响线分别为加载区域 4 和 5。

（3）将荷载计算模型Ⅲ的轮载分别加载于加载区域 1~5，并分别算出对应的最大应力 $\sigma_{pmax,i}$ 和最小应力 $\sigma_{pmin,i}$。其中，i 为区域编号。按轮载落入各区域的概率算得 $\Delta\sigma_{E2}$。$\Delta\sigma_{E2}$ 为按 2.0×10^6 次常幅疲劳循环换算得到的等效常值应力幅（MPa）。具体算法参考《公路钢桥规范》。

疲劳荷载计算模型Ⅱ以及疲劳荷载计算模型Ⅲ加载仅按单车道加载，多车道效应通过多车道效应系数考虑，具体参见表 1-4。

(四)人群荷载

《公桥通规》规定,公路桥梁设置人行道时,人群荷载标准值按下面规定计算:

(1)当桥梁计算跨径 $L_0 \leq 50$m 时,人群荷载标准值为 3.0kN/m^2;当桥梁计算跨径 $L_0 \geq 150$m 时,人群荷载标准值为 2.5kN/m^2;当桥梁计算跨径 L_0 在 $50 \sim 150$m 之间时,可由线性内插得到人群荷载标准值,人群荷载标准值(kN/m^2)为 $3.25 - 0.005L_0$(L_0 以 m 计)。跨径不等的连续结构,采用最大计算跨径的人群荷载标准值。

(2)非机动车、行人密集的公路桥梁,人群荷载标准值为上述标准值的 1.15 倍。

(3)专用人行桥梁,人群荷载标准值为 3.5kN/m^2。

(4)人行道板(局部构件)可以以一块板为单元,按标准值 4.0kN/m^2 的均布荷载计算。

人群荷载对于一般的公路桥梁和城市桥梁而言不是主要荷载,通常与车辆荷载组合进行计算。但对于人行道的局部构件、栏杆和专用人行桥来说,却起控制作用。因此,在管理上,对于柔性的人行桥,应注意特殊场合下人群荷载在桥梁横向的严重不均衡和有意无意的动力冲击。

《城桥规范》规定:

(1)人行道板的人行荷载按 5kPa 的均布荷载或 1.5kN 的竖向集中荷载作用在一块构件上分别计算,并取其不利者。

(2)梁、桁、拱及其他大跨结构的人群荷载 W,可按照式(1-1)、式(1-2)计算,且 W 值在任何情况下不得小于 2.4kPa。

当加载长度 $L < 20$m 时:

$$W = 5 \times \frac{20 - w_p}{20} \tag{1-1}$$

当加载长度 $L \geq 20$m 时:

$$W = \left(4.5 - 2 \times \frac{L - 20}{80}\right)\left(\frac{20 - w_p}{20}\right) \tag{1-2}$$

式中:W——单位面积上的人群荷载(kPa);

L——加载长度(m);

w_p——单边人行道宽(m),在专用非机动车桥上为 1/2 桥宽,大于 4m 时仍按 4m 计。

(3)检修道上设计人群荷载应按 2kPa 的均布荷载或 1.2kN 的竖向集中荷载作用在短跨小构件上分别计算,取其不利者。计算与检修道相连构件,当计入车辆荷载或人群荷载时,可不计检修道上的人群荷载。

(4)专用人行桥和人行通道的人群荷载应按现行《城市人行天桥与人行地道技术规范》(CJJ 69)的有关规定执行。

(五)温度作用

桥梁结构处于自然环境中,将受到温度作用的影响,例如,常年气温变化导致桥梁沿纵向均匀地位移,这种位移不产生结构内力,只有当结构的位移受到约束时才会引起温度次内力。这是温度作用的一种形式。太阳辐射是温度作用的另一种形式,它使结构沿高度或宽度方向形成非线性的温度梯度,导致结构产生次应力。前者为均匀温度作用,后者为梯度温度作用。

1. 均匀温度作用

当桥梁结构要考虑温度作用时,应根据当地具体情况、结构物使用的材料和施工条件等因素计算由温度作用引起的结构效应。各种结构的线膨胀系数见表1-8。

线膨胀系数　　　　　　　　　　　表1-8

结构种类	线膨胀系数（℃$^{-1}$）
钢结构	0.000 012
混凝土和钢筋混凝土及预应力混凝土结构	0.000 010
混凝土预制块砌体	0.000 009
石砌体	0.000 008

计算桥梁结构因均匀温度作用引起的外加变形或约束变形时,应从受到约束时的结构温度开始,考虑最高和最低有效温度的作用效应。当缺乏实际调查资料时,公路混凝土结构和钢结构的最高和最低有效温度标准值可按表1-9取用。

公路桥梁结构的有效温度标准值（℃）　　　　　表1-9

气候分区	钢桥面板钢桥		混凝土桥面板钢桥		混凝土、石桥	
	最高	最低	最高	最低	最高	最低
严寒地区	46	-43	39	-32	34	-23
寒冷地区	46	-21	39	-15	34	-10
温热地区	46	-9(-3)	39	-6(-1)	34	-3(0)

注:1. 全国气候分区见《公桥通规》附录A。
　　2. 表中括号内数值适用于昆明、南宁、广州、福州地区。

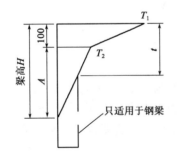

图1-47　竖向温度梯度曲线(尺寸单位:mm)
A-混凝土结构高度,当梁高 $H<400$ mm 时,$A=H-100$(mm);梁高 $H\geqslant400$ mm 时,$A=300$ mm;带混凝土桥面板的钢结构 $A=300$ mm;t-混凝土桥面板的厚度(mm)

2. 竖向温度梯度作用

计算桥梁结构由于竖向温度梯度引起的效应时,可采用图1-47所示的竖向温度梯度曲线,其桥面板表面的最高温度 T_1 见表1-10。竖向温度梯度曲线最高值 T_1 指桥面板表面处,不包括铺装层。铺装层底层为水泥混凝土,顶层为沥青混凝土时,T_1 可根据沥青混凝土厚度取用,不考虑底层水泥混凝土。

混凝土上部结构和带混凝土桥面板的钢结构的竖向日照反温差为正温差乘以 -0.5。

3. 横向温度梯度作用

对于无悬臂的宽幅箱梁,宜考虑横向温度梯度引起的效应。横向温度梯度作用一般根据梁所处的地理位置、环境条件等因素经调查研究确定;无实测温度数据时,可采用图1-48所示的横向梯度温度曲线。图1-48中 B_1 为边箱宽度,B 为箱梁半宽。横向梯度温度取值见表1-11。

竖向日照正温差计算的温度基数　　　　　　　　　　　　表1-10

结构类型	T_1(℃)	T_2(℃)
水泥混凝土铺装	25	6.7
50mm 沥青混凝土铺装层	20	6.7
100mm 沥青混凝土铺装层	14	5.5

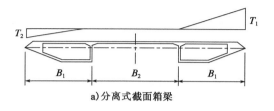
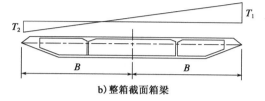

a) 分离式截面箱梁　　　　　　　　　　b) 整箱截面箱梁

图1-48　横向温度梯度计算模式

横向梯度温度取值　　　　　　　　　　　　表1-11

结构类型	T_1(℃)	T_2(℃)
混凝土箱梁	4.0	−2.75
钢箱梁	3.0	−1.5

4. 施工阶段沥青摊铺引起的温度影响

近年来,高等级公路桥面铺装已广泛采用沥青混凝土铺装。沥青混凝土摊铺时要求高温操作,施工时摊铺温度往往可高达150℃左右,如此高的温度将在主梁内引起较大的温差分布。对于采用混凝土桥面板的桥梁,沥青高温摊铺可能会导致主梁混凝土原有裂缝的扩展及新裂缝的产生,影响桥梁结构的耐久性,必要时设计需考虑施工阶段沥青摊铺温度作用影响。

(六)高铁与铁路的列车荷载

《铁路桥涵设计规范》(TB 10002—2017)规定,铁路公路(城市道路)两用桥梁考虑同时承受铁路和公路(城市道路)活载时,铁路活载应按本规范有关规定计算,公路(城市道路)活载应《公路工程技术标准》(JTG B01—2014)[《城市桥梁设计规范》(CJJ 11—2011)]规定的全部活载的75%计算,但对仅承受公路(城市道路)活载的构件,应按公路(城市道路)全部活载计算。

铁路桥涵结构设计采用的列车荷载标准应符合《铁路列车荷载图式》(TB/T 3466—2016)的规定,见表1-12。

铁路列车荷载图式　　　　　　　　　　　　表1-12

线路类型	图式名称	荷载图式	
		普通荷载	特种荷载
高速铁路	ZK	64(kN/m) 200 200(kN) 200 64(kN/m)　任意长度 0.8m 1.6m 1.6m 1.6m 0.8m 任意长度	250 250(kN) 250　1.6m 1.6m 1.6m

续上表

线路类型	图式名称	荷载图式	
		普通荷载	特种荷载
城际铁路	ZC	48(kN/m) 150 150(kN) 150 48(kN/m) 任意长度 0.8m 1.6m 1.6m 1.6m 0.8m 任意长度	190 190(kN) 190 1.6m 1.6m 1.6m
客货共线铁路	ZKH	85(kN/m) 250 250(kN) 250 85(kN/m) 任意长度 0.8m 1.6m 1.6m 1.6m 0.8m 任意长度	250 250(kN) 250 1.4m 1.4m 1.4m
重载铁路	ZH	85z(kN/m) 250z 250z(kN) 250z 85z(kN/m) 任意长度 0.8m 1.6m 1.6m 1.6m 0.8m 任意长度 (荷载系数 z≥1.0)	280z 280z(kN) 280z 1.4m 1.4m 1.4m (z≥1.0)

同时承受多线列车荷载的桥梁,其列车竖向静活载计算应符合下列规定。

(1)采用 ZKH 或 ZH 活载时,双线桥梁结构活载按两条线路在最不利位置承受的 90% 计算;三线、四线桥梁结构活载按所有线路在最不利位置承受的 80% 计算;四线以上桥梁结构活载按所有线路在最不利位置承受的 75% 计算。

(2)采用 ZK 或 ZC 活载时,双线桥梁结构按两条线路在最不利位置承受 100% 的 ZK 或 ZC 活载计算;多于两线的桥梁结构应按以下两种情况最不利者考虑:按两条线路在最不利位置承受 100% 的 ZK 或 ZC 活载,其余线路不承受列车活载;所有线路在最不利位置承受 75% 的 ZK 或 ZC 活载。

(3)桥上所有线路不能同时运营时,应按可能同时运营的线路计算列车竖向力、离心力。

(4)对承受局部活载的杆件均按列车竖向活载的 100% 计算。

(5)对于货物运输方向固定的多线重载铁路桥梁结构,计算列车竖向活载时可根据实际情况考虑相应折减。

设计加载时列车荷载图式可以任意截取。加载的结构(影响线)长度应符合下列规定。

(1)需要加载的结构(影响线)长度超过运营列车最大编组长度时,可采用列车最大编组长度。

(2)对于多符号影响线,可在同符号影响线各区段进行加载。异符号影响线区段长度不大于 15m 时可不加活载;异符号影响线区段长度大于 15m 时,可按空车活载 10kN/m 加载。

(3)用空车检算桥梁各部构件时,竖向活载应按 10kN/m 计算。

(4)疲劳验算时,异符号影响线区段长度均应按活载图式中的均布荷载加载。

《高速铁路设计规范》(TB 10621—2014)规定,列车竖向静活载应采用 ZK 活载,并符合下列规定。

(1)单线或双线的桥梁结构,各线均应计入 ZK 活载作用。

(2)多于两线的桥梁结构应按以下最不利情况考虑:按两条线路在最不利位置承受 ZK 活载,其余线路不承受列车活载;所有线路在最不利位置承受 75% 的 ZK 活载。

(3)设计加载时,活载图式可任意截取。对于多符号影响线,可在同符号影响线各区段进行加载。异符号影响线区段长度不大于 15m 时可不加活载;异符号影响线区段长度大于 15m 时,可按空车活载 10kN/m 加载。

(4)用空车检算桥梁各部构件时,竖向活载应按 10kN/m 计算。

三、结构设计方法

(一)极限状态与设计状况

《公路钢桥规范》采用以概率理论为基础的极限状态设计方法,按分项系数的设计表达式进行钢结构桥梁设计,与公路工程钢筋混凝土桥梁设计保持一致,规定了公路钢结构桥梁两类极限状态。

(1)承载能力极限状态:对应于桥涵结构或构件达到最大承载能力或出现不适于继续承载的变形或变位的状态,包括构件和连接的强度破坏、疲劳破坏,结构、构件丧失稳定及结构倾覆。

(2)正常使用极限状态:对应于桥涵结构或其构件达到正常使用或耐久性能的某项限值的状态,包括影响结构、构件正常使用的变形、振动及影响结构耐久性的局部损坏。

公路钢桥应考虑以下四种设计状况及其相应的极限状态设计。

(1)持久状况:所对应的是桥梁的使用阶段。这个阶段持续的时间很长,要对结构的所有预定功能进行设计,即要进行承载能力极限状态和正常使用极限状态的计算。

(2)短暂状况:所对应的是桥梁的施工阶段和维修阶段。这个阶段的持续时间相对于使用阶段是短暂的,结构体系、结构所承受的作用等与使用阶段也不同,设计要根据具体情况而定。在这个阶段,要进行承载能力极限状态计算,可根据需要作正常使用极限状态计算。

(3)偶然状况:所对应的是桥梁可能遇到的撞击等状况。这种状况出现的概率极小,且持续的时间极短。偶然状况一般只进行承载能力极限状态计算。

(4)地震状况:对应的是桥梁可能遭遇地震的状况,一般只进行承载能力极限状态计算。

设计时,采用的作用及其组合系数应符合《公桥通规》的规定;结构抗震应符合现行《公路工程抗震规范》(JTG B02)的规定。钢桥制造、验收、安装则应符合现行《公路桥涵施工技术规范》(JTG/T 3650)的规定。公路钢结构桥梁设计时,同时应符合现行国家有关标准的规定。

(二)作用效应

1.按承载能力极限状态设计

公路桥涵结构按承载能力极限状态设计时,对持久设计状况和短暂设计状况应采用作用的基本组合,对偶然设计状况应采用作用的偶然组合,对地震设计状况应采用作用的地震组合,并应符合下列规定。

(1)基本组合:永久作用的设计值与可变作用设计值相组合。作用基本组合的效应设计值可按式(1-3)或式(1-4)计算。

$$S_{ud} = \gamma_0 S(\sum_{i=1}^{m} \gamma_{G_i} G_{ik}, \gamma_{Q_1} \gamma_L Q_{1k}, \psi_c \sum_{j=2}^{n} \gamma_{Lj} \gamma_{Q_j} Q_{jk}) \tag{1-3}$$

或

$$S_{ud} = \gamma_0 S(\sum_{i=1}^{m} G_{id}, Q_{1d}, \sum_{j=2}^{n} Q_{jd}) \tag{1-4}$$

上述式中：S_{ud}——承载能力极限状态下作用基本组合的效应设计值；

$S(\ )$——作用组合的效应函数；

γ_0——结构重要性系数，按《公桥通规》表4.1.5-1规定的结构设计安全等级采用，按持久状况和短暂状况承载能力极限状态设计时，公路桥涵结构设计安全等级应不低于表4.1.5-1的规定，对应于设计安全等级一级、二级和三级分别取1.1、1.0和0.9；

γ_{G_i}——第i个永久作用效应的分项系数，应按表1-13的规定采用；

G_{ik}、G_{id}——第i个永久作用的标准值和设计值；

γ_{Q_1}——汽车荷载（含汽车冲击力、离心力）的分项系数，采用车道荷载计算时取$\gamma_{Q_1}=1.4$，采用车辆荷载计算时，其分项系数取$\gamma_{Q_1}=1.8$；当某个可变作用在组合中其效应值超过汽车荷载效应时，则该作用取代汽车荷载，其分项系数取$\gamma_{Q_1}=1.4$；对专为承受某作用而设置的结构或装置，设计时该作用的分项系数取$\gamma_{Q_1}=1.4$；计算人行道板和人行道栏杆的局部荷载，其分项系数也取$\gamma_{Q_1}=1.4$；

Q_{1k}、Q_{1d}——汽车荷载（含汽车冲击力、离心力）的标准值和设计值；

γ_{Q_j}——在作用组合中除汽车荷载（含汽车冲击力、离心力）、风荷载外的其他第j个可变作用效应的分项系数，取$\gamma_{Q_j}=1.4$，但风荷载的分项系数取$\gamma_{Q_j}=1.1$；

Q_{jk}、Q_{jd}——在作用组合中除汽车荷载（含汽车冲击力、离心力）外的其他第j个可变作用的标准值和设计值；

ψ_c——在作用组合中除汽车荷载（含汽车冲击力、离心力）外的其他可变作用的组合值系数，取$\psi_c=0.75$；

$\psi_c Q_{jk}$——在作用组合中除汽车荷载（含汽车冲击力、离心力）外的第j个可变作用的组合值；

γ_{Lj}——第j个可变作用的结构设计使用年限荷载调整系数。公路桥涵结构的设计使用年限按现行《公路工程技术标准》（JTG B01）取值时，可变作用的设计使用年限荷载调整系数取$\gamma_{Lj}=1.0$；否则，γ_{Lj}取值应按专题研究确定。

永久作用效应的分项系数　　　　表1-13

编号	作用类别	永久作用效应分项系数	
		对结构的承载能力不利时	对结构的承载能力有利时
1	混凝土和圬工结构重力（包括结构附加重力）	1.2	1.0
	钢结构（包括结构附加重力）	1.1或1.2	
2	预加力	1.2	1.0
3	土的重力	1.2	1.0
4	混凝土的收缩及徐变作用	1.0	1.0
5	土侧压力	1.4	1.0

续上表

编号	作用类别		永久作用效应分项系数	
			对结构的承载能力不利时	对结构的承载能力有利时
6	水的浮力		1.0	1.0
7	基础变位作用	混凝土和圬工结构	0.5	0.5
		钢结构	1.0	1.0

注:本表编号1中,当钢桥采用钢桥面板时,永久作用效应分项系数取1.1;当采用混凝土桥面板时,取1.2。

当作用与作用效应可按线性关系考虑时,作用基本组合的效应设计值 S_{ud} 可通过作用效应代数相加计算。设计弯桥时,当离心力与制动力同时参与组合时,制动力标准值或设计值按70%取用。

(2)偶然组合:永久作用标准值与可变作用某种代表值、一种偶然作用设计值相组合;与偶然作用同时出现的可变作用,可根据观测资料和工程经验取用频遇值或准永久值。

作用偶然组合的效应设计值可按式(1-5)计算:

$$S_{ad} = S(\sum_{i=1}^{m} G_{ik}, A_d, (\psi_{f1} 或 \psi_{q1}) Q_{1k}, \sum_{j=2}^{n} \psi_{qj} Q_{jk}) \quad (1-5)$$

式中: S_{ad}——承载能力极限状态下作用偶然组合的效应设计值;

A_d——偶然作用的设计值;

ψ_{f1}——汽车荷载(含汽车冲击力、离心力)的频遇值系数,取 $\psi_{f1}=0.7$;当某个可变作用在组合中其效应值超过汽车荷载效应时,则该作用取代汽车荷载,人群荷载 $\psi_f=1.0$,风荷载 $\psi_f=0.75$,温度梯度作用 $\psi_f=0.8$,其他作用 $\psi_f=1.0$;

$\psi_{f1} Q_{1k}$——汽车荷载的频遇值;

ψ_{q1}、ψ_{qj}——第1个和第 j 个可变作用的准永久值系数,汽车荷载(含汽车冲击力、离心力)$\psi_q=0.4$,人群荷载 $\psi_q=0.4$,风荷载 $\psi_q=0.75$,温度梯度作用 $\psi_q=0.8$,其他作用 $\psi_q=1.0$;

$\psi_{q1} Q_{1k}$、$\psi_{qj} Q_{jk}$——第1个和第 j 个可变作用的准永久值。

当作用与作用效应可按线性关系考虑时,作用偶然组合的效应设计值 S_{ad} 可通过作用效应代数相加计算。

(3)作用地震组合的效应设计值应按现行《公路工程抗震规范》(JTG B02)的有关规定计算。

2.按正常使用极限状态设计

公路桥涵结构按正常使用极限状态设计时,应根据不同的设计要求,采用作用的频遇组合或准永久组合,并应符合下列规定。

(1)频遇组合:永久作用标准值与汽车荷载频遇值、其他可变作用准永久值相组合。

作用频遇组合的效应设计值可按式(1-6)计算。

$$S_{fd} = S(\sum_{i=1}^{m} G_{ik}, \psi_{f1} Q_{1k}, \sum_{j=2}^{n} \psi_{qj} Q_{jk}) \quad (1-6)$$

式中:S_{fd}——作用频遇组合的效应设计值;

ψ_{f1}——汽车荷载(不计汽车冲击力)频遇值系数,取0.7。

当作用与作用效应可按线性关系考虑时,作用频遇组合的效应设计值 S_{fd} 可通过作用效应代数相加计算。

(2)准永久组合:永久作用标准值与可变作用准永久值相组合。

作用准永久组合的效应设计值可按式(1-7)计算。

$$S_{qd} = S(\sum_{i=1}^{m} G_{ik}, \sum_{j=1}^{n} \psi_{qj} Q_{jk}) \tag{1-7}$$

式中:S_{qd}——作用准永久组合的效应设计值;

ψ_{qj}——汽车荷载(不计汽车冲击力)准永久值系数,取0.4。

当作用与作用效应可按线性关系考虑时,作用准永久组合的效应设计值S_{qd}可通过作用效应代数相加计算。

当需进行结构构件弹性阶段截面应力计算时,除特别指明外,各作用应采用标准值,作用分项系应取为1.0,各项应力限值应按各设计规范规定采用。

验算结构的抗倾覆、滑动稳定时,稳定系数、各作用的分项系数及摩擦系数,应根据不同结构按各有关桥涵设计规范的规定确定,支座的摩擦系数可按《公桥通规》表4.3.13的规定采用。

构件在吊装、运输时,构件重力应乘以动力系数1.2或0.85,并可视构件具体情况作适当增减。

(三)钢桥结构验算内容

1.承载能力极限状态验算

为了不使结构或构件达到最大承载力或不适于继续承载的变形,设计时应对结构或构件的截面极限强度、构件整体与局部稳定、结构的倾覆稳定及疲劳进行相应验算。对于组合梁桥,必要时尚应进行结构的界面滑移验算。在进行承载能力极限状态计算时,作用(或荷载)组合应采用作用基本组合,结构材料性能应采用强度设计值。

在通常情况下,组合梁桥分阶段施工完成,施工期间存在结构体系转换,因而实际设计时应考虑施工过程的影响,验算施工过程中各阶段的结构承载力及稳定性,必要时尚应进行结构的倾覆验算。除非有特殊要求,短暂状况一般不进行正常使用极限状态计算,通过施工或构造措施,防止构件出现过大的变形或裂缝。

(1)截面极限强度

与钢筋混凝土桥梁结构一样,钢结构桥梁也需要验算关键控制截面强度,采用作用基本组合的效应设计值进行验算。以钢板梁桥为例,应包括控制截面上下翼缘外边缘部位强度验算,控制截面翼缘和腹板交点部位的复合应力验算,中间支座两侧截面的抗剪强度验算。

(2)构件整体稳定

保持稳定是钢结构承载能力极限状态的重要组成部分,对于受压构件、受弯构件及压弯构件均有整体稳定问题。如对于受弯构件,符合《公路钢桥规范》5.3.2中的构造要求的可不进行构件整体稳定验算,否则需要通过计算构件整体稳定折减系数,对极限承载力进行折减。整体稳定计算与极限强度计算相同,均采用作用基本组合的效应设计值验算。

(3)板件局部稳定

在结构或构件没有整体失稳的情况下,宽厚比较小的板件如不发生局部失稳破坏,构件设计仅仅是强度问题,只要保证构件的应力不超过材料的屈服强度即可。当构件壁板发生局部失稳破坏时,板件设计需要考虑稳定对承载力的折减。因此,对于板件局部稳定问题,可以通过对板件宽厚比的控制保证不发生局部失稳,或者通过计算考虑局部稳定的有效截面折减系数来计算结构或构件的承载力从而实现。同样,局部稳定计算与极限强度计算相同,均采用作用基本组合的效应设计值验算。

（4）倾覆稳定

当上部结构由于倾覆力矩而绕桥梁纵轴线旋转时,就会发生倾覆失稳现象,图1-49为某一桥梁绕一排支座倾覆的例子。显然如能保证支座既有足够的抗压能力,又有足够的抗拉能力,那么倾覆就不会发生。但一般支座不能抵抗拉力,这意味着在施工阶段和使用阶段所有控制工况下,必须始终确保支座不出现负反力。

《公路钢桥规范》规定上部结构采用整体式截面的梁桥在持久状况下结构体系不应发生改变,并应按下列规定验算横桥向抗倾覆性能：

①在作用基本组合下,单向受压支座始终保持受压状态。

②当整联只采用单向受压支座支承时,应符合式(1-8)的要求。

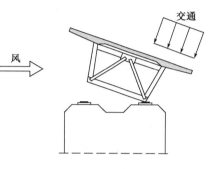

图1-49 整体倾覆

$$\frac{\sum S_{bk,i}}{\sum S_{sk,i}} \geq k_{qf} \tag{1-8}$$

式中：k_{qf}——横向抗倾覆稳定性系数,取$k_{qf}=2.5$；

$\sum S_{bk,i}$——使上部结构稳定的作用基本组合（分项系数均为1.0）的效应设计值；

$\sum S_{sk,i}$——使上部结构失稳的作用基本组合（分项系数均为1.0）的效应设计值。

（5）疲劳

钢桥或组合梁钢结构部分应进行抗疲劳设计,符合现行钢桥规范规定。目前,由于疲劳极限状态的可靠度研究还不完善,疲劳验算仍采用允许应力幅法（安全系数法）按弹性状态计算。钢结构构件抗疲劳设计时,除特别指明外,各作用应采用标准值组合,作用分项系数应取1.0。

2.正常使用极限状态

为了不影响桥梁结构和构件的正常使用和观感,设计时应对结构或构件的变形（挠度或侧移）以及构件的长细比规定相应的限值。对组合梁应进行抗裂、裂缝宽度和挠度验算。在进行正常使用极限状态计算时,作用（或荷载）组合应采用作用频遇组合、准永久组合。

（1）挠度

《公路钢桥规范》规定,在计算竖向挠度时,应按结构力学的方法并应采用不计冲击力的汽车车道荷载频遇值,频遇值系数为1.0计算的挠度值不应超过表1-14规定的限值。

竖向挠度值　　　　　　　　表1-14

钢梁结构形式	简支或连续桁架	简支或连续板梁	梁的悬臂端部	斜拉桥主梁	悬索桥加劲梁
限值	$\frac{l}{500}$	$\frac{l}{500}$	$\frac{l_1}{300}$	$\frac{l}{400}$	$\frac{l}{250}$

注：1.表中l为计算跨径,l_1为悬臂长度。

2.当荷载作用于一个跨径内有可能引起该跨径正负挠度时,计算挠度应为正负挠度绝对值之和。

3.挠度按毛截面计算。

梁桥应设置预拱度,预拱度值宜等于结构自重标准值和 1/2 车道荷载频遇值所产生的竖向挠度之和,频遇值为 1.0,并考虑施工方法和顺序的影响,预拱度设置应保持桥面曲线平顺。

(2)构件容许最大长细比

《公路钢桥规范》规定,构件容许最大长细比应符合表 1-15 的规定。

构件容许最大长细比　　　　　　　　　　　　　　表 1-15

类别	杆件	长细比
主桁架	受压弦杆	100
	受压或受压-拉腹杆	100
	仅受拉力的弦杆	130
	仅受拉力的腹杆	180
联结系构件	纵向联结系、支点处横向联结系和制动联结系的受压或受压-拉构件	130
	中间横向联结系的受压或受压-拉构件	150
	各种联结系的受拉构件	200

注:长细比按《公路钢桥规范》附录 A 计算。

(3)(组合梁)混凝土结构抗裂

组合梁的混凝土桥面板最大裂缝宽度应满足《公路钢筋混凝土及预应力混凝土桥涵设计规范》(JTG 3362—2018)规定的限值要求,采用作用频遇组合效应设计值,不计汽车荷载冲击系数的影响。

【思考题】

1. 钢桥有哪些分类方法?
2. 钢桥的主要结构形式和受力特点是什么?
3. 钢桥桥面板类型和特点是什么?
4. 钢桥横截面类型和特点是什么?
5. 桥梁钢结构的架设方法有哪些?
6. 钢桥混凝土桥面板的施工方法有哪些?
7. 阐述钢桥的发展概况。
8. 什么是可持续发展?可持续指标是什么?
9. 钢桥在绿色环保与可持续发展方面的优越性主要来自哪几个方面?
10. 钢桥设计的基本原则是什么?
11. 列举钢桥疲劳荷载的三种类型及适用条件。
12. 连续钢箱梁需要验算哪些内容?
13. 连续组合梁桥需要验算哪些内容?
14. 谈谈我国钢桥未来发展。
15. 钢桥建设需要哪些方面的人才?

第二章
桥面结构与铺装

桥面系(floor system of bridge)主要由桥面梁格(floor beams or stringers)、桥面板(bridge floor slab)、桥面铺装(bridge deck pavement)、排水防水系统(drainage system)、人行道(sidewalk)或护轮带(curb)、栏杆(railing)、照明灯具(spotlight)和伸缩装置(expansion installation)等组成,如图2-1所示为桥面系的一般构造。桥面板支承于主梁和形成桥面梁格的横梁和纵梁之上,当主梁间距较小时,也可以不设纵梁,把桥面板直接支承于主梁和横梁之上。桥面铺装覆盖在桥面板上,对桥面板起保护作用,并提高桥梁的使用寿命、行车的舒适性与安全性,以及减少车辆经过时引起的振动与噪声。作用在桥面铺装上的车辆荷载、人行道上的人群荷载和其他恒载如桥面铺装、栏杆、防撞护栏等,在一些情况下还包括照明灯具、交通信号灯或者铁路桥上的电缆等,直接作用在桥面板上,通过纵横梁再把桥面板上这些作用产生的效应传递到纵向承重构件上,比如主梁(工字形截面或箱形截面),最终经主梁下面的支座传递到下部结构。

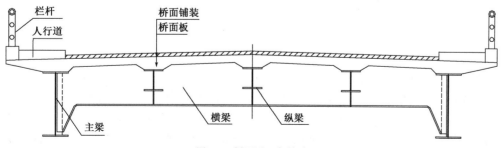

图2-1 桥面系一般构造

桥面系结构可以有多种不同的分类。按照承重结构的主要材料可分为钢桥面板（steel deck plate）、混凝土桥面板（concrete slab）、组合桥面板（composite deck）等。按桥面系承受的荷载和功能不同可分为公路桥桥面和铁路桥桥面。

对于大跨径桥梁，桥面结构自重往往在钢桥的总设计恒载中占有很大的比重，减轻桥面结构质量对于减轻钢桥恒载、提高跨越能力和经济效益有很大的意义。当要求桥梁的自重荷载尽可能减小时，可以考虑整个桥面都采用正交异性钢桥面板。钢桥面板特别适合用于单跨跨径超过120m的大跨桥梁，而且经常被用在悬索桥和斜拉桥中。对于小跨径的桥梁，混凝土桥面板通常要比钢桥面板更经济。在相同条件下，一块高度等于250mm的混凝土桥面板的重量为钢桥面板的3~4倍，但成本仅为后者的1/3左右，而组合桥面板的重量介于钢桥面板和混凝土桥面之间。

由于桥面部分暴露在大气中，容易遭受气温变化和盐害侵蚀，同时桥面结构承受很大的活载及其冲击作用，容易受到不同的损伤，往往需要维修。根据以往的实践，建桥时因对桥面重视不足会导致日后需要经常修补和维护，因此，提高桥面板的耐久性能一直是桥梁设计所追求的目标之一。

第一节　钢桥面板

正交异性钢桥面板是20世纪50年代德国开发的一种桥面结构，具有材料利用率高、自重轻、极限承载力大、钢桥面建筑高度小等优点，是大跨径钢桥和建筑高度受到限制时最为常用的结构形式。由于结构性能优异、节省材料，缓解了第二次世界大战后建筑钢材紧缺的困境，因而在世界各国得到广泛应用。但是，正交异性桥面板最突出的缺点是易于疲劳开裂。最早发现开裂的桥是建于1966年的英国Severn桥，该桥分别于1971年和1977年发现了3种焊接细节疲劳开裂。德国的Haseltal桥和Sinntal桥同样在投入使用不久就出现了疲劳裂纹，此后日本、美国等国家也在桥上相继发现了疲劳裂纹。虽然中国使用正交异性桥面板的历史较短，但由于交通量和车辆轮重都不断增加，也已在多座桥梁的钢桥面板中发现了疲劳裂纹。随着技术的改进和更多成功与失败经验的总结，人们可以大大减少或甚至消除正交异性钢桥面板的疲劳开裂。采用合理的设计和高质量的制造，正交异性钢桥面会具有更长的使用寿命和更低的养护需求，实践证明，正交异性钢桥面板的设计寿命可以达到100年。因此，尽管正交异性钢桥面板初始成本较高，但在生命周期成本上具有较高的竞争性，在大跨径桥梁、需要快速施工的中小跨径桥梁以及地震区桥梁中具有较强的竞争力。

一、钢桥面构造与疲劳细节

钢桥面板与铺装病害

（一）钢桥面板结构构造

钢桥面板由盖板（deck plate）和焊接于盖板下表面相互正交的纵向加劲肋（longitudinal stiffener）、横向加劲肋（transverse stiffener）组成，通常作为钢板梁或者箱梁的上翼缘板（图2-2）。其中，平行于桥轴方向的纵向加劲肋（longitudinal rib）简称为纵肋；垂直于桥轴方向的横向加劲肋（lateral rib）简称为横肋。为了提高桥梁的整体刚度和满足荷载横向分布的需要,需要增加横肋的截面尺寸,增强横肋的刚度,这种截面尺寸和刚度较大的横肋经常称为横梁(lateral beam);对于箱形截面钢梁,箱内往往用横肋板件将箱梁封闭,这种结构称为横隔板(diaphragm)。一般公路钢桥面板的纵肋布置较密,横肋分布较疏,桥面板纵横方向的刚度不同,其受力特性表现为各向异性(anisotropy)。因此,欧美各国便把这种钢桥面板起名叫正交异性钢桥面板(orthotropic steel deck plate)。

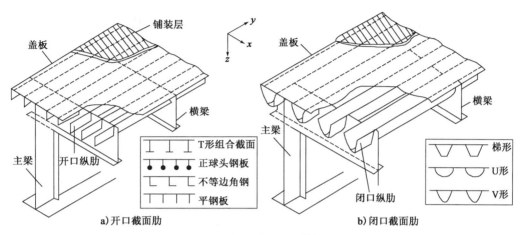

图 2-2 正交异性钢桥面板结构示意

钢桥面板结构构造模型

正交异性钢桥面板作为主梁上翼板的一部分参与主梁共同工作的同时,还要直接承受车轮荷载的作用,受力比较复杂。而且,钢桥面板承受很大的集中荷载,钢板与其加劲肋要承受显著的疲劳荷载,由于桥面结构影响线短,车轮通过一次可能就会发生一次应力循环。钢桥面的设计必须在充分理解它的构造原理、受力特点的基础上,对每一个细部构造均需要合理设计,防止出现应力集中和不利的受力,导致结构的疲劳破坏或其他形式的脆性破坏。因此,正交异性桥面板焊缝细节的处理和施工尤为重要。

钢桥面板的盖板,一般采用平钢板。由于盖板通常兼作主梁的上翼板和钢桥面板的上翼板,它的板厚分别由主梁和桥面板的计算应力确定。正交异性钢桥面铺装体系在车辆荷载作用下具有较强的局部效应,如果盖板的刚度过小,桥面铺装作用在较柔的钢桥面板上,在加劲肋上方的铺装形成高应力区域,将导致铺装过早损坏。同时,钢桥面板疲劳应力幅也会增大,极易产生疲劳破坏。为了提供足够的局部抗弯刚度,钢板不能过薄,需要控制桥面板盖板的局部刚度,尤其位于车道下的钢板,《公路钢桥规范》规定盖板的最小板厚一般不得小于14mm,人行道部分的钢桥面板盖板板厚不应小于10mm。盖板的板厚同时与纵向加劲肋的间距有关,《公路钢桥规范》采用盖板的挠跨比指标表征正交异性钢桥面板的局部刚度,如图2-3所示。规定在车辆荷载作用下,正交异性钢桥面板盖板挠跨比应不大于1/700,其中,跨径为纵向加劲肋腹板间距。挠跨比计算时仅需考虑裸板,即未铺装时桥面盖板在车辆荷载作用下的挠跨比。局部变形越小,钢板的表面铺装层耐久性越好。

钢桥面板的纵肋,有开口截面加劲肋和闭口截面加劲肋两种结构形式(图2-4)。开口截面纵肋,常用平钢板(板肋)和球头钢板(blub plate,球扁钢肋)两种截面形式。球头钢板有形状对称的辊轧凸缘的正球头钢板和形状不对称的偏球头钢板两种。此外,纵肋也可采用不等边角钢以及焊接倒T形截面和倒L形截面形式。其中,平钢板纵肋的结构最为简单,但板宽较大时要求板厚很厚。球头钢板纵肋在一定程度上可以弥补平钢板纵肋的不足,可以减小钢板厚度,在国外球头钢板也有作为型钢生产的,材料比较经济,平钢板和球头钢板纵肋的截面尺寸通常为(10~25)mm×(200~300)mm。焊接倒 T 形截面和倒 L 形截面纵肋,工厂焊接工程量较大,而且工地连接也较困难,故工程实际中较少采用。考虑到桥面板上直接有交通荷载作用,现代正交异性桥面板设计通常不使用开口肋,而箱梁腹板与下翼缘经常应用开口肋。由于开口肋易于弯曲,是弯桥设计的首选。

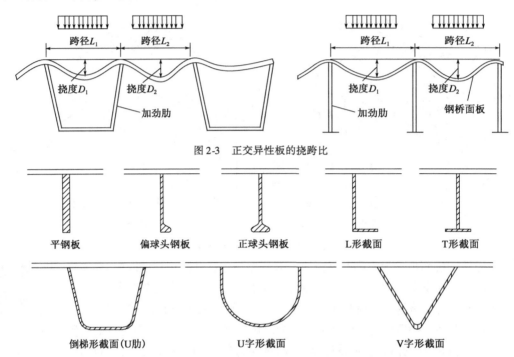

图 2-3 正交异性板的挠跨比

图 2-4 钢桥面板纵肋截面形式(未显示横隔板)

开口截面纵肋构造简单,便于工地连接,但它的抗扭惯性矩较小,受力不如抗扭惯性矩较大的闭口截面纵肋。闭口纵肋有更大的抗弯刚度和抗扭刚度,广泛用于正交异性钢桥面板。较大的抗扭刚度有利于集中荷载的横向分配,也有利于减少桥面板的应力。闭口截面纵肋有倒梯形、V 字形和 U 字形等截面形式。倒梯形和 U 字形纵肋受力较好,能够将重型轮压荷载有效地分配给各个构件,V 字形纵肋受力稍差用得较少。另一方面,U 字形纵肋工厂加工比较方便,但工地连接较困难,用得也较少,而倒梯形纵肋(国内经常称为 U 肋,本书后面也称该种类型为 U 肋)的工厂加工性能和受力性能较好,工地连接也较方便,为工程实际中采用最多的截面形式。由于闭口截面纵肋需要弯制加工,板厚不宜太厚,通常由 8~10mm 厚的钢板轧制

图 2-5 闭口加劲肋几何尺寸图式

或压制而成,在国外 U 肋也有作为型钢生产的,材料比较经济。肋高度在 200~360mm 之间变化,常用的 U 肋上部翼缘宽为 300mm,下部翼缘宽 170mm 左右,对横梁高度比 $h_{rib}/h_{FB}<0.4$ 的纵肋可减少横梁面外刚度。《公路钢桥规范》规定,闭口加劲肋的几何尺寸应满足以下要求(图 2-5):

$$\frac{t_{r}a^{3}}{t_{f}^{3}h'} \leqslant 400 \tag{2-1}$$

式中：t_f——盖板厚度；

t_r——加劲肋腹板厚度；

h'——加劲肋腹板斜向高度；

a——加劲肋腹板最大间距。

纵肋作为钢桥面板的一个组成部分与盖板和横肋共同承受桥面荷载,同时,纵肋还起到防止盖板屈曲的作用。纵肋宜等间距布置,不得已时加劲肋腹板的最大间距不宜超过最小间距的1.2倍。纵肋间距不宜过大,间距过大时盖板有可能在压力作用下发生局部失稳,同时在车轮荷载作用下产生过大变形,影响桥面铺装的使用寿命。但是,纵肋的间距也不宜过小,间距太小不便于桥面板的制作和安装。通常,开口截面纵肋的间距为300~400mm,闭口截面纵肋的间距为600~850mm。

横肋一般采用倒T形截面。横肋与纵肋的交叉处,通常采用纵肋连续通过的结构形式,由于加劲肋的制作和安装需要,交叉处的横肋截面会被削弱,所以,横肋的截面高度比纵肋高,间距也比纵肋大。开口截面纵肋,抵抗局部失稳的能力比闭口截面纵肋小,当采用开口截面纵肋时,横肋(或横隔板)间距要小一些,通常不大于3.0m;当采用闭口截面纵肋时,横肋(或横隔板)间距通常不大于4.0m。横肋的截面尺寸一般由计算确定。尽管在闭口肋体系中纵肋的跨径有变大的趋势,但受限于大量的横梁腹板切口,这些切口对横梁的剪切抗力不利。另外,桥面板局部弯曲产生变形还会导致铺装层的过早破坏。

(二)钢桥面板连接构造

钢桥面的连接分为工厂连接和工地连接。工厂连接是将盖板、纵肋及横肋在工厂连接成具有一定刚度的桥面板单元。盖板与纵肋及横肋的连接,主要承受桥面板的弯曲剪应力,可以采用角焊缝连接。开口纵肋与桥面板盖板之间焊缝可两面施焊,并且可采用角焊缝。闭口纵肋与桥面板盖板之间的焊接,主要有单侧部分熔透焊、双侧部分熔透焊和全熔透焊等几种形式。焊接应采用自动化或半自动化焊接设备,在施焊过程中,应保证焊接的连续性。U肋与盖板的单侧部分熔透焊可采用气体保护焊或者埋弧焊焊接工艺,双侧部分熔透焊和双侧全熔透焊可采用"内侧埋弧焊+外侧埋弧焊""内侧气体保护焊+外侧埋弧焊""内侧气体保护焊+外侧气体保护焊(深熔焊)"的焊接工艺。《公路钢桥规范》规定,U肋与盖板单侧焊接熔透深度不得小于加劲肋板厚的80%,焊缝有效喉高不得小于纵向加劲肋的厚度。图2-6为欧洲规范给出的U肋与盖板部分熔透焊缝形式。在焊接之前使用紧密安装有助于防止焊接穿透,其间隙宜小于0.5mm,但不能大于2mm。

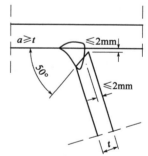

图2-6 U肋与盖板部分熔透焊缝(欧洲规范)

钢桥面作为主梁的一部分,纵肋与盖板参与主梁共同受力,承受主梁的正应力和扭转剪应力,并考虑到桥面板疲劳承载力,通常要求纵肋具有较好的连续性。纵向加劲肋与横向加劲肋相交处,将横向加劲肋开孔处理从而使纵向加劲肋穿过(图2-7)。为提高桥面板的抗疲劳性能,横隔板与盖板和U肋间的组装间隙不得大于1.0mm,两者之间应采用角焊缝焊接。

为了使盖板与U肋的焊缝不间断地从横肋(横梁或横隔板)腹板通过,经常在腹板顶部角落设置过焊孔。为防止加劲肋处盖板由于存在过焊孔而导致疲劳开裂,《公路钢桥规范》推荐过焊孔采用堆焊填实,焊接时将横隔板与盖板和U肋的焊接采取连续焊过过焊孔的方式进行填实,且离过焊孔80mm范围内不得起熄弧。但过焊孔是否处理实际上仅会导致潜在的疲劳开裂位置发生变化。根据目前的疲劳试验结果,预留过焊孔的疲劳构造比实施交叉焊缝的疲劳构造性能差很多,该结果主要归功于近年来焊接制造工艺技术的提升,因此在精细工艺控制下允许部分交叉焊缝的存在。

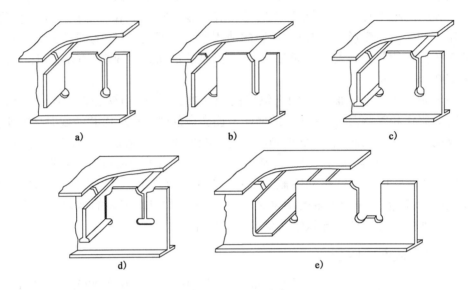

图2-7　钢桥面板纵肋与横肋交叉处构造

图2-8是纵肋与横肋交叉处常用的连接形式。图2-8a)、b)适用于受拉区的纵横肋交叉结构,为了防止焊接对纵肋疲劳的影响,纵肋与横肋采用不连接形式,从而避免产生焊接残余应力和应力集中,这种形式构造简单,便于制作和安装;对于受压区通常采用图2-8c)~e)的连接形式,横肋腹板上的开槽主要是为了便于纵肋的连续通过和安装,防止纵肋的局部失稳,纵肋的单侧与横肋腹板用角焊缝连接;图2-8f)为正交异性钢桥面板的闭口加劲肋与横隔板相交位置的连接方式。通常桥面板的闭口纵向加劲肋,其腹板焊接到横肋(横梁或横隔板)上,而其底部为了避免该区域的疲劳断裂,横向加劲肋(横梁或横隔板)的腹板不与之焊接而是开切口,切口要具有平滑的线形以减少应力集中。腹板切口也必须足够大,从而允许焊缝折回,这样既可避免不利的焊接痕迹,又有利于实施防腐保护。横隔板与盖板以及横隔板与U肋的焊缝,从盖板到U肋应连续施焊至弧形缺口端部,在U肋与盖板交接处80mm范围内不应起熄弧。为提高该细节的疲劳性能,对于横隔板与U肋间的焊缝,在距切口端50mm范围内,横隔板宜开双面坡口,按1:8坡度平顺过渡在切口端围焊后,将焊缝端部打磨匀顺。切口的几何形状目前还未有共识,最佳形状应尽可能满足以下条件(图2-9):

(1)切口自由边每个点的曲率半径尽量大,以降低自由边的应力集中。

(2)纵肋之间的横隔板齿板的尺寸尽量大,以降低由于齿板剪切和弯曲所引起的平面内应力。

(3)切口端尽量在肋腹板的足够高处终止,以避免产生肋的高应力区域,通过平面外弯曲提供纵肋的旋转。

(4)切口端尽量在肋腹板的足够低处终止,以防止肋腹板过度变形。

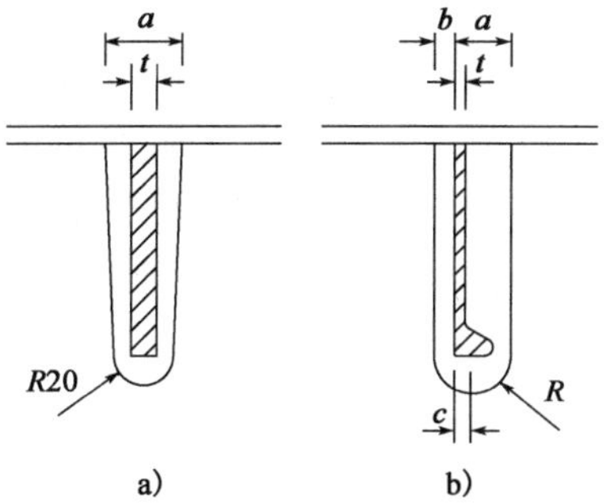

板肋		球扁钢肋				
t	a	规格	a	b	c	R
$t \leq 12$	70	180×9.5	40	30	5	35
$12 < t \leq 22$	80	200×10	45	35	5	40
$22 < t \leq 32$	90	230×11	45	35	5	40
		250×12	50	40	5	45

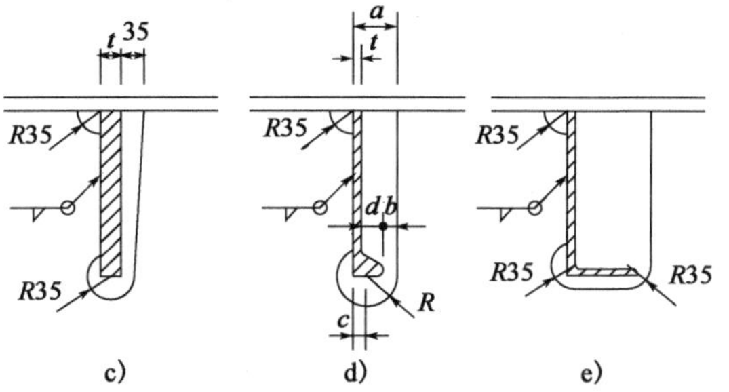

球扁钢肋					
规格	a	b	c	d	R
180×9.5	40	7.5	5	23	35
200×10	45	8.5	5	26.5	40
230×11	45	4	5	30	40
250×12	50	5	5	33	45

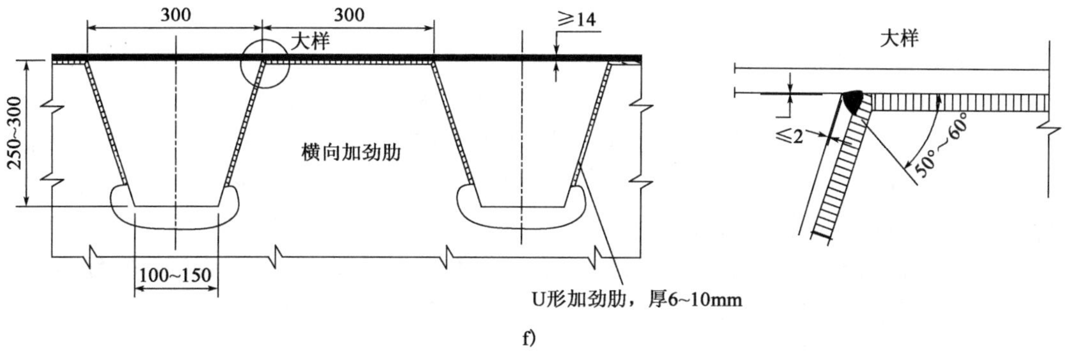

图 2-8 钢桥面板纵肋与横肋交叉处连接形式(尺寸单位:mm)

实践表明,在横隔板与U肋交叉处的U肋内部设置内隔板并不会提供足够多的好处,由于制造偏差很容易引起U肋内隔板和横梁腹板之间的偏心,同时设置U肋内隔板还会增加制造成本,因此,如果没有特殊原因,一般不推荐在U肋内设置内隔板。

钢板板材通常不足以组装成钢箱或钢桥面板的整个长度,必须通过全熔透焊(CJP)坡口焊接拼接。行车道分隔线两侧300~500mm范围是车轮碾压最集中的部位,若桥面板块焊缝位于该区域、焊缝容易产生疲劳裂纹。用于桥面板拼接的坡口焊接通常在上表面磨平,为铺装层提供连续性。板底表面是否需打磨光滑,这取决于所受到的应力环境是否满足设计要求。

钢桥面板盖板工地连接焊接较多,一般钢桥面板的铺装只有5~7cm,采用螺栓连接时螺栓出头会使得

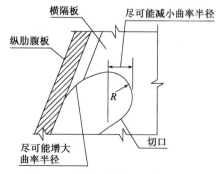

图 2-9 纵肋与横隔板切口细节

桥面铺装的刚度不均匀,容易破坏铺装层。

图 2-10 为常用的开口截面纵肋工地连接构造,图 2-10a)、b)为盖板和纵肋均采用螺栓连接的例子;图 2-10c)、d)为盖板和纵肋均采用工地焊接的两个实例,其中,图 2-10c)为纵肋只设一道接缝,施工时接缝处的误差调整相当困难,图 2-10d)为纵肋设置两道接缝,接缝处的误差调整较容易,但工地焊接工作量大大增加;图 2-10e)、f)为盖板焊接,纵肋用高强螺栓连接的例子,其中,图 2-10e)对接缝处进行了特别的加强,图 2-10f)的连接构造简单,是一种较常用的连接方法,但要注意连接处的刚度和强度不能有太大的削弱。

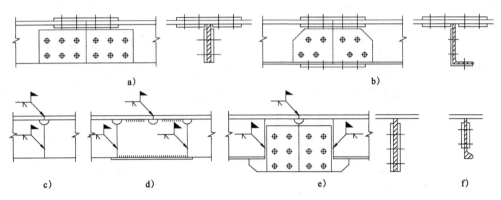

图 2-10 钢桥面板开口截面纵肋工地连接构造

图 2-11 为常用的闭口截面纵肋工地连接构造,图 2-11a)~c)为盖板和纵肋均采用工地焊接的例子。其中,图 2-11a)纵肋接缝处夹一块厚钢板,通过调整钢板的厚度来调整连接处的施工误差;图 2-11b)为盖板设置两道焊缝,先焊接纵肋然后焊接盖板;图 2-11c)先焊接盖板然后焊接一段连接用的纵肋。图 2-11b)、c)的方法接缝处的误差容易调整,但工地焊接工作量大大增加。图 2-11d)为盖板和纵肋均采用高强螺栓连接,图 2-11e)为盖板焊接,纵肋高强螺栓连接的例子,这两种方法均要设置施拧螺栓的工作孔。为了弥补连接处强度和刚度不足,可以采用加厚连接处纵肋腹板来提高其强度和刚度。闭口纵向加劲肋必须完全封闭,需要在邻近螺栓连接处使用密封板,以防止肋内冷凝水。高强螺栓连接处应设置可维修的操作孔。

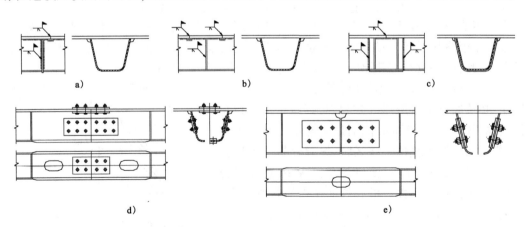

图 2-11 钢桥面板闭口截面纵肋工地连接构造

现场拼接位置要考虑衬垫板条在横向和纵向现场接缝处的安装和移除。如果留在原位,焊缝的抗疲劳性将被降低。对于横向对接焊缝,在移除衬垫后需磨平钢板对接焊缝的底部,并要在相应加劲肋处留有工作空间。针对桥面盖板焊缝是否去除衬垫板的两种做法,纵肋螺栓拼接细节如图2-12所示。两相互连接加劲肋端部之间的间隙尺寸应大于制造或现场安装所需的最小值(60~80mm)。在每个纵肋端部处易发生弯曲和冲压剪切效应,为了减轻这些影响,可设计如图2-12c)所示的在纵肋端部长约40mm的全熔透端部围焊。

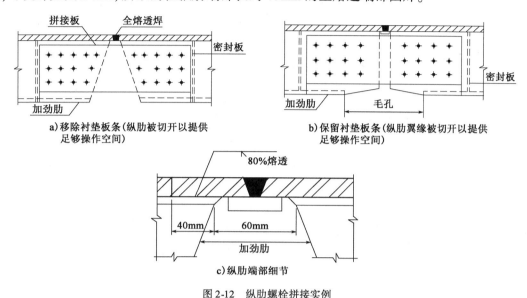

图2-12 纵肋螺栓拼接实例

横梁(横隔板)接头通常在车间进行焊接,现场拼接可用螺栓连接。当用螺栓连接时,必须注意不要增加靠近肋切口横梁的平面外刚度。为了实现这一要求,必须使拼接板的宽度和厚度最小化,并且必须使拼接板边缘到肋切口的距离最大化,如图2-13所示。如果桥面板纵向拼接在现场进行,横梁还必须设置过焊孔以保证桥面板纵向拼接焊缝的衬垫板条通过(图2-13)。纵桥向拼接设置的衬垫板条开孔应与横桥向要求相同,由于该细节将使得结构不连续,开孔应尽量小于60mm,以免在车轮荷载经过时产生较大的应力集中。

我国和欧洲钢桥更偏爱如图2-14所示的U肋连接细节,在U肋内通过使用小一号的U肋连接,采用全熔透焊焊接使U肋连续。实践表明,开V形坡口对接接头可以获得比较好的焊接效果,而不开坡口焊缝更容易出现缺陷,并且比V形坡口产生更大的根部间隙。相反,V形坡口焊缝制备将增加制造成本。

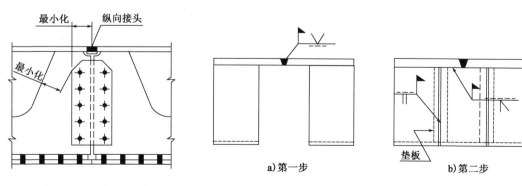

图2-13 横梁螺栓连接和纵向全熔透焊桥面板连接细节

图2-14 闭口U肋焊接接头细节

(三)钢桥面板疲劳细节

正交异性钢桥面板的构造较为复杂,在车辆荷载作用下,可能发生疲劳开裂的部位大多数位于焊缝位置,经过国内外大量研究发现钢桥面板共有 6 种裂纹(图 2-15),分别为:①U 肋与盖板焊缝处盖板纵向裂纹;②U 肋与盖板焊缝处 U 肋纵向裂纹;③U 肋与横隔板交叉部位纵肋腹板裂纹;④U 肋与横隔板交叉部位隔板裂纹;⑤横隔板弧形切口处裂纹;⑥U 肋下缘对接焊缝处裂纹。可将上述 6 种疲劳裂纹归纳为四个部位(或焊缝)。

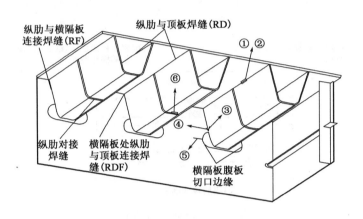

图 2-15　正交异性钢桥面板中疲劳细节

1. 纵肋与盖板连接焊缝(rib-to-deck plate,RD)

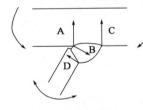

图 2-16　加劲肋-盖板(RD)焊接裂缝潜在位置

在纵肋和盖板连接焊缝处的疲劳裂纹有如图 2-16 所示的 A、B、C、D 四个潜在的疲劳裂纹开展方向,而这些疲劳裂纹又可以分为焊趾处和焊根处两种不同类型的裂纹。焊根处裂纹很可能导致纵肋-盖板连接焊缝细节的抗疲劳性能降低。纵肋与盖板连接焊缝的焊根如未充分融合很容易产生初始裂纹,裂纹从内部向外发展,一旦被发现,已经贯穿板厚。如果焊接处的装配间隙控制在 0.5mm 以内,并有足够的熔透,焊缝根部的开裂可以避免,这样该焊缝的疲劳强度将由盖板焊趾处的裂纹或者纵肋腹板焊趾处的裂纹控制。

2. 横梁处纵肋与盖板连接焊缝(rib-to-deck at floorbeam joint,RDF)

当纵肋腹板与桥面板盖板焊接细节穿过横梁时,来自横梁腹板局部刚性支承,再加上横梁平面弯曲所产生的变形(子系统 5,见后文),将加重该处疲劳裂纹的发生。为保证纵肋与盖板焊缝在横梁处连续通过,则需在焊缝处的横梁上开过焊孔,过焊孔是否被填充将导致潜在的开裂位置不同。在一些国家过焊孔用来防止出现交叉焊接。

3. 纵肋-横梁连接焊缝(rib-to-floorbeam,RF)

在正交异性桥面板中,纵肋与横梁(横隔板)的连接细节有很多,比如有或没有切口,有或没有内隔板。当使用切口时,切口的几何形状往往是设计的重点。需要提醒的是,没有任何一种方案适用于所有的情况,一种细节虽然在一座桥上被成功应用,但由于其他结构的整体几何尺寸、刚度、车道和加载不同，该连接细节未必能够在其他结构成功应用。在后面讲述的子系统4和子系统5作用下，横梁腹板受到面内和面外力作用而产生应力循环。在许多情况下，面内应力循环是控制设计的，但也不总是这样，这取决于车辆在横隔板的位置和钢桥面板的刚度。

4. 纵肋拼接与盖板拼接（rib and deck splices）

纵肋拼接和盖板拼接可以是栓接也可以是焊接。焊接拼接的疲劳抗力比较低，却是最经济的方法。最常见的做法是纵肋间使用螺栓拼接和盖板间进行焊接拼接，加劲肋栓接接头将比焊接有较高的疲劳抗力。对于桥面板盖板焊接连接，有两个需要关心的可能开裂的地方，见图2-17。第一种是衬垫板条被放在全熔透横向坡口焊下的焊喉开裂；第二种发生在桥面板盖板和纵肋腹板之间纵向焊缝端部的焊趾裂缝。这两个细节取决于面内和面外应力组合作用。图2-17既显示了靠近开孔处的焊趾终端的潜在裂缝的发展，同时也显示了由于车轮的作用桥面板产生的过大的变形。桥面板盖板在这区域如同一根梁，其跨径等于肋连接开孔部分的净距。同时在加劲肋开孔的边缘也会产生较大的应力集中，这可能导致在焊趾产生裂缝。

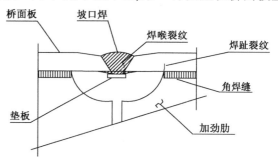

图 2-17　桥面板的横向坡口焊缝细节

二、钢桥面板结构力学行为分析

（一）静力分析三个体系

正交异性桥面板的各组成板件以比较复杂的方式连接在一起，在车辆荷载作用下，钢桥面板及主梁各组成构件相互影响，使得正交异性桥面板受力行为分析十分复杂。为了能够清楚地描述正交异性钢桥面板的复杂结构行为，传统方法是根据车轮荷载的传力途径将整体结构系统分解为三个基本结构体系，对各体系进行逐层计算，该方法适用于钢桥面板静力分析。假设各体系彼此独立地起作用，不同体系的影响就可以通过叠加原理计算。使用叠加原理是假设结构响应的线性关系不受单个体系相互作用的影响。一旦所有结构体系的应力都被计算出来，根据不同的设计极限状态，按照线性叠加原理进行组合计算。这种体系划分方式概念清晰，至今仍然有效。三个基本结构体系分别如下。

结构体系Ⅰ：由盖板和纵肋组成的结构单元看成是主梁（桥梁主要承载构件）的一个组成部分，参与主梁共同受力，称为主梁体系。

结构体系Ⅱ：由纵肋、横肋和盖板组成的结构单元，盖板被看成纵肋、横肋上翼缘的一部分。结构体系Ⅱ起到了桥面系结构的作用，起到了桥面系统结构的作用，称为桥面体系。

结构体系Ⅲ：本结构系把设置在肋上的盖板看成是各向同性的连续板，这个板直接承受作用于肋间的车轮荷载，同时把轮荷载传递到肋上，称为盖板体系。

在结构体系Ⅰ中的钢桥面板，通过盖板与腹板的焊接使桥面板成为主梁的一部分而共同工作。由于桥面板剪切应变的影响，远离腹板的纵向应力远小于靠近腹板的应力（图2-18）。

在结构设计中,为了得到腹板处的最大应力作为设计目标,通常假设盖板或翼缘板应力按最大应力均匀分布,并且按力的等效原则,由式(2-2)确定其计算宽度,即有效分布宽度。如果把参与主梁共同工作的有效宽范围内的加劲板看作主梁截面中的一部分,钢桥面板的内力计算与一般梁桥结构的内力计算相同,可利用影响线求出。因而,结构体系Ⅰ中要解决的仅仅是钢桥面板有效宽度如何确定的问题。结构体系Ⅲ指的就是直接承受轮重并将轮重传递到加劲肋上的盖板。当盖板上的轮重逐渐加大时,盖板的弯曲应力便逐步地进入薄膜应力状态,平板的承载力变得比用一次弯曲理论求出的计算值大得多。所以,在设计钢桥面板时,结构体系Ⅲ的应力可以忽略不计。对于结构体系Ⅱ,钢桥面板可以看成为支承于主梁和横梁上的桥面系结构,它把桥面板自重和桥面板上的外力传递到主梁和横梁上。经常将结构体系Ⅰ简化成"鱼骨"单元进行整个上部结构横截面的整体分析,然后叠加结构体系Ⅱ的局部计算,最终确定桥面板的应力。

$$C = \frac{\int_0^b \sigma_x \mathrm{d}y}{\sigma_{\max}} \tag{2-2}$$

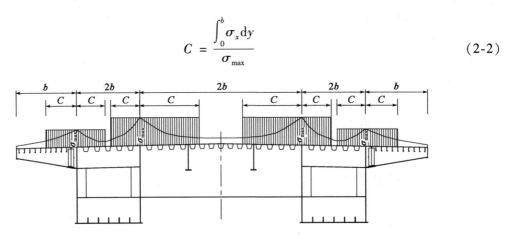

图 2-18 钢箱梁剪力滞效应示意

如果用有效分布宽度代替盖板或翼缘板的实际宽度,可以把肋板式结构简化为由单个或多个梁肋和具有相应有效分布宽度的盖板或翼缘板组成的初等梁或杆系结构,按材料力学中学过的初等梁理论计算。

钢桥面板的有效宽度一般与跨径、支承条件以及荷载形式等许多因素有关。对于不同的受力体系分析,结构的跨径、支承条件以及荷载形式等需要根据其结构的传力途径确定,有效宽度的分布和大小有所不同。由于钢桥面板的构造和受力均很复杂,精确计算比较困难,在实际设计中,通常采用简化的近似计算方法。以下简要介绍我国《公路钢桥规范》规定的主梁翼缘有效计算宽度简化近似计算方法。

钢桥面板作为主梁上翼板参与整体受力(主梁体系)时,结构计算以主梁为研究对象,主梁将荷载传递到支座。因此,主梁体系有效宽度是指参与主梁共同工作的翼缘板(包括盖板及其加劲肋)宽度。有效宽度计算时,跨径和支承条件与主梁相同。根据理论与试验研究发现,主梁的跨径越小,有效宽度也小,连续梁的支点处有效宽度比跨中小,集中荷载作用下主梁的有效宽度比均布荷载作用时小。钢桥面板作为主梁上翼板,根据桥梁结构形式可将主梁的有效宽度 $b_{e,i}^s$(图2-19)沿桥跨的变化按式(2-3)和式(2-4)计算。

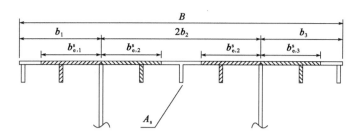

图2-19 钢桥面板有效宽度的示意

跨中截面：

$$\begin{cases} b_{e,i}^s = b_i & \left(\dfrac{b_i}{l} \leqslant 0.05\right) \\ b_{e,i}^s = \left(1.1 - 2\dfrac{b_i}{l}\right) b_i & \left(0.05 < \dfrac{b_i}{l} < 0.3\right) \\ b_{e,i}^s = 0.15l & \left(\dfrac{b_i}{l} \geqslant 0.3\right) \end{cases} \quad (2\text{-}3)$$

中间支点截面：

$$\begin{cases} b_{e,i}^s = b_i & \left(\dfrac{b_i}{l} \leqslant 0.02\right) \\ b_{e,i}^s = \left[1.06 - 3.2\dfrac{b_i}{l} + 4.5\left(\dfrac{b_i}{l}\right)^2\right] b_i & \left(0.02 < \dfrac{b_i}{l} < 0.3\right) \\ b_{e,i}^s = 0.15l & \left(\dfrac{b_i}{l} \geqslant 0.3\right) \end{cases} \quad (2\text{-}4)$$

式中：$b_{e,i}^s$——翼缘有效宽度；

b_i——主梁腹板间距的1/2，或翼缘外伸肢为伸臂部分的宽度；

l——等效跨径（表2-1）。

翼缘有效宽度计算的等效跨径 表2-1

类别	梁段号	腹板单侧翼缘有效宽度计算			计算图式
		符号	适用公式	等效跨径 l	
简支梁	①	$b_{e,i,L}^s$	式(2-3)	L	

续上表

类别	梁段号	腹板单侧翼缘有效宽度计算			计算图式
		符号	适用公式	等效跨径 l	
连续梁	①	b^s_{e,i,L_1}	式(2-3)	$0.8L_1$	
	⑤	b^s_{e,i,L_2}		$0.6L_2$	
	③	b^s_{e,i,S_1}	式(2-4)	$0.2(L_1+L_2)$	
	⑦	b^s_{e,i,S_2}		$0.2(L_2+L_3)$	
	②④ ⑥⑧	线性插值			
悬臂梁	①	b^s_{e,i,L_1}	式(2-3)	$2L_1$	
	③	b^s_{e,i,L_2}		$0.6L_2$	
	⑤	b^s_{e,i,L_3}		$2L_3$	
	②④	线性插值			

对于简支梁,假设有效宽度 $b^s_{e,i}$ 沿桥跨不变,其大小按式(2-3)计算,等效跨径 l 与简支梁的计算跨径 L 相同。

对于连续梁,假设中间支点处的有效宽度 $b^s_{e,i}$ 与跨中不同,距中间支点 $0.2L$(跨径)的范围内,有效宽度按两者内插计算,其余部分与跨中相同。支点处的有效宽度按式(2-4)计算,等效跨径按相邻两跨跨径之和的 0.2 倍计算;跨中的有效宽度按式(2-3)计算,其中边跨的等效跨径取该跨跨径的 0.8 倍计算,中跨取相应跨跨径的 0.6 倍计算。

对于双悬臂梁,挂孔的有效宽度计算方法与简支梁相同,表2-1中未显示。边跨悬臂部分和中间支点处的有效宽度,按式(2-4)计算,其等效跨径取悬臂长度的 2 倍计算。锚固孔跨中的有效宽度按式(2-3)计算,等效跨径 l 取该跨跨径的 0.6 倍;距中间支点 $0.2L$(跨径)的范围内,有效宽度按内插计算。

当使用精确分析时,不需要确定有效宽度。有效宽度的概念只是为了让设计师更容易地计算出由于主梁受力和横梁受力而引起的正交异性钢桥面板的最大应力。这样就可以确定使用极限状态是否在容许极限状态范围内。特别需注意的是,在进行主梁结构应力分析时,有效宽度的定义是基于弹性的一阶分析,但是有些是基于非弹性受力或者屈曲后受力定义的,研究的极限状态必须与所定义的有效宽度假设一致。

(二)疲劳分析七个子系统

在过去十几年里,工程界已经认识到,正交异性钢桥面板设计最重要的并不是弄清轮载如何由邻近的纵肋分担,或纵肋在横梁跨中或近支点处的弯矩如何估计,而是应该关注在纵肋和横梁交叉处发生什么效应,以及这些效应是如何影响横梁面内应力和交叉细节的疲劳寿命的。因此,为了体现钢桥面板结构的疲劳受力机理,在传统的正交异性桥面板系统分解的基础上考虑了板件的面外受力效应,目前钢梁及钢桥面板疲劳分析可分为七个独立的子系统(为了区分于传统三个基本结构体系划分,这里称之为子系统)。在进行钢桥面板结构分析时,先对各子系统单独分析,然后进行线性叠加以获得总响应,当然,根据具体情况有时并不需要将七个子系统全部相叠加。

1. 子系统1:盖板局部变形

子系统1包括桥面板盖板和与其连接的起支撑作用的纵肋,局部车轮荷载通过桥面板盖板将荷载传递到相邻的纵肋腹板上。图2-20显示了当车轮荷载施加在纵肋上和纵肋间时,桥面板各组成板件的弯矩分配情况,以及桥面板盖板和加劲肋腹板发生的相应变形。桥面板由于车轮荷载作用产生的局部弯曲变形,将导致盖板和纵肋以及连接两者之间焊缝产生横向弯曲应力,该应力响应受到纵肋腹板的间距以及盖板和纵肋相对厚度的影响。当盖板上的轮重逐渐加大时,盖板的弯曲应力便逐步地进入薄膜应力状态,盖板的承载力变得比用一次弯曲理论求出的计算值大得多。子系统1中活载应力对纵肋与盖板焊缝处的疲劳性能极为不利,在设计中必须验算它们的疲劳寿命。由于该机理产生的应力是局部的,因此子系统1中盖板-纵肋焊缝的力学性能对车轮着地尺寸非常敏感,同时铺装层对车轮荷载起一定分散作用。在通常情况下,车辆前轴的单侧轮载即可在盖板-纵肋焊缝处产生最不利弯曲拉应力。子系统1的受力可以利用正交异性钢桥面板横截面方向的有限元杆系模型进行简化,并且在横桥向方向假定纵肋底部为刚性支承或者基于纵肋的弯曲刚度的弹性支承来分析。

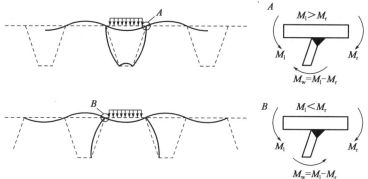

图2-20 轮载作用下桥面板盖板和纵肋腹板的弯曲变形
M_l-与闭口肋对应部分盖板的弯矩;M_r-两纵肋之间盖板的弯矩

子系统1中的U肋-盖板焊缝具有四种疲劳开裂模式(图2-21)。疲劳开裂模式Ⅰ:裂纹萌生于盖板焊趾并沿盖板厚度方向扩展;疲劳开裂模式Ⅱ:裂纹萌生于盖板焊根并沿盖板厚度方向扩展;疲劳开裂模式Ⅲ:裂纹萌生于U肋焊趾并沿U肋厚度方向扩展;疲劳开裂模式Ⅳ:裂纹萌生于U肋焊根并沿焊喉扩展。子系统1中U肋-盖板焊缝的主导疲劳开裂模式和盖板与U肋的相对厚度有关,当盖板与U肋的相对厚度比大于2时,U肋-盖板焊缝的主导疲劳开裂模式以模

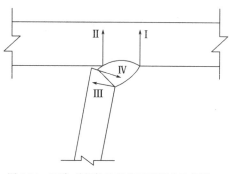

图2-21 U肋-盖板构造细节开裂模式示意图

式Ⅲ为主;当相对厚度比小于2时,U肋-盖板焊缝的主导疲劳开裂模式以模式Ⅱ或模式Ⅰ为主。

2. 子系统2:盖板和纵肋的整体横向变形

钢桥面板盖板作为纵肋的共同上翼缘,使得这些纵肋在局部车轮荷载作用下不会单独发生变形,局部车轮荷载通过桥面板盖板将传递到附近的加劲肋并引起纵肋和盖板的整体横向变形,子系统2即表现为盖板和纵肋的整体横向变形。这种整体变形减小了加载位置处纵肋中的应力,但增加了无荷载处纵肋的应力。如果轮载施加到纵肋之间的盖板上,通过弯曲和拉伸将盖板上荷载横向传递到相邻的纵肋,将导致纵肋发生不同程度的竖向位移和桥面板的变形(图2-22)。在轮载作用下,子系统2的桥面板主要承受横向弯曲应力,验算时此横向应力应与子系统1的盖板横向弯曲应力组合使用。另外,在子系统2中,相邻加劲肋的变形差值还会导致钢桥面板产生二次弯曲应力。

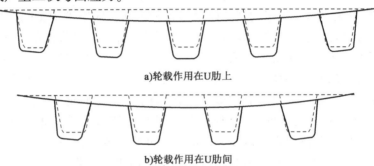

a)轮载作用在U肋上

b)轮载作用在U肋间

图2-22 横向荷载作用下桥面板的变形

试验和分析表明,车轮荷载通常由最接近荷载的纵肋(U肋)以及每侧各一个相邻纵肋(U肋)承担。当在横桥向两个纵肋之间的距离小于两个相邻车轮荷载之间距离的一半时,单个纵肋所受其他并排轮载产生的荷载累积效应较小,纵肋的响应可看作由单个车轮控制。闭口肋桥面板相对于开口肋桥面板具有较大的扭转刚度,所以可以提供较大的荷载分配能力,来减小纵肋和桥面板位移差,使铺装层应力达到最小。

子系统2的疲劳细节与子系统1相同,均为U肋-盖板焊缝,子系统2中U肋-盖板焊缝的主导疲劳开裂模式与盖板厚度和横梁(或横隔板)间距有关,当盖板厚度较大时,子系统2中U肋-盖板构造细节的主导疲劳开裂模式以模式Ⅱ为主;当横梁间距较大时,U肋-盖板构造细节的主导疲劳开裂模式以模式Ⅰ为主。

子系统2中U肋-盖板构造细节的各疲劳开裂模式下的应力幅均远小于子系统1中U肋-盖板构造细节相应开裂模式的应力幅,且无论轮载作用在U肋上还是作用在U肋间,子系统2关注细节疲劳开裂模式Ⅰ、Ⅱ和Ⅲ下的应力方向均与子系统1相应开裂模式下的应力方向相反。因此,不考虑子系统2在U肋-盖板构造细节中产生的荷载效应进行设计偏于安全。

3. 子系统3:纵肋的纵向变形

当荷载经子系统2在纵肋之间横向传递后,子系统3表现为相互独立的纵肋将荷载沿纵向传递到横梁(或横隔板)。由于纵肋在横梁上连续通过,因此横梁可看作纵肋的弹性支承,加载时横梁将发生偏转。因为横梁两端与主梁(或钢箱梁腹板)连接处具有较小的偏转,靠近横梁两端的纵肋将具有接近刚性支承的支承刚度。相反,靠近横梁的中间跨径的纵肋可看成支承在弹性支承上的连续梁。这两种不同的情况如图 2-23 所示,图中显示出了纵肋的变形形状和弯矩情况。与刚性横梁的理想情况相比,横梁下挠的效果将增加纵肋正弯矩并减小支承处负弯矩。如果荷载直接作用在弹性支承的较柔横梁上,与刚性横梁情况相反,横梁上的纵肋会出现正弯矩。车辆通过时,在横梁处的纵肋将出现正负弯矩变化,从而在此处形成应力幅的变化,正负弯矩的相对大小受到横梁刚度、车辆总重以及活载比例的影响。纵肋与柔性横梁之间的相互作用使得该子系统难以通过简化分析来计算。当横梁在纵肋位置有切口的时候,这种情况特别明显,这减小了横梁整体剪切刚度。

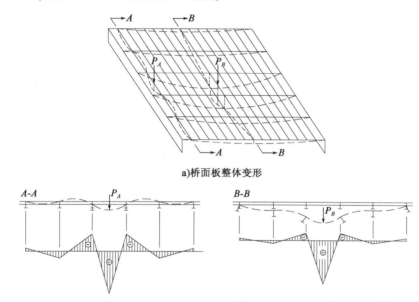

图 2-23　纵肋的挠度和弯矩及其支承横梁的变形和旋转

子系统 3 由分离的纵向加劲肋组成,犹如放置在横梁上的连续梁,横梁可看作对纵肋的弹性支承,支承处变形与荷载和横梁的弯曲刚度成正比,如图 2-24 所示。图 2-25 将子系统 3 的受力分解为两种情况的叠加,分别为纵肋支承在刚性横梁上和支承在弹性变形的横梁上。

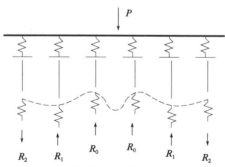

图 2-24　纵肋的变形和横梁分配支反力

评估这个机理的一个有效的方法是采用简化的单个纵肋带中间横梁的二维梁格模型解决。另一个有效的方法是建立单个 U 肋截面的梁单元有限元模型,根据横梁的实际竖向刚度在 U 肋支承处设置弹性支承,以此来模拟子系统 3 的受力行为。

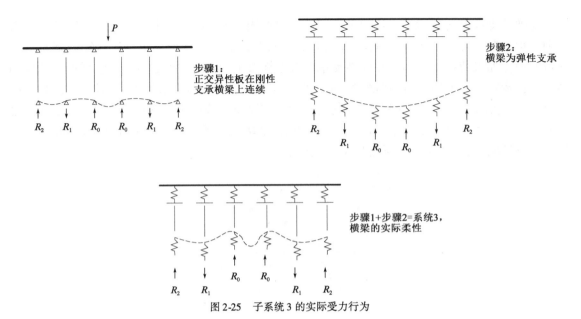

图 2-25 子系统 3 的实际受力行为

对 U 肋弯矩进行分析时,可将边界条件近似为刚性支承,并在弯矩计算结果的基础上乘以一个系数,以近似考虑横隔板弹性变形的影响,对于 1/5 跨截面,系数大小为 1.13;对于 1/4 跨截面,系数大小为 1.06;对于 1/2 跨截面,系数大小为 1.02。

对于子系统 3,U 肋对接构造细节为其疲劳关键细节,疲劳裂纹易在此处萌生。U 肋对接构造细节主要有两种疲劳开裂模式,分别为:疲劳开裂模式 Ⅰ,即裂纹萌生于焊趾位置,并沿着 U 肋的厚度方向扩展;疲劳开裂模式 Ⅱ,即裂纹萌生于焊根位置,并沿着焊喉方向扩展。U 肋对接焊缝在焊接时常设有衬垫,在荷载作用下,衬垫边缘会发生应力集中,在此处可能会发生疲劳开裂模式 Ⅲ,即裂纹萌生于衬垫边缘,并沿着 U 肋厚度方向扩展。三种疲劳开裂模式如图 2-26 所示。

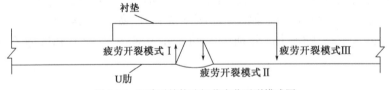

图 2-26 U 肋对接构造细节疲劳开裂模式图

在无衬垫间隙的情况下,衬垫的设置对 U 肋对接构造细节焊根处的疲劳性能有改善作用,但会降低焊趾处的疲劳性能,且会增加衬垫边缘处 U 肋开裂的风险;与衬垫间隙为 0mm 的情况相比,衬垫间隙的存在会降低 U 肋对接构造细节焊趾处的等效结构应力幅,并增加焊根处的等效结构应力幅。

4. 子系统 4:横梁的面内变形

在子系统 2 和子系统 3 中,荷载在纵肋间横向传递和沿着纵肋纵向传递,通过纵肋传递给横梁,再传递到主梁,横梁两端假定支承在刚性的主梁上(图 2-27)。桥面荷载由纵肋经横梁传递到主梁上,横梁的应力由竖向荷载作用下的面内应力(弯曲和剪切)和纵肋旋转引起的面外应力组合而成。子系统 4 表现为横梁受来自纵肋的"反作用力"产生面内弯曲应力和剪切应力。

纵肋连续通过横梁,在纵肋穿过横梁处需要开切口,横梁截面几何形状将发生变化,使得计算由弯曲和剪切引起的平面内应力复杂化。因此,建议对整个横梁进行有限元建模分析。图 2-27 为受到面内应力的横梁的变形形态。

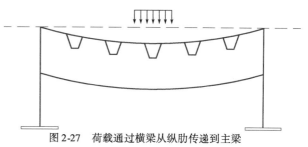

图 2-27 荷载通过横梁从纵肋传递到主梁

欧洲规范采用等效桁架模型方法针对横梁进行二维简化分析,如图 2-28 所示。在这个模型中,上弦杆等效于实际盖板,竖杆由上下两部分组成:上部分反映了切口底至盖板之间的横梁腹板区域,下部分反映了模型下弦和切口底之间的无切口腹板区域。竖杆承担了作用在切口齿上的水平剪力。下弦由横梁下翼缘和无切口腹板区域组成。这样,横梁应力计算就归结为杆件剪切和弯曲应力的简单分析。尽管采用桁架模型分析横梁面内受力既简单又直接,但它在切口自由边的应力分析精度有限。此外,它也不能提供切口端部应力,而该处是产生疲劳破坏的最关键部位。因此,建议通过建立横梁局部板壳单元有限元模型模拟子系统 4 的受力行为,钢箱梁周围的壁板取以横梁为中心 36 倍板件厚度的有限宽度。

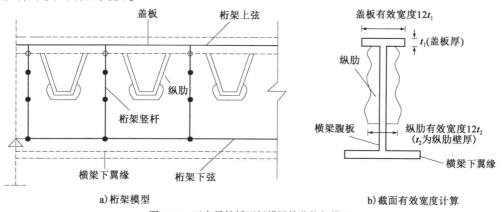

a) 桁架模型   b) 截面有效宽度计算

图 2-28 正交异性桥面板横梁简化桁架模型

子系统 4 中的疲劳细节有两个,分别是弧形切口构造细节和横梁处纵肋-盖板焊缝(RDF 细节)。弧形切口构造细节主要有两种潜在的疲劳开裂模式。C1:裂纹萌生于横梁弧形切口与纵肋连接处,沿着纵肋腹板方向扩展。C2:裂纹萌生于横梁弧形切口自由边处,沿着横梁母材方向扩展。弧形切口构造细节疲劳开裂模式如图 2-29 所示。

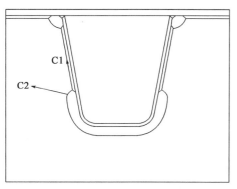

图 2-29 弧形切口构造细节疲劳开裂模式示意图

对于 RDF 细节,若横梁处设有过焊孔,则主要有九种潜在的疲劳开裂模式,其中疲劳开裂模式 R1、R2、R3 和 R4 与横梁间纵肋-盖板焊缝的疲劳开裂模式相同,过焊孔的设置使得该构造细节多了五种潜在的疲劳开裂模式。F1:裂纹萌生于过焊孔与盖板连接焊缝的横梁焊趾处并沿盖板厚度方向扩展。F2:裂纹萌生于过焊孔与盖板连接焊缝的横梁焊趾处并沿焊缝方向扩展。F3:裂纹萌生于过焊孔与纵肋连接焊缝的横梁焊趾处并沿 U 肋厚度方向扩展。F4：裂纹萌生于过焊孔与纵肋连接焊缝的横梁焊趾处并沿焊缝方向扩展。F5：裂纹萌生于过焊孔自由边处并沿横梁母材方向扩展。若未设置过焊孔，则主要有两种潜在的疲劳开裂模式，分别为开裂模式 R2 和开裂模式 R4。横梁处纵肋-盖板构造细节疲劳开裂模式如图 2-30 所示。

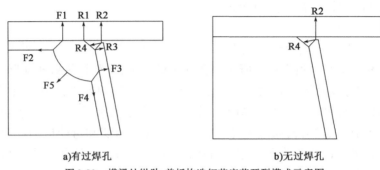

a)有过焊孔　　　　　　　　　　b)无过焊孔

图 2-30　横梁处纵肋-盖板构造细节疲劳开裂模式示意图

弧形切口构造形式的变化基本不会导致主导疲劳开裂模式的转变，对于欧洲规范推荐的公路切口、欧洲规范推荐的铁路切口、美国规范推荐的切口和虎门大桥采用的切口，理论分析各切口形式下的弧形切口构造细节主导疲劳开裂模式均为模式 C2，理论分析横梁处纵肋-盖板焊缝的主导疲劳开裂模式均为模式 R2，且过焊孔的设置并不会对弧形切口构造细节和横梁处纵肋-盖板焊缝的主导疲劳开裂模式产生影响。

5. 子系统 5：横梁的面外变形

如图 2-31 所示，当一个单轮沿纵肋行驶时，纵肋竖向下挠引起横梁（或横隔板）腹板出平面的变形，横梁腹板中产生的弯曲应力大小与纵肋的转角（受纵肋刚度的影响）和横梁腹板厚度有关。当车轮驶过横梁时，切口端部应力将反向。

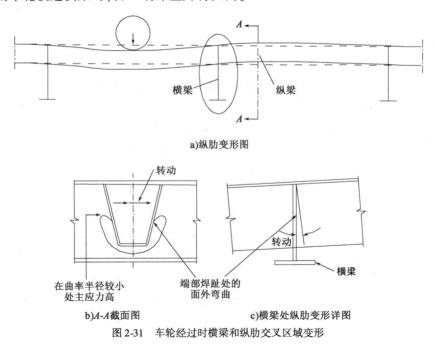

图 2-31　车轮经过时横梁和纵肋交叉区域变形

增加横梁腹板厚度可降低 RDF（横梁处纵肋与盖板的连接焊缝）处应力幅,但同时增加切口或其焊缝周围的面外应力。由于采用了切口,有可能不需要加大纵肋刚度就能降低纵肋与横梁连接部位应力,但它会使 RDF 处的受力性能变差。对于弧形切口自由边处,面外应力约占总应力的 10%～25%,而对于横梁与纵肋的连接处,面外应力占总应力的比例最高可达 65%～70%,面外应力的占比情况受到弧形切口形式的影响。对于弧形切口构造细节,U 肋偏心加载工况下的主导疲劳开裂模式基本均为 C1,U 肋中心加载工况下的主导疲劳开裂模式均为 C2;而对于有过焊孔的 RDF 细节,其主导疲劳开裂模式均为模式 F3（图 2-29 和图 2-30）。采用无过焊孔的构造形式并不会对弧形切口构造细节的主导疲劳开裂模式产生影响,但会对 RDF 细节的主导疲劳开裂模式产生影响,若采用无过焊孔的构造形式,则 RDF 细节的主导疲劳开裂模式均会转变为模式 R2。横梁厚度的改变对 RDF 细节的主导疲劳开裂模式没有影响,但较大的横梁厚度会使弧形切口构造细节的主导疲劳开裂模式转变为 C2。

6. 子系统 6:纵肋的面外变形

在闭口肋桥面板中,当车轮作用在节间跨中且偏离纵肋轴线时,纵肋发生绕其中心转动的扭转,随之在跨中纵肋底部产生横向位移。此时,横梁起到了嵌固边界的作用。由于切口的存在（有或没有内隔板）使得嵌固边界并不连续,纵肋下部产生面外变形,形成较高应力。图 2-32 显示了横梁和纵肋腹板交叉处的纵肋变形,切口为传统形状,即 $h/3$ 高度处突然过渡。目前,这种 $h/3$ 高度处突然过渡的弧形切口形式不再被视为最优的切口形式,因为它对纵肋的面外变形不能提供足够的疲劳抗力。观察图 2-32 中变形曲率的变化,可明显看出较浅的切口在切口端部将产生更严重的影响。此外,当纵肋一边腹板由于面外变形而受拉时,另一边腹板则受压。因此,当车轮在纵肋中心线相反侧通过时,反向应力就交替发生在两个纵肋腹板中。

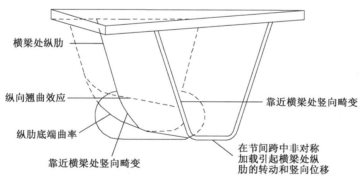

图 2-32　纵肋的面外变形

纵肋的另一个面外变形现象是,当与横梁交叉处正上方作用有轮载而使纵肋受弯时,与横梁腹板连接的纵肋腹板受到约束,但其余腹板则发生面外变形（图 2-33）。

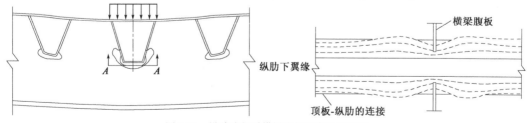

图 2-33　纵肋腹板受横梁腹板约束后的变形

对于子系统 6,U 肋-横梁焊缝为其疲劳关连细节,若采用有过焊孔的横梁构造形式,则 U 肋-过焊孔焊缝也为子系统 6 的疲劳关连细节。对于子系统 6 的关连细节,主要的疲劳开裂模式有两类共四种,其中模式 Ⅰ 和模式 Ⅲ 可分为一类,模式 Ⅱ 和模式 Ⅳ 可分为一类。疲劳开裂模式分别为模式 Ⅰ 和模式 Ⅲ:裂纹萌生于 U 肋焊趾处并沿垂直于焊缝的方向扩展;模式 Ⅱ 和模式 Ⅳ:裂纹萌生于 U 肋焊趾处并沿焊缝方向扩展。疲劳开裂模式如图 2-34 所示。

只有当荷载作用在横梁间且为 U 肋中心加载工况时,弧形切口构造形式的改变才会引起子系统 6 主导疲劳开裂模式的转变。且弧形切口高度的增大不会引起子系统 6 主导疲劳开裂模式的转变,若荷载作用在横梁间,则子系统 6 的主导疲劳开裂模式为模式 Ⅰ 或模式 Ⅱ,若荷载作用在横梁上,则子系统 6 的主导疲劳开裂模式为模式 Ⅳ。

7. 子系统 7:整体受力

将正交异性钢桥面板看成是主梁(桥梁主要承载构件)的一个组成部分,参与主梁共同受力,也称为主梁系统(图 2-35)。因而,子系统 7 中要解决的仅仅是钢桥面板有效宽度如何确定的问题。

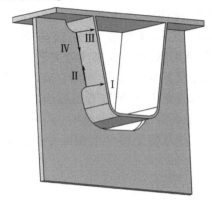

图 2-34 子系统 6 疲劳开裂模式

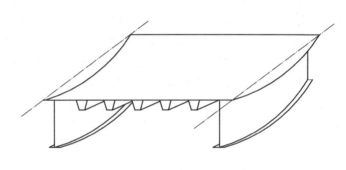

图 2-35 整体受力变形

三、钢桥面板计算方法

(一)钢桥面板受力分析方法

正交异性钢桥面板受力分析方法主要分为解析法和数值法两种。解析法是在对正交异性桥面板受力性能直接理解的基础上发展起来的,可以追溯到 1950 年,那时首次采用 Huber 的正交异性板微分方程优化 Kurpfalz 桥钢桥面板尺寸,以达到用钢量最省。其中最值得一提的有 Pelikan-Esslinger 方法(简称 P-E 法)和 H·Homberg 方法(格子梁法)。P-E 法基于正交异性板理论,将纵肋均匀分摊到顶板上,先将横肋作为刚性支承,求解后再将横肋的弹性支承计入。P-E 法可以借助图表等通过手工计算完成,在计算机还不发达的年代得到了最为广泛的应用。但是,P-E 法计算繁杂,仅适用于等间距布置的等刚度的纵横肋加劲钢桥面板计算,对于悬臂板没有相应的图表,计算极其困难。格子梁法把板从肋的中间分开,归并到纵横肋上去,构成格子梁体系来分析。格子梁法的计算量相对较大,但是计算模型简单、对不同的结构和边界条件适应性强,便于编制计算机程序,一般的商业通用程序都具有相应的计算功能。

尽管正交异性钢桥面板的整体性能可用近似方法如 P-E 法合理预测,但这些近似方法没有一个能定量计算关键细节处的畸变应力和位移,而这恰恰是疲劳分析所关注的。随着计算机软硬件的迅速发展,数值分析方法中有限元方法逐渐成为正交异性钢桥面板受力分析的首选方法,它除了能够分析整体受力性能外,还可被用于细节局部疲劳应力的精细化分析。将桥面体系简化为空间薄壳计算也已经不是很困难的事情,甚至可以采用后面介绍的整体计算法进行分析计算。由于 P-E 法计算繁杂、适用性差、对于间距较大的横肋计算精度误差大,今后格子梁法和薄壳有限元法将会越来越多地被采用。

(二)钢桥面板计算方法

如之前所讨论的,当正交异性板作为上部结构系统的一个组成部分时,钢桥面板的计算取决于局部效应和整体效应两者的应力。钢桥面板的计算方法可以分为两类,一类是将钢桥面板按前面所述的力学分析方法中的三个结构体系或七个子系统分别计算然后叠加,称为叠加计算法;另一类是将桥面和主梁共同作为一个整体计算,同时考虑主梁体系的整体受力和桥面体系的局部受力的耦合关系,称为整体计算法。

1. 叠加计算方法

钢桥面板的叠加计算方法是根据钢桥面板的受力特点,按前面所述的三个结构体系或七个子系统分别计算单个结构体系或子系统效应然后叠加。较为成熟的叠加计算方法是将主梁体系、桥面体系和盖板体系共三个结构体系进行叠加,该方法是最为传统的计算方法。由于各个体系分别计算,难以确定钢桥面板整体和局部同时出现最不利应力状态的荷载工况,通常各个体系分别按最不利工况计算,然后叠加,但计算结果与实际情况有一定的出入。考虑到计算误差和桥面板复杂应力工作状态的影响,美国的 AASHTO 和日本的《道路桥示方书》等对于钢桥面板的主梁与桥面两个计算体系的叠加应力验算,采用提高容许应力的方法进行修正。美国 AASHTO 规定纵肋容许应力提高 25%,日本的《道路桥示方书》提高约 42%。由于薄膜应力效应,在设计钢桥面板时,盖板体系的应力往往可以忽略不计。

2. 整体计算法

整体计算法是随着计算机的运用而发展起来的一种新的计算方法,已经在我国大跨径钢箱梁斜拉桥等的设计中得到广泛应用。该方法将结构按薄壳考虑,荷载按实际作用面积大小直接施加于薄壳上,并且同时考虑整体受力与局部受力的耦合关系。该方法比较接近于结构的实际受力情况,通常需要借助计算机采用有限元方法计算。

由于需要考虑整体受力的影响,需要建立桥梁整体模型,同时为了得到桥面板的局部应力和变形,一般将钢结构的各板件(如顶板、腹板、底板和纵横加劲肋等)用空间薄壳有限单元模拟。对于桥宽和跨径较小的桥梁,可以将全桥钢结构的所有板件划分为空间薄壳单元计算。但是,对于桥宽大、结构复杂的大跨径桥梁,将全桥用空间薄壳单元模拟需要大量的计算机内存和计算时间,甚至达到不可能计算的程度。为了节约计算机内存和计算时间,实现对特大跨径桥梁的整体计算,计算模型采用梁单元和板壳单元混合建模方法,在需要分析的梁段采用壳单元,而在远离分析部位采用梁单元。图 2-36 为苏通大桥主桥的总体布置与标准横截面。图 2-37 为钢箱梁全桥计算模型,主梁简化为鱼骨梁,塔根处的钢箱梁采用板壳单元,节段长 24.8m,包括两对斜拉索,在梁单元与板壳单元交界面满足位移协调条件。在薄壳单元部分,车辆荷载按车轮着地面积荷载作用于箱梁顶板,在梁单元部分按线荷载加载。

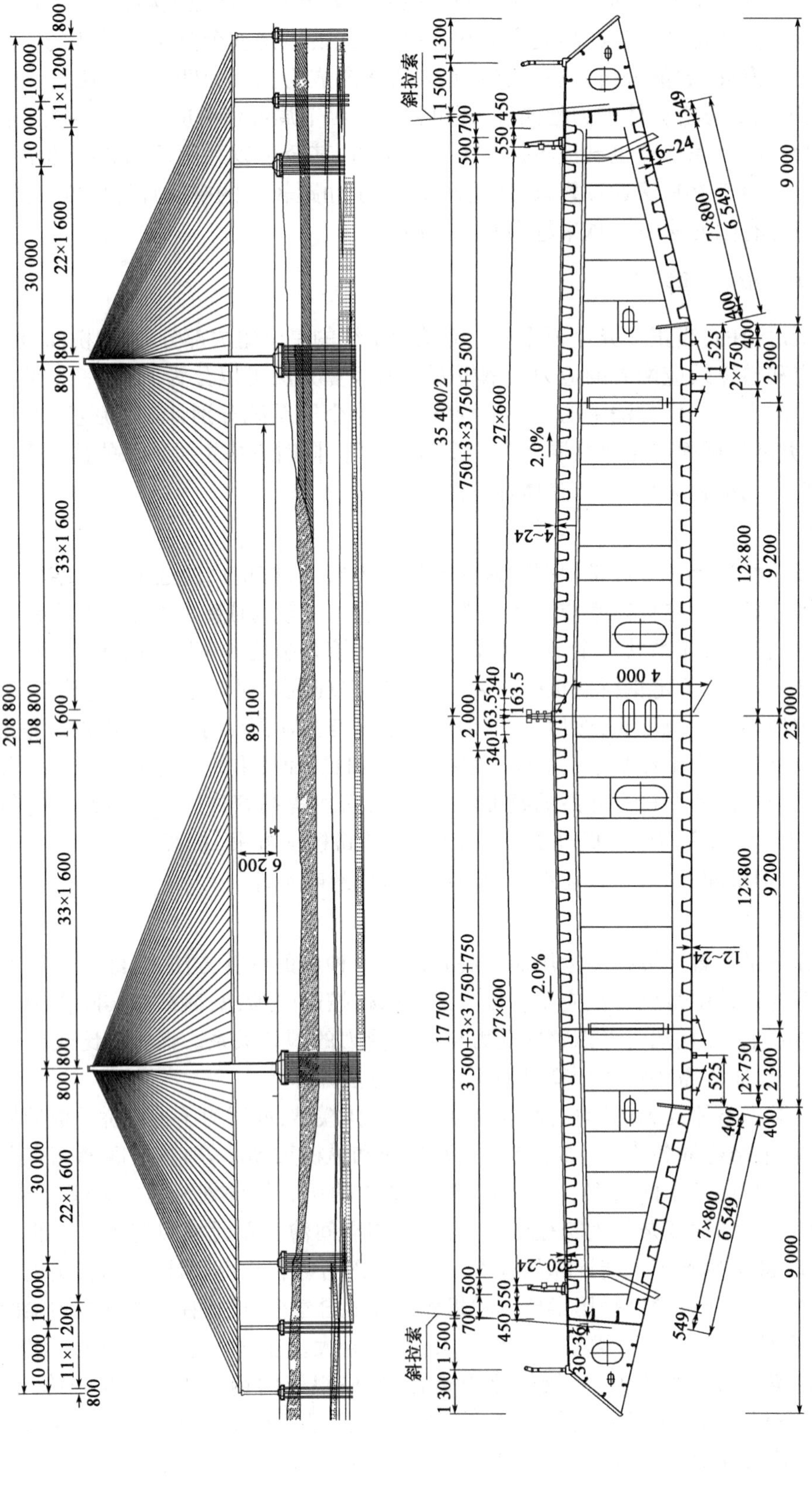

图 2-36 苏通大桥主桥的总体布置与标准横截面图（尺寸单位：mm）

图 2-37 苏通大桥主桥设计模型

(三)有限元分析方法

1. 有限元网格划分

采用有限元方法分析钢桥面板时,宜采用三维建模技术。网格粗细一般分为三个级别:粗糙、中等(局部)和应力集中处的精细划分。为了减少计算时间,远离应力集中部位或非关注板块的部位采用大尺寸单元。尺寸的选择应能足够反映整体刚度,且要与所连接构件的网格划分协调一致。局部网格划分区域为 2~3 个节段间,网格大小由加劲肋宽或高、横梁高度等因素控制。应力集中处应进行高度精细化网格划分。一般情况下,如果采用壳单元划分钢桥面板盖板,其尺寸应与盖板厚度相当,但必须由不同级别尺寸大小逐步过渡到应力集中级别,以消除中间单元长宽比所引起的误差。在应力集中处和切口曲面部位需要高度细化的网格,不可避免地需要采用体单元。良好的网格划分尽量保持长宽比接近 1:1。

从大比例的粗网格划分到应力集中处的精细网格划分,普通有限元程序都能给出两种基本选择:子结构和连续网格划分。大部分桥面板模型都采用板壳单元模拟,只在某些应力集中部位采用实体单元模拟。大多数有限元分析软件中都提供三维体单元,包括体单元和棱柱单元,如图 2-38 所示。棱柱单元可用作从体单元到壳单元的过渡单元。当邻近单元的节点不重合时,应采用约束方程(也叫主从关系)。

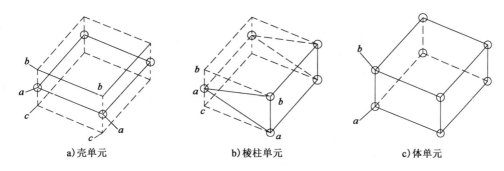

a) 壳单元　　　　b) 棱柱单元　　　　c) 体单元

图 2-38 壳单元、棱柱单元和体单元

注:1. 壳单元:节点位于中间角点,所有伸缩和转动均假定发生在节点 a,角点 b 和角点 c 的转动假设与节点 a 的转动相同。
 2. 棱柱单元:从壳单元到体单元的过渡单元。
 3. 体单元:8 节点,节点位于角点,有独立位移,包括节点处转动,如 a、b 节点。

钢结构桥梁由较薄板件组成,在板件厚度方向产生的局部效应也较小,采用壳单元已足够反映结构整体和局部效应。当然,在应力分布复杂的部位也可以局部采用体单元来分析,以便得到更高的精度。分析时不必考虑材料和几何非线性的影响。

2. 荷载分布和路径

在计算正交异性钢桥面板各细节的应力幅时,涉及加载的问题有:①车辆荷载通过铺装层如何分布;②疲劳荷载如何在桥面板上移动。

(1) 荷载分布

习惯假设车辆荷载在厚的沥青桥面铺装上呈 45°通过桥面铺装分布。然而,最近的研究表明,这种方法并不是总是正确的,荷载分布更多依赖于车轮接触面的硬度。一些正交异性钢桥面板疲劳细节应力对车轮着地尺寸较为敏感,在高温时铺装材料发生软化,任何荷载分布方法都会失效的。另外,从桥面铺装的发展趋势看,未来厚的铺装层将被分散性较弱的薄铺装层代替。出于这些原因,着地尺寸可以偏安全按不扩散考虑。

(2) 荷载路径

钢桥面板关键细节处应力响应往往对车轮加载位置的精准度非常敏感,准确有效地分析细节处疲劳应力应以影响面为基础。由于正交异性钢桥面板的整体受力和许多细节中存在复杂的面内和面外效应,使得人们不容易判断加载的控制位置。关键细节的总应力通常是如前所述的多系统综合作用的结果,即当荷载作用在最不利位置时,一般来说不可能每个子系统都产生最大响应。此外,疲劳计算需要确定疲劳车轮轨迹及通过时引起的全部应力历程。通过影响面形状可以容易判断在哪里加载得到的总响应最大或最小。图 2-39 显示了在单个车轮荷载作用下,纵肋-盖板焊接细节的 U 肋外侧顶板应力影响面,轮载 60kN,车轮横桥向触地宽度为 600mm,纵向接触宽度为 200mm。从影响面可以看出,影响面横桥向范围为 1 200mm,顺桥向范围为 1 000mm,超出这个范围的车辆荷载对纵肋-盖板焊接细节的影响可忽略不计。影响面在任一方向的坡度都很陡,并围绕着一个特别大的峰值。因此,对于应力分析,轮载应尽可能作用在由最大峰值预测的精确位置,以得到最大的荷载效应。

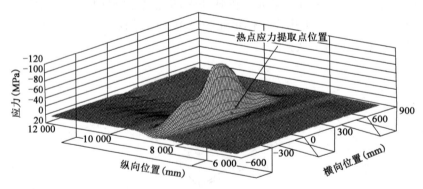

图 2-39 某桥面板顶板与 U 肋连接处应力影响面三维图

当一个方向的控制位置已知时,可以使用影响线计算,影响线比影响面的计算工作量小许多。图 2-40 为在桥面上的不同横向位置的 A 和 B 两条路径下的纵肋与横梁连接细节的影响线,通过有限元分析可以发现每个位置产生了不同的应力特征。为了应用影响线分析,在实际操作过程中可以简化处理,首先通过横向影响线确定疲劳车横向位置后再进行纵向位置移动的影响线分析。

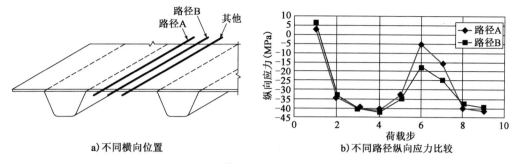

a) 不同横向位置　　　　　　　　b) 不同路径纵向应力比较

图 2-40　不同横向车轮位置应力影响线比较

3. 焊缝处应力计算

实际钢桥面板焊接接头多数是复杂的三维空间结构,几何构造与受力方式均较复杂,名义应力要么无法定义,要么没有简单公式可采用,而有限元分析得出的应力分布也无法导出名义应力。此外,由于结构细节构造形式变化多样,用于描述其疲劳性能的 $S\text{-}N$ 曲线也难以一一确定。因此,作为名义应力法的补充,目前发展了一种主要针对焊接接头焊趾处疲劳的结构应力法,也称为热点应力法。结构应力法是应用焊趾处的结构应力来表征不同焊接接头的疲劳强度,其结构应力是指考虑宏观结构几何形状引起的应力集中在内,推算得到的焊趾前沿处局部应力。由于在焊趾处达到最大,故此处称为热点,该点结构应力也称为热点应力(图 2-41)。

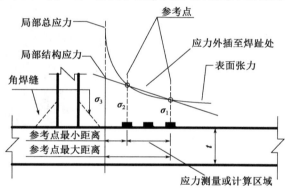

图 2-41　外推法确定局部结构应力

由于焊缝与母材的角度呈尖锐状且不连续,当使用有限元方法时,焊趾处的应力计算给分析者带来了技术困难。不连续将引起模型中关注点附近应力的急剧增长,计算出的应力分布与真实情况无论如何也不相同,故必须绕过对这些区域的应力计算,而改为对其推测。目前使用最为广泛的是应力外推法(图 2-41)。确定外推点位置时还需遵循以下原则:位于焊趾缺口效应影响区之外的,同时必须距离焊趾足够近,以达到能够尽可能真实地反映结构应力集中的目的。国际焊接学会和各船级社等机构对于外推点位置及外推方法规定见表 2-2。

热点应力外推法汇总　　　　　　　　表 2-2

机构	外推方法	热点提取点
ABS 和 DNVZ(美国和挪威船级社)	两点线性外推	$0.5t, 1.5t$
	三点二次外推	$0.5t, 1.5t$ 及 $2.5t$
国际焊接协会	两点线性外推	$0.4t, 1.0t$

四、实例

【例2-1】 某扁平钢箱梁的横截面如图2-42所示,梁宽为35.4m,梁高为4.0m,横隔板间距4.0m,横隔板厚14mm,桥面板的顶板厚度为12mm,U肋板厚为10mm,U肋间距为600mm,U肋截面尺寸如图2-42所示(图中t为顶板厚度)。纵向移动荷载作用下,求解纵肋-顶板连接焊缝细节的应力幅。

【解】 应力幅分析过程为:首先在车道横向车辆经过概率最大的位置即车辆中心线与车道中心线重合位置进行疲劳车双轴纵向加载,获得细节的最不利纵向位置及对应的最大值纵向加载点位置,然后在该纵向加载位置进行横向加载,确定细节的最不利横向位置及对应的最不利加载位置。最后在最不利横向加载位置进行纵向加载,得到最不利细节的纵向应力历程曲线,再通过应力历程曲线计算该细节的应力幅。

(1) 有限元模型

由于在轮载作用下,正交异性钢桥面板的荷载效应是局部的,因此为了降低有限元建模分析的复杂程度和提高效率,在保证受力情况和实际情况基本不变的条件下,可以采用局部的钢箱梁节段模型。取出其中六道横隔板的节段长度,利用Abaqus软件,采用四节点薄壳(S4R)单元建立钢箱梁局部梁段的疲劳分析有限元模型(图2-43)。横桥向采用了半幅箱梁结构,在箱梁中心线设置了横向对称约束,两个端横隔板下端设置固结约束。

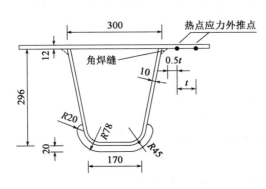

图2-42 U肋截面尺寸(尺寸单位:mm)

图2-43 钢箱梁节段模型

(2) 疲劳荷载模型

利用《公路钢桥规范》中的疲劳荷载Ⅲ对钢桥面板模型进行加载。在桥面上的疲劳荷载作用下,所求解细节的受力范围是局部的,而加载车辆的前后轴距较大(6.0m),所以加载时,只需要取前轴组或后轴组进行加载即可。

(3) 最不利纵向加载位置确定

在同一类细节中,由于距离钢箱梁腹板和横隔板的位置不同,即使受到相同的车轮荷载作用,也会出现不同的应力状况。因此,需要获得同一类细节的最不利位置,以便固定最不利细节位置,再进行加载分析。为简化分析,假定最不利细节在图2-44所示钢箱梁节段中间跨(3号~4号隔板间)的0、1/8、1/4、3/8、1/2跨径共五个截面内。

采用$0.5t$、$1.5t$的外推方法进行纵肋-顶板连接焊缝细节U肋外侧顶板焊趾处热点应力的计算,以位于轮载正下方的3号细节为例。细节编号及车辆荷载的横桥向位置见图2-45。在疲劳荷载Ⅲ的双轴组纵向移动荷载作用下,获得不同截面处3号U肋外侧顶板纵向应力历程(图2-46),图中拉应力为正,压应力为负。由图2-46可知,在双轴荷载作用下纵向最不利细节在

1/8跨处,其对应的最不利荷载为车轮位于细节正上方时。因此,下文以1/8跨处细节为例进行分析。

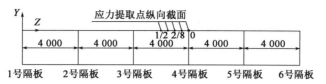

图2-44 应力提取点纵向位置示意(尺寸单位:mm)

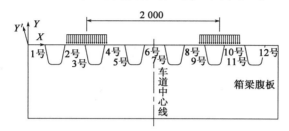

图2-45 横桥向车辆荷载位置及细节编号图(尺寸单位:mm)

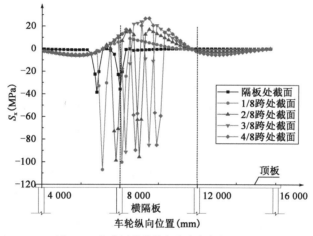

图2-46 细节随荷载纵向移动应力变化历程

(4)最不利细节与最不利荷载的横向位置确定

以疲劳车辆在车道宽度的最左侧为起点,以一定步长(如0.05m)为一个荷载步,逐步向另一侧移动,以车道宽度的最右侧为终点,以获得横向最不利位置[图2-47a)]。也可以按照相对于U肋的位置进行横桥向加载方式,即车轮荷载中心在各U肋正上方、U肋间和U肋腹板正上方[图2-47b)],也能得到比较精确的结果。

在距横隔板1/8跨处进行横向移动加载,获取1/8跨截面所求解细节的横向应力历程,并比较得到该细节最不利位置。分析发现图2-47中3号位置为该细节最不利横向位置,其横向应力历程如图2-48所示。当车轮荷载中心刚好位于该细节正上方时(骑U肋),应力值达到最大,该荷载位置即为该细节最不利横向加载位置。

(5)最不利细节纵向应力幅

在最不利横向加载位置进行纵向移动加载,获取3号细节的纵向应力历程,如图2-49所示。U肋外侧顶板应力历程曲线最大应力幅大小为123.3MPa。

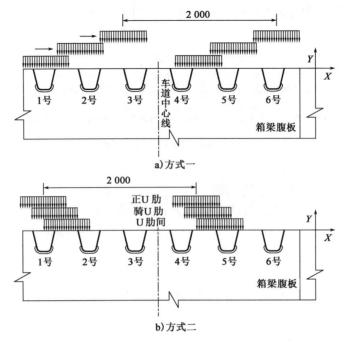

图 2-47 车轮横向加载(尺寸单位:mm)

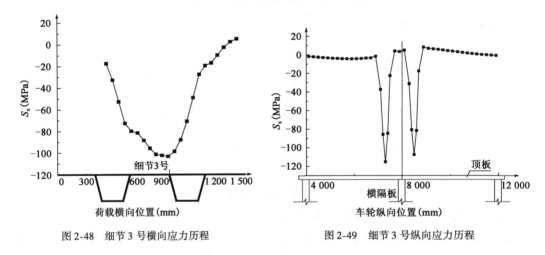

图 2-48 细节 3 号横向应力历程　　图 2-49 细节 3 号纵向应力历程

第二节　混凝土桥面板

混凝土桥面板构成组合梁的上翼缘。一方面,混凝土桥面板与钢梁形成组合截面共同抵抗桥梁整体受力产生的效应;另一方面,桥面板需承担来自车轮荷载、温度作用、收缩徐变、预应力等引起的局部效应。桥面板还应能够抵抗剪力连接件集中布置时带来的集中剪力等局部荷载效应。

一、混凝土桥面板分类

混凝土桥面板可以分为现浇混凝土桥面板、预制混凝土桥面板、叠合板桥面板。为控制连续组合梁负弯矩区混凝土桥面板的横向开裂,以及解决跨径较大的桥面板纵向开裂问题,也常在混凝土桥面板内施加预应力。《公路钢混组合桥梁设计与施工规范》(JTG/T D64-01—2015)(简称《公路钢混桥规》)规定,钢筋混凝土构件混凝土强度等级不应低于C30;预应力混凝土构件混凝土强度等级不应低于C40。

1. 现浇混凝土桥面板

现浇混凝土桥面板施工时需要设置模板,然后在模板上现浇混凝土。全现浇混凝土桥面板的整体性好,容易满足各种桥面的截面要求,但模板工程量和现场湿作业量大,施工速度较慢。当模板无法完全由钢梁支撑时,还需要设置满堂落地脚手架,施工费用高,对周边环境的影响大。现浇混凝土桥面板的基本形式如图2-50所示。

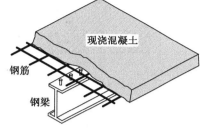

图2-50 现浇混凝土桥面板

由于现浇混凝土硬化后即与钢梁组合成整体,混凝土的收缩会受到钢梁的限制,从而在混凝土内引起拉应力。对于连续组合梁的负弯矩区,这部分收缩引起的拉应力不利于混凝土的抗裂。降低混凝土中的水泥含量或水灰比可以减少混凝土的收缩,而加强养护措施(如用湿毯覆盖)也是抑制混凝土收缩的有效手段。

2. 预制混凝土桥面板

钢-混凝土组合梁桥也可以采用预制混凝土桥面板。钢梁架设完成后可以直接安装预制混凝土桥面板,然后在预制板预留的现浇带处浇筑混凝土,使钢梁与预制混凝土桥面板连成整体。预制钢筋混凝土桥面板的一般构造如图2-51所示。对于组合梁斜拉桥的预制钢筋混凝土桥面板,其布置如图2-51a)所示。当桥面宽度较小时,也可以采用如图2-51b)所示的构造形式,在板内预留槽口,并在槽口内布置抗剪连接件最后在槽口内浇筑混凝土。

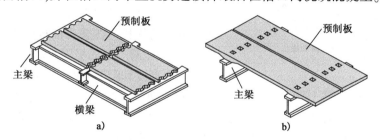

图2-51 预制钢筋混凝土桥面板

预制混凝土桥面可以减小现场的湿作业量,减少对板的临时支撑,施工速度快,并可降低混凝土收缩徐变引起的附加应力。预制板之间的湿接缝混凝土应选择收缩性较小或具有收缩补偿性能的微膨胀混凝土,并且要有良好的养护措施。

预制混凝土桥面板模型

预制板通常采用整体吊装的方式进行安装。对于尺寸非常大的情况(如纵向不分缝的宽桥桥面板),也可以采用顶推滑移施工法。确定混凝土预制板的安装方式时,应该充分考虑板的构造措施(抗剪连接构造、接缝形式)、水文及天气的影响(气温、安装时的风速)以及起重机的吊装能力等。在条件许可的前提下,尽量统一预制板的规格尺寸。预制板的尺寸和质量主要由安装和运输条件控制。

预制板之间通过接缝处的构造措施连接成整体。设计接缝时应考虑传递压力、弯矩、剪力以及一定的拉力。由于接缝是预制桥面板受力的薄弱环节,为保证其受力性能,需要在预制板端预留槽口,槽口内需附加构造钢筋,如图 2-52 所示。在有条件的情况下,宜适当扩大新老混凝土接合面的长度(图 2-53),避免接合面完全处于竖直状态。

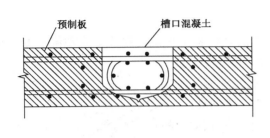

图 2-52 预制桥面板槽口的典型构造

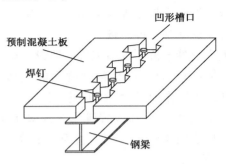

图 2-53 扩大新老混凝土接合面的长度

受钢梁的约束作用,混凝土收缩徐变将使桥面板产生拉应力,导致桥面板开裂,降低结构耐久性。按照混凝土收缩徐变一般发展规律,混凝土大部分的收缩徐变在前 3～6 个月完成。为降低混凝土收缩徐变效应,预制板安装前宜存放 6 个月以上。

3. 预制-现浇混凝土桥面板(叠合桥面板)

如果在钢梁上先铺设一层较薄的预制板,然后在预制板之上现浇混凝土叠合层,则可形成叠合板混凝土桥面板,如图 2-54 所示。叠合板混凝土桥面板中的预制板在施工过程中可以作为底模承受施工荷载和湿混凝土的重量。当后浇混凝土硬化后,预制板部分则可以作为桥面板的一部分承受组合梁的整体弯矩和轮压下的局部荷载。叠合型桥面板可以充分发挥现浇桥面板与预制桥面板两种施工方法的优势。在叠合面抗剪强度得到保证的前提下,混凝土叠合板的极限抗弯承载力和特征可以与相同截面高度和配筋率的现浇混凝土板相同。

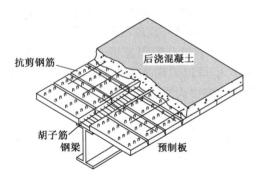

图 2-54 混凝土叠合桥面板

叠合型桥面板适用于有横梁或横肋支承桥面板的组合钢板梁、组合钢箱梁。当桥面宽度不大时,也可用在无悬臂支承横梁的组合钢板梁、组合钢箱梁或组合钢桁梁中间桥面板中,或者用在变宽度区域以方便施工。因为这些截面形式自然地提供了下层桥面板的支承条件,其最终目的是方便施工、降低工程费用。工程师可以根据结构形式、施工条件综合分析,在合适的条件下选用。

预制板内需要按照设计要求配置抵抗正弯矩作用的受力钢筋,在后浇层中则需要在垂直于梁轴方向配置跨越梁轴的负弯矩钢筋。相邻预制板内钢筋在钢梁翼缘上连接,并与翼缘上的栓钉连接件共同埋入现浇混凝土中的栓钉连接件,使叠合板(包括预制板和后浇混凝土)与钢梁连成整体共同工作。因此,从结构整体受力上来讲,采用叠合板混凝土桥面板的组合梁桥的设计方法与采用现浇混凝土桥面板的组合梁桥没有差别。

特别需要说明的是,预制板中配置的承受正弯矩的受力钢筋需要伸出板端一段长度(图 2-55)。现浇层内抵抗板端负弯矩的钢筋和预制板中的胡子筋可同时兼作抵抗纵向剪力的横向钢筋。为保证桥面板具有良好的整体工作性能,新旧混凝土界面处应设有足够的抗剪构造,预制板表面需要拉毛及设置界面抗剪钢筋等。相对于预制混凝土桥面板,叠合板混凝土桥面板不需设置槽口,而且由于后浇层的作用,使得桥面的整体性和抗裂性大大提高。

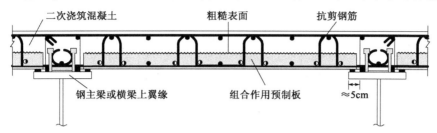

图 2-55 叠合桥面板构造

下层预制板的安装和常规预制桥面板是一样的,要注意主梁顶部翼缘与预制板之间间隙的不透水性以及预制板上表面的粗糙度。此外,预制板与主梁顶板翼缘之间应有 5cm 的重叠长度。

二、桥面板构造与设计

(一)一般构造

1.有支承横梁的桥面板

钢梁设大横梁(或称为横肋)与桥面板组合时,为桥面板提供了支承,能减小桥面板厚度;同时横向以组合截面共同受力,能适应较大的主梁间距。这种桥面板体系在组合钢板梁和组合钢箱梁中都有应用,特别适合于跨径较大的情况。组合钢桁梁弦杆节间内通常不设大横梁,因而一般不采用这种桥面体系。

有直接支承横梁的桥面板通常是等厚的(图 2-56),桥面板厚度一般为 24~26cm,在钢主梁和大横梁的上翼缘设有焊钉连接件与桥面板结合。支承横梁的纵向间距一般不变化,以便简化构造,横梁间距一般为 4m 左右。根据悬臂长度的不同,悬臂部分可分为有支承横肋和无支承横肋两种。当悬臂长度较大时,须设支承横肋。当悬臂长度较小时(一般为 2m 左右),可不设支承横肋(图 2-57)。

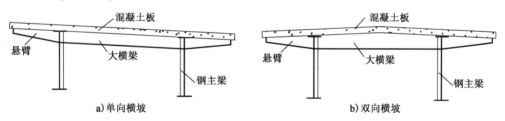

图 2-56 组合梁等厚桥面板截面

图 2-58 为位于法国巴约讷市跨越 Nive 河的桥。有支承横梁的桥面板在整体受力和局部受力中均为纵桥向方向,使得受力较为复杂,在设计中需要注意。特别对于悬臂部分,由于悬臂挑梁刚度相对较柔,进一步增加了该处桥面板受力的复杂性。

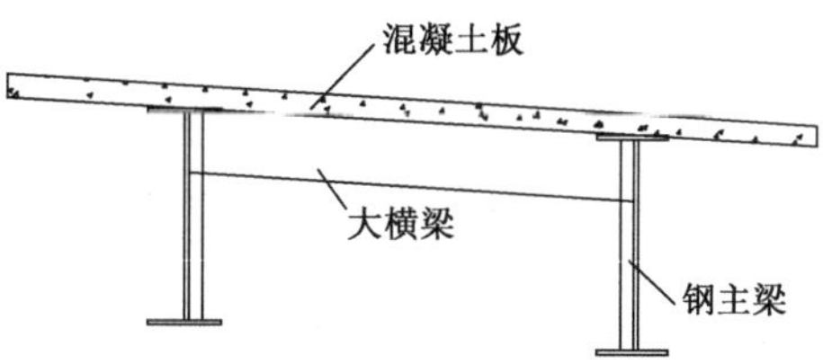

图 2-57 桥面板悬臂无支承横梁截面

2.无支承横梁的桥面板

无直接支承横梁的混凝土桥面板仅与钢主梁连接,与钢横梁不连接。这种桥面体系在组合钢板梁、组合钢箱梁和组合钢桁梁中都有较多的应用,如图 2-59 所示。对于组合板梁而言,采用滑模法现浇施工时,无直接支承横梁比有直接支承横梁的桥面板更加便于滑模的布置和移动。对于组合钢箱梁和组合钢桁梁而言,由于受到横隔系或上缘横梁的干扰,桥面板现浇施工比组合钢板梁复杂。

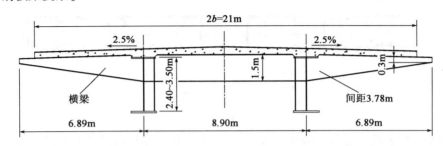

图 2-58　带有横梁和悬臂梁的组合桥梁截面示例(位于法国跨越 Nive 河的桥)

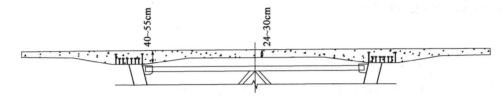

图 2-59　无直接支承横梁的桥面板

桥面板的厚度在纵向通常保持不变,在横向需要根据受力情况进行一定的变化。对于常用的桥面板宽度,厚度变化的范围在 24～55cm;对于 7～8m 宽的桥面板,通常会选择 24～26cm 等厚的板;对于宽桥面板则应选择变厚的板,板件的最薄处在悬臂的端部和腹板中间,最厚处在主梁上方。当桥面宽度达到 15～20m 时,横向一般使用预应力,腹板处板厚达到 40～55cm,跨中板厚为 24～30cm。桥面板从最厚到最薄处通过承托过渡,承托的长度为 1/5～1/4 的腹板间距,在悬臂段,通过承托或者直接线性过渡。

当桥宽不超过 15m 时,桥面板可以采用钢筋混凝土结构,宽度更大时则配置横向预应力。随着桥面宽度的增加,桥面板的厚度也要相应增加,这样即使在配置预应力的情况下,桥面板厚度的增加所带来的结构自重增加,将成为结构承重的负担并失去经济上的优势。更宽的混凝土板需要增加纵梁数量,从而形成多主梁的形式。根据大量的实际经验,双主梁结构可适应的桥面宽度约为 20m。对于组合钢箱梁和组合钢桁梁,当桥面宽度很大、需要控制桥面板厚度时,也有采用在箱内或两片钢桁梁之间设置小纵梁的方法,减小桥面板横向弯矩,从而降低桥面板厚度。因为设置预应力将增加施工工作量和施工工期,近些年已经逐渐被直接支承桥面板的大横梁体系替代。

图 2-60 显示了一座双主梁组合梁的横截面,图中有混凝土板的典型主要尺寸。混凝土板宽 12～13m,支承在两片钢主梁上。为限制板厚度,进而限制板的重量,主梁间距的确定需要均衡横桥向弯矩(梁之间为正,之上为负),这意味着主梁间距将是混凝土板总体宽度的 50%～55%。混凝土板的厚度在横桥向一般来说是变化的,即在主梁上方板厚至少 300mm,而在主梁之间板厚最少 250mm。为了让梁表面保持必要的横向坡度,每片梁上板的厚度可能不同,尤其在曲线桥中。

国外根据多年使用经验和混凝土桥面板损坏特点,也会采取增加板厚和限制桥面板主筋使用应力的方法来提高桥面板的承载能力和耐久性。

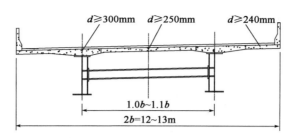

图 2-60 双主梁组合公路桥桥面板的主要尺寸

(二)桥面板的最小厚度

如果桥面板的板厚过小,车辆荷载将引起钢筋混凝土桥面板疲劳损伤,最初产生网格状的裂缝,之后随着裂缝的高密度化贯通裂缝增加,抗剪强度会明显降低,最终由于产生冲切破坏,导致桥面板混凝土掉落。同时,由可变荷载引起的桥面板的挠度增大,会增加主梁上翼缘摇摆现象发生的概率而导致主梁损伤。另外,如果桥面板厚度小,就会增加预应力钢筋用量,所以从经济角度考虑,也不可过度减小桥面板的厚度。

桥面板的厚度要根据安全性、耐久性以及施工性确定,其最小厚度必须能承受住正常使用时所作用的弯矩或剪力,同时能够确保耐久性。为保证板的耐久性和混凝土的钢筋保护层厚度,桥面板的混凝土最小厚度不应小于240mm,即使在悬臂翼缘的端部。悬臂板端部的厚度,要根据预应力钢筋的锚具、栏杆与桥面板钢筋的配置状况以及保护层等因素确定。由于预应力混凝土桥面板一般比钢筋混凝土桥面板耐久性好,如果只看重耐久性,桥面板的最小厚度可能设计得比较小。因此,建议考虑施工性、预应力钢筋的配置以及锚具的选型来确定预应力混凝土桥面板的最小厚度。

主梁较少的组合梁桥的桥面板,因为要承担以往的横向联结系所承担的传递地震或风荷载的重要功能,因此必须具有适当的刚度、不易发生弯曲裂缝以及确保所需的钢筋保护层。

在确定跨径小于6m的桥面板的厚度时,可以参考日本《公路桥梁规范Ⅲ 混凝土桥篇》关于某一方向有预应力的桥面板车道部分最小厚度的计算式。

在简支板跨径中:

$$d = (40L + 110) \times 0.9$$

在连续板跨径中:

$$d = (30L + 110) \times 0.9$$

式中:L——桥面板跨径(m)。

(三)桥面高程的调整

钢桥一般是在工厂制作现场安装,简化结构的构造对于提高经济效益有很大的意义,在可能的条件下,钢梁尽可能做成等腹板高度的结构形式。由于翼缘板厚度的变化、工地接头螺栓等往往会引起翼缘板顶面不平整,同时,由于设置桥面横坡或超高需要,桥梁横截面高程是变化的。通常,调整桥梁横截面高程的方法有:

(1)调整墩台顶面高程。该方法结构简单,比较适合于桥面横坡不变的情况,但采用这种方法时,主梁腹板与横梁的连接会出现倾斜或各主梁的横梁设置位置高度不同,给钢结构的制作和安装带来一定的困难。

(2) 钢梁腹板采用不同的截面高度。该方法钢结构构造复杂,制作和安装都有较大的困难,一般较少采用。

(3) 采用变厚度桥面板或设置三角垫层。该方法钢桥的自重增加较多,一般也很少采用。

(4) 根据桥面高程需要在桥面板下设置不同高度的倒梯形承托。该方法构造简单,桥面板可以做成等厚度结构,自重增加较小,同时可以适应翼缘板顶面不平整和桥面横坡或超高的变化,该方法还可以适用于主梁间距较大的情况,增加桥面板支承处的截面高度和满足梁端桥面板变厚度的需要,是钢筋混凝土桥面板中采用最多的结构形式。

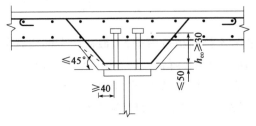

图 2-61 承托构造图(尺寸单位:mm)

设置承托时,应使界面剪力传递均匀、平顺,承托斜边倾斜度不宜过大(图 2-61)。为了保证承托中的连接件实际工况与连接件标准推出试验时的工况基本一致,《公路钢混桥规》规定了承托边至连接件外侧的距离不得小于40mm,承托外形轮廓应在由最外侧连接件根部起的45°角线的界限以外。

箱形梁顶板处倒梯形承托,通常采用泡沫塑料做内模浇筑而成,但混凝土浇筑完成之后内模难以取出,往往被直接埋在混凝土里[图2-62a)]。为了简化模板,当承托高度较矮、箱梁宽度较小而且恒载增加不大时,也可以做成图 2-62b)所示的形式。当采用埋置式内模时,为了防止由于桥面板的裂缝、伸缩缝的破损等原因的漏水造成箱梁积水,箱梁顶面应该设置排水孔。

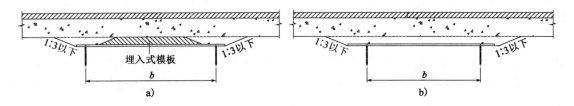

图 2-62 钢箱梁的倒梯形承托设置

(四) 预制板的分块与构造

1. 桥面板的分块

桥面板采用预制板的施工方法,是将桥面板按照一定的长度和宽度划分为预制单元,然后将这些单元安装于钢梁上,最后浇筑预制板之间的接缝混凝土。与现浇桥面板不同,因为支承横梁正好可以作为现浇缝施工的模板,故预制桥面板特别适用于有支承横梁的桥面板。

桥面板的分块既可以根据钢梁上翼缘形成的格构进行,也可以不受此限。例如西班牙的 As Nogais 桥和 Navia 桥纵向以 4m 为模数,横向分成 3.0~3.5m 宽,桥面 26m 全宽需要 8 块。另外,当钢梁腹板之间的间距非常大时,预制桥面板需要在一个钢梁格构内分块,这种情况下应该采取适当构造措施,工地接缝必须解决横桥向钢筋的连续性问题。

有支承横梁的组合梁桥,混凝土板分解成两块预制悬臂单元和一块预制中心单元(有时对于很宽的桥面板是两块)[图2-63a)]。如果钢梁上翼缘之间的混凝土板可以容易地实现现场浇筑(有钢板作为底模),这时只有悬臂段混凝土板需要预制[图2-63b)]。钢梁上翼缘绝大部分区域顶面的混凝土是现浇完成的,可以保证两者密贴。采用多块预制板方案,必须保证接缝处配筋的连续性并提高接缝混凝土浇筑时的水密性。

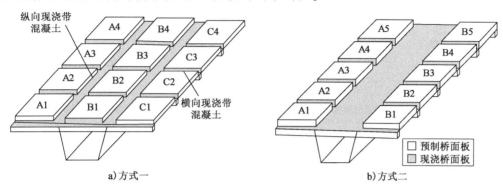

图2-63 桥面板预制和现浇分块示意

2. 全宽预制(连接件采用群钉布置)

为了提高桥面板的施工速度和作业效率,也有采用桥面板全宽预制的方法,预制单元的纵向尺寸根据起吊运输能力等确定,通常在4m以内。在桥面板全宽预制中,为了解决与钢梁连接共同受力的问题,一种方案是将焊钉连接件均集中在混凝土板上连接槽口的区域,也就是将焊钉以簇群的方式与预留槽口对应间断布置。而这些槽口是在预制场内预留的,结合后采用低收缩接缝混凝土现场浇筑将其填满(图2-64)。槽口大小一般为300mm×300mm,间距1m,通常每组焊钉根数为10~16根,视其在梁上位置而定。采用群钉布置焊钉可以使其与钢梁上翼缘的结合得到保证,无槽口区域桥面板下缘和钢梁上翼缘之间存在间隙,这一间隙填充的密实性成为关键。

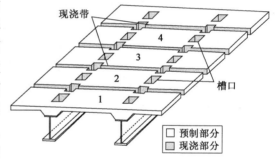

图2-64 全宽预制板构造示意(群钉方案)

桥面板采用全宽预制的方法,不仅保证了桥面板的整体性,减少了现场连接的施工工序,还可以在桥面板与钢梁结合前施加预应力,将预应力施加到桥面板上,更加直接高效。预制单元和钢主梁之间的空隙难以利用接缝混凝土填充,可以采用水泥灌浆,也可以采用砂浆摊铺后依靠安装的预制板压实。无论哪种方法,皆因该空隙太小故难以保证其密实性。

3. 全宽预制(预留焊钉连接通道)

法国工程师提出了一种桥面板全宽预制,预制板预留焊钉连接通道,并采用桥面板顶推施工的技术方案。桥面板预制时,对应主梁上翼缘的桥面板仅浇筑顶部约一半厚度的桥面板,并间断设有供浇筑下层混凝土使用的预留孔;下面一半设置通长的预留槽,形成沿桥梁纵向的"连接通道"(图2-65)。这种做法使得焊钉连接件可以正常布置,桥面板与钢梁之间除边缘外不存在前一种方法那种很小的空隙。在桥面板全部顶推到位后,最后浇筑"连接通道"内处于密闭空间的混凝土,使桥面板形成整体并通过焊钉与钢梁结合。密闭空间混凝土的浇筑通常使用流动性非常好的低收缩自密实混凝土。可以在一侧或两侧桥台处的临时钢架上或路基上现浇桥面板,然后通过水平千斤顶将所有现浇截面向前顶推(图2-66)。

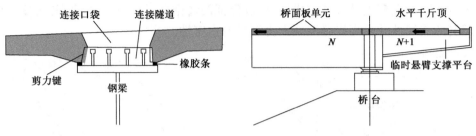

图2-65 钢梁上翼缘桥面板构造示意　　　图2-66 桥面板节段预制顶推示意

(五)梁端桥面板与防水

1. 梁端桥面板

组合钢板梁桥的桥面板端部需要设置一段伸出的部分,一般桥梁结构通常为50cm,对大跨桥梁也可以做到100cm。梁端由于伸缩缝、桥面高差和梁端转角等原因,车轮荷载容易产生冲击作用。组合梁桥面板相对较薄,因此常需要在伸缩缝处加强,以满足伸缩缝安装的要求并抵抗重车的冲击。在整个伸缩缝宽度内,35~40cm厚的桥面板是必要的。

以下是组合梁桥的几种常见解决方案。通常来说,小横梁组合梁桥的桥面板厚度横向有变化,主梁腹板处为35~40cm,桥面板可在两端约1m长范围内统一厚度,以满足伸缩缝安装要求[图2-67a)]。若采用该方法得到的桥面板厚度仍不合适,可将梁端主梁高度适当降低,直至桥面板厚度满足要求[图2-67b)]。梁端横梁采用大横梁,直接支承混凝土桥面板,目前比较推荐该方案[图2-67c)]。对端部有直接支承横梁的组合梁桥,桥面板基本上是等厚的,厚度一般为25cm,因此只能让混凝土桥面板底面在整个宽度上从梁端横梁外降低至使桥面板厚度达到30~40cm[图2-67d)]。无论梁端桥面板采用何种加厚方式,桥面板必须比钢梁长20~30cm,以保证雨水收集管能安装到伸缩缝正下方。

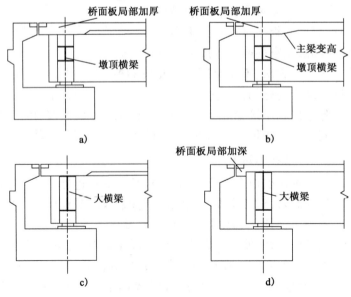

图2-67 梁端加强构造

2. 防水

悬臂桥面板应遮挡主梁使其免受雨水直接作用,悬挑长度超过主梁的高度即可达到这样的效果[图2-68a)]。另一个保持水远离主梁的措施是在桥面板边缘处形成泄水构造[图2-68b)]。依据桥面板防水层的形式,排水管道可穿过桥面板,但桥面板下部的管道出口不能出现在钢结构部件的上方[图2-68c)]。桥台应该设计成有利于钢结构内部自然通风的形式,并能接收透过附近路面或伸缩缝的水[图2-68d)]。值得一提的是,好的桥台设计应方便人们接近梁底和支座进行检查。

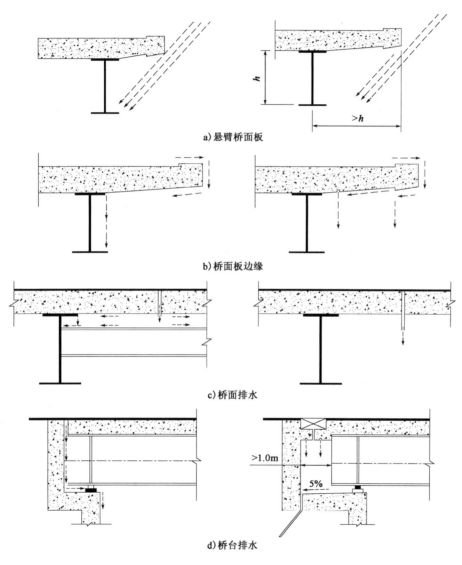

图2-68 防水防潮构造细节对比

(六)桥面板钢筋

1. 现浇桥面板的钢筋

有直接支承横梁的桥面板,桥面板在横梁间弯曲,顺桥向为主要受力方向,因此纵向钢筋为主筋,通常布置在次要钢筋外侧,从而使主筋有更长的力臂(图2-69)。然而纵向钢筋布置在次要钢筋内侧则有助于对纵向钢筋的约束。无直接支承横梁的桥面板仅支承在主梁上,横向钢筋为主筋提供局部抗弯承载力,因此布置在外侧(图2-70)。

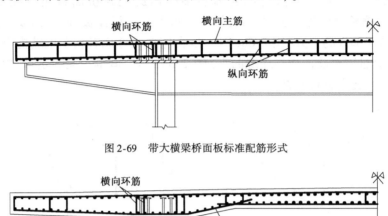

图2-69 带大横梁桥面板标准配筋形式

图2-70 带小横梁桥面板标准配筋形式

混凝土桥面板的宽度取决于桥梁的类型,混凝土板的厚度和横向配筋取决于由混凝土板自重和桥面铺装的自重,以及车辆荷载引起的弯矩。跨中混凝土板的纵桥向配筋由规范保证其最小配筋率,一般规定为混凝土板横截面面积的 $0.75\% \sim 1.0\%$,尽量接近 1.0%。在中墩位置,混凝土板处于受拉状态,则板的配筋须保证裂缝宽度在规定的最小值之内。对于连续组合桥而言,混凝土板的配筋率一般为 $1\% \sim 2\%$,需要注意的是,在中墩处板的纵向钢筋对组合梁的抗弯是有贡献的。

2. 承托钢筋

桥面板若设置承托,其钢筋构造应符合下列规定(图2-71):

(1)当承托高度在80mm以上时,应在承托底侧布置横向加强钢筋。

(2)由于承托中邻近钢梁上翼缘的部分混凝土受到抗剪连接件的局部压力作用,容易产生劈裂,因此需要加强配筋,承托中横向钢筋的下部水平段应该设置在距钢梁上翼缘的50mm范围以内。

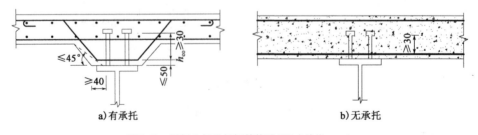

图2-71 混凝土板承托钢筋构造(尺寸单位:mm)

(3)为保证抗剪连接件可靠地工作并具有充分的抗掀起能力,抗剪连接件抗掀起端底面高出底部横向钢筋水平段的距离不得小于30mm。横向钢筋的间距应不大于 $4h_{c0}$,且应不大于

300mm，h_{e0}见图2-71a）。

对于没有承托的组合梁，混凝土桥面板中的横向钢筋也应满足后两项的构造要求，见图2-71b）。

3. 预制板接缝构造与钢筋连接

预制板湿接缝构造不同于现浇板，湿接缝宽度一般较小，钢筋布置要考虑锚固传力、避开剪力连接件、便于混凝土浇筑等因素，湿接缝构造要保证受力可靠和连接处的耐久性。

预制板件之间有两种主要的混凝土接缝形式。最简单的形式是将两块待连接的预制板件安装在主梁的上翼缘或直接支承横梁之上，该翼缘可以作为第二阶段混凝土浇筑的底部模板（图2-72）。预制板预留环形钢筋，在湿接缝内搭接。

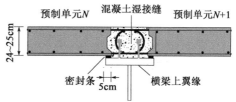

图2-72 直接支承横梁翼缘上接缝原理

当湿接缝下的钢梁翼缘宽度较小时，为了保证钢筋搭接长度，也可采用如图2-73所示的企口湿接缝。桥面板预制时边缘采用企口构造，底面搁在钢梁翼缘上。此处顶面钢筋通常受拉，需要充分的搭接长度保证受力，因此，扩大顶面湿接缝，使得顶面钢筋具有较长的搭接长度。底面钢筋通常受压，可以在搭接后弯起且部分弯曲钢筋可以充当锚固长度[图2-73a）]，也可采用环形搭接[图2-73b）]。

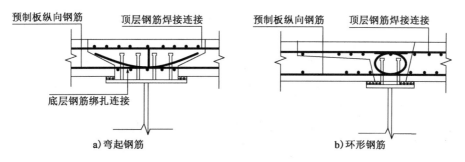

图2-73 横梁上的企口湿接缝构造示意

对于接缝不在钢梁翼缘之上的情形，也就是预制板相互间的接缝，则更为复杂一些。预制板之间接缝的宽度，需要根据接缝位置、钢筋受力及连接需要进行设置，湿接缝的施工可以采用传统的吊挂模板的方法，也可以采用其他方法。传统的吊挂模板的方法可以确保桥面板整体的连续性，即所有纵向钢筋，尤其是底部钢筋层中钢筋的连续性。该方法中模板置于接缝混凝土区域的下方，需要在预制板件上预留孔以便实施模板的吊拉（图2-74）。

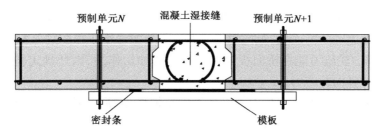

图2-74 传统成形的接缝混凝土

4.桥面板横向预应力钢筋

当主梁腹板间距较大或悬臂长度较长时,为控制桥面板的横向受力开裂问题,可在混凝土桥面板内施加预应力。由于桥面板厚度相对较薄,施工中应严格控制预应力束的线形(图2-75)。

图2-75　桥面板中的横向预应力示意

三、桥面板计算

(一)力学分析

组合梁桥的混凝土桥面板与钢筋或预应力混凝土桥的桥面板类似。桥面板承受交通荷载作用,通过混凝土板的局部弯曲,将荷载传递给主梁或者支承桥面板的其他受力构件。同时桥面板作为主梁的上翼缘对桥梁纵向抗弯承载能力有贡献。由于组合梁是由两种不同类型的材料构成,所以混凝土面板在长期行为下会产生不同影响。

对于组合梁桥,混凝土桥面板在恒载和活载作用下所承受的内力主要包括以下几类:

(1)纵向整体弯曲。组合梁桥在纵向整体弯矩作用下,混凝土桥面板受压(正弯矩)或受拉(负弯矩)。由于桥面板的厚度相对于组合梁的整体高度较小,因此混凝土板内压力和拉力沿高度方向的变化较小,简化处理时可以看作薄膜力(即忽略应力沿板高度方向的梯度变化)。由于剪力滞的影响,通常情况下混凝土桥面板内的纵向整体弯曲应力最大值出现在钢梁腹板的正上方,并沿桥面板的横向有所降低。

(2)横向整体弯曲。在整体荷载作用下,由于各根主梁变形不一致或扭转作用,会使桥面板产生横向整体弯曲。横向整体弯曲引起的应力通常在与两组横向联结系距离相等处最大,原因是此处桥面系的横向整体性较弱,钢梁间更容易产生变形差。

(3)纵向剪切作用。抗剪连接件在桥面板内引起纵向剪力(纵向劈裂作用)。纵向剪力的分布与组合梁的内力分布和抗剪连接件的刚度等有关,通常在梁端或集中力作用处较大。

(4)横向局部弯曲。混凝土桥面板可视为支承于钢梁上的横向连续板,在轮压作用下会发生横向局部弯曲。当车轮作用于两根相邻钢梁之间时,桥面板内的正弯矩最大;当车轮作用在悬臂板的最外侧,或者成对分别位于钢梁两侧时,在钢梁上方的混凝土板内产生最大的负弯矩。

(5)纵向局部弯曲。在车轮荷载作用下,桥面板也会产生一定的纵向局部弯曲。但对以横桥向为主要传力途径的桥面板,纵向局部弯曲应力要明显小于横向局部弯曲应力。

(6)冲切作用。轮压可能在桥面板内产生较大的冲切作用,因此确定桥面板的厚度时需要考虑轮压引起的竖向剪应力。

上述前三项为组合桥混凝土桥面板所承受的整体作用,后三项为轮压下的局部作用。除恒载和活载之外,温度作用以及混凝土的收缩等也会引起第(1)、(3)、(5)等几种类型的内力,若横向联结系与桥面板通过抗剪连接件连成整体,也会引起第(2)、(4)类型的内力。

钢-混凝土组合结构桥梁中的混凝土桥面板既要承受车轮荷载等局部作用,同时也作为组合梁的上翼缘参与纵向整体受力。因此,对桥面板进行设计时需要考虑由这两类作用所引起的内力。

(二)横向局部弯曲计算

对混凝土桥面板进行设计时,一般可采用弹性方法计算内力及变形。混凝土桥面板的实际受力状态较为复杂,如:在竖向荷载作用下,除了沿板的计算跨径方向产生挠曲变形外,沿梁轴线方向也会发生挠曲变形;板除承受弯矩、剪力之外,还会受到扭转作用;由于剪力滞的影响,在板的同一个横截面内,各种内力沿板宽方向的分布也不均匀。因此,桥面板设计时需要做一定的简化处理。

从受力特征上来分,混凝土桥面板可以分为单向板、双向板、悬臂板等。主梁或纵梁之间的桥面板部分通常由主梁(或纵梁)和横梁四边支承,若两个支承边的跨径之比小于2,桥面板应该按双向板计算,在两个支承边方向均应配置受力钢筋。若两个支承边的跨径之比大于2时,荷载的绝大部分将沿短跨方向传递,则可以近似按单向板设计。主梁外侧或梁端的桥面板悬臂部分,则按悬臂板设计。

对于支承于工字形钢梁上翼缘的混凝土桥面板,由于钢梁上翼缘的刚度较小,因此一般不能取钢梁翼缘外侧边缘之间的净间距作为板的计算跨径。

1. 桥面板计算跨径

日本《道路桥示方书》有关桥面板计算跨径的规定如下:

(1)计算弯矩时,连续桥面板的计算跨径 L 一般取钢梁的中心间距 S;简支桥面板的计算跨径 L 取钢梁中心间距 S 和钢梁净间距与桥面板厚度之和 $S_0 + t$ 的较小值,见图2-76。

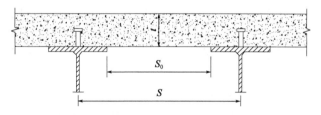

图2-76 连续桥面板或简支桥面板的计算跨径

(2)计算弯矩时,悬臂桥面板的计算跨径与荷载类型有关。恒载作用下,桥面板计算跨径 L 为桥面板边缘到钢梁上翼缘悬臂宽度的1/2位置处的距离;车轮荷载作用下的计算跨径 L 则需要在前者的基础上减去500mm,见图2-77。

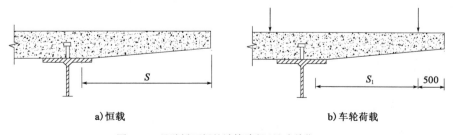

a)恒载　　　　　　　　　　b)车轮荷载

图2-77 悬臂桥面板的计算跨径(尺寸单位:mm)

(3)计算剪力时,连续桥面板和简支桥面板的计算跨径均取钢梁间净间距 S_0,悬臂板的计算跨径起始位置也取为钢梁上翼缘边缘。

2.桥面板的横向受力有效宽度

桥面板在轮压作用下,其横向(垂直于梁轴线方向)应力分布不均匀,计算时需采用有效宽度的概念,把桥面板分解成具有某个宽度的长方形的板带(图2-78)。再将各个板带作为一个简支板或者连续板来进行计算,并假设在板带宽度方向上应力分布是相同的,而板带之外的混凝土桥面板并不参与受力。

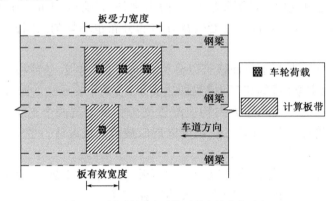

图2-78 桥面板受力验算时的有效宽度示意

假设宽度为 a 的板带均匀承受车辆荷载产生的总弯矩 M,即

$$a \cdot m_{x,\max} = M \tag{2-5}$$

式中:M——车辆轮压产生的板跨中总弯矩,可由结构力学方法求解;

$m_{x,\max}$——荷载中心处的单位长度弯矩最大值,须对板进行空间分析得到。

世界各国规范基于大量的计算分析,均给出了桥面板横向受力时的有效宽度 a 的计算方法(区别于组合梁纵向受力的桥面板有效宽度)。由于单向板与悬臂板的受力特点有所不同,故这两类桥面板的横向有效宽度也不同。

(1)单向板的横向受力有效宽度

《公路钢筋混凝土及预应力混凝土桥涵设计规范》(JTG 3362—2018)规定,计算整体单向板时,通过车轮传递到板上的荷载分布宽度 a 应按下列规定计算。

当单个车轮作用在板的跨中时:

$$a = (a_1 + 2h) + L/3 \geq 2L/3 \tag{2-6}$$

多个相同车轮作用在板的跨中,当各单个车轮按式(2-11)计算的荷载分布宽度有重叠时:

$$a = (a_1 + 2h) + d + L/3 \geq 2L/3 + d \tag{2-7}$$

车轮作用在板的支承处时:

$$a = (a_1 + 2h) + t \tag{2-8}$$

车轮作用在支承桥面板的钢梁附近,与钢梁轴线的距离为 x 时:

$$a = (a_1 + 2h) + t + 2x \leq 车轮在板跨中部的分布宽度 \tag{2-9}$$

式中:L——板的计算跨径;

a_1——垂直于板跨方向的车轮着地尺寸;

h——铺装层厚度;

t——板的厚度;

d——多个车轮时外轮之间的中距。

按上述各式计算得到的分布宽度,均不得大于板的全宽度。对于彼此不相连的预制板,车轮在板内分布宽度不得大于预制板宽度。

(2)悬臂板的横向受力有效宽度

《公路钢筋混凝土及预应力混凝土桥涵设计规范》(JTG 3362—2018)的规定,当 c 值不大于2.5m时,垂直于悬臂板跨径的车轮荷载分布宽度 a 可按式(2-10)计算:

$$a = (a_1 + 2h) + 2c \tag{2-10}$$

式中:a_1——垂直于悬臂板跨径的车轮着地尺寸;

c——平行于悬臂板跨径的车轮着地尺寸的外缘,通过铺装层45°分布线的外边线至钢梁腹板的距离,如图2-79所示;

h——铺装层厚度。

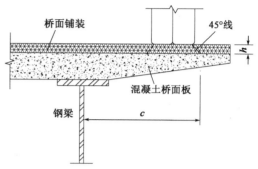

图2-79 悬臂板计算参数 c 示意

以上规定适用于 c 不大于2.5m的情况,当悬臂长度 c 值大于2.5m时,悬臂根部负弯矩取上述计算结果的1.15~1.3倍。此外,在车轮荷载作用点的下方还会出现正弯矩,因此需要考虑配置正弯矩钢筋。

3.桥面板局部受力计算

《公路钢筋混凝土及预应力混凝土桥涵设计规范》(JTG 3362—2018)规定,一次浇筑的多跨连续单向板的内力可按以下各式计算。

支点弯矩为:

$$M = -0.7 M_0 \tag{2-11}$$

跨中弯矩为:

当板厚与钢梁高度比大于或等于1/4时

$$M = +0.7 M_0 \tag{2-12}$$

当板厚与钢梁高度比小于1/4时

$$M = +0.5 M_0 \tag{2-13}$$

式中:M_0——与计算跨径相同的简支板的跨中弯矩。

对于悬臂板,计算悬臂根部的最大弯矩时,应将车轮荷载靠板的外侧边缘布置。

(三)混凝土桥面板纵向抗剪验算

1.混凝土桥面板的纵向剪切破坏

对于钢-混凝土组合梁桥,钢梁与混凝土桥面板间的组合作用依靠抗剪连接件的纵向抗剪实现。这种纵向剪力集中分布于钢梁上翼缘布置有连接件的狭长范围内,因此混凝土板在这种集中力作用下可能发生开裂或破坏。混凝土桥面板纵向剪切破坏是组合梁的破坏形式之一,影响组合梁混凝土桥面板纵向开裂和纵向抗剪承载力的因素很多,如混凝土桥面板的厚度、强度等级,横向配筋率和横向钢筋的位置,抗剪连接件的种类、排列方式、数量、间距,荷载的作用方式等,这些因素对混凝土桥面板纵向开裂的影响程度各不相同。横向配筋率是影响混凝土桥面板纵向抗剪性能的最主要因素,混凝土桥面板厚度次之。组合梁的加载方式对纵向开裂也有影响,当组合梁作用有集中荷载时,在集中力附近将产生较大的横向拉应力,容易在这一区域较早地发生纵向开裂。混凝土桥面板受到的横向负弯矩也会对组合梁的纵向抗剪产生不利的影响。若组合梁的横向配筋不足或混凝土截面过小,在连接件的纵向劈裂力作用下,混凝土桥面板将可能发生纵向剪切破坏。进而导致组合梁无法达到极限抗弯承载力,使结构的延性和极限承载能力降低。因此在设计组合梁时,应当验算混凝土桥面板的纵向抗剪能力,保证组合梁在达到极限抗弯承载力之前不会出现纵向剪切破坏。

混凝土桥面板的实际受力状态比较复杂,抗剪连接件对混凝土桥面板的作用力沿板厚及板长方向的分布并不均匀。混凝土桥面板除了受到抗剪连接件对其作用的轴向偏心压力外,通常还要受到横向弯矩的作用,因此很难精确地分析混凝土桥面板的实际内力分布。为进行混凝土桥面板纵向抗剪验算,需判断可能出现纵向剪切破坏的潜在剪切面,并且确保在承载力极限状态下任意潜在剪切面的极限抗剪承载力超过实际存在的纵向剪力。

2. 剪切面的定义

混凝土桥面板潜在的纵向剪切破坏界面可能有很多,a-a 抗剪界面长度为桥面板厚度,b-b 抗剪界面长度取刚好包络焊钉外缘时对应的长度,c-c、d-d 抗剪界面长度取最外侧的焊钉外边缘连线长度加上距承托两侧斜边轮廓的垂线长度,如图2-80所示。设计时应确保任意一个潜在剪切面的单位长度纵向剪力值不超过其抗剪承载力。

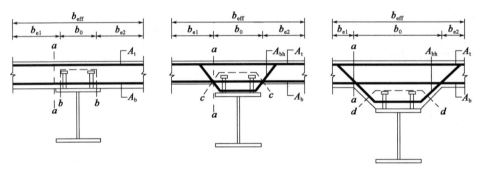

图2-80 混凝土板纵向剪切破坏界面

3. 配筋要求

混凝土桥面板中的横向钢筋对控制纵向开裂具有重要作用。组合梁在荷载作用下首先在混凝土桥面板底面出现纵向微裂缝,如果有适当的横向钢筋,则可以限制裂缝的发展,使混凝土桥面板顶面不出现纵向裂缝或使纵向裂缝宽度变小。同样数量的横向钢筋分上下双层布置时比居上、居中及居下单层布置时更有利于抵抗混凝土桥面板的纵向开裂。

梁端和支点附近的桥面板承受纵横向剪力、横向弯矩等复合作用,局部范围内桥面板应力分布复杂,因而该部分的桥面板应配置能够承担剪力和主拉应力的横向加强钢筋,宜采用V形筋布置于连接件间,高度方向宜配置在混凝土板截面中性轴附近。

需要说明的是,组合梁桥混凝土桥面板的横向钢筋中,除了承托中的横向钢筋外,其余的横向钢筋 A_t 和 A_b 可作为混凝土板的受力钢筋使用,即可以利用混凝土桥面板伸入剪力连接处的正弯矩钢筋 A_b 及负弯矩钢筋 A_t 兼作纵向抗剪钢筋。

《公路钢混桥规》规定了组合梁桥面板的配筋应满足下列要求：

(1) 单位长度桥面板内横向钢筋总面积应满足式(2-14)的要求。

$$A_e > \frac{\eta b_f}{f_{sd}} \qquad (2\text{-}14)$$

式中：A_e——单位长度内垂直于主梁方向上的钢筋截面面积（mm^2/mm），按图 2-80 和表 2-3 取值；

η——系数，$\eta = 0.8 N/mm^2$；

b_f——纵向抗剪界面在垂直于主梁方向上的长度，按图 2-80 所示的 a-a、b-b、c-c 及 d-d 连线在剪力连接件以外的最短长度取值(mm)；

f_{sd}——普通钢筋强度设计值(MPa)。

钢筋截面面积　　　　表 2-3

剪切面	a-a	b-b	c-c	d-d
A_e	$A_b + A_t$	$2A_b$	$2(A_b + A_{bh})$	$2A_{bh}$

注：A_t 为混凝土板上缘单位长度内垂直于主梁方向的钢筋面积总和（mm^2/mm）；A_b、A_{bh} 为混凝土下缘、承托底部单位长度内垂直于主梁的钢筋面积总和（mm^2/mm）。

(2) 组合梁的纵向抗剪承载力在很大程度上受到横向钢筋配筋率的影响。为保证组合梁在达到承载力极限状态之前不发生纵向剪切破坏，并考虑到荷载长期效应和混凝土收缩徐变等不利因素的影响，桥面板横向钢筋尚应满足最小配筋率的要求。

(3) 桥面板中垂直于主梁方向的横向钢筋(即桥面板受力钢筋)可作为纵向抗剪的横向钢筋。

(4) 穿过纵向抗剪界面的横向钢筋应满足《公路钢筋混凝土及预应力混凝土桥涵设计规范》(JTG 3362—2018) 规定的锚固要求。

(5) 在连续组合梁中间支座负弯矩区，桥面板上缘纵向钢筋应伸过梁的反弯点，并满足《公路钢筋混凝土及预应力混凝土桥涵设计规范》(JTG 3362—2018) 规定的锚固长度要求；桥面板下缘纵向钢筋应在支座处连续配置，不得中断。

(6) 桥面板剪力集中作用的部位，应设置加强钢筋，条件允许时应垂直主拉应力方向布置。

4. 纵向剪力计算

单位梁长的界面纵向剪力 V_1 可根据组合梁所受的竖向剪力计算，并与所验算的控制界面有关。对于不同控制界面，如混凝土桥面板竖向控制界面(图 2-80 中的 a-a 界面)和包络连接件的纵向界面(图 2-80 中的 b-b、c-c 和 d-d 界面)，其界面纵向剪力也有所不同。

(1) 单位长度上 a-a 纵向抗剪界面(图 2-80)的纵向剪力 V_{1d} 应按式(2-15)计算：

$$V_{1d} = \max\left\{\frac{V_1 b_{e1}}{b_{eff}}, \frac{V_1 b_{e2}}{b_{eff}}\right\} \qquad (2\text{-}15)$$

式中：b_{eff}——混凝土桥面板有效宽度；

b_{e1}、b_{e2}——分别为翼板左右两侧的挑出宽度，如图 2-80 所示；

V_1——作用(或荷载)引起的单位长度内钢和混凝土接合面上的纵向剪力，按式(2-16)计算。

$$V_1 = \frac{VS}{I_{un}} \qquad (2\text{-}16)$$

式中:V——形成组合截面之后作用于组合梁的竖向剪力(N);

S——混凝土板对组合截面中性轴的面积矩(mm^4);

I_{un}——组合梁未开裂截面惯性矩(mm^4)。

(2)单位长度上 b-b,c-c,d-d 纵向抗剪界面(图2-80)的纵向剪力 V_{1d} 应按式(2-17)计算。

$$V_{1d} = V_1 \qquad (2\text{-}17)$$

式中:V_{1d}——作用(或荷载)引起的单位长度内纵向抗剪界面上的纵向剪力。

5. 纵向抗剪强度验算

组合梁承托及混凝土板应按式(2-18)、式(2-19)进行纵向抗剪验算:

$$V_{1d} \leq V_{1Rd} \qquad (2\text{-}18)$$

$$V_{1Rd} = \min\{0.7f_{td}b_f + 0.8A_e f_{sd}, 0.25b_f f_{cd}\} \qquad (2\text{-}19)$$

式中:V_{1Rd}——单位长度内混凝土板纵向抗剪承载力;

f_{td}——混凝土轴心抗拉强度设计值(MPa);

f_{sd}——普通钢筋抗拉强度设计值(MPa);

f_{cd}——混凝土轴心抗压强度设计值(MPa);

b_f——纵向抗剪界面在垂直于主梁方向上的长度;

A_e——单位长度内垂直于主梁方向上的钢筋截面面积,按表2-3取值。

四、混凝土桥面板施工

当钢梁全部或者部分建造起来后,就可以进行混凝土板的施工。本小节主要介绍三种施工方法对应的混凝土板,即:①现浇混凝土板;②分节段浇筑顶推混凝土板;③预制混凝土板。

(一)现浇混凝土板

现浇混凝土桥面板施工时需要设置模板,然后在模板上现场浇筑混凝土。全现浇混凝土桥面板的整体性好,容易满足各种桥面板尺寸和形状要求,但模板工程量和现场作业量大,施工速度较慢。当模板支撑装拆及走行困难时,施工费用高,工作效率低,施工周期长。钢筋混凝土桥面板,由于以下原因,一般采用现浇:

(1)钢桥施工一般先架设钢梁和桥面系梁格,利用架设好的钢梁和桥面系梁格作为浇筑桥面板混凝土的支架,可以节省材料,提高经济效益。

(2)通过调整桥面板承托高度,便于调整钢梁和桥面系梁格的顶面高程,实现桥面横坡和超高。

(3)有利于提高钢桥的整体工作性能和整体刚度。

(4)便于通过调整桥面板宽度和悬臂长度等,适应桥梁宽度变化和平面线性的变化,简化钢结构的设计。

根据使用模板是否可移动,可分为固定模板施工(主要用于长度不大的桥梁)和移动模板施工。

1. 固定模板

当混凝土板在固定模板上现浇时,可以考虑下面几种方案:①模板置于脚手架上,脚手架从地面开始搭建;②模板固定在钢梁上;③模板由薄混凝土板制成。

对于第一种方案,模板是支撑在从地面上连续架设的脚手架上。这种方案缺点是,需要一整套脚手架,且只适用于靠近地面的桥梁。优点是,混凝土的自重没有作用在钢梁上,拆除模板后,混凝土的自重由钢-混凝土组合梁直接承受。

当桥梁离地面很高时,将模板固定在钢梁上就会显出优势。当模板固定在钢梁上时,模板将现浇混凝土荷载及本身自重传到钢梁上,需要检验钢梁抗力不会超限或者失稳。当钢梁应力经检验超限时,可考虑设置临时支撑(图2-81),减少钢梁的跨径,从而减少应力。在混凝土固结后撤去临时支撑,形成组合结构承担荷载。另外,需要尽早地考虑在钢梁上固定模板的方法,这样就可以在加工钢梁的工厂做准备工作,而不需要现场再做另外的工作。

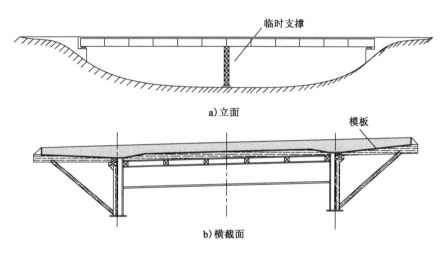

图 2-81 模板固定在钢结构上

在钢梁上先铺设一层较薄的预制板,然后在预制板上现浇混凝土,则形成了叠合型混凝土桥面板。叠合型混凝土桥面板中的预制板,在施工过程中可以作为底模承受施工荷载和现浇混凝土的重量。钢筋混凝土预制板的板厚一般为80~100mm,施工时直接放在钢梁上面。可以在预制板中预留允许群钉穿过的槽口,在槽口内预制板钢筋连续通过。在预制板上浇筑混凝土,形成一个整体的桥面板结构。预制板对桥面板的横向抗弯有贡献,但在纵桥向如果板之间的接缝没有连接,预制板对桥面板纵桥向抗弯能力并没有贡献。预制板的自重和现浇混凝土的重量共同作用在钢梁上。这种方案适用于钢梁间距较小的情况,比如一些多主梁的桥梁或者有支承混凝土板的横梁的桥梁。图2-82显示了一座采用钢筋混凝土预制板进行施工的窄桥面板桥梁。底模预制板中的钢筋只需能满足抵抗浇筑混凝土时的荷载(包括预制板自重、桥面板中钢筋、现浇混凝土自重及施工活荷载)即可。主梁顶板翼缘与预制板之间缝隙的水密性应当得到保证。

在固定模板上可以间断地进行混凝土板的浇筑。这是因为一旦混凝土凝结,钢梁和混凝土板之间就建立起了连接(焊钉在混凝土浇筑之前已焊接)。首先浇筑各跨跨中的混凝土,然后浇筑中间支点上方混凝土(图2-83),相对于连续浇筑,间断浇筑会降低中间支点上方混凝土板的拉应力,减少其横向开裂。

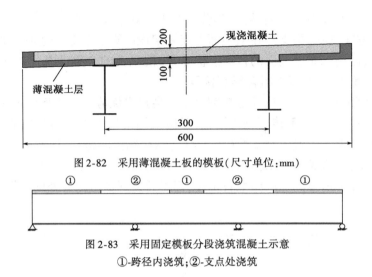

图 2-82 采用薄混凝土板的模板(尺寸单位:mm)

图 2-83 采用固定模板分段浇筑混凝土示意
①-跨径内浇筑；②-支点处浇筑

2. 移动模板

对于远离地面的长桥来说,可以采用沿着钢梁滑移的模板,这种方案适用于桥面板横截面几何形状不变的桥梁,移动模板如图 2-84 所示。悬臂桥面板的模板通过吊杆悬挂于移动模架上,拆模时,先拆掉吊杆,再将悬臂板底模拆除。移动模架在滑轨上移动,滑轨支撑在未浇筑混凝土区域的钢梁的上缘和已浇筑的混凝土桥面板上。钢梁之间的模板支撑在横梁上,同样可以通过滑轨进行移动。模板的移动应在桥梁横截面的概念设计中给予考虑,这样横梁应设计在便于这些操作的位置。同样,横梁需设计得能够支承这些荷载。当混凝土板采用移动模板进行浇筑时,桥面板和钢梁的组合作用从混凝土固化便开始生效。

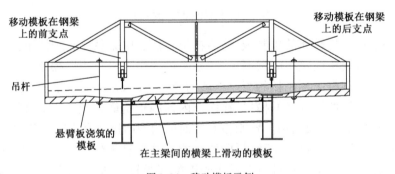

图 2-84 移动模板示例

当采用移动模板时,混凝土板浇筑的进度可达到每周 15～25m。一般会采用如下的进度安排:
(1)第一天和第二天:拆模,必要时张拉预应力,移动模板并固定在下一节段。
(2)第三天和第四天:绑扎钢筋和安装后张拉预应力筋管道。
(3)第五天:现浇混凝土板。
(4)第六天和第七天:混凝土板养护。

(二)分节段现浇顶推混凝土板

混凝土板的顶推施工方法与钢结构的顶推架设方法相似。一般在桥台后安装固定的模板,在模板上现浇节段混凝土板,然后顶推到钢梁上(图 2-85)。分节段顶推桥面板法可以快速连续地生产混凝土板,且在现场只需要很少的设备,但这种方法对桥面板施工精确度要求高。桥面板顶推操作循环如下:①在现浇区域浇筑一个节段的混凝土桥面板;②在混凝土强度足够后,拆下模板,使得混凝土板与模板分离;③使用千斤顶将其顶推到钢梁上;④接着重新安装模板,并绑扎钢筋。下一节段混凝土板按此循环重新开始。

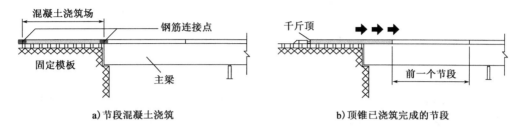

图 2-85 顶推桥面板施工

一般来说,浇筑区域在桥梁的一端,可以在钢梁上,也可以在桥台后[图2-85a)],每节混凝土板的长度控制在 15 ~ 25m。对于对称的长大桥梁而言,在跨中浇筑混凝土板可能是有优势的,可以使混凝土板的施工速度加倍,但需要保证跨中钢梁的强度,或者浇筑混凝土处钢梁的强度。

混凝土板移动有两种方式:顶推和拖拉。混凝土桥面板与梁式结构相同,较多采用液压千斤顶进行顶推,每次可顶推 1m 左右。还可采用卷扬机实现混凝土板的不断拖拉,从引导混凝土板架设的角度来看,这种方法是有利的。当采用这种方法时,在钢梁上部需设置临时平联来保证钢梁整体稳定。这种方法可拉动重达 3 000 ~ 4 000t 的混凝土板,一次可拉动的长度达 600m。

为减小混凝土板在滑移过程中与钢梁的摩擦,可采用铸铁滑靴或钢滑靴,一般纵向间距为 2m。它们放置在焊接剪力键的孔洞中(图 2-86)。这样可以将动摩擦系数降低至 18% 左右。进一步在滑移面上用石墨润滑剂润滑,这样动摩擦系数会降低到 6% 左右。但是,在滑移过程中测量的摩擦系数是经常变化的。

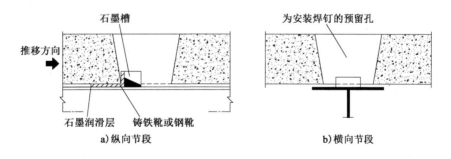

图 2-86 用石墨润滑的铸铁滑靴或者钢滑靴

在混凝土板的滑移过程中,需监测并引导桥面的横向变位,防止桥面板横向移动。侧向导引一般通过滚轮实现,滚轮固定在桥墩上方的钢结构上,可以通过约束板侧面位移实现侧向导引(图 2-87)。所有关于混凝土桥面板的牵引、误差等问题都应该在桥梁的概念设计中考虑并解决,这样才能在混凝土板向前推移的过程中得到控制。

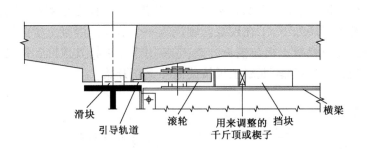

图 2-87　桥面板横向位置调整装置

当混凝土桥面板滑移到指定位置时,在预留出的孔洞中[图 2-88a)],需要专用焊接设备将焊钉焊接到钢梁的上翼缘,接着在孔洞中充填低收缩混凝土来达到连接混凝土和钢梁的目的。显然,孔洞必须足够大,才能达到栓钉最小间距的要求。因为用于混凝土滑移的滑块会留在原处,有必要填充满钢梁和混凝土板之间的空隙,这样才能保证钢梁的上翼缘免受腐蚀。在正常情况下,主梁上翼缘和混凝土板之间会注入砂浆,对缝隙进行密封,防止水进入[图 2-88b)]。

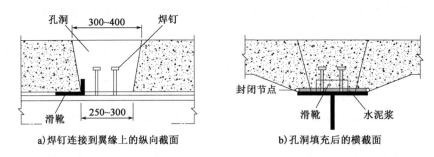

图 2-88　混凝土桥面板安装就位后与钢梁翼缘的连接(尺寸单位:mm)

(三)预制混凝土板

采用预制构件使得混凝土板流水线施工变得可能,可以在工厂预制(预先浇筑)构件,也可以现场制作,然后运输和安置在钢梁上。钢梁架设完成后可以直接安装预制板,然后在预制板的接缝处现场浇筑混凝土,使钢梁与预制板连成整体。预制板的接缝大部分为主梁上翼缘和横梁上翼缘的带状区域,现浇接缝混凝土无须使用模板;也有预制板相互之间的接缝,在浇筑接缝混凝土时需要模板。预制混凝土桥面板可以减小现场作业量,施工速度快。为了减少收缩和徐变的影响,预制桥面板在安装前可以要求放置三个月以上不等的时间。一般来说,对于双主梁的混凝土桥面板宽度方向不分块,长约为 2m 时,质量为 15~20t。在工厂中预制可以使混凝土桥面板的形状尺寸达到精确。图 2-89 显示了预制板单元进行混凝土板施工的基本方法。

与分节段顶推施工混凝土板一样,通过在钢梁上滑动混凝土板实现快速施工,在现场仅仅需要有限的设备。预制构件之间的横向接缝会导致混凝土板的耐久性下降,尤其是当湿接缝没有处在永久压缩状态时。工程经验表明,由预制构件组成的混凝土板会由于湿接缝的开裂而发生退化,随之而来的是防水层的撕裂和渗水问题。

预制板间的横向接缝有两种不同的处理方法。传统的方法是采用混凝土湿接缝,另一种现代的方法是采用胶结缝。

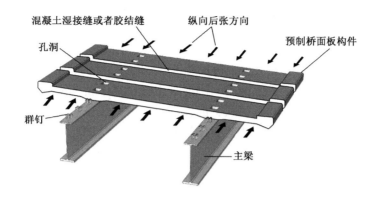

图 2-89 混凝土桥面板安装就位后与钢梁翼缘的连接

(1) 混凝土湿接缝

混凝土湿接缝处预制板边缘应该按作为湿接缝的模板进行设计[图 2-90a)]。接缝中的钢筋与预制件伸出的预留钢筋连在一起,同时该处钢筋承担了接缝所受剪力作用。预制构件必须严格控制制作误差,这样才能保证成功地安置混凝土板单元。超限误差的积累就会导致一些预制混凝土板与群钉锚固区发生冲突。

(2) 胶结缝

胶结缝在混凝土板的快速施工中占有优势。当采用这种形式的接缝时,预制混凝土板的每个面均包含有剪力键,剪力键的形状与前面板的形状应精确符合[图 2-90b)]。因为在接缝中没有钢筋,因此有必要纵向后张拉预应力,以保证接缝处于永久的压缩状态。带胶结缝的混凝土板施工原则与带湿接缝的混凝土板施工原则是类似的。唯一的区别在于胶结缝是按预制板的安装顺序胶结的。在此过程中,会临时张拉纵向预应力,以保障胶结缝的成功连接。

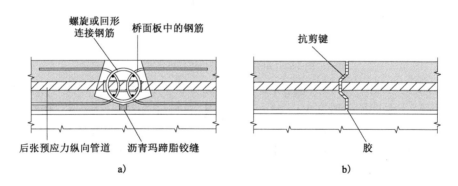

图 2-90 混凝土桥面板安装就位后与钢梁翼缘的连接

通常情况下,预制板单元并不是直接放置在梁翼缘上,而是通过密封垫(密封缝)使钢梁上翼缘与桥面板紧密接触。使用垫层的目的是弥补混凝土构件和翼缘的瑕疵,保证预制板能得到均匀支承。预制构件也可通过聚四氟乙烯板安置在钢梁上,这样在混凝土板的连接和后张拉过程中,有助于混凝土板的纵向移动。板和梁翼缘之间的空隙随后用砂浆进行灌注。

第三节 组合桥面板

钢-混凝土组合桥面板与混凝土叠合桥面板相比,提高了桥面板抗弯能力,减小了混凝土板厚度。与钢桥面板相比,在钢板上浇筑一层混凝土既提高了桥面刚度,有效抑制钢桥面板过早发生疲劳及整体或局部屈曲,同时增强了沥青面层与桥面板连接能力,延长了使用寿命。与全现浇混凝土桥面板相比,下面的钢桥面板作为混凝土层浇筑的底模板,减少了模板的安装和拆除工作,缩短了工期。

一、组合桥面板类型

(一)按连接件不同分类

为了抵抗由局部荷载引起的剪力,避免混凝土板在钢板上剥离和钢板屈曲,并降低腐蚀的风险,钢-混凝土组合桥面板的全部面积内需要布置抗剪连接件,通过剪力连接件使得钢桥面板与混凝土板共同工作。目前组合桥面板主要应用焊钉[图2-91a)]和开孔钢板[图2-91b)]两种类型机械连接件,如果混凝土层为预制板结构,也可以应用胶结型黏结剂[图2-91c)]进行连接。剪力连接件是一种能够传递钢桥面板与混凝土板交界面剪力的构件,可以抵抗钢板与混凝土板之间的相对滑移和掀起。

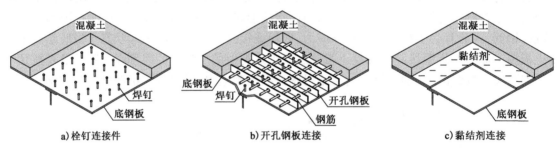

图2-91 组合桥面板剪力连接件形式

焊钉具有受力性能好、焊接方便、质量容易保证等优点,是组合桥面板应用最多的剪力连接件形式。焊钉公称直径一般在10~25mm范围内,总长度为30~300mm。相对于组合梁,组合板中焊钉直径和长度通常要细一些和短一些。焊钉剪力连接件的间距宜为15~30cm,当该间距布置的连接件不能满足抗剪要求时,宜加密错位布置增加连接件数量,连接件错位布置应符合相应规定,且混凝土保护层厚度不宜小于15mm。

开孔板连接件(PBL)是将开孔钢板焊于钢桥面板的上表面,再浇入混凝土形成组合结构,如果在焊接钢板的孔洞中设置贯通钢筋,其抗剪性能将进一步提高。开孔板连接件主要是通过混凝土榫来抵抗纵向剪切作用,它沿着钢桥面板的纵向布置,依靠圆孔中的混凝土加强两者之间的结合,使之形成具有良好工作状态的组合桥面板,而且由于混凝土榫的存在使连接件与混凝土结合更加紧密从而能有效抵抗掀起作用。为减小焊接变形,开孔钢板最小厚度宜为6mm,且厚度在6~10mm范围内。其中开孔钢板的开孔直径宜为5~6cm,中心间距宜为12~15cm,开孔距顶面的距离不宜小于2cm。相邻开孔钢板的间距宜为35~45cm,相应的混凝土保护层厚度不宜小于 10mm。实践表明,对比相同条件下的焊钉连接件,开孔板连接件的抗剪承载力更大,且在动荷载作用下抗疲劳性能优异,因而这种连接件具有广阔的应用前景。

黏结剂是依靠高分子有机类材料或改性无机黏结材料的黏结性,发挥类似于剪力连接件的作用,使得钢与混凝土产生组合效应。目前使用较多的黏结剂为高分子有机类材料(如环氧树脂胶等),但其耐热性和长期稳定性不是特别理想,同时,高分子有机类材料与混凝土等材料之间存在巨大的力学性能差异和温度不相容性。对于钢桥面板的恶劣工作环境(如夏季钢板的温度可达 70~80℃),耐酸性和热稳定性不良的有机黏结材料将很难胜任。另外,要注意会散发毒性气体的有机黏结材料,防止危害操作人员健康。

(二)按混凝土种类分类

目前,组合桥面板中的混凝土较少使用普通混凝土浇筑,由于在钢箱梁横隔板和腹板处组合桥面板的混凝土层受拉应力作用,故一般通过在混凝土中掺入纤维,制备出纤维混凝土,既有效改善普通混凝土材料的脆性,又显著提高其韧性和延性。纤维的作用在于它能够阻碍混凝土内部微裂纹的繁衍、扩展,显著提高混凝土的韧性和延性,有效避免无征兆的脆性破坏的发生。钢纤维形状及强度等级的选用宜根据钢纤维混凝土抗拉强度或弯拉强度的设计要求,并经试验确定。通常情况下,钢纤维长度宜为 20~60mm,直径或等效直径取 0.3~1.2mm,长径比宜为 30~100,其体积率应根据设计要求确定,且不应小于 0.35%,抗拉强度不小于 600MPa。

近年来,超高性能混凝土(Ultra High Performance Concrete,简称 UHPC)在组合桥面板中得到推广,超高性能混凝土是按最大密实度理论构建使材料内部的缺陷减至最少,孔隙率几乎为零,抗渗系数高,有着优异的耐久性能。通常 UHPC 抗压强度不低于 130MPa、轴拉强度不低于 8MPa,并可通过在 UHPC 中掺入一定体积含量的钢纤维和密集配筋进一步增强抗拉能力。因此,高耐久性能和高抗拉强度的 UHPC 是较为理想的桥面材料。通过钢面板上焊接的短焊钉将钢桥面板与 UHPC 层紧密连接,形成钢-UHPC 组合桥面板结构(图 2-92)。该构造比较好地缓解了钢桥面沥青铺装易损和钢桥面板疲劳开裂两类典型病害问题。超高性能混凝土层的厚度宜为 35~60mm,UHPC 可替代部分沥青铺装层厚度,与钢桥面板结构相比自重增加较少,因此特别适用于钢桥面板结构的加固。与钢纤维混凝土组合桥面板相比可减少结构自重,增强结构的抗裂性能和耐久性能。

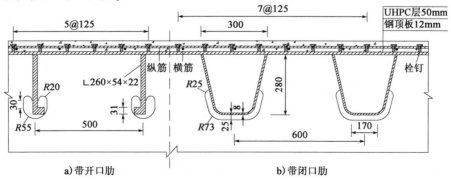

图 2-92 正交异性板-混凝土组合桥面板(尺寸单位:mm)

(三)按不同钢板构造分类

组合桥面板下面钢结构可以分为平钢板(图2-91)、正交异性钢桥面板(图2-92)和折形钢板(又称压型钢板,见图2-93)三类。

平钢板-混凝土组合桥面板(图2-91)多见于中、小跨径桥梁。平钢板成本较低、施工便捷,但因刚度低、易产生变形、出现屈曲现象使其受到限制。组合桥面板混凝土较多采用现浇施工,组合桥面板下面的钢板需要支撑上面混凝土的重力及施工荷载。当组合桥面板的钢底板采用较厚的平钢板时,可以使底板具有一定刚度,省去加劲或折形钢板的设置,但成本相对提高较多,而刚度增加较少。如果采用如图2-91b)所示的开孔钢板连接件,开孔钢板可以起到加劲下面钢板的作用。为减小焊接变形,平钢板的最小厚度宜为8mm。

为节约材料、降低桥面板自重,出现了受力更加优化的正交异性钢-混凝土组合桥面板(图2-92)。这种结构也可以看成是在原有的正交异性钢桥面板上加铺一层混凝土,混凝土层起到增加桥面板刚度的作用,或者将混凝土层看作铺装的一部分,起到分配车轮荷载的作用,从而可降低正交异性钢桥面板的疲劳开裂风险。道路工程师经常将这种混凝土层称为刚性铺装,不参与结构受力,只起到车轮荷载扩散的作用。

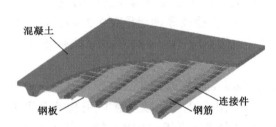

图2-93 折形钢板-混凝土组合桥面板典型形式

折形钢板(压型钢板)源于房建中的组合板结构,后逐渐推广到桥梁领域,具有强度高、焊接量小、力学性能优、与混凝土的黏结面大等优点,但存在结构厚度大、工艺要求高、剪力连接件设置空间有限等问题,对结构整体性能产生一定的影响(图2-93)。区别于平钢板和正交异性焊接钢板,折形钢板是在钢板上压出凹凸不平的齿槽、不同形式的槽纹。通过在折形钢板上焊接栓钉,或板上焊接其他剪力连接件,可以使钢、混凝土材料更好地工作,这些做法既可以改善钢板与混凝土之间的黏结性能,又能使钢板像受拉钢筋一样受力。

二、组合桥面板计算要点

针对钢-混凝土组黏合桥面板结构,应对桥梁三种结构体系的受力计算结果进行承载能力极限状态和正常使用极限状态验算。钢-混凝土组合桥面板作为主梁上翼缘板参与整体受力,即第一结构体系;钢-混凝土组合桥面板作为主梁中纵、横格子梁上翼缘板参与局部受力,即第二结构体系;钢-混凝土组合桥面板作为支撑于主梁中纵、横格子梁上的板,承受并传递车轮荷载,即第三结构体系。

因组合桥面板结构形式较多,在进行结构验算时有各种简便的处理方式,如对于平钢板-混凝土组合桥面板,可以把下层钢板当作混凝土板中的钢筋,按混凝土桥面板验算方法进行计算。如正交异性钢-混凝土组合桥面板,上层的混凝土层简化不参与结构的整体受力计算,只考虑局部受力计算;还有的将其按铺装考虑,不参与结构受力等。

钢-混凝土组合桥面板中的剪力连接件应能传递施工和使用阶段钢板与混凝土连接界面上的纵、横向剪力。钢-混凝土施工阶段的剪力为浇筑桥面板混凝土、二期恒载、温度与收缩徐变作用所产生,使用阶段剪力为活载作用产生。为防止混凝土受剪开裂,应在混凝土内焊钉高度之下配置一定数量的钢筋,且两个方向的配筋率均不得小于0.2%。对抗剪连接件进行疲劳验算和正常使用极限状态验算时,需要考虑局部效应(如轮压)和整体效应(如桥梁的整体受弯)下的共同作用。抗剪连接件的剪力设计值取为顺桥向和横桥向两个方向上的剪力的矢量和。

特别需要注意的是,在组合桥面板中钢板没有加劲的情况下,需要验算施工阶段(尚未形成组合作用之前)浇筑混凝土时的变形和应力,必要时需要在钢板下设置临时支撑。

第四节 钢桥面铺装

钢桥面铺装铺设于桥梁钢制面板之上,在钢桥面板上施加一层多功能的保护层结构,可以对钢桥面进行有效保护,提高桥梁使用寿命、行车舒适性与安全性,及减少振动与噪声。常用的铺装层大致可以分为两类:水泥混凝土铺装和沥青混凝土铺装。由于沥青混凝土具有重量轻、变形协调性好,与桥面板黏着性能优越、易于维修以及行车舒适等优点,钢桥面宜采用沥青混凝土铺装。

一、钢桥面铺装的结构与特点

主要由结构层和界面功能层组成。结构层通常由保护层和磨耗层两层构成。界面功能层通常包括防腐层、防水黏结层、缓冲层、黏层等。如图 2-94 所示,其中防腐层和缓冲层可根据需要设置。结构层提供粗糙界面供车辆行走,同时也起到保护钢桥面板作用,具有一定厚度的沥青混合料层次。磨耗层是钢桥面铺装表面的沥青混合料层,直接与汽车轮胎接触的层次,提供承载、抗滑等功能。保护层位于磨耗层之下,起到承载和保护下部层次作用的沥青混合料层,与防水黏结层等一起组成防水体系。

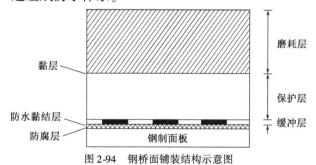

图 2-94 钢桥面铺装结构示意图

正交异性钢桥面沥青铺装不同于一般公路沥青混凝土路面以及混凝土桥梁的铺装,它直接铺设在柔度较大的正交异性钢桥面板上,在汽车荷载与温度变化、风载、地震等自然因素共同影响下,其受力和变形较公路路面或机场道面复杂得多。同时钢桥面板的夏季温度高、防水防锈及层间结合等问题都使钢桥面铺装具有一般公路沥青混凝土路面所没有的特点,具体如下:

(1)钢桥面沥青混合料铺装没有公路沥青混凝土路面所具有的路基与基层结构,它直接铺筑在柔度较大的正交异性钢桥面板上。因此,桥面铺装处于变形大而复杂的钢板之上,正交异性钢桥面板本身的变形、位移、振动等都直接影响铺装层的工作状态。

(2)正交异性钢桥面铺装层的受力模式与一般沥青混凝土路面不同。由于连接于钢桥面板下面板件的支撑作用,在车辆荷载作用下,加劲纵肋、横肋(或横隔板)、纵隔板顶部的铺装层表面出现负弯矩,铺装层最大拉应力或拉应变均出现在铺装层表面。因此,对于钢桥面沥青混合料铺装,疲劳裂缝从铺装层表面向底面扩展,而对于一般的沥青混凝土路面,沥青混凝土面层的最大拉应力或拉应变均出现在铺装层底面,疲劳裂缝是从铺装层的底面向顶面扩展。

(3)除铺装层自身正常的温度变化之外,钢桥结构的每日和季节性温度变化都显著影响铺装层的变形。钢桥面板的导热系数要比其他土工材料大得多,所以钢桥面沥青混合料铺装在全年极端高温与低温环境下较一般沥青混凝土路面更易受大气温度的影响。

(4)大跨径钢桥一般都建在大江、大河或横跨海峡之上,强风、台风及其他各种因素对其产生的振动作用,在一般沥青混凝土路面上是遭遇不到的。

(5)大跨径钢桥一般都是重要交通网络的枢纽,或者是某一地区过江跨海的主要通道,它的通行情况直接影响到整个路网交通的正常运行。桥面铺装一旦发生破坏,对交通的影响要远大于公路路面损坏所产生的影响和危害,而且维修更加困难。

(6)钢桥的最大弱点之一就是遇水会生锈,因此要求钢桥面沥青混合料铺装的致密性好,不能让雨水腐蚀钢桥面板。

二、钢桥面铺装的类型

目前钢桥面铺装从结构组合来分主要有单层铺装体系与双层铺装体系两种类型。由于双层铺装体系能够对铺装上下层材料分别进行设计,充分利用和发挥材料特性,最大限度地避免对同种材料矛盾的双向性能(高温稳定性和低温抗裂性)要求,越来越多的大跨径钢桥面铺装趋向于使用双层铺装体系。钢桥面铺装是直接铺设在钢桥面板上,保护钢板并提供满足汽车行驶要求的路表面功能,与钢桥面结构共同承重,厚度为35~100mm的单层或双层的承重构造物。它一般由防锈层、防水黏结层、沥青混凝土铺装层等构成。

目前在世界各地常用的铺装层材料主要有以下四类:

(1)以美国、中国和日本为代表的环氧沥青混凝土(Epoxy Asphalt)。它的主要优点:强度高,高温时抗塑性流动和永久变形能力很强,低温抗裂性能较好,具有极好的抗疲劳性能和高度的抵抗化学物质侵蚀的能力,包括溶剂、燃料和油。主要缺点:环氧沥青混凝土的配制工艺比较复杂,施工中对时间和温度要求十分严格,施工难度大,材料费用也较高,相关技术资料在国外多属专利产品。

(2)以德国和日本为代表的高温拌和浇筑式沥青混凝土(Guss asphalt),以及以英国为代表的沥青玛蹄脂混凝土(Mastic Asphalt)。这类沥青的主要优点:空隙率接近零,具有优良的防水、抗老化性能,无须防水层,抗裂性能强,对钢板的追从性、与钢板间的黏结性能好于一般沥青混凝土。主要缺点:高温稳定性差,易形成车辙,施工需要专门的器械。

(3)德国和日本等国采用的改性沥青SMA(Stone Masic Asphalt)。它的主要优点:柔韧性较好,抗松散能力、抗裂能力强,具有良好的耐久性和防水性能,抗塑流和抗永久变形的能力强,不易产生车辙,具有粗糙的表面构造,防滑性能好,施工要求低,施工期短,费用较低。主要缺点:铺装层较厚(大于60mm),对集料要求高,在我国工程实践中保质年限较短。

(4)改性密级配沥青混凝土(AC)。它的主要优点:在公路沥青路面的应用较为成功,工艺技术成熟,具有较好的路面性能,性价比高。它的主要缺点:铺装层较厚,空隙率稍大,抗疲劳性能不佳,保质年限较短。

(一)环氧沥青混合料

环氧沥青是一种由环氧树脂、固化剂与基质沥青经复杂的化学改性所得的混合物。固化后的环氧沥青混凝土是一种力学性能优异的材料,对温度的敏感程度较低。自1967年美国San Mateo-Hayward大桥首次采用了环氧沥青混合料用作钢桥面铺装材料以来,环氧沥青铺装在美国、加拿大、荷兰和澳大利亚等国家得到应用。目前,市面上常用的环氧沥青混凝土按照施工温度可分为温拌环氧沥青混凝土和热拌环氧沥青混凝土两大类。其中,温拌环氧沥青混凝土以美国和中国的环氧沥青混凝土为代表,其施工温度范围分别为110~121℃和110~130℃;热拌环氧沥青混凝土以日本环氧沥青混凝土为代表,其施工温度范围一般在170~180℃。与普通沥青混合料不同,环氧沥青混合料的性能受成型时温度、时间等因素变化的影响很大,对施工质量控制体系的要求相当高,并且在摊铺后必须保证有足够长的养护期以确保环氧沥青混合料能够基本完成固化。

环氧沥青混凝土路用性能与密水性均较佳,与钢板的变形协调性也较好,既可用作铺装下层,也可用作铺装上层。当其用作铺装上层或铺装下层时,厚度一般为2.5~3.5cm。当其以"双层环氧"方案使用时,其厚度一般在5~6cm。自南京长江第二大桥的钢桥面环氧沥青混凝土铺装工程成功应用后,环氧沥青混凝土因其良好的使用性能与使用寿命而在国内得到了广泛的应用。到目前为止,我国已经有包括南京长江第二大桥、泰州长江大桥、杭州湾大桥、武汉天兴洲公铁两用长江大桥、九江长江二桥在内的数十座大跨径桥梁采用了环氧沥青混凝土铺装材料。

(二)浇注式沥青混凝土

浇注式沥青混凝土在概念和渊源上可简单解释为"注入式沥青混凝土"。因此,与其他的沥青材料相比,浇注式沥青混凝土的特点是在高温状态(180~220℃)下进行拌和,混合料摊铺时流动性大,依靠自身的流动密实成型,无须碾压,只需要用简单的摊铺整平机具即可完成施工,并能达到规定的密实度和平整度。英国、法国以及地中海沿岸的国家对这种材料习惯于用材料特性命名,称之为沥青玛蹄脂。国内有的学者也翻译为嵌压(碾压)式(浇注式)沥青混凝土,而对照德国ZTV沥青规范和英国标准BS1447,可以看出英国的沥青玛蹄脂与德国的浇注式沥青混凝土的原则性区别只是沥青玛蹄脂中的粗集料没有相对严格的级配要求,即在大颗粒范围内不使用分等级的颗粒,而几乎是单粒径的碎石。两者在黏结剂要求和铺装层表面撒布碎石的规格上稍有不同,而其他诸如拌和设备、运输技术和施工技术则完全一样,所以这种沥青玛蹄脂与浇注式沥青混凝土本质上是一样的。由于浇注式沥青独特的防水、抗老化性能、抗疲劳性能以及对钢桥面板优良的追从性,在欧洲和日本被广泛应用于桥面沥青铺装,如法国的诺曼底(Normandy)大桥、丹麦的大贝尔特东(Great Belt East)桥、日本的明石海峡(Akashi Kaikyo)大桥和多多罗(Tatara)大桥等。

浇注式沥青混凝土具有"两高一低"的特点,即浇注式沥青结合料和细集料含量高、粗集料含量低,这种类型的混合料掺配组成确保浇注式沥青混合料具有良好的密水性能以及与钢桥面板协同变形的能力。但是同时也给浇注式沥青混凝土带来高温稳定性差的缺点。因此,采用浇注式沥青混凝土作为钢桥面沥青铺装材料通常会出现高温车辙、推移等病害。我国的江阴大桥采用单层浇注式沥青混凝土铺装方案,该桥在通车运营不久,就发生了大量的车辙、推移病害,不得不进行大修。此后,浇注式沥青混凝土在我国主要用于钢桥面沥青铺装的铺装下层,用作密水层和与钢板协同变形,同时避免了用作铺装上层时因高温稳定性差引起的车辙等病害。

(三)改性沥青 SMA

SMA(Stone Masic Asphalt)是在沥青玛蹄脂混合料的基础上,进一步增大碎石用量,从而形成粗集料间良好嵌挤的骨架密实型结构,为 SMA 提供了良好的热稳性和粗糙混合料表面。SMA 与其他类型混合料的重要区别之一是 SMA 混合料掺入了纤维,纤维的加入使混合料中的沥青含量增大至 6.0%~7.0%,矿粉的含量也相应地增大至 8%~12%,从而使 SMA 混合料的孔隙率降低至 2.5%~3.5%。较高的沥青用量和较厚的沥青膜使得 SMA 混合料的耐久性、低温抗裂性和抗疲劳性都得到了明显的改善,SMA 混合料在欧美等国受到了很大的重视,被大量地应用于道路与桥面铺装中。

我国的虎门大桥、厦门海沧大桥、武汉白沙洲大桥等均采用了 SMA 作为铺装材料。前两座大桥的桥面铺装在使用过程中均出现了较为严重的车辙、开裂及横向推挤等病害,并且经历了大修。白沙洲大桥也有较为严重的早期病害。美国、日本及欧洲的实践表明,SMA 作为大跨径正交异性板钢桥桥面铺装的上层是可行的。但 SMA 作为铺装下层则未必合适,其原因主要基于以下几点:

(1)作为钢桥面板的铺装下层,要求与钢板有良好的黏结力以适应钢板在温度与行车荷载作用下的复杂变形,而 SMA13 与 SMA10 中粗集料含量一般高达 70%,过多的粗集料难以与钢板达到密贴的效果。

(2)作为与钢桥面板直接接触的铺装下层,它应具备优良的防水与密水性。而 SMA 的高沥青含量是建立在相对较大的孔隙率的基础上(3%~4%),通过矿料间隙率来保证。德国、日本等国要求铺装下层沥青混合料的空隙率几乎为零,这一点 SMA 无法达到。

可见,SMA 并不适合作钢桥面沥青铺装下层材料,目前一般做法是将 SMA 铺装层作为铺装上层使用。当 SMA 材料作为钢桥面沥青铺装下层时,需要在 SMA 铺装层和钢板之间设置垫层或者缓冲层作为过渡层。

(四)改性密级配沥青混凝土

改性密级配沥青混凝土是由级配连续、相互嵌挤密实的矿料,与改性沥青结合料拌和而成,压实后剩余空隙率小于 10% 的沥青混合料。其结构强度是以沥青与矿料之间的黏结力为主,矿质颗粒间的嵌挤力和内摩阻力为辅而构成的。普通密级配沥青混凝土,沥青用量多容易产生车辙问题,沥青用量少则容易产生裂缝问题。因此,在设计普通密级配沥青混凝土时,只能够针对抗车辙性能或者抗裂缝性能进行设计,很难使两者同时满足要求。改性密级配沥青混凝土是针对沥青混凝土使用性能对沥青进行改性后与集料拌和而成的,在很大程度上提高了沥青混凝土的使用性能,改善了普通密级配沥青混凝土的缺点。

总体来说,改性密级配沥青混凝土的成本较低,路用性能尚佳,性价比较高。但其疲劳性能较差,且空隙率偏大,一般不用作铺装下层,仅用作铺装上层,兼作磨耗层。当改性密级配沥青混凝土铺装层中的病害发展到一定程度时,可直接铣刨重铺。

三、防水黏结材料

对于钢桥面沥青铺装,钢板与沥青铺装层之间的黏结十分重要。为了保证铺装层与钢桥面板组成一个整体共同受力,铺装层与钢桥面板之间需要加设黏结层,铺装层与钢桥面板间的黏结作用对保证整个钢桥面沥青铺装体系的复合作用以及在交通荷载作用下铺装层与钢桥面板的协调变形至关重要。铺装层与钢板的复合作用不仅降低了沥青铺装层内部的应力,也降低了钢桥面板的应力,对整个铺装体系各部件的受力均是有利的。在目前修建的大跨径钢桥面沥青铺装体系中,一般在多层铺装体系中采用黏结性能、防水性能均较好的材料作为黏结层,这一黏结层除了具有"承上启下"的黏结作用,还具有对桥面板的防水保护功能。防水层为桥面板提供一个防止湿气的无渗透性屏障,黏结层将沥青铺装层与钢板黏结成一个整体,充分发挥复合作用,两者相辅相成。此外,防水黏结层还可防止钢板腐蚀。因此,防水黏结材料的选择尤为关键。对理想的防水黏结层的要求可概括为:在设计年限内不透水,并能承上启下将钢板与沥青混凝土铺装层联为一体抵抗交通荷载的作用。具体来说,钢桥面防水黏结层材料应满足如下性能要求:①良好的层间黏结力;②良好的高温稳定性、低温抗裂性和抗腐蚀的能力;③良好的抗渗性能;④良好的耐久性。

(一)沥青类防水黏结材料

沥青类材料作为钢桥面沥青铺装的防水黏结体系,主要具有如下特点:①防水黏结层是通过物理过程实现与钢板的有效黏结;②防水黏结材料会随着温度的升高而出现软化或者熔化,又会随着温度的降低表现出一定的脆性,整个过程具有一定的可逆性。

(1)热熔型沥青类

热熔型沥青类,包括高黏度改性沥青、聚合物改性沥青等,常用的有 SBS 改性沥青,其施工特点为沥青需经高温熔化,采用专门的沥青洒布车进行喷洒,以保证洒布均匀可控性。

(2)溶剂型沥青类

溶剂型沥青类,主要包括沥青、树脂和溶剂三种成分。其中的溶剂主要有:煤焦油、苯类(如二甲苯)、酯类(如乙酸正丁酯、乙酸丁酯、松香甘油酯等)、醇类(如月桂醇)、乙醚、丙酮等有机溶剂。其施工特点为常温施工,可采用人工涂布或采用沥青洒布车进行喷洒。煤焦油、苯等溶剂对人体有伤害,所以使用越来越少,基本使用更环保的酯类和醇类有机溶剂。

沥青类防水黏结层的施工流程为:钢板经过喷砂除锈、防腐处理后,洒布沥青类黏结剂并在其上撒布预拌碎石,然后铺装沥青混凝土。

(二)反应性树脂类防水黏结材料

反应性树脂类作为钢桥面沥青铺装的防水体系,主要具有如下特点:①防水黏结层是通过化学反应过程实现与钢板的有效黏结,该化学过程一般是不可逆的;②防水黏结材料不会随着温度的升高而出现软化或者熔化,黏结层一旦形成,就具有一定的稳定性;③防水黏结层可单独设置,也可与缓冲层共同构成相对独立的防水黏结体系。

(1)环氧树脂类

环氧树脂防水黏结材料是近年来钢桥面沥青铺装工程中使用较为广泛的一种,其主要成分为环氧树脂与固化剂,两组分按一定比例混合,在一定温度和时间条件下完成固化,通过化学反应过程实现与钢板的有效黏结。环氧树脂类防水黏结层可采用人工涂布或采用沥青洒布车进行喷洒。

环氧树脂类防水黏结层的施工流程为:钢板经过喷砂除锈、防腐处理后,洒布环氧树脂类黏结剂作为防水黏结层,其上可撒布预拌碎石,然后铺装沥青混凝土。

(2)甲基丙烯酸树脂类

甲基丙烯酸树脂类防水体系具有与基底及铺装层黏结性能好、抗刺破能力强、抗氯离子渗入、耐腐蚀性能强的特点,而且能抵抗铺装层高达250℃的高温,可在低温下迅速固化。

甲基丙烯酸树脂类防水黏结层的施工流程为:钢板经过喷砂除锈、滚涂防腐底漆后,喷涂两层甲基丙烯酸树脂作为防水层,涂布黏结剂,然后铺装沥青混凝土。

四、钢桥面沥青铺装典型结构

钢桥面沥青铺装直接承受车辆荷载作用,同时充当钢桥面板的保护层,合理的铺装结构可有效分散、降低正交异性板的荷载应力,增加桥面板构件及焊缝的疲劳寿命。经过十余年的发展,我国大跨径钢桥面沥青铺装结构主要有单层同质、双层同质与双层异质结构。目前,单层铺装结构使用的越来越少,国内大跨径钢桥面沥青铺装结构主要有"双层环氧""下层环氧+上层SMA""下层浇筑+上层SMA""下层浇筑+上层环氧",见表2-4。

部分典型桥梁钢桥面板铺装方案　　　　表2-4

桥名	主跨(m)	结构形式	铺装方案	通车时间
马鞍山长江大桥	2×1 080	三塔两跨钢箱梁	下层浇筑+上层SMA	2014年
黄冈长江大桥	567	双塔双索面三主桁梁	双层环氧	2014年
鄂尔多斯乌兰木伦河大桥	428	双塔双索钢结构	下层环氧+上层SMA	2012年
泰州长江公路大桥	2×1 080	三塔两跨钢箱梁	下层浇筑+上层环氧	2012年
荆岳长江公路大桥	816	双塔双索面混合梁	双层环氧	2010年
武汉天兴洲长江大桥	504	双塔三索面三主桁梁	双层环氧	2009年
上海长江大桥	730	双塔双索面钢箱梁	双层环氧	2009年
南京古平岗立交桥	140	连续钢箱梁	下层环氧+上层SMA	2008年
苏通长江公路大桥	1 088	双塔双索面钢箱梁	双层环氧	2007年
安庆长江大桥	510	双塔双索面钢箱梁	下层浇筑+上层SMA	2004年
南京第二长江大桥	628	双塔双索面钢箱梁	双层环氧	2000年

(一)"双层环氧"铺装结构

"双层环氧"铺装结构是一种双层同质铺装结构,其主要材料环氧沥青混凝土具有优异的高、低温稳定性及抗疲劳性能等。"双层环氧"铺装体系组成为:$60\sim80\mu m$ 环氧富锌漆防锈层、$(0.68\pm0.05)L/m^2$ 环氧沥青黏结层、$2.5\sim3cm$ 环氧沥青混凝土铺装下层、$(0.45\pm0.05)L/m^2$ 环氧沥青黏结层与 $2.5\sim3cm$ 环氧沥青混凝土铺装上层[图2-95a]。

(二)"下层浇筑+上层SMA"铺装结构

"下层浇筑+上层SMA"铺装结构是一种双层异质铺装结构,该结构的两层分别作为不同的功能层。其中,下层的浇注式沥青混凝土具有良好的防水、抗疲劳性能以及对钢桥面板优良的追从性,可用来保护钢板和提供协调变形。而上层铺装采用的 SMA 是一种良好的路面材料,但其疲劳寿命较差,主要作为磨耗层,用以提供良好的路用性能。"下层浇筑+上层SMA"铺装体系组成为:防锈底漆、甲基丙烯酸树脂、$0.2L/m^2$二阶反应型黏层、$3\sim3.5cm$浇注式沥青混凝土铺装下层、环氧沥青黏结层、$3\sim3.5cm$ SMA 铺装上[图 2-95b)]。

(三)"下层浇筑+上层环氧"铺装结构

"下层浇筑+上层环氧"铺装结构以浇注式沥青混凝土作为桥面板保护层,以疲劳性能优异的环氧沥青混凝土作为铺装上层来提供路用性能。浇注式沥青混凝土对钢板的变形追从性较好,并且其模量比环氧沥青混合料低,因此浇注式沥青混凝土相当于一个应力吸收层,有利于降低铺装表面应变。"下层浇筑+上层环氧"铺装体系组成为:防锈底漆、甲基丙烯酸树脂、$0.2L/m^2$二阶反应型黏层、$3\sim3.5cm$浇注式沥青混凝土铺装下层、环氧沥青黏结层、$2.5\sim3cm$环氧沥青混凝土铺装上层[图 2-95c)]。

(四)"下层环氧+上层 SMA"铺装结构

"下层环氧+上层 SMA"铺装结构是一种长寿命桥面沥青铺装方案,由性能优异的环氧沥青混凝土铺装下层作为防水保护基层,与环氧沥青防水黏结层一起形成安全的防水黏结体系和承重层,为铺装磨耗层提供稳定的铺装基础和可靠的铺装界面。由改性沥青 SMA 作为磨耗层,提供舒适、安全的行车环境。"下层环氧+上层 SMA"铺装体系组成为:$60\sim80\mu m$ 环氧富锌漆防锈层、$(0.68\pm0.05)L/m^2$ 环氧沥青黏结层、$2.5\sim3cm$ 环氧沥青混凝土铺装下层、$(0.45\pm0.05)L/m^2$环氧沥青黏结层与$3\sim3.5cm$ SMA 铺装上层[图 2-95d)]。

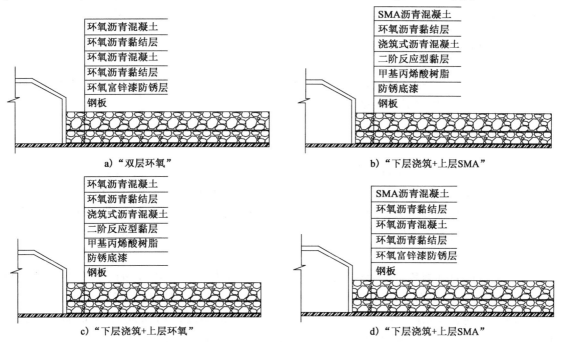

图 2-95 铺装结构示意

五、钢桥面铺装破坏类型

由于钢桥面沥青铺装严峻的工作环境与使用条件,钢桥面沥青铺装层的病害不时出现。目前,钢桥面沥青铺装常见病害类型主要有以下几类:

(一)疲劳开裂

由行车荷载和温度变化的多次反复作用引起的沥青铺装层的开裂破坏是钢桥面铺装的主要破坏类型之一。由于工作环境和受力模式的不同,钢桥面沥青铺装层疲劳开裂的破坏形式、破坏位置与沥青路面结构层不同。钢桥面沥青铺装层由正交异性钢桥面板支撑,在车辆荷载作用下,正交异性钢桥面板的变形导致纵向加劲肋、横隔板(或横向加劲肋)、纵隔板、主梁腹板等加劲部件与钢桥面板焊接处成为高应力区,并在这些位置处的铺装层产生较大的负弯矩,即这些位置处的铺装层表面是拉应力或拉应变集中区。因此疲劳开裂首先出现在铺装层表面,然后逐渐向底面发展。在纵向加劲肋、纵隔板、主梁腹板顶部的桥面沥青铺装层表面易出现纵向裂缝。在横隔板(或横向加劲肋)顶部的桥面沥青铺装层表面易出现横向裂缝,在横隔板与加劲肋交汇处,铺装层表面易出现网裂。

(二)车辙

车辙主要表现为铺装层表面轮迹处出现沉陷及侧向隆起现象。钢桥面沥青铺装在长时间车辆荷载(包括交通量成倍增长、重载、超载、慢速行驶、渠化交通)的作用下,铺装层沥青混合料的抗永久变形能力不足,易引起车辙病害。尤其在高温时节,铺装层工作温度高出气温20～30℃,铺装沥青混合料的较强的黏塑性表现出抗永久变形能力不足。此外,高温时节黏结层材料强度大幅度降低,铺装层与钢板间的抗剪切能力不足,易加速车辙的发展。

(三)坑槽

早期裂缝若得不到及时有效的处理,不断扩展后会形成坑槽。此外,钢桥面沥青铺装沥青混合料的空隙率大、水稳定性不足等亦可能引发坑槽。

(四)推移和拥包

钢桥面沥青铺装层与沥青混凝土路面一样,在受到较大的车轮垂直和水平荷载作用时,铺装表面会出现推移(或波浪)和拥包破坏。推移是沥青混凝土的塑性流动滑移产生的,其特征为横跨沥青表面的波形起伏。拥包是铺装表面的局部隆起,成因是车辆荷载引起的垂直和水平荷载的综合作用使结构层内产生的剪应力超过材料的抗剪强度,同时也与行驶车辆的冲击、振动等动力作用有关。

由于钢桥面沥青铺装是铺设在导热性好的钢桥面板上,钢桥面沥青铺装层发生的拥包破坏,不仅会产生沥青路面上常见的沥青包,而且会产生特有的高温气包。高温气包的形成是由于钢桥面沥青铺装体系内含的水分在夏季高温下(钢板的温度可达到80℃)蒸发成气体。钢桥面沥青铺装层为了防止雨水侵蚀钢板,一般采用致密型沥青混凝土,更有甚者,如浇注式沥青混凝土的空隙率达到零,因此铺装层内部的气体无法泄出,这样游动的气体越聚越多,最终不断膨胀,使沥青混合料铺装层表面形成局部隆起。

(五)黏结层失效或脱层

在行车荷载、温度等共同作用下,钢桥面沥青铺装层与钢板间存在较大的剪应力,引起较大的剪切变形,当铺装层与钢板之间结合界面的黏结力差、抗水平剪切力较弱时,在水平方向便产生相对位移直至黏结层失效或脱层。铺装层与钢板之间黏结层的破坏或脱层不仅大大降低两者的复合作用,增加铺装层内部的应力,加速铺装面层的破坏,而且给修复作业带来极大的困难。一般地,产生黏结层失效或脱层时,沥青铺装层仍能保持整体,并未发生严重破坏。对层间黏结失效破坏或脱层的修复方法一般采用压力灌注黏层方式,严重情况下将黏结层破坏区域的沥青混凝土铺装层(不管破坏与否)全部铲去,重新铺洒黏结层,重筑沥青铺装层。另外,铺装表面结合料的高温老化、行车过程中的油滴污染、硬物压痕等在实际钢桥面沥青铺装使用中都有发生,这些因素对铺装的使用状况均会造成一定的影响。

六、设计要求

钢桥面铺装设计应综合考虑桥梁结构特点、交通荷载、环境气候、施工条件、恒载限制等因素,参考类似条件的桥面铺装工程经验进行。公路钢桥面铺装设计使用年限宜不小于15年。由上述钢桥面铺装的特点,决定了在选择合适的钢桥面铺装设计时,需要满足以下要求:

(1)应具有完善的防水、排水系统。

以往许多大跨径钢桥将泄水口设置于钢路缘附近的桥面板上(图2-96),附近铺装很难压实且易渗水,水下渗后无法排出(图2-97),对铺装和钢桥面产生危害。为避免这种情况的发生,排水口宜设置在钢路缘立面或者钢路缘外侧,且其底部不高于桥面板。多座大跨径钢桥的工程实践表明,侧向排水效果较好。

图2-96 应避免的泄水口设置

图2-97 无法排水

(2)钢桥面铺装的设计使用年限宜不小于15年。

(3)钢桥面铺装设计应与正交异性钢桥面板结构整体考虑。

钢桥面板与铺装间存在复合作用,铺装的存在可以降低桥面板的内力,同时,由于正交异性板结构复杂,荷载作用局部效应显著,桥面板结构和变形特性对铺装内的应力场分布和临界应力具有重要影响。桥面板与铺装共同受力、相互影响。在钢桥面铺装设计时,应将铺装和正交异性钢桥面板作为整体进行分析和计算。以往通常在桥梁结构设计结束后,再进行桥面铺装的设计,这种情况往往容易导致对桥面铺装技术要求偏于苛刻,无法进行针对铺装结构的优化,也潜在地影响了其使用寿命。桥面铺装作为钢桥面板的保护层和荷载扩散层,不仅影响行车舒适性和安全性,对钢桥面板的耐久性也有重要意义。我国大跨径钢桥桥面铺装病害较多,除了较为不利的环境条件和普遍的超载现象以外,桥梁的结构条件也是重要的影响因素。因此桥梁设计应与桥面铺装设计同步、协调进行,以保证桥梁结构具有足够的刚度,从而有利于延长铺装的使用寿命。

(4)钢桥面铺装应充分考虑环境条件、交通条件、结构支撑条件、工程实施条件,并参照国内同地区同类型桥梁桥面铺装的工程经验进行优化设计。这样可以准确把握钢桥面铺装的使用状态和铺装方案实施的合理性与可行性,是钢桥面铺装设计的基础。

环境条件包括气温、降水、日照、风、雾、湿度等,这些条件直接决定了钢桥面铺装结构与材料的技术标准。例如高温地区需要注意提高铺装材料和结构的高温稳定性和层间黏结能力,避免产生永久变形或车辙;低温地区需要改善铺装的低温抗裂性;大风、多雨的地区还需要更多地考虑铺装的抗滑、防水的功能。

交通条件是指桥梁建成通车后铺装设计使用年限内的交通量、交通组成和轴载状况。通过对交通条件的合理设计,可以确定设计标准轴载和设计使用年限内单车道累计标准当量轴次,这是确定铺装结构的技术标准,评估铺装使用寿命的重要依据。值得注意的是,由于受力特性的不同,钢桥面铺装轴载的换算方法不得沿用沥青路面设计的相关换算公式。目前环氧沥青混凝土铺装已取得了较多的成果可以作为其他类型的铺装设计的参考。

影响铺装受力的结构支承条件主要是桥梁结构的相关参数,包括主梁截面特征、桥面板的构造与局部刚度等,其中顶板厚度、纵向加劲肋形式尺寸及间距、横隔板间距、纵向腹板有无及位置等因素对铺装受力影响较大,在明确了这些结构参数以后,可以通过有限元方法或专门的计算程序分析桥面板与铺装的受力与变形特点,确定设计指标和技术要求。

工程实施条件主要指与施工相关的各种影响因素,包括施工季节与气候、施工机械与设备条件、施工工艺与技术水平、施工过程中交通干扰情况、拌和站点的设置等。工程实施条件是影响铺装方案选择结构设计和高质量顺利实施的重要因素。

(5)钢桥面铺装应具有良好的平整性、抗滑性、耐磨性和适应钢板变形的能力,以减少车辆的冲击,提高行车的安全性与舒适性,还要必须具备良好的抗疲劳性能与保护钢板不被侵蚀的功能,其路用性能应符合表2-5的要求。

钢桥面铺装路用性能要求　　　　表2-5

项目	技术要求	试验方法[a]
平整度	IRI≤2.0m/km	T 0933
	σ≤1.2mm	T 0932
摩擦系数	≥45BPN	T 0964
渗水系数	不渗水[b]	T 0971

注:[a] 试验方法来自《公路路基路面现场测试规程》(JTG 3450—2019)。

[b] 环氧沥青混合料或浇筑式沥青混合料铺装要求"不渗水";SMA或其他沥青混合料铺装要求"渗水系数≤80mL/min"。

由于柔度较大,钢桥面板尤其是大跨径钢桥的桥面板在车轮荷载作用下会产生较大的变形,因此要求铺装应具有良好的变形追从性能,以保证其和钢板作为整体协同工作。保护钢桥面板不被侵蚀是钢桥面铺装的基本功能之一,因此钢桥面铺装应具有高度的密实性和良好的抗水损与抗腐蚀能力。铺装层应具有优良的抗老化性、水稳定性和抗疲劳性能以承受设计使用年限内车辆荷载和温度变化的反复作用。

(6)钢桥面板与铺装组成的复合结构在车辆荷载作用下产生弯曲变形,如果变形过大,容易诱使桥面板加劲构件(尤其是纵向加劲肋)上方的铺装产生疲劳开裂,因此应对此加以限制,以保证铺装的使用寿命。在车辆荷载作用下,钢板和铺装合成后钢桥面铺装的挠跨比 D/L(图2-98)不应大于1/1 000。通过铺装表面的挠跨比指标表征铺装结构的变形程度,在计算时考虑以下因素:

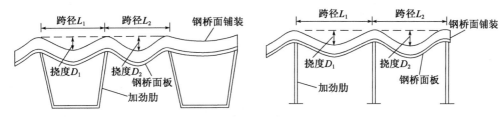

图2-98 钢桥面铺装的挠跨比

①以铺装和钢桥面板整体复合结构作为计算和分析对象。

②由于钢桥面铺装技术仍在不断发展中,铺装方案较多,不同方案的铺装模量也不相同,因此铺装模量需通过复合试验测得,测试时温度为常温,可选择20℃。

③车辆荷载图示对钢桥面铺装的变形计算有一定影响,可选用桥梁设计车辆荷载中的重轴轴型为单轴双轮形式(图2-99),每单轮宽20cm、长25cm,两轮侧间距为10cm。

④由于正交异性桥面板的结构特性,铺装变形计算时的布置荷位较多,可通过计算确定其最不利荷位。

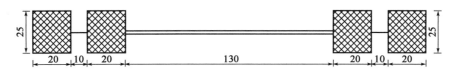

图2-99 铺装变形计算时的荷载图式(尺寸单位:cm)

⑤取不同部位铺装的挠跨比(如 D_1/L_1、D_2/L_2)中较大者作为计算值进行挠跨比验算。

(7)钢桥面铺装应以铺装结构的抗疲劳性能作为主要控制指标,计算铺装结构在设计荷载作用下的最大拉应力以及铺装与钢板之间的最大剪应力,并通过复合结构试验进行验证。钢桥面铺装疲劳破坏的主要现象是铺装层的开裂以及铺装与钢板之间的脱层和滑移破坏。针对这些破坏现象,将铺装结构表面的弯拉应力以及铺装与钢板之间的剪应力作为控制指标,通过力学计算将其实桥铺装结构受力状况与复合结构模型进行等效转换。复合结构试验是世界各国钢桥面铺装研究所普遍采用的做法,美国、欧洲、日本等国家和地区都采用了复合结构试验对铺装结构的性能进行研究,我国从南京长江二桥开始复合结构的研究。

(8)钢桥面铺装结构应简单、有效,可由防腐层、防水黏结层、沥青混凝土铺装层等组成,总厚度不宜超过80mm。

(9)钢桥面铺装材料应在使用条件和工程实施条件分析的基础上,参照同地区同类型桥梁铺装工程的适用情况确定,可选择环氧沥青混凝土、浇注式沥青混凝土、改性沥青 SMA、密级配改性沥青混凝土或其他满足使用要求的材料。上述四种材料各有特点,可以根据具有相似使用条件的桥面铺装工程使用情况选用,但同时也应考虑工程实施条件能否满足铺装材料的施工要求,比如环氧沥青混凝土对施工工艺、机械设备、环境温度、拌和站设置等均有较为特殊的要求,在铺装材料选择时需要充分考虑这些因素。

(10)钢桥面中央分隔带铺装材料可选用密水性良好的砂粒式沥青混凝土、浇注式沥青混凝土等,其厚度应略大于行车道铺装层的厚度。

(11)防腐层采用环氧富锌漆的铺装结构,其与钢桥面板的拉拔强度(25℃)不应小于7.0MPa;采用丙烯酸的防腐漆的铺装结构,防腐层与钢桥面板的拉拔强度(25℃)不应小于5.0MPa。

(12)防水黏结层与防腐层或钢板的拉拔强度(60℃)不宜低于1.75MPa,抗剪强度(60℃,0.7MPa,1mm/min)不宜低于0.3MPa。

防水黏结层是钢桥面铺装的重要组成部分,它将铺装层与钢桥面板黏结层一个整体,充分发挥铺装层与钢桥面板的复合作用,改善钢桥面板与铺装的受力情况,增强铺装的疲劳抵抗性能。世界各国的钢桥面铺装设计均对防水黏结层非常重视,也提出了不同的技术要求,我国的南京长江二桥、南京长江三桥、苏通大桥、西堠门大桥等钢桥面铺装技术标准规定:黏结强度25℃时不得小于2.75MPa、60℃时不得小于1.75MPa,经实践验证效果良好。

(13)钢桥面铺装层动稳定度(60℃,0.7MPa,60min)不应低于3 000次/mm,弯曲破坏应变(-10℃,50mm/min)不应小于3 000$\mu\varepsilon$。

(14)对于特大桥、特殊结构或有特殊使用要求的钢结构桥梁,由于技术要求较高,宜根据钢桥面铺装环境条件、交通条件、结构支承条件、实施条件,结合本地钢桥面铺装工程经验及国内同类型桥梁桥面铺装工程经验,选择合适的铺装材料,在力学分析和室内试验的基础上进行专项设计。

【思考题】

1. 钢桥面板纵肋截面形式有哪些?
2. 什么是正交异性钢桥面板?为什么规范要规定最小厚度?
3. 正交异性钢桥面板的构造较为复杂,在车辆荷载作用下,有哪些细节可能发生疲劳开裂?
4. 总结钢桥面板连接有哪些原则?
5. 正交异性钢桥面板可分为哪些独立的子系统?各子系统的力学机理是什么?
6. 按传统分析方法,正交异性钢桥面板可分为几个基本结构体系?各结构体系的力学机理是什么?
7. 什么是剪力滞效应?
8. 钢桥面板的计算方法有哪些?具体如何实施?

9. 什么是结构应力？什么是热点应力？什么是应力外推？

10. 简述正交异性钢桥面板某一细节疲劳应力幅计算过程。

11. 混凝土桥面板按施工方法可分为哪几类？

12. 哪些因素影响混凝土桥面板的最小板厚？

13. 预制混凝土桥面板的分块有哪些方法？

14. 在恒载和活载作用下，组合梁桥混凝土桥面板所承受的内力主要包括哪几类？具体含义是什么？

15. 混凝土桥面板承托的作用是什么？

16. 混凝土桥面板需要进行哪些方面的验算？

17. 混凝土桥面板的施工方法有哪些？谈谈你对桥面板施工方法的理解。

18. 钢-混凝土组合桥面板有哪些分类方式？各分类方式又可分为哪几种组合桥面板？各组合桥面板有哪些优缺点？

19. 钢桥面铺装的特点是什么？

20. 钢桥面铺装层的作用是什么？

21. 目前在世界各地常用的钢桥面铺装层材料主要有哪几类？各类钢桥面铺装的适用条件以及优缺点是什么？

22. 防水黏结材料的作用是什么？具体有哪些？

23. 钢桥面沥青铺装典型结构有哪几种？画出铺装结构示意图。

24. 钢桥面沥青铺装常见病害类型主要有哪几类？

第三章 钢板梁桥

钢板梁桥（steel plate girder bridge）的主梁（girder），通常采用工字钢（I-beam）、H 形钢（H-beam）、焊接工形梁（I-girder）等结构形式，主梁与主梁之间采用横梁（横联）和纵联相连形成整体受力结构，适用于直线桥。而对于钢板梁桥的桥面板可以分为钢筋混凝土桥面板和钢桥面板两种。其中根据桥面板是否参与主梁受力的情况又分为组合梁桥和非组合梁桥。组合梁桥的桥面板参与主梁共同工作，钢板梁与桥面板结合后由组合截面承受外荷载；非组合梁桥的桥面板不参与主梁共同受力，外荷载由钢板梁单独承担。本章内容主要指钢筋混凝土桥面板的钢板梁组合梁桥，桥面板与钢板梁间用剪力连接件连接。

近年来随着钢结构高度自动化加工工艺的发展，已经使板梁的加工费用大大降低。但箱梁和桁梁部分仍需手动加工，相应的加工费用比较昂贵。相对于轧制型钢梁，焊接工形梁可以使材料的利用更加优化，因为它由板件拼装而成，为充分发挥钢材的抗拉性能，可将钢板梁的下翼缘进行加宽加厚，设计人员也可以根据相应荷载条件的变化灵活地调整截面尺寸。板梁比桁架梁更美观，比箱梁更便于运输和装配。当然，板梁也有一些缺点，例如，与桁架梁相比，运输相对困难，而且承受的风荷载较大。另外，为布置设备管道常常需要在板梁中开洞，这一点也不及桁架梁方便。板梁的抗扭刚度一般较低，使其很难用于弯曲半径较小的桥梁。在板梁的装配过程中，有时候会出现受压翼缘稳定性不足的问题。钢板梁桥是中小跨径桥梁最为经济的结构形式，是国外一些国家采用最多的桥梁结构形式，同时也是构成其他类型钢桥结构的一部分。

钢板梁桥的构造原理和设计方法是钢桥最基本的部分，也是其他形式钢桥设计的基础。

本章将详细介绍工形钢板梁桥的结构形式、构造细节和设计计算方法。

第一节 钢板梁桥总体布置与结构形式

一、钢板梁桥总体布置

钢板梁桥设计应根据建设条件、结构受力性能、耐久性、施工、工期、经济性、景观、运营管理、养护等因素,合理确定结构形式、跨径布置、截面构造。

(一)跨径布置

钢板梁桥根据支承条件和受力特点可以分为:简支钢板梁桥(simply supported steel plate girder bridge)、连续钢板梁桥(continuous steel plate girder bridge)和悬臂钢板梁桥(cantilever steel plate girder bridge)。

简支钢板梁桥是最为简单的结构形式,经济跨径一般在45m以下。当跨径较大时,采用连续钢板梁桥的结构形式,它的经济跨径可以达到60~70m。采用实腹式工字形截面的钢板梁桥最大跨径约为125m,在此跨径之上,箱梁桥一般是更好的选择。与简支梁桥相比,连续钢板梁桥具有伸缩缝少、噪声小、行车平稳、挠度小、截面经济等优点,有逐渐取代简支梁的趋势。但是,连续梁对地基不均匀沉降较为敏感,软土地基的连续梁桥附加弯矩较大。悬臂钢板梁桥是静定结构,弯矩却与连续梁桥比较接近,截面比简支梁经济,对地基不均匀沉降不会产生附加弯矩。但是它的伸缩缝多、悬臂的挠度大、有折角现象,对行车不利,而且牛腿构造复杂,容易引起疲劳破坏等,目前很少被采用,只用于不适合修建其他桥型的情况。

连续钢板梁桥的跨径布置范围较大。对于跨越道路、河流等较为平坦的地形,正常情况下桥梁的边中跨比以0.6左右较为合理。当设置支点竖向调节装置时甚至可以降低到0.5,这可以使结构总长达到最小。当跨越山谷等情况时,没有特别需要遵循的规律,连续梁的边中跨比值可以达到0.8,如图3-1所示。当采用更大的边中跨比值时,将会因为结构受力的不合理而影响经济性。

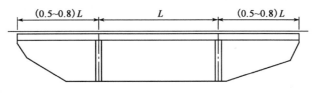

图3-1 边中跨比例

组合结构和大多数混凝土桥不同,这种结构更能适应不规则的跨径布置。混凝土桥梁,如悬臂浇筑预应力混凝土梁或顶推施工的预应力混凝土梁,其跨径布置通常会受到诸多限制。当采用大横梁体系的双主梁结构时,由于大横梁的间距全桥都应尽可能相等,所以需控制跨径保持为大横梁间距的倍数关系。

(二)立面布置

根据需要,制造的板梁的高度也可以随跨径变化。通常在需要增强负弯矩区承载力的情况下,增加中间支承处的梁高。对于低于50m跨径的桥梁,选择等梁高或变高梁往往取决于美学。对于超过50m的跨径,不同的梁高可以在中跨部分节省一定程度的成本。

等高梁(图3-2)是最常见的结构形式,这种结构形式是工厂化制造的最经济的结构形式,也方便钢梁的运输与安装施工,尤其是应用顶推法施工时采用等高梁将是最合适的选择。在边跨较短的情况下,也可以采用端部变高梁,梁端梁高可以减少到中跨梁高的2/3左右,如图3-3所示。

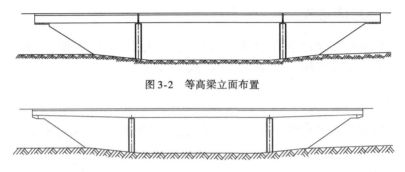

图3-2 等高梁立面布置

图3-3 端部变高梁立面布置

对于大跨径桥梁,采用等高梁将导致钢材用量指标的升高,尤其是在钢梁采用吊装施工时,变高梁和等高梁相比施工上并无明显的差别。此时,钢板梁可以采用各跨均变高的结构(图3-4)。梁底曲线可以是抛物线,也可以是三次曲线或者直线。

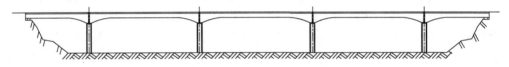

图3-4 变高钢板梁立面布置

变高梁通过在中间支座处增加梁高将使该部分的刚度增加,从而能吸收支点处的弯矩并减小跨中弯矩,进而可以减小梁在跨中部分的尺寸以及自重。变截面梁桥与等截面梁桥在均布荷载作用下的弯矩图对比如图3-5所示。变高梁一般采用全钢结构(梁和桥面板),并不适用组合结构梁方案。组合结构梁方案在正弯矩区(跨中部分)用于抵抗弯曲最有效,因此采用上述变高梁的方案来减小跨中正弯矩的作用并不大。

梁高的变化将导致制造和安装的复杂化,因此只在特殊的情况下使用,如跨径很大或者有净空限制的时候。一座很长的桥梁可以采用等高和变高混合的结构,在跨越障碍物时采用变高梁适应大跨需求,而在没有限制条件的地方采用较小的经济跨径。这种桥跨与梁高的布置突出了大跨并且相对于等高梁结构产生了变化,可以表现出较好的美学效果。

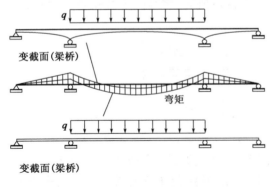

图3-5 变截面梁桥与等截面梁桥在均布荷载作用下的弯矩图对比

(三)主要设计参数

采用双主梁的组合钢板梁桥,其钢梁的梁高与跨径之比通常在1/28~1/24范围内,跨径大于50m时接近1/28,跨径小于50m时梁的高跨比随跨径减小而增加,在跨径30m左右时梁的高跨比接近1/24。对于超过两跨的变截面梁,主梁的高跨比跨中为1/50～1/40、中间支点处为1/25～1/20。上述高跨比适合桥宽在12m左右的桥梁,当桥面宽度增加时梁高应该适当增加,反之梁高可以适当减小。

二、结构形式

20世纪60年代,钢板梁腹板采用纵横向加劲肋,大大增加了工厂的工作量,这个时期典型钢板梁桥上部结构如图3-6所示。主要由主梁(main girder)、横向联结系(lateral beam or lateral bracing)、纵向联结系(horizontal bracing)和桥面系(floor system,图3-6中未示出)组成。主梁起到整个桥梁的承重作用,把由横向联结系、纵向联结系和桥面系传来的荷载传递到支座。横向联结系有实腹式梁和空腹式桁架形式,前者称为横梁(lateral beam),后者称为横联(lateral bracing)。横向联结系的作用是为把各个主梁连接成整体,起到荷载横向分布、防止主梁侧向失稳的作用。纵向联结系通常采用桁架式结构,其作用主要是加强桥梁的整体稳定性、与横梁共同承担横向力和扭矩的作用。桥面系主要是为了提供桥梁的行车部分,把桥面荷载传递到主梁和横梁。

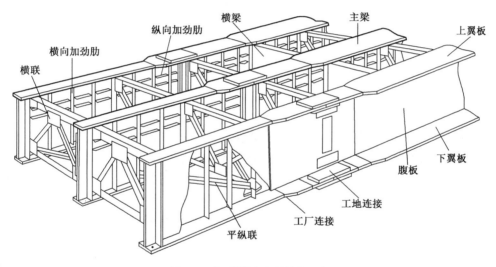

图3-6 典型早期钢板梁桥的组成

横向加劲肋和纵向加劲肋因多处相交而在耐久性和经济性方面暴露出缺陷,20世纪70年代初有了连续自动焊接,在这一自动化的推动下,纵向加劲肋的设置逐步减少。自20世纪80年代起随着设计理论的发展,使得在大多数情况下取消纵向加劲肋成为可能,横向加劲肋一般直接与翼缘焊接在一起,通过增厚腹板可增大横向加劲肋的间隔。对于早期的钢板梁,需要通过平纵联的设置增强桥梁的整体稳定性,而现在的框架式联结方式减少了联结构件,同时也简化了连接,使得钢梁获得了高度的简化。在结构简化的同时增强了主梁截面主体的材料,即增强了桥梁的耐久性能。这一进步是经过大量探索、研究和试验才取得的。组合钢板梁在不同时代的变化如图3-7所示。

结构形式

随着组合钢板梁桥的大量研究与工程实践,及欧美等发达国家对其结构的总体性能更加了解,组合钢板梁在桥梁建设中得到广泛应用。以法国为例,近些年建造的公路组合结构桥梁有90%都是组合钢板梁桥,这些桥梁以双主梁或少主梁为主,桥面板一般设计为横向承重或纵向承重,对应主梁间的横梁分成大横梁与小横梁。

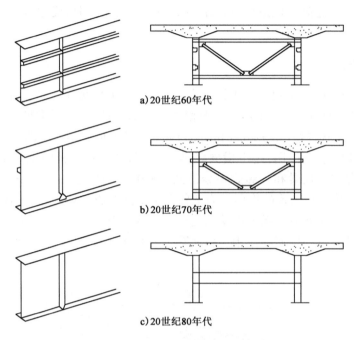

图3-7 钢板梁组合梁结构演变示意

三、横截面布置

横截面布置主要用于确定主梁的根数与间距。主梁的根数与间距直接影响主梁的受力大小与截面尺寸,同时当桥面板支承主梁时,主梁的间距决定了桥面板的跨径。当主梁间距过大时,往往导致不得不设置纵梁或很密的横隔板来减小桥面板的跨径。另外,主梁的位置还会影响桥面板的受力,当车道的轮迹位于主梁之间的频率很高时,桥面板所受的弯矩较大,影响桥面板的使用寿命。当车道的轮迹主要集中在主梁中心附近时,可以大大改善桥面板的受力,提高桥面板的使用寿命。因此,横截面的布置不仅要考虑主梁受力,同时还要尽可能兼顾桥面板的受力。

(一)双主梁

双主梁桥是最简单的组合结构桥梁形式。对于2~3车道的桥梁可采用两根主梁,它包括两个钢梁以及上方连接的混凝土桥面板,如图3-8所示。双主梁结构构造简单,大大减少了工厂钢结构制造的工作量,同时可以达到提高桥梁施工架设速度和降低桥梁建设成本的目的。

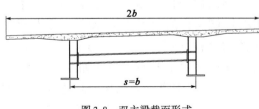

图3-8 双主梁截面形式

这样的方案常见于桥面板宽度低于13m的组合结构桥梁。对于双梁桥,如果桥面板宽度再增加,则需要加厚桥面板以抵抗横向弯曲。这无疑会增加桥面板重量,甚至还可能需要横向预应力。两个主梁的间隔一般约为$b(1.0b \sim 1.1b)$,b为桥面板的宽度的一半。选择该间距是为了使作用于桥面板上的横向弯矩的正负值相等。这种类型的横截面适用于跨径小于125m的桥梁,对于更大跨径的桥梁,有必要将混凝土桥面板替换为正交异性钢桥面板,以降低桥面板自重,或者采用箱梁方案,以更好地抵抗偏心荷载。

1. 小横梁组合梁

采用双主梁结构的组合钢板梁桥是应用最广泛的结构形式。两片钢主梁之间设有横梁相互连接,混凝土桥面板与钢主梁通过连接件组合共同受力,横梁与桥面板不连接、不支撑桥面板,这种横梁被称为"小横梁"。采用小横梁双主梁的组合梁截面布置如图3-9所示。

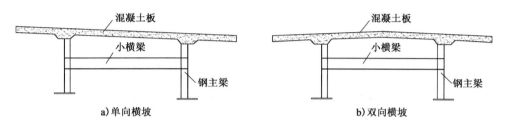

图3-9 小横梁双主梁组合梁截面示意

当桥面布置为单向通行、单向横坡时,两片主梁仍然保持相同,通过竖向高差调节横坡影响,见图3-9a)。当桥面布置为双向通行、双向横坡时,两片主梁相同,见图3-9b)。

不与组合钢板梁顶板混凝土连接的小横梁,通常采用工字形钢截面。支点位置的横梁,由于要承受主梁传递的水平荷载,通常采用比较大的梁高并采用焊接结构形式。

小横梁的间距一般小于或等于8m,在同一跨内通常为常数并尽量在一座桥梁保持相同,但是如有必要,不同跨内可以不同。横梁的尺寸和间距设置必须能够保证结构的侧扭稳定。

2. 大横梁组合梁

采用大横梁双主梁的组合钢板梁桥与采用小横梁双主梁的组合钢板梁桥相比,主要差别在于横梁的形式不同。所谓"大横梁",是指横梁与桥面板之间设有焊钉连接件连接并支承桥面板,也就是横梁与桥面板组合共同受力,可以降低桥面板厚度并适应更宽桥面的桥梁。采用大横梁双主梁的组合钢板梁,结构施工较为复杂。通常在桥面板重量显著增加时采用,比如桥梁跨径大于90m时,或者桥面板较宽时。少数桥梁从桥梁景观考虑而采用大横梁结构。

大横梁的纵向间距一般不做变化,以便简化构造,横梁间距一般为4m左右。大横梁体系又可分为有悬臂支承横肋和无悬臂支承横肋横梁两种。对于有悬臂支承横肋的大横梁构造体系,当桥面为单向横坡时[图3-10a)],大横梁随桥面的倾斜而倾斜,大横梁中间部分的高度保持不变,悬臂支承横肋部分的高度线性变化。当桥面为双向横坡时[图3-10b)],主梁之间的横梁高度线性变化并在桥心线处达到最高,悬臂支承横肋高度线性变化。以上做法可以保持桥面板等厚度以方便施工,有时大横梁也可以采用等高的方式,这就需要调整桥面板厚度或桥面板在横梁处加腋。

对于没有悬臂支承横肋的大横梁构造体系(图2-54),由于桥面板在悬臂部分没有横肋的支承作用,悬臂长2m左右,这就需要相应增加钢主梁的中心距。比如,桥宽15m时,大横梁结构一般悬臂为2m,腹板中心距为11m。无悬臂的大横梁构造体系一般用在桥面较宽、主梁间距比较大的时候,它的桥面板第二系统受力特征分为两种,悬臂部分为横向单向板,中间部分为纵向单向板。

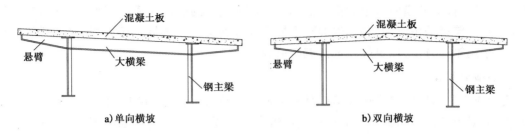

图 3-10　大横梁双主梁组合梁截面

(二)多主梁组合梁

当桥面较宽时,组合钢板梁可以采用多主梁形式(图 3-11),多主梁结构的中间梁需要设置横梁及相应的竖向加劲肋,在一般情况下要比双主梁的造价高,但对桥面板受力有利。特别在桥面板宽度较大、梁高较低、现场不能使用大吊机而限制了吊装能力情况下会使用多主梁结构。

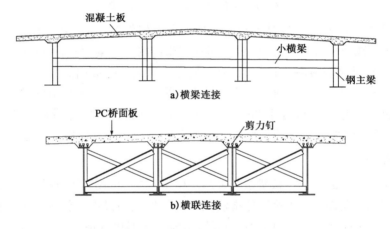

图 3-11　四主梁组合梁截面(双向横坡)

当桥下净空受限时,还可以采用窄且小的箱形截面代替工字形截面,如图 3-12 所示。虽然箱梁的扭转刚度会影响荷载的横向分布,但这种方案从整体受力看仍属于开口截面类型,箱形截面的扭转刚度和短轴弯曲刚度都大于工字形截面。

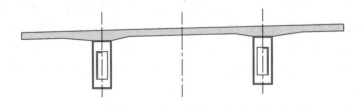

图 3-12　窄箱开口截面形式

(三)钢桥面板钢板梁

图 3-13 为钢桥面板钢板梁桥横截面布置示例。由于钢桥面板的自重轻、跨越能力较大,

特别是采用闭口加劲肋时,正交异性钢桥面板的跨径可以达到4~6m。如横梁作为钢桥面板的主要支承结构,钢桥面板钢板梁桥的主梁间距设置可以较为灵活,甚至仅设置两根主梁。

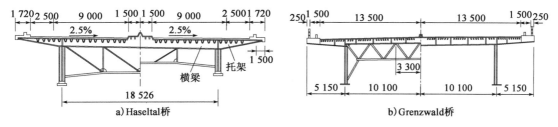

图3-13 钢桥面板钢板梁桥横截面布置(尺寸单位:mm)

第二节 主 梁

钢板梁桥通常在20m跨径以下,主梁直接采用工字钢和H型钢安装,可以降低工程造价。受到工厂轧制能力的限制,当钢板梁桥梁跨径超过20m时,主梁需要采用焊接工形梁。焊接工形梁,是由上翼缘板(upper flange,U. Flg)、下翼缘板(lower flange,L. Flg)通过角焊缝与一块腹板(web)焊接在一起所组成的工字形截面拼装梁,称为"I-girder bridge"或"plate girder bridge"。其中,上下翼缘的主要功能是抵抗外加弯矩引起的轴向拉力和轴向压力,腹板的主要功能是抵抗截面上的剪力。主梁承载力计算时,可以分别按翼缘与腹板功能建立计算公式。在实际工程中,钢板梁的三片钢板较多采用相同的屈服强度,从节约成本考虑,由于腹板的主要功能为抗剪,腹板的屈服强度可以比翼缘板稍低,此种钢板梁称为混合钢板梁(hybrid plate girder)。

钢主梁模型

一、主梁翼缘

(一)总体设计

当桥梁在平面上为直线时,钢板梁主梁的翼缘采用直线布置;当桥梁在平面上为曲线时,主梁的翼缘通常也设置为曲线。在主梁横截面上,主梁的翼缘通常水平放置。

通常翼缘截面面积沿跨长变化可以反映出各截面所受弯曲的不同。为了方便施工,钢板梁上下翼缘的宽度在顺桥向基本不做变化。上翼缘可作为桥面板施工模板的支撑平台,下翼缘可方便顶推钢梁时侧向引导。翼缘板厚度随横截面的位置不同而改变。对于常用的Q345钢材,翼缘板厚度一般不超过150mm,对于更高强度等级钢材,不超过100mm。

由于钢主梁内力沿长度方向是变化的,故其所需板厚与板宽可依据实际所需,按设计规范的规定加以调整,达到节省钢材的目的。一般情况下,钢板梁上下翼缘的宽度在顺桥向基本不做变化。翼缘板的厚度变化(图3-14)可通过以下两种方式实现:

(1)腹板高度保持不变(内对齐),翼缘板厚度的变化将使钢梁整体高度变化[图3-14a]。尽管这种方法在工厂制造中是可行的,但往往会导致施工不便,例如架设模板、浇筑混凝土桥面板、滑动桥面板到位,以及钢板梁的顶推施工。当采用吊装施工时,可以只将下翼缘朝下变厚,这样便于腹板下料和底板焊接。

(2)梁整体高度不变(外对齐),腹板高度随翼缘板厚的改变而改变[图3-14b)]。考虑桥梁建设的便利性和美观性,这是一种常见的方法。对于上翼缘板,是为了便于桥面板施工;对于下翼缘板,是为了便于钢梁顶推。

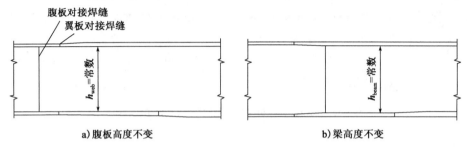

图3-14 翼缘和腹板板件厚度变化细节

当翼缘板变厚时,截面突变会引起应力集中,应限制下翼缘板厚度变化在 -1/3 ~ +1/2 板厚的范围。因为上翼缘与桥面板结合,这一限制对于上翼缘可以适当放松,但桥面板要有足够的钢筋控制其裂缝。所有翼缘钢板厚度变化必须采用渐变,渐变的最大坡度应该控制在1/4以内(图3-15)。也可采用连续变厚钢板作为翼缘板,这种形式可以提供良好的抗疲劳性能,但由于钢板成本高,应用很少。

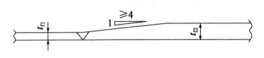

图3-15 翼缘板厚度变化过渡

不论翼缘板宽度或厚度变化还是腹板厚度变化,都需要通过横向对接焊缝将两块钢板连接起来。特别在现场焊接的安装缝处,横向焊接位置应远离高应力区域(例如支座附近或者跨中处)。沿梁的纵向,截面尺寸改变的次数或者尺寸不变区域的长度取决于材料的充分利用和形成接缝的花费与工作量的综合比较。变化次数太少可能导致用钢量过高或板厚变化太突然,变化次数太多会使连接成本增加。如果劳动力成本较高,应限制截面改变次数。关于等高梁的翼缘变厚问题,大量的工程实践已经形成了一些规律性的做法,桥梁中跨一跨范围翼缘板的合理变厚次数见图3-16。另外,翼缘板与腹板的截面变化不能在梁纵向相同的位置上出现。

如果梁高和翼缘宽度不能增加,而所需的板厚又超过了最大允许板厚,可以采用外贴翼缘钢板,外贴翼缘板原则上宜用一块钢板。外贴翼缘板的连接应非常牢靠并采取特定的预防措施以减少两块翼缘板的焊接疲劳和焊接收缩引起的残余应力。《公路钢桥规范》规定,外贴翼缘板的纵向截断点应延至理论截断点以外,延伸部分的焊缝长度按该板截面强度的50%来计算确定,并将板端沿板宽方向做成不大于1:2的斜角。

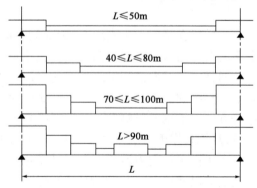

图3-16 等高梁中跨翼缘板变厚次数示意

(二)截面面积估计

对于钢-混组合结构梁桥,连接到钢主梁上的混凝土桥面板作为梁式结构的上翼缘,使得钢主梁的上翼缘面积减小,这意味着钢梁上翼缘面积可以小于下翼缘面积。中间支座处混凝土桥面板会因受拉而易开裂,混凝土桥面板内的钢筋可以提供贡献。在钢板梁桥的初步设计阶段,可以应用翼板面积公式初步确定钢板梁翼缘的设计尺寸。图3-17a)所示为某钢板梁,具双轴对称性。梁高为d,腹板高度为h,腹板厚度为t。承受弯矩M,中性轴上方受压,其合力为C,中性轴下方则受拉,其合力为T。由传统的弯矩理论,则C、T可表示成:

$$C = T = \frac{M}{(h+d)/2} \tag{3-1}$$

如以中性轴为界,用以抵抗弯矩的有效面积可视为A_{w1}与A_f的组合,A_f为单个翼板的面积,A_{w1}为腹板某部分用以抵抗弯矩的面积[图3-17b)],则作用于全部有效面积的平均正向应力σ_{avg}可表示成:

$$\sigma_{avg} = \frac{M}{(h+d)/2} \cdot \frac{1}{A_f + A_{w1}} \tag{3-2}$$

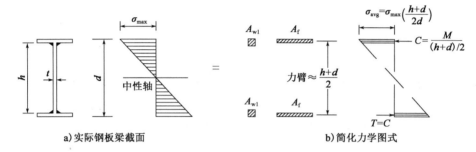

a)实际钢板梁截面　　　　　　　　　　　b)简化力学图式

图3-17　翼板面积公式的推导

腹板承受弯矩的面积A_{w1}在实际钢板梁截面[图3-17a)]与翼板面积截面[图3-17b)]中必须完全相同,故由图3-17a)得到:

$$M_a = \frac{1}{2} \cdot \sigma_{max} \cdot \frac{h}{d} \cdot \frac{h}{2} \cdot t \cdot \frac{2h}{3} = \sigma_{max} \cdot \frac{h}{d} \cdot \frac{th^2}{6} \tag{3-3}$$

同理,图3-17b)中腹板所承受的弯矩为:

$$M_b = \sigma_{avg} \cdot A_{w1} \cdot \frac{h+d}{2} = \sigma_{avg} \cdot \frac{h+d}{2d} \cdot A_{w1} \cdot \frac{h+d}{2} \tag{3-4}$$

由式(3-3)与式(3-4)相等,则可得:

$$\frac{h}{d} \cdot \frac{th^2}{6} = \frac{1}{d} \cdot \left(\frac{h+d}{2}\right)^2 \cdot A_{w1} \tag{3-5}$$

$$A_{w1} = \frac{th}{6}\left(\frac{2h}{h+d}\right)^2 \tag{3-6}$$

式(3-6)中,令腹板横截面面积$A_w = th$,另一方面,式(3-6)中的二次项$\left(\frac{2h}{h+d}\right)^2 \approx 1.0$,可以忽略,则式(3-6)便可以表示为:

$$A_{w1} = \frac{A_w}{6} \tag{3-7}$$

由式(3-2)可知:

$$A_f = \frac{M}{[(h+d)/2]\sigma_{avg}} - A_{w1} \tag{3-8}$$

由式(3-6)与$\sigma_{avg} = \sigma_{max}(h+d)/2d$,则式(3-8)可以表示为:

$$A_{\mathrm{f}} = \frac{M \cdot 2d}{[(h+d)/2](h+d)\sigma_{\max}} - \frac{A_{\mathrm{w}}}{6} \cdot \left(\frac{2h}{h+d}\right)^2$$

$$= \left[\frac{M}{\sigma_{\max} h}\left(\frac{d}{h}\right) - \frac{A_{\mathrm{w}}}{6}\right]\left(\frac{2h}{h+d}\right)^2 \tag{3-9}$$

假设 $d/h = 1$,同时以 σ 表示翼板的平均应力,则式(3-9)便可表示为:

$$A_{\mathrm{f}} = \frac{M}{\sigma h} - \frac{A_{\mathrm{w}}}{6} \tag{3-10}$$

式(3-10)即是所谓的翼板面积公式,在初步设计时可用以粗估钢板梁的翼板与腹板的相对尺寸,然后再修正进行精算。

基于瑞士桥梁数据,腹板面积 A_{w}、上翼缘板面积 $A_{\mathrm{f,sup}}$ 以及下翼缘板面积 $A_{\mathrm{f,inf}}$ 占组合截面总面积的百分比的平均值如下:

(1)$A_{\mathrm{f,sup}}/A_{\mathrm{tot}}$:支座处占 25%,桥跨内占 20%。

(2)$A_{\mathrm{w}}/A_{\mathrm{tot}}$:支座处占 35%,桥跨内占 40%。

(3)$A_{\mathrm{f,inf}}/A_{\mathrm{tot}}$:支座处占 40%,桥跨内占 40%。

根据对瑞士在建以及计划修建的双主梁组合梁桥的调查,跨径 30~100m 的桥梁翼缘以及腹板的典型尺寸在表 3-1 给出。

钢-混组合桥中板梁的腹板和翼缘尺寸(单位:mm) 表 3-1

尺寸	符号	跨内	支座处
上翼缘厚度	$t_{\mathrm{f,sup}}$	15~40	20~70
下翼缘厚度	$t_{\mathrm{f,inf}}$	20~70	40~90
腹板厚度	t_{w}	10~18	12~22
上翼缘宽度	$b_{\mathrm{f,sup}}$	300~700	300~1 200
下翼缘宽度	$b_{\mathrm{f,inf}}$	400~1 200	500~1 400

(三)翼缘构造规定

主梁翼缘板的构造设计,不能使翼缘的宽厚比过大而导致翼缘板局部屈曲,进而限制翼缘对梁截面抗弯刚度的贡献。需要综合考虑翼缘板的局部稳定和主梁的弯扭屈曲(分别见图 3-18 和图 3-19),确保钢梁在制作、运输、安装和运营等各种工作状态下不出现翼板局部失稳和主梁的弯扭失稳。《公路钢桥规范》规定焊接板梁受压翼缘的伸出肢宽不宜大于 40cm,也不应大于其厚度的 12 $\sqrt{345/f_{\mathrm{y}}}$ 倍,受拉翼缘的伸出肢端不应大于其厚度的 16 $\sqrt{345/f_{\mathrm{y}}}$ 倍。翼板的惯性矩应满足式(3-11)的要求:

$$0.1 \leq \frac{I_{\mathrm{yc}}}{I_{\mathrm{yt}}} \leq 10 \tag{3-11}$$

式中:I_{yc}、I_{yt}——受压翼缘和受拉翼缘对竖轴的惯性矩。

《公路钢桥规范》规定,工字形截面简支梁受压翼缘的自由长度 L_1 与其宽度 B_1 之比不超过表 3-2 所规定的数值时可不计算梁的整体稳定性。其中,梁的支座处设置横梁,跨间无侧向支承点的梁,L_1 为其跨径;梁的支座处设置横梁,跨间有侧向支承点的梁,L_1 为受压翼缘侧向支承点间的距离。

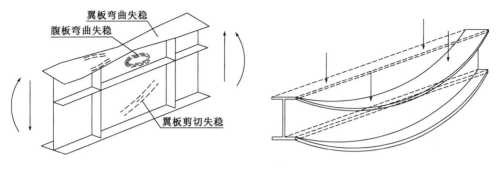

图 3-18 钢板梁局部稳定　　　　图 3-19 钢板梁整体稳定

工字形截面简支梁不需计算整体稳定性的最大 L_1/B_1　　　　表 3-2

钢号	跨间无侧向支承点的梁		跨间受压翼缘有侧向支承点的梁 不论荷载作用在何处
	荷载作用在上翼缘	荷载作用在下翼缘	
Q235	13.0	20.0	16.0
Q345	10.5	16.5	13.0
Q390	10.0	15.5	12.5
Q420	9.5	15.0	12.0

二、主梁腹板

钢板梁桥在平面上为直线时,主梁腹板将是一块简单的直板,如果钢板梁桥在平面上是弯桥,主梁腹板一般随桥梁弯曲设置。腹板设计需要考虑立面形状,包括预拱度及翼缘板板厚变化。对于给定的截面弯矩值,上下翼缘面积随着距离的增大而减小,合理增大翼缘之间的距离,有利于提高设计的经济性。对于钢板梁而言,在腹板高度增大的同时,为了使整个构件的自重实现最小化,应当适当减小腹板的厚度,但这同时也会使得腹板屈曲的可能性显著高于轧制型钢梁。为了防止腹板的失稳,一般需要根据加劲肋所起的作用随在梁腹板纵向上的位置与方位的不同设置横向加劲肋和纵向加劲肋。

钢板梁桥的横向加劲肋(transverse stiffeners)的主要目的在于增强腹板的抗剪能力,同时亦可作为横隔梁或横梁或横联与主梁间的连接板(connection plate)。根据主要作用不同可以分为两类,一类是设置在主梁支点之间,主要用于防止腹板剪切失稳的横向加劲肋,称为中间横向加劲肋(transverse intermediate stiffeners);另一类是设置在主梁支承处及外力集中处的支承加劲肋(bearing stiffeners),它们除了防止腹板剪切失稳、增强抵抗反力外,同时亦具有提升支承处腹板的抗剪能力、避免腹板局部屈曲的功能,通常在其下面还设有支承垫板(sole plate)。一般而言,钢板梁的支承正上方一定会加设支承加劲肋,但不一定会有横向与纵向加劲肋,横向与纵向加劲肋可共同存在或仅有横向加劲肋。横向加劲肋的"横向"含义是指其与主梁长度方向成垂直方向。另一方面,由主梁侧面看,横向加劲肋为垂直或竖向布置,故工程界亦有以"竖向加劲肋"或"垂直加劲肋"称之。

纵向加劲肋(longitudinal stiffener)的作用主要是为了防止腹板在弯曲压应力作用下的弯压失稳,补充腹板与横向加劲肋的不足。当腹板的高厚比比较大时,在受压区焊接腹板的纵向加劲肋是必要的。在这种情况下,腹板的高厚比通过纵向加劲肋设置而减小,可以抵抗由于可变的车辆荷载造成腹板平面外的微小位移,也就是通常所说的"腹板呼吸效应"。如果"腹板呼吸效应"超限,长期作用下将导致受压区腹板与翼缘之间的焊缝疲劳断裂或者横向加劲肋的疲劳断裂。设置纵向加劲肋应仔细权衡,降低腹板厚度带来的好处必须大于增设纵肋的代价。从工程实践来看,只有对于高厚比很大的腹板、大跨径窄桥以及使用高强度钢材的桥梁,设置纵向加劲肋才是适合的。

(一)腹板厚度

腹板的截面面积和翼缘一样,可以沿跨长变化以反映它们所受剪切的不同,板厚由计算确定,一般不超过30~35mm,最小取14~16mm,这样可以有效控制横梁和加劲肋焊接引起的变形,并不影响美观。为了防止局部丧失稳定,《公路钢桥规范》对不同钢材和不同横向、纵向加劲肋设置的腹板高厚比 h_w/t_w 做了相应的规定。腹板最小板厚度应满足表3-3的要求。当腹板高厚比超过表3-3中规定的最大值时,必须设置更多段的纵向加劲肋。

腹板最小厚度 表3-3

构造形式	钢材品种		备注
	Q235 钢	Q345 钢	
不设横向加劲肋及纵向加劲肋时	$\dfrac{\eta h_w}{70}$	$\dfrac{\eta h_w}{60}$	—
仅设横向加劲肋,但不设纵向加劲肋时	$\dfrac{\eta h_w}{160}$	$\dfrac{\eta h_w}{140}$	—
设横向加劲肋和1段纵向加劲肋时	$\dfrac{\eta h_w}{280}$	$\dfrac{\eta h_w}{240}$	纵向加劲肋位于距受压翼缘$0.2h_w$附近
设横向加劲肋和2段纵向加劲肋时	$\dfrac{\eta h_w}{310}$	$\dfrac{\eta h_w}{310}$	纵向加劲肋位于距受压翼缘$0.14h_w$和$0.36h_w$附近

注:1. h_w 为腹板计算高度,对焊接梁为腹板的全高,对铆接梁为上、下翼缘角钢内排铆钉线的间距。

2. η 为折减系数,$\eta = \sqrt{\tau/f_{vd}}$,但不得小于0.85,$\tau$ 为基本组合下的腹板剪应力,f_{vd} 为钢材抗剪强度设计值。

在弯矩和剪力作用下,腹板同时存在弯曲正应力 σ 和剪应力 τ。腹板不仅要满足强度要求,而且必须满足稳定的要求,需根据现行《公路钢桥规范》进行计算。仅设置一根纵向加劲肋时,宜布置在距受压翼缘 $0.2h_w$ 处(h_w 为腹板计算高度);仅设置两根纵向加劲肋时,宜布置在距受压翼缘 $0.14h_w$ 和 $0.36h_w$ 处最为有效(图3-20)。

(二)加劲肋设计

纵向加劲肋通常是单侧布置,可以与横向加劲肋设置在腹板同一侧或设置在不同侧。加劲肋通常设置在主梁之间,这样不影响桥梁的美观。钢板梁的加劲肋较多采用平板形、T形和倒L形等开口加劲板[图3-21a)],也可以选择具有抗扭转作用的闭口截面[图3-21b)]。

1. 加劲肋布置

焊接在钢板梁腹板上的横向加劲肋能提高主梁的抗剪承载力,因此,在支座区域横向加劲肋更密(图3-22)。通常,支座区域加劲肋的间距大致为主梁的高度,跨中区域横向加劲肋间距可能增大至与横向联结系之间的距离相同,此时加劲肋作为横向联结系的一部分。

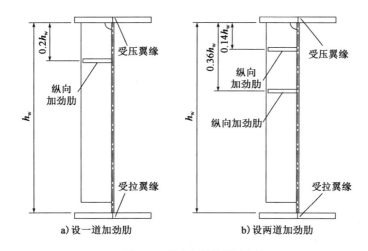

图 3-20 纵向加劲肋设置位置

图 3-21 加劲肋的类型

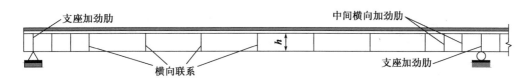

图 3-22 横向加劲肋布置

为了便于制造,加劲肋尽可能与主梁轴线垂直[图 3-23a)],当梁跨两支点连线与水平线成 5% 以上斜度时[图 3-23b)],也可以使中间横向加劲肋在制造阶段保持铅垂位置。

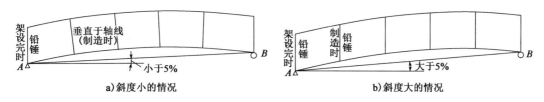

图 3-23 竖向劲肋加劲的安装方向

《公路钢桥规范》规定,腹板横向加劲肋的间距 a 不得大于腹板高度 h_w 的 1.5 倍,并应满足下列要求(图 3-24)。

不设纵向加劲肋时,横向加劲肋的间距 a 应该满足式(3-12)的要求:

$$\left(\frac{h_w}{100t_w}\right)^4\left[\left(\frac{\sigma}{345}\right)^2+\left(\frac{\tau}{77+58\,(h_w/a)^2}\right)^2\right]\leq 1 \qquad \left(\frac{a}{h_w}>1\right) \quad (3\text{-}12a)$$

$$\left(\frac{h_w}{100t_w}\right)^4\left[\left(\frac{\sigma}{345}\right)^2+\left(\frac{\tau}{58+77\,(h_w/a)^2}\right)^2\right]\leq 1 \qquad \left(\frac{a}{h_w}\leq 1\right) \quad (3\text{-}12b)$$

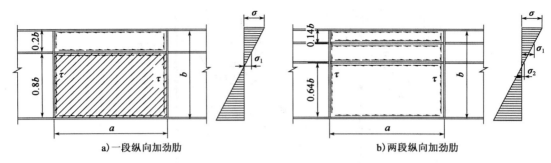

图 3-24 纵向加劲肋布置

当设置纵向加劲肋时,一般情况下靠近受拉侧的腹板局部板件高度最大,较容易出现剪切失稳。仅设置一段纵向加劲肋时,加劲肋的位置距受压翼缘 $0.2h_w$[图3-24a)],假设纵向加劲肋处的压应力为 0.6σ,可得横向加劲肋的间距 a 应该满足式(3-13)的要求:

$$\left(\frac{h_w}{100t_w}\right)^4\left[\left(\frac{\sigma}{900}\right)^2+\left(\frac{\tau}{120+58(h_w/a)^2}\right)^2\right]\leq 1 \quad \left(\frac{a}{h_w}>0.8\right) \quad (3\text{-}13a)$$

$$\left(\frac{h_w}{100t_w}\right)^4\left[\left(\frac{\sigma}{900}\right)^2+\left(\frac{\tau}{90+77(h_w/a)^2}\right)^2\right]\leq 1 \quad \left(\frac{a}{h_w}\leq 0.8\right) \quad (3\text{-}13b)$$

当设置两段纵向加劲肋时,加劲肋的位置距受压翼缘 $0.14h_w$ 和 $0.36h_w$[图3-24b)],假设纵向加劲肋处的压应力为 0.28σ,根据靠近受拉侧的腹板局部板件的稳定,可得横向加劲肋的间距 a 应该满足式(3-14)的要求:

$$\left(\frac{h_w}{100t_w}\right)^4\left[\left(\frac{\sigma}{3000}\right)^2+\left(\frac{\tau}{187+58(h_w/a)^2}\right)^2\right]\leq 1 \quad \left(\frac{a}{h_w}>0.64\right) \quad (3\text{-}14a)$$

$$\left(\frac{h_w}{100t_w}\right)^4\left[\left(\frac{\sigma}{3000}\right)^2+\left(\frac{\tau}{140+77(h_w/a)^2}\right)^2\right]\leq 1 \quad \left(\frac{a}{h_w}\leq 0.64\right) \quad (3\text{-}14b)$$

式中:t_w——腹板厚度;

σ——作用基本组合下的受压翼缘处腹板正应力(MPa);

τ——作用基本组合下的腹板剪应力(MPa)。

2. 加劲肋刚度要求

横向加劲肋应该有足够刚度,即当板梁达到极限承载状态时,它应能成为腹板屈曲变形波的波节,否则腹板承载能力必须折减。不同的规范对于横向加劲肋的刚度有不同的规定。《公路钢桥规范》规定,腹板两侧对称设置横向加劲肋时,横向加劲肋截面对腹板中线的惯性矩,或者腹板单侧设置横向加劲肋时,横向加劲肋截面对腹板与加劲肋的焊接线的惯性矩,不应小于

$$I_t\geq 3h_w t_w^3 \quad (3\text{-}15)$$

式中:t_w——腹板的厚度;

h_w——腹板净高度。

《公路钢桥规范》规定,腹板两侧对称设置纵向加劲肋时,纵向加劲肋截面对腹板中线的惯性矩,或者腹板单侧设置纵向加劲肋时,纵向加劲肋截面对腹板与加劲肋的焊接线的惯性矩 I_l 应满足:

$$I_l\geq \xi_l h_w t_w^3 \quad (3\text{-}16)$$

$$\xi_l = \left(\frac{a}{h_w}\right)^2 \left[2.5 - 0.45\left(\frac{a}{h_w}\right)\right] \leqslant 1.5 \tag{3-17}$$

式中：t_w——腹板的厚度；
h_w——腹板净高度；
a——横向加劲肋间距。

（三）支承加劲肋

钢板梁在支承处及外力集中处应设置成对的支承加劲肋,有利于将支承反力均匀地传递到主梁上,避免由于相对腹板平面不对称加劲而产生的弯矩。支承加劲肋的截面(图3-25)选择取决于支座反力的大小。对于小跨径桥梁,最简单的办法是采用两块钢板作为支承加劲肋[图3-25a)]。如果支承可以沿纵向自由滑动,宜采用可以提供平面外刚度的T形加劲肋[图3-25b)]。然而,由于主梁的预拱或者主梁的变高度,主梁支承处的下翼缘通常处于较低的位置,使用T形加劲肋可能会导致水和尘土在该区域积聚,进而影响主梁的耐久性。为了避免形成积水区,可以采用闭合加劲肋[图3-25c)]。当支承加劲肋承受较大的支反力时,需采用由钢板拼制而成的更加复杂的加劲肋[图3-25d)],并对焊接给予高度关注,从而保证加劲肋制造的质量。

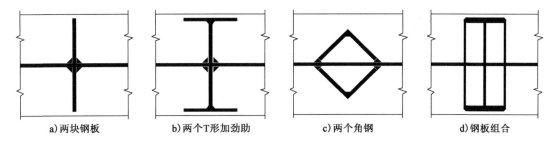

图3-25 支承加劲肋的类型

由于支承加劲肋直接承受支座反力的作用,故不仅需要验算支承垫板处腹板和加劲肋的直接承压应力,而且必须验算腹板和加劲肋中的竖向应力。

（1）支座处局部承压应力

支承垫板处腹板和加劲肋的直接承压应力可按式(3-18)计算：

$$\gamma_0 \frac{R_V}{A_s + B_{eb}t_w} \leqslant f_{cd} \tag{3-18}$$

式中：γ_0——结构重要性系数；
R_V——支座反力设计值；
A_s——支承加劲肋面积之和；
t_w——腹板厚度；
B_{eb}——腹板局部承压有效计算宽度，$B_{eb} = B + 2(t_f + t_b)$；
B——上支座宽度；
t_f——下翼板厚度；
t_b——支座垫板厚度；
f_{cd}——钢材的端面承压强度设计值。

(2)竖直方向应力

在支座反力作用下,腹板和加劲肋中竖向应力的实际大小和分布非常复杂,通常要用空间有限元方法才能求得较为满意的结果。为了简化计算,对于跨径不大的钢板梁桥,支承加劲肋可以近似简化为等效压杆。压杆的有效面积见图3-26,对有两块板或角钢组成的加劲肋,承压截面为加劲肋及填板的截面加每侧由加劲肋中轴算起不大于12倍板厚的腹板截面;对有四块板或角钢组成的加劲肋,承压截面为四块加劲肋及填板截面所包围的腹板面积(铆接梁仅为加劲角钢和填板),另加不大于24倍板厚的腹板截面。压杆的压应力沿高度的分布近似为三角形分布(图3-26),支承垫板处的最大有效截面平均压应力近似按式(3-19)计算:

$$\gamma_0 \frac{2R_V}{A_s + B_{ev}t_w} \leqslant f_d \tag{3-19}$$

式中:f_d——钢材的抗拉、抗压和抗弯强度设计值;
B_{ev}——腹板竖直方向应力有效计算宽度,见图3-26,按式(3-20)计算。

$$\begin{cases} B_{ev} = (n_s - 1)b_s + 24t_w & (b_s < 24t_w) \\ B_{ev} = 24t_w & (b_s \geqslant 24t_w) \end{cases} \tag{3-20}$$

式中:n_s——支承加劲肋对数;
b_s——支承加劲肋间距。

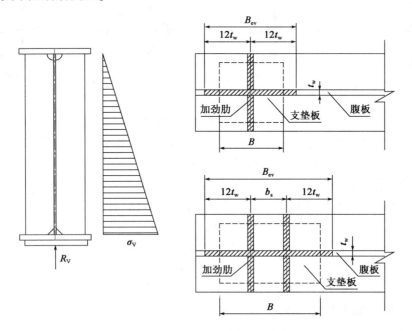

图3-26 支承加劲肋压应力分布与有效计算面积

三、主梁连接

跨径超过20m的钢板梁桥,通常采用由钢板焊接而成的钢板梁作为主梁。主梁焊接连接包括翼缘板与腹板的焊接、加劲肋与腹板和翼缘板的焊接,以及翼缘板、腹板的接长等。图3-27显示了具有框架式横梁的钢板梁三维立体图。

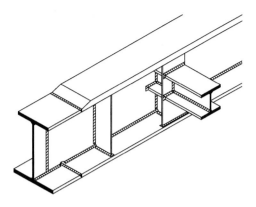

图 3-27 具有框架式横梁的钢板梁

(一)翼缘板与腹板连接

翼缘板与腹板的连接一般可采用对称布置的角焊缝,腹板两侧有效焊缝厚度之和应大于腹板的厚度;翼缘板与腹板的连接也可采用全焊透焊缝。翼缘板与腹板的焊缝应该连续,与加劲肋交叉处,加劲肋需要开过焊孔。该焊接通常采用工厂自动埋弧焊,焊接需要在水平位置上进行,为了将腹板焊接到翼缘板上,需将主梁进行翻转。在焊接可靠的情况下,该角焊缝可达到局部熔透焊接效果,在计算焊缝强度时可以加以考虑。

(二)纵横加劲肋与腹板连接

纵向、横向加劲肋与腹板一般采用角焊缝连接,角焊缝应对称布置,只要满足最小焊缝尺寸的要求即可,通常为 4~6mm。当在中间横向加劲肋处连接有横联或横梁时,角焊缝焊脚高度应根据计算确定。当纵横加劲肋焊接在同一块钢板的同一侧时,应考虑两者的交叉问题,有以下两种方法:

(1)采用纵向加劲肋连续通过形式,横向加劲肋断开。此方法允许纵向加劲肋采用自动焊,但要求切割横向加劲肋。

(2)横向加劲肋连续,纵向加劲肋不连续,与横向加劲肋相交时断开。这种方式可以避免切割横向加劲肋,但这通常意味着在两个横向加劲肋之间,无法像第一种方法进行自动焊。此外,纵向加劲肋端部焊缝在冷却过程中的收缩会限制在焊缝中产生的残余拉应力。

现行《公路钢桥规范》推荐第二种做法,规定纵向加劲肋与横向加劲肋相交时,横向加劲肋宜连续通过,并在相交处宜焊接或栓接(图 3-28)。

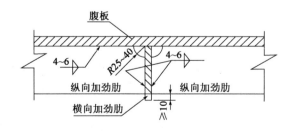

图 3-28 纵向加劲肋与横向加劲肋连接关系(尺寸单位:mm)

与腹板对接焊缝平行的横向加劲肋，应设在距对接焊缝不小于 $10t_w$ 或不小于 100mm 的位置；与腹板对接焊缝相交的加劲肋，加劲肋及其焊缝应连续通过腹板焊缝。

(三) 纵、横加劲肋与翼缘板连接

为了防止受压翼缘板的局部失稳，加劲肋与受压翼缘板一般采用角焊缝连接。为了避免焊接对翼缘板局部失稳和承载力产生不利的影响，受压翼缘处的焊接不得出现局部变形及外形不平整。角焊缝的焊脚高度只要满足最小焊缝尺寸的要求即可。

对于受拉翼缘，由于贴角焊缝方向正好和拉应力正交，焊接对于翼缘板的疲劳很不利。对于直接承受车轮荷载或集中力的部位，为了便于养护和加工制作，横向加劲肋与受拉翼缘宜离开一定距离（$4t_w \sim 6t_w$），也可以采用磨光顶紧，但空气和水分不得进入接触面，防止锈蚀。早期的钢桥设计采用加劲肋与受拉翼缘磨光顶紧的连接方式较多，但是由于防腐和加工制作困难，目前已经很少采用，而是采用离开一定间隙的方法。但对于直接承受车轮荷载或集中力的部位，加劲肋的两端还是需要焊接到翼缘上[图 3-29a)]。这是因为在车辆荷载下，加劲肋端部与翼缘板之间留出的间隙将会使腹板承受面外的微小运动，微小的运动驱使腹板区域的应力增大，导致疲劳断裂，此现象已发生在多个既存桥梁中[图 3-29b)]。另外，《公路钢桥规范》规定横向加劲肋与梁的翼缘板焊接时，应将加劲肋切出不大于 5 倍腹板厚度的斜角[图 3-29a)]。横向加劲肋和腹板焊接时，由于在腹板受拉区的贴角焊缝端部往往会引起疲劳破坏，所以焊缝应该在加劲肋端部绕转一圈，不得间断。

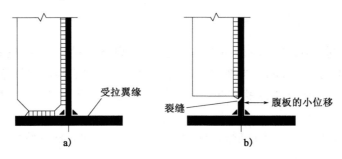

图 3-29　横向加劲肋与受拉翼缘的连接方式

对于 T 形截面形式的横向加劲肋，如在框架型横向联结系中也起立柱作用，T 形翼缘板与主梁受拉翼缘连接处的疲劳承载力将随 T 形翼缘长度的增加而减小。必要时，T 形翼缘板可以截断，只将其腹板与主梁翼缘进行焊接。图 3-30 示意了加劲肋与受拉翼缘的连接，截断翼缘板的 T 形加劲肋有助于与其腹板的人工焊接。加劲肋腹板的高度应小于主梁翼缘突出的宽度，从而允许在腹板四周形成有效的焊缝。

(四) 支承加劲肋连接

图 3-31a)、b) 为典型的支承处及外力集中处横向加劲肋连接方法。通常，直接承受集中力的翼缘板与加劲肋的连接应该采用全熔透焊，腹板以及间接承受集中力的翼缘板与加劲肋的连接采用角焊缝。对于受拉翼缘板与加劲肋的连接也可以采用磨光顶紧，但空气和水分不得进入接触面，防止锈蚀。支承加劲肋由于集中荷载的作用，加劲肋与腹板的角焊缝的焊脚高度可根据计算确定。

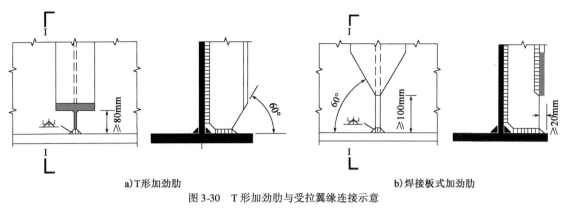

a) T形加劲肋

b) 焊接板式加劲肋

图 3-30 T形加劲肋与受拉翼缘连接示意

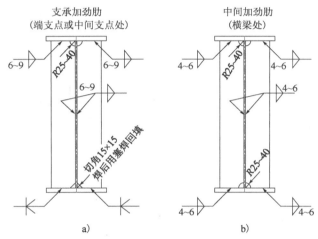

图 3-31 典型横向加劲肋的结构形式与连接（尺寸单位：mm）

图 3-32 为钢板梁翼缘板和腹板之间的焊缝。图 3-32a) 显示分别在两块钢板之间及两条焊缝之间有未融透的区域，也就是有缝隙存在。当有较大的力垂直作用于翼缘上表面时，未焊透的区域会形成安全隐患，而采用全熔透焊可以保证钢板之间良好的荷载传递 [图 3-32b)]。

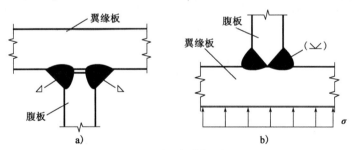

图 3-32 腹板与翼缘板焊缝

（五）翼缘板、腹板的接长

当钢板梁翼缘的宽度和厚度以及腹板的厚度将随梁跨发生变化时，相邻钢板的变化通过机械打磨较厚或较宽钢板的方式，使不同钢板在焊接的两边达到等厚度或等宽度。为保证力传递的平顺性，过渡坡度应小于 1 : 4，便可以得到良好的抗疲劳性能。为了保证梁截面良好的连续性和作用在截面上正应力、剪应力的良好传递，连接相邻两块翼缘板或者相邻腹板时采用全熔透焊缝,坡口根据板厚确定。通常在工厂制作中使用 X 形焊缝而在现场使用 V 形焊缝来保证翼缘板的连续性。如无衬垫时,须对焊缝一侧进行打磨,对焊缝另一侧母材进行清根处理。为了改善连接的受力,腹板和翼缘板的接长位置应该错开,工厂连接一般要求错开 100mm 以上[图 3-33a)],工地连接时由于需要设置过焊孔,最好错开 200mm 以上[图 3-33b)]。

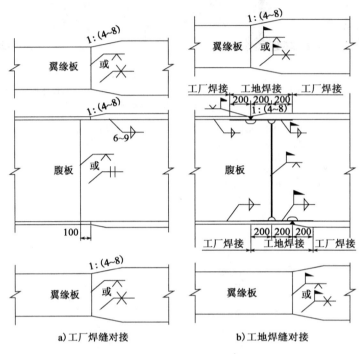

图 3-33　主梁对接焊缝设置(尺寸单位:mm)

现场焊接安装缝的工作条件与工厂制作的条件相比较为不利,会受到风、湿度、温度的影响,同时梁不可以翻转至理想的位置进行焊接。因此,现场焊缝的数量应当减少到最小,安装缝的数量很明显取决于是否便于抵达施工现场以及工厂到施工现场之间的交通条件等情况。运输条件影响着单个梁段的尺寸和重量,现场焊接数量也同样依赖于现场机械起重能力和定位单个钢结构的条件。图 3-34 示意了主梁的一个工地安装缝,通过螺栓连接板将两片梁临时

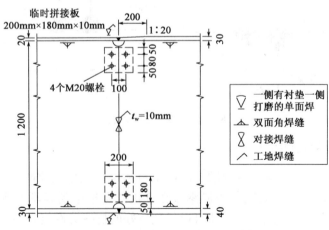

图 3-34　工地架设的现场焊接示例(尺寸单位:mm)

固定在一起,从而保证梁的几何形状,连接板在焊接后移除。焊接时保持两片钢板之间有适当间隙形成合理的焊接,焊接的合理性取决于焊缝类型和钢板厚度。为了减小由于三条焊缝交叉造成的应力集中,应在腹板上开过焊孔,此孔与翼缘板的横向焊缝位置相一致。

四、其他构造细节

(一)更换支座处支承加劲肋

主梁在支点处必须设置顶升位置,以备更换支座之用。顶升位置多设于主梁轴线上,支承横梁两侧的纵梁下方。另一种设计是将顶升位置设在主梁两侧的端横梁或支承横梁下方,这种设计需要有强大的端横梁,这样做的好处是桥墩可以做得很轻巧。

在支座位置,主梁内侧常用 T 形截面的加劲肋进行加劲以连接端横梁或支承横梁,外侧一般再设一道竖向加劲肋,多为 T 形截面,但是也有用 U 肋的。在顶升位置,主梁常由一对加劲肋加劲,截面有 U 形、T 形或板式加劲肋。截面一般比支点处的加劲弱,图 3-35a)显示了一座小横梁双主梁组合结构桥梁的相关情况,其墩顶区域支座位置设一对 T 肋加劲,主梁下的顶升位置设一对 U 肋加劲。

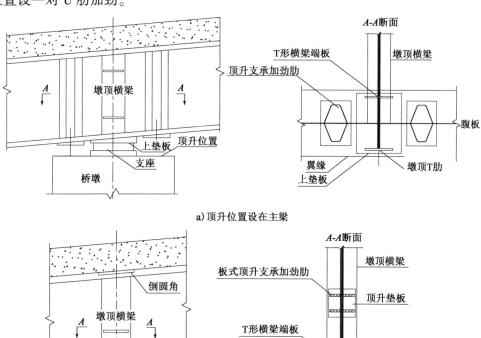

a) 顶升位置设在主梁

b) 顶升位置设在端横梁

图 3-35 支承加劲布置

图 3-35b)显示了一座大横梁双主梁组合结构桥梁的构造细节,其墩顶区域支座位置由一对 T 肋加劲,支承横梁下的顶升位置由板肋加劲。调平钢板一般是一块厚度变化的矩形钢板,焊接在主梁下翼缘支座位置或者顶升位置。调平钢板底面必须水平,因为它直接接触支座和千斤顶顶面。调平垫板多由与主梁下翼缘同等级同质量的钢板机械加工而成,最小厚度一般是20mm。但如果盆式支座要栓接到调平垫板,支座位置钢板至少要40mm 厚。调平垫板最厚尺寸不仅取决于道路纵向线形、调平垫板外轮廓尺寸等,还取决于钢材的选择情况。若顶升位置在主梁腹板下方,支座和顶升位置可共用一块调平垫板。否则,应为支座和顶升位置单独设计两块调平垫板。

变高度梁还存在一些特殊问题,如变高度梁的变高段不应从支座中心线开始,以避免纵向线形产生折角。一般做法是墩顶设一段长度与墩顶梁高相等的等高度段,见图 3-36。这样做可以大大简化支承加劲肋的切割和调平垫板的机械加工。桥台处的主梁和墩顶一样需设支承加劲肋和调平垫板。

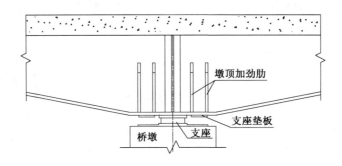

图 3-36 变高梁支座区域构造

(二)临时加劲肋

钢梁腹板在有特殊受力需要时,腹板可能会失稳,需要针对稳定问题进行设计。当腹板稳定控制设计时,需要在腹板上设置纵向加劲肋,防止在加工架设过程中出现局部失稳,见图 3-37。这些加劲肋通常采用板式加劲肋,焊接在墩顶处腹板下部约 1/3 处。端部为斜坡过渡,不与横梁侧板焊接。其板厚一般与其加劲的腹板相同,宽度为 10~12 倍板厚。

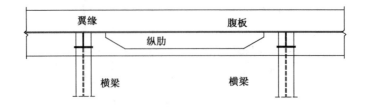

图 3-37 纵向水平加劲平面示意

(三)钢混接触面耐久性设计

对于组合钢板梁桥,应从混凝土配制、构造要求及施工工艺等方面防止钢板梁与混凝土桥面板的接触面脱空。应除去组合梁钢混接触面钢板的氧化皮,防腐范围伸入钢混结合面不宜小于20mm(图3-38)。钢混接触面应做好防水、排水,必要时可设置密封胶等防水填塞料(图3-38)。

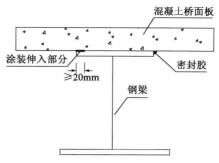

图3-38 钢梁防腐涂装及密封示意

第三节 横向联结系与纵向联结系

钢板梁无法使用单根主梁,主梁间需要设横向联结系,确保主梁的整体稳定。翼缘的上下平面宜设纵向联结系,承受水平荷载和偏心荷载等产生的扭矩作用。

一、联结系平面布置

钢板梁桥的平面布置主要是确定横向联结系结构形式、数量和间距,以及纵向联结系的形式与布置。横向联结系的结构形式和数量主要由桥梁的整体横向刚度和主梁的侧向失稳要求控制设计。从荷载横向分配的角度,桥梁的整体横向刚度大致可以用式(3-21)表示的格子刚度 Z 来衡量。一般认为 Z 大于10以上时,各个主梁分担的荷载大致较为均匀,桥梁的横向刚度基本能满足要求。

$$Z = \left(\frac{l}{2a}\right)^3 \frac{I_{Q_1}}{I}, I_{Q_1} = \beta I_Q \tag{3-21}$$

式中:l——主梁跨长;

a——主梁间距;

I_Q、I——分别为横梁及主梁的惯性矩;

I_{Q_1}——换算为单根横梁的换算刚度;

β——横梁根数修正系数,取值为:

当横梁根数为1根或2根时,$\beta = 1.0$;

当横梁根数为3根或4根时,$\beta = 1.6$;

当横梁根数为5根或6根时,$\beta = 2.6$。

图3-39为不同横梁根数与主梁弯矩的关系。该图表示集中荷载 P 作用于 $l/2$ 点时,内梁 $l/4$ 点的弯矩 M 和横梁数量的关系。显然,横梁数过多是没有什么效果的。因此,从荷载横向分配的角度通常可以仅设置两道端横梁和在跨中附近设置1~3根中横梁。仅当桥梁的跨径和宽度特别大时,才设置5根中横梁。《公路钢桥规范》规定,横向联结系宜与梁的上、下翼缘连接,间距不宜大于受压翼缘宽度的30倍,在支承处必须设置端横梁(端横联)。用于荷载横向分布作用的横梁要求有足够的刚度,通常可以采用实腹式结构形式[图3-40a]。

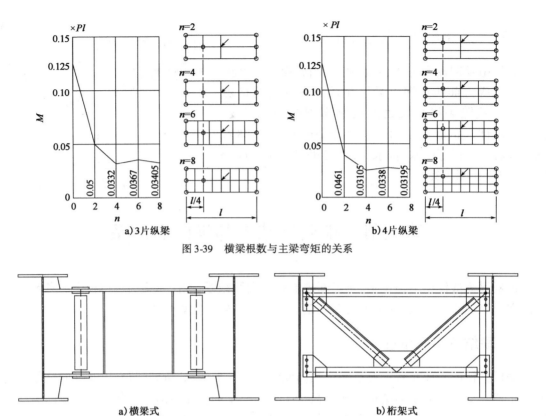

图 3-39 横梁根数与主梁弯矩的关系

图 3-40 横向联结系

另一方面,从防止主梁侧向失稳的角度,横向联结系的数量不宜太少,间距一般不大于 6m。由于防止主梁侧向失稳的横梁仅对主梁的侧向变形起到支承约束作用,刚度可以相对小一些,通常可以采用桁架式结构[图 3-40b)]。

在同一桥梁中采用多种不同结构形式的横向联结系时,构造较为复杂、构件种类多,对于钢桥制造与架设较为麻烦。为了尽可能使结构简单,横梁也可以采用单一的结构形式。

纵向联结系对于防止板梁桥施工时的失稳和抵抗横向力及扭矩有很大的作用,必须保证有足够的强度和刚度。对于直线桥,一般扭矩较小,纵向联结系主要由刚度控制设计;对于曲线梁桥,扭矩较大,横向联结系和纵向联结系的间距要求设置得小一些。常用的纵向联结系布置形式如图 3-41 所示。

二、横向联结系作用与构造

(一)横向联结系作用

钢板梁由于横向抗弯惯性矩和抗扭惯性矩很小,在面内弯矩、水平力和扭矩作用下,容易产生弯扭失稳。因此,一般情况下,钢板梁单根主梁不能单独承担水平力和扭矩等,主梁间必须联结在一起共同受力。

横向联结系(简称横联)的作用主要是:①防止主梁侧倾失稳;②起到荷载分配的作用,使得各主梁受力较均匀,防止主梁间相对变形过大导致桥面板受力不利;③与主梁及水平联结系构成空间桁架抵抗水平荷载,处于桥台和桥墩上的横联将水平向荷载传递给支座;④桥梁安装架设时主梁的定位,在施工过程中,横联能保证桥梁结构整体的几何形状以及稳定性;⑤抵抗桥梁的扭矩,将扭矩和水平力传递到支座,横向联结系能确保桥梁横截面在荷载作用下不发生扭转变形,工字形梁抗扭刚度很低,在承受偏心荷载时,其截面形状主要由横向联结系维持;⑥在桥面板端部起到横向支承的作用等;⑦弯桥的横联还用于抵抗两主梁应力差异,通过自身的拉伸和压缩传递由于主梁弯曲导致的扭矩;⑧采用千斤顶更换或修理桥梁支座的时候,横联能抵抗局部荷载。对于①~③的作用,横向联结系设置在跨间较为有效;但是对于⑤和⑥的作用,横向联结系设置在支承处较为有效。

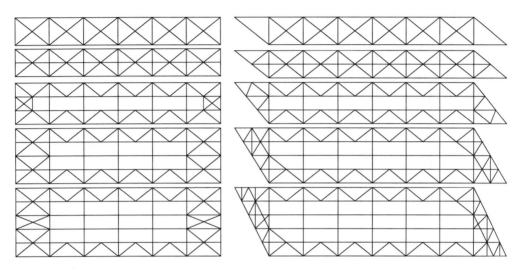

图 3-41 纵向联结系结构形式

(二)横向联结系构造

根据不同的主梁横截面形式、跨径和桥位选择横向联结系类型,常用的横向联结系有桁架式横联和框架式横梁。在概念设计阶段,选择横联时主要考虑施工设备和装置、应力水平、管道和缆索所需空间、施工人员以及桥梁养护。对于双主梁桥,更倾向于使用框架式横梁,因为它们需要较少的工时。根据位置的不同,将横向联结系分为跨间和支座处两种类型。后者承受的应力更高,因此尺寸比跨间横联大。当桥梁被抬高来更换或者修复支座时,支座处横向联结系也会对主梁起临时支撑的作用。

1. 桁架式横联

桁架式横联通常采用 K 形,有的情况下也可采用 X 形,图 3-42 为钢板梁桥的两种 K 形桁架联结系。横联由上下弦杆、斜杆以及组成桁架立柱的竖杆构成,常用于跨间的横联。斜杆在下弦杆中部相交时还能给下弦杆提供侧向支撑,从而防止下弦杆的面内失稳。这样的形式对于支座部分的横联有利,此处一般会受到较高的压应力作用。横联的弦杆和斜杆有角钢、双角钢、槽钢和空心钢管形式,截面形式取决于其受力的大小。桁架联结系通常使用螺栓在现场实现与主梁钢板的固定。

图 3-42a)中的形式经常在跨内使用,上弦杆可作为桥面板模板的支撑。图 3-42b)与图 3-42a)采用相反的联结系,可在支座处使用,在较高的压应力状态下,需加强下弦杆的横向

屈曲承载力。图3-43为横联上弦与主梁的连接,图3-43a)为纵向加劲肋在节点板内的情况;图3-43b)为纵向加劲肋离开节点板60mm以上的情况;图3-43c)为一侧没有纵向加劲肋的情况;图3-43d)为主梁有高差的情况。图3-44为横联下弦与主梁的连接,图3-44a)为角钢有偏心的情况;图3-44b)为T形钢有偏心的情况;图3-44c)为T形钢无偏心的情况;图3-44d)为角钢无偏心的情况;图3-44e)为主梁有高差的情况。

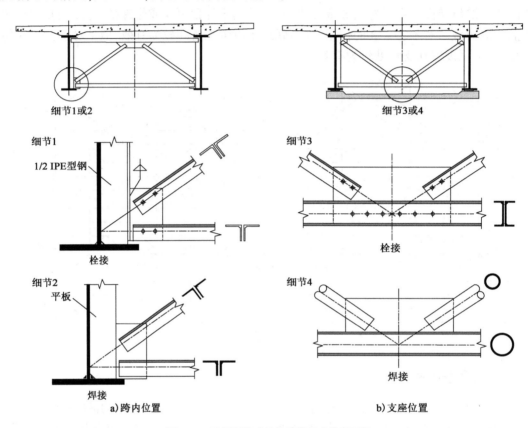

图3-42 采用焊接或栓接的桁架式横联示例

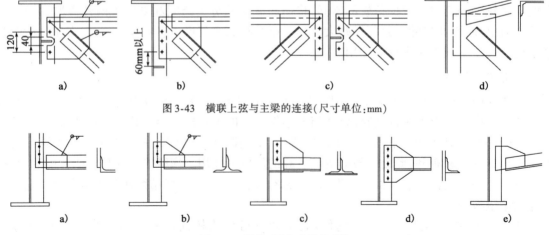

图3-43 横联上弦与主梁的连接(尺寸单位:mm)

图3-44 横联下弦与主梁的连接

横向联结系也可采用焊接连接,直接或通过节点板与主梁加劲肋相连(图3-45)。当端横联采用桁架式横联,则在桥梁顶升过程中,位于支座处的横向联结系需采用加劲抵抗千斤顶的作用,如图3-45所示。

图3-46为典型多主梁横向联结布置(使用K形支撑)。跨越两相邻主梁连续的中间横联将参与钢板梁桥整体受力,并将任何一条车道的载荷分配到几条主梁上。然而,这种连续性对主梁设计的好处是有限的,在支撑及其连接处往往引入反向应力,连接细节容易疲劳

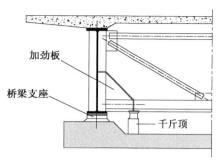

图3-45 桁架式端横联

开裂。为了避免这种疲劳状况,设计人员可以使用非连续连接,其中主梁成对连接,每对之间不进行连接,如图3-47所示。

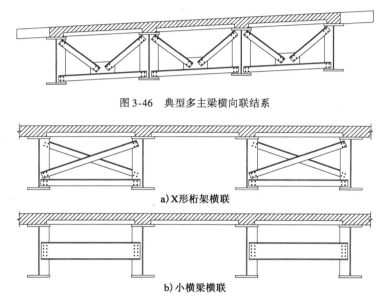

图3-46 典型多主梁横向联结系

a) X形桁架横联

b) 小横梁横联

图3-47 典型成对横向联结系

2. 框架式横联

不管在支座处还是在跨间,框架横向联结系由一根横梁和两个竖杆组成。竖杆也起横向加劲肋的作用,在支座区域,竖杆作为支承加劲肋将支座处的力传递到主梁腹板(图3-48)。横梁一般采用轧制H形钢或工字形钢,或者在荷载较大时使用板梁。从横梁对桥面板有无支撑考虑,可以将横梁分为大横梁和小横梁。采用框架式横联能使横截面在抵抗水平向荷载时有一定柔度。

(1) 小横梁

带有小横梁的双主梁组合钢板梁桥[图3-48a)],横梁在桥梁横截面高度上的定位取决于对施工和长期作用下性能的考虑,而不是对其承载能力的要求。特别地,要考虑作为桥面板模板、维修人行道以及排水和电缆管道的支撑。为了对主梁受压翼缘提供有效的侧面支撑,同时防止在正负弯矩作用下侧向扭转屈曲,横梁应安放在主梁高度的中间位置。如果桥面板在与主梁相连后将施加横向预应力,当横梁位于远离桥面板的较低位置时,横梁受到此预应力的影

响较小。总的来说,若横梁设置在主梁形心或形心稍微偏下的位置,能够得到较大的横向刚度。跨径小于或等于40m的桥,一般梁高不变,横梁都在同一高度,可以提供足够的空间用于放置模板。在变高梁中,因为梁高较大的梁段为抵抗主梁下翼缘侧扭失稳,横梁要设置在很低的位置。

a) 横梁位于中部　　　　　　　　　　b) 横梁支撑桥面板

图3-48　框架式横联

位于跨间的中间横梁高度一般为400～700mm,不能低于300mm,具体视主梁的梁高和间距而定。当结构受力分析显示弯矩和剪力很小时,可采用轧制小截面梁作为横梁。支点横梁比中间横梁承受更大的外力,需要抵抗作用在主梁上的风荷载,防止在纵向弯曲下受压的下翼缘侧扭失稳,并承担主梁支点截面周围通过顶升操作引起的荷载。考虑这些因素,支点横梁通常为高600～1600mm的焊接构件,具体的高度取值主要与横梁跨径有关(图3-49)。

当最不利条件下主梁侧扭失稳控制设计时,可以加强支点附近的横梁,增加横梁的刚度、减小横梁间距,也可以将横梁下移后加两个斜撑,如图3-50所示。

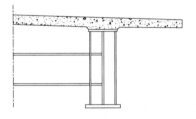 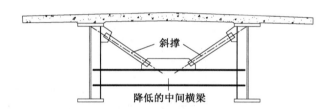

图3-49　一般支点横梁　　　　　　图3-50　带有两根撑杆的支点横梁

每一跨中的横梁一般等间距布置,最大间距一般不超过6m。有时需要在支点附近减小横梁间距以防止负弯矩区主梁下翼缘受压而发生侧扭失稳。对于采用小横梁双主梁的结构,局部减小横梁间距不会增加桥面板施工难度。

位于竖曲线上的钢板梁桥,横梁立面可以做成铅直的,也可以做成与梁顶垂直的,但支点横梁应该铅直布置。直桥的跨间横梁平面上垂直于腹板,弯桥的跨间横梁沿径向呈放射状布置。

对于斜交桥梁,斜交角较小时(<20°),横梁一般采用斜向布置[图3-51a)]。斜交角较大时(>20°),若横梁仍然采用斜向布置,将会造成连接构造上的困难,并因横梁长度增加而柔度变大。可以考虑将中间横梁垂直于腹板布置,支点横梁斜交布置[图3-51b)]。当使用后一种横梁布置方式时,如果采用顶推法施工,斜交将引起两片主梁竖向变形不同,这样将使两主梁间的横梁内产生较大弯矩,并且运营期间也存在相同的问题,故一定要保证中间横梁满足强度要求。最后,若确定是斜交平面布置,横梁位置须考虑预拱度偏差,以确保成桥运营时腹板是铅直的。

桥面为双向坡时,横梁沿横桥向对称水平设置。桥面为单向坡时,横梁水平设置也是常用方法,这样可以使得制造连接简单[图3-52a)];但当梁高较低或道路横坡较大时,横梁有时要沿桥面横坡方向设置[图3-52b)],以便提供足够空间供桥面板滑模现浇与钢梁维护之用。通常认为运营期涂装操作需要约30cm的空间,采用滑动模板施工桥面板需要约50cm的空间。

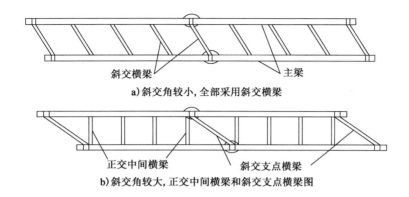

a) 斜交角较小,全部采用斜交横梁

b) 斜交角较大,正交中间横梁和斜交支点横梁图

图 3-51　斜交双主梁桥横梁布置示意

a) 水平横梁　　　　　　　　　　b) 与横坡平行的横梁

图 3-52　单向坡桥面的横梁横向布置

横梁与竖杆之间应为刚性连接,以便形成刚架结构。横梁通常在现场拼装,并通过焊接或者螺栓连接与竖杆相连。对于焊接连接,主梁和横梁一般由T形截面的加劲肋连接,T形肋焊接于主梁腹板上,该T形加劲肋被称为"横梁连接加劲"或"连接加劲"。当桥梁规模较小时,T形肋可使用一分为二的工字形钢,以减少焊接工作、降低造价。横梁、横梁连接加劲、主梁及其之间连接的具体构造如图3-53所示。横梁连接的横向加劲肋的翼缘在顶部应该与主梁翼缘焊接,以保证其可以抵抗横向弯曲荷载。而横向加劲肋的翼缘在底部不与主梁下翼缘焊接,并采取渐变缩窄的措施,以减少疲劳风险。

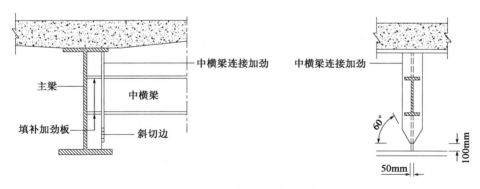

图 3-53　中间横梁与主梁的连接

当滑模施工平台需要在主梁下翼缘移动时,应该使横梁连接的加劲肋翼缘距离主梁下翼缘边缘至少100mm(图3-54)。支点处横梁同样通过加劲肋与主梁连接,因为疲劳应力在支点处较低,横梁连接的加劲肋翼缘底部应与主梁下翼缘焊接,以便支座反力得到良好传递。如果主梁下翼缘由于立面线形或梁高变化而带有较大的斜坡,可将加劲肋的腹板底部与主梁

腹板焊接侧切出1/4圆形孔,防止在加劲一侧积水积灰。横梁翼缘和主梁之间力的传递,通常是通过延伸横梁翼缘板而焊接的加劲板进行。对于双主梁组合钢板梁桥,填补加劲板通常使用三角形板。三角形填补板仅在两边焊接(横梁连接的加劲肋腹板和翼缘,见图3-55),这样可以减小焊接约束,这种类型的填补板仅在焊接长度足够传递横梁上翼缘荷载的情况下使用。当桥梁的钢主梁片数大于两片时,填补板要采用矩形板且三边焊接,以保证各横梁翼缘间的荷载有效传递。

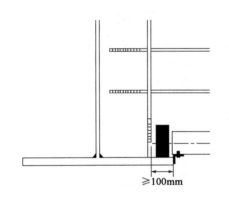

图3-54 横向加劲肋翼缘与主梁下翼缘边缘最小净距

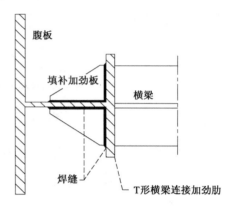

图3-55 横梁填补加劲板示意

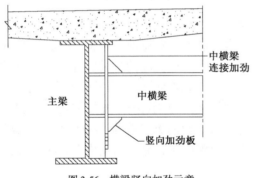

图3-56 横梁竖向加劲示意

在通常情况下,横梁连接的加劲肋翼缘间的尺寸误差比较大,故填补板要采用比横梁翼缘大的板厚,并且按照实际的横梁翼缘间距定位。对于双主梁组合梁上部结构,竖向三角形加劲可以代替水平加劲(图3-56)。这种布置从结构角度讲更好并且克服了上述误差问题。但是这种加劲板如在工厂时焊于横梁上将影响后续施工及存放。当主梁梁高不大时,如果桥面板采用移动模架施工,上部的加劲肋会影响中间滑动模板平台的放置。

图3-57为一座跨径50m的组合梁桥位于支座处和跨间的焊接小横梁框架联结系。横梁与竖杆的横截面可由钢板焊接或者轧制形成。竖杆为T形截面,横梁为工字形截面。为确保力的良传递性,横梁翼缘与竖杆之间的焊接应采用全熔透焊缝。填补加劲板同样采用全熔透焊缝与竖杆、主梁的腹板相连[图3-57a)]。对于跨间框架横向联结系,当横梁连接的加劲肋(竖杆)相对于主梁腹板不对称时(如双主梁),填补加劲板的长度应小于横梁连接的加劲肋腹板的长度[图3-57b)中的细部2]。框架横向联结系中的加劲肋也可作为用螺栓连接斜撑的节点板,斜撑是临时平联中所用的。

对于螺栓连接的联结系,横梁端部应采用全熔透焊与其端板连接,再将端板与横向加劲肋的翼缘板使用高强度螺栓相连(图3-58)。考虑风向变化导致弯矩正负变化,为了在框架联结系中传递弯矩,端板上下两端通常要延长超过横梁截面的高度。考虑到对钢结构安装误差的要求,现场拼装的螺栓型联结系比焊接型联结系要容易施工。然而,由于钢板并非完全平整,在端头板与竖杆之间可能出现间隙,使得两者不能完全接触,可能会有水进入,从而降低节点的耐久性。

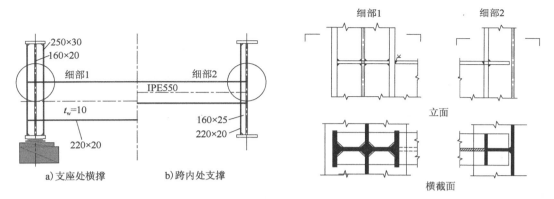

图 3-57 框架式横梁焊接连接构造细节示例(尺寸单位:mm)

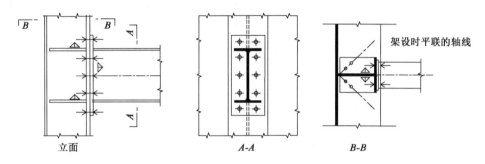

图 3-58 框架式横梁螺栓连接构造细节示例

斜交横梁的横梁连接加劲和填补加劲板需要考虑斜交角度的影响,当斜交角不大,中间横梁斜交布置时,可以采用图3-59a)的构造。若上部结构斜交角较大,在与横梁连接的加劲肋的小角度侧进行焊接和涂装操作可能会有问题,这时最好采用图3-59b)的构造。后者虽然比前者有更多的斜角焊缝且横梁斜切而成本提高,但它能保证更多的操作空间。

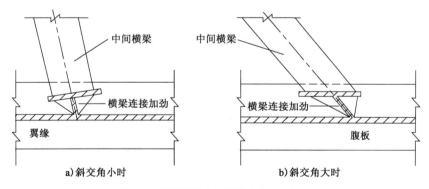

图 3-59 斜交梁的中间横梁连接加劲布置

(2)大横梁

对于带有大横梁的双主梁组合钢板梁桥(图3-10),当桥面板采用滑动模板系统施工时,大横梁的中心距必须等间距布置,可以承担模板的部分支撑作用。这些中间支撑可以减小桥面板的局部弯曲,中心距一般为4m,也可以在3.5~4.5m之间进行选择。桥面板的局部弯曲在很大程度上与该间距有关,因此,选择合适的间距以确保桥面板在局部弯曲和总体弯曲上达到最佳性能是值得的。当桥面板采用预制板时,横梁等间距布置仍然是首选方案,但采用两种略为不同的横梁布置间距也不会有大的问题。横梁也可以延伸至主梁以外以支撑桥面板的悬臂端,悬臂部分的支撑在伸缩缝附近尤为必要,因为它能显著减小桥面板的竖向变形,从而提高伸缩缝的性能。

在桥梁立面上,大横梁宜与钢主梁顶面垂直,以方便将其上翼缘焊接到钢主梁上翼缘上。在桥梁平面上,直桥的横梁应与主梁垂直,弯桥的横梁应沿径向布置。而对于斜度较大的斜桥时,正交的横梁会导致支点附近桥面板构造复杂,并使滑动模板施工变得不经济。

大横梁的横截面布置需要考虑桥面横坡的影响。若桥面板是单向坡,截面上横梁应与横坡平行[图3-10a)]。若桥面为双向横坡,横梁一般水平布置,梁高沿横向变化[图3-10b)]。

悬臂支承横梁需要分不同情况考虑,悬臂横梁可以分为与混凝土悬臂等长、略短或略长等不同形式,钢结构悬臂与桥面等长是最常见的,其次是钢结构悬臂比混凝土板悬臂略短(图3-60)。

从结构细节构造看,主梁腹板间支承横梁(大横梁)梁高基本上是主梁腹板间距的1/11。悬臂部分的横梁高常由上述中间部分梁高变化至最小梁高,一般是300mm,悬臂部分翼缘宽度也可以变化。横梁通常为焊接结构,腹板一般厚12mm,翼缘厚20~25mm。墩顶支承横梁和墩顶横桥向两侧悬臂横梁由于其所处的位置,需要特殊考虑。

横梁与主梁的连接视横梁高度的不同而不同,当主梁梁高远远大于支承横梁时,它们之间的连接与纵横梁间的连接非常类似,如图3-60所示。由于桥面板的存在,主梁与支承横梁间的焊缝难以检查而且断裂的后果非常严重,因此,需要采用熔透焊。在支承横梁和主梁的上翼缘间宜采用圆弧过渡使连接承载力更高且具有更好的疲劳强度,如图3-61所示。为了支承桥面板,支承处横向联结系顶部一般与主梁同高。

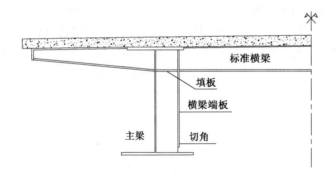 

图3-60 主梁与大横梁的连接(标准形式)

对于小跨径桥梁,墩顶支承大横梁可加大翼缘,做成与跨间标准大横梁等高。对于大跨径桥梁,墩顶支承大横梁中间截面常比普通横梁中间截面高,但悬臂截面相同(图3-62)。大跨径桥梁的主梁梁高很大,需要对墩顶支承大横梁进行加强。除了直接加大横梁的梁高,还可以在主梁下部增设附加横梁[图3-63a)],也可以对标准支承横梁设置三角形加劲板加劲[图3-63b)]。

图3-64为位于桥台处的大横梁横向联结系,此处的横梁一般采用深梁或者横隔板形式。桥台处的

图3-61 主梁与大横梁上翼缘板圆弧过渡连接形式

大横梁位于伸缩缝区域附近,需要保证桥面板端部的力学性质,从而确保连接处的正常功能。由于更换支座和检修等需要,横向联结系下缘与墩台帽之间一般要预留一定的间隙,通常端横梁要比主梁高度小200mm以上,具体尺寸要根据支座更换时,临时支承和千斤顶的设置需要而确定。为了通过横向联结系将千斤顶的力传递给主梁,必须设置加劲肋形成加强区。

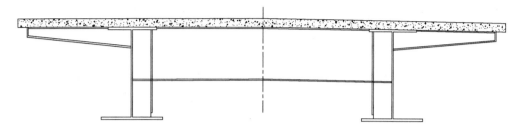

图 3-62 墩顶支承大横梁结构形式

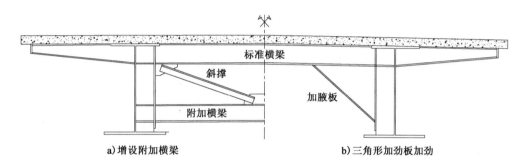

a) 增设附加横梁　　　　　　b) 三角形加劲板加劲

图 3-63 墩顶大横梁加强形式

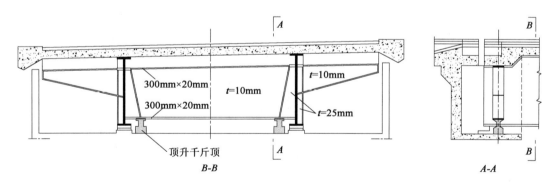

图 3-64 桥台处大横梁示意

三、纵向联结系作用与构造

在垂直于桥轴线的水平方向上,结构必须将作用于桥梁上的水平力传递给基础。而能提供水平向抗力的构造,称为纵向联结系(简称纵联,由于与桥面平行,又称水平联结系,或简称平联)。对于许多桥梁,解决该问题的办法通常是采用水平放置的桁架作为纵联。当横联是桁架一部分时,纵联可以置于桥梁横截面的顶端或底端。

(一)纵向联结系作用

纵向联结系的作用主要是：①纵向联结系在水平面形成梁式结构，支承于桥墩和桥台上，将地震荷载、风荷载传递给支座；②防止主梁受压翼缘弯扭失稳提供抵抗力；③与主梁及横向联结系构成空间桁架抵抗水平荷载和扭矩；④桥梁安装架设时主梁的定位；⑤作为临时结构，保证主梁在施工过程中的侧向稳定性。当主梁间采用横梁连接时，临时纵联通常位于横梁处，当采用桁架式横联时，临时平联通常位于其上弦杆或下弦杆处。

钢板梁的下翼缘间采用桁架式纵联也可看成是闭口截面，在开口截面添加纵联将改变桥梁在偏心荷载下的响应，因此能传递和抵抗横向风荷载。根据施工方法的不同，通常需要形成闭口截面以抵御风荷载。在浇筑混凝土桥面板前，在钢板梁或槽形梁顶部采用临时平联形成闭口截面实现桥面板的功能。

(二)纵向联结系构造

使用桁架式横向联结系时，纵联通常位于某个弦杆的位置高度上。纵向联结系有上平纵联和下平纵联，上平纵联设置于上翼缘附近的腹板，下平纵联设置于下翼缘附近的腹板。由于桥面板可以提供很大的侧向刚度，除曲线梁桥和组合梁桥施工时的侧向稳定需要之外，上平纵联通常可以省略。当跨径小于25m，并且有强大的横向联系时，下平联也可以省略。采用框架式横向联结系时，平联则位于横梁位置高度上，横梁也作为纵联系统的"竖杆"使用。

1. 纵向联结系形式

桥梁的桁架式平联存在多种可选形式，图3-65为钢板梁桥中最常见的纵联结构形式，即X形、钻石形和K形。在平联的构造中，"弦杆"即是桥梁主梁，"竖杆"即是桁架式横联的弦杆。

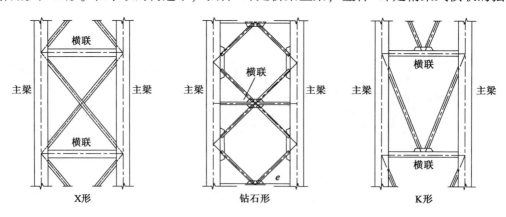

图3-65 平联的结构形式

选择纵联是基于桥梁施工条件、内力水平、钢主梁施工方法以及与其相连的主梁竖向变形程度。根据纵联的形状及其在横截面内所处高度，如果纵联不允许桥梁沿轴向自由变形(弯曲导致的)，则将会使其构件受力，产生次内力。次内力大小受纵联形状、弦杆与斜杆的长度比以及纵联所处高度位置影响。如果纵联位置靠近主梁中性轴，则其次内力可以忽略。

在最常用的三类结构形式中，X形平联对次内力最敏感，次内力对于钻石形平联较小，而对于 K 形平联则可忽略。对于铁路桥梁，较重的交通荷载导致实腹式或桁架式主梁处于较高的应力水平，各种类型平联的次内力都应进行计算，此时次内力较小的 K 形平联应用最多。当平联仅在施工阶段使用时，因为没有交通荷载且主梁变形很小，上述三类平联都可考虑。

纵联的斜杆通常为轧制构件，可以采用单个或成对的角钢、槽钢、T 形钢或钢管。对于临时纵联，由于仅受很小的荷载，也可考虑使用钢筋。较多采用成对的预应力钢筋、角钢或者槽钢组成的三角形体系。

需要注意的是，在施工阶段，当混凝土桥面板还未就位时，常需要加临时钢纵联。临时纵联中的斜撑通常采用 X 形，形成一定角度的斜撑栓接在节点板上，节点板焊接在横向联结系的竖杆上（图 3-66）。在混凝土面板浇筑完成并通过剪力件与钢梁连接后可以移除临时纵联，或者考虑到拆除费用予以保留。

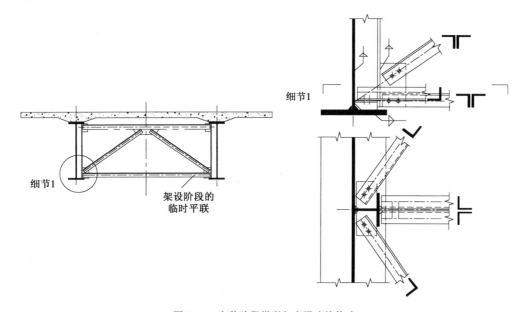

图 3-66　安装阶段纵联与主梁连接构造

当采用起重机建造近地面桥梁且主梁梁高不大时，桥面板施工对钢梁会产生较小的侧向荷载，此时并不一定需要平联。如把钢板梁换成小箱梁，同样可不设平联，能抵抗较小的风荷载。

2. 纵向联结系与主梁的连接

纵向联结系与主梁间的连接，通常采用节点板的结构形式。节点板位于纵向联结系平面，焊接于腹板。纵联杆件通常是在工地拼装时与主梁连接，采用高强螺栓连接于节点板。

图 3-67a)为平联杆件与节点板在竖直平面内的相对关系，为便于安装，通常将平联设置于节点板的上侧。纵向联结系、横向联结系和腹板形心尽可能交于一点，防止出现偏心[图 3-67b)、图 3-67d)、图 3-67e)]。但是无偏心时有可能导致节点板尺寸过大，为了减小节点板的尺寸，有时不得不做成偏心的结构形式[图 3-67c)]。

图 3-68 为纵向联结系连接与主梁纵向加劲肋的关系。当节点板与纵向加劲肋在同一平面或很接近（100mm 以下）时，通常将纵向加劲肋断开。节点板距纵向加劲肋较远（100mm 以上）时，可以平行设置。图 3-69 为纵向联结系连接与主梁横向加劲肋的关系，通常主梁腹板横向加劲肋连续通过。

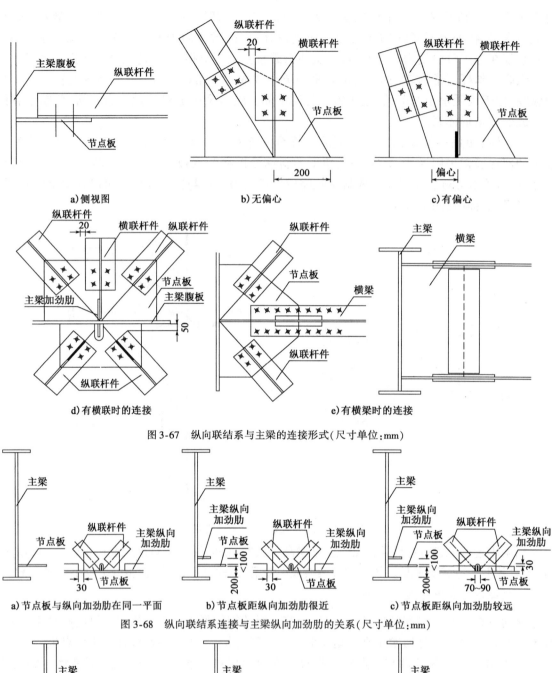

图 3-67 纵向联结系与主梁的连接形式(尺寸单位:mm)

图 3-68 纵向联结系连接与主梁纵向加劲肋的关系(尺寸单位:mm)

图 3-69 纵向联结系连接与主梁横向加劲肋的关系

3. 纵向联结系交叉处的连接

纵向联结系杆件相互交叉时,交叉处一般做成相互连接的结构形式。图3-70a)为角钢或T形钢的突出肢位于同一侧时,将其中一根杆件在连接处截断,借助拼接板将相互交叉的杆件连接在一起。图3-70b)为角钢或T形钢的突出肢位于不同侧时,在杆件相互交叉处设置填板,使螺栓连接在一起,杆件连续通过。

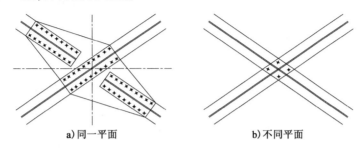

图3-70 纵向联结系连接与主梁横向加劲肋的关系

四、联结系计算

(一)水平力作用

水平向风荷载通过横联传递给纵联,如图3-71所示。下平纵联位于桥梁横截面底端,与横联的下弦杆处于同一平面。对于组合结构桥梁,混凝土板与主梁相连,实现了纵联的功能,风压作用于主梁的腹板上,通常假定一半的风荷载直接作用于下平纵联,而另一半作用于上平纵联或桥面板上。纵联使水平作用力通过支座传递给桥台或桥墩。当纵联靠近支座时,该力直接传递给支座,而当纵联不在支座处时,该力通过横联传递。

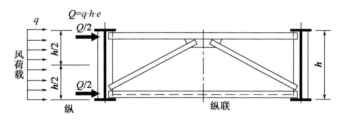

图3-71 风荷载通过横向联结系传到下纵联

e-横联的间距

为了将来自纵联的作用力传递给支座和桥台,横向的两个支座必须至少有一个横向固定,以提供侧向支承。以双主梁桥为例,图3-72给出了两个例子,其中一个例子采用两个固定支座,另一个例子采用固定支座和侧向活动支座。图中对用于平衡支座处横联传递而来的竖向和水平向支反力进行了示意。当桥墩或桥台上有至少两个固定支座时,桥梁横截面不能自由变形而产生次内力。如果桥梁总共存在两个或两个以上的侧向固定支座,那么纵联传递的力将会在这些固定支座间分配。

在考虑横向力作用时,桥台提供固定支承,而桥墩根据其刚度的大小提供相应的弹性支承,支反力 R_H 的大小由桥墩横向刚度决定。图3-73给出了对于三跨桥梁随着桥墩刚度变化,相应的纵联的水平约束处理。如果上部结构支承在厚实的墩上[图3-73a)],对于纵联,中间

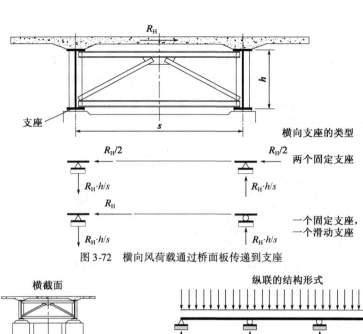

图 3-72 横向风荷载通过桥面板传递到支座

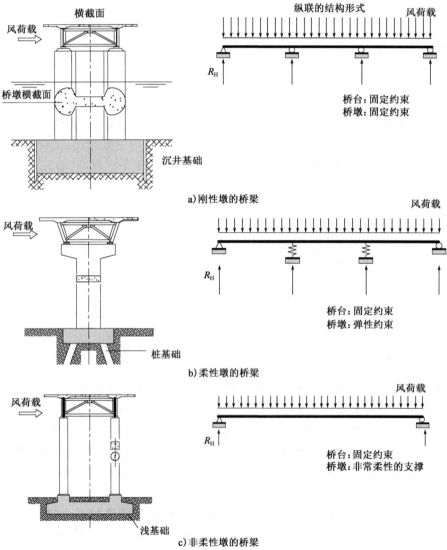

图 3-73 桥墩的横向刚度对纵联受力影响

支座应视为固定支座；如果上部结构支承于细长墩上，则可假定桥墩不提供侧向支承，仅桥台对平联有支承。对于介于这两种极端之间的情况，在定义中间横向支座的横向刚度时应考虑桥墩的有效刚度。对于连续梁来说，横向受力，属于超静定结构。

(二)横向联结系的设计计算

横向联结系除了验算结构整体受力外，还应该验算水平荷载作用下的应力和稳定。横向联结系设计的一般方法为：①根据跨径和主梁布置初步拟定横向联结系的数量和位置；②根据格子刚度 $Z = 10 \sim 20$ 设定横向联结系需要的结构形式和最小截面尺寸；③采用桥梁空间计算或平面简化计算分析横梁(横联)的内力；④验算截面应力和构件的刚度。

横向联结系一般与主梁腹板相连，为了使得横梁(横联)传力可靠，横梁(横联)高度不宜过小。以桁架式横联为例，通常为主梁高度的 3/4 以上，不得已时不得小于主梁高度的 1/2。横联主要是保证桥梁的整体刚度，由刚度控制设计，所以横梁应力一般不大。

对于如图 3-74 所示的桁架式结构，在横向刚度分析时，其抗弯惯性矩刚度 I_Q 可以采用式(3-22)的换算公式计算：

$$I_Q = \frac{4h^2 A_1}{9} \times \frac{1}{1 + \frac{A_1}{3A_2 \cos\theta}} \tag{3-22}$$

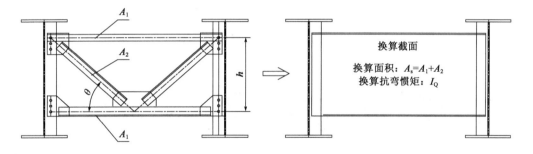

图 3-74 桁架式横联整体计算模式

对于支承处横联，杆件内力可以近似采用如图 3-75 所示的计算模型，杆件内力由表 3-4 求得。

杆件内力计算公式　　　　　　　　　　　　　　　　表 3-4

结构形式	V 形桁架	倒 V 形桁架	X 形桁架
上弦杆	$N_u = -P/2$	$N_u = -P$	$N_u = -P/2$
斜杆	$N_D = \pm (P/2)\sec\theta$	$N_D = \pm (P/2)\sec\theta$	$N_D = \pm (P/4)\sec\theta$
下弦杆	$N_l = \pm P$	$N_u = \pm P/2$	$N_u = \pm P/4$
竖向力	$V = (P/2) \cdot (h/b)$	$V = (P/2) \cdot (h/b)$	$V = (P/2) \cdot (h/b)$

注：P 为地震荷载、风荷载等水平荷载作用下，分摊到一根横联上的力。

(三)纵向联结系的计算

纵向联结系的精确计算较为困难，工程设计中，通常可以近似地简化为由主梁翼缘和纵向

联结系构成的桁架计算。对于如图 3-76 所示的结构,桁架杆 ab 的内力为:

三角形纵联

$$N_{ab} = \pm \frac{w(l-a)\eta}{2}\sec\alpha \qquad (3-23)$$

X 形纵联

$$N_{ab} = \pm \frac{w(l-a)\eta}{4}\sec\alpha \qquad (3-24)$$

式中:w——单位长度的水平荷载。

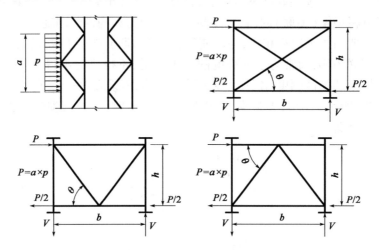

图 3-75　水平荷载作用下横联计算模式

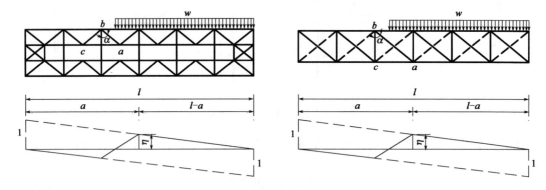

图 3-76　纵向联结系的计算简图

【思考题】

1. 简述钢板梁桥的结构形式和特点。
2. 简述钢板梁桥的组成和各部分的作用。

3. 为什么组合钢板梁桥不适合采用变截面?
4. 简述钢板梁组合梁结构的演变。
5. 同等跨径下,变截面连续梁比等截面连续梁承载力高的原因是什么?
6. 钢板梁桥的横截面布置应考虑哪些主要因素? 主梁间距是如何确定的?
7. 钢板梁桥的平面布置应考虑哪些主要因素? 横梁间距是如何确定的?
8. 翼缘板的厚度变化可以通过哪些方式实现?
9. 《公路钢桥规范》对钢板梁翼缘构造有哪些规定?
10. 钢板梁腹板最小厚度与横向加劲肋、纵向加劲肋的关系是什么?
11. 钢板梁腹板横向加劲肋设计考虑哪些因素?
12. 钢板梁腹板纵向加劲肋设计考虑哪些因素?
13. 横向加劲肋与翼缘的连接方式有哪些? 需要考虑哪些因素的影响?
14. 横向联结系的作用是什么? 有哪些常用的构造形式? 有何主要特点?
15. 纵向联结系的作用是什么? 有哪些常用的构造形式? 有何主要特点?

第四章 钢箱梁桥

钢箱梁因其整体性好、自重轻、抗扭能力强及便于快速施工等特点,适用于城市高架桥、曲线桥、大跨径桥梁以及有特殊要求的桥梁。钢箱梁的桥面板可采用混凝土桥面板或钢桥面板。简支钢箱梁采用混凝土桥面板时,适用跨径为 30~60m,连续梁可达 140m 以上。而采用钢桥面板的连续钢箱梁桥,适用于大跨径的梁桥,则可达到 200m 以上,部分跨径可高达 300m。随着组合结构桥梁技术的发展,钢箱梁的钢结构也同样呈现出多样化发展趋势。

钢箱梁梁段去顶板模型

钢箱梁桥梁段模型

第一节 钢箱梁桥总体布置与结构形式

一、钢箱梁桥总体布置

(一)跨径布置

钢箱梁桥的跨径布置弹性很大,根据既有的工程实例,钢箱梁桥的边中跨比分布在 0.5~

1.0 的较大范围,但常用范围在 0.6~0.8 之间,如图 4-1 所示。当桥梁跨越山谷时,跨径布置没有特别需要遵循的规律,边中跨比值有时达到 0.8 也是合理的选择。当采用更大的边中跨比值时,将会因为结构受力的不合理而影响经济性,故只有在特殊情况下采用。

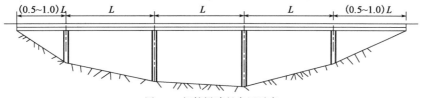

图 4-1 钢箱梁跨径布置示意

钢箱梁桥与大多数混凝土梁桥不同,这种结构更能适应不规则的跨径布置。对于混凝土桥梁,如后张法预应力梁、悬臂施工的预应力混凝土梁,其跨径布置通常会受到诸多限制。特别对于采用顶推法施工的等高度桥梁,不同跨径布置方式既不会给顶推施工造成不利的影响,也不会使结构复杂化而影响加工制造。而对于多跨连续钢箱梁桥,在一些特殊情况下,如跨越山谷等情况下,为适应地形地貌,中间各跨可以较为自由地采用不同跨径的布置。对于跨越道路、河流通航孔等较为平坦的地形情况,支点不采用竖向调节措施时边中跨比可以降低至 0.6,当支点设置竖向调节装置时甚至可以达到 0.5,这样可以使主桥结构的总长达到最小,如图 4-2 所示。

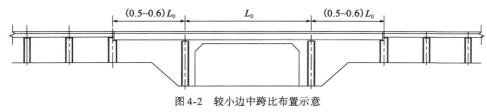

图 4-2 较小边中跨比布置示意

(二)立面布置

1. 等高梁

等高梁是钢箱梁桥最常见的结构形式,这种结构布置方式不仅是方便工厂化制造的最经济的形式,也是方便运输安装以降低造价的选择之一。特别是桥梁跨越山谷、河流需要采用顶推方法施工时,即使各中间跨采用不同跨径布置时,选用等高梁也常常是最为经济的选择,等高梁桥式布置如图 4-3 所示。

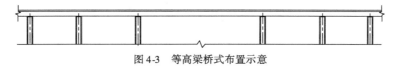

图 4-3 等高梁桥式布置示意

2. 变高梁

钢箱梁各跨均变高的结构形式也是常用的桥梁布置方式,梁底的变化曲线可以是抛物线、三次曲线或者直线。变高梁桥式布置见图 4-4。

梁高的变化将导致制造和安装的复杂化,常在特殊的情况下使用。如跨径很大时采用变高梁,以减小桥梁的用钢量;或者有净空和建筑高度限制时,只有采用变高梁才能同时满足结构受力和限制条件;或者从环境等条件考虑,需要采用变高梁的结构形式来满足美观方面的考虑。除非特殊情况,变高梁不会采用顶推的施工方法。尽管变高梁结构制造不及等高梁简单,但是可以有效减少其钢梁部分的材料用量,总体造价可能更具优势。

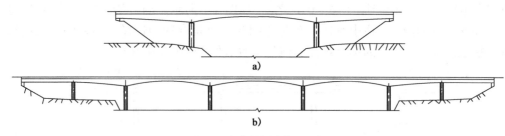

图 4-4 变高梁桥式布置示意

3. 混合梁高布置

混合梁高布置方式(图 4-5)主要针对只需跨越少量障碍的长桥,梁高在跨越障碍物时采用大跨径变高梁,在没有限制条件的地方采用跨径较小的等高桥梁,从审美的角度看,可以突出大跨造型并且相对于等高梁结构产生了变化的美感。

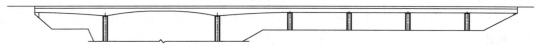

图 4-5 等高和变高梁混合的桥式布置

4. 端部变高梁

对于典型的主跨为功能需求,边跨为配跨的三跨连续梁结构形式,在边梁采用变梁高的结构形式可以适应边跨较短的情况,边跨梁端梁高减少约三分之一。另一种情况是在连续梁的两侧衔接有跨径较小的经济跨桥梁,通过减小连续梁边跨梁端的高度,可以和两侧的桥梁高度协调一致,使桥梁的总体美学效果更好。端部变高梁桥式布置如图 4-6 所示。

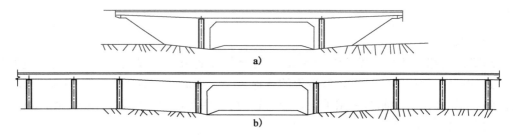

图 4-6 端部变高梁桥式布置示意

(三)主要设计参数

相对于具有混凝土桥面板的组合钢箱梁,采用钢桥面板可使其梁高降低。若位于曲线上或有特殊考虑时,其梁高可适当增加,尤其对于大跨径桥梁,梁高主要受挠度控制。

1. 组合钢箱梁桥

钢梁的高跨比与桥梁跨径、桥梁宽度、结构形式以及施工方法等有关,通常在 $1/40 \sim 1/20$ 之间,变化范围较大。当多跨连续梁中间跨采用不等跨布置时,梁高的确定需要兼顾不同跨径下的合理性。当采用顶推法施工时,更倾向于选用等高梁,且梁高一般偏大。当采用变高梁的桥式布置、钢梁采用吊装法施工时,跨中和支点都有可能选用偏低的梁高。桥面板有无横肋支撑时桥面板的最大厚度可能相差一倍,这也会影响钢梁的高跨比。此外,当钢箱梁支点截面采用双层组合结构、桥梁有净空与景观要求时,都有可能采用较低的梁高。通常小跨径组合梁钢梁的高跨比偏小,大跨径组合梁钢梁的高跨比偏大。这是由于桥面板厚度随桥梁跨径变化基本不变,故小跨桥梁的钢梁高度占总的梁高(包括桥面板和钢梁的高度)比重低于大跨桥梁。

根据已经建成的部分跨径在 70～170m 之间的公路桥梁的统计,等高梁组合截面的高跨比范围为 1/25～1/16,变高梁的范围为支点 1/23～1/18、跨中 1/47～1/32。通过进一步的分析可以看出,当钢梁采用无临时墩等措施施工时,等高梁的高跨比较大。当采取支架辅助施工,钢梁在施工阶段具有较好受力条件时,高跨比达到最小。梁高较低的桥梁普遍采用了双层组合结构。

2. 钢箱梁桥

具有钢桥面的纯钢箱梁,要有足够的强度和刚度,通常主梁以截面应力控制设计时的用钢量比刚度控制设计时的用钢量要省,为了有效地发挥钢材的作用和节省钢材,主梁设计应该尽可能地使得截面以应力控制设计。梁高对主梁抗弯强度和刚度影响较大,根据日本的工程实例,梁高为跨径的 1/30～1/20(图 4-7)。

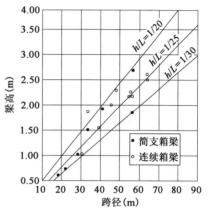

图 4-7　钢箱梁梁高与跨径关系

二、结构形式

钢箱梁桥主梁的横截面是由闭口箱形截面构成,一般钢箱梁的底板和腹板为钢结构,而桥面板可为钢桥面板、混凝土桥面板以及组合桥面板。通常跨径小于 60m 时采用钢筋混凝土桥面板较为经济。随着跨径的增加,恒载弯矩增加较快,通常跨径大于 80m 之间时采用钢桥面板较为经济。跨径在 60～80m 之间时需要进行较为详细的技术与经济比较。

对于中小跨径的钢箱梁桥,通过混凝土桥面板与槽形的开口钢箱连接,形成封闭的箱形截面[图 4-8a)]。槽形钢梁由两道腹板、下缘底板、上翼缘板及以按照一定间距设置的横隔系组成,腹板和底板通常设有纵向加劲肋,槽形钢梁通过设于上翼缘的连接件与混凝土桥面板结合形成组合结构。槽形钢梁在混凝土板漏水时比较麻烦,特别对于北方地区。在平面曲线半径较小、抗扭要求高、施工阶段承载力槽形开口钢梁不满足等情况下可以使用闭口钢箱梁的组合梁[图 4-8b)]。混凝土桥面与箱梁的顶板通过剪力连接件相结合形成组合桥面板结构,在混凝土浇筑过程中钢箱梁顶板充当混凝土的支撑模板,并要保证混凝土板完全无渗透。对于大跨径桥梁或特大跨桥梁,为了减轻结构构件自重,采用正交异性钢桥面板代替混凝土桥面板[图 4-8c)],该结构形式主要应用于梁桥。为了提高桥梁在风荷载作用下的性能,特大跨径缆索承重桥梁采用流线型截面而非简单的矩形截面,一般称为扁平钢箱梁[图 4-8d)]。

针对不同的建设条件需要有不同的解决方案,根据桥梁跨径和桥面宽度不同,设计者可选用不同类型的截面形式。对于弯桥或施工过程需要具备足够抗扭能力的情况,中心钢梁采用闭口箱梁的形式将成为合适的选择。桥面宽度较小的大跨径桥梁尤其处于弯曲的线路时,可以选择在中心闭口钢梁上设置外悬臂横肋支撑桥面板的截面形式,实现在经济合理的条件下满足结构受力要求。对于小跨径桥面较窄的情况,特别是城市高架桥梁,可以选择窄幅箱梁截面形式,窄幅箱梁便于运输安装,桥面板的施工可以利用窄幅箱梁作为支撑平台。

闭口截面强大的抗扭刚度允许桥梁跨径达到 300m。在接近该跨径极限时,桥梁全部采用正交异性钢板建造。弯曲受力会使桥梁承受额外的扭转作用,由于正交异性钢板的结构性质,闭口截面在弯桥中具有很大的优势。以弯为主的钢箱梁宜采用矩形或有斜腹板的梯形对称截面,钢箱梁应尽可能选用单室截面形式。因为多箱多室截面虽然能减少桥面板的厚度,但与单箱单室相比,腹板的用钢量偏大且制作较复杂。

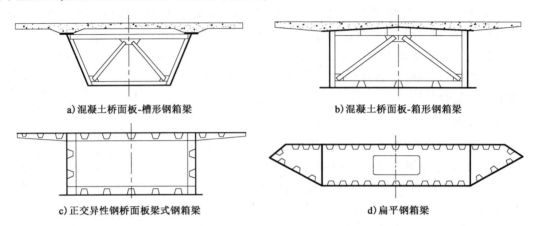

a) 混凝土桥面板-槽形钢箱梁　　　　b) 混凝土桥面板-箱形钢箱梁

c) 正交异性钢桥面板梁式钢箱梁　　　d) 扁平钢箱梁

图 4-8　箱形梁截面形式

图 4-8 所示的四种钢箱截面形式中,混凝土桥面板-槽形钢箱梁[图 4-8a)]和正交异性钢桥面板钢箱梁[图 4-8c)]变化形式较多。下面进行分类说明。

(一)槽形钢箱组合梁

1. 无外加劲槽形钢箱

(1)单室截面(桥面板无横肋支撑)

槽形钢梁中腹板与垂直方向的夹角不应超过 20°～25°,否则在浇筑混凝土桥面板时应采用特殊的措施以保证其几何外形。采用梯形的其中一个原因是为了提供合适的宽度来支承混凝土面板,使得桥面板的横向正负弯矩大小相同,这样的几何外形同时能减小槽形钢梁底板宽度,从而当主梁受负弯矩作用时,能减小使底板有效受压所需的纵向加劲肋数量。值得一提的是,可以在底部受压钢板上设置混凝土,并用剪力连接件把两者相连,在中间支座处形成双组合截面。

当桥面板施加横向预应力时,桥面宽度可达 20m 左右。对于桥面更宽的桥梁,由于混凝土桥面板横向受力的控制作用,上述截面形式难以满足要求,可将上下行车道分成左右两幅建设。左右两幅可以适应 4～6 车道高速公路桥梁以及 8 车道城市桥梁(无紧急停车带)的建设需求。在大部分情况下,上下行车道分幅建设有其技术经济方面的合理性,并方便桥面整修时车辆的转移。一般双幅桥面的桥墩与基础也需要分开,如采用顶推法安装钢梁,相应顶推工作需要重复进行。当遇到深山峡谷等自然条件时,桥梁分幅建设的经济性将受到挑战,采用整幅桥面的方案可能更具有竞争力。

(2)单室截面(箱内桥面板有横肋或小纵梁支撑)

为了减小桥面板的横向受力,或降低桥面板厚度,在槽形钢梁的中间设置小纵梁并使之与桥面板结合,形成对桥面板的支撑,可有效减小桥面板的横向受力,截面形式如图 4-9a)所示。另一种方法是在箱内设置横肋直接支撑桥面板,箱中间桥面板为纵向承重,以减小桥面板厚度、降低结构自重,截面形式见图4-9b)。对于小跨径的桥梁来说,钢梁由于底部较宽,从受力需求出发可以减小底板厚度,钢梁下翼缘钢板厚度往往受构造控制,将导致结构钢材用量指标的上升。

图4-9 内部有横肋或小纵梁支承桥面板的组合钢箱梁截面

(3) 双室截面

当桥面宽度较大,达到20~30m,综合各方面条件需要采用整幅桥面时,单箱双室或多室截面将是可供选择的形式之一。根据桥梁的跨径、宽度以及施工方法等方面的情况,桥面板可以采用横肋支承桥面板,也可以不设横肋支承桥面板。这种双室截面的结构形式,其钢梁设有三道腹板,腹板与横隔系的材料指标将高于单室两道腹板的结构形式。

委内瑞拉Caroni河公铁两用桥,桥面宽度30.4m,采用三道腹板的单箱双室截面,如图4-10所示。钢梁横隔系纵向间距3.75m,桥面板与横隔系上缘的横肋结合,可将混凝土桥面板的厚度从40cm减少到24cm,这对大跨径桥梁具有很好的经济效益。除非有类似铁路过桥等特殊需要,否则具有很宽的底板及三道腹板的钢梁截面形式的经济性较差,对于常规跨径的公路桥梁将不具有经济竞争优势。

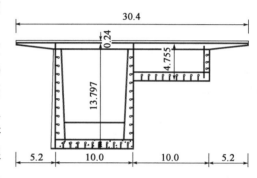

图4-10 Caroni河公铁两用桥截面图(尺寸单位:m)

2. 有外加劲槽形钢箱

对于宽桥面整幅桥梁,钢梁两侧桥面板悬臂的合理长度是有限的,而依靠增加钢箱宽度来减小桥面板的悬臂长度,大多数情况下并不是合理的选择,因为加宽钢箱会导致钢箱底板增加,同时引起用钢量增加。这种情况下,通过在钢主梁上设置较强的横肋或设置较弱的横肋辅以斜撑加劲,使混凝土桥面板在横肋的支撑下满足受力要求并合理控制桥面板的厚度,如此可以形成具有大悬臂的组合截面形式。这种结构形式以其技术与经济上的合理性成为很有竞争力的新结构。

(1) 钢梁外加小横肋与斜撑

大悬臂截面形式的中心钢梁上部腹板之间的间距通常为桥面总宽的三分之一左右,钢梁底板宽度通常小于桥面总宽的三分之一,外侧带斜撑的横向受力系统类似桁架的受力体系,如图4-11所示。这种大悬臂整幅截面形式显著提高了钢材的利用效率。横隔系由腹板与底板加劲肋、上翼缘横肋以及箱内外斜撑构成,特别在预制桥面板安装阶段,截面横向受力呈现以轴向拉压为主的桁架行为,体现了受力的高效性,因此具有很好的经济性,即使对于桥面宽度小于20m和大于30m的桥梁都有应用。

德国的Wilde Gera桥,桥面宽度27m,钢箱底板仅7.6m,箱内外的斜撑以及与桥面板结合的受拉横肋共同组成了间距6m的横隔系来承担整个截面的荷载,如图4-12所示。

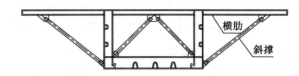

图 4-11　外加小横肋与斜撑的组合钢箱梁截面图

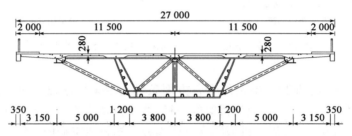

图 4-12　Wilde Gera 桥截面图(尺寸单位:mm)

(2)钢梁外加大横肋

钢梁外加大悬臂截面形式,如图 4-13 所示。从两侧悬臂部分的受力来看,仅用外伸大横肋与桥面板结合并没有比外加斜撑的解决方案的效率高,但这并不影响它在一些条件下所具有的技术经济优势。当桥梁跨径不大、相应梁高较小并且桥面很宽时,组合截面的大悬臂若采用斜撑加劲,则由于斜撑角度很小而使其加劲效率大打折扣,同时斜撑上下端的连接构造也更为复杂。此时,采用钢梁外加横肋的组合钢箱梁形式就成为恰当的选择。和采用钢梁外加撑的组合钢箱梁一样,中心钢梁上部腹板之间的间距通常为桥面总宽的三分之一左右,钢梁底板宽度通常小于桥面总宽的三分之一。

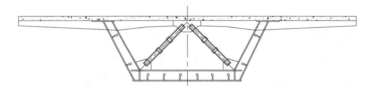

图 4-13　钢梁外加大横肋的组合梁截面图

(二)闭口钢箱组合梁

1.单室截面(无外加劲)

对于弯梁,当施工过程承受很大扭矩等情况时,组合钢箱梁可采用闭口钢梁的截面形式。图 4-14a)为无外加劲的单室闭口钢箱组合梁。相对于槽形钢梁,闭口钢箱的上缘是封闭的,在上缘顶板设有横肋及纵向加劲肋。顶板、腹板、底板的横向加劲肋与箱内加劲斜撑共同构成横隔系,沿桥梁纵向以一定间距布置。和槽形钢梁相比,闭口钢箱梁在顶推施工以及桥面板安装等施工阶段,具有强大的抗扭能力;而在桥面板与钢梁组合后,闭口钢箱与槽形钢箱的受力性能相差不大。组合钢箱梁通过设于钢梁顶板的连接件与混凝土板结合,连接件主要设置在对应腹板的顶板带状范围,在顶板的其他范围设有较稀疏的连接件,使上翼缘钢板与混凝土板形成组合板共同受力。

2. 单室截面(有外加劲)

在组合闭口钢箱梁的钢梁外侧设置水平横肋和斜撑形成桁架式结构,来解决长悬臂桥面板的受力问题,如图 4-14b)所示。在钢梁外侧斜撑角度可以很大的情况下,比仅采用横肋加劲更具效率。但是要减小中心箱梁的宽度并使外侧斜撑保持较大的水平角度,在桥面宽度一定的情况下,主要取决于梁高,而梁高主要取决于桥梁跨径。显然,这种截面形式更适合于跨径相对较大的情况,当跨径较小、梁高有限时应以采用钢横肋加劲的方式更为合适。

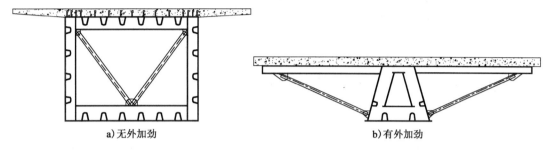

图 4-14 闭口钢梁的组合钢箱梁截面

3. 窄幅箱梁截面

窄幅钢箱梁适用于小跨径桥梁,特别是城市高架桥梁,窄幅箱梁便于运输安装,并可以为桥面板现浇施工提供支撑平台。图 4-15 是一座实桥采用窄幅箱梁的组合梁横截面布置。由于箱体宽度较小,单片梁难以满足运营期间结构抗扭需要,这致使窄幅箱梁常以两片梁的形式出现。和传统钢板梁相比,窄幅箱梁自身具有一定的抗扭刚度和侧向抗弯刚度,具有更好的侧向稳定性能,且容易满足安装阶段横向受力与稳定需要,这样可以在两片梁之间不设或少设横梁连接。和钢箱梁相比,窄幅箱梁的构造简单,钢梁制造安装及桥面板施工方便。因此,这种结构形式不仅结构简洁而且还具有较好的经济性。

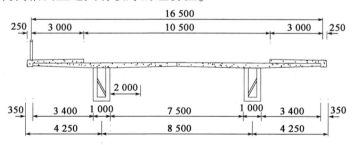

图 4-15 窄箱组合钢箱梁截面(尺寸单位:mm)

(三)梁式桥的钢箱梁

1. 单箱钢箱梁

钢箱梁由顶板、底板、腹板焊接成闭口截面,在箱内设置横隔板和纵横加劲肋。钢箱梁具有较大的抗弯刚度和抗扭刚度,单梁承载力较大。桥宽较小时(通常桥宽在 3 车道以内),可以采用单箱结构[图 4-16a)]。桥梁的桥宽与跨径之比(宽跨比)不大(通常跨径是桥宽的 10 倍以上)时,采用单箱结构形式较为经济。对于桥宽在 4~6 车道时,也可以采用上下行线完全分离的双幅单箱梁桥。

单箱钢梁桥在钢箱两侧设置较大的悬臂,可以有效地减小钢箱的宽度。为了减小挑梁的悬臂长度,还常常将箱梁做成倒梯形的结构形式。钢箱梁采用悬臂式钢桥面板还可以增加翼缘板的有效宽度。一般情况下,当主梁腹板间距不大于等效跨径的1/5或者主梁悬臂长度不大于等效跨径的1/10时,箱梁全宽有效。这里,简支梁的等效跨径与主梁计算跨径相同,连续梁的等效跨径为反弯点间的距离。

对于钢桥面结构,挑梁主要是为了提高桥面板的刚度,挑梁处箱内需要设置横隔板或横肋将荷载均衡地传递到箱梁,防止应力集中。采用开口加劲肋时的挑梁间距一般为1.5~3m,闭口加劲肋时挑梁间距可以适当增加,一般为2~4m。通常由于挑梁高度较小,闭口截面形式的加工制作困难,一般做成工形截面。

单箱钢梁桥较少采用单箱多室的结构形式[图4-16b)],单箱多室结构的中间腹板对于箱梁的抗扭刚度贡献不大,有效工作宽度不明确,而且会增加用钢量,所以采用较少,只有在梁高受限时采用。

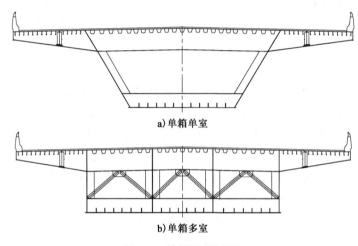

a) 单箱单室

b) 单箱多室

图4-16 单箱钢箱梁截面

2. 双箱钢梁桥

当桥宽较大或单箱结构尺寸过大时,将导致在制作、运输和安装与架设阶段的困难增大;或者当单箱有效宽度很小时,将导致结构设计不经济,上述情况可以考虑采用双箱结构(图4-17)。双箱中单个箱与单箱单室钢箱梁构造相同,两箱之间设有横向联结系,将两箱连接在一起共同受力。由于多箱结构的用钢量较大,只有跨径较小且桥宽很大时采用。为了使得各主梁受力均匀和改善桥面板的受力情况,多箱钢梁桥的主梁尽可能等间距布置。

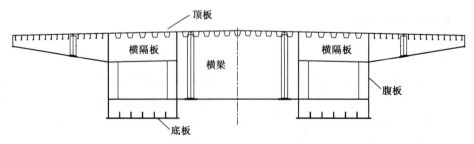

图4-17 双箱钢箱梁截面

(四)扁平钢箱梁

大跨斜拉桥、悬索板及拱桥的主梁通常采用由众多纵横加劲和盖板组成的封闭式扁平钢箱梁结构形式,与普通钢箱梁相比,扁平钢箱梁高宽比比较小,有自重轻、抗风性能好等优点。典型的扁平钢箱梁横截面如图 4-18 所示,截面由顶板、底板、腹板、横隔板和风嘴组成,两边的风嘴有降低风压和提高临界风速的作用,部分桥梁还在梁体中间布置有纵隔板,纵隔板通常选用实腹式和桁架式两种结构形式。

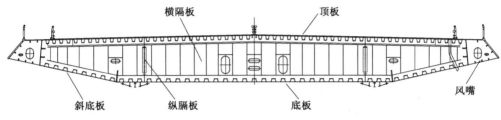

图 4-18 扁平钢箱梁桥结构形式

三、横坡设置

桥梁横截面通常设有横坡,除很窄的桥梁外,一般桥面横坡都是通过结构来调整,而不是通过桥面铺装的变厚度来调整。通过结构调整的方法会影响结构的构造尺寸,并且不同的调整方法会产生不同的影响。

当一幅箱梁的桥面为双向横坡时,这种情况最为简单。箱梁的钢底板一般为水平设置,而腹板和顶板两侧对称,其中桥面板的顶面与桥面的横坡相同[图 4-19a)]。

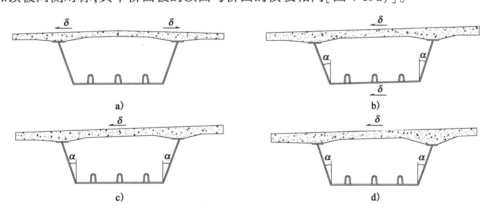

图 4-19 不同横坡下的箱形组合梁截面

当一幅箱梁的桥面为单向横坡时,情况要复杂一些,有多种方案可供选择。

(1)可以将箱梁横截面设计为一个对称的结构,结构架设时旋转到与桥面横坡相同的角度[图 4-19b)]。这种处理方式可以使结构具有对称的顶板和等高的腹板,其底板安装后是有横坡的。对于桥面横坡较小的情况,需要具备必要的抗扭构造,在现场施工时斜置钢结构是较好的选择。特殊情况下需要较大的桥面横坡(通常指横坡超过 2.5%),在安装时旋转斜置需要一定的措施保障,这会引起造价的增加。

(2)可以将箱梁横截面设计为一个底板水平、桥面板顶面与桥面同坡、两侧腹板不等高的非对称箱形截面[图4-19c)]。这种箱梁截面的处理方式降低了安装的难度,但必须考虑腹板高度不同的影响,必要时两侧腹板采用不同的加劲。

(3)对于桥面横坡不大或桥面较窄的情况,特别是桥梁处于圆曲线上、横坡不断变化时,可以将箱梁横截面设计成底板水平、腹板相同。通过混凝土桥面板加腋厚度调节横坡的箱形截面[图4-19d)]。这种构造形式保持了钢梁结构的对称性以及箱梁底板的水平,简化了钢结构的制造与箱梁的安装,但需要考虑两侧混凝土桥面板加腋的重力不同所引起的箱梁附加弯矩和扭矩。

第二节 主 梁

钢箱梁的钢桥面板或混凝土面板设计见第二章,钢箱梁的腹板设计见第三章第二节。下面对区别于钢板梁桥的内容进行阐述。

一、钢箱梁翼缘

钢箱梁的翼缘宽度分布可以从窄箱的1m左右到宽箱的数米,这意味着当翼缘受压时,必须通过焊接加劲肋来确保它为截面抗弯提供有效贡献,加劲肋可以是平板肋、L形肋、T形肋或闭口肋等多种形式。对于跨径45~150m的钢箱梁桥,用于翼缘和腹板的钢板的典型厚度见表4-1。

钢箱梁的腹板和翼缘厚度(单位:mm) 表4-1

名称	符号	跨间	支座处
上翼缘厚度	$t_{f,\text{sup}}$	16~28	24~40
下翼缘厚度	$t_{f,\text{inf}}$	10~28	24~50
腹板厚度	t_w	10~14	14~22

对于桥面很宽、跨径很小的桥梁,荷载主要集中在腹板附近,底板中间区域实际上应力较小。箱梁底板设计可以选择横向两侧为厚板、中间为薄板的构造,以考虑剪力滞影响从而降低材料用量。钢箱梁的底板通常是等宽的,也有一些桥梁支点处的底板比标准段的底板略微宽一些,这样做通常是为了与支座连接。钢箱梁的底板总宽比腹板在下翼缘的距离略大一些(图4-20)。这样不仅方便在工厂完成焊接,如果采用顶推法施工,还方便在腹板下安装顶推滑板和鞍座。钢梁底板的板厚沿纵向通常是变化的,一般情况下板厚是向上变化的,然而也有一些桥梁的板厚是向下变化的,这样可以使横隔板标准化。底板必须设置加劲以抵抗施工或者运营阶段所产生的压应力。

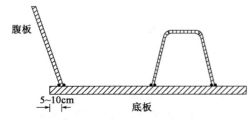

图4-20 钢箱梁腹板与底板连接

底板横向加劲肋作为横隔板的一部分,主要作用是满足横向受力需要,与底板纵向加劲肋共同作用防止发生受压失稳。底板横向加劲肋的间距一般由横隔板决定,并且在横隔板之间通常不会再设横向加劲肋。底板纵向加劲肋一般连续设置,它不仅在受压区起到防止底板失稳的作用,而且因接近截面的下缘可以在截面中发挥抗弯作用。对于中等跨径钢箱梁,其底板纵向加劲肋通常采用U肋加劲,中心间距为0.8~1m。因为与板肋及T肋比起来U肋的焊缝更少,这样的布置很经济。对于同样的维护工作,U肋的外形便于操作人员进入箱梁内的活动。当钢箱梁底板采用板式加劲肋时,中心间距为0.4~0.5m。对于大跨径或者宽度较大的箱形梁,由于板肋的惯性矩可能难以满足要求,一般钢梁底板纵向要用U肋或者T肋,见图4-21。

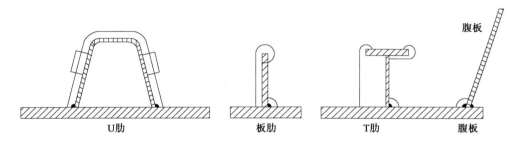

图4-21 底板加劲肋

对于曲线钢箱梁,板肋和T肋可以平行于腹板布置,以利于横隔系抵抗由于水平弯曲产生的向外推力。U肋则相反,因为它的横向惯性矩很大而无法弯曲,故U肋需要沿直线布置,水平推力将集中在横隔系上。因此,在实际中U肋很少用于加劲曲线梁的底板。对于小跨径的钢箱梁,其底板加劲肋沿纵向一般保持相同。对于大跨径钢箱梁,在支点附近纵向加劲肋需要加强,通常增加加劲肋的数量或者增加加劲肋尺寸。纵向加劲肋在框架式横隔系处是连续的,这样可以防止底板屈曲、提高疲劳特性、增加箱梁的纵向抗弯刚度。

底板加劲肋的数量和位置还需考虑制造运输条件。当钢箱梁单元全截面运输时,加劲肋的数量可以是奇数或者偶数。当钢箱梁单元全截面分两半运输时,加劲肋的个数应该设计成偶数,避免在底板纵向焊缝处设置加劲肋。

当钢梁采用顶推施工时,有时候因墩顶的尺寸不够,顶推设备无法安装在腹板与底板的交叉点处,可以考虑在顶推中使用临时墩支撑设备安装。如果无法实施,顶推支撑必须放在腹板内侧时,则在箱梁底板上设置一个刚度很大的永久T肋,叫作顶推T肋。这种T肋支承在框架式横隔系或者横隔板上,以承受箱梁所受顶推滑板上的荷载,见图4-22。

为了美观,桥梁表面的雨水可通过位于箱梁内部的管道进行疏散。为避免因管道损坏后管道内水流入箱内以及箱内冷凝水的出现,钢箱下翼缘板上出现积水,应在加劲肋和下翼缘板处设置排水孔(图4-23)。

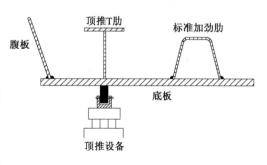

图4-22 顶推T肋

二、钢梁腹板

钢箱梁的纵向腹板应避开行车轮迹带,宜设置在车道中部或车道线处。行车道分隔线两侧300~500mm范围是车轮碾压最集中的部位,若纵隔板(或腹板)位于该区域,焊缝容易产生疲劳裂纹。与钢板梁不同的是,腹板常使用倾斜的布置方式。在控制了桥面板悬臂长度的同时减小底板的宽度,可以使结构表现出更好的经济性,同时也可以获得较好的外观效果。

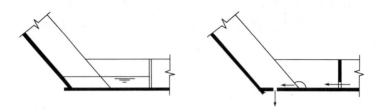

图 4-23 钢箱梁排水孔设置

从抗弯角度看,截面上下翼缘是承担作用的主体,腹板及其纵向加劲肋对截面抗弯贡献很小。在简支梁、连续梁桥中,腹板纵向加劲肋的主要作用是防止腹板失稳。因此,腹板纵向加劲肋在纵向是否连续从总体受力角度来看并不重要。对于组合梁桥,由于组合截面的中性轴接近上翼缘混凝土板,对于简支梁桥或连续梁桥的正弯矩区,腹板的绝大部分区域处于受拉状态,这为减少甚至取消腹板纵向加劲肋创造了条件。腹板横向加劲肋作为横隔板的一部分,除了满足横向受力需要外,还要和腹板共同承担抗剪作用,并且腹板横向加劲肋和受压区腹板的稳定密切相关。对于受压区范围较大且应力较高的腹板区域需增设横向加劲肋,横向加劲肋将和腹板上的纵向加劲肋共同防止发生失稳。腹板横向加劲肋随着横隔板的布置而保持等间距,当确实有必要增加其数量时,一般在横隔板之间另外增设。总之,腹板横向加劲肋与结构的横向受力、抗扭、腹板局部稳定以及总体稳定等有关,需要经过综合考虑后加以确定。

三、主梁梁高与梁宽

主梁梁宽的确定必须综合考虑箱梁的受力、维修管理、制作、运输、安装与架设等因素。从受力的角度,箱梁的高度与宽度之比(高宽比)很大时,侧向稳定性能较差;高宽比过大或过小都会使得畸变与翘曲的影响较大。箱梁的宽跨比太大时,顶底板的有效宽度减小,截面不经济。从维修管理和制作角度,箱梁高度和宽度不宜过小,应该使得人员可以比较方便地进入箱内进行焊接、检查与防腐处理等工作。从运输、安装角度,箱梁采用陆路运输时,截面宽度和高度最好控制在 3 200~3 600mm 之间,否则需要将箱梁划分为可以运输与安装的板件或构件单元,在工地安装和连接。图 4-24 为日本部分钢箱梁桥使用的梁高与梁宽的工程实绩,单箱结构的宽度在 3~6m 居多,最大宽度在 8m 左右;双箱和多箱结构的钢箱宽度在 1.5~4m 的居多,最大宽度在 5m 左右;两者的箱梁最小尺寸都在 1m 左右。箱梁的高宽比在 0.5~2 之间。

四、主梁的截面变化

为了减少用钢量,应该根据弯矩的大小调整主梁截面。通常,钢箱梁桥截面变化数量和位置可以参考图 4-25 和表 4-2。调整主梁截面的方法有改变梁高和板厚两种方法。当跨径较小时,采用改变顶底板板厚而梁高与梁宽保持不变的方法,对钢箱梁制作、运输和安装较为方便;当跨径较大时,采用改变梁高的方法更加有效。

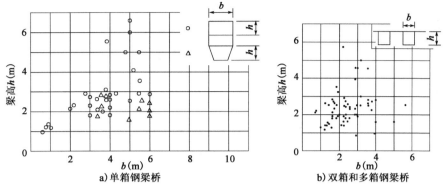

图 4-24 主梁梁高与梁宽

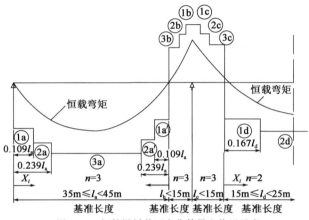

图 4-25 钢箱梁桥截面变化数量和位置示意

钢箱梁桥翼缘板截面变化数量和位置 表 4-2

基准长度 l (m)	简支梁或连续梁正弯矩区段							连续梁负弯矩区段
	截面数量 n	X_1	X_2	X_3	X_4	X_5	X_6	截面数量 n
$l<15$	1~2	$0.167l$	—	—	—	—	—	2~3
$15 \leqslant l < 35$	2	$0.167l$	—	—	—	—	—	4
$35 \leqslant l < 45$	3	$0.109l$	$0.239l$	—	—	—	—	5
$45 \leqslant l < 55$	4	$0.081l$	$0.172l$	$0.282l$	—	—	—	—
$55 \leqslant l < 75$	5	$0.065l$	$0.136l$	$0.215l$	$0.310l$	—	—	—
$75 \leqslant l < 85$	6	$0.054l$	$0.112l$	$0.175l$	$0.246l$	$0.330l$	—	—
$85 \leqslant l < 95$	7	$0.046l$	$0.096l$	$0.148l$	$0.205l$	$0.269l$	$0.346l$	—

第三节 横隔系（板）

在钢箱梁桥中，由于活载的偏心加载作用以及轮载直接作用在箱梁的顶板上，使得箱梁截面发生如图 4-26 所示的畸变和横向弯曲变形。为了减少钢箱梁的这种变形，防止过大的局部应力，需要在箱梁的跨间和支点处设置横隔板。横隔板通过剪力流抵抗传递给箱梁的扭转作用，同时也可防止腹板和底板发生屈曲失稳，使截面保持一定的形状。位于桥墩和桥台上的横隔系(板)用于将箱梁侧向水平力和箱梁上的扭矩传递给支座,受到比跨中的横隔系更大的力,还将承受支座处的局部荷载,起到分散支座反力的作用。因此,横隔板必须具有一定的刚度。由于跨间和支点横隔板作用有所不同,其构造形式将有所区别,采用的设计方法也不一样。

a)畸变　　b)横向弯曲变形

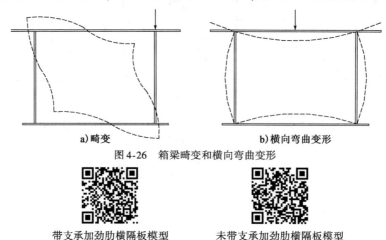

图 4-26　箱梁畸变和横向弯曲变形

带支承加劲肋横隔板模型　　未带支承加劲肋横隔板模型

一、构造形式

(一)跨间横隔板

跨间横隔板按挖空比率可分为实腹式、框架式和桁架式,结构见图 4-27。这里定义开口率 $\rho = \sqrt{A'/A} = \sqrt{bh/BH}$(图 4-28)。当 $\rho \leqslant 0.4$ 时,横隔板可视为实腹式,主要考虑剪应力;当 $\rho \geqslant 0.8$ 时,为桁架式,可简化为仅受轴力的杆件;当 $0.4 < \rho < 0.8$ 时,横隔板受力性质介于实腹式和桁架式之间,作为框架处理,考虑轴力和抗弯。实腹式横隔板适用于尺寸较小的钢箱梁,制作简单,应用最广。桁架式适用于截面较大的箱梁,可以减轻横隔板的自重。

a)实腹式　　b)框架式　　c)桁架式

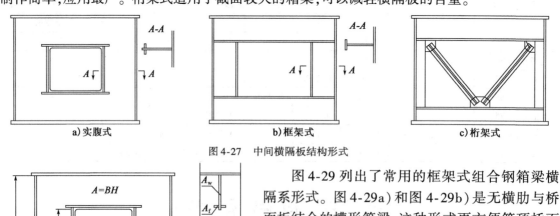

图 4-27　中间横隔板结构形式

图 4-28　横隔板开口率

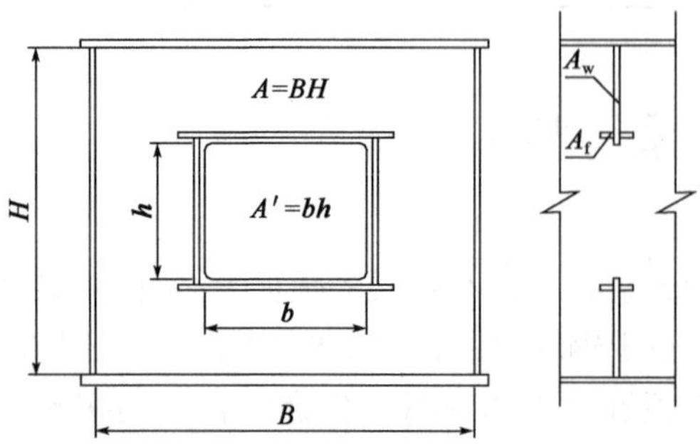

图 4-29 列出了常用的框架式组合钢箱梁横隔系形式。图 4-29a)和图 4-29b)是无横肋与桥面板结合的槽形箱梁,这种形式更方便箱顶桥面板的现浇施工。横隔系由底板和两侧腹板上的 T 肋组成,通常在箱宽较小时非常经济。横隔系的常用纵向间距为 4 ~ 8m,具体要视结构形式而定。图 4-29c)是有横肋与桥面板结合的横隔系形式,由底板横肋和两侧腹板竖肋以及上缘横肋组成,

上缘横肋一般为工字形截面,腹板与底板一般采用 T 肋。T 肋的腹板厚度一般为 14~20mm,横隔系的中心间距一般为定值,通常在 4m 左右。

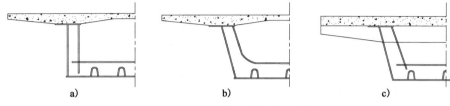

图 4-29 框架式横隔系截面布置示意

桁架式横隔系通常采用 K 形,有的情况下也可采用 X 形。横隔系包括斜杆以及四根横肋形成箱内框架,斜杆可以在截面顶部相交,也可以在截面底部相交,见图 4-30。图 4-30a)、b)为槽形箱梁,图 4-30c)为闭口箱梁。图 4-30a)可以看作是对图 4-29a)的加强,通过加强使之能够满足更大跨径、更宽桥面等情况下横隔系的受力要求,同时又兼顾桥面板现浇施工的要求。当桥面板不采用现浇施工时,横隔系的形式选择将更加自由。当对横隔系受力要求较高时,可以选择图 4-30b)所示结构。当桥面板采用滑模现浇施工时,为了方便箱中间桥面板底模的装拆与移动,钢梁内部的横隔系应该尽可能采用图 4-30a)的构造形式,尽管图 4-30b)的构造形式受力更加合理,但显然不利于桥面板现浇模板系统的操作。当桥面板现浇采用永久模板或桥面板选择预制板时,钢梁的横隔系构造将不再受到上述问题的制约。在钢梁与桥面板施工过程中,槽形钢梁有可能出现抗扭能力不足的问题,这将需要在槽形钢梁的上缘平面安装临时钢结构平联,以满足结构承受扭转和水平力的需要,或者采用图 4-30c)所示的闭口箱形截面。

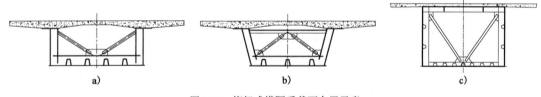

图 4-30 桁架式横隔系截面布置示意

当组合钢箱梁的跨径更大、桥面更宽时,可选择图 4-31 所示的大横肋框架式与桁架式组合形式。当扭转效应非常大时,如平面曲率较大,箱梁框架式横膈系难以满足要求,可以由实腹式横隔板替代空腹式横隔系,见图 4-32。在箱体内部,横隔板沿整个箱体边缘焊接,箱内横隔板需要开孔,方便工作人员检测和维护。在支点以外较少有采用实腹式横隔板的例子,这既是为了节省材料,也是为了简化构造便于养护。

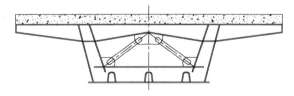

图 4-31 组合横隔系截面布置示意

对于钢桥面板的钢箱梁桥,其横隔系(板)构造与组合梁的桁架式(图 4-30)和实腹式(图 4-32)横隔系(板)类似,具体可见图 4-16~图 4-18。

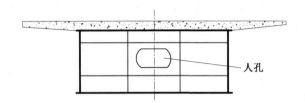

图 4-32　实腹式横隔板截面布置示意

桁架联结系通常焊接于横向加劲肋上,箱梁可以采用整幅梁或者两个半幅梁的形式运输到工地现场。图 4-33 是箱梁桁架联结系的实例,该箱梁由两个半幅梁单独运输,然后现场焊接制成。

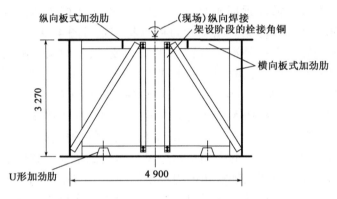

图 4-33　钢箱梁中桁架式横撑(尺寸单位:mm)

(二)支点处横隔板

在支点处多数采用实腹式横隔板,由实腹式横隔板代替上述空腹式横隔系,这是为了满足承受支点反力与截面抗扭等方面的需要。支点处横隔板厚度一般控制在 50mm 以内,在支座和千斤顶位置设有较强的加劲,如图 4-34 所示。横隔板与底板的焊缝应完全熔透。

从结构受力的角度看,主梁各支点处的支座横向布置宜设在与腹板对中的位置,对支座反力的传递最为合理顺畅,并在腹板外侧增设支承加劲板。支承加劲板的尺寸与数量根据支座大小和受力、位移情况确定,一般支承加劲板的其中一道与横隔板对应,需多道支承加劲板时应与箱梁腹板内外侧对应设置,其形状可以是三角形或梯形等,梁高较低时延伸到上翼缘处,如图 4-35 所示。

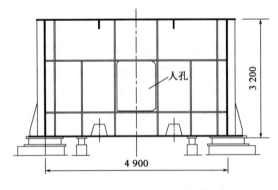

图 4-34　支点处隔板示意(尺寸单位:mm)

(三)过人孔

为便于钢箱梁的制作和维护,通常钢箱梁内部横隔板设置人孔。人孔宽度不宜小于 400mm,高度不宜小于 600mm。对于支座处横隔板,人孔宜设置在支座以外的部分。当箱梁尺寸很小,箱内不能设置检修通道时,则箱梁应完全封闭。箱内的防腐寿命应该达到结构使用期的要求。图4-36为横隔板开口处的加强结构形式。图4-36a)和b)为外贴式结构,在开口处焊接钢板增加板厚;图4-36c)为加劲肋式结构,在开口周边焊接加劲肋;图4-36d)为包边式结构,在开口边缘焊接翼缘形式T形截面。其中,加劲肋式结构简单,加工制作方便,是实腹式横隔板采用最多的结构形式。由于包边式结构焊接时翼缘的焊接变形大,加工制作困难,故主要用于框架式横隔板。

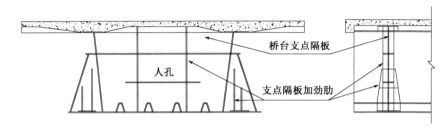

图4-35 桥台处带支承加劲肋的横隔板

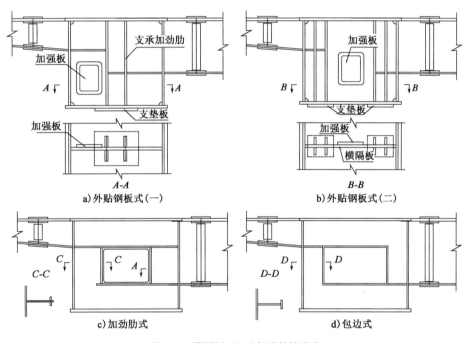

图4-36 横隔板开口边加强结构形式

二、横隔板间距

对于横隔板间距L_D,各国规范及常规做法不一样,一般依据经验。以下是日本的经验公式:

$$\begin{cases} L_D \leq 6 & (L \leq 50\text{m}) \\ L_D \leq 0.14L - 1 \text{ 且} \leq 20\text{m} & (L > 50\text{m}) \end{cases} \quad (4\text{-}1)$$

式中:L——桥梁等效跨径(m)。

式(4-1)根据图4-37所示的箱梁翘曲应力与横隔板间距的近似关系得到。根据式(4-1)计算的横隔板间距,使得箱梁在偏心活载作用下,翘曲应力与容许应力的比值在0.02~0.06

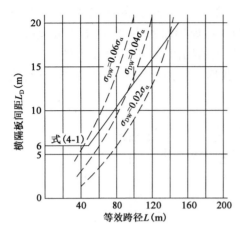

图 4-37 横隔板间距
σ_{DW}-翘曲正应力；σ_a-容许弯曲应力

之间。它适用于跨径小于 200m 的钢箱梁桥,并且偏于安全。对于大跨径钢箱梁桥,日本多采用桁架式横隔板,间距按式(4-1)计算。欧洲一般采用实腹式横隔板,但间距较大。对于弯桥,其间距一般略小于直线桥梁。

三、横隔板刚度与应力验算

对于横隔板刚度与应力验算,我国《公路钢桥规范》采用日本公路钢桥设计指南中的方法。

(一)横隔板刚度

为了抵抗箱梁的畸变,横隔板必须有足够的刚度,横隔板的最小刚度 K_{min} 应该满足式(4-2)要求：

$$K_{min} \geqslant 20 \frac{EI_{DW}}{L_D^3} \tag{4-2}$$

式中：L_D——两横隔板计算间距,按式(4-1)计算,取 L_D 的最大值；

E——钢材的弹性模量；

I_{DW}——箱梁截面主扇性惯性矩,根据箱梁的截面尺寸形式由式(4-3)求得。

$$I_{DW} = \frac{1}{3}\left[\alpha_1^2 F_u\left(1+\frac{2b_1}{B_u}\right)^2 + \alpha_2^2 F_l\left(1+\frac{2b_2}{B_l}\right)^2 + 2F_h(\alpha_1^2 - \alpha_1\alpha_2 + \alpha_2^2)\right] \tag{4-3}$$

式中：F_u——箱梁上顶板截面面积(包括加劲肋)；

F_l——箱梁下底板截面面积(包括加劲肋)；

F_h——一个腹板的截面积；

α_1、α_2——由式(4-4)确定：

$$\alpha_1 = \frac{e}{e+f} \cdot \frac{B_u+B_l}{4}H, \qquad \alpha_2 = \frac{f}{e+f} \cdot \frac{B_u+B_l}{4}H \tag{4-4}$$

e、f——由式(4-5)确定：

$$e = \frac{I_{fl}}{B_l} + \frac{B_u+2B_l}{12}F_h, \qquad f = \frac{I_{fu}}{B_u} + \frac{2B_u+B_l}{12}F_h \tag{4-5}$$

I_{fu}——顶板对箱梁对称轴的惯性矩；

I_{fl}——底板对箱梁对称轴的惯性矩；

H——腹板长度。

横隔板截面符号见图 4-38。

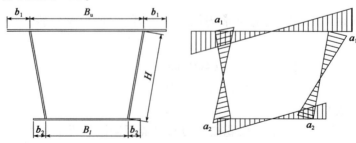

图 4-38 横隔板截面符号

(1) 实腹式横隔板刚度

$$K = 4GA_c t_D \tag{4-6}$$

式中：G——钢材的剪切模量；
  t_D——横隔板的板厚；
  A_c——箱梁板壁形心围成的面积。

(2) 桁架式横隔板刚度

X 形桁架[图 4-39a)]：

$$K = 8EA_c^2 \frac{A_b}{L_b^3} \tag{4-7}$$

V 形桁架[图 4-39b)]：

$$K = 2EA_c^2 \frac{A_b}{L_b^3} \tag{4-8}$$

式中：E——弹性模量；
  A_c——箱梁板壁形心围成的面积；
  A_b——单个斜撑的截面面积；
  L_b——斜撑的长度。

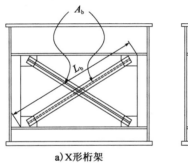

a) X 形桁架   b) V 形桁架

图 4-39 桁架式横隔板

(3) 矩形框架式横隔板刚度

对于矩形框架式横隔板需将横隔板简化为框架计算，如图 4-40 所示。其中，横隔板的加强翼缘或加强加劲肋简化为框架截面的翼板；横隔简化为框架截面的腹板；分别取顶板、底板和腹板厚度的 24 倍宽度作为框架截面的翼板有效宽度[图 4-40c)]。根据日本公路钢桥设计指南推荐，矩形框架式横隔板的刚度 K 可由式(4-9a)、式(4-9b)近似求得：

$$K = \beta K' \tag{4-9a}$$

$$K' = \frac{48E\left(\dfrac{b}{I_u} + \dfrac{b}{I_l} + \dfrac{6h}{I_h}\right)}{\dfrac{b^2}{I_u I_l} + \dfrac{2bh}{I_u I_h} + \dfrac{2bh}{I_l I_h} + \dfrac{3h^2}{I_h^2}} \tag{4-9b}$$

式中： E——弹性模量；
    b——框架的宽度；
    h——框架的高度；
  I_u、I_l、I_h——顶板、底板和腹板处横隔板简化为框架截面的惯性矩(图 4-40)；
    β——开口率修正系数，由图 4-41 查得，图中 B、H 分别为箱梁的宽度和高度。

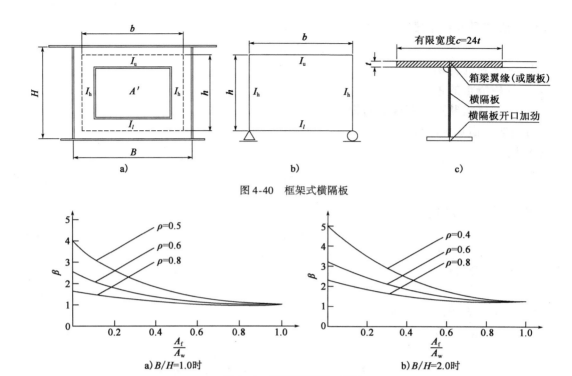

图 4-40 框架式横隔板

图 4-41 横隔板刚度修正系数

A_f-工字形截面的下翼缘面积;A_w-横隔板构成的工字形截面腹板面积

(二)横隔板应力的验算

1. 实腹式计算

横隔板剪应力按式(4-10)计算,见图 4-42:

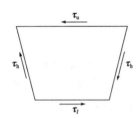

图 4-42 实腹式横隔板应力

$$\tau_u = \frac{B_l}{B_u}\frac{T_d}{2A_c t_D}, \qquad \tau_h = \frac{T_d}{2A_c t_D}, \qquad \tau_l = \frac{B_u}{B_l}\frac{T_d}{2A_c t_D} \qquad (4-10)$$

式中:T_d——箱梁扭矩;

其他符号意义同上。

2. 框架式横隔板计算

当钢箱梁为分离式,箱梁间有横向联系时,见图 4-43,框架杆件必须考虑集中力产生的附加弯矩的影响。

3. 对称桁架式横隔板计算

对称桁架式横隔板简化为轴心拉压杆件计算,桁架斜腹杆内力按式(4-11)、式(4-12)近似计算。

X 形桁架:

$$N_b = \frac{L_b}{4A_c}T_d \qquad (4-11)$$

V 形桁架:

$$N_b = \frac{L_b}{2A_c}T_d \tag{4-12}$$

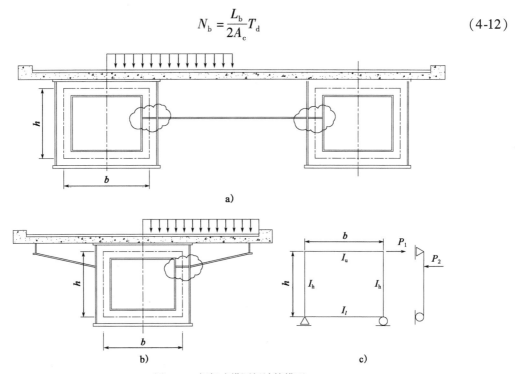

图 4-43　框架式横隔板计算模型

四、横隔板计算示例

某城市的高架桥为三跨等高度斜腹板连续钢箱梁桥,跨径布置为 52m + 60m + 52m,梁高 2.5m,采用 Q345 钢材建造。桥面总宽为 9.7m,按单向双车道设计,汽车荷载采用城市-A 级。桥面为正交异性桥面板结构,箱梁顶板厚度 20mm,腹板厚度 20mm,底板厚度 30mm。跨中横隔板间距 5.0m,支点附近加密布置。桥梁断面结构如图 4-44 所示。

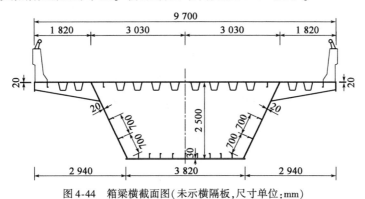

图 4-44　箱梁横截面图(未示横隔板,尺寸单位:mm)

(一)偏心扭矩

为了获得最大的扭矩对横隔板进行验算,将城市-A 级车辆荷载布置在最外侧(图 4-45)。偏心扭矩 T_d:

$$T_d = \sum_{i=1}^{2} P_i a_i = 140 \times 2.130 + 140 \times 3.93 = 848.4 (\text{kN} \cdot \text{m})$$

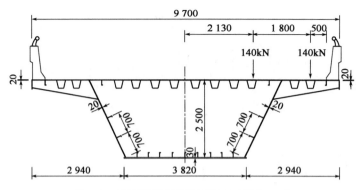

图 4-45 车辆荷载最不利布置(尺寸单位:mm)

(二)横隔板间距

由于表 2-1 计算连续钢箱梁的等效跨径为 L,则:

边跨:$0.8L_1 = 0.8 \times 52 = 41.6(\mathrm{m})$

支点处:$0.2L_1 + 0.2L_2 = 0.2 \times 52 + 0.2 \times 60 = 22.4(\mathrm{m})$

中跨:$0.6L_2 = 0.6 \times 60 = 36(\mathrm{m})$

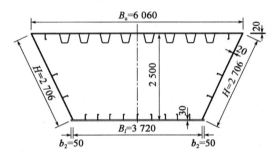

图 4-46 横隔板刚度计算图式(悬臂翼缘未显示,尺寸单位:mm)

由于上述连续梁的三个区域的等效跨径均小于50m,根据公式(4-1)得横隔板的最大间距$L_\mathrm{D} \leq 6.0\mathrm{m}$,故全桥横隔板间距采用6.0m。

(三)横隔板的最小刚度

为便于计算,忽略悬臂板的影响,箱梁的翘曲刚度按最大截面计算(图4-46)。经计算,图4-46中闭口U加劲肋面积为$6\,826\mathrm{mm}^2$,开口加劲肋面积为$2\,374\mathrm{mm}^2$。

$$F_\mathrm{u} = 6\,060 \times 20 + 2\,374 \times 2 + 6\,826 \times 8 = 180\,556(\mathrm{mm}^2)$$

$$F_\mathrm{h} = 2\,706 \times 20 = 54\,120(\mathrm{mm}^2)$$

$$F_l = (3\,720 + 50 \times 2) \times 30 + 9 \times 2\,374 = 135\,966(\mathrm{mm}^2)$$

$$f = \frac{I_{\mathrm{fu}}}{B_\mathrm{u}} + \frac{2B_\mathrm{u} + B_l}{12}F_\mathrm{h} = \frac{20 \times 6\,060^3}{12 \times 6\,060} + \frac{2 \times 6\,060 + 3\,720}{12} \times 54\,120 = 1.326 \times 10^8 (\mathrm{mm}^3)$$

$$e = \frac{I_{\mathrm{f}l}}{B_l} + \frac{B_\mathrm{u} + 2B_l}{12}F_\mathrm{h} = \frac{30 \times (3\,720 + 2 \times 50)^3}{12 \times 3\,720} + \frac{6\,060 + 2 \times 3\,720}{12} \times 54\,120$$

$$= 9.835 \times 10^7 (\mathrm{mm}^3)$$

$$\alpha_1 = \frac{e}{e+f} \frac{B_\mathrm{u} + B_l}{4} H = \frac{9.835 \times 10^7}{9.835 \times 10^7 + 1.326 \times 10^8} \times \frac{6\,060 + 3\,720}{4} \times 2\,732$$

$$= 2.817 \times 10^6 (\mathrm{mm}^2)$$

$$\alpha_2 = \frac{f}{e+f} \frac{B_\mathrm{u} + B_l}{4} H = \frac{1.326 \times 10^8}{9.835 \times 10^7 + 1.326 \times 10^8} \times \frac{6\,060 + 3\,720}{4} \times 2\,706$$

$$= 3.799 \times 10^6 (\mathrm{mm}^2)$$

$$I_{\mathrm{DW}} = \frac{1}{3}\left[\alpha_1^2 F_u \left(1 + \frac{2b_1}{B_u}\right)^2 + \alpha_2^2 F_l \left(1 + \frac{2b_2}{B_l}\right)^2 + 2F_h (\alpha_1^2 - \alpha_1\alpha_2 + \alpha_2^2)\right] = 1.588 \times 10^{18} (\mathrm{mm}^6)$$

$$K_{\min} = 20 \frac{EI_{\mathrm{DW}}}{L_{\mathrm{D}}^3} = 20 \times \frac{2.06 \times 10^5 \times 1.588 \times 10^{18}}{6\,000^3} = 3.030 \times 10^{13} (\mathrm{N/mm})$$

(四)实腹式横隔板

假设该箱梁采用实腹式横隔板,见图 4-47。实腹式横隔板板厚计算如下。

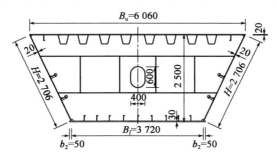

图 4-47 实腹式横隔板(尺寸单位:mm)

箱梁板壁形心围成的面积:
$$A_c = (6\,060 + 3\,720) \times 2\,500 \times 0.5 = 1.223 \times 10^7 (\mathrm{mm}^2)$$

$$t_{\mathrm{D}} \geqslant 20 \frac{EI_{\mathrm{DW}}}{4GA_c L_{\mathrm{D}}^3} = 20 \times \frac{2.06 \times 10^5 \times 1.588 \times 10^{18}}{4 \times 0.79 \times 10^5 \times (6\,060 + 3\,720) \times 2\,500 \times 0.5 \times 6\,000^3} = 7.84 (\mathrm{mm})$$

因此,实腹式横隔板的板厚采用 12mm 较为合理。

(1)上翼板剪应力验算
$$\tau_u = \frac{B_l}{B_u} \frac{T_d}{2A_c t_{\mathrm{D}}} = \frac{3\,720}{6\,060} \times \frac{848.4 \times 10^6}{2 \times 1.223 \times 10^7 \times 12}$$
$$= 1.78 (\mathrm{MPa}) < [\tau] = 160 \mathrm{MPa} \quad (满足要求)$$

(2)腹板剪应力验算
$$\tau_h = \frac{T_d}{2A_c t_{\mathrm{D}}} = \frac{848.4 \times 10^6}{2 \times 1.223 \times 10^7 \times 12} = 2.892 (\mathrm{MPa}) < [\tau] = 160 \mathrm{MPa} \quad (满足要求)$$

(3)下翼板剪应力验算
$$\tau_l = \frac{B_u}{B_l} \frac{T_d}{2A_c t_{\mathrm{D}}} = \frac{6\,060}{3\,720} \times \frac{848.4 \times 10^6}{2 \times 1.223 \times 10^7 \times 12} = 4.711 (\mathrm{MPa}) < [\tau] = 160 \mathrm{MPa} \quad (满足要求)$$

(五)框架式横隔板

假设该箱梁采用框架式横隔板,厚度取为 20mm,见图 4-48。框架式横隔板的开口率为:
$$\rho = \sqrt{\frac{A'}{A}} = \sqrt{\frac{(3\,710 + 2\,914) \times 850/2}{1.223 \times 10^7}} = 0.48$$

$$A_f = 300 \times 30 = 9\,000 (\mathrm{mm}^2)$$
$$A_w = 20 \times 800 = 16\,000 (\mathrm{mm}^2)$$
$$\frac{A_f}{A_w} = \frac{9\,000}{16\,000} = 0.56$$

$$b = \left(\frac{3\,710 + 2\,914}{2} + \frac{6\,060 + 3\,720}{2}\right)/2 + 5.81 \times 2 = 4\,112 \text{ (mm)}$$

$$h = 850 + 800 + 5.1 + 112.21 = 1\,768 \text{ (mm)}$$

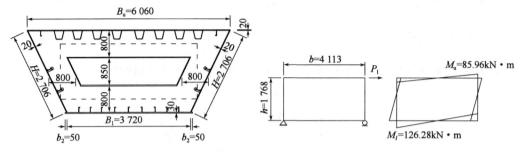

图 4-48 框架式横隔板(尺寸单位:mm)

修正系数 $\beta = 2.5$,框架横隔板抗弯惯性矩计算见表 4-3。

框架横隔板抗弯惯性矩计算   表 4-3

参数		$b(h)$	t	y	距离 y	I	ΣI	形心 δ
顶板	上翼缘	480	20	435.81	404.19	1.569×10^9	4.017×10^9	5.81
	腹板	800	20		-5.81	8.539×10^8		
	下翼缘	300	30		420.81	1.594×10^9		
腹板	上翼缘	480	20	385.25	354.75	1.208×10^9	3.015×10^9	5.25
	腹板	700	20		-5.25	5.721×10^8		
	下翼缘	300	30		370.25	1.234×10^9		
底板	上翼缘	720	30	542.21	302.79	1.982×10^9	5.539×10^9	112.21
	腹板	800	20		-112.21	1.055×10^9		
	下翼缘	300	30		527.21	2.502×10^9		

(1) 刚度验算

$$K' = \frac{48E\left(\dfrac{b}{I_u} + \dfrac{b}{I_l} + \dfrac{6h}{I_h}\right)}{\dfrac{b^2}{I_u I_l} + \dfrac{2bh}{I_u I_h} + \dfrac{2bh}{I_l I_h} + \dfrac{3h^2}{I_h^2}} = \frac{48 \times 2.06 \times 10^5 \times (1.024 \times 10^{-6} + 7.423 \times 10^{-6} + 6 \times 5.864 \times 10^{-7})}{7.598 \times 10^{-13} + 1.200 \times 10^{-12} + 8.706 \times 10^{-13} + 1.032 \times 10^{-12}}$$

$$= 1.353 \times 10^{13} \text{ (N/mm)}$$

$$K = \beta K' = 2.5 \times 1.353 \times 10^{13} = 3.382 \times 10^{13} \text{ (N/mm)} > K_{\min}$$

$$= 3.030 \times 10^{13} \text{ N/mm} \quad (\text{刚度满足要求})$$

(2) 应力验算

$$P_l = \frac{T_d}{2h} = \frac{848.4 \times 10^6}{2 \times 1\,768} = 239.9 \text{ (kN)}$$

腹板的抗弯惯性矩最小,应力为:

$$\sigma_h = \frac{126.28 \times 10^5}{4.017 \times 10^9} \times \frac{800}{2} = 125.75 \text{ (MPa)} < [\sigma] = 210 \text{ MPa} \quad (\text{满足要求})$$

(六) V 形桁架横隔板

假设该箱梁采用 V 形桁架横隔板,见图 4-49。

(1)刚度验算

V形桁架横隔板放置长度 $H=1\,542\,\text{mm}$,高度 $B=1\,708\,\text{mm}$。

$$L_b = \sqrt{B^2+H^2} = \sqrt{1\,542^2+1\,708^2} = 2\,301(\text{mm})$$

$$A_b \geq \frac{K_{\min}L_b^3}{2EA_c^2} = \frac{3.030\times10^{13}\times2\,301^3}{2\times2.06\times10^5\times(1.223\times10^7)^2}$$
$$= 5\,990(\text{mm}^2)$$

桁架杆件 $<200\text{mm}\times200\text{mm}\times20\text{mm}$ 的截面面积 $A_b=7\,650\,\text{mm}^2$,刚度满足要求。

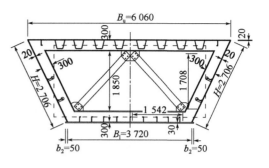

图4-49 V形桁架横隔板(尺寸单位:mm)

(2)应力验算

桁架杆件几何特性:采用22mm直径高强螺栓连接,扣除螺栓面积后净面积为 $A_{bn}=6\,129\,\text{mm}^2$;回转半径 $r=18\text{cm}$;杆件计算长度 $l=2\,301\,\text{mm}$;长细比 $\lambda=2\,301/18=127.8$;经计算得稳定系数为 $\phi=0.395$。

桁架杆件轴力:

$$N = \frac{L_b T_d}{2A} = \frac{2\,301\times848.4\times10^6}{2\times1.223\times10^7} = 79\,810.6(\text{N})$$

压应力:

$$\sigma_c = \frac{N}{\phi A_b} = \frac{79\,810.6}{0.395\times7\,650} = 26.41(\text{MPa}) < [\sigma] = 210\text{MPa} \qquad (满足要求)$$

拉应力:

$$\sigma_c = \frac{N}{A_{bn}} = \frac{79\,810.6}{6\,129} = 13.02(\text{MPa}) < [\sigma] = 210\text{MPa} \qquad (满足要求)$$

第四节 钢箱梁受力分析

箱梁和板梁的主要差别在于:板梁翼板相对较厚实,而箱梁翼板较宽和薄,且同时具有纵向和横向加劲肋;板梁的扭转性能特征主要是其约束扭转抗力,而箱梁在设计有足够横隔板以避免截面畸变的情况下,其扭转抗力主要来自自由扭转。由于对受弯、扭、剪的箱梁分析往往超出了简单梁理论的范畴,因此须采用更复杂的分析方法以考虑很显著的剪力滞效应。而且,横撑间可能发生的截面畸变也可能同时影响轴向应力和剪切应力的分布。对更大跨径箱梁桥的结构分析通常采用有限元方法。

一、箱梁截面受力特性

钢箱梁属于典型的薄壁杆件,在偏心荷载作用下,将产生纵向弯曲、横向弯曲、扭转及畸变四种变形(图4-50)。其中纵向弯曲将在截面上产生正应力 σ_m 和剪应力 τ_m,由于剪力滞后的现象存在,箱梁顶、底板正应力不是均匀分布,在腹板处出现应力峰值。箱梁扭转指的是箱形截面刚性扭转,即周边不变形的扭转,视梁的纵向约束情况又可分为自由扭转和约束扭转。自由扭转假定箱梁无纵向约束,截面沿桥纵轴方向可自由凹凸,但保持截面周边投影不变形,截面产生自由扭转剪应力 τ_k。约束扭转假定箱梁有强大横隔板,扭转时截面沿桥纵轴方向自由凹凸受到约束,而使纵向纤维受到拉伸或压缩,因此约束扭转除产生自由扭转剪应力 τ_k,还产生约束扭转翘曲正应力 σ_ω 以及由翘曲正应力引起的约束扭剪应力 τ_ω。畸变考虑的是扭转时周边变形的情况,畸变产生畸变翘曲正应力 $\sigma_{d\omega}$ 和畸变剪应力 $\tau_{d\omega}$,同时畸变还引起箱梁截面横向弯曲在箱梁板块产生横向弯曲应力 σ_{dt}。

箱梁在承受偏心荷载作用下,除了按弯扭杆件进行整体分析外,还应考虑局部荷载的影响。车辆荷载作用于钢箱梁顶板,除直接受荷载部分产生横向弯曲外,还引起其他部分也产生横向弯曲,从而产生横向弯曲正应力 σ_c 及相应的剪应力。

因而,综合箱梁在偏心荷载作用下,四种基本变形与位移状态引起的应力状态如下。

在横截面上:
纵向弯曲应力

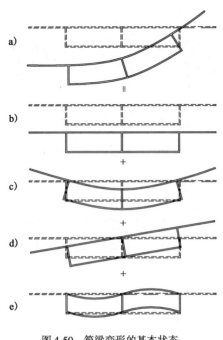

图 4-50 箱梁变形的基本状态

$$\sigma_x = \sigma_m + \sigma_\omega + \sigma_{d\omega} \tag{4-13}$$

剪应力

$$\tau = \tau_m + \tau_k + \tau_\omega + \tau_{d\omega} \tag{4-14}$$

在箱梁各板内即纵截面上:
横向弯曲应力

$$\sigma_y = \sigma_c + \sigma_{dt} \tag{4-15}$$

在钢箱桥梁中,跨径越大,恒载占总荷载的比值越大。因而,一般来说,箱梁对称挠曲的纵向弯曲应力是主要的,而偏心荷载引起的扭转应力是次要的。如果箱壁较厚并沿梁的纵向布置足够数量的横隔板而限制箱梁的扭转变形,则畸变应力也是不大的。而横向弯曲应力状态,对验算桥面板(箱梁顶板)与横隔板,以及腹板与顶底板焊缝疲劳强度还是需要注意的,特别是在横隔板间距较大的情况下。此外,箱梁在对称挠曲时,顶、底板(或称上、下翼板)中的剪力滞(shear lag)效应,在跨宽比较小的情况下,特别是连续梁的中间支点处,在设计时也应予以注意。

下面将分别按各种变形状态分析箱形截面的应力状态,并扼要介绍计算方法。

二、箱梁弯剪分析

(一)弯曲正应力

钢箱梁桥的顶、底板宽度一般较大,由于剪力滞的影响,在顶、底板上的应力分布也是不均匀的。因此,钢箱梁桥弯曲正应力计算时应该考虑剪力滞影响。剪力滞的影响,通常可以用剪力滞系数和有效分布宽度两种方法加以考虑。采用剪力滞系数的方法,拉压轴向应力和弯曲正应力可以表达为:

$$\sigma_x = \beta_y \frac{\overline{M}_y z}{I_y} + \beta_z \frac{\overline{M}_z y}{I_z} \tag{4-16}$$

$$\overline{M}_z = \frac{M_z I_y I_z - M_y I_z I_{yz}}{I_y I_z - I_{yz}^2}, \qquad \overline{M}_y = \frac{M_y I_y I_z - M_z I_y I_{yz}}{I_y I_z - I_{yz}^2} \tag{4-17}$$

式中：I_y——截面对 y 轴的惯性矩；

I_z——截面对 z 轴的惯性矩；

I_{yz}——截面对 yz 轴的极惯性矩；

β_y——对 y 轴弯曲时的剪力滞系数；

β_z——对 z 轴弯曲时的剪力滞系数；

M_y——对 y 的弯矩；

M_z——对 z 的弯矩。

当坐标轴 y、z 为截面形心主轴时，$I_{yz} = 0$，式（4-17）可以简化为 $\overline{M}_z = M_z$ 和 $\overline{M}_y = M_y$。

（二）弯曲剪应力

1. 薄壁单室闭口截面的弯曲剪应力

为了求得薄壁单室闭口截面在剪力作用下的剪力流（图4-51），可在闭口截面的任意一点切开，将切口处的未知剪力流用 q_1 代替，截面上任意一点 s 处剪力流为已切开的开口截面在剪力作用下的剪力流 q_0 与 q_1 之和，即

$$q = q_0 + q_1 \tag{4-18}$$

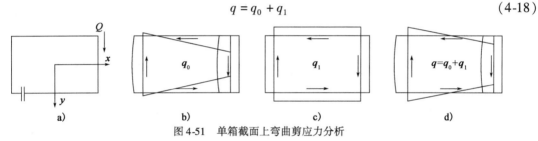

图 4-51 单箱截面上弯曲剪应力分析

q_0 为切开的开口截面在剪力作用下的剪力流，由式（4-19）求得：

$$q_0 = \frac{Q S_y}{I} \tag{4-19}$$

式中：Q——计算剪力；

S_y——切口至计算点的截面对中性轴的截面静矩；

I——截面惯性矩。

q_1——未知剪力流。

这是一个内部超静定问题，必须应用补充的变形协调条件才能求解。根据在截面切开处的相对剪切变形为零的变形协调条件：

$$\oint_s \gamma ds = \oint_s \frac{\tau}{G} ds = \oint_s \frac{q}{Gt} ds = 0 \tag{4-20}$$

并且将式（4-19）代入式（4-20），可得：

$$q_1 = \frac{\oint_s \dfrac{q_0}{t} ds}{\oint_s \dfrac{ds}{t}} \tag{4-21}$$

求得剪力流 q 以后，剪应力 τ 可由式（4-22）求得：

$$\tau = \frac{q}{t} = \frac{q_0 + q_1}{t} \tag{4-22}$$

对于对称截面,当仅在其对称轴方向作用有剪力 Q_z 时,依对称关系,在此对称轴上必有 $q = q_0 + q_1 = 0$。若切口和静矩 $S_y = \int_0^s zt\mathrm{d}s$ 的积分起点 $s = 0$ 取在对称轴处,可以直接得到 $q_1 = 0$、$q = q_0$,这样计算更为简便。

采用剪力滞系数的方法,概念清楚并且比较直观。但是,由于剪力滞系数的影响因素较多,剪力滞系数很难用简单直观的数学公式表达。因此,工程设计中往往用有效分布宽度的方法,近似地考虑剪力滞的影响。有效分布宽度的计算,参考《公路钢桥规范》和本书相关内容,这里不再赘述。

2. 薄壁多室闭口截面的弯曲剪应力

对于多室截面,则应将各室都切开(图 4-52),将各切口处的未知剪力流用 q_{1i} 代替,对各已切开的箱梁截面可利用式(4-19)计算开口截面上各点的剪力流 q_0。对于第 i 室的闭合剪力流 q_i 为:

$$q_i = q_0 + q_{1i} \tag{4-23}$$

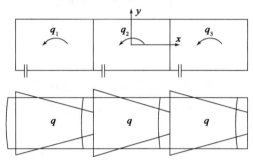

图 4-52 薄壁多室闭口截面上弯曲剪应力分析

其中,对于没有公共边部分,箱壁的剪力流等于闭合剪力流 q_i;对于有公共边部分,箱壁的剪力流等于相邻的箱室闭合剪力流的代数和。例如设第 i 室与第 j 室具有公共边部分,并且闭合剪力流分别为 q_i 和 q_j,则对于第 i 室的箱壁的剪力流 q_{ij} 可以作如下表示。

非公共边部分箱壁:

$$q_{ij} = q_i \tag{4-24}$$

公共边部分箱壁:

$$q_{ij} = q_i \pm q_j \tag{4-25}$$

其中,当公共箱壁处剪力流方向相同时取正号,相反时取负号。

设箱梁共有 n 个室,对于各室应用变形协调方程,可以得到如下的联立方程组:

$$\oint_i \frac{q_0}{t}\mathrm{d}s + \sum_{j=1}^n \oint_j \frac{q_{ij}}{t}\mathrm{d}s = 0 \quad (i = 1,2,\cdots,n) \tag{4-26}$$

或者写成

$$q_{1i}\oint_i \frac{\mathrm{d}s}{t} \pm \sum_{j=1}^n q_{1j}\int_{i,j} \frac{\mathrm{d}s}{t} = -\oint_i \frac{q_0}{t}\mathrm{d}s \quad (i = 1,2,\cdots,n) \tag{4-27}$$

式中:$\int_{i,j} \frac{\mathrm{d}s}{t}$——对第 i 室与第 j 室的公共边部分的积分,当第 j 室公共箱壁处剪力流方向与第 i 室相同时取正号,反之取负号。

求得各室的剪力流后,箱壁 i,j 的剪力流 $q_{i,j}$ 和剪应力 $\tau_{i,j}$ 可由式(4-24)、式(4-25)和式(4-28)求得。

$$\tau_{i,j} = \frac{q_{i,j}}{t} \tag{4-28}$$

三、箱梁自由扭转分析

(一)单箱单室箱梁自由扭转

1. 自由扭转剪应力

箱梁在无纵向约束,截面可自由凸凹时的扭转称为自由扭转(pure torsion),也称圣维南扭转(Sant-Venant torsion)。当箱梁截面因板壁厚度较大,或有桁架式横隔板等使截面在扭转时保持截面周边不变形时,自由扭转即是无纵向约束的刚性转动,可以认为,在扭矩作用下只引起扭转剪应力,而不引起纵向正应力。梁在纵向有位移而没有变形。

单箱梁在外扭矩 M_k 作用下,剪力流 $q = \tau t$ 沿箱壁为常数,建立内外扭转平衡方程,见图4-53,即得:

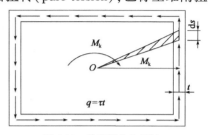

图4-53 单箱梁自由扭转

$$M_k = \oint_s q r_s \mathrm{d}s = q \oint_s r_s \mathrm{d}s = q\Omega = 2qA \tag{4-29}$$

扭转剪应力:

$$\tau = \frac{q}{t} = \frac{M_k}{t\Omega} = \frac{M_k}{2At} \tag{4-30}$$

式中:A——箱梁薄壁中线所围面积,$\Omega = 2A$;

r_s——扭转中心至箱壁任意一点的切线垂直距离。

2. 自由扭转变形

箱梁自由扭转时,截面纵向位移变形图,呈反对称形状,见图4-54。设直线坐标 x 为梁轴方向,用于确定箱梁各截面位置;s 为曲线坐标,用于确定截面上各点的位置;$u(x,s)$ 为纵向位移,$v(x,s)$ 为箱周边切线方向位移。箱梁上任意点 A[图4-54a)]的剪应变,根据图4-54b)可以表示为:

$$\gamma = \frac{\tau}{G} = \frac{\partial u}{\partial s} + \frac{\partial v}{\partial x}, \qquad v = r_s \theta(x) \tag{4-31}$$

式中:$\theta(x)$——截面扭转角;

G——剪切弹性模量。

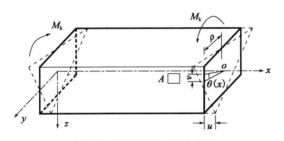
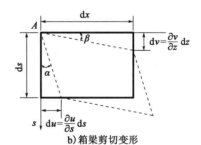

a) 箱梁承受扭矩荷载后翘曲变形   b) 箱梁剪切变形

图4-54 单箱梁自由扭转的截面凸凹

积分式(4-31),即可得纵向位移计算式:

$$u(x,s) = u_0(x,0) + \int_0^s \frac{\tau}{G} \mathrm{d}s - \theta'(x) \int_0^s r_s \mathrm{d}s \tag{4-32}$$

式中：$u_0(x,0)$——积分常数，为初始点纵向位移值；

$\theta'(x)$——扭转率(rate of twist, torsional curvature)，$\theta'(x) = \dfrac{\mathrm{d}\theta(x)}{\mathrm{d}x}$。

如果积分路径沿着箱梁周边一周，由于始点纵向位移与终点位移 u 是相同的，则：

$$\oint_s \frac{\tau}{G}\mathrm{d}s = \theta'(x)\oint_s r_s \mathrm{d}s = 2\theta'(x)A \qquad (4\text{-}33)$$

式(4-33)表示箱壁剪切变形与截面扭转率 $\theta'(x)$ 的关系。

将 $\tau = \dfrac{q}{t}$ 代入式(4-33)，可得：

$$\oint_s \frac{q}{tG}\mathrm{d}s = 2\theta'(x)A \qquad (4\text{-}34)$$

代入式(4-29)，经演化可得：

$$\theta'(x) = \frac{M_k}{GJ_d} \qquad (4\text{-}35)$$

式中：$J_d = 4A^2 \Big/ \oint \dfrac{\mathrm{d}s}{t}$——自由扭转惯性矩(torsional constant)，其大小与箱梁剪切模量、箱壁中线所围面积以及箱壁厚度有关。

引用式(4-30)和式(4-35)的关系，代入式(4-32)，纵向位移计算式可做如下简化：

$$u(x) = u_0(x) + \theta'(x)\overline{\omega} \qquad (4\text{-}36)$$

式中：

$$\overline{\omega} = \int_0^s r_s \mathrm{d}s - \frac{2A\int_0^s \dfrac{\mathrm{d}s}{t}}{\oint \dfrac{\mathrm{d}s}{t}} \qquad (4\text{-}37)$$

式(4-36)称为广义扇性坐标。

至此，箱梁自由扭转时的应力、变形和位移都可求解。

3. 抗扭惯性矩

图 4-55 所示的薄壁单箱单室截面，可以将它分为两个部分：两边悬出的开口部分和闭口部分，分别按开口截面和闭口截面计算出它的抗扭惯性矩。截面总抗扭惯性矩为两部分抗扭惯性矩之和。对于多个单箱通过板件连接成的薄壁多箱单室截面，可以将它分为两边悬出与连接各箱的开口部分和各单室闭口部分，分别按开口截面和闭口截面计算出它的抗扭惯性矩。截面总抗扭惯性矩为开口部分与闭口部分抗扭惯性矩之和。设箱形截面可以分割为 n 个单室闭口截面和 m 个矩形截面，截面总抗扭惯性矩按式(4-38)计算：

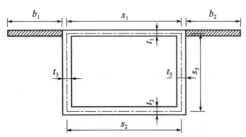

图 4-55　单箱单室截面

$$I_T = I_{T_1} + I_{T_2} \qquad (4\text{-}38)$$

式中：

$$I_{T_1} = \sum_{i=1}^m \alpha_i b_i t_i^3, \qquad I_{T_2} = \sum_{i=1}^n \frac{4A_i^2}{\oint_i \dfrac{\mathrm{d}s}{t}} \qquad (4\text{-}39)$$

其中：
$$\alpha_i = \frac{1}{3}\left[1 - 0.63\frac{t_i}{b_i} + 0.0525\left(\frac{t_i}{b_i}\right)^5\right] \tag{4-40}$$

薄壁单箱单室截面的总抗扭惯性矩为：
$$I_T = I_{T_1} + I_{T_2} \tag{4-41}$$

式中：
$$I_{T_1} = \alpha_1 b_1 t_1^3 + \alpha_2 b_2 t_1^3, \quad I_{T_2} = \frac{4A^2}{\oint \frac{ds}{t}} = \frac{[(s_1+s_2)h]^2}{\frac{s_1}{t_1} + \frac{s_2}{t_2} + 2\frac{s_3}{t_3}} \tag{4-42}$$

（二）薄壁多室箱梁自由扭转

假设第 i 室循环剪力流为 q_i，对于箱壁中任意相邻箱壁的剪力流为 $q_{i,j} = q_i - q_j$。

为了求得循环剪力流 q_i，必须建立变形协调方程。注意到箱梁截面扭转率 $\theta'(x)$ 为常数，且箱壁 i,j 的剪应力 $\tau_{i,j} = \frac{q_{i,j}}{t}$。根据式(4-34)对于多室截面沿第 i 室周边进行一周的线积分，可得：

$$\oint_s \frac{q_{i,j}}{tG} ds = 2\theta'(x) A_i \tag{4-43}$$

将 $q_{i,j} = q_i - q_j$ 代入式(4-43)，可得：

$$\oint_s \frac{q_i}{tG} ds - \sum_j \frac{q_j}{G} \int_{i,j} \frac{ds}{t} = 2\theta'(x) A_i \tag{4-44}$$

式中：q_j——与第 i 室相邻的第 j 室的剪力流。当箱梁截面由 n 个室组成时，由式(4-44)可以写出 n 个方程（$i = 1, 2, \cdots, n$）。

假设
$$\bar{q}_i = \frac{q_i}{G\theta'(x)} \tag{4-45}$$

$\bar{q}_i$ 称为第 i 室的扭转函数，代入式(4-45)可得：

$$\bar{q}_i \oint_s \frac{ds}{t} - \sum_j \bar{q}_j \int_{i,j} \frac{ds}{t} = 2A_i \quad (i = 1, 2, \cdots, n) \tag{4-46}$$

由式(4-46)可以求得 n 个扭转函数 $\bar{q}_i$，为了求得循环剪力流 q_i 和剪应力 $\tau_{i,j}$，必须建立扭矩平衡方程。

取外扭矩 M_k 与 n 个 q_i 对扭转中心 O 所产生的扭转力矩平衡，可得：

$$M_k = \sum_{i=1}^{n} \oint_i q_i r_s ds = 2\sum_{i=1}^{n} q_i A_i = 2G\theta'(x) \sum_{i=1}^{n} \bar{q}_i A_i \tag{4-47}$$

假设 $J_d = 2\sum_{i=1}^{n} \bar{q}_i A_i$，代入式(4-47)可得：

$$\theta'(x) = \frac{M_k}{GJ_d} \tag{4-48}$$

式(4-48)与式(4-35)形式相同，J_d 为薄壁多室箱梁的自由扭转惯性矩。

将式(4-48)代入式(4-43)可以求得第 i 室的循环剪力流 q_i：

$$q_i = G\theta'(x) \bar{q}_i = \frac{M_k}{J_d} \bar{q}_i \tag{4-49}$$

箱壁 i,j 的剪应流 $q_{i,j}$ 和剪应力 $\tau_{i,j}$ 可由式(4-50)、式(4-51)求得：

$$q_{i,j} = q_i - q_j \tag{4-50}$$

$$\tau_{i,j} = \frac{q_{i,j}}{t} \tag{4-51}$$

四、箱梁约束扭转分析

(一)基本假定

当箱梁有强大横隔板,扭转时截面自由凸凹受到约束,而使纵向纤维受到拉伸或压缩,从而产生约束扭转正应力与约束扭转剪应力。当箱梁截面比较扁平或狭长,或在变截面箱梁中,都有这种应力状态存在。

这里只简要介绍箱梁截面约束扭转的实用理论,它是建立在以下假设的基础上。

(1)箱梁扭转时,周边假设不变形,切线方向位移 $v(x)$ 为：

$$v(x) = r_s \theta(x), \frac{\partial v}{\partial x} = r_s \theta'(x) \tag{4-52}$$

式中：r_s——由扭转中心到壁厚中线上的点 s 的切线的距离；

$\theta(x)$——扭转角。

(2)箱壁上的剪应力与正应力均沿壁厚方向均匀分布。

(3)约束扭转时沿梁纵轴方向的纵向位移(即截面的凸凹)假设同自由扭转时纵向位移的关系式[式(4-36)]存在相似规律变化。

$$u(x) = u_0(x) + \beta'(x)\omega \tag{4-53}$$

式中：$u_0(x)$——初始位移,为一积分常数；

$\beta(x)$——$\beta(x)$ 为截面凸凹程度的某个函数,$\beta'(x) = \dfrac{\mathrm{d}\beta}{\mathrm{d}x}$；

ω——广义扇性坐标。

(二)约束扭转正应力

约束扭转正应力为：

$$\sigma_\omega = E\omega \frac{\mathrm{d}^2\beta}{\mathrm{d}x^2} \tag{4-54}$$

式中：E——弹性模量；

ω——广义主扇性坐标；

x——主梁轴线方向坐标。

定义 $M_\omega = \displaystyle\int_A \sigma_\omega \omega \mathrm{d}A = EI_\omega \dfrac{\mathrm{d}^2\beta}{\mathrm{d}x^2}$,则式(4-54)可以写成：

$$\sigma_\omega = \frac{M_\omega \omega}{I_\omega} \tag{4-55}$$

式(4-55)与弯曲正应力计算公式的形式相同,不同的是用广义扇性坐标代替扇性坐标,用函数 $\beta(x)$ 代替扭转角。

这里,σ_ω 也称为扭转正应力或扇性正应力,相应地 M_ω 称为弯曲扭转双力矩,I_ω 为广义主扇性惯性矩。

(三) 约束扭转剪应力

箱梁扭转变形受到约束时,与薄壁开口截面杆件约束扭转相同,扭矩产生的剪应力 τ_T 可以分为自由扭转剪应力 τ_s 和约束扭转剪应力 τ_ω 两部分,即

$$\tau_T = \tau_s + \tau_\omega \tag{4-56}$$

自由扭转剪应力 τ_s 前面已经讲述,在此不再赘述。

类似于薄壁开口截面杆件约束扭转,约束扭转剪应力 τ_ω 可以表达为:

$$\tau_\omega = \frac{T_\omega S_\omega}{I_\omega t} \tag{4-57}$$

上式与弯曲剪应力计算公式的形式相同,t 为壁厚;I_ω 为广义主扇性惯性矩;S_ω 为广义主扇性静矩;T_ω 称为弯曲扭转力矩,定义为:

$$T_\omega = -EI_\omega \frac{d^3\beta}{dx^3} = -\frac{dM_\omega}{dx} \tag{4-58}$$

(四) 约束扭转微分方程

弯曲扭转双力矩 M_ω 与扭转角 θ 的关系如下:

$$M_\omega = EI_\omega \frac{d^2\theta}{dx^2} \tag{4-59}$$

类似于弯矩与挠度的关系,弯曲扭转双力矩 M_ω 和弯曲扭转力矩 T_ω 的求解也与弯矩和剪力的计算方法相同,两者不同的是,截面几何特性要用扇性坐标表示,变形边界条件为扭转变形和截面翘曲变形。如果能够求得结构在扭矩作用下的扭转角,约束扭转正应力与剪应力的计算方法与弯曲正应力与剪应力的计算方法完全相同。

相类似于薄壁开口截面杆件,杆件在分布扭矩 $m_t(x)$ 作用下的薄壁闭口截面杆件的约束扭转微分方程可以近似地表达为:

$$EI_\omega \frac{d^4\beta}{dx^4} - GI_T \frac{d^2\theta}{dx^2} = m_t(x) \tag{4-60}$$

式中:G——剪切弹性模量;
　　　I_T——自由扭转惯性矩;
　　　θ——扭转角。

根据内外扭矩的平衡,$M_T = \oint_A \tau r_s t ds$,可以得到:

$$M_T = G[(I_T - I_p)\beta' + I_p \theta'] \tag{4-61}$$

式中:M_T——外扭矩;
　　　I_p——极惯性矩,$I_p = \oint_A r_s t ds$,其中 t 为壁厚,r_s 为由剪力中心到壁厚中线积分点 s 的切线的距离。

引入翘曲系数:

$$\mu = 1 - \frac{I_T}{I_p} \tag{4-62}$$

并且注意到 $m_t(x) = \dfrac{dM_T}{dx}$,可得:

$$\beta''(x) = \frac{\theta''(x)}{\mu} + \frac{m_t(x)}{\mu GI_p} \tag{4-63}$$

将式(4-63)代入式(4-60),并且引入约束扭转的弯扭特征系数:

$$\alpha = \sqrt{\frac{\mu GI_T}{EI_\omega}} \tag{4-64}$$

可以得到箱梁约束扭转微分方程:

$$\frac{d^4\theta}{dx^4} - \alpha^2 \frac{d^2\theta}{dx^2} = \frac{\mu m_t(x)}{EI_\omega} \tag{4-65}$$

【思考题】

1. 简述钢箱梁桥的结构形式和特点。
2. 简述钢箱梁桥的组成和各部分的作用。
3. 钢箱梁桥的横截面布置应考虑哪些主要因素?主梁间距是如何确定的?
4. 钢箱梁桥的平面布置应考虑哪些主要因素?横梁间距是如何确定的?
5. 钢箱梁桥支座及临时支点如何布置?
6. 钢箱梁桥主梁梁高的确定应考虑哪些主要因素?与跨径和荷载有何关系?
7. 钢箱梁桥为什么要设置横隔板?有哪些常用的结构形式?它们的间距和刚度是如何确定的?
8. 开口截面与闭口截面扭转惯性矩和剪应力计算有何主要异同点?

第五章 钢桁梁桥

钢桁梁的使用非常广泛,它是一种跨越能力非常强的桥梁结构,在桥梁钢结构中占有重要的地位。半个多世纪以来,以武汉长江大桥为代表,国内已经修建了数百座大型桁梁桥。当钢桁梁形成拱桁结构,或者作为加劲梁与缆索承重体系形成组合结构体系时,可以适应更大跨径。由于钢桁梁桥在刚度上的优势,故在铁路桥梁和公铁(公轨)两用桥梁方面是首选桥型。特别是近年来,随着高速铁路和城市轨道交通的发展以及钢结构制造水平的提高,大跨径钢桁梁桥增多趋势明显。现代钢桁梁结构能给人轻盈的美感,公路钢桁梁桥(甚至小跨径桥梁)也逐渐增多。

钢桁梁桥全桥模型

对于钢桁梁桥,其钢桁架结构的各杆件主要承受轴力作用,与同时承受弯矩及剪力的钢板梁桥、钢箱梁桥相比较,用钢量并不随跨径的增大而大幅度增加,因而是大跨径桥梁中经济竞争力非常突出的结构形式,一般认为钢桁梁桥跨径在60m以上时就有较好的经济性。

第一节 钢桁梁的组成与结构形式

一、钢桁梁的组成

钢桁梁桥按桥面位置的不同,可分为上承式桁梁桥(deck truss girder bridge)、下承式桁梁桥(through truss girder bridge)和双层桁梁桥(double deck truss bridge)。以一座下承式简支钢桁梁为例,桁梁桥由主桁(truss girder)、联结系(bracing system)、桥面系(floor system)及桥面(bridge deck)组成,见图5-1。

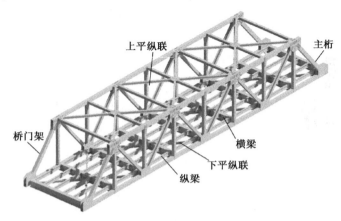

图5-1 下承式简支钢桁梁

(一)主桁

钢桁梁桥的主桁架是它的主要承重结构,将结构承受的竖向荷载通过支座传给墩台。主桁架由上、下弦杆(upper chord, lower chord)和腹杆(web member)组成。腹杆又分为斜杆(diagonal member)和竖杆(vertical member)两种,有些桁架没有竖杆,杆件交汇处称为节点。有斜杆交汇的节点,受力及构造比较复杂,节点板尺寸也较大,通常被称为大节点(principal panel point)。仅有竖杆和弦杆交汇的节点,受力及构造较简单,节点板尺寸也较小,被称为小节点(secondary panel point)。在大节点处,左右弦杆的内力不等,截面也会不同。小节点处左右弦杆的内力相等、截面相同。节点之间的距离为节间,节间的长度一般也是钢桁梁桥面系横梁的间距及纵梁的跨径。

(二)纵向和横向联结系

联结系分纵向联结系和横向联结系两种。联结系的作用是使主桁架联结起来,使之成为稳定的空间结构,能承受各种横向荷载。

纵向联结系(longitudinal bracing)设在主桁架的上、下弦杆的平面内,分别称为上部水平纵向联结系(upper lateral bracing)与下部水平纵向联结系(lower lateral bracing)(简称上平纵联与下平纵联)。平纵联的主要作用为承受作用于桥跨结构上的横向水平荷载,包括作用于主桁架、桥面系、桥面和车上的横向风力、车上横向摇摆力及曲线桥上的离心力。平纵联的另一个作用是横向支撑弦杆,减少弦杆平面以外的自由长度。此外,平纵联对桥梁的横向刚度及横向自振频率影响较大,对铁路桥梁尤其是高速铁路桥梁,必须特别关注。

横向联结系(lateral bracing)设在桥跨结构的横向平面内。位于桥梁端部的称为端横联,在下承式桁梁桥上的称为桥门架(portal frame)。位于桥跨结构中部的称为中横联。桥门架设在主桁架端斜杆平面内;中横联设在主桁架竖杆平面内,主桁架没有竖杆时,中横联可设在主桁架中间斜杆平面内。中间横联的间距一般不大于两个节间。中横联的作用是增加钢桁梁的抗扭刚度。当桥跨结构受到不对称的竖向荷载或横向荷载时,中间横联还可以适当调节两片主桁或两片纵联的不均受力。

(三)桥面联结系

钢桥的桥面联结系是指支撑桥面的纵梁(longitudinal beam)和横梁(cross beam),见图 5-1。桥面传来的荷载先作用于纵梁,再由纵梁传至横梁,然后由横梁传至主桁架节点。纵梁之间的联结系将两片纵梁联成整体。

(四)桥面板

桥面板是供车辆和行人行走的部分。根据桥面联结系形式不同,桥面板的形式也有所不同。

二、结构体系

钢桁梁桥常见的结构体系有简支梁、连续梁和悬臂梁。

(一)简支桁梁桥

1. 主桁基本几何图式

主桁架是钢桁梁桥的主要组成部分,它的图式选择是否合理,对桁梁桥的设计质量起着重要作用。选择主桁图式的原则是经济、构造简单、有利于标准化及便于制造安装。根据腹杆几何图形的不同,主桁架常见的几何图式可以归纳为如图 5-2 所示的 4 种基本类型。a)、b)、c)、d)为三角式;e)为斜杆式;f)为 K 形桁架;g)、h)为双重腹杆式。

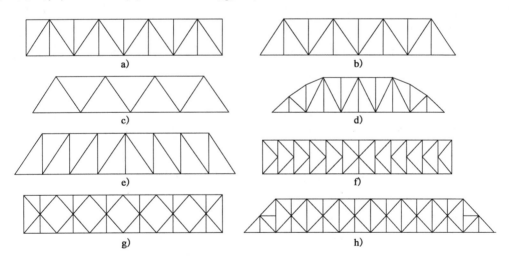

图 5-2　主桁基本几何图式

(1)三角形桁架(warren truss)

由斜腹杆与弦杆组成等腰三角形的桁架称为三角形桁架,见图 5-2a)~d),是目前世界上应用最广的一种桁架式样,可适用于大、中、小各种跨径。与其他类型的桁架相比,它的主要优点是斜杆呈等腰三角形布置,弦杆的规格、有斜杆交汇的大节点数量以及受压斜杆数量较少。

当设置竖杆时,节间长度减少,大大扩充了三角形桁式的适用范围,便于设置横向联结系。由于支撑横梁的竖杆只承受局部荷载,内力很小,截面一般相同,但会导致整体桁架挠曲线不平顺,并在弦杆中产生较大附加内力(二次内力)。不支撑横梁的竖杆只起支撑弦杆的作用,内力为零,有时可以去掉。节间较小的三角形桁架也可不带竖杆,节间太大的三角形桁架,为避免纵梁太长,可用节间再分的办法减小纵梁的支承跨径。

相对于图 5-2a),下承式桥还可将端竖杆与端上弦杆省去,如图 5-2b)所示。我国铁路下承式栓焊桁梁桥的标准设计,主桁图式主要采用图 5-2b)的形式,节间长度为 8m,桁高为 11m。公路桁架桥的主桁图式也采用这种形式。

现代桁梁桥由于采用整体式钢桥面,与原有的纵横梁桥面体系不同,已大量采用不带竖杆的纯三角形体系。图 5-2c)是最为简洁的三角形桁式,与图 5-2b)相比,减少了竖杆,跨径增大时桁高随之增加,节间长度也增加。如为纵横梁桥面体系,过大的节间长度会造成主桁杆件本身、桥面系、联结系布置不合理。

在大跨径钢桁梁桥中,为了节省钢材,过去曾将桁高做成随弯矩而变化,上弦呈折线形的主桁架图式,使弦杆的截面设计得更为合理,如图 5-2d)所示。从理论上说,用钢量比平行弦杆桁架要省,但事实上却带来了腹杆长度多变、节点构造复杂、在移动荷载作用下腹杆体系较弱、施工架设不便等一系列问题。故现代钢桁梁桥已摒弃了这种折线形桁架,无一例外地采用平行弦杆,以尽可能简化结构形式,适用于现代化工厂机械化制作和采用起重机在上弦架设的施工过程。

(2)斜杆形桁架(pratt truss)

相邻斜杆互相平行的桁架称为斜杆形桁架(也称为 N 形桁架),如图 5-2e)所示。它与三角形桁架相比,其弦杆规格多,每个节间都有变化;竖杆不仅规格多,而且内力大,所有节点都有斜杆交汇,均为大节点。因此,在构造及用钢量方面都不及三角形桁架优越,竖杆是主要受力杆件,而三角形桁架的竖杆是局部受力杆件,目前梁桥已很少采用这种桁式,而在钢桁梁斜拉桥中常采用。在斜拉桥体系中斜杆形桁架受力变得合理,斜杆的布置也给人以韵律美感,新建的平潭海峡公铁两用大桥桁梁采用此种形式。

(3)K 形桁架(K truss)

斜杆与竖杆构成 K 字形的桁架称为 K 形桁架,如图 5-2f)所示。由于主桁架同一节间内的剪力由两根斜杆分担,其斜杆截面较上述两种类型要小。但这种桁架的杆件规格品种多,节点多,节间较短,纵、横梁的件数和连接较多,用于中小跨径时,构造显得复杂,偶尔在大跨径桥上采用。但 K 形桁架具有杆件短小、轻便的优点,故适宜于装拆式桥梁。

(4)双重腹杆体系桁架(parallel chord rhombic truss)

双重腹杆体系桁架(又称菱形桁架或米字形桁架)是将两个三角形桁架叠合而成,如图 5-2g)、h)所示。图 5-2h)一般适用于下承式钢桁梁桥。双腹杆体系的明显优点是,随着桁高的增加,节间长度和斜腹杆长度仍然可以保持在合理范围之内,因此适用于大跨径。同时,由于斜杆截面小,则在节点板上的连接栓钉数也少,有助于解决大跨径桁架节点复杂问题,如我国铁路标准设计($l=96\sim120m$)下承式简支栓焊钢桁梁桥。对于这种桁式,需要注意的是,在端部和中间支点集中力作用处必须设大竖杆,以便使两个腹杆体系均衡传力。

2. 主桁的基本尺寸

钢桁梁桥主桁架的主要尺寸包括:桁架高度、节间长度、斜杆倾角和两片主桁架的中心距。

这些尺寸拟定得是否合理,对钢桁梁的技术经济指标有决定性影响。

(1)主桁高度

主桁高度是由用钢量、杆件内力和桁架挠度等要求来确定的。在上承式桁梁中,还要考虑容许建筑高度的要求,下承式应保证净空要求。

桁架高度大,弦杆受力较小,截面也小,可以减少弦杆的用钢量,但腹杆增长,用钢量会有所增加;桁架高度小,则反之。从理论上讲,当总的弦杆用钢量与腹杆用钢量最少时,桁架的用钢量最省。对于一定跨径的桁架桥,当选取的桁架高度为用钢量较经济时,称为经济高度。根据大量统计资料得知,单线铁路下承式桁梁经济梁高为跨径的1/6.5~1/6。由于公路桥荷载小些,公路桥主桁的经济梁高要比铁路桥小。

钢桁梁桥应具有必要的竖向刚度,通常把挠度作为衡量竖向刚度的标志。挠度大时,梁端的转角也大,影响行车的平顺和安全,节点刚性次应力和活载动力作用也大。拟定主桁高度时,应对挠度进行初步验算。简支钢桁梁和连续钢桁梁的边跨,容许挠度为跨径的1/900,中跨为1/750。挠度限制是桁高的主要控制条件。简支钢桁梁的梁高可参考表5-1中所列高跨比的范围选用。

简支钢桁梁的梁高范围　　　　表5-1

桥型	铁路桥		公路桥	
	平行弦桁架	多边形桁架	平行弦桁架	多边形桁架
下承式	1/7L	(1/6.5~1/5)L	(1/10~1/7)L	(1/8~1/5.5)L
上承式	(1/8~1/7)L	(1/10~1/8)L		

对下承式钢桁梁桥,不但要考虑桥下净空要求,还要满足桥上行车净空要求。考虑到桥面、桥面系及横联所占的高度,主桁高度至少是9m,标准设计中采用11m。

(2)节间长度(panel length)

主桁架的节间长度直接影响主桁架纵横梁的跨径和斜腹杆的倾角。节间长,则纵梁的跨径大,纵梁用钢量多,横梁数量减少,横梁用钢量也减小。由于纵梁占桥面系用钢量的比值较大,因此纵梁跨径(节间长度)不宜过大。

解决主桁节间长度与纵梁跨径之间矛盾的办法是适当压缩主桁节间长度和减小纵梁跨径。在大跨径桥梁中,过分加大纵梁跨径,势必增加桥面系重量,加大主桁架的自重。在这样的情况下,必须从腹杆体系或主桁体系上来解决这一问题。例如采用再分式腹杆体系或采用劲性梁代替主桁弦杆,允许横梁连接在节间范围以内。我国大跨径的武汉长江大桥、南京长江大桥、枝城长江大桥等均采用再分式的米字形腹杆体系解决这一矛盾。

中、小跨径的桁架,上承式桁架的节间长度一般为3~6m,下承式桁架的节间长度一般为6~10m,跨径较大的下承式桁架节间可达12~15m。公路桥的节间长度可适当增大,因为公路桥面较轻,纵梁跨径增大对桥面总重量的增加比值不会很大。

特大型钢桁梁的杆件内力非常大,杆件轮廓尺寸相应增加,高宽尺寸可以达到2m以上。因此,节间长度需要跟着适当加长,如果节间太小,主桁挠曲变形可能会引起很大的节点次弯矩。这种情况下的节间加长因伴随着高宽加大,杆件长细比很容易控制在合理范围内。

钢板供货长度也需要适当考虑,国内最合适的供货长度是12~14m,16~18m板件钢厂供应比较困难,但尚能协商供应。如果再长,就需要工厂对焊接了。

在有效桁宽、跨径已知的条件下,若采用表 5-2 中列出的节间数与桁高的最佳组合,则用钢量为最少。

节间数与桁高的最佳组合　　　　　　　表 5-2

桁架间距(m)	跨径 L(m)	最佳节间数	最佳桁高 h(m)	跨径与桁高 L/h
6	50	7	7.0	7.1
6	60	7	9.5	6.3
6	70	7	10.5	6.6
6	80	8	13.0	6.2
6	90	9	15.0	6.0
6	100	10	16.0	6.2
9	60	6	12.0	5.0
9	80	8	14.5	5.2
9	100	10	17.0	5.9

(3) 斜杆倾角(inclination of diagonal)

斜杆倾角由主桁高度与节间长度的比值决定,对腹杆用钢量和节点构造有很大影响。倾角过小,将导致腹杆长度增大、数量减少、内力增大,反之亦然。此外,倾角过小或过大,均使斜杆无法伸入节点中心,节点板变得很长或很高,使面外的刚度变小。有竖杆的桁架倾角不应小于 45°,合理倾角为 50°左右;无竖杆的桁架的合理倾角为 60°左右。腹杆斜度明显影响节点大小,合理的斜度可使节点紧凑,节点板尺寸较小,降低节点次应力。

当斜杆倾角与桁高、节长有矛盾时,可在合理范围内进行调整。

(4) 主桁中心距

钢桁梁桥主桁架的中心距离由横向刚度和稳定性决定。铁路钢桥中,若主桁间距太小,钢桁梁的横向刚度将不足,导致列车过桥时引起桥跨结构剧烈的横向振动,轻则影响旅客舒适,重则导致列车脱轨。由于桥梁横向振动的机理和计算方法尚不成熟,目前我国铁路单线钢桁桥主桁间距主要由横向刚度控制,在确定主桁中心距时必须特别注意。对特殊类型桥梁必须进行桥梁结构动力分析。

下承式钢桁梁桥的主桁中心距还应满足桥梁建筑限界的要求。上承式桁梁桥的主桁中心距还要考虑横向倾覆稳定性的要求,抗倾覆稳定安全系数不得小于 1.3。

我国铁路从 1958 年开始制定自己的标准设计,早期钢桁梁的主桁中心距为 5.75m,提速后这些桥梁在货物列车过桥时横向振动激烈,桥梁的横向刚度明显不足,2000 年后主桁中心距改为 6.4m。

在拟定上述尺寸时,需考虑标准化和模数化,目的在于使设计、制造、安装、养护和更换工作简化及方便。我国桥梁厂有适应制造标准设计的整套设备,以满足工厂制造、工地安装的需要。标准设计中的纵梁、横梁、主桁和联结系杆件以及节点板等部件的主要尺寸基本相同,以减少杆件类型;制造时只需较少的设备,便能控制产品质量和提高工效;运输时杆件编号少,便于装运和存放;安装时同类杆件可以互换,加快了安装速度;运营期间如遇个别杆件损坏,可用备用杆件换上,对养护、战备都有利。

3.我国铁路钢桁梁桥标准设计的主桁几何图式及其基本尺寸

我国单线铁路简支钢桁梁桥标准设计共有3组图式、6种跨径,见图5-3。

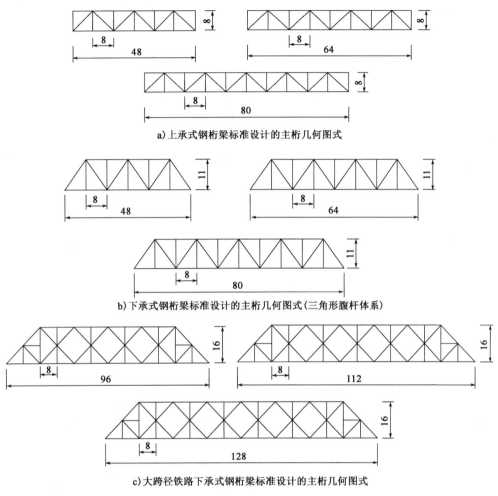

图5-3 我国铁路钢桁梁桥标准设计(尺寸单位:mm)

第Ⅰ组为上承式钢桁梁,跨径有48m、64m、80m三种,如图5-3a)所示,主桁几何图式为带端竖杆的三角形腹杆体系,主桁高度为8m,节间长度也为8m,主桁中心距为4m。

第Ⅱ组为下承式钢桁梁,跨径仍为48m、64m、80m三种,如图5-3b)所示,主桁几何图式为三角形腹杆体系,主桁高度为11m,节间长度也为8m,主桁中心距为6.4m。

第Ⅲ组也为下承式钢桁梁,跨径有96m、112m、128m三种,如图5-3c)所示,主桁几何图式为米字形,主桁高度为16m,节间长度也为8m,主桁中心距为6.4m。

(二)连续桁梁桥

跨径大于100~120m的多孔桥,采用连续桁梁桥较为合理。和简支桁梁桥相比,连续桁梁桥具有下列优点:①便于采用悬臂法架设钢梁,安装内力比较接近于设计内力,这使得桁架杆件不会因采用悬臂法架梁而过多地加大截面或采用临时加固措施;②由于连续梁的最大弯矩比简支梁小,当跨径大于100m时,大致可节省4%~7%的钢材;③具有较大的竖向刚度和横向刚度,故在同等刚度的情况下,连续桁梁的梁高可较小;④连续桁梁的挠曲线匀顺连续,列车的冲击作用小,有利于车辆高速行驶;⑤连续梁在桥墩上只有一个支座,墩帽所需尺寸较简支梁小,墩身在竖向荷载作用下,只承受中心压力;⑥连续梁桥是静不定结构,通过调整支座高程可以调整杆件内力,使其内力分布更趋合理;⑦连续梁在遭到局部破坏时,不易整孔塌落桥下,损害小,修复也较容易。

1. 主桁架的几何图式

和简支桁架桥一样,根据不同的跨径、桁高和节间长度,连续桁架桥腹杆体系可分别采用三角形桁架、K形桁架、双重腹杆体系桁架以及其他形式。

连续桁梁桥最简单的几何图式是平行弦桁式,见图5-4。如图5-4a)所示,武汉长江大桥采用的三跨连续桁梁的几何图式,该桥钢桁梁腹杆采用双重腹杆体系。对于这种桁式需要注意的是,端部和中间支点集中力作用处必须设大竖杆,因为只有设大竖杆才能使两个腹杆体系均衡传力。

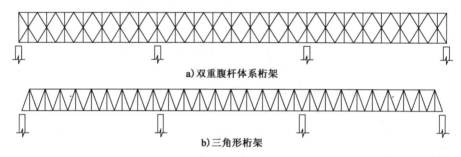

图5-4 连续桁梁桥的几何图式——平行弦桁式

由于连续梁中间支点附近的弯矩值急剧增大,若采用桁高相等的平行弦桁架,则该处弦杆内力变化很大。为此,可以让中间支点附近的桁高局部加大,从而使弦杆内力变化比较均匀,如图5-5所示。但是,这样会使杆件长度变化较多,也使架梁时架桥机难于在上弦行走。较好的方法是在下弦设第三弦杆,南京长江大桥、枝城长江大桥都是这样的结构,如图5-6a)所示。之所以在中间支点处增加梁高,是由于边跨挠度不能满足要求;同时悬臂安装时,梁端挠度和支点附近杆件内力都可能成为控制条件。通常,平弦桁高与跨径之比达到1/10的时候,边跨挠度会超标。与平弦菱形桁一样,也要特别注意大竖杆的使用,不仅支点处要设大竖杆,加劲弦端部也需设置。

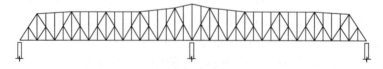

图5-5 连续桁梁桥的几何图式——曲线弦桁式

图5-6b)相对于图5-6a)没有设中弦。加高部分使用了米字形和K形桁式,其余为斜杆形桁。如果跨径特别大,也可以全部用K形桁式。在图5-6a)中,中弦杆接近下弦,中弦杆夹在上下弦之间,它的内力总是比同一截面处的上下弦小很多。虽然中弦在传力方面多少还是起到一些作用,但在构造方面却有明显缺点。它会造成下弦与中弦之间的夹角很小,使节点布置

复杂化。同时,还使得靠近这个节点的下弦上小竖杆很短,次弯矩很大。如果不用中弦,这些困难则不会存在。国外的大型钢桁梁进行支点加劲的大桥很多,但是还没有看到采用中弦的例子。

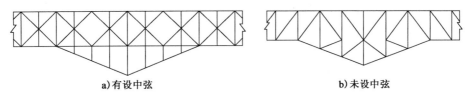

图 5-6 连续桁梁桥的几何图式——加劲弦桁式

2. 跨径布置

连续梁桥最常采用的每联跨数是两跨或三跨。当采用两跨连续时,一般做成两跨相等;当采用三跨连续时,从用料经济方面考虑,跨径的合理比例一般为 7∶8∶7,使边跨所受的弯矩和中跨所受的弯矩大致相近;当全桥有多联的三跨连续梁时,为使桥梁从总体上看比较匀称美观,也可使三跨相等,如我国的武汉长江大桥就采用 3 联 3×128m。连续钢桁梁桥边跨设置比较灵活,边跨与中跨比值在 0.4~1.0 之间。边跨较小时,边墩可能出现负反力,应采取措施克服。考虑到用悬臂法架梁的方便和减少水中桥墩工程量,连续桁架桥也有做成四跨连续或五跨连续的。但随着连续跨径数目的增加,梁端因温度变化将引起较大的水平位移,使得梁端伸缩处的构造比较复杂;同时,固定支座所传递的制动力也大大增加,相应制动墩的工程数量也会增大。在用钢量方面,四跨或五跨连续与三跨连续相比,差别很小。

3. 主要尺寸

(1) 主桁桁高

连续桁梁因竖向刚度大,其梁高可以做得比简支桁梁矮一些,通常为跨径的 1/8~1/7。跨径很大时,为避免弦杆截面尺寸相差过分悬殊而难以设计,可将支点上方桁高适当加大。一般可为跨中桁高的 1.2~1.5 倍。但不宜将加高部分的外形做得太尖。在已建成的大桥中,3 跨及 3 跨以上的等跨连续桁梁,常用桁高 H 为跨径 L 的 1/10~1/8。如果用到 1/10 的话,中间支点处常常需要增加桁高,如表 5-3 所示。为了美观、制造标准化及安装时便于爬行起重机在上弦移动,近代修建的连续钢桁梁桥常做成平行弦的。

高跨比示例 表 5-3

桥名	跨径(m)	桁高(m)	高跨比	附注
武汉长江大桥	3×128	16	1/8	
南京长江大桥	3×160	16	1/10	支点增加桁高 14m
枝城长江大桥	3×160	16	1/10	支点增加桁高 14m
孙口黄河大桥	3×108	13.6	1/7.94	

主跨不超过 150m 的连续组合钢桁梁一般采用等高布置,等高公路连续梁中钢桁架高度一般为主跨径的 1/15 左右,铁路桥桁高比公路桥略高,简支梁桁高明显高于连续梁。主跨在 150m 以上时,考虑受力合理性、材料用量和景观效果,宜采用变高连续梁。

(2) 主桁节间长度

我国设计的连续桁梁桥主桁节间长度一般采用 8m。考虑到大跨径连续桁架桥的杆件截面大,若仍用8m的节间长度,则会因节点刚性大而产生较高的次内力。而且,如果主桁的高度较大,为了维持适当的斜杆倾角,采用较大的节间长度也有必要。因此,对于大跨径的连续桁梁桥,可考虑采用大于8m的节间长度。如图5-7所示的三角形桁式的双线铁路连续桁梁桥,桁高15m,节间长度为9.5m。前面图5-4b)中所示的无竖杆三角形桁式,节间长度及桁高均为12m。

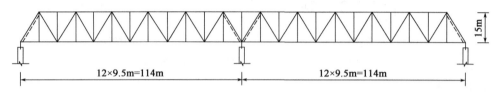

图5-7 连续桁梁桥的三角形主桁几何图式

(3)主桁中心距

前面已指出,连续桁架桥不仅具有较大的竖向刚度,而且具有较大的横向刚度。因此,在其他条件相同的情况下,下承式连续桁架桥的主桁中心距可比简支桁架桥稍小些。为使连续桁架桥具有较大的横向刚度,其平纵联也必须是连续的。为此,在端支承及中间支承处均需设置桥门架,以传递横向水平力。如图5-7中虚线所示,表示在该斜杆平面设有斜桥门架。

连续桁架桥主桁杆件的截面形式和截面选择所应注意的问题与简支桁架桥相同,但在大跨径桁架桥中,由于主桁杆件截面大,所用焊接的板厚大,目前所采用的钢材可焊接的板厚达50mm。

(三)悬臂桁梁桥

悬臂桁梁由锚跨(anchor span)、伸臂和悬跨(suspended span)组成,由悬挂跨和伸臂组成的叫组合跨,如图5-8所示。悬臂桁梁桥与连续桁梁桥具有许多相同的优点,例如,邻孔荷载可使跨中弯矩减小,相比简支梁可节省钢材4%~7%。悬臂梁是静定结构,杆件内力不会像连续梁那样受墩台不均匀沉陷的影响。但是,悬臂梁有以下一些缺点:①在挂孔与悬臂衔接处,线路有较大的折角,对行车不利;②悬臂桁梁需要设铰,而铰构造复杂,维护困难;③锚孔被毁会累及挂孔一起坠落。由于悬臂梁的诸多缺点,加上悬臂挂孔的事故不断,其安全性令人担忧,20世纪20年代起就停止建造了。

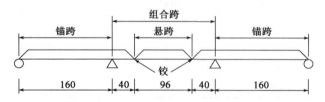

图5-8 悬臂桁梁桥的组成(尺寸单位:m)

在悬臂桁梁的设计中,布置铰的位置较为重要,这决定了悬臂桁梁的伸臂长度,而且对用钢量及竖向刚度影响较大。一般伸臂长与锚跨之比为1/4~1/3。为了使悬臂桁梁桥的弦杆内力较为均匀,也就是正、负弯矩处的弦杆内力接近,用钢量较节省,组合跨一般比锚跨要大,组合跨与锚跨之比按1.1~1.4为宜。在具体拟定时,还应考虑桥位处的地形、地质、水文、通航等条件。当伸臂过长时,应在锚跨的端支座处设拉力支座,以承担负的支反力。

悬臂桁梁的高度,对于挂梁及锚梁的跨中部分,可略低于简支梁,为跨径的 1/7～1/6.5。悬臂在支点处的高度可为臂长的 2/3 左右,过小则臂端挠度难于保证。悬臂桁梁桥做成平行弦的比较少。

如图 5-9 所示为国内外几座比较著名的悬臂桁梁桥。图 5-9a)为我国 1912 年建成的津浦线洛口黄河桥,它是新中国成立前国内跨径最大的钢桁梁桥。图 5-9b)为日本 1974 年建成的南港联络桥,是近代修建的跨径较大的悬臂钢桁桥。图 5-9c)为 1917 年建成的加拿大魁北克铁路桥,该桥施工过程中曾发生悬臂下弦压杆失稳的重大事故,这座悬臂梁桥迄今仍保持着梁式钢桥的跨径纪录。

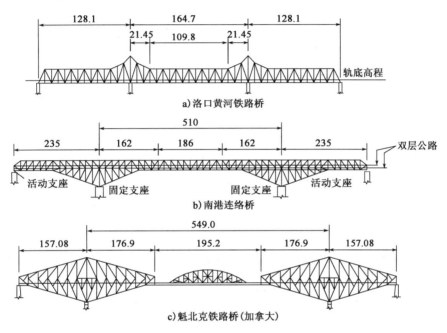

图 5-9　悬臂桁梁桥的几种图式(尺寸单位:m)

三、组合钢桁梁

较早的组合钢桁梁桥为了避免负弯矩区混凝土桥面板受拉,多采用简支结构。随着组合结构设计理论和实践的不断发展,连续梁体系的组合钢桁梁桥越来越多,成为普遍应用的桥型。多跨连续梁体系,可以少设或不设伸缩缝,使行车平稳、桥面系耐久性提高。对于大跨径桥梁,采用连续体系可以改善结构受力、减小梁高,并便于进行悬臂施工。桥墩较高、具有足够的柔度时,也可将桁梁与桥墩固结,形成刚构体系。连续刚构桥省去了支座及其维护费用,增大了桥梁刚度,并使主梁负弯矩区受力性能得到改善。

组合钢桁梁的结构形式可以分为平面桁架和空间桁架两大类;从其钢梁的横截面形状看,可以分为三类:矩形截面(包括梯形截面)、梯形桁式截面、三角形截面。组合钢桁梁桥结构形式的发展,使得人们针对铁路桥与公路桥、大跨径桥与小跨径桥等不同的需求,都能够获得合适的截面形式与结构方案。和纯钢桁梁相比,组合钢桁梁的抗弯能力与结构整体性更强,更适合刚度要求高和梁高受到限制等情况。

(一)平面桁架组合梁

采用平面桁架的组合钢桁梁,其钢梁和传统的钢桁梁桥一样,截面上下各两根弦杆,在纵向通过腹杆组成两片钢主桁,两片钢主桁之间通过横梁和平联连接成完整的钢桁梁。由于平面桁架组合梁结构与构造简洁、技术成熟,可以适应上承式桥梁、双层桥梁等多种需求,因此在公路桥梁、铁路桥梁及公轨(公铁)两用桥梁中都有大量应用。这种主桁形式在受到水平风力和偏载作用时,结构将发生扭转,导致横梁与腹杆受弯、上下弦杆受扭,需要对施工及运营期的相关受力问题加以考虑。对于上承式组合钢桁梁,尤其是铁路桥梁,通过在负弯矩区下弦设置混凝土板形成双层组合截面,既能提高纵向抗弯能力、加大桥梁跨越能力,又可加强结构整体性。

在组合梁中,上弦处的横梁和平(纵)联并不是必需的,平联的设置与否要看施工时的受力需要,对于组合钢桁梁桥,通常是不设上平联的。在运营时由组合桥面板替代其功能,以承受水平风荷载及活荷载等主梁横弯与扭转作用。两片钢主桁之间的上横梁通常是要设置的,一是为满足施工期的受力,二是用来支撑桥面板。但对于一些特殊的情况也可以取消,比如丹麦的 Øresund 海峡大桥,由于采用整孔预制的施工方法,取消了钢桁梁的上横梁与平联,其功能全部由混凝土桥面板替代。下弦处的横梁和平联也不是必需的,当下层通行铁路或公路交通时,可采用整体式桥面结构并与主桁结合,这种桥面结构将替代下横梁和平联的作用。Øresund 海峡大桥引桥的下层铁路桥面,采用了槽形混凝土道床与下横梁结合的结构形式,保留了下横梁,取消了下平联。对于组合钢桁梁的钢梁下弦结构形式而言,即使没有上述公路或铁路桥面结构,当负弯矩区采用双层组合结构时,下弦加设的混凝土板也可替代平联的作用,保留横梁仅为施工需要。

根据已建的公路或铁路组合钢桁梁实例,这种采用平面桁架的组合钢桁梁桥的宽度大部分为 11~14m,Øresund 引桥公路桥面宽达 23.5m。与纯钢桁梁相比,由于混凝土桥面板具有较大的刚度,在纵向和横向都参与整体受力,桁梁的平纵联和横联得到了简化,甚至被省略。同时,组合钢桁梁具有更大的刚度,梁高也可以适当降低。

西班牙 Ulla 河桥两片主桁上弦杆间距 6m,以 1/17.5 的斜率向内倾斜。上弦杆之间设钢横梁,桥面板与钢横梁分离。负弯矩区下层设 0.3~1.1m 厚的混凝土板,与下弦杆结合。正弯矩区下弦杆之间无钢横梁连接,设有较薄的混凝土预制板并作检查维护通道,如图 5-10 所示。

根据结构形式特点与工程实践经验,具有两片钢主桁(矩形截面)的组合钢桁梁桥有以下受力特点:

(1)桥面板与主桁弦杆结合形成整体截面共同受力,桥面板起到平联的作用,可省略平联杆件。

(2)利用上、下钢横梁和主桁斜杆组成的框架承受水平力,可不设横联,特殊情况下桥面板可以替代钢横梁。

(3)对于上承式组合钢桁梁,负弯矩区下弦设置混凝土板形成"双结合"截面,既能提高纵向抗弯能力,也加强了结构整体性。负弯矩区下弦混凝土板取代下平联。

(4)与传统钢桁梁相比,钢-混凝土组合钢桁梁中杆件数量大大减少,钢结构加工和后期维护都更加容易。

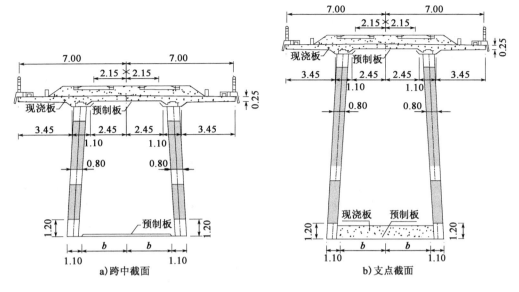

图 5-10　平面桁架组合梁横截面示例（Ulla 河桥主桥，尺寸单位：m）

（二）空间桁架组合梁（梯形截面）

具有纵横双向空间桁架结构的空间桁架组合钢桁梁（梯形桁式截面），在纵横双向都有稳固的受力体系，适用于宽桥面的公路桥梁。这种结构上下弦杆件及其与腹杆的连接复杂，下层空间有限，不太适合双层交通的桥梁。由于空间桁架形式在受力上的高效性，在大跨径宽桥面公路桥梁中具有很好的经济性。采用梯形桁式截面是对钢桁梁横截面形状的表述，和传统的钢桁梁不同，这是一种新的结构形式。截面上下分别有 3 根和 2 根弦杆，在纵向通过腹杆组成部分弦杆共用的四片连体钢主桁，各钢主桁之间通过横向水平杆件（上弦处可由钢横梁替代）和腹杆（与纵桁共用）连接成完整的空间钢桁架。

但这种结构相对复杂，将导致上下弦杆件及其与腹杆的连接复杂化。另外，横截面桁架式的布置使下层空间受限，难以适合双层桥梁的要求，下层一般只能布置非机动车道和人行步道。

西班牙 Guadalfeo 桥如图 5-11 所示。桥梁宽度 24m，采用 3 根上弦杆、2 根下弦杆组成的空间桁架结构形式。上弦杆之间设钢横梁，钢横梁之间设小纵梁，用于支承混凝土桥面板。下弦杆之间设有平联。

根据结构形式特点与工程实践经验，梯形桁式截面的组合钢桁梁桥有以下受力特点：

（1）梯形桁式截面在横桥向为桁架式受力结构，横截面上的腹杆和纵向桁架腹杆是共用的，并且在纵向是倾斜的，这样整个结构在纵向和横向都形成了稳固的受力体系，不需另设横联。

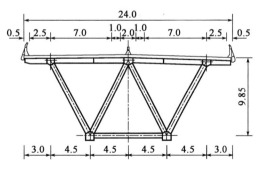

图 5-11　梯形截面空间桁架组合梁横截面示例
（Guadalfeo 桥，尺寸单位：m）

(2)桥面板在受力上可取代上平联的作用,上平联是否设置应根据桥面系构造及施工方法确定,通常情况下在施工期间也无须设置。下弦杆之间一般设有下平联。

(3)由多根杆件交汇的节点多、上下弦杆形状复杂,焊接工作量大,对节点处的复杂连接制造精度要求高。

(4)由于构造特点,梯形桁式截面适用于上承式桥梁,不太适合于下承式桥梁或双层桥梁。

(三)空间桁架组合梁(三角形截面)

三角形截面可以看作是空间桁架结构梯形桁式截面的特例,是最简单的空间桁架截面,适合于中小跨径桥梁,钢结构通常使用钢管材料,使其具有更好的经济性。三角形截面有2根上弦杆和1根下弦杆,在纵向通过腹杆组成下弦杆共用的两片连体钢主桁,上弦钢主桁之间通过横向水平杆件(可由钢横梁替代)连接,成为稳固的完整空间钢桁架。三角形截面的空间桁架组合梁仅适用于宽度较小的中小跨径桥梁,通常这种桥梁的钢梁杆件都使用钢管材料,因此也被称为钢管桥。钢管材料的使用及其便捷高效的施工方法,使其获得了很好的经济性。

如图5-12所示为采用三角形桁架构造的三角形截面形成的钢-混凝土桁架组合桥的两个示例。其中一个方案通过在不同行车方向的两幅桥的桥墩间设置横撑来防止主梁整体倾覆,另一个方案通过在桥台处连接桁架上弦提高稳定性。两个方案的桁架梁的上下弦和斜腹杆全部都采用钢管建造,但钢管的制作方法不同,其中Lully高架桥采用热轧圆形钢管,不采用节点板,直接通过焊接连接。而跨Hagneck运河桥则采用钢板焊接而成的方形钢管。

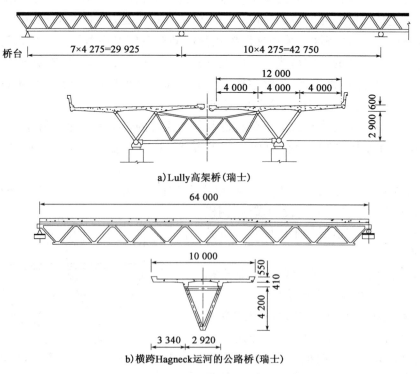

图5-12 三角形截面空间桁架组合梁示例(尺寸单位:mm)

根据三角形截面组合钢桁梁桥的结构形式与工程应用情况,这种结构有以下受力特点:

(1)三角形截面在横桥向和纵桥向均为稳固受力结构,所有杆件承受轴力或以承受轴力为主,该结构受力效率高。

(2)桥面板在受力上可取代上平联的作用,在施工阶段根据受力需要采用临时平联。

(3)用于小跨径桥梁方便安装,桥面板可利用三角形桁架作为现浇支撑平台,经济效益高。

第二节 钢桁梁桥构造

一、主桁杆件构造

在钢桁梁结构中,主桁结构至关重要。下面在着重讨论结构细节设计的同时,将对有关设计规定以及与这些规定有关的技术问题进行说明。

(一)主桁杆件的截面形式

桥梁主桁为重形桁架,杆件截面较大,一般采用H形截面与箱形截面(图5-13)。从可维护性观点来看,截面更多地选择开口H形截面,但是,H形截面易使尘土和永存水在桁架节点上堆积和累积。

焊接H形截面由两块竖板(也称翼板)与一块平板(也称腹板)组成。其优点为:组装工作简单,组合焊缝不用开坡口,便于采用全自动焊,矫正焊接变形较容易,工地连接螺栓安装方便,因此我国钢桁梁广泛采用H形截面。H形截面的主要缺点是截面绕x轴的刚度小,用作压杆时不太经济,此外,当H形杆件平置时,腹板上必须开泄水孔。

焊接箱形截面由两块竖板与两块平板组成,腹板内设有隔板。为防止腹腔内壁在运营期间锈蚀,端隔板必须密封焊接。箱形截面的优点是截面对y轴与x轴都有较大的刚度,由于截面由4块板组成,板厚相对于H形截面可以薄一些,故箱形截面适用于内力和长度较大的压杆。主要缺点是箱形截面的组装、焊接、矫正焊接变形和在工地安装连接螺栓都比H形截面费工费事。

图5-13a)是上下弦杆和腹杆常用截面形状以及它们之间的尺寸关系。桁高H是弦杆重心之间的距离,弦杆宽度是指内宽。上、下弦都是不对称矩形,靠外的翼缘板都向外伸出,当组成杆件的板有悬伸于另一板之外时,为使角焊缝施焊方便,悬伸宽度至少是30mm;若在悬伸范围内要布置一列螺栓,则悬伸宽度可取100mm。这套截面组成有以下优点:

(1)除下弦杆的上翼缘为棱角焊外,其余都是普通角焊缝,为制造提供了很大的方便。

(2)竖板在节点处可以很方便地加高为节点板。

(3)翼缘板的伸出部分为连接横向联结系、横梁及上、下平联提供了方便,下翼缘还特别容易与支座连接。

(4)充分考虑了排水需要。

(5)腹杆外宽比弦杆内宽(亦即节点板内宽)少2mm,便于腹杆安装连接。

截面的外伸部分c,国内要求一般不小于30mm。太小时,难以满足埋弧自动焊焊剂铺设的需要;太大时,所产生的焊接收缩变形也会变大,而且难以校正。

图 5-13b)可适用于内力较大的腹杆,特别是支点处的竖杆和斜杆。在斜腹杆中使用时,会使安装产生困难,上平板易积水生锈。很显然,它不适用于弦杆,因为它与横向构件、支座的连接都不方便。它的主要优点是可全部使用普通角焊缝。图 5-13c)与 b)相比,只是将普通角焊缝改成了棱角焊缝,其他基本相同。棱角焊需要开坡口,进行坡口焊,以保证其熔深。为预防烧穿,有时需在坡口自动焊之前,在另侧进行封底贴角焊,因此不如普通角焊缝方便,较少选用。

图 5-13d)~g)适用于铆接结构截面。其中图 5-13d)、e)截面适用于铆接的下弦杆和腹杆,节点板贴于其竖杆外侧;图 5-13f)、g)截面适用于铆接上、下弦杆,节点板插入杆件之内,贴在其竖板内侧,没有水平顶板的一面应设置缀条和缀板(在图中虚线所示位置)。随着焊接技术的提高,铆接杆件已很少采用,这样可省去较多的组合铆钉,使杆件更轻。

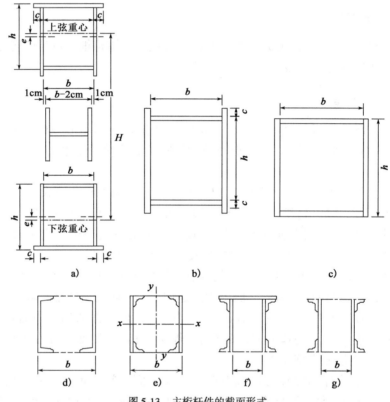

图 5-13 主桁杆件的截面形式

图 5-14 是指弦杆高度和宽度的合理控制。当要求腹板和翼板板厚变化时,既不相互干扰,也不引起主桁横向联结系等的尺寸变化。图 5-14a)满足控制杆件外高和内宽要求,虚线表示厚度变化。图 5-14b)会使杆件高度随着翼板厚度变化而变化。图 5-14c)、d)两块板的厚度变化相互干扰,不宜采用。

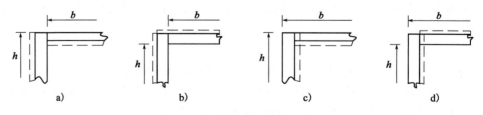

图 5-14 弦杆截面示意

图 5-15 为箱形杆件的焊接。图 5-15a)全部是普通角焊缝,并给出建议的翼缘板外伸尺寸。图 5-15b)是半 V 形和 V 形棱角焊缝。图 5-15c)和图 5-15d)均为角焊缝,但竖板位置不同,一在翼板侧面,一在翼板之下。

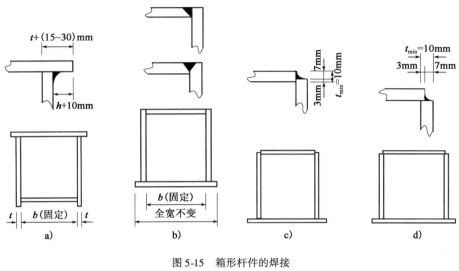

图 5-15　箱形杆件的焊接
注:图中 h 是焊缝正边尺寸。

(二)主桁杆件的外廓尺寸

主桁杆件的外廓尺寸对主桁的技术经济指标有重要影响。弦杆高宽确定后(连同自由长度)也就确定了它在主桁平面内外两个方向的长细比,抗弯刚度小的一侧控制抗压承载力。弦杆轮廓尺寸的确定还要适当照顾小杆件,小杆件的截面面积不是内力控制,而是局部稳定控制,高宽尺寸决定着板厚。

拟定主桁杆件外廓尺寸时,应考虑下列因素:

(1)同一主桁中各杆件的宽度 b(指两节点板内壁间距)宜一致,使各杆件在节点处能用节点板相连。标准设计中跨径相近的主桁,其杆件应采用相同的宽度 b,便于工厂成批生产,以简化制造,使不同跨径间尺寸完全相同的杆件可以互换使用。

(2)对于大跨径钢桁梁,按最大杆件内力所决定的杆件宽度往往很宽。钢桁梁中的杆件内力变化幅度很大,有时会有数倍之差。如果内力很小的杆件也用这么宽的截面,由于局部稳定的限制,会造成钢材的浪费。这时为了减少局部稳定控制的杆件数量,节省钢材,应当考虑改变杆件宽度,见图 5-16,变宽和变高的部位首先需避开拼接范围,使拼接段和拼接板保持顺直,其次也尽可能避开节点范围,以简化节点设计。在改变高宽的位置必须设隔板,以平衡此处垂直于杆轴方向的分力。

杆件的高宽不宜同时改变,即变高不变宽,变宽不变高。变截面杆件的抗压承载力可按折减后的自由长度计算。此外,还可以用有限元直接进行数值计算。不管是哪种方法,变截面杆件的抗压承载力计算都是比较复杂的工作。对于钢桁梁的主桁杆件,可进行简化处理,按小截面计算承载力即可。因为在桁梁中,变截面杆是极少的,多用的钢材也十分有限。在钢桁梁设计中改变截面尺寸的主要着眼点不是这根变截面杆本身,而是经过高宽变化之后,可以节省其他杆件的钢材。

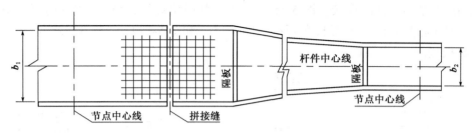

图 5-16 变截面杆件示意

(3) 上、下弦杆(upper chord、lower chord)在各节间的高度应尽可能一致。《铁路桥梁钢结构设计规范》(TB 10091—2017)(简称《铁路钢桥规》)规定:连续桁梁若杆高 h 不大于杆长的 1/15,简支桁梁若杆高 h 不大于杆长的 1/10,可不计算节点刚性次应力。

(4) 外廓尺寸过小,杆件的刚度小,如果是压杆,则总体稳定性差,截面设计不经济。外廓尺寸过大,总体稳定虽然改善,但分肢的板薄,局部稳定性差。故应兼顾二者的要求。

(5) 拟定 H 形截面的宽度 b 和高度 h 时,应考虑能容纳自动电焊机小车在竖板形成的槽形空间内行车。

(6) 弦杆高、宽尺寸还要兼顾螺栓布置,照顾螺栓排列的间距,安排合理的隅角尺寸,避免隅角处的各种干扰,见图 5-17。在图 5-17a)中,d 是螺栓间距,按规定执行即可。但隅角处和纵向加劲肋两边的尺寸 c_1 和 c_2 则需合理确定。总的要求是,既要紧凑,又要能够安排必需的内容。c_1 和 c_2 取值也不能过大,太大了不仅显得松散,而且还可能减少一列螺栓的个数,导致排数增加。

在弦杆的端隔板以外至杆端,为防止雨水经拼接缝进入竖板和翼缘板的板缝中,竖板外侧应有角焊缝,见图 5-17b)。两端隔板之间的杆件内侧一般没有角焊缝。图中的 k 是角焊缝正边高度。在隅角两边,还有拼接板的边距 e 及必须留出焊缝和拼接板边沿间的空隙 a_1 和 a_2。这些尺寸之间的关系可参考图 5-17b)。此外,对于特大型钢梁,拼接板可能很厚,有可能造成两边拼接板相互碰撞,所以又建议了拼接板厚 t 与 a 和 k 的关系。

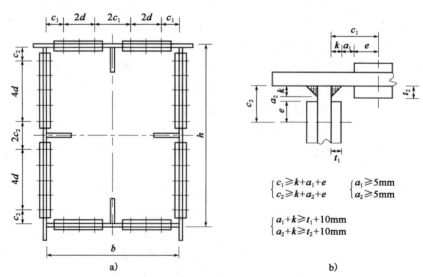

图 5-17 杆件轮廓尺寸与螺栓排列的关系

隅角处两个螺栓间的尺寸关系,见图 5-18。内侧所示两边螺栓的 10mm 间隙只能满足穿螺栓需要,电动扳手需在外侧施拧。如果需要在内侧施拧的话,此间隙需满足电动扳手套进螺帽的尺寸需要,应根据扳手头部尺寸确定。

由于隅角里面有拼接板和螺栓需要安装操作,隅角附近的纵肋布置除需注意螺栓和拼接板不要互相干扰外,还要注意隅角两边的纵肋外侧边沿不要靠得太近。安装操作的必要条件是既要看得见,又要能伸进手去。建议纵肋边沿间的净距不要少于 300mm(图 5-19)。

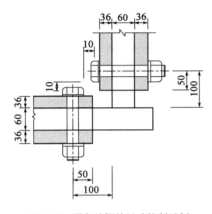
图 5-18 隅角处螺栓尺寸控制示例
(尺寸单位:mm)

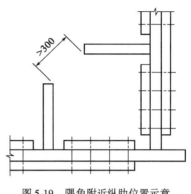
图 5-19 隅角附近纵肋位置示意
(尺寸单位:mm)

(三)主桁杆件截面分肢

确定杆件分肢板的厚度时,应满足以下要求:

(1)过薄的钢板在运营期间因锈蚀而导致截面的相对损耗大,且在制造、运输和安装时容易变形,故《铁路钢桥规》对结构各部分截面容许最小尺寸进行了规定(表 5-4)。根据受力情况,主要受力的杆件及节点板均不小于 10mm,联结系等次要部件也不小于 10mm;挂杆受力比较复杂,国内实测结果表明应力分布很不均匀,在历史上,有一些两端用长列铆钉连于节点板的挂杆曾在其上端头排铆钉处的净截面发生过开裂,参考这些经验,故规定其翼板厚度不得小于 12mm。为了减小板梁焊接变形,有益于提高腹板局部稳定,当板梁跨径不小于 16m 时,其腹板厚度不得小于 12mm。

结构各部分截面的容许最小尺寸(mm)　　　　表 5-4

构件		最小厚度或尺寸
钢板	挂杆翼板	12
	跨径≥16m 的焊接板梁的腹板	12
	填板	4
	其他	10
联结系角钢肢厚度		10
纵梁与横梁、横梁与主桁的连接角钢		10×100×12

(2)H 形截面的主桁杆件只有翼板与节点板连接,腹板应力靠翼板间接传递给节点板,在节点附近,其应力低于整个截面应力,材料不能充分利用,故杆件截面应尽量集中于翼板。但如翼板很厚而腹板很薄,腹板临界应力远低于翼板临界应力,则截面也不能很好地整体工作。

故《铁路钢桥规》还要求：

焊接杆件翼板厚 $\delta \geq 24mm$ 时，腹板厚不宜小于 0.5δ；$\delta < 24mm$ 时，腹板厚不宜小于 0.6δ。

铆接杆件翼板厚 δ 在任何情况下，腹板厚不宜小于 0.4δ。

(3) 压杆的各分肢钢板或板束的宽厚比 b_i/δ_i 应满足局部稳定的要求。如表 5-5 所示为《铁路钢桥规》对压杆板束宽度与厚度最大比值规定。

组合压杆板束宽度与厚度之比的最大值　　　　表 5-5

序号	板件类型		钢材牌号							
			Q235q		Q345q、Q370		Q420q		Q500q	
			λ	b/δ	λ	b/δ	λ	b/δ	λ	b/δ
1	H形截面中的腹板		<60	34	<50	30	<45	28	<40	26
			≥60	0.4λ+10	≥50	0.4λ+10	≥45	0.4λ+10	≥40	0.4λ+10
2	箱形截面中无加劲肋的两边支承板		<60	33	<50	30	<45	28	<40	26
			≥60	0.3λ+15	≥50	0.3λ+15	≥45	0.3λ+14.5	≥40	0.3λ+14
3	H形或T形无加劲的伸出肢	铆接杆	—	≤12	—	≤10				
		焊接杆	<60	13.5	<50	12	<45	11	<40	10
			≥60	0.15λ+4.5	≥50	0.14λ+5	≥45	0.14λ+4.7	≥40	0.14λ+4.5
4	铆接杆角钢伸出肢	受轴向力的主要杆件	—	≤12	—	≤12				
		支撑及次要杆件	—	≤16	—	≤16				
5	箱形截面中 n 等分线附近各设一条加劲肋的两边支承板		<60	28n	<50	24n	<45	22n	<40	20n
			≥60	(0.3λ+15)n	≥50	(0.3λ+9)n	≥45	(0.3λ+8.5)n	≥40	(0.3λ+8)n

注：b、δ 见图 5-20，图中 b_1、δ_1、b_2、δ_2、b_3、δ_3、b_4、δ_4、b_5、δ_5 分别对应表 5-5 中序号 1、2、3、4、5 项中的 b 及 δ。

(四) 主桁杆件的刚度要求

刚度不足时，杆件在自重作用下会产生较大的挠曲，在活载作用下容易发生较大的振动，导致连接松动和降低疲劳强度，在运输安装过程中也容易发生变形。现行规范对杆件采取长细比（λ）限制，表 5-6 为《铁路钢桥规》对杆件容许最大长细比的规定。《公路钢桥规范》也有类似的规定，比表 5-6 稍松一些。板（板束）位置简图如图 5-20 所示。

杆件容许最大长细比　　　　表 5-6

杆件			长细比（λ）
主桁杆件	弦杆		100
	受压或受反复应力的杆件		100
	不受活载的腹杆		150
	仅受拉力的腹杆	长度≤16m	180
		长度>16m	150
联结系杆件	纵向联结系		单线 100
	支点处横向联结系		多线 130
	制动联结系		130
	中间横向联结系		150

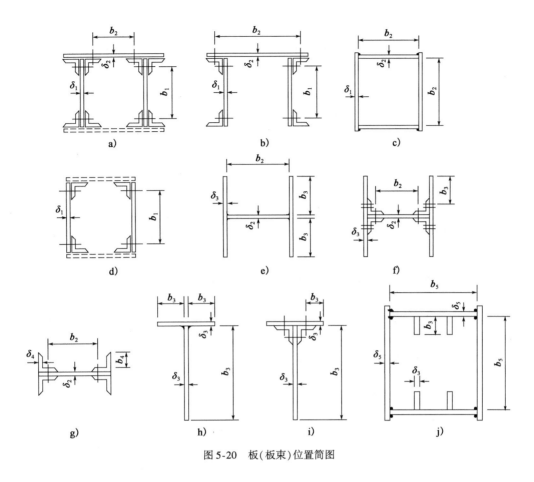

图 5-20　板（板束）位置简图

（五）杆件内宽内高控制

上下弦杆宽度位置在主桁中心线两侧形成两个基准面，所有横向部件尺寸（横隔板、横梁、平纵联、横联）都与这两个基准面密切相关。散装节点都是控制杆件外宽，所以拼接板（不管有几块）都加在内侧，避免了弦杆竖板厚度变化对横向部件的影响。如果是特大桥，在不得不使用外侧拼接板时，便将杆件宽度控制在最外层拼接板的外侧（例如武汉长江大桥）。

但整体节点则不能控制外宽，而应控制内宽。原因如下：

（1）节点板厚度变化时，让节点板向杆件外侧加厚或减薄，使夹在竖板中间的翼缘板宽不变，其角焊缝可以保持顺直，如图 5-13a）所示。只有顺直的角焊缝才可使用自动焊，这一点对于方便制造和提高焊缝质量是非常重要的。

（2）竖板和水平板厚度变化时，可以互不干扰。

（3）杆件内的隔板宽度不会变化。

（4）安装时，拼接段的填板在外侧，方便操作。

至于由此引起的横梁、横联、平联等的横截面尺寸变化，可以通过改变它们的连接部件尺寸来适应，横向构件本身的尺寸仍然保持不变。

杆件高度控制可以视具体情况灵活掌握。对于整体桥面，控制内高为好，使翼缘板与桥面板底面对齐。既便于与桥面板焊接，也方便弦杆之间的拼接（填板在外侧）。对于明桥面，也是控制内高为好,不仅可使隔板高度不变,而且上下翼缘板向上(及向下)加厚对其他构件没有影响。拼接时填板在外侧,操作方便。不过,竖板高度需要随着水平板厚度的变化而变化。当然,控制外高也是可以的,但对制造和安装有些不便(隔板高度变化,填板在内侧)。

设计必须认真考虑方便工厂制造和工地安装,更主要的是可以有利于提高工程质量。因为许多制造和安装问题只有在设计阶段才能合理解决,只有很方便才更容易保证质量。

(六)腹杆截面选择

为方便节点连接,腹杆应尽可能使用 H 形截面。杆件外宽与节点板内宽间应各留 1mm 间隙,即杆件的宽度要比节点板内宽少 2mm。对于内力较大的腹杆,应优先考虑箱形杆件。箱形斜杆内至少应设置两道隔板,分别位于两端孔群最内排 200mm 以上。箱形斜杆的主要问题是,它与主桁节点板对拼比较困难——节点内隔板的存在,使拼接板无法跟随杆件一次吊装到位。为此,较小构件可以考虑是否能将箱形杆件两端改为 H 形。如果由于杆件截面太大,或者因为疲劳控制而不能改,只好与节点板对拼。对拼虽有困难却还是能够操作。例如,孙口黄河大桥的支点腹杆、大胜关长江大桥的大腹杆均是箱形腹杆,需要对拼。关于受压腹杆截面选择的杆件计算长度,规范有对普通腹杆长度乘以 0.8 的规定,这是考虑了节点对腹杆的杆端约束。需要注意,杆长乘以 0.8 系数后假想的杆件端点不应超出节点板边缘。欧美及日本规范不分支点腹杆与普通腹杆,都乘以 0.9 系数。

(七)箱形杆件的横隔板

横隔板是杆件和节点中的重要板件,它的作用有两个:

(1)保证杆件形状和板间距离。横隔板尺寸精度很高,宽度容许误差 ±0.5mm。在加工隔板宽度之前,先要测量两侧竖板的实际厚度,根据竖板的板厚误差来决定隔板的加工宽度。

(2)传递竖向剪力。在有横梁连接的节点内,将横梁端部的竖向剪力向外侧节点板传递,使内外侧节点板的竖向力达到均衡。在整体桥面中,如果节点之间的小横梁与弦杆相连的话,小横梁端部也需设横隔板,使之向外侧传递小横梁端部的竖向剪力。

杆件两端和变截面处,都必须设置横隔板。对于内侧密封防锈的杆件,端隔板需在外侧四边焊接。端隔板用非金属材料腻缝不可靠,因为任何腻缝材料都有老化问题。老化开裂之后又不易察觉,杆件也就不密封了。空气的温度变化会造成杆件内外空气的压力差,使杆件内外空气交换,导致杆件内部锈蚀。密封杆件的内部锈蚀难以维修。大型杆件两端密封,应考虑杆件内部气体随温度变化所产生的鼓胀影响。杆件中部的隔板由于制造组装顺序的关系,只能三边焊接。但是与弦杆腹板(竖向)是必须焊接的,上下翼板只焊一条即可。

(八)弦杆拼接设计

1. 弦杆拼接一般原则

弦杆拼接应遵循以下原则:①拼接强度(拼接板和螺栓)至少比杆件强度大 10%;②拼接段的刚度不应小于杆件刚度;③弦杆四面尽量采用等强拼接,以便减少角焊缝的应力负担。因为角焊缝应力并不高,如做不到四面等强拼接,也是可以满足设计要求。弦杆的角焊缝承受斜腹杆水平分力所导致的剪应力是不可避免的,据实计算即可。

2. 杆件和拼接板的扣孔

受拉杆件和疲劳控制杆件都按净面积计算强度,需要扣孔。压杆按毛截面计算,不需扣孔。杆件扣孔位置为进入拼接段的第一排孔,拼接板扣孔位置为拼接缝旁边的第一排孔。两处最好都是跳孔,跳孔虽然使拼接板略有加长,但争取了更多的净截面积。拼接板端部前后的应力集中和杆件角焊缝的应力集中都可以因此得到缓解。

3. 关于拉杆的扣孔补偿

被扣孔的杆件,截面面积一般会被减小大约15%。节间内的杆件都是毛面积,强度计算时却只发挥了两端净面积的作用,还有15%左右的面积没有发挥作用。为了发挥材料的使用效率,设计者一般想把这一部分面积补回来。补的办法可以将杆件在拼接范围内的板加厚,在拼接范围外加一个不等厚对接焊,用加厚的那部分面积补偿扣孔面积,见图5-21。这个做法在日本公路钢桥中有使用实例。

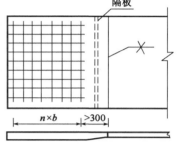

图5-21 拉杆扣孔补偿示意
(尺寸单位:mm)

但是,实际采用这种补偿措施时需要考虑以下问题:

(1)对接焊缝工作量会大量增加。在整体节点中,每根弦杆件的一端增加4条对接焊缝对于全桥就是很大的工作量,从而增加制造成本。这是一个成本权衡的问题。

(2)对接焊缝的位置要离开头排螺栓300mm以上。因为头排螺栓外的应力集中很严重,其峰值距头排栓100~200mm,焊缝应避开这个位置。

(3)需要将杆件的端隔板安排在加厚范围内。因为隔板处是要进行疲劳折减的,加厚板长度超过隔板位置,可以补偿此处的疲劳折减。

(4)当采用整体桥面且将节间小横梁与弦杆连接时,弦杆内部就必须设置隔板。在这种情况下,扣孔补偿措施就不需采用了,因为中间隔板的疲劳强度已经控制了杆件截面。

总之,在决定是否采用补偿措施之前,需要综合考虑上述问题。

4. 拼接段人孔处理

当拼接段螺栓施工需要进入杆件内部操作时,应在杆件下翼缘开人孔,在翼缘开人孔可以避免雨水进入杆件内部。人孔的位置一般都是在拼接缝处(图5-22),而不开在拼接段以外。在拼接缝处开孔可顺便利用拼接板补强。而且,拼接板并没有因为人孔的存在多用材料。同时,需要操作的螺栓就在人孔周围,十分方便。如果在拼接段以外开孔,就必须专门补强,额外多用补强钢板,操作也不够方便。

人孔板拼接还有两个细节问题:首先是拼接板的长度应当超过人孔,并且使人孔范围之外的螺栓数能够传递完人孔减弱的强度,如图5-22a)所示。例如,下翼缘板人孔减弱面积为ΔF,减弱承载力为$\Delta F[\sigma]$,人孔端部以外的螺栓数应当将$\Delta F[\sigma]$全部传到拼接板上去。如果拼接板短于人孔(或者虽然长于人孔但螺栓数不够),如图5-22b)所示,图中的 A-A 截面有效截面减弱就没有得到补偿,将成为薄弱环节。

其次,为了做到杆件四面等强拼接,人孔侧的拼接板截面积也要尽量与被拼接板等强,螺栓数尽量与上翼缘基本相等。此时,因人孔减弱的面积,会通过加厚拼接板补偿。当板厚超过了常用范围时,可在内外各用两块板来解决。

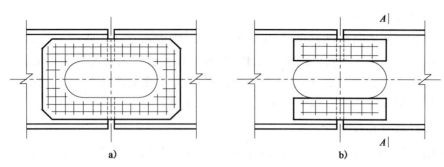

图 5-22 人孔处的拼接布置

二、桥面系梁格构造与整体式桥面

桥面系梁格一般由纵梁、横梁及纵梁之间的联结系组成,主要应用在铁路钢桁梁中。我国铁路下承式各种跨径的栓焊钢桁梁标准设计,其桥面系采用统一布置及统一尺寸。

(一)纵梁和横梁

纵梁与横梁一般均为板梁。当跨径小于6m时,纵梁也有用大号工字型钢。铁路桥纵梁上翼缘直接承受桥枕压力,纵梁的上翼缘宽度不宜小于240mm,其伸出肢的宽厚比不得超过10。铁路桥的纵、横梁翼缘与腹板的厚度至少是10mm,公路桥至少是8mm。纵横梁构造可参照第三章钢板梁桥。铁路桥纵梁的高度一般是其跨径的1/8~1/7,横梁的高度一般是其跨径的1/6~1/4。公路活载比铁路轻,纵、横梁高跨比分别为1/10~1/8、1/8~1/6。

(二)纵梁与横梁的连接

单线铁路桁梁,常把纵、横梁做成一样高,使纵梁梁端连接的构造简单一些。图 5-23a)为等高的纵、横梁的连接形式,在纵梁腹板上设一对连接角钢,与横梁腹板相连。在纵梁上下翼缘上各设一块鱼形板(fish plate),与横梁及相邻的纵梁的翼缘相连。这种连接构造简单、传力效果好,目前常采用这种构造。实践证明:纵梁梁端只设连接角钢而无鱼形板,连接角钢与螺栓在运营过程中往往容易发生松动或断裂现象,加设鱼形板以后,此种现象即可避免。

对于双线铁路或公路桥梁,其横梁跨径较大,要求较大的梁高,纵、横梁常采用不等高的形式,可将纵梁梁端向下方局部加高,如图 5-23b)所示。当受建筑高度限制而必须降低纵梁高程时,可采用如图 5-23c)所示形式,但上鱼形板从横梁腹板穿过,削弱了横梁截面。

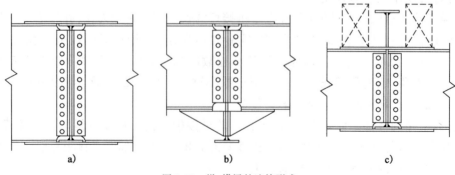

图 5-23 纵、横梁的连接形式

（三）横梁与主桁的连接

横梁与主桁连接,横梁接头板的腹板需开坡口,然后与主桁节点板焊接。一般情况下要求熔透,特别困难时,只要应力不高也可不熔透。横梁上翼缘与主桁节点板的连接要承受梁端负弯矩引起的拉应力,翼缘连接的重点是上翼缘。上翼缘连接可分为3种情况：

（1）当主桁没有竖杆时,接头板的上翼缘应直接从节点内隔板的上边延伸过去,与隔板焊接[图5-24a)]。孙口黄河桥采用该类构造,实践证明该构造很可靠。

（2）如果主桁有竖杆,接头板的上翼缘伸不过去,也不便于另设鱼形板,一般是使上翼缘用熔透角焊缝与连接竖杆的节点板焊接[图5-24b)]。由于竖杆需要与节点板拼接,上翼缘的焊缝位置应避开竖杆的拼接螺栓群。

（3）当桥面为整体正交异性板时[图5-24c)],由于桥面板需与弦杆的上翼缘同高,从而引起一些新的问题。首先是因为横梁的高度一般比较大,它的下翼缘就不可能与弦杆的下翼缘齐平,而是要将节点板向下延伸。为此,主桁节点板需局部加高,并增设内隔板,使之与接头板的下翼缘连接。

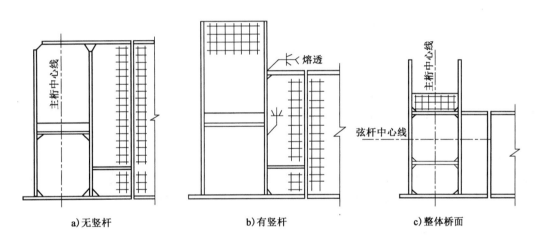

图 5-24　横梁与主桁的连接

（四）平联与主桁的连接

平联与主桁的连接主要是平联节点板设计位置及细部处理问题,见图5-25。平联节点板有上下两块。当跨径较小,弦杆不太高时,可使上下平联节点板与弦杆翼缘对齐[图5-25a)]。平联上节点板与弦杆上翼缘板是一个整体,上翼缘板在此向内突,局部加宽形成,见图5-25c)。禁止在弦杆翼缘板边焊接连接板,因为这样做会对主桁弦杆造成伤害。

大多数钢桁梁的弦杆都比平联杆件高。在这种情况下,可有两种做法。

第一种做法是将平联内侧节点板焊在上下翼缘之间的节点板上[图5-25b)]。此时,平联内侧节点板两端是疲劳抗力的薄弱环节,必须认真处理。具体是先将节点板两端加宽约10mm,以便进行角焊缝施焊(端部围焊)。焊好后,磨除加宽部分,打磨匀顺,并锤击[图5-25d)]。

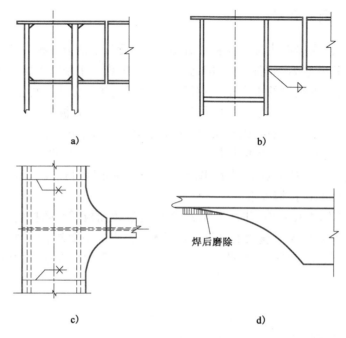

图 5-25　平联与主桁连接示意

内侧平联节点板的焊缝有坡口熔透、坡口不熔透或是普通角焊缝选择。通常情况下，这个焊缝上只有顺桥向剪应力，没有拉应力（横撑杆与斜撑杆内力垂直于弦杆方向的投影之和为零）。剪应力的大小只取决于相邻斜撑的内力差，值比较小，选择焊缝主要是还考虑到焊缝两端的处理。如果是普通角焊缝加端部围焊，端部铲磨后就没有焊肉了。而坡口熔透或者坡口部分熔透，铲磨后还可以保留一点熔深。

第二种做法是，将图 5-25b)中的平联杆件端部加高到与弦杆同高，使平联杆件成为不等高杆件，端部与图 5-25a)相同。但如果弦杆太高，将平联杆件端部加得很高也不合适。

(五) 整体式桥面

早期的桁架桥设计，通常是在弦杆节点设置横梁，通过横梁将桥面板的荷载传给主桁。桥面板作为荷载施加在主桁上，不考虑其参与主桁受力。但是，实际上桥面板在桥梁纵向具有较大的刚度，约束了弦杆的变形。对于特别大型的钢桥，桥面基本不参与主桁受力的处理方式，使杆件截面设计出现了很大困难。另外，当钢梁连续长度很长时，横梁在主桁变形影响下将产生很大的横向弯曲，需设多处伸缩纵梁才能缓解。若多处设伸缩纵梁，桥面的整体性难免受到影响，这种情况特别对高速铁路并不理想。为了利用桥面板的刚度，可以将钢桁架弦杆与桥面板结合在一起共同受力，将横梁上翼缘与桥面板连成一个整体，使得横梁面外弯曲不能产生。整体桥面的这一优势为发展大跨径钢梁创造了有利条件，使桁架桥具有更好的合理性和经济性。

整体式桥面一般采用正交异性钢桥面板结构(图 5-26)，钢桥面板与主桁结合，不仅作为支承汽车轮载的结构，而且也作为主梁的一部分分担主桁部分弦杆内力；在承受横向荷载时，钢桥面板起到平纵联功能，提高了上部结构抵抗横向力的承载能力。与只具有将轮载传递到桥面联结系的非整体式桥面板不同，钢桁梁正交异性钢桥面板同时起到桥面板、桥面联结系、主梁、平纵联多种作用。

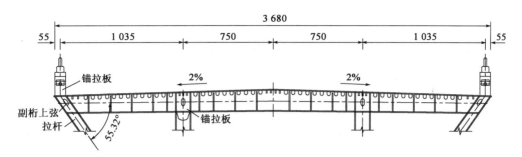

图 5-26 整体式桥面板截面图(平潭海峡公铁两用大桥上层部分结构,尺寸单位:mm)

采用整体桥面也会带来一些新的问题。比如桥面参与主桁共同受力问题,对于桁梁结构的整体桥面板来说,共同受力问题就不像钢箱梁那样简单。桁梁弦杆传递到桥面板的纵向力,是依靠弦杆竖板与桥面板隅角处的剪力流来完成的。在节点外,弦杆边的剪力流与桥面板的剪力流相平衡(大小相等,方向相反);在节点内及节点附近,受斜腹杆的水平分力影响,弦杆边缘剪力流明显增加。这就使节点附近的剪力传递规律发生严重干扰,并导致节点附近的有效宽度变小,使桥面板参与主桁受力的有效宽度不能按照现行规定计算。另外,由于采用整体桥面,偏心将更加严重,不可能使所有弦杆重心对准桥面系统中心线进行拼接,这时在计算时需要计入偏心弯矩影响。

三、节点构造

钢桁梁的节点(panel point)既是主桁杆件交汇的地方,也是纵、横联杆件及横梁连接于主桁的地方,它连接位于主桁、纵联、横联三个正交平面内的杆件,构造一般都比较复杂。

钢桁梁节点模型1

钢桁梁节点模型2

早期的钢桁梁节点为散装节点,在铆接时期和栓焊时期都使用过,目前也还有少量使用。铆接时期,钢桁梁节点部件(节点板、拼接板、隔板等)都是散件,杆件、纵横梁用铆钉铆合,所以将节点叫作散装节点。整个钢桁梁完全没有焊接,这是由当时的焊接技术水平决定的。随着焊接工艺水平的进步,整体节点在散装节点的基础上发展起来,节点、杆件、纵横梁、联结系杆件均为焊接成形,在工厂或工地通过栓接或焊接等形式进行连接。

(一)节点构造(panel point construction)形式

1. 外贴式节点(散装节点)

外贴式节点(图 5-27)的杆件全部采用焊接组成,在杆件两侧放节点板(gusset plate),然后用铆钉或高强螺栓把杆件连接起来。弦杆可以连续不断地通过节点,这类节点在早期应用很广,铁路钢桥的标准设计均采用这种方式。但由于使用大量的拼接板,导致用钢量大,同时工地拼装的工作量也很大。

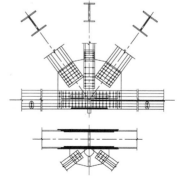

图 5-27 外贴式节点(散装节点)构造

2. 内插式整体节点

20世纪60年代以来，整体焊接节点在国外逐步出现并很快发展。我国从20世纪90年代的京九线孙口黄河桥开始采用整体节点技术，将节点散件焊成整体。整体节点技术对工厂和工地安装都有显著的经济效益，是一次技术进步。

内插式整体式节点板（图5-28）是预先在工厂用坡口焊缝将节点和弦杆的腹板焊成整体，在两块节点板中间插入腹杆，并用螺栓把二者连接起来。节点板起到了弦杆腹板的作用，轴向力产生的正应力是通过对接焊缝传递。当弦杆腹板与节点板不等厚时，必须把较厚的那块板伸出至少25mm。这种连接形式用钢量少，制造复杂，适用于大跨径桁梁。

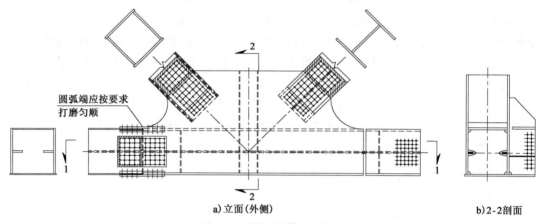

图5-28 内插式整体节点构造

3. 全焊接整体节点

如图5-29所示为Stuttgart-Vaihingen桥的全焊节点构造图。全焊节点工地焊缝较多，焊接变形不易控制，目前应用还不够广泛。

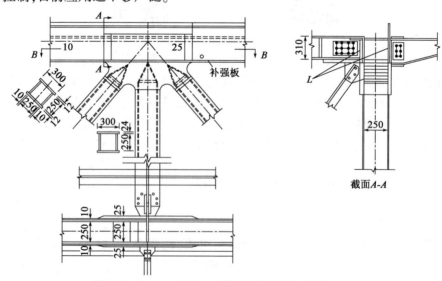

图5-29 Stuttgart-Vaihingen桥的节点构造（尺寸单位：mm）

4. 管节点

管杆件不使用节点板（图5-30），而是直接焊接在一起，这种连接应注重其简洁性和外观。

但是,这样的连接的确需要大量的工作来实现构件端部的精确切割,有时外形会较为复杂,构件端部也必须呈倾斜状,从而需要全熔透焊接。由于几何外形复杂,所有的焊接必须人工完成,这种细节的疲劳性能,尤其是两根斜杆与弦杆焊缝形成的区域,应力集中严重,疲劳等级较低。

钢管拱弦杆与腹杆的连接焊缝,应沿相贯线全周连续焊接,并应按图 5-31 所示,从趾部的全熔透角焊缝匀顺过渡到鞍部的部分熔透焊缝和跟部的角焊缝。当相贯线钢管所成角度小于 60°时,跟部侧 1/4 长焊缝宜采用单侧坡口,并由鞍部的坡口焊缝过渡至根部的角焊缝,其余 3/4 长焊缝宜为全熔透焊缝。

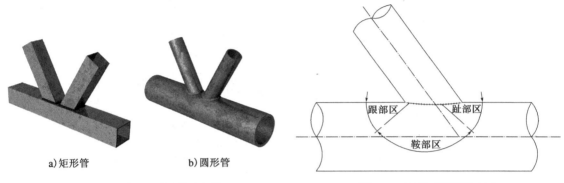

a) 矩形管　　　　　b) 圆形管

图 5-30　沃伦桁架的节点构造细节　　　　图 5-31　钢管相贯线焊接示意

5. 节点内的隔板

在节点中心(弦杆与斜杆系统线交点)的弦杆范围内,任何情况下都要设置隔板。此隔板对于确保节点的整体性和弦杆几何尺寸有不可替代的作用。同时,横梁的端反力也要通过它向外侧传递。

在节点中心的两块节点板之间没有竖杆的时候,也要设置隔板。此隔板除同样具有保证节点整体性和传递横梁端反力作用外,对确保节点板间距的作用也是不可替代的。当既有竖杆插入,又有斜杆插入时,最好减少竖杆插入量,留出位置设置短隔板。采用整体桥面时尤其应当这样。如前所述,弦杆拼接的螺栓网格外 20mm 左右处需设端隔板。除此之外,其他部位包括平联节点板两端,都不需再设隔板(节间内有小横梁除外)。若制造厂需要在节间内增设少量隔板当然也可以,但那不是构造所必需的。

(二) 斜腹杆与节点板的拼接

在钢桁梁中,斜腹杆截面有两种。一种是箱形,另一种是 H 形,它们的拼接方式有区别。在国内,箱形腹杆与节点板的拼接分为插入式与对拼式两种。H 形腹杆大都是插入式,对拼式在大型整体桥面中也有使用,但不多。这两种斜腹杆与节点拼接时,是对拼还是插入,应视具体情况灵活掌握。

1. 箱形腹杆与节点板对拼连接和插入连接

(1) 箱形截面杆件的对拼连接(图 5-32)

对拼就是在节点板内设两块与斜杆腹板位置对应的隔板,在节点板边四面拼接。在铁路桥中,板件厚度和轮廓尺寸都很大的箱形杆件选用对拼式较多,大胜关长江大桥是典型实例。大型箱形杆件端部改为 H 形(用于插入)难度较大。因为翼板太厚,难以向内弯曲,而且不易焊接,选用对拼可以避开这些困难。另外,考虑疲劳问题,改为 H 形会造成杆端传力不匀顺。对于疲劳控制的杆件而言,会对疲劳强度有一定影响。选用对拼可以使杆端传力比较均匀,降低杆端应力集中程度;当斜杆内宽与节点板内距尺寸误差较大(3mm 以内)时,便于在杆端或板边磨斜坡处理。

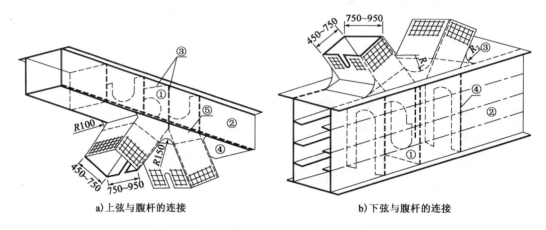

a) 上弦与腹杆的连接　　　　　b) 下弦与腹杆的连接

图 5-32　对接式整体节点构造实例(尺寸单位:mm)

为了使节点四面等强拼接设置,与斜杆的腹板相对应的隔板两侧的焊缝,应能传递全部腹板强度,所以此焊缝的长度和焊高需按照与腹板等强的原则计算确定。由于此处隔板的长度常常受到限制,焊缝长度随之受限,所以它的角焊缝常常需要熔透才能满足需要。四面螺栓分配按四块板的强度分别配置,等强配置可以减少杆件端部角焊缝的剪应力。

对拼的缺点也很明显,拼接板是不能单独吊装上桥的。箱形杆的拼接板数量多(8 块),受节点内隔板阻碍,安装时不能按设计位置随着斜杆吊装上桥。因此,需将端隔板后退到能够容纳拼接板的位置,拼接板缩进到杆件内吊装,到位后再将拼接板恢复到设计位置拼接。特大桥拼接板很重,人力所不能及,困难会更大。

较好的解决办法是改变安装顺序,条件是架梁吊机需有双扒杆。基本思想就是不要使斜杆两头的轴向移动同时受到限制,使斜杆吊装时可以从一端向另一端插入节点内。例如伸臂安装无竖杆三角形桁,在装好一根下弦和一根斜杆形成闭合三角形后(图 5-33),按下列顺序继续安装:①装下弦杆;②装后端斜杆;③用一根扒杆吊住下弦杆前端,用另一扒杆安装前端斜杆;④安装上弦杆。重复以上步骤完成安装。这样装的主要好处是,斜杆都是单向插入,而不是平移或旋转到位,当然也就不存在隔板妨碍拼接板缩进到杆件内部。

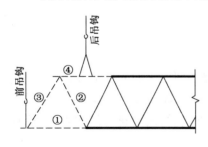

图 5-33　箱形斜杆对拼安装步骤

对拼时,节点板撕裂强度的计算线路如较短,会要求较大的节点板厚度。当箱形腹杆与节点板对拼时,节点板之间会增设与腹杆的腹板位置相对应的两块隔板,便于两者进行拼接,在腹杆端部就形成了四面拼接。对腹杆来说,向节点板传力很匀顺,但对于节点板来说并不有利。因为在这种情况下,所增加的两块隔板实际上是传力板件——它与腹杆进行了拼接,它的拼接力必须向节点板传递,于是在它的端部必定产生新的应力集中。如果隔板尾端位置与节点板上最后一排螺栓位置没有错开,这两个应力集中就会叠加,由此造成更大的节点板设计厚度。

总之,以上的箱形杆件对拼方法,在设计要求、工作效率和安全方面还不能尽如人意,所以只在大型钢桁梁杆件安装中采用。

(2)箱形截面杆件的插入连接

从工程实例来看,箱形杆件插入节点内拼接,杆端形状改为H形的比较多。图5-34a)~d)四种都是将杆端改为H形。前三种是将箱形杆件的腹板向内弯曲,逐渐变成H形。最后一种d)也变为H形,但腹板没有内收,而是将腹板在拼接范围外切断,另在中间加了一块2倍于腹板厚度的板($2t$)来代替被切断的板。所加的这块板要伸过腹板端部一定距离(图中的l),使之重叠,以利于应力传递。这四种改变都使翼缘板的局部稳定由两边支承变成了一边支承(图5-35阴影部分),所以要局部加厚,使其满足伸出肢的局部稳定需要。

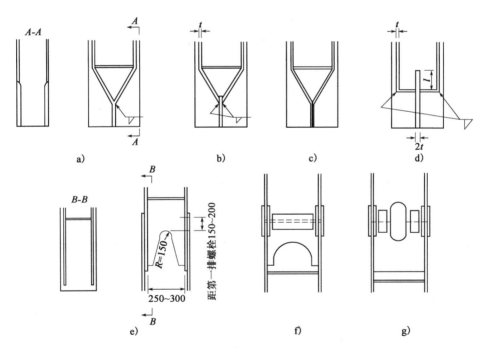

图5-34 箱形斜杆与节点板拼接的形式(尺寸单位:mm)

图5-34e)不改变杆端形状,只是将箱形杆件腹板切口,直接插入拼接。图5-34f)、g)都是对拼,但手孔位置不同。图5-34f)的手孔在端部,是常用做法,对于铁路桥,对拼形式图5-34f)是比较好的细节。图5-34g)的手孔在拼缝处,拼接板较短,没有超过手孔,拼接效率较低。

2. H形腹杆的插入拼接

H形腹杆插入拼接是最常用的方式。图5-36为H形杆件与节点板的三种连接方式。

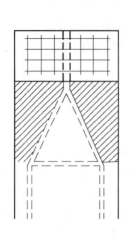
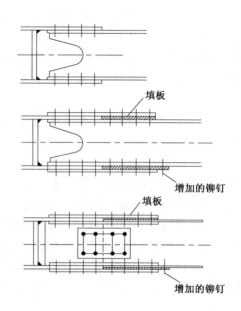

图 5-35　杆端竖板局部加厚　　　图 5-36　H 形腹杆连接示意

第一种连接方式是最简单的插入拼接,螺栓单摩擦面传力,斜杆端腹板切圆弧。

第二种连接方式中增加了补强板,将螺栓变为双摩擦面传力。增设补强板,是因为在钢桁梁桥中个别腹杆的内力比一般腹杆大很多,而节点板的高宽尺寸是根据大多数腹杆内力需要拟定,而不是个别大腹杆。于是,节点板内所能布置的单面摩擦传力的螺栓数常常不能满足大腹杆的需要。在节点板外增设补强板,将螺栓的单面摩擦改为双面摩擦就是最好的解决办法,补强板下设填板是必不可少的。图中上下两块填板不一样,这是为了说明填板设置的两种方式。下面一块在补强板外多出一排螺栓,是为了事先将填板连在杆件上,安装时填板可以带在杆件上插入连接。上面的填板则必须事先连同补强板与杆件连接,安装时使节点板插入翼缘板与补强板之间连接。通过补强板使螺栓变为双摩擦面的范围,可以是全部螺栓群,也可以是部分螺栓,根据实际需要使用即可。

第三种连接方式是 H 形杆件与节点板对拼连接,且三面拼接。下侧所用填板也示出了多一排的做法,意思同第二种连接方式一样。

还有几个相关问题在下面讨论一下。

(1) 节点板内距与斜杆高度间的间隙

对于整体节点,节点板的内距宜比斜杆高度多 2mm(图 5-37),预留间隙之后,还应对板件公差作合理限制。预留这 2mm 间隙的做法是来自于日本港大桥和本四桥的规范,这两座桥分别建于 20 世纪 70 年代和 80 年代,均已使用 30 年左右。孙口黄河桥也是这样做的,1995 年通车至今,没有发现任何问题。主要原因是要保证斜杆能够插入节点板内,并到达设计位置。如果杆件高与节点板内宽相同,不留间隙,当腹板宽度为正公差,或者节点板内宽为负公差时,斜杆无法插入。

(2) 腹杆端部的腹板缺口

进入拼接区段后,腹板轴向应力通过高强度螺栓向节点板转移。杆件端部腹板应力逐步减少到零,因此可以切去。这样做对拼接强度没有影响,还可增加杆端柔性,但是缺口顶部位置要经过检算,如图 5-38 所示。截面 a-a 在缺口顶端,它应位于拼接范围之内,使截面左边的螺栓传力强度大于或等于截面右边的缺口减弱的强度。

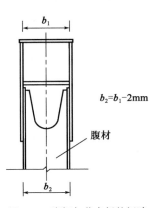

图 5-37 腹杆与节点板的间隙

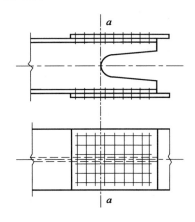

图 5-38 腹杆端部的腹板缺口

（三）节点的基本要求

《公路钢桥规范》对节点有如下规定：

（1）节点板应与杆件的接触面全部密贴，不致因产生缝隙使水渗入或进入污垢腐蚀栓（钉），影响其承载力。在支承处，节点板宜低于桁梁下弦 10～15mm，下缘应磨光并与支座垫板顶紧，使支承反力均匀地传给节点板，通过节点板再传给桁架。此外，在顶推梁时，千斤顶应只顶在节点板上而不是直接顶到弦杆上。

（2）节点板的撕裂强度、水平和竖直截面上的剪应力和法向应力应按《公路钢桥规范》附录 E 计算。

（3）主桁拼接板的总净截面面积应较被拼接杆件的净截面面积大 10%。被拼接的两弦杆的截面不相等时，拼接板应按截面较大的弦杆来计算。受拉构件的破坏发生在净截面处，为了保证拼接处不比原净截面弱，故规定受拉构件的拼接板无论在节点内或节点外拼接，其净截面面积均应较被拼接部件的大 10%。对于受压构件，考虑到由于拼接板可能产生局部偏心，受力比较复杂，故要求拼接板的面积也应大于被拼压杆有效面积的 10%，也就是比丧失稳定时计算的承载力大 10%。此外，从满足强度要求出发，它的净截面面积同时应较被拼接的压杆大 10%。

（4）节点板在受压斜腹杆作用下，其不加设加劲肋的自由边长度 b_g（图 5-39）与厚度 t 之比不应大于 50$\sqrt{\dfrac{345}{f_y}}$，否则应沿自由边设加劲肋予以加强，式中 f_y 为节点板的屈服强度。

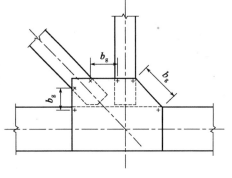

图 5-39 节点板无支承边的长度 b_g 示意

b_g-自由边长

（5）拼接式节点板构造应满足下列要求：①对焊接 H 形截面杆件，当采用高强螺栓或铆钉固接于节点板上时，一般只栓接或铆接于翼板。拼接用高强螺栓或铆钉的数量，应考虑腹板面积。此时杆件腹板伸入节点板中的长度，不应小于腹板宽度的 1.5 倍，以保证腹板应力能逐步地通过翼缘传至节点板。连接杆件的高强螺栓或铆钉应和杆件的轴线相对称,使栓(钉)传力均匀。②按轴向力和节点刚性弯矩共同作用进行验算时,仍须验算仅受轴向力作用下杆件的受力。③直接承受荷载的弦杆,当在节点外作用有竖向荷载(弦杆直接承受桥面板的荷载)时,除作为桁架的杆件承受轴向力外,尚应同时计算作为杆件竖向荷载所产生的弯矩,此时应考虑该弦杆的节点刚性作用。弦杆受力情况与一般桁架的弦杆有着根本的区别,近似一弹性支承连续梁。计算时按刚性连接处理,采用近似的方法进行计算,既不考虑将这一节点的弯矩传至邻近节点,也不考虑由邻近的节点传来的弯矩,如图 5-40 所示。弦杆中作用有桥面板传来的垂直荷载,欲求 a 点处的弯矩,可将弦杆视为一根两端固结的梁(ab),求出固端弯矩 M_{fa},然后按照节点 a 处所连接的各个构件相对刚度 I/l 进行分配。如此,则 a 点弯矩为:

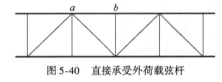

图 5-40　直接承受外荷载弦杆

$$M_{ab} = \frac{M_{\mathrm{Fa}}}{\sum_a \frac{I}{l}} \frac{I_{ab}}{l_{ab}} \tag{5-1}$$

式中:M_{Fa}——荷载在 a 端产生的固端弯矩,可以近似地取 $0.7M_0$,M_0 为跨径等于节间长度 ab 的简支梁的跨中弯矩;

I_{ab}——ab 构件的惯性矩;

l_{ab}——节间 ab 的长度;

$\sum_a \frac{I}{l}$——节点 a 各构件的相对刚度之和。

四、联结系构造

联结系有纵向和横向两种。它与主桁一起使桥跨结构形成稳定的空间结构,可承受各种纵、横向荷载。

(一)纵向联结系

纵向联结系是指同一平面两弦杆之间的联结杆件,即斜撑与横撑。纵联杆件内力不大,截面较小,截面尺寸往往由刚度要求控制。在选择其图式时,应使杆件不要过长,以保证杆件有较大的刚度和作为压杆时使容许应力的折减不至于太大。如图 5-41 所示为纵联常用的几种图式。

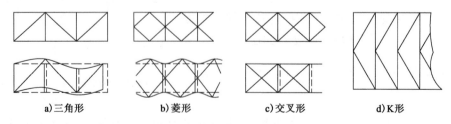

a)三角形　　　　b)菱形　　　　c)交叉形　　　　d)K形

图 5-41　纵联常用的几种图式

三角形纵联斜撑自由长度较大,一般只用于主梁中距不大的小跨径钢桁梁上。交叉形和菱形纵联斜撑较短,多用于中等以上跨径的钢桁梁。

在竖向荷载作用下,由于空间作用,主桁弦杆变形时会带动纵联一起变形,在纵联杆件中产生内力。三角形与菱形纵联的横撑内力使弦杆受到附加弯矩[图5-41a)、b)]。当横撑是桥面系横梁时,此项附加弯矩更大,故最好不要采用这两种式样。交叉形纵联没有这个缺点,使用较为广泛,我国铁路桁梁桥标准设计都采用交叉形纵联形式。图5-41d)为K形纵联,K形纵联在竖向荷载作用下,弦杆变形所引起腹杆附加力很小,自由长度又较小,因此适合用于宽桥。

(二)横向联结系

布置桥门架和横向联结系图式的原则与纵向联结系相同,即应使联结系杆件不要太长,斜撑倾角以接近45°为宜。图5-42为不同桁高与桁宽时,上承式桥与下承式桥横联的几种图式。下承式桥的桥门架和中横联应尽可能使楣部杆件的下缘逼近桥梁建筑限界,腿杆的自由长度可以短些,以增强闭合框架的刚度。

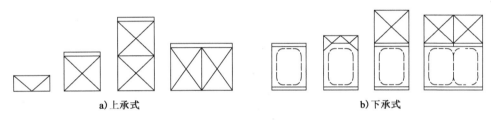

图5-42 桥门架与横联的几种图式

新建铁路桥梁横向联结系通常采用板式结构,如孙口黄河桥桥门架,在上平联工字形横撑下叠焊桥门(或横联)构件,桥门架和横联也是工字形。这种结构横向刚度大,新颖美观,安装方便。

(三)制动联结系

列车在桥上行驶时因变速所产生的制动力或牵引力经由钢轨和桥枕传给纵梁,再由纵梁传给横梁,横梁会出现过大的水平挠曲。为使这种纵向力水平力直接传给主桁节点,通过主桁弦杆传往固定支座,以减少横梁所受的水平弯矩,需要设置制动联结系(braking bracing)。制动联结系一般宜设在跨中(或在纵梁断开点与桥梁支点间的中部)。因为在该处横梁在弦杆变形时不发生弯曲,其相邻节间的纵梁与纵向联结系斜杆的纵向相对位移也较小,在该处设置制动联结系,可以减少制动联结系参与桥面系和弦杆的共同作用。制动联结系往往在纵横梁交点及纵向联结系斜杆交点间加设四根短斜杆,即可形成制动联结系。

公路钢桥车辆在桥上紧急制动时产生的纵向力比起列车的紧急制动纵向力要小得多,常可不设制动联结系。

第三节 桁梁桥计算

桁梁桥是由主桁架、平纵联、横联和桥面系组成的空间结构。随着计算机的普及和有限元技术的发展,目前桁梁桥的计算技术发展趋势是利用电子计算机进行结构的空间计算,以促进结构的合理化,使主桁架、中间横联和上下平纵联都能得到比较合理的设计。采用有限元通用程序进行空间桁架的结构分析时,常将空间桁架内各杆件轴线形成的几何图形作为该桁架的计算图式,并假定各节点为固接,按实际支座情况加上边界条件。

本节主要介绍钢桁梁的简化计算方法,简化方法有助于对于钢桁梁的受力性能的理解,其杆件内力分析分为两步进行:第一步,把刚性节点(rigid panel point)的空间结构分解为纵梁、横梁、主桁、纵联、横联这样一些独立的平面结构分别进行计算,并假定各节点为铰接的。各平面结构只承受作用于该结构平面内的荷载,两个平面结构共有的杆件(例如主桁与纵联共有弦杆;主桁端斜杆同时又为桥门架腿杆等)的内力按两个平面结构分别计算出,再进行内力叠加。第二步,采用近似方法计算在第一步中没有考虑的节点刚性和结构空间作用的影响。在设计杆件截面时,根据其影响的大小,有区别地对这部分力加以考虑。一般把第一步按铰接平面结构算出的应力称为主要应力或主应力,而把第二步考虑节点刚性与结构空间作用影响算出的应力称为次应力。

一、计算要点

(1)平纵联和主桁弦杆的共同作用。当主桁在竖向荷载作用下受力而变形时,平纵联与弦杆一起变形,共同受力,使平纵联的斜杆和横撑中产生附加内力。

(2)桥面系和主桁弦杆的共同作用。在竖向荷载作用下,下弦杆将伸长,这时,连接到下弦各节点的横梁将随着节点的移动而移动,但却受纵梁的牵制。因此,纵梁将因横梁的移动受到拉力,横梁则因纵梁的牵制而引起水平弯曲,弦杆的变形也将因此而减小。这种共同作用通常应在计算中加以考虑,但若纵梁的连续长度不超过80m,可不检算桥面系与主桁的共同作用。

(3)横向框架效应。由主桁竖杆、横梁和横向联结系的楣部杆件所构成的横向框架,当横梁在竖向荷载作用下梁端发生转动时,竖杆的上端和下端均将产生力矩。在设计竖杆时,应考虑此力矩的影响。

(4)节点刚性次应力。主桁各杆件用许多高强度螺栓紧固在节点板上,形成刚性的连接,杆端不能自由转动。因此,当主桁在荷载作用下发生变形而节点转动时,连接在同一节点的各杆件之间的夹角不能变化,迫使杆件发生翘曲,因而在主桁杆件内产生附加的应力(或称为"次应力")。《公路钢桥规范》规定,当主桁杆件截面高度与其节点中心间距之比,非整体节点的简支桁梁大于1/10,连续梁支点附近的杆件及整体节点钢桁梁杆件大于1/15时,应计算其节点刚性的影响;由该节点刚性引起的次力矩应乘以0.8,与轴向力一并进行承载能力极限状态的强度检算。当考虑节点刚性影响时,由于联结系和桥面系都参与主桁共同工作,对主桁构件的杆力起减载作用,加之架设时使桁架预先上拱犹如事先建立预应力,这些有利因素均未计入计算之中,所以可将次力矩进行折减。

实践证明,杆件的截面尺寸,在多数情况下决定于主应力。故设计钢桁梁时,一般先按主应力确定杆件截面尺寸,然后再计入次应力进行检算。次应力的处理方法一般有以下三种:

(1)次应力很小时,可以忽略不计;

(2)次应力较大时,应与主应力叠加计算杆件截面;

(3)次应力虽然较大,但对杆件只有局部影响时(例如主桁杆件因节点刚性所引起的次弯矩,横梁的水平弯曲等),则在加入次应力检算截面时,可以提高容许应力。

桥梁规范对以上三种情况分别有明确规定。

二、计算过程简述

主结构计算准备工作有两项,一是恒载假定,二是主桁杆件截面假定。

1. 恒载假定

常用办法是利用已有成桥资料进行初算,然后逐步调整复算。计算恒载与实际恒载误差不能超过5%,否则应重新调整计算。钢梁的计算恒载有一些统计资料可供参考。

2. 主桁杆件截面假定

假定截面不需要太准,根据经验粗略估计即可,可先估计最大弦杆内力,再按结构规律估计其他弦杆和斜杆内力,布置杆件截面,截面级别划分也不需太多。弦杆最大杆力估算办法有多种,利用已经建成的类似结构估计,或利用等高度连续梁影响线估算都可以。只要恒载假定比较准确,初算内力也比较准确。

对计算结果的正确性应当进行判断,常用判断方法是:观察杆件内力变化是否符合逻辑,恒载支点反力是否与设定恒载吻合等。计算挠度要满足规范,否则要做结构调整(主要是调整桁高),重新计算。

3. 内力调整

对于连续钢桁梁,有时为了使主桁杆件内力不要悬殊太大,或者为了配合安装需要进行内力调整。对于外部超静定结构,可以通过支座反力调整来实现。支反力调整,实际上是通过支座高差变化,使反力发生变化,从而使主桁杆件内力跟着发生变化。希望哪些杆件内力发生怎样的变化,选取哪个支座,设计多大高差量,都由设计者综合考虑运营、安装内力情况确定。具体做法是将选定的支点在结构设计和制造时,结合拱度设计做出无应力状态下的高度差。完成安装落梁时,使支座仍然落到原来的设计位置(且拱度也满足要求)。结果就"相当于"使支座出现了高差,达到了内力调整的目的。支反力调整必须对称进行,以便使结构内力仍然保持对称。

4. 桥面系和联结系计算

上下平联都是平衡风力的主要结构,都作为水平方向的连续梁计算。上平联的(连续梁)支承位置为主桁各支点的桥门架;下平联的支承位置即主桁支点。同样,平联还要承受主桁弯曲变形产生的内力,即随同弦杆变形所产生的力。横联一般只作近似计算。在前后两节间,单线铁路桥以风力为外力;双线铁路桥以风力和偏心活载的偏心力为外力。对于多线铁路桥,横联需要起到横向力分配的作用,应进行比较准确计算,并使横联具有较好刚度。

5. 材料估算

按照计算内力选出截面后就可以统计主桁重量了。先算出杆件的理论重量(杆件长度按系统线长度计算),然后将杆件重量乘以结构系数即可,通过乘以结构系数相当于计入节点板、拼接板、隔板等板件的重量。

三、桥门架计算

对于桥门架斜置的下承式桁架桥,由于端斜杆作为桥门架的斜腿,因此上平纵联所受的横向风力经由桥的两端桥门架传至下弦端节点,使端斜杆和下弦杆产生附加内力。计算时,把桥门架视为框架,求出反弯点以后,即可按静定结构求出斜杆及端下弦杆之内力。

设楣梁为桁架式的桥门架,见图5-43a)。

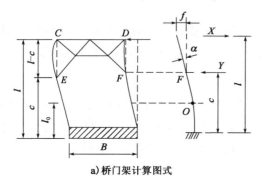
a) 桥门架计算图式

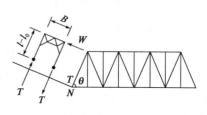
b) 桥门架对端斜杆及端下弦杆的内力效应

图5-43 桁架式桥门架

在水平力作用下,假定楣梁 $ECDF$ 各构件在受力后不发生变形,则横杆 CD 经水平移动后仍保持水平,而 C、E 及 D、F 点保持在直线上。取右半肢为自由体,并认为腿的下端是钳制的,而 D、F 两点受水平力 X 和 Y。作为一端固定的悬臂梁,根据弹性荷载法求得 F 点转角为:

$$EI\tan\alpha = -\frac{1}{2}[X(l-c)+XL]c + \frac{1}{2}Y_{cc}$$
$$= -X\left(lc - \frac{1}{2}c^2\right) + Y \cdot \frac{c^2}{2}$$

因为 D 及 F 仍在一垂直线上,所以:

$$f = (l-c)\tan\alpha$$

就 $(l-c)$ 一般而言,在水平力 X 作用下,D 点变位为:

$$EIf = \frac{1}{3}X(l-c)^3 \tag{5-2}$$

由此可知:

$$\frac{1}{3}X(l-c)^3 = -\left[X\left(lc - \frac{1}{2}c^2\right) - Y \cdot \frac{c^2}{2}\right](l-c)$$

即

$$\frac{X}{Y} = \frac{3c^2}{2l^2 + 2lc - c^2} \tag{5-3}$$

在反弯点处弯矩为零,即

$$X(l-l_0) - Y(c-l_0) = 0$$

则：

$$\frac{X}{Y} = \frac{c-l_0}{l-l_0} \tag{5-4}$$

式(5-3)和式(5-4)相等,从而得：

$$l_0 = \frac{c2l^2 - lc - c^2}{2l^2 + lc - 2c^2} = \frac{c\ (l+c)(l-c) + l(l-c)}{2\ (l+c)(l-c) + c(l-c)} = \frac{c\ (2l+c)}{2\ (l+2c)}$$

式中,l_0、l、c 见图 5-42a)。

在决定了反弯点位置以后,可取桥门架在反弯点以上部分为隔离体,在水平力 W 的作用下,两腿杆的反弯点处将产生大小相等、方向相反的竖直反力 T,迎风面主桁端斜杆为拉力,背风面主桁端斜杆为压力,见图 5-43b)。

拉力的竖向分力减轻了迎风一侧支座的反力,而水平分力则使迎风一侧的下弦杆产生压力 N。端斜杆为压力的则相反,其竖向分力加大了背风一侧支座的反力,而水平分力则使背风一侧的下弦杆的拉力有所增大。用公式表达如下：

$$N = T\cos\theta = \frac{W(l-l_0)}{B}\cos\theta \tag{5-5}$$

式中：W——斜桥门架上端的风力；

B——主桁中距；

θ——端斜杆与水平线的交角；

$l-l_0$——上弦节点中心至斜桥门架反弯点的距离。

当采用多腹杆系桁架时,竖杆兼作横向联结系的构件,在实践中曾出现过横向刚度不足的问题。因为这种多腹杆系的竖杆从纵向来说,截面只是满足构造上的要求,所以选用的截面较小,又由于在桁高中部位置处与多腹杆相交,若竖杆截面较大,则必然使集中此处的节点板过于庞大而引起连接困难。但当作为横联系的受力构件时承受弯曲,因此在这个平面内应具有一定的抗弯刚度,所以在节点处应加强或者增大竖杆截面本身的横向抗弯刚度。

【思考题】

1. 简述钢桁梁桥的组成和各部分的作用。
2. 简述主桁架的常用类型和各自特点。
3. 选择钢桁梁桥的主要尺寸(如桁架高度、主桁中心距、节间长度等)需考虑哪些问题？
4. 简述连续、悬臂桁梁桥的特点和组成。
5. 简述主桁杆件的构造。
6. 简述节点的构造形式和基本要求。

7. 箱形杆件的隔板作用是什么?
8. 联结系有几种?主要作用是什么?
9. 钢桁梁计算要点有哪些?
10. 简述钢桁梁计算过程。
11. 主桁架内力计算需要考虑哪几种内力组合?

第六章
组合梁设计原理

钢和混凝土是建造桥梁的主要结构材料,这两种材料在物理和力学性能上具有各自的优势和劣势,如果只采用其中一类材料建造桥梁,其结构性能往往受到材料性能的制约而有所不足。通过某种方式将钢材与混凝土组合在一起共同工作,则能够综合传统钢筋混凝土结构和钢结构的优势,同时限制其不利作用的影响,从而做到物尽其用,扬长避短。

组合梁的经济性及选型原则

第一节 概 述

一、组合梁定义

组合梁桥(composite girder bridge)是指采用剪力连接件(shear connector)将钢板梁、钢箱梁、钢桁梁等钢结构梁和混凝土板连成整体并且在横截面内能够共同受力的构件。组合梁桥中采用最多的是简支梁桥结构形式。因为简支梁的上缘受压、下缘受拉,最符合组合梁材料分布的合理原则,即梁上翼缘是适宜受压的混凝土板,下缘是利于受拉的钢梁。近年来,随着组合梁技术的不断发展,其使用范围已扩展到连续梁桥、拱桥和斜拉桥等多种复杂体系。组合梁一般用于跨径 30~100m 的梁桥、700m 以内的斜拉桥以及中小跨径的悬索桥。组合梁中的钢梁部分也由早先单一的钢板梁拓宽到钢箱梁、钢槽形梁和钢桁梁,组合梁的截面形式也由工字形发展到箱形、倒梯形甚至三角形。此外,参与组合梁共同工作的混凝土板也不限于普通钢筋混凝土,纤维混凝土、高性能混凝土和超高性能混凝土可以更好地发挥组合性能。混凝土板的位置也不只限于设在梁的上缘,而是可根据截面正负弯矩的需要上下缘均可设置,甚至可将预应力混凝土箱梁的腹板采用槽形波纹钢板或桁架式钢腹杆组成复合式组合梁,以进一步减轻桥梁自重。与此同时,采用体外预应力索来改善组合梁的受力,也是一种发展方向。

根据组合截面的不同承载情况,组合梁可以分为活载组合梁与恒载组合梁两种形式。

活载组合梁(无临时支撑施工方法)在钢梁架设与钢筋混凝土桥面板施工时,可以不设置中间支架或临时墩,施工时的钢梁自重、桥面施工荷载以及混凝土板自重仅由钢梁承担,钢筋混凝土桥面板不参与共同工作。仅由钢梁承担的这部分荷载通常称为一期荷载,而且一期荷载往往是恒载,所以常常也把它称为一期恒载。混凝土达到设计强度后,钢筋混凝土桥面板才作为主梁的上翼板与钢梁形成组合梁截面,与主梁共同工作。桥面铺装、栏杆、人行道、过桥管道等结构往往是在钢筋混凝土桥面板达到设计强度后施工,这部分荷载通常称为二期恒载。活载作用时,钢筋混凝土桥面板与钢梁已形成组合截面,混凝土板与主梁共同作用。由于在一期恒载和二期恒载及活载作用下,参与受力的截面不同,截面强度验算时内力叠加方法不适用,应该采用应力叠加方法计算。

恒载组合梁(有临时支撑施工方法)在钢梁架设与钢筋混凝土桥面板施工时,设置中间支架或临时墩,施工时的钢梁自重、桥面施工荷载以及混凝土板自重由中间支架或临时墩承担,钢梁为无应力状态。混凝土达到设计强度,钢筋混凝土桥面板与钢梁形成组合梁截面后,撤去中间支架或临时墩。因此,在一期恒载、二期恒载和活载作用下,混凝土板与主梁共同作用,均按组合截面计算。由于一期恒载和二期恒载及活载作用下,参与受力的截面相同,截面强度验算时可以采用内力叠加方法,也可以采用应力叠加方法计算。

因此,组合梁应根据组合截面形成过程所对应的工况及结构体系进行计算。

二、组合作用

组合梁与不设剪力连接件的钢板梁不同,钢筋混凝土桥面板不仅直接承受车轮荷载起到桥面板的作用,而且作为主梁的上翼板与钢梁形成组合截面,参与主梁的整体工作。由于钢筋混凝土板与钢梁共同工作,通常用钢量比非组合的钢板梁节省10%~30%,梁高也可以比非组合的钢板梁小,适用跨径较大的桥梁。

图6-1a)是非组合的一般的钢筋混凝土板和钢梁的结构体系。其中钢筋混凝土板只有一个功能,就是横向受弯;而其下面的钢梁只是作为板的支承。钢梁受力后产生弯曲变形,钢筋混凝土板与钢梁之间产生相对滑移,变形见图6-1c)。若忽略摩擦力,交界面上只有垂直向上压力,两者之间必定发生相对水平滑移错动。这时截面上作用的弯矩将等于钢筋混凝土板和钢梁各自承受的弯矩之和 $M_c + M_s$,参见图6-1e)。因为混凝土板绕自身重心轴的截面刚度 $E_c I_c$ 通常远小于钢梁绕自身重心轴的截面刚度 $E_s I_s$,若按截面刚度比例分配弯矩的原则,M_c 与 M_s 相比可以忽略不计。可以认为全部弯矩由钢梁单独承担,钢筋混凝土板对钢梁而言只是一种外荷载。

在相同的条件下,如果在混凝土板与钢梁之间设置若干个连接件,见图6-1b),以抵抗它们之间的相对滑移,则二者弯曲变形可协调一致,共同承担荷载。在弯矩作用下截面的应变将接近平截面假定,见图6-1d)。于是,钢筋混凝土板和钢梁就组成一个具有公共中性轴的组合截面。在这个组合截面上,钢筋混凝土板可以看作桥面板承受横向弯曲,还作为组合截面的受压区,见图 6-1f)。显然,组合截面的截面几何特性比非组合截面的几何特性大有改善,因而组合梁的承载能力和刚度将远远超过非组合梁。

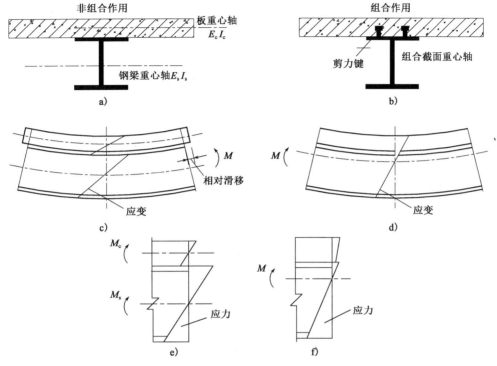

图 6-1 组合作用

在荷载作用下,组合梁截面仅有一个中性轴,混凝土板主要承受压力,钢梁主要承受拉力。与非组合梁相比,组合梁的中性轴高度与内力臂均增大,其受弯承载力显著提高。

三、组合梁的经济性及选型原则

组合桥与非组合钢桥用钢量的比较可参见图 6-2。国外的研究和统计表明,对于跨径超过 18m 的桥梁,组合桥在综合效益上具有一定优势。例如,法国统计资料表明,当跨径为 30～110m,特别是 60～80m 范围内,钢-混凝土组合桥的单位面积造价要比混凝土桥低 18%。在这一跨径范围内,法国近年建造的桥梁中有 85% 都采用了组合技术。目前,欧美等国跨径在 15m 以下的小跨径桥梁多采用钢筋混凝土梁桥,15～25m 跨径则用预应力混凝土梁桥,25～60m 跨径往往采用钢-混凝土组合梁桥。钢箱梁和桁架梁则一般用于大跨径桥梁。而在大跨径的斜拉桥中,采用组合梁也可以获得很高的经济效益。通常情况下,钢梁主要承担斜拉桥的桥面弯矩,混凝土桥面板则主要承担轴向力。

根据对国内已建成的多座钢-混凝土组合梁桥的统计,组合梁桥用钢量随跨径变化分布见图 6-3。对于组合梁桥,跨径为 20～30m 时单位面积用钢量约为 150kg/m²,跨径为 40～50m 时单位面积用钢量约为 270kg/m²。随跨径的增加,用钢量的增长幅度(线性关系)要小于跨中弯矩的增长幅度(平方关系),说明在跨径增大时,钢材的利用率更高,组合梁桥相对于混凝土梁桥的优势更为明显。值得注意的是,如果综合考虑因自重引起的基础造价和施工周期等,组合梁桥的综合效益会更明显一些。

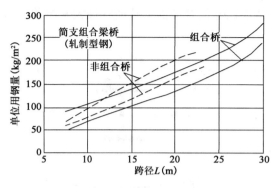
图6-2 组合桥与非组合桥用钢量范围比较

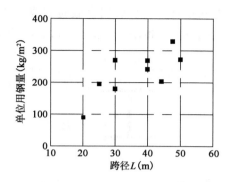
图6-3 组合梁桥用钢量随跨径变化分布图

对一座桥梁是否采用组合结构或采用何种结构形式进行经济性分析时,并不能单纯从节省用钢量的角度来进行考虑,而应对包括施工性能、建设速度、环境影响、下部结构造价、综合受力性能、养护与维修成本、景观效果和整体造价等在内的各个因素进行综合评估。例如,当考虑施工费用之后,用钢量最小的设计方案并不一定是综合造价最低的方案(如有临时支撑的施工方法可减少用钢量,但增加了施工难度和施工时间)。随着劳动力成本的增加以及环保、安全、耐久等要求的提高,更需要对结构的综合受力性能和经济性做更为全面的分析。

建造成本占桥梁总造价中的很大一部分,设计时应尽量予以降低。除作为主受力构件的钢梁和混凝土桥面板外,桥梁上部结构还包括加劲肋、抗剪连接件、横联梁、横隔板、支座、伸缩缝等。例如,采用等截面钢梁时,钢梁的加工制作费用较变截面钢梁低。但对于连续组合梁,变截面钢梁则可能具有更高的跨越能力并便于保证桥下净空。

四、组合梁特点

与纯钢桥相比,钢-混凝土组合梁有以下特点:

(1)充分发挥了钢材和混凝土材料的各自材料特性。

(2)节省材料,由于混凝土板与钢梁共同工作,钢-混凝土组合梁与钢板梁相比可节省钢材用量的10%~30%。

(3)增大了梁的截面刚度。由于混凝土板参与工作,组合梁的计算截面比纯钢梁大,可使主梁挠度减小20%左右。

(4)组合梁的混凝土受压翼板增加了梁的侧向刚度,防止了主梁在施工阶段和运营阶段荷载作用下的扭转失稳。由于混凝土翼板的作用,截面重心提高,钢梁腹板大部分处于受拉区,有利于避免钢梁腹板发生局部压屈。

(5)组合梁可以利用安装好的钢梁支模板,现场浇筑混凝土桥面板,节省施工用的材料,并加快施工速度。

(6)在活载作用下,组合梁桥与纯钢梁桥相比可明显减小噪声,在城市中采用组合梁桥可以减少噪声污染,有利于环保。

第二节 基本计算原理

在组合梁桥的结构分析和设计中,对弯矩和剪力的计算一般基于承载结构处于线弹性行为的假定。在弹性分析中必须考虑结构的所有作用,如考虑温度、混凝土收缩徐变、施工方法及顺序等因素的影响。特别需要区分以下两种情况:组合梁形成之前,需承受钢梁安装和混凝土板施工期间的所有作用;组合梁形成之后,需承受钢梁同混凝土板连接后的所有作用。对这两种情况都必须考虑沿梁长度方向抵抗截面惯性矩的分布。对组合梁桥而言,中间支座处受拉混凝土开裂会导致该区域梁刚度的下降,因此在计算影响组合梁的作用所引起的内力时须对刚度进行折减。此外,计算抵抗组合截面的惯性矩时需要采用混凝土板的有效宽度,按照在该宽度范围内正应力均布的原则来定义。

一、有效宽度

与混凝土梁桥类似,组合梁混凝土板同样存在剪力滞效应,目前各国规范均采用有效翼缘宽度的方法考虑混凝土板剪力滞效应。从弹性力学分析可知,组合梁承受荷载产生弯曲变形时,支承于钢梁上的混凝土翼板的纵向压应力沿翼板宽度方向的分布是不均匀的,离钢梁腹板越远,压应力越小,有效宽度取决于结构形式、荷载类型(集中或分布)以及荷载相对于所考虑截面的位置。组合梁桥的钢梁间距通常较大,即翼板的宽度较大。考虑到远离钢梁腹板处混凝土翼板的压应力很小,故在设计中把混凝土翼板参与钢梁共同工作的宽度限制在一定的范围,称之为翼板的有效宽度 b_{eff},并假定在 b_{eff} 范围内压应力是均匀分布的(图6-4)。这在理论上与钢筋混凝土梁的计算宽度是一致的。

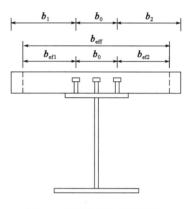

图6-4 混凝土板的有效宽度

《公路钢桥规范》规定组合梁各跨跨中及中间支座处的翼板有效宽度 b_{eff} 不应大于混凝土板的实际宽度,按下式计算:

$$b_{\text{eff}} = b_0 + \sum b_{\text{ef},i} \tag{6-1}$$

$$b_{\text{ef},i} = \frac{L_{\text{e},i}}{6} \leq b_i \tag{6-2}$$

式中:b_0——外侧剪力连接件中心间的距离;

$b_{\text{ef},i}$——外侧剪力连接件一侧的混凝土板有效宽度;

b_i——外侧剪力连接件中心至相邻钢梁腹板上方的最外侧剪力连接件中心距离的一半或最外侧剪力连接件中心至混凝土板自由边的距离;

$L_{\text{e},i}$——等效跨径,简支梁应取计算跨径,连续梁应按图6-5a)取。

简支梁支点和连续梁边支点处的混凝土翼板有效宽度 b_{eff} 按下式计算:

$$b_{\text{eff}} = b_0 + \sum \beta_i b_{\text{ef},i} \tag{6-3}$$

$$\beta_i = \frac{0.55 + 0.025 L_{\text{e},i}}{\beta_i \leq 1.0} \tag{6-4}$$

式中:$L_{\text{e},i}$——边跨的等效跨径,见图6-5a)。

混凝土翼板有效宽度 b_{eff} 沿梁长的分布可假设为如图6-5b)所示的形式。

预应力组合梁在计算预加力引起的混凝土应力时,预加力作为轴向力产生的应力可按实际翼板全宽计算;由预加力偏心引起的弯矩产生的应力可按翼板有效宽度计算。对超静定结构进行整体分析时,组合梁的翼板有效宽度可取实际宽度。混凝土板承受斜拉索、预应力束或剪力连接件等集中作用时,可认为集中力从锚固点开始按67°扩散角在混凝土板中传递。

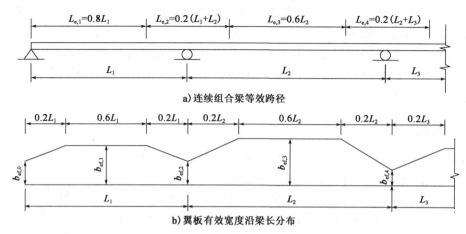

图6-5 连续组合梁等效跨径及翼板有效宽度

新版《公路钢混桥规》规范对组合梁混凝土板有效翼缘宽度的规定主要沿用了我国《公路桥涵钢结构及木结构设计规范》(JTJ 025—1986)的规定,但取消了与混凝土板有效翼缘宽度与厚度相关的规定。混凝土板有效翼缘宽度与板厚相关的规定主要考虑混凝土板剪切破坏的影响。根据成熟的工程实践经验和国内外已有的组合梁剪力滞理论和试验研究结果,在适当的横向配筋条件下,承载力极限状态下混凝土板一般不会出现纵向剪切破坏形态。此外,上述公式引入了连续组合梁等效跨径的概念,将混凝土板有效翼缘宽度的规定推广至连续组合梁,边支点混凝土板有效翼缘宽度折减系数借鉴欧洲规范4的规定。

需要说明的是,《公路钢混桥规》给出的组合梁混凝土板有效翼缘宽度计算方法仅适用于以受弯为主的组合梁;对于承受压弯荷载共同作用的组合梁(例如组合梁斜拉桥主梁),混凝土板有效翼缘宽度取值宜采用更为精确的分析方法,如采用简化分析方法,弹性状态下可将弯矩和轴力进行解耦,分别采用两种内力状态下对应的混凝土板有效翼缘宽度进行应力分析,然后将两种内力状态计算得到的应力进行叠加。

进行结构整体分析时,可不考虑混凝土板剪力滞效应的影响,各简支及连续梁跨的混凝土板可按全宽进行计算,进行组合梁截面承载力验算时,组合梁混凝土板有效翼缘宽度应按式(6-1)~式(6-4)计算。

二、换算截面几何特性

(一)等效换算原理

一般情况下,组合梁桥的钢梁板件宽厚比较大,组合梁截面塑性转动能力受到钢板局部屈曲的限制,因而在组合梁桥设计中仍宜采用弹性计算方法。组合梁的作用效应及抗力计算均采用弹性方法,即假定钢材与混凝土为理想线弹性材料,承载力极限状态以计算截面的边缘应力达到材料强度设计值为标志,同时需考虑施工方法、混凝土桥面板剪力滞效应及混凝土开裂等影响。对于钢-混凝土组合梁,弹性设计方法的核心内容是截面应力计算。按弹性方法计算组合梁抗弯承载力时,主要基于以下几点假设:

(1)钢材和混凝土均为理想线弹性材料,其应力与应变呈线性关系;

(2) 组合梁截面的应变分布满足平截面假定；
(3) 忽略钢梁与混凝土桥面板之间的滑移效应，假定二者之间具有可靠的连接；
(4) 取有效宽度范围内的混凝土桥面板与钢梁形成组合截面，有效宽度范围内的混凝土桥面板按实际面积算，不扣除其中受拉开裂的部分，但承托的面积则可以忽略不计；
(5) 在正弯矩作用下，混凝土桥面板内的纵向钢筋可忽略不计。

由于弹性阶段混凝土桥面板的应力水平通常较低，且混凝土受拉区和承托距截面中性轴的距离较近，对抗弯承载力和刚度的影响较小。因此上述第(4)条中忽略承托而包含了受拉区混凝土的作用，这种简化处理方式引起的误差一般很小。

钢-混凝土组合梁的弹性计算方法可以利用材料力学公式。由于材料力学是针对单质连续弹性体，因此对于由钢和混凝土两种材料组成的组合梁截面，首先应换算成同一材料的截面，即换算截面法。

设混凝土单元的截面面积为 A_c，弹性模量为 E_c，应力为 σ_c 时应变为 ε_c。根据合力不变及应变相同条件，把混凝土单元换算成弹性模量为 E_s、应力为 σ_s 且与钢等价的换算截面面积 A'_s。由合力大小相等的条件得：

$$A_c \sigma_c = A_s \sigma_s \tag{6-5}$$

由应变协同条件得：

$$\varepsilon_c = \varepsilon_s, \quad \frac{\sigma_c}{E_c} = \frac{\sigma_s}{E_s} \tag{6-6}$$

$$\sigma_c = \frac{E_c \sigma_s}{E_s} = \frac{\sigma_s}{n_0} \tag{6-7}$$

式中：n_0——钢材和混凝土弹性模量比值，$n_0 = E_s/E_c$。

将式(6-7)代入式(6-5)，则有：

$$A'_s = \frac{A_c}{n_0} \tag{6-8}$$

公式(6-8)表明，混凝土单元截面面积 A_c，可用面积为 A_c/n_0 的钢截面来代替。这样，在组合梁计算中，只要将混凝土翼板的截面面积用 $1/n_0$ 倍的钢截面代替，即可将整个截面换算为单一弹性模量 E_s 的钢截面。按换算截面几何性质，直接代入材料力学公式求得的应力是假想的钢截面应力。对混凝土翼板而言，其真实应力应为同一点假想钢截面应力的 $1/n_0$，即 $\sigma_c = \sigma_s/n_0$。

根据上述基本换算关系，就可以按照如图 6-6 所示的方法将组合梁截面换算为与之等价的换算截面。为保持组合截面形心高度即合力位置在换算前后保持不变，即保证截面对于主轴的惯性矩保持不变，换算时应固定混凝土桥面板的厚度而仅改变其宽度。图 6-6 中 b_{eff} 为原截面混凝土桥面板的有效宽度，b_{eq} 称为混凝土桥面板的换算宽度。

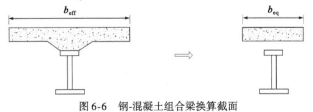

图 6-6　钢-混凝土组合梁换算截面

将组合梁截面换算成等效的钢截面以后,即可根据材料力学方法计算截面的中性轴位置、面积矩和惯性矩等几何特征,用于截面应力和刚度分析。组合梁截面形状比较复杂,一般可以将换算截面划分为若干单元,然后用求和办法计算截面几何特性。

(二)短期荷载效应设计时的换算截面几何特征

计算时,在相同位置上混凝土截面换算成 $1/n_0$ 倍的等价钢梁换算截面,并据此计算换算截面的几何特性。如图 6-7 所示,换算截面的几何特性可由下式求得:

$$A_0 = A_s + \frac{A_c}{n_0} \tag{6-9}$$

$$a_c = \frac{A_s}{A_0}a, \qquad a_s = \frac{A_c}{n_0 A_0}a \tag{6-10}$$

$$I_0 = I_s + \frac{I_c}{n_0} + A_s a_s^2 + \frac{A_c}{n_0}a_c^2 = I_s + \frac{I_c}{n_0} + A_0 a_s a_c \approx I_s + A_0 a_s a_c \tag{6-11}$$

式中:A_0——组合梁的换算面积;

A_c——混凝土板的截面面积;

A_s——钢梁截面面积;

a_c、a_s——组合梁换算截面形心至混凝土板和钢梁两个形心的距离;

a——混凝土板和钢梁形心间的距离;

I_0——组合梁的截面换算惯性矩;

I_c、I_s——混凝土板和钢梁对自身截面形心的惯性矩。

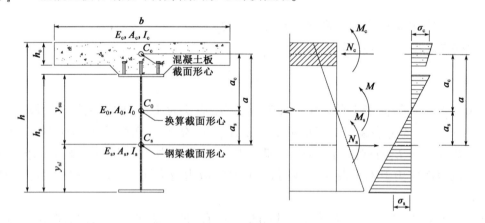

图 6-7 组合梁换算截面

(三)长期荷载效应设计时的换算截面几何特征

在长期荷载作用下,混凝土发生徐变将产生很大的塑性变形。这样,计算长期荷载作用下的换算截面几何特征时,混凝土的弹性模量 E_c 应以割线模量 E_L(也称为换算截面模量,见下一节)代替。按照割线模量 E_L 与弹性模量 E_c 的关系,有:

$$E_L = \frac{\varepsilon_e}{\varepsilon_e + \varepsilon_p}E_c \tag{6-12}$$

式中:ε_e——混凝土的弹性变形;

ε_p——混凝土的塑性变形,混凝土徐变引起的塑性变形可以通过徐变系数来表示:

$$\varepsilon_p = \psi_L \phi(t, t_0) \varepsilon_e \tag{6-13}$$

$$\frac{E_c}{E_L} = \frac{\varepsilon_e + \psi_L \phi(t, t_0) \varepsilon_e}{\varepsilon_e} = 1 + \psi_L \phi(t, t_0) \tag{6-14}$$

$$\frac{E_s}{E_L} = \frac{E_s [1 + \psi_L \phi(t, t_0)]}{E_c} \tag{6-15}$$

$$n_L = n_0 [1 + \psi_L \phi(t, t_0)] \tag{6-16}$$

式中:n_L——长期荷载作用下钢与混凝土的有效弹性模量比;

$\phi(t, t_0)$——加载龄期为t_0、计算龄期为t时的混凝土徐变系数,应按《公路钢筋混凝土及预应力混凝土桥涵设计规范》(JTG 3362—2018)的相关规定计算;

ψ_L——根据作用(或荷载)类型确定的徐变因子,永久作用取1.1,混凝土收缩作用取0.55,由强迫变形引起的预应力作用取1.5。

按混凝土是否开裂,组合梁截面的抗弯刚度分为未开裂截面刚度$E_s I_{un}$和开裂截面刚度$E_s I_{cr}$。计算I_{cr}时,不应计受拉区混凝土对刚度的影响,但应计入混凝土板有效宽度内纵向钢筋的作用。

合理的设计应控制中性轴位于钢梁顶板顶部的下方,亦即应避免中性轴位于桥面板的厚度范围内,以免可利用的混凝土受压面积减小。

对于组合钢桥的负弯矩区而言,必须假设钢筋混凝土桥面板无抗拉的能力,因此,位于负弯矩区的组合梁的截面性质与$n = \infty$时无异。

三、组合梁应力

(一)轴力作用

由轴力N_0所产生的组合梁混凝土板及钢梁应力,根据换算截面法,可以由下式求得:

$$\sigma_c = \frac{N_0}{n_0 A_0}, \qquad \sigma_s = \frac{N_0}{A_0} \tag{6-17}$$

(二)弯矩作用

由弯矩M所产生的组合梁混凝土板及钢梁边缘应力,根据换算截面法,可以由下式求得:

$$\sigma_c = \frac{M}{n_0 I_0} y_{0c}, \qquad \sigma_s = \frac{M}{I_0} y_{0s} \tag{6-18}$$

或者如图6-7所示,将作用在梁上的弯矩M分解为混凝土板和钢梁承担的弯矩M_c和M_s,以及由分别作用在混凝土板和钢梁形心上的轴向力N所构成的力偶Na,由下式求得:

$$\sigma_c = \frac{N_c}{A_c} + \frac{M_c}{I_c} y_c, \qquad \sigma_s = \frac{N_s}{A_s} + \frac{M_s}{I_s} y_s \tag{6-19}$$

式中,弯矩M_c及M_s和力偶Na,可以根据刚度分配法求得:

$$M_s = \frac{I_s}{I_0} M, \qquad M_c = \frac{I_c}{n_0 I_0} M, \qquad N = N_s = N_c = \frac{A_0 a_s a_c}{a I_0} M \tag{6-20}$$

(三)剪力作用

作用在混凝土板和钢梁接触面单位长度上的水平剪力 T 为:

$$T = \frac{QS_c}{I_0} = \frac{QA_c a_c}{n_0 I_0} \tag{6-21}$$

式中:Q——组合梁截面剪力;

S_c——混凝土板对组合梁截面中性轴的面积矩。

四、内力计算

在计算内力时,需要考虑钢结构安装和混凝土施工所采用的具体方法,特别是要了解永久作用和可变作用施加在梁上的时间。通过荷载形成的不同施工阶段得到相应的抵抗截面惯性矩,如钢梁自身截面或组合梁截面,然后确定计算内力所需的截面惯性矩分布。

(一)桥面板施工方法的影响

当桥面板底部模板支撑在地面上的临时支架上时,桥面板混凝土重量由临时支架承担,而非钢梁承受。但在大多数情况下,混凝土桥面板底模支撑在钢梁上,自重由钢梁承担,对于钢梁来讲是最不利的情况(上翼缘处于受压阶段)。在混凝土的浇筑过程中以及在预制板的安装或顶推过程中,受压翼缘没有横向约束,需要验算其安全性。混凝土凝固后,或者群钉周围的空隙填充满混凝土并凝固后,翼缘板横向得到约束,就不会发生横向扭转屈曲。

1. 现浇桥面板

当采用现浇桥面板施工方法时,在混凝土凝固之后,钢梁和混凝土桥面板开始发挥组合作用。现浇混凝土板采用分节段移动模板施工时,组合横截面可以承受一部分随后浇筑的混凝土板的自重。横截面的抗力(从纯钢梁到组合梁)与混凝土板的施工进程和混凝土的硬化时间有关,同时对混凝土板施工过程中主梁的挠度和内力也有影响。

当计算主梁挠度时,需要将现浇混凝土板截面抗力的发展考虑进去。在制作钢梁过程中,主梁预拱度需要精确确定,来抵消结构自重荷载引起的挠度。根据计算的简化程度,预估挠度可能与实际挠度有很大不同。例如,图 6-8 显示了从桥的一端到另一端分阶段现浇混凝土板的连续组合梁截面抗力的发展。图中挠度根据下面三条假设计算得出:

(1)混凝土桥面板自重只考虑由钢梁承担;
(2)考虑混凝土桥面板与钢梁的组合作用,但不考虑混凝土徐变(即 n 为常数);
(3)同时考虑组合作用和混凝土徐变,徐变考虑不同阶段内的混凝土浇筑(n 是变化的)。

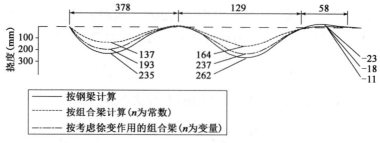

图 6-8　不同计算模式桥面板自重引起的变形(尺寸单位:m)

根据混凝土浇筑阶段和不同的组合作用程度,上述计算假设从最简单到最复杂,导致计算出的钢梁挠度有很大的不同。第一条假设会导致估计的挠度偏大,因为只考虑了钢梁的刚度。第二条假设导致估计的挠度偏小,因为徐变效应没有考虑进去,而徐变会对组合截面卸载,进而对钢梁加载。第三条假设会接近实际变形,桥梁预拱度应按此估计进行设置。

当计算混凝土板施工过程中的内力时,每个阶段之间的区分也是很重要的,因为每个阶段都有不同的荷载作用和对应的不同横截面抗力。在钢梁上浇筑桥面板混凝土时,产生的荷载(混凝土自重和模板)不但施加在相应节段的钢梁上,也施加在混凝土板已凝固的组合梁上。每个截面的钢和混凝土的模量比 n 是混凝土龄期的函数,必须对每个节段进行确定。

2. 分阶段顶推架设混凝土桥面板

当采用分阶段顶推架设混凝土板时,混凝土板滑移到钢梁上,此时确定混凝土板每个施工阶段的钢梁内力、反力和挠度,仅有钢梁承担混凝土板自重。因为只有板全部到位时才进行钢混连接,组合作用才会发生作用。举例说明,图 6-9 显示了钢梁弯矩随着架设进程的发展,从中可以看出,滑移阶段的弯矩在形式和大小上与最终成桥阶段是不同的。因此,在混凝土板施工过程中需要考虑结构安全性。

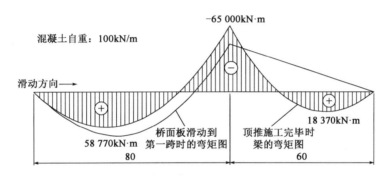

图 6-9 顶推桥面板过程中钢梁的弯矩图(尺寸单位:m)

一般混凝土桥面板支撑在铸铁块或者钢滑靴上,间距一般为 2m,设计时需考虑由滑靴在钢结构上产生的集中力,需要检查主梁腹板的局部屈曲和主梁的横向扭转失稳。当采用这种方法进行混凝土板的施工时,在混凝土板施工完成以及孔洞填充完成之后,钢梁和混凝土板的连接才会生效。在钢混连接完成之前,混凝土的收缩已完成很大一部分,所以混凝土收缩会自由释放,而不会在钢梁和混凝土板中产生次应力。根据混凝土板浇筑和钢混连接之间的时间间隔,在计算混凝土板中的应力时,考虑板收缩的减小是有利的。

若在钢梁上浇筑混凝土,在设计钢梁时需将施工荷载考虑进去。这些荷载主要由模板、施工人员、浇筑混凝土相关设备、用于浇筑后降落模板的设备以及用于混凝土板滑移的设备引起。

3. 预制混凝土桥面板

预制混凝土桥面板在安装之后才能进行钢梁和混凝土板的连接,由预制桥面板构件引起的施工荷载,只能由钢结构承受。如果预制桥面板采用安置于地面上的起重机进行施工,那么可以通过选择合适的施工顺序,来减小钢梁上的应力。如果预制构件采用安置在桥梁上的起重机进行施工,那么预制桥面板必须采用连续的施工顺序,且这样的施工顺序产生的应力与桥面板滑移产生的应力是相同的。显然,移动起重机的自重需按施工荷载进行考虑。预制桥面板须设计成可以抵抗由搬运和运输产生的力以及在实现桥面板连续之前承受其他施工荷载。

(二)混凝土浇筑顺序的影响

当边中跨比较小时,需要注意桥面板的安装可能出现负反力,使支点处主梁向上翘,对钢梁的支承反力产生影响。当混凝土桥面板采用现浇时,新浇筑混凝土自重可能使中墩上方的已硬化的混凝土板产生拉应力,引起混凝土板的横向开裂。桥面板浇筑顺序有如图 6-10 所示的几种,即连续浇筑、跨中处先于中墩处浇筑以及逐跨浇筑。

从起重机移动角度看,连续浇筑[图 6-10a)]是最合理的,因为起重机只需按同一方向移动,且每次移动很小的距离(15~25m)。然而,从桥面板中应力的角度来说,这种方案并不受欢迎,尤其是位于中墩上面的桥面板。当中墩上方桥面板已浇筑(节段3,然后节段6),其他节段的混凝土浇筑(节段4和节段5,然后节段7和节段8)会在中墩上方桥面板产生很大的拉应力。

在浇筑中墩附近桥面板之前先进行中墩区域以外桥面板的浇筑[图 6-10b)],这样可以避免中墩上部桥面板产生拉应力。然而,这种方法会要求很复杂的模板移动,因为起重机需要跨过已浇筑的混凝土区域,例如在进行节段5和节段6的浇筑时需跨过节段3和节段4浇筑。

另一种逐跨浇筑的方法[图 6-10c)]可以避免起重机跨过已浇筑区域的操作,同时模板的移动也是有限的,但桥梁需要承担浇筑起重机的重量。长跨径的浇筑意味着需要充足的混凝土供应和相应的浇筑方法,因此比较适用于中小跨径的桥梁。

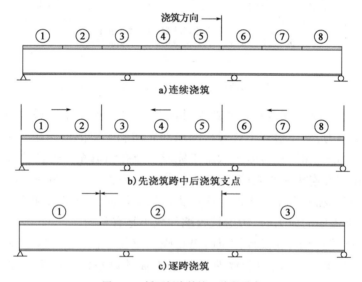

图 6-10 桥面板浇筑施工阶段示意

总体来说,最广泛运用的浇筑方法是连续浇筑和跨中先于支点处浇筑。为进行两种方法的比较,表 6-1 给出了混凝土板中间纤维层应力的计算结果。此结果是根据两座三跨连续梁(单跨跨径分别为 30m 和 80m)的混凝土浇筑顺序得到的,计算过程中考虑浇筑混凝土的起重机移动。在所有浇筑节段完成后,考虑徐变的效应以及混凝土弹性模量的变化,然后计算第一个中间支墩处的桥面板应力。

混凝土浇筑顺序对中墩处应力影响 表 6-1

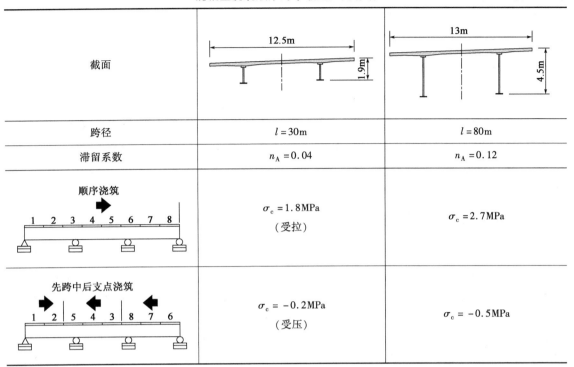

截面	（12.5m 跨，1.9m 高）	（13m 跨，4.5m 高）
跨径	$l = 30\text{m}$	$l = 80\text{m}$
滞留系数	$n_A = 0.04$	$n_A = 0.12$
顺序浇筑	$\sigma_c = 1.8\text{MPa}$（受拉）	$\sigma_c = 2.7\text{MPa}$
先跨中后支点浇筑	$\sigma_c = -0.2\text{MPa}$（受压）	$\sigma_c = -0.5\text{MPa}$

对中墩处混凝土桥面板的应力来说，跨中处先于中墩处浇筑比连续浇筑要有利。表 6-1 中显示了两个截面在跨中处先于中墩处的浇筑方法在中墩处桥面板中均产生了压应力。当组合梁跨径为 80m 时，采用连续浇筑在桥面板中产生拉应力为 2.7MPa，导致混凝土桥面板开裂；而另一种方法会在中墩处桥面板产生轻微预压力（-0.5MPa）。尽管先进行跨中混凝土浇筑的方法会控制中墩处桥面板的拉应力，但在进行中墩区域的混凝土浇筑时，已浇筑的跨中区域会产生拉应力，这种情况也会出现在连续浇筑中。然而，这样的拉应力是很小的，因为在随后的永久作用下，跨中截面处于受压状态。为达到限制板中拉应力的目的，也可以使用临时支撑。图 6-11 显示了使用这种方法的步骤。

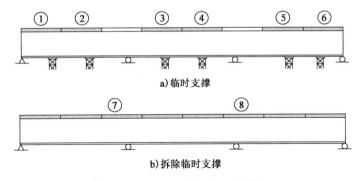

图 6-11 施工阶段采用临时支撑

当采用临时支撑进行混凝土浇筑时，首先浇筑临时支撑上方钢梁区域的混凝土（节段 1～节段 6）。当混凝土水化完成后，撤去临时支撑，该区域形成组合截面，混凝土板受压。接着进行中墩区域的混凝土浇筑。采用上述方法不仅可以使得跨中混凝土的部分自重由组合截面承受,也可以减小中墩区域桥面板混凝土的拉应力。虽然这种方法可减小钢梁尺寸,但是临时支撑的使用会导致施工过程复杂化,因此一般限制它的运用。同样,采用临时支撑进行浇筑仅适用于离地面有限高度的桥梁。

五、截面刚度计算

采用换算截面法计算组合梁截面特性时,混凝土板取有效宽度范围内的截面。将混凝土板有效宽度范围内的混凝土板面积除以弹性模量比等效替换成钢材面积,此时将组合梁视为同一材料计算组合梁的截面特性值。截面抗弯刚度分为未开裂截面刚度 EI_{un} 和开裂截面刚度 EI_{cr}。计算开裂截面惯性矩 I_{cr} 时,应计入混凝土板有效宽度内纵向钢筋的作用,不考虑受拉区混凝土对刚度的影响。

(一)桥面板开裂对截面刚度影响

当桥面板按全预应力混凝土或部分预应力混凝土 A 类构件设计时,此时桥面板未开裂,应采用未开裂分析方法,组合梁截面刚度取未开裂截面刚度 EI_{un}。此种情况下,需要对组合梁负弯矩区混凝土施加预应力,施工方法相对复杂,经济效益不理想。当桥面板按部分预应力混凝土 B 类构件或钢筋混凝土构件设计时,允许混凝土板出现开裂现象,此时应采用开裂分析方法。确定中墩区域的组合截面惯性矩时,必须计入受拉混凝土开裂的影响,此时抵抗截面由钢梁和混凝土板中的钢筋组成。严格说来,为了确定混凝土开裂的梁段长度,需要在全梁长度范围内考虑受拉混凝土贡献,使用包括长期效应的荷载工况对连续梁进行一次初步分析。最后在负弯矩区已达到或超过混凝土拉伸强度的梁段上采用折减后的截面惯性矩,并在以后的分析中忽略混凝土的存在。最后采用计算得到的弯矩图,将混凝土板最大应力超过混凝土平均抗拉强度 2 倍的区段作为混凝土板开裂区,并进入下一次迭代计算。

也可采用如图 6-12a)所示的简化方法来考虑中墩处组合梁截面惯性矩的降低。在中墩两侧各 $0.15l$ 长度上,采用假定混凝土开裂后的折减截面惯性矩 $I_{b,II}$(状态 II)。在剩余跨长上采用混凝土未开裂时的截面惯性矩 $I_{b,I}$(状态 I)。折减截面惯性矩 $I_{b,II}$ 所对应的横截面由全部钢梁和混凝土板有效宽度范围内的钢筋组成。但应注意的是,这个简化方法只适用于相邻跨径比 $l_{min}/l_{max} > 0.6$ 的连续梁。当混凝土板中包含有预制构件时,相比全部现场浇筑的收缩率小,梁段的开裂区也会较短些。

另有一种方法可以用来做初始估算。首先在梁全长上都采用截面惯性矩 $I_{b,I}$ 计算弯矩,即假定全段混凝土都没有开裂(即使在受拉区)。然后中间支座处梁段折减 10% 的弯矩考虑混凝土开裂的影响[图 6-12b)],跨中的弯矩相应增加。这一折减只针对钢-混凝土连接形成后所施加的荷载产生的弯矩进行,且仅适用于跨径相近的连续梁。

(二)不同施工方法对截面刚度影响

组合梁中钢梁安装方法和混凝土板施工方法会对组合梁截面刚度产生影响。钢梁下设置临时支撑,组合梁结构的加载历程和抗弯刚度所采用的截面,见图 6-13。如果混凝土是分几个阶段浇筑的,那么在计算混凝土板凝固期间主梁的惯性矩时,就必须分阶段考虑不同的截面,或组合截面或钢梁截面自身。

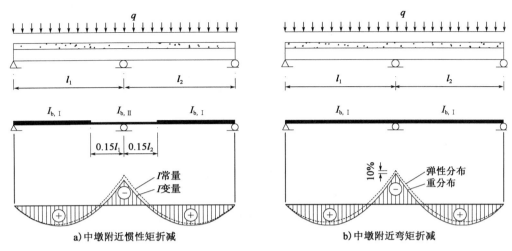

图 6-12 连续组合梁桥弹性弯矩的计算

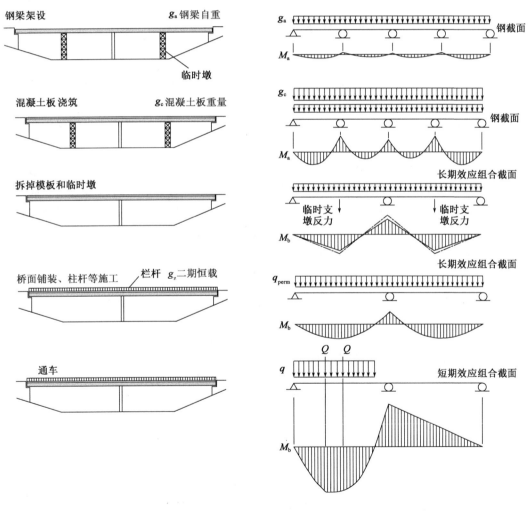

图 6-13 考虑加载历程的相应结构形式和计算弯矩

在进行组合截面的弹性抗力计算时,必须考虑荷载作用的持续时间。这可以通过在计算抵抗截面特性时引入以荷载作用持续时间为函数的不同模量比 n 来实现。这意味着永久作用下沿组合梁跨长截面惯性矩的分布将不同于短期作用。但实际上,这种差异只会对内力计算产生很小的影响,因此可只采用一种分布形式,且通常所用的是按照短期作用的模量比 n 计算的截面惯性矩分布。在确定组合梁截面惯性矩分布时,还必须明确地考虑中墩处混凝土桥面板开裂的影响。

六、预应力

为解决连续梁中混凝土桥面板受拉区的开裂问题,一种方法是预防开裂,另一种则是允许裂缝出现但限制其宽度。早期以施加预应力为主,随着实践的深入,人们发现大部分预应力最终直接加到了钢梁上。徐变和收缩将导致预应力的损失,预应力使用效果不理想,因而逐渐转向取消纵向预应力,增加普通钢筋使混凝土保持较小的裂纹宽度的做法。但在有些情况下,仍可采用预应力来增加混凝土压应力,这也是提高桥面板耐久性的一种有效方法。使混凝土桥面板在永久荷载的作用下长期保持纵向受压状态,甚至可以让板在一部分或者所有的可变荷载作用下保持纵向受压状态,这对构件耐久性是十分有利的。

(一)预应力施加方法

组合梁的预应力施加方式可采用张拉预应力束法、预加荷载法、支点位移法等,也可综合使用以上方法。实际操作时应因地制宜,根据现场具体情况选择采用。对于连续组合梁,正确安排混凝土桥面板浇筑顺序,或调整剪力连接件的作用时间,可有效降低负弯矩区混凝土板的拉应力。

在组合梁桥的桥面板中心配置预应力索(图6-14),桥面板可以是现浇,也可以通过顶推预制板安装。预应力索可在桥面板与钢梁组合连接前或组合连接后进行张拉。当预应力索在桥面板与钢梁连接前张拉时,预应力仅施加在桥面板上。相对于板与梁连接后张拉索力,前者有需要较小索力的优势。另一方面,在桥面板与钢梁之间组合连接后进行预张拉可以避免在桥面板中预留群钉孔洞,使得桥面板受力更均匀。

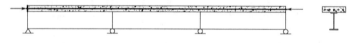

图6-14 混凝土板内张拉预应力束施加预应力

对于连续组合梁桥可采用体外预应力方式施加预应力[图6-15a)],将索固定在钢梁上,索的曲线形状会在梁中产生与永久荷载和交通荷载作用相反的弯矩。该体系的优点是体外索可以方便地进行检查和替换;缺点是由于索方向的变化,将增加钢结构装配费用,并要求具有相应的疲劳抗力。连续组合梁桥也可采用仅对负弯矩区的混凝土板施加预应力的方式[图6-15b)]。

对连续组合梁桥,还可采用预加荷载法或支点位移法,依靠钢梁的强迫变形对组合梁施加预应力,见图6-16和图6-17。

采用顶升中间支点的方法对混凝土板施加预应力,是在浇筑混凝土之前抬高中间支点处的钢梁(或采用预拱度),在混凝土水化完成后回落支点,这样会在混凝土板中产生压力。这种方法主要运用于两跨和三跨桥梁,尤其适用于立交桥。桥梁跨径超过三跨时,实现支点的回落比较复杂,且预压力效果会变得更小。

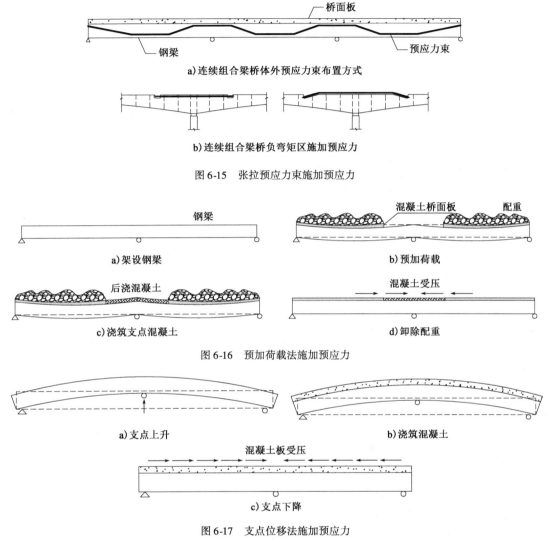

图 6-15　张拉预应力束施加预应力

图 6-16　预加荷载法施加预应力

图 6-17　支点位移法施加预应力

(二)预应力计算要点

组合梁预应力损失计算应符合下列规定:

(1)当组合梁采用张拉有黏结预应力束的预应力施加方法时,应考虑预应力束的预应力损失,并应按《公路钢筋混凝土及预应力混凝土桥涵设计规范》(JTG 3362—2018)的相关规定计算。

(2)当组合梁采用张拉无黏结预应力束的预应力施加方法时,应考虑无黏结预应力束与转向装置的摩擦滑动影响,考虑预应力筋在转向块处和梁体之间可以发生自由滑动,预应力束内力值应根据预应力束与全梁的变形协调条件进行计算。由于与结构的整体变形相关,因此不能通过单个截面的变形协调来确定,而是要通过建立预应力筋和全梁的变形协调条件来确定。

(3)当组合梁采用预加荷载法或支点位移法等预应力施加方法时,应按弹性分析方法计算钢梁强迫变形引起的预应力损失。预应力效果主要依靠钢梁自身的强迫弹性变形,应按弹性方法进行分析,设计时应考虑施工方法及顺序的影响。

第三节 组合梁温度、徐变与收缩

由于钢材和混凝土的材料特性存在很大差异,当混凝土桥面板与钢梁形成组合作用之后,其中任何一种材料的自由变形都会受到另一种材料的约束,从而引起截面应力重分布,并使结构产生附加变形。除了运营交通荷载外,还应考虑混凝土材料的徐变和收缩效应以及温度效应。由徐变引起的荷载作用区间,依据组合后的静荷载作用时的弯矩分布来确定,即仅仅考虑正弯矩作用范围内的徐变影响。收缩变形基本上沿桥面板全长发生,但是当采用允许负弯矩区裂缝发生的设计方法时,收缩变形在负弯矩区的影响很小,一般仅考虑正弯矩区混凝土桥面板收缩变形的影响。负弯矩区裂缝发生的范围一般认为在支座两侧跨径的15%,可以考虑在此范围以外的收缩变形。而温度的影响沿全长都需要考虑。在实际结构中,混凝土的徐变、收缩应变和温度应变是混杂在一起的,实测应变往往是它们的综合影响结果。而在计算分析中,为简化计算可以将三者分别考虑,也可以将混凝土的徐变、收缩一起考虑。

一、温度效应

对于组合梁结构,由于钢材和混凝土两种材料的弹性模量和线膨胀系数不同,整体温度变化和两者的温度不同均将引起截面的应力重分布。《公路钢混桥规》规定参照《公桥通规》的相关规定,组合梁温度作用考虑温度梯度和整体温升(降)两种效应。

(一)温度梯度

当环境温度剧烈变化时,钢材的温度很快就接近环境温度,混凝土的温度则变化较为缓慢和滞后,此时钢梁与混凝土之间就产生温差,在梁截面形成温度梯度。组合截面中任何一种材料因温度变化引起的胀缩变形都将受到另外一种材料的约束并引起截面应力重分布,从而在梁截面上产生自平衡的内应力。对于简支组合梁桥,温度应力会引起梁的挠曲变形;对于连续组合梁桥或者其他具有多余外部约束的超静定结构,温度应力还会进一步引起结构的次内力和次挠度,即内力重分布。

《公路钢混桥规》中关于组合梁温度梯度的规定,是按《公桥通规》的相关规定(本教材第一章图1-46和表1-10)计算温度梯度效应。但由于该温度梯度分布在同一材料内也是变化的,不方便手算,需要借助于有限元软件进行计算。为简化分析,组合梁截面温差应力按弹性方法计算,并在计算中可采用以下假设:

(1)同一截面内混凝土桥面板的温度完全相同,钢梁的温度也完全相同,整个截面内只存在两个温度,而温差仅由这两个温度决定。日本规范和我国《公路桥涵钢结构及木结构设计规范》(JTJ 025—1986)均按此种方法计算组合梁温度效应,一般钢梁与混凝土桥面板间的计算温差采用 $10 \sim 15 \text{℃}$。如需考虑温度梯度效应时,可在下文所述的步骤二中增加虚拟弯矩 M 使混凝土桥面板的应变分布与温度梯度分布一致。

（2）沿梁全长各截面的温度分布情况相同。
（3）计算连续组合梁桥的温度效应时,不考虑负弯矩区混凝土开裂影响。

组合梁的换算截面见图6-18a）。假设混凝土板温度低于钢梁,温差为ΔT_t,混凝土和钢结构的线膨胀系数为α_T,忽略钢和混凝土两种材料线膨胀系数不同。在以下推导中,取ΔT_t为正,应变和应力均以拉为正,压为负。

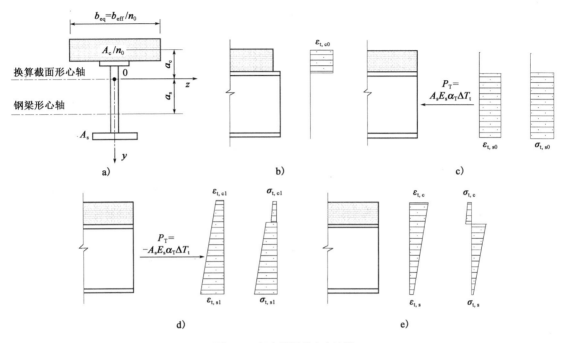

图6-18 组合梁温差应力计算

对于简支组合梁桥,温差应力可按以下过程计算:

步骤一,见图6-18b）。假设混凝土桥面板自由缩短,钢梁与混凝土板之间无连接。混凝土板的初应变$\varepsilon_{t,c0} = -\alpha_T \Delta T_t$,但应力为0,而钢梁中应变和应力均为0。

步骤二,见图6-18c）。在钢梁形心轴位置施加假想压力P_T,使钢梁均匀受压,压应变为$\alpha_T \Delta T_t$。此时混凝土板中应力、应变仍保持不变,钢梁的初应变为$\varepsilon_{t,s0} = -\alpha_T \Delta T_t$,初应力为$\sigma_{t,s0} = E_s \varepsilon_{t,s0} = -E_s \alpha_T \Delta T_t$,压力$P_T = \alpha_T \Delta T_t E_s A_s$,其中$A_s$为钢梁面积,$E_s$为钢材弹性模量。

步骤三,见图6-18d）。恢复钢梁与混凝土板之间的连接,由于二者应变完全相同,恢复连接后应力及应变均不发生变化。然后在钢梁形心轴位置施加拉力P_T,抵消原来施加的假想压力P_T。此时,组合梁截面处于偏心受拉状态。设拉力P_T的作用点（钢梁形心）与换算截面形心之间距离为a_s,则偏心拉力P_T在组合梁截面中产生的应力为:

钢梁截面中

$$\sigma_{t,s1} = \frac{P_T}{A_0} + \frac{P_T a_s y}{I_0} \tag{6-22}$$

混凝土板截面中

$$\sigma_{t,c1} = \frac{P_T}{A_0 n_0} + \frac{P_T a_s y}{I_0 n_0} \tag{6-23}$$

式中:y——截面中某点距换算截面形心轴的竖向距离,向下为正;

I_0——换算截面惯性矩;

A_0——换算截面面积;

P_T——$P_T = A_s E_s \alpha_T \Delta T_t$。

将以上三个步骤进行叠加,则组合梁的外力合力为零,符合内力平衡条件和变形协调条件。三个步骤的应力叠加结果就是组合梁由于温差而产生的内应力,最后应力及应变的分布见图6-18e)。

钢梁的应力为:

$$\sigma_{t,s} = -\alpha_T \Delta T_t E_s + \frac{\alpha_T \Delta T_t E_s A_s}{A_0} + \frac{\alpha_T \Delta T_t E_s A_s a_s y}{I_0} \tag{6-24}$$

混凝土板的应力为:

$$\sigma_{t,c} = \frac{\alpha_T \Delta T_t E_s A_s}{A_0 n_0} + \frac{\alpha_T \Delta T_t E_s A_s a_s y}{I_0 n_0} \tag{6-25}$$

以上为混凝土板温度低于钢梁的情况,对于混凝土温度高于钢梁的情况,按相同方法计算,只要在步骤二中对钢梁施加假想拉力,步骤三中对组合梁施加假想压力即可。

按照上述计算过程,在步骤一、步骤二中组合梁都不发生挠曲,步骤三中由于偏心拉力P_T的作用,组合梁产生挠曲。对于简支梁,相当于全跨受弯,弯矩为$P_T a_s$,根据曲率面积法或者图乘法即可求得变形。

对于连续梁,梁的挠曲将受到支座约束,会产生次弯矩及变形,可以按以下步骤求得:

(1)首先去除全部中间支座,按简支梁计算变形曲线;

(2)在支座位置添加反力,使支座处挠度为零,通过超静定分析方法,求出支座反力;

(3)将支座反力加在步骤一中的简支梁上,即可求得次内力和次挠度。

(二)整体温度(均匀温度)

钢与混凝土材料的温度线膨胀系数虽比较接近,混凝土的温度线膨胀系数约为$1.0 \times 10^{-5} ℃^{-1}$,钢材的温度线膨胀系数约为$1.2 \times 10^{-5} ℃^{-1}$,相差$2 \times 10^{-6} ℃^{-1}$。组合梁桥均匀温度变化时钢和混凝土的温度变形出现不协调,由此在组合梁截面引起温度应力。设组合梁均匀温度变化为ΔT_z,温度线膨胀系数差值$\Delta \alpha_T = 2 \times 10^{-6}$,并假设混凝土桥面板与钢梁间无连接,可以自由缩短。相对于钢梁,由变形不协调所产生混凝土的初应变$\varepsilon_{t,c0} = -\Delta \alpha_T \Delta T_z$,但不协调应力为0,而钢梁中应变和应力均为0。其他计算过程与温度梯度相同。

钢梁的应力为:

$$\sigma_{t,s} = -\Delta \alpha_T \Delta T_z E_s + \frac{\Delta \alpha_T \Delta T_z E_s A_s}{A_0} + \frac{\Delta \alpha_T \Delta T_z E_s A_s a_s y}{I_0} \tag{6-26}$$

混凝土板的应力为:

$$\sigma_{t,c} = \frac{\Delta \alpha_T \Delta T_z E_s A_s}{A_0 n_0} + \frac{\Delta \alpha_T \Delta T_z E_s A_s a_s y}{I_0 n_0} \tag{6-27}$$

二、混凝土徐变效应

(一)混凝土的徐变特性

在一定的温度、湿度下,一个固定的荷载持续地作用于混凝土上,则混凝土的应变随时间而逐渐增加,而且在卸载后,增加的应变成为塑性应变而残留下来。把这种外荷载不变、塑性变形随时间增加的性质称为混凝土的徐变。徐变产生的塑性应变称为徐变应变。

影响混凝土徐变的因素很多,试验表明,它与材料性质、构件几何性质、制造养护条件、工作环境条件、加载历史和荷载性质等许多因素有关。由于混凝土的徐变产生机理复杂,目前主要通过试验得到。混凝土徐变特性见图6-19。计算中,混凝土的徐变通常采用徐变系数$\phi(t,\tau)$来描述。在时刻τ开始作用于混凝土的单向不变应力$\sigma_c(\tau)$至时刻t所产生的徐变应变$\varepsilon_L(t,\tau)$可以表示为:

$$\varepsilon_L(t,\tau) = \frac{\sigma_c(\tau)}{E_c}\phi(t,\tau) = \varepsilon_e\phi(t,\tau) \tag{6-28}$$

式中:E_c——混凝土弹性模量;

ε_e——混凝土弹性应变,$\varepsilon_e = \frac{\sigma_c(\tau)}{E_c}$。

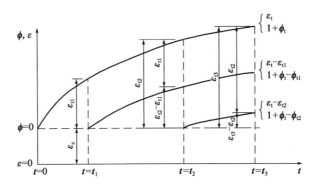

图6-19 混凝土的徐变特性

在定义混凝土徐变系数时,目前国际上对E_c有两种定义方法。CEB-FIP标准规范(1990年版)及英国BS5400(1984年版)将E_c定义为28d龄期的混凝土弹性模量$E_c = E_{28}$;美国CAI209(1982年版)将E_c定义为混凝土标准加载龄期τ的弹性模量$E_c = E(\tau)$,并建议,对于潮湿养护的混凝土τ取7d,对于蒸汽养护的混凝土τ取1~3d。

$\phi(t,\tau)$是时间的函数,随时间t的增加单调增加,随加载时刻τ的增加单调减小。关于$\phi(t,\tau)$,目前国际上有多种表达式,其中下式表示的Dischinger法的老化理论表达式最为简单,并且在工程设计中被广泛应用。

$$\phi(t,\tau) = \phi(\infty,0)e^{-\beta\tau}[1 - e^{-\beta(t-\tau)}] \tag{6-29}$$

式中:t、τ——计算龄期和加载龄期;

β——徐变速率;

$\phi(\infty,0)$——$t = 0 \to \infty$时的最终徐变系数,或简称为徐变系数ϕ_τ,一般情况下,$t = \infty$的徐变系数ϕ_τ为1~4。

(二)徐变应力与应变关系

1. 微分方程

在持续荷载作用下,徐变应力与应变关系的微分形式(Dischinger方程)可以表达为:

$$\frac{d\varepsilon_c(t)}{dt} = \frac{\sigma_c(\tau)}{E_c}\frac{d\phi(t,\tau)}{dt} + \frac{1}{E_c}\frac{d\sigma_c(t,\tau)}{dt} \tag{6-30}$$

式中：$\varepsilon_c(t)$——t 时刻的混凝土应变；

E_c——混凝土弹性模量；

$\phi(t,\tau)$——从 τ 至 t 时间内的徐变系数；

$\sigma_c(t,\tau)$——时刻 t 的混凝土应力；

$\sigma_c(\tau)$——荷载作用初始时刻 $t=\tau$ 的混凝土应力。

式(6-30)中右边第 1 项为混凝土初始应力产生的徐变应变增量，第 2 项为由徐变产生的应力变化而引起的弹性应变增量。

2. 代数方程

混凝土的徐变应力与应变关系的代数形式（Trost-Bazent 方程）可表示为：

$$\varepsilon_c(t,\tau) = \frac{\sigma_c(\tau)}{E_c} + \frac{\sigma_c(\tau)}{E_c}[1+\phi(t,\tau)] + \frac{\sigma_c(t,\tau)-\sigma_c(\tau)}{E_c}[1+\rho(t,\tau)\phi(t,\tau)] \tag{6-31}$$

式中：$\rho(t,\tau)$——老化系数，反映后期加载时混凝土老化的性质，为徐变系数的函数，通常为 0.5~1.0，徐变系数采用 Dischinger 法表达式时，可以推导得到老化系数的表达式：

$$\rho(t,\tau) = \frac{1}{1-e^{-\phi(t,\tau)}} - \frac{1}{\phi(t,\tau)} \tag{6-32}$$

式(6-31)中第 1 项为混凝土弹性应变，第 2 项为初始应力产生的徐变应变，第 3 项为混凝土徐变应力增量产生的影响徐变应变。

3. 线性叠加原理

试验结果表明，只要混凝土的总应力不超过其强度的 50% 左右，混凝土的弹性应变和徐变应变与应力近似呈线形关系，分批施加应力所产生的应变可以采用叠加原理。根据叠加原理，对于在时刻 τ_0 施加初应力 $\sigma_c(\tau_0)$，又在不同时刻 $\tau_i(i=1,2,\cdots,n)$ 分阶段施加应力增量 $\Delta\sigma_c(\tau_i)$ 的混凝土，在以后任何时刻 t 的不考虑收缩应变的总应变可以表示为：

$$\varepsilon_c(t,\tau_0) = \frac{\sigma_c(\tau_0)}{E_c(\tau_0)}[1+\phi(t,\tau_0)] + \sum_{i=1}^{n}\frac{\Delta\sigma_c(\tau_i)}{E_c(\tau_i)}[1+\rho(t,\tau_i)\phi(t,\tau_i)] \tag{6-33}$$

式中：$E_c(\tau_i)$——时刻 τ_i 的混凝土弹性模量。

（三）有效弹性模量法

在进行组合梁桥整体分析时，可采用有效弹性模量法，通过调整钢材与混凝土弹性模量比来考虑混凝土徐变的影响，假设组合梁徐变的影响采用折减的混凝土有效弹性模量 E_L 近似计算[式(6-34)]。混凝土徐变内力和应力计算时，组合梁的换算截面特性采用有效弹性模量 E_L。

$$E_L = \frac{E_s}{n_L} = \frac{E_c}{1+\psi_L\phi(t,t_0)} \tag{6-34}$$

式中：n_L——长期弹性模量比，$n_L = n_0[1+\psi_L\phi(t,t_0)]$，见式(6-16)。

混凝土的徐变变形换算为作用于混凝土板形心的换算荷载 P_{L0}（图 6-20）：

$$P_{L0} = E_L \int_{A_c} \varepsilon_{co} \phi dA = A_c E_L \varepsilon_{co} \phi = A_c \sigma_{co} \frac{\phi}{1+\psi_L \phi} = N_c \frac{\phi}{1+\psi_L \phi} \quad (6-35)$$

$$M_{L0} \approx a_{cL} P_{L0} \quad (6-36)$$

式中：σ_{co}、ε_{co}——组合梁混凝土桥面板形心处的恒载应力与应变；

a_{cL}——混凝土板形心至考虑徐变影响的换算截面形心的距离。

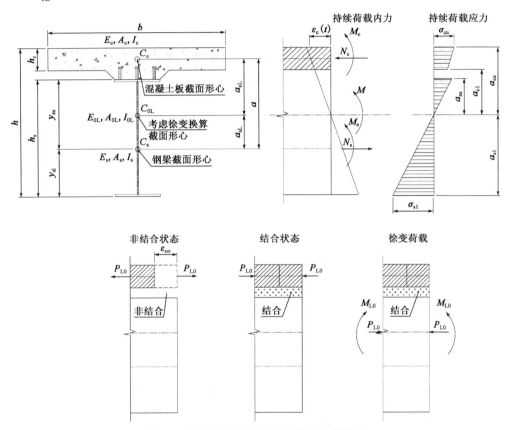

图 6-20 徐变分析的有效弹性模量法（忽略承托）

对于连续梁等超静定，在换算荷载 P_{L0} 作用下，由于内力的重分配，会产生附加力 P_{L1}，截面的实际换算荷载 P_L 为 P_{L0} 与 P_{L1} 之和，即 $P_L = P_{L0} + P_{L1}$。

如图 6-20 所示，有效弹性模量法具体计算步骤如下：①由式(6-34)和式(6-16)计算换算弹性模量 E_L 和换算弹性模量比 n_L；②用 n_L 计算组合截面的换算几何特性（面积 A_{0L}、抗弯惯矩 I_{0L} 等）；③由式(6-19)计算组合梁的混凝土桥面板形心处的恒载应力 σ_{co}；④由式(6-35)计算混凝土桥面板形心处的换算荷载 P_{L0}；⑤求 P_{L0} 作用下实际结构的轴力 P_L 和弯矩 M_L（对于简支梁：$P_L = P_{L0}$；$M_L = a_{cL} P_{L0}$）；⑥由下式求得混凝土徐变产生的混凝土与钢梁的应力：

$$\Delta \sigma_c = \frac{1}{n_L}\left(\frac{P_L}{A_{0L}} + \frac{M_L}{I_{0L}}a_{cL}\right) - \frac{\phi_\tau}{1+\psi_L \phi_\tau}\sigma_{cu} \quad (6-37)$$

$$\Delta \sigma_s = \frac{P_L}{A_{0L}} + \frac{M_L}{I_{0L}}a_{sL} \quad (6-38)$$

如设 y 为截面中某点距由 n_L 求得的换算截面形心轴的竖向距离，将其代替式(6-37)和式(6-38)中的 a_{cL} 和 a_{sL}，可以求出组合梁中任一点应力。

该方法具有计算简单,尤其是简支组合梁桥,内力计算时精度能够满足工程要求的特点,被日本、美国的钢桥设计规范采用。

超静定结构中混凝土收缩徐变所引起的效应,宜采用有限元方法计算。在 P_{L0} 作用下,实际结构的轴力 P_L 和弯矩 M_L 可以采用弹性荷载法或杆系有限元方法等计算。对于杆系有限元法,当单元长度很小,单元 k 换算荷载近似为 $P_{L0,k}$ 时,单元杆端节点力 M_i、N_i 和 M_j、N_j 为(图6-21):

图6-21 单元杆端节点力

$$M_i = M_j = a_{cL} \cdot P_{L0,k}, \quad N_i = N_j = P_{L0,k} \tag{6-39}$$

将单元杆端力作为节点荷载,采用通用有限元方法可求得超静定结构的轴力 P_L 和弯矩 M_L。

三、混凝土收缩效应

(一)混凝土收缩特性

混凝土收缩是混凝土硬固过程中由于所含水分的蒸发及其他物理化学的原因产生的体积的缩小。混凝土的收缩应变 $\varepsilon_s(t,\tau)$ 与应力无关,一般表达为收缩应变终值 $\varepsilon_{s,\infty}$ 与时间函数 $f(t-\tau)$ 的乘积:

$$\varepsilon_s(t,\tau) = \varepsilon_{s,\infty} f(t-\tau) \tag{6-40}$$

收缩应变的终值取决于环境的相对湿度、混凝土成分和构件理论厚度等因素。收缩应变的时间函数有以下几种表达形式:

美国 ACI209 建议的双曲线函数表达式:

$$f(t-\tau) = \frac{t-\tau}{A+(t-\tau)} \tag{6-41}$$

式中:A——与构件形状、有效厚度及开始干燥的龄期等有关的参数。

1978年 Z. P. Bazant 教授提出的 BP 模式中,采用平方根双曲线函数表达式:

$$f(t-\tau) = \sqrt{\frac{t-\tau}{A+(t-\tau)}} \tag{6-42}$$

假设收缩应变发展速度与徐变相同,用指数函数的形式表示:

$$f(t-\tau) = 1 - e^{-\beta(t-\tau)} \tag{6-43}$$

我国《公路钢筋混凝土及预应力混凝土桥涵设计规范》(JTG 3362—2018)基于规范 CEB-FIP Model Code 1990 给出了如下的混凝土计算模型:

$$\varepsilon_{cs}(t,t_s) = \varepsilon_{cso} \cdot \beta_s(t-t_s) \tag{6-44}$$

$$\varepsilon_{cso} = \varepsilon_s(f_{cm}) \cdot \beta_{RH} \tag{6-45}$$

$$\varepsilon_s(f_{cm}) = \left[160 + 10\beta_{sc}\left(9 - \frac{f_{cm}}{f_{cmo}}\right)\right] \cdot 10^{-6} \tag{6-46}$$

$$\beta_{RH} = 1.55\left[1 - \left(\frac{RH}{RH_0}\right)^3\right] \tag{6-47}$$

$$\beta_s(t-t_s) = \left[\frac{(t-t_s)/t_1}{350(h/h_0)^2 + (t-t_s)/t_1}\right]^{0.5} \tag{6-48}$$

式中：t——计算考虑时刻的混凝土龄期(d)；

t_s——收缩开始时的混凝土龄期(d)，可假定为 3~7d；

$\varepsilon_{cs}(t,t_s)$——收缩开始时的龄期为 t_s，计算考虑的龄期 t 为时的收缩应变；

ε_{cso}——名义收缩系数；

β_s——收缩随时间发展的系数；

f_{cm}——强度等级 C20~C50 混凝土在 28d 龄期时的平均立方体抗压强度(MPa)，$f_{cm}=0.8f_{cu,k}+8\text{MPa}$；

$f_{cu,k}$——龄期为 28d，具有 95% 保证率的混凝土立方体抗压强度标准值(MPa)；

β_{RH}——与年平均相对湿度相关的系数，式(6-47)适用于 40%≤RH≤90%；

RH——环境年平均相对湿度(%)，RH=100%；

β_{sc}——依水泥种类而定的系数，对一般的硅酸盐类水泥或快硬水泥，$\beta_{sc}=5.0$；

h——构件理论厚度(mm)，$h=2A/u$，A 为构件截面面积，u 为构件与大气接触的周边长度，$h=100\text{mm}$；

t_1——$t_1'=1\text{d}$；

f_{cmo}——$f_{cmo}=10\text{MPa}$。

(二)混凝土收缩分析方法

《公路钢桥规范》规定混凝土板收缩产生的内力可按式(6-44)~式(6-48)计算得到混凝土收缩应变转化为等效温度荷载计算。《公路钢混桥规》规定在无可靠技术资料作依据时，作为简化分析方法，现浇混凝土板收缩产生的效应可按组合梁钢梁与混凝土板之间的温差 -15℃ 计算，也就是将混凝土板相对于钢梁降低 15℃ 计算。

对超静定结构，由于收缩和徐变将产生次内力，宜采用有限元方法计算收缩和徐变引起的效应。

第四节 钢-混凝土界面连接

为了使得组合结构桥梁的钢筋混凝土桥面板与钢梁共同工作，两者之间必须设置剪力连接件，使得钢筋混凝土桥面板与钢梁之间不会产生相对错动。因为混凝土板和钢结构的自然连接很脆弱且强度很小，须采用机械连接件形成钢-混凝土组合截面。剪力连接件是保证钢梁与混凝土板共同受力的关键部件。组合梁连接件需承受混凝土板与钢梁直接的纵桥向及横桥向剪力，一般以纵桥向剪力为主。当相邻主梁间距较大且主梁间横向联结较弱时，剪力连接件有可能承受较大的横桥向剪力和竖向拉拔力。此时，组合梁应具有足够的构造措施，以抵抗混凝土板与钢梁间的掀起作用。

一、抗剪连接件形式

由于连接件最初主要用于承担钢梁与混凝土桥面板结合面的剪力作用，故通常称为剪力钉、剪力键、剪力器等。随着组合结构桥梁的发展，连接件不仅承受钢与混凝土结合面的剪力作用,在一定情况下还承受拉拔力作用。为此,把用于异种材料间结合的部件通称为连接件。世界各国使用的连接件形式很多,大体上可以分类为4种,见图6-22。其中常用连接件形式可分为焊钉连接件、开孔板连接件及型钢连接件。

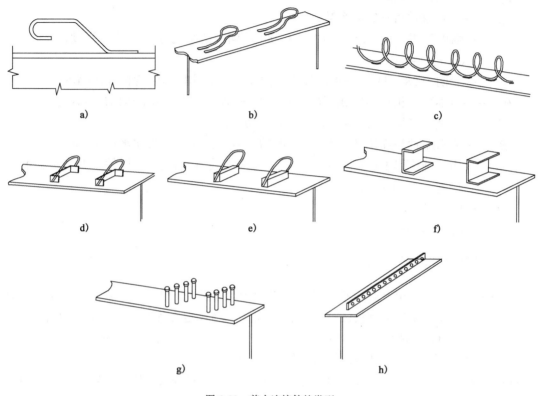

图 6-22 剪力连接件的类型

（一）钢筋连接件

钢筋连接件是较早使用的抗剪连接件,通过焊接在钢板上的螺纹钢筋承担钢与混凝土间的剪力,图6-22a)、b)、c)示出钢筋连接件的三种形式,分别是用弯起钢筋、闭合型钢筋及螺旋钢筋的连接件。钢筋连接件是一种具有较大延性的连接件,通过斜向受力的钢筋承担混凝土板与钢梁间的剪力和竖向拉力,受拉时允许纵向剪力的重分布。弯筋的直径为12～20mm,螺旋筋直径为10～20mm,螺距为75～125mm,通过角焊缝焊于钢梁上。由于钢筋连接件只能利用钢筋的抗拉强度抵抗剪力,所以在剪力方向不明确或剪力方向可能发生改变时,效果较差。因此在活载剪力可能发生变化的梁中段区域,锚筋应双向布置。同时,由于弯筋连接件强度及刚度较低,钢筋焊接工作量大,因而目前应用很少,也不推荐在桥梁结构中使用。

（二）型钢连接件

型钢连接件是指焊接到受力钢构件上的槽钢、角钢和方钢等短小节段的型钢块体,依据型钢板面受压承担结合面的剪力作用。型钢块体上可焊接钢筋,以承担拉拔力并提高变形能力,部分形式见图6-22d)、e)、f)。通常采用贴角焊缝将型钢焊接到钢板上,由于焊接量大,钢板上会产生较大的应变。型钢连接件主要依靠混凝土的局部承压作用来传递混凝土板与钢梁间的剪力,其抗剪承载力主要取决于混凝土的局部抗压强度,此类连接件不会出现纵向剪力的重分布。图6-22f)中槽钢的上翼缘有抵抗掀起的作用,而T钢和方钢则必须加焊直径12mm左右的箍筋才能保证不被掀起,同时可以增大延性。某些槽钢常用的规格有[8、[10和[12;T形钢规格为100mm×75mm及100mm×50mm;方钢的规格为25mm×25mm及50mm×38mm。槽钢或角钢结构形式的剪力连接件在早期美国等应用较多,目前国内外桥梁中很少采用。当钢与混凝土结合面对抗剪刚度要求很高且无拉拔力作用时,可选用型钢连接件。

(三)焊钉(stud)连接件

焊钉连接件通过杆身根部受压承担结合面的剪力作用,并依靠圆柱头的锚固作用承担结合面的拉拔力。焊钉连接件是目前应用最广泛、综合受力性能及施工性能最好的抗剪连接件,具有各向同性、抗剪承载力高、抗掀起能力好、施工快速方便、焊接质量易保证等优点,在组合结构桥梁工程中应优先使用,如图6-22g)所示。另外,焊钉连接件使用的是专用焊接机,不需要很高的操作技术,焊接方便,质量容易保证。图6-23为焊钉的基本构造及其焊接过程。焊钉的焊接过程是以母材的钢板为正极,焊钉为负极,在强电流作用下两者间放电起弧、金属熔化,此时焊枪将焊钉压入熔池,冷却后即完成了整个焊接。通过在焊接时在焊钉一端外套瓷

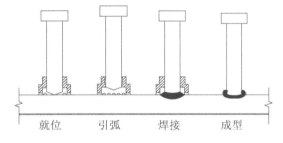

图6-23 焊钉构造及焊接过程

环,防止熔化的金属飞溅,控制了焊缝的尺寸及形状,同时也降低了焊缝的冷却速度,减少了焊缝出现裂纹的可能性,大大提高了焊缝质量。目前,常用焊钉的直径为16mm、19mm和22mm,也有部分工程开始采用直径为25mm的焊钉。其中22mm和25mm直径的栓钉多用于桥梁及荷载较大的情况,用于桥梁的焊钉长度至少为150mm。当焊钉直径超过22mm,采用熔焊方式施工时须注意保证焊接质量。由于焊钉连接件抗剪性能不具有方向性且抗拉拔性能良好,钢与混凝土结合面剪力作用方向不明确时,应选用焊钉连接件。当采用手工电弧焊方法焊接时,圆柱头焊钉焊接接头的最小焊脚尺寸应符合表6-2的规定。

采用电弧焊的圆柱头焊钉焊接接头最小焊脚尺寸(mm) 表6-2

序号	圆柱头焊钉直径	角焊缝最小焊脚尺寸
1	10、13	6
2	16、19、22	8
3	25	10

(四)开孔板连接件

开孔钢板连接件(perfobond strip connector,也称为PBL连接件)是一类较新型的抗剪连接件,是指沿着受力方向布置,并在侧面设有开孔的钢板,利用钢板孔中混凝土及孔中贯通钢筋

的销栓作用,承担结合面的剪力及拉拔力[图6-22h)]。该连接件由德国Leonhardt and Partners公司所开发,并首次在委内瑞拉的Third Caroni桥中得到应用,以解决潜在的疲劳问题。开孔钢板连接件由两条纵向角焊缝焊于钢梁上翼缘,由于角焊缝焊脚尺寸较小,因此相对于采用全截面熔透焊的栓钉,对钢梁的影响较小,但整体焊接量高于焊钉。开孔钢板连接件的荷载主要通过开孔内所形成的一系列混凝土榫传递到桥面板内。与其他连接件只能在钢板一侧发挥作用不同,开孔钢板连接件钢板两个侧面的混凝土均可以发挥抗剪作用。嵌固在钢板孔内的混凝土所处的应力状态,使其抗压强度有一定提高。连接件孔内可以贯通横向钢筋,不影响桥面板内钢筋的布置。而且这部分横向钢筋能够提高对孔内混凝土榫的横向约束作用,使其处于多向受压状态,从而提高连接件的抗剪承载力。开孔板连接件的破坏模式是孔中混凝土的破坏,疲劳问题并不突出,适用于对抗疲劳性能要求较高的组合结构桥梁中。

连接件设计时需根据组合结构桥梁的受力特点,在保证其安全性和可靠性的前提下,选用适当的连接件形式。连接件应保证钢与混凝土有效结合,共同承担作用力,并应具有一定的变形能力。钢与混凝土同一个结合面上的连接件所受剪力并不均匀,当连接件具有一定的变形能力时,作用剪力就会随着连接件刚度的变化而重新分配,可避免个别连接件受力过大,同时防止钢板与混凝土发生局部应力集中现象。

二、连接件刚度分类

连接件的形式不断呈现多样化,不仅为了满足结构对连接件形式的要求,更重要的是对它的抗剪刚度等力学性能有了不同的要求。根据抗剪连接件在荷载作用下变形能力的大小,抗剪连接件可以分为刚性连接件和柔性连接件两类。两类连接件的破坏形态也有所不同,刚性连接件容易在受压侧混凝土内引起较高的应力集中,在焊接质量有保障的条件下,破坏时表现为混凝土被压碎或发生剪切破坏,往往导致脆性破坏。柔性连接件虽然刚度较小,在剪力作用下会发生变形,但承载力不会降低。开孔钢板连接件和焊钉分别是最典型的刚性连接件和柔性连接件,典型荷载-滑移曲线见图6-24。

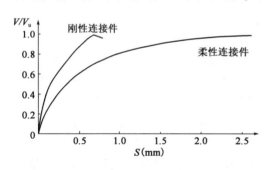

图 6-24 荷载-滑移曲线

开孔钢板连接件呈现的是刚性连接性能,滑移刚度很大,通常是贯通圆孔的混凝土发生剪切破坏而丧失承载力。其本身的刚性较大,破坏时变形很小,容易引起周围混凝土的应力集中,造成混凝土局部压碎或剪切破坏。虽抗剪强度很大,可是一旦达到极限强度后,承载能力将完全丧失。

柔性连接件则有所不同,在剪力作用下会产生变形,使得混凝土板与钢梁之间发生一定程度的滑移。由于这类抗剪连接件的延性较好,变形后所能提供的抗剪承载力不会降低。利用柔性连接件的这一特点可以使组合梁的界面剪力在承载力极限状态下发生重分布现象,剪跨内各个抗剪连接件的受力比较均匀,从而能够减少抗剪连接件的数量并可以分段均匀布置,设计和施工均非常方便。

连接件抗剪刚度的试验数据比较离散,《公路钢混桥规》基于试验结果进行抗剪刚度计算公式的拟合,在无具体试验结果的情况下可采用式(6-49)和式(6-50)进行估算:

(1) 焊钉连接件可按下式计算：

$$k_{ss} = 13.0 d_{ss} \sqrt{E_c f_{ck}} \tag{6-49}$$

式中：k_{ss}——焊钉连接件的抗剪刚度（N/mm）；
　　　d_{ss}——焊钉连接件杆部的直径（mm）；
　　　E_c——混凝土弹性模量（MPa）；
　　　f_{ck}——混凝土抗压强度标准值（MPa）。

(2) 设置孔中贯通钢筋的开孔板连接件可按下式计算：

$$k_{ps} = 23.4 \sqrt{(d - d_s) d_s E_c f_{ck}} \tag{6-50}$$

式中：k_{ps}——开孔板连接件的抗剪刚度（N/mm）；
　　　d——开孔板连接件的圆孔直径（mm）；
　　　d_s——孔中贯通钢筋直径（mm）；
　　　E_c——混凝土弹性模量（MPa）；
　　　f_{ck}——混凝土抗压强度标准值（MPa）。

三、抗剪连接件试验方法

连接件可能处于正立、倒立和侧立等不同的使用状态，见图 6-25。连接件布置成倒立状态时，应在钢板上设置出气孔，以保证混凝土浇筑密实；连接件布置成侧立状态时，宜避免混凝土离析。

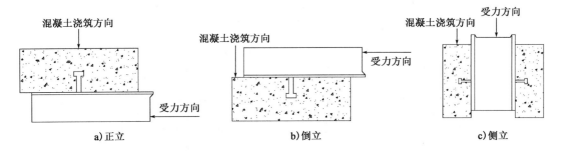

图 6-25　焊钉连接件使用状态示意

抗剪连接件在混凝土内的实际受力状态非常复杂，且受连接件构造形式的影响，不易通过理论方法计算其抗剪承载力及刚度，一般需要通过试验得到。确定连接件抗剪承载力的试验方法有外露连接件推出试验、实体推出试验及梁式试验三种。外露连接件试验可用于对连接件焊缝质量的检验。试验方案如图 6-26 所示，并可进行静力和疲劳加载试验。但这类试验中连接件的受力状态与包裹在混凝土中的实际受力状态有所不同，不能用于评定连接件的承载能力。

梁式试验是考察连接件实际受力性能最直接可靠的方法。梁式试验通过对简支组合梁施加两点对称荷载，使剪跨段的钢梁与混凝土翼板间的接触面上纵向受剪，如图 6-27 所示。这种试验方式可以反映剪跨区内连接件的实际受力状态，但试验过程比较复杂，成本较高，不宜大量采用。

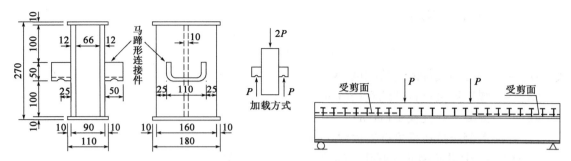

图 6-26　外露式连接件推出试验(尺寸单位:mm)　　　图 6-27　梁式试验示意

实体推出试验是目前测定栓钉等抗剪连接件承载力的最常用方法。推出试验在一定程度上可以模拟组合梁在正弯矩作用下栓钉的实际受力状态,获得连接件的抗剪承载力,并通过量测型钢与混凝土板之间的相对位移获得抗剪连接件的荷载-滑移曲线。推出试验是将一段工字钢与两块混凝土板通过焊在工字钢翼缘上的抗剪连接件连成整体,然后在工字钢的一端施加荷载,使埋在混凝土板内的连接件受到剪切作用。已有的大量试验表明,实体推出试验得到的连接件抗剪承载力要低于梁式试验得到的抗剪承载力,前者的试验结果大约为后者试验结果的下限,将推出试验结果用于组合梁设计将偏于安全。目前,各规范也均以推出试验的结果作为评定抗剪连接件承载力的依据。

推出试件的受力性能受到很多因素的影响,如抗剪连接件的数量、混凝土板及钢梁的尺寸、板内钢筋的布置方式及数量、钢梁与混凝土板交界面的黏结情况、混凝土的强度和密实度等。为评定各种抗剪连接件的受力性能,应采用统一的试验方法对其承载力和刚度进行研究。

欧洲规范 4 给出了抗剪连接件的标准推出试验方法。对于标准混凝土推出试件,几何尺寸及配筋应符合图 6-28 的要求。其中,混凝土板底部的凹槽可以省略。

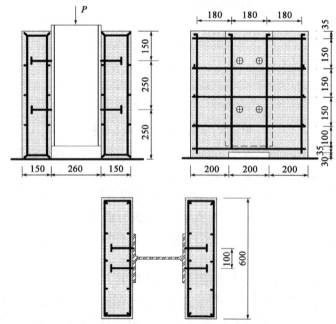

图 6-28　欧洲规范 4 规定的标准推出试件(尺寸单位:mm)

注:(1)保护层厚度 15mm;(2)底部用水泥砂浆找平;(3)混凝土板底部凹槽可省略;(4)采用螺纹钢筋 ϕ10mm,强度 f_{sk} 在 450~550MPa 之间。

(1)推出试件应满足以下要求:
①两块混凝土板均应在水平状态下浇筑,以模拟实际的施工条件。
②钢梁翼缘与混凝土板之间应涂润滑油脂,以消除两者之间的黏结作用。
③推出试件应在自然状态下进行养护。
④对每一组推出试件,应至少制作4个混凝土试块用于测试混凝土强度。混凝土试块应与推出试件同环境养护,并用平均值作为混凝土板的抗压强度f_{cm}。
⑤在进行推出试验时,混凝土抗压强度f_{cm}应在设计强度f_{ck}的70%±10%范围内。
⑥应测试抗剪连接件材料的屈服强度、极限强度和最大延伸率。
(2)推出试验应按以下要求进行加载:
①首先加载至预计破坏荷载的40%,然后在5%~40%预期极限荷载范围内反复加、卸载25次。
②然后加载至试件破坏,加载时间不应少于15min。
③应测量钢梁与混凝土板之间滑移的发展过程。
④尽量测量出混凝土板与钢梁的横向分离情况。
(3)推出试验的测试结果应按以下方式进行处理,以确定抗剪连接件的承载力和滑移能力。
①对于同一批的3个推出试件,如其中任一试件的承载力偏差不超过3个试件试验平均值的10%,则名义抗剪承载力P_{Rk}取为最小破坏荷载(除以抗剪连接件的个数)的90%,抗剪承载力设计值P_{Rd}按下式计算:

$$P_{Rd} = \frac{f_u P_{Rk}}{f_{ut} \gamma_v} \leqslant \frac{P_{Rk}}{\gamma_v} \tag{6-51}$$

式中:f_u——连接件的名义最小极限强度;
f_{ut}——连接件的实测最小极限强度;
γ_v——分项安全系数,$\gamma_v = 1.25$。
②如实测的试件承载力偏差超过了平均值的10%,则应至少再制作3个同样的试验进行测试。
③如果抗剪连接件是由两部分组成,一部分用于抵抗纵向剪力,另一部分用于抵抗分离作用,则用于约束钢梁与混凝土板分离作用的拉杆应具有足够的刚度和强度,使得在加载至80%极限荷载前,钢梁与混凝土板之间的垂直分离量小于纵向滑移量的50%。
④试件的滑移能力δ_u应根据名义承载力所对应的滑移值来确定,如图6-29所示。名义滑移能力δ_{uk}则应根据δ_u最小实测值的90%来确定。

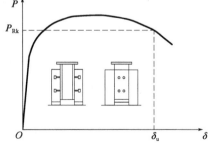

图6-29 极限滑移能力确定方法

需要指出的是,由于组合梁和推出试件中混凝土板的受力状态不一样,因此通过推出试验得到的抗剪连接件刚度和强度与实际受力状况也有所不同。正弯矩作用下,组合梁混凝土翼板受压,抗剪连接件在弹性阶段的刚度比推出试验值高,极限承载力也略高。但在负弯矩作用下,组合梁中混凝土翼板受拉,抗剪连接件的刚度和极限承载力则可能低于推出试验值。

四、剪力连接件的构造与承载力

(一)构造要求

1. 焊钉的构造要求

抗剪连接件是保证钢梁和混凝土组合作用的关键部件。为充分发挥连接件的作用,除保证强度以外,应合理地选择连接件的形式、规格以及连接件的设置位置等。

栓钉连接件的抗剪承载力特别是抗疲劳性能受钉杆根部焊缝焊接质量的控制。当采用电弧焊或气体保护焊手工焊接栓钉时,焊缝应满足以下条件才能够保证其达到设计承载力:

(1)焊缝平均周圈直径不小于1.25倍钉杆直径。
(2)焊缝平均高度不小于0.2倍钉杆直径。
(3)焊缝最小高度不小于0.15倍钉杆直径。

当采用专用设备进行压力熔焊时,较容易满足上述要求,且焊接质量较为均匀,因此在有条件的情况下,应尽量采用半自动设备进行熔焊。如不得已采用手工焊接时,应加大焊接质量检验的力度。

《公路钢混桥规》规定圆柱头焊钉连接件应符合下列构造要求(图6-30):

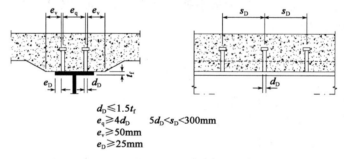

图6-30 剪力钉的位置

(1)为了保证焊钉连接件具有一定的抗拉拔作用且保证焊钉连接件的抗剪承载力得到充分发挥,焊钉连接件长度应不小于4倍焊钉直径,当有直接拉拔力作用时不宜小于10倍焊钉直径。

(2)确保钢梁与混凝土板间的有效结合,焊钉连接件的最大中心间距应符合下列规定:

①圆柱头焊钉连接件剪力作用方向中心间距不应大于$18t_f \sqrt{345/f_y}$,t_f为焊接位置处的钢板厚度;

②受压钢板边缘与相邻最近的焊钉连接件边缘距离不应大于$7t_f \sqrt{345/f_y}$;

③焊钉连接件的最大中心间距不宜大于3倍混凝土板厚度且不宜大于300mm。

(3)为了保证焊钉连接件抗剪承载力能够得到充分发挥、方便施工,焊钉连接件剪力作用方向中心间距不应小于焊钉直径的5倍,且不应小于100mm;剪力作用垂直方向的间距不宜小于焊钉直径的2.5倍,且不得小于50mm。

(4)焊钉连接件的外侧边缘与钢板自由边的距离不应小于25mm。

(5)为确保焊接处钢板不因焊接造成显著变形,保证钢梁施工及运营阶段的稳定性。焊钉连接件直径不宜大于焊接处钢板厚度的 1.5 倍。

目前,大多数组合梁桥使用焊钉连接件,直径 22mm 的圆柱头焊钉是常用的一种。焊钉的纵向间距全桥范围不等,需要根据受力情况确定,并满足最小边距和最大间距要求。焊钉多在主梁上翼缘布置 4~6 排,通常在上翼缘是靠两边布置或均匀布置,要根据桥面板施工情况而定[图 6-31a)~c)]。一般钢梁上翼缘有桥面板施工支架走行要求时,应该尽可能留出中间的位置以便滑道铺设[图 6-31a)、b)]。

当桥梁宽度较大时,在有腹板竖向加劲肋的地方,桥面板受到轮压作用时,将会产生掀起作用,焊钉将受到拉拔力。有不少桥梁采用长短焊钉混合布置的方式,在上翼缘外侧采用长焊钉,以承受拉拔力作用并防止桥面板的剥离。如图 6-31d)所示为主梁横隔板处连接件的一种布置形式。为避免钢与混凝土之间的竖向掀起,在上翼缘顶两侧焊接两块竖向开孔钢板,并使纵向钢筋穿过,以加强该处钢结构与混凝土桥面板间的连接,从而有效改善连接部的疲劳性能。

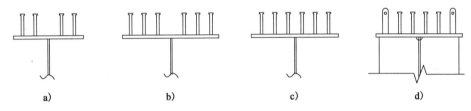

图 6-31 焊钉布置方式

2. 刚性剪力连接件的构造要求

《公路钢混桥规》规定开孔板连接件应符合下列构造要求:

(1)当开孔板连接件多列布置时,其横向间距不宜小于开孔钢板高度的 3 倍。
(2)开孔板连接件的钢板厚度不宜小于 12mm。
(3)开孔板孔径不宜小于贯通钢筋与最大集料粒径之和。
(4)开孔板连接件的贯通钢筋直径不宜小于 12mm,应采用螺纹钢筋。
(5)圆孔最小中心间距应符合下列规定:

$$f_{vd}t(l-d_p) > V_{pu} \tag{6-52}$$

式中:t——开孔板连接件的钢板厚度(mm);
　　l——相邻圆孔的中心间距(mm);
　　d_p——圆孔直径(mm);
　　f_{vd}——开孔钢板抗剪强度设计值(MPa);
　　V_{pu}——承载能力极限状态下开孔板连接件抗剪承载力设计值(N)。

(二)抗剪承载力

1. 圆柱头焊钉连接件的抗剪承载力

根据栓钉强度及混凝土强度的相对关系,栓钉推出试验有以下两类破坏形态:

(1)混凝土受压破坏。如果混凝土强度相对较低,推出试件破坏时表现为栓钉前方受压侧的混凝土发生局部压碎或劈裂破坏。这种情况一般表现为延性破坏,极限抗剪承载力随混凝土强度的提高和栓钉直径的增大而提高。

(2) 栓钉受剪破坏。如果混凝土强度相对较高，栓钉将在竖向拉力、弯矩以及剪力的共同作用下发生断裂，某些情况下可能因焊缝质量不合格而发生焊缝破坏。这种情况会表现出一定的脆性破坏形态，其极限抗剪承载力随栓钉材料强度和栓钉直径的增加而提高。

需要注意的是，当栓钉长度较小时，栓钉在推出试验中可能被拔出而导致承载力降低。通常认为，当栓钉长度与钉杆直径之比大于4时，栓钉长度的增加对其承载力的影响可以忽略不计。桥梁中所用焊钉连接件一般要求高径比大于4，因而焊钉连接件抗剪承载力计算公式中忽略此项因素的影响。《公路钢桥规范》规定，圆柱头焊钉连接件的抗剪承载力应按下式进行计算：

$$V_{su} = \min\{0.43 A_{su} \sqrt{E_c f_{cd}}, 0.7 A_{su} f_{su}\} \tag{6-53}$$

式中：V_{su}——单个圆柱头焊钉连接件的抗剪承载力(N)；

A_{su}——焊钉杆径的截面面积(mm^2)；

f_{cd}——混凝土轴心抗压强度设计值(MPa)；

f_{su}——焊钉材料的抗拉强度最小值(MPa)。

式(6-53)形式简单，能够反映栓钉连接件的两种主要破坏模式，因此目前包括我国在内的各国设计规范均采用该模型来计算栓钉的抗剪承载力。

当将焊钉连接件集中配置在混凝土构件预留孔中，应考虑群钉效应所造成的连接件承载性能的降低。连接件的群钉效应主要是指在承受剪力的方向上，连接件间距小于最小布置间距的要求，各连接件之间相互影响，从而造成单个连接件的承载能力有所下降。这种群钉效应与连接件的间距、预留孔填充混凝土性能等因素有关，需要合理加以确定。

2. 开孔板连接件的单孔抗剪承载力

影响开孔钢板连接件承载力的因素很多，如钢板开孔大小及间距、混凝土强度、横向贯通钢筋的直径及强度等。《公路钢桥规范》规定开孔板连接件的单孔抗剪承载力应按下式进行计算：

$$V_{su} = 1.4(d_p^2 - d_s^2)f_{cd} + 1.2 d_s^2 f_{sd} \tag{6-54}$$

式中：d_p——开孔板的圆孔直径(mm)；

d_s——贯通钢筋直径(mm)；

f_{cd}——混凝土轴心抗压强度设计值(MPa)；

f_{sd}——贯通钢筋抗拉强度设计值(MPa)。

五、剪力连接件的设计方法

在任何情况下，合理设计的组合梁桥都不允许因为连接件的首先破坏而导致结构失效，也不允许在正常使用阶段钢梁与混凝土板间的界面发生过大的滑移。按照《公路钢桥规范》，采用弹性方法设计组合梁，即需要验算钢梁、混凝土桥面板和抗剪连接件的应力均不得超过材料的强度指标。为充分发挥抗剪连接件的效能，使设计更加经济，抗剪连接件的数量和间距应根据界面纵向剪力包络图确定，即在界面纵向剪力较大的支座或集中力作用处布置较多的抗剪连接件，其余区段则可以布置较少数量的连接件。按这种方式布置抗剪连接件，可以使得各个抗剪连接件在荷载作用下的受力较为一致，但由于需要确定界面纵向剪力包络图使得计算较为复杂,而得到的连接件布置方式也可能较为复杂,不利于方便施工。

当组合梁按照塑性设计法进行设计时,组合梁在承载力极限状态时的界面纵向剪力分布将趋于均匀,因此可以将全部抗剪连接件按等间距布置。但按这种方式布置连接件时,正常使用状态下部分连接件的受力较大,而连接件本身也必须具备足够的变形能力,以便在承载能力极限状态使界面纵向剪力发生重分布,因此必须使用柔性抗剪连接件。

(一)连接件剪力计算

按线弹性方法设计组合梁的抗剪连接件时假设钢梁与混凝土板完全组合,采用换算截面法,即根据混凝土与钢材弹性模量的比值,将混凝土截面换算为钢材截面进行计算。计算时假定钢梁与混凝土板交界面上的纵向剪力完全由抗剪连接件承担,并忽略钢梁与混凝土板之间的黏结力及摩擦作用。组合梁钢梁与混凝土桥面板结合面纵桥向剪力作用按未开裂分析方法计算,不考虑负弯矩区混凝土开裂影响。

在组合梁连接处产生剪力的荷载主要有:恒载、活载、预应力、混凝土干燥收缩、混凝土板与钢梁间的温差等。连接件的设计荷载作用仅包括钢梁与混凝土板形成组合截面之后的各种荷载。钢梁与混凝土桥面板交界面上的剪力由两部分组成。一部分是形成组合作用之后施加到结构上的准永久荷载所产生的剪力,需要考虑荷载的长期效应,即需要考虑混凝土收缩徐变等长期效应的影响,因此应按照长期效应下的换算截面计算;另一部分是可变荷载产生的剪力,不考虑荷载的长期效应,因此应按照短期效应下的换算截面计算。

对于任何一种荷载或作用,其产生的界面纵向剪力均应当根据整体分析得到的弯矩值确定。钢梁与混凝土桥面板界面单位长度内界面上的纵向剪力值 V_s 应按弹性方法进行计算,并根据组合截面承担的竖向剪力计算。形成组合截面后,钢与混凝土结合面上单位长度纵桥向水平剪力 V_{id} 按下式计算:

$$V_{id} = \frac{V_d \cdot S}{I_{un}} \tag{6-55}$$

式中:V_d——组合梁截面剪力设计值(N);

S——混凝土板对组合梁截面中和轴的面积矩(m^3);

I_{un}——组合梁未开裂的截面换算惯性矩。

组合梁桥的抵抗截面特性随荷载形式(如短期或长期)而变化,以考虑不同的混凝土效应(如收缩和徐变)。这意味着总的纵向剪力等于相应换算截面上不同的竖向剪力值和不同的模量比 n_0 等许多情况所计算得到的纵向剪力之和。

(二)剪力钉的数量和布置

计算结合面上连接件配置数量时,可将结合面上的剪力按剪力包络图分段计算,求出每个区段上单位长度纵向剪力的平均值 V_{ldi}(或该区段的最大值)和区段长度 l_i,连接件在该区段内均匀布置,如图6-32所示;如按区段单位长度纵向剪力平均值进行设计时,应保证单个连接件所受到的最大剪力不大于其抗剪承载力的1.1倍。每个区段内连接件的个数可由下式确定:

$$n_i = \frac{V_{ldi} l_i}{V_{su}} \tag{6-56}$$

式中：V_{su}——单个连接件的抗剪承载力。

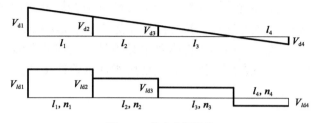

图 6-32 剪力分段示意

剪力钉应沿梁的长度布置以使得纵向剪力包络图可以被抗力图覆盖。因为剪力钉的数量同竖向剪力成正比，理论上应随纵向剪力包络图而变化。然而，出于实际原因剪力钉一般在数米长度的分段上均匀布置，而纵向剪力设计值局部超越剪力钉所提供的抗力设计值最多10%以内都是可接受的。

（三）抗剪连接件验算

依据连接件的使用情况，应对连接件的承载能力极限状态和正常使用极限状态进行验算。

1. 承载能力极限状态

在承载能力极限状态下，连接件应按下式进行抗剪验算：

$$\gamma_0 V_{id} \leq V_{su} \tag{6-57}$$

式中：V_{id}——承载力能力极限状态下单个连接件承担的剪力设计值(N)；

V_{su}——单个连接件的抗剪承载力(N)。

计算连接件剪力设计值时，应考虑钢与混凝土组合后的结构重力、汽车荷载、预应力、收缩、徐变以及钢与混凝土的升、降温差等作用。但是，各种作用在连接件上产生的剪力方向并不一致，应按照不同的剪力方向分别进行作用组合。譬如，组合梁连接件作用组合可考虑以下两种情况：

（1）组合后结构重力+汽车荷载+混凝土桥面板升温；

（2）收缩变形+混凝土桥面板降温。

2. 正常使用极限状态

为保证正常使用极限状态下钢梁和混凝土板间不发生过大的相对滑移，有必要对正常使用阶段焊钉连接件所承担的剪力进行限制。在正常使用极限状态下，连接件抗剪验算应满足下式要求：

$$V_r \leq 0.75 V_{su} \tag{6-58}$$

式中：V_r——正常使用极限状态下单个连接件承担的剪力设计值(N)。

《公路钢混桥规》进一步给出了正常使用极限状态滑移的验算公式如下：

$$s_{max} \leq s_{lim} \tag{6-59}$$

式中：s_{max}——正常使用极限状态下结合面的最大滑移值(mm)；

s_{lim}——正常使用极限状态下结合面的滑移限值(mm)，滑移限值一般可考虑环境类别给出，在没有相关规定的情况下可取0.2mm。

结合面最大滑移值可按下列要求计算：

(1)焊钉连接件

$$s_{\max} = \frac{V_{sd}}{k_{ss}} \tag{6-60}$$

(2)开孔板连接件

$$s_{\max} = \frac{V_{sd}}{k_{ps}} \tag{6-61}$$

式中:$s_{\max}$——正常使用极限状态下的结合面最大滑移值(mm);

V_{sd}——正常使用极限状态下的连接件剪力设计值(N);

k_{ss}、k_{ps}——焊钉及开孔板连接件的抗剪刚度(N/mm)。

3. 疲劳极限状态

在设计使用年限内,桥梁结构不应发生疲劳破坏,承受动应力的结构构件或连接件应进行疲劳验算。混凝土中的焊钉连接件疲劳抗力不仅取决于应力循环次数,也取决于疲劳荷载下作用在剪力钉上的纵向剪力最大值。沿梁长的剪力钉位置决定了疲劳裂纹的出现位置。当剪力钉焊接到跨内的受压翼板上时,裂纹可能出现于钉身、焊缝中或焊接中受到热影响的翼板区域。另一方面,当剪力钉焊接到支座处的受拉翼板上时,裂纹将开始于焊缝底部并可能沿翼板厚度方向发展。为了校核抗剪连接的疲劳安全,需采用弹性计算来确定纵桥向水平剪力。

剪力连接件位于始终承受压应力的钢梁翼缘时,应按下式进行疲劳验算:

$$\gamma_{Ff}\Delta\tau_{E2} \leqslant \frac{\Delta\tau_c}{\gamma_{Mf,s}} \tag{6-62}$$

式中:$\Delta\tau_{E2}$——疲劳荷载计算模型Ⅱ或模型Ⅲ作用下剪力连接件等效剪应力幅,按《公路钢桥规范》的相关规定计算,其中计算损伤等效系数γ时,$\gamma=1.55$;

$\Delta\tau_c$——对应于200万次应力循环的剪力连接件疲劳设计强度,$\Delta\tau_c=90\text{MPa}$;

γ_{Ff}——疲劳荷载分项系数,取1.0;

$\gamma_{Mf,s}$——剪力连接件疲劳抗力分项系数,取1.0。

剪力连接件位于承受拉应力的钢梁翼缘时,应按下列公式进行疲劳验算:

$$\frac{\gamma_{Ff}\Delta\sigma_{E2}}{\frac{\Delta\sigma_c}{\gamma_{Mf}}} + \frac{\gamma_{Ff}\Delta\tau_{E2}}{\frac{\Delta\tau_c}{\gamma_{Mf,s}}} \leqslant 1.3 \tag{6-63}$$

$$\frac{\gamma_{Ff}\Delta\sigma_{E2}}{\frac{\Delta\sigma_c}{\gamma_{Mf}}} \leqslant 1.0, \qquad \frac{\gamma_{Ff}\Delta\tau_{E2}}{\frac{\Delta\tau_c}{\gamma_{Mf,s}}} \leqslant 1.0 \tag{6-64}$$

式中:$\Delta\sigma_{E2}$、$\Delta\sigma_c$——疲劳荷载作用下钢梁翼缘等效正应力幅、钢材疲劳抗力,按《公路钢桥规范》的相关规定计算;

γ_{Mf}——疲劳抗力分项系数,按《公路钢桥规范》的相关规定取值。

公式(6-63)中用到的$\Delta\sigma_c$和$\Delta\tau_c$最大值不可能来自疲劳荷载模型的相同位置。这意味着校核必须针对两种情况开展,即正应力幅最大值同剪应力幅相应值的组合以及相反的另一种组合。

(四)集中纵向剪力

1. 集中纵向剪力的类型

钢-混凝土组合梁会受到不同类型纵向剪力的局部作用,可能出现在混凝土板端部,或者梁长的某个范围内,如:

(1)预应力索将预加力 P_P 施加在混凝土板或钢截面上[图6-33a)]。

(2)混凝土收缩效应或混凝土板和钢梁间的温差产生纵向剪力[图6-33b)]。

(3)桁架节点由于腹杆水平分力的差异引入轴向力差值 ΔP_N 产生纵向剪力[图6-33c)]。

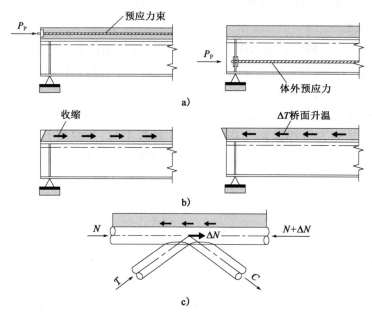

图 6-33 集中纵向剪力的例子

2. 集中纵向剪力的加载长度

预应力集中锚固力、混凝土收缩变形或温差引起的组合梁结合面上的最大单位长度纵桥向水平剪力 V_{ms},应按下列公式进行计算:

在梁跨中间

$$V_{ms} = \frac{V_s}{l_{cs}} \tag{6-65}$$

在梁端部

$$V_{ms} = \frac{2V_s}{l_{cs}} \tag{6-66}$$

式中:V_s——预应力集中锚固力、混凝土收缩徐变或温差的初始效应在钢和混凝土结合面上产生的纵桥向水平剪力;

l_{cs}——预应力集中锚固力、混凝土收缩徐变或温差引起的纵桥向集中剪力在结合面上的水平传递长度。取主梁相邻腹板间距和主梁长度的1/10中两者的较小值。

预应力集中锚固力、混凝土收缩徐变以及温差等作用产生的剪力主要集中在组合梁梁端或集中力作用点,水平剪力由梁端或集中力作用点向跨中方向逐渐递减。预应力集中锚固力、混凝土收缩徐变或温差的初始效应是指各荷载在组合截面上产生的一次效应。

3. 集中纵向剪力的计算

上述各种来源所引起的集中纵向剪力可按下述方法计算:

(1) 预应力 P_P 或桁架节点处轴力差 ΔP_N

① P_P (预应力) 作用在混凝土板:

$$V_{Ed} = \left(\frac{P_P}{A_0} + \frac{M_P a_s}{I_0}\right) \cdot A_s \tag{6-67}$$

② P_P 或 ΔN (桁架节点轴力变化) 作用在钢梁:

$$V_{Ed} = \left(\frac{P_P}{A_0} + \frac{M_P a_c}{I_0}\right) \cdot \frac{A_c}{n_0} \tag{6-68}$$

式中:P_P——在钢-混凝土连接形成后施加的预应力 P_P 设计值 (以压为负) 或桁架杆件轴向力差值 ΔP_N;

M_P——因为力 P_P 或 ΔP_N 相对于组合截面重心的偏心而引起的弯矩;

A_s——钢梁面积;

A_c——混凝土板面积 ($b_{eff} h_c$);

n_0——弹性模量比;

A_0——组合梁的换算面积;

I_0——组合梁的换算截面惯性矩;

a_c——混凝土截面重心到组合截面重心距离 (图 6-7);

a_s——钢梁截面重心到组合截面重心距离 (图 6-7)。

(2) 收缩或温差

混凝土收缩或温差引起的轴向力被锚固在组合梁端部或是混凝土区的端部 (图 6-34)。收缩引起的剪力为:

$$V_{Ed} = \left(\frac{P_{cs}}{A_0} + \frac{M_{cs} a_s}{I_0}\right) \cdot A_s \tag{6-69}$$

$$P_{cs} = \varepsilon_{cs}(t, t_s) E_{cs} A_c \tag{6-70}$$

$$M_{cs} = P_{cs} a_c \tag{6-71}$$

式中:$\varepsilon_{cs}(t, t_s)$——收缩开始时的龄期为 t_s,计算考虑的龄期为 t 时的收缩应变;

E_{cs}——考虑收缩时的混凝土弹性模量,计入徐变影响,$E_{cs} = E_c/2$;

P_{cs}——混凝土收缩引起的轴向力;

M_{cs}——因为力 P_{cs} 相对于组合截面重心的偏心而引起的弯矩;

其余符号意义同前。

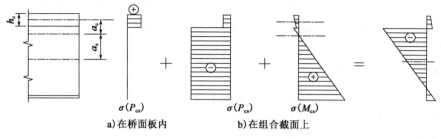

a) 在桥面板内　　　　b) 在组合截面上

图 6-34　简支梁上收缩产生的应力

第五节　组合梁验算

公路钢结构桥梁应按《公桥通规》的要求,考虑设计状况并开展相应的极限状态验算。《公路钢桥规范》和《公路钢混桥规》两本规范对具体的验算内容进行了规定。组合梁剪力连接件的验算见上一节,本节不再赘述。

一、承载能力极限状态验算

(一)强度破坏验算

1. 组合梁抗弯承载力验算

(1)计算组合梁抗弯承载力时,应考虑施工方法及顺序的影响,并应对施工过程进行抗弯验算,施工阶段作用组合效应应符合《公桥通规》的规定。

(2)组合梁截面抗弯承载力应采用线弹性方法进行计算,以截面上任意一点达到材料强度设计值作为抗弯承载力的标志,并应符合下列规定:

$$\sigma = \sum_{i=\mathrm{I}}^{\mathrm{II}} \frac{M_{\mathrm{d},i}}{W_{\mathrm{eff},i}} \tag{6-72}$$

$$\gamma_0 \sigma \leqslant f \tag{6-73}$$

式中：i——变量,表示不同的应力计算阶段;其中,$i = \mathrm{I}$ 表示未形成组合梁截面(钢梁)的应力计算阶段;$i = \mathrm{II}$ 表示形成组合梁截面之后的应力计算阶段;

$M_{\mathrm{d},i}$——对应不同应力计算阶段,作用于钢梁或组合梁截面的弯矩设计值(N·mm);

$W_{\mathrm{eff},i}$——对应不同应力计算阶段,钢梁或组合梁截面的抗弯模量(mm^3);

f——钢筋、钢梁或混凝土的强度设计值(MPa)。

(3)计算组合梁抗弯承载力时应考虑混凝土板剪力滞效应的影响。

(4)计算组合梁负弯矩区抗弯承载力时:如考虑混凝土开裂的影响,应不计负弯矩区混凝土的抗拉贡献,但应计入混凝土板翼缘有效宽度内纵向钢筋的作用。

2. 组合梁抗剪承载力验算

(1)组合梁竖向抗剪验算应按下式计算:

$$\gamma_0 V_{\mathrm{vd}} \leqslant V_{\mathrm{vu}} \tag{6-74}$$

$$V_{vu} = f_{vd} A_w \quad (6\text{-}75)$$

式中：V_{vd}——组合梁的竖向剪力设计值(N)；

V_{vu}——组合梁的竖向抗剪承载力(N)；

A_w——钢梁腹板的截面面积(mm^2)；

f_{vd}——钢梁腹板的抗剪强度设计值(MPa)。

试验研究表明，受弯构件的剪力 V_{vd} 假定全部由钢梁腹板承受，即按式(6-75)计算组合梁竖向抗剪承载力时，计算结果偏于安全，因为混凝土板的抗剪作用亦较大，混凝土板对组合梁竖向抗剪承载力的贡献可达20%~40%。

(2)组合梁承受弯矩和剪力共同作用时，应考虑两者耦合的影响，腹板最大折算应力应按下式验算：

$$\sqrt{\sigma^2 + 3\tau^2} \leq 1.1 f_d \quad (6\text{-}76)$$

式中：σ、τ——钢梁腹板同一点同时产生的正应力、剪应力(MPa)；

f_d——钢材抗拉强度设计值(MPa)。

当组合梁承受弯、剪共同作用时，组合梁抗剪承载力随截面所承受的弯矩的增大而减小由于截面抗力计算基于弹性方法，因而以最大折算应力的方式考虑组合梁弯剪共同作用。

(二)稳定性验算

组合梁稳定性能验算可分为整体稳定和板件(或构件)局部稳定两部分。

1. 整体稳定验算

(1)组合梁在混凝土板硬化之前，钢梁独自承担外部作用，各钢梁之间设置必要的横向联结系，以保证施工期间钢梁不发生整体失稳。

(2)桥面板硬化之后，在正弯矩区段，桥面板对钢梁的受压翼缘形成有效侧向约束，混凝土板与钢梁有效连接成整体后，组合梁正弯矩区段可不进行整体稳定性验算。

(3)连续组合梁负弯矩区钢梁为箱形截面或者下翼缘有可靠的横向约束，且腹板有加劲措施时，可不必进行负弯矩区侧扭稳定性验算，否则应按式(6-77)对钢梁侧扭稳定性进行验算。

组合梁的侧扭失稳是一种介于钢梁局部失稳和整体失稳之间的一种失稳模式。组合梁负弯矩区侧扭稳定性验算方法主要参照欧洲规范4中的规定，考虑钢梁初始缺陷的影响，分为4类侧扭失稳曲线。欧洲规范4验算组合梁整体稳定性的计算方法比较复杂。因此设计时应尽量通过合理的布置和构造来避免侧扭失稳限制组合梁承载力的充分发挥。《公路钢混桥规》规定连续组合梁负弯矩区侧扭稳定性应按下列公式进行验算：

$$\frac{M_d}{M_{b,Rd}} \leq 1.0 \quad (6\text{-}77)$$

$$M_{b,Rd} = \chi_{LT} M_{Rd} \quad (6\text{-}78)$$

$$\chi_{LT} = \frac{1}{\Phi_{LT} + \sqrt{\Phi_{LT}^2 - \bar{\lambda}_{LT}^2}}, \text{且} \chi_{LT} \leq 1.0 \quad (6\text{-}79)$$

$$\Phi_{LT} = 0.5[1 + \alpha_{LT}(\bar{\lambda}_{LT} - 0.2) + \bar{\lambda}_{LT}^2] \quad (6\text{-}80)$$

$$\bar{\lambda}_{LT} = \sqrt{\frac{M_{Rk}}{M_{cr}}} \quad (6\text{-}81)$$

$$M_{Rk} = f_y W_n \qquad (6\text{-}82)$$

式中:M_d——组合梁最大弯矩设计值;

$M_{b,Rd}$——组合梁侧向抗扭屈曲弯矩;

M_{Rd}——组合梁截面抗弯承载力;

χ_{LT}——组合梁侧向扭曲折减系数,由 $\bar{\lambda}_{LT}$ 确定;

$\bar{\lambda}_{LT}$——换算长细比,$\bar{\lambda}_{LT} \leqslant 0.4$ 时,可不进行组合梁负弯矩区侧扭稳定性验算;

α_{LT}——缺陷系数,按表 6-3 和表 6-4 取值;

M_{Rk}——采用材料强度标准值计算得到的组合梁截面抵抗弯矩;

M_{cr}——组合梁侧向扭转屈曲的弹性临界弯矩,由"倒 U 形框架"模型侧向扭曲推导得出,计算方法应按《公路钢混桥规》附录 A 的规定执行;

f_y——钢材强度标准值;

W_n——组合截面净截面模量。

侧向失稳曲线缺陷系数 α_{LT} 表 6-3

屈曲曲线类别	a	b	c	d
缺陷系数 α_{LT}	0.21	0.34	0.49	0.76

侧向失稳曲线分类 表 6-4

截面类型	限值	屈曲曲线类别
轧制工字形截面	$\dfrac{h}{b} \leqslant 2$	a
	$\dfrac{h}{b} > 2$	b
焊接工字形截面	$\dfrac{h}{b} \leqslant 2$	c
	$\dfrac{h}{b} > 2$	d
其他类型截面	—	d

注:h 为梁截面高度;b 为梁截面宽度。

2. 局部稳定验算

由于整体稳定和局部稳定是相对的概念,因此,局部稳定验算包括组成钢梁的板件和加劲肋的验算,还可以包括横向联结系和纵向联系结系验算。本部分验算应符合《公路钢桥规范》的有关规定。具体可参考《桥梁钢结构设计原理》及本书第三章~第五章相关内容。另外,需要注意:形成组合截面之后,组合梁截面中性轴位置较原来钢梁截面中性轴发生了移动,将引起钢梁受压区高度变化。组合梁腹板加劲肋设置时宜考虑钢梁腹板受压区高度变化的影响,进行合理设计。

(三)疲劳破坏验算

剪力连接件的疲劳寿命问题是组合梁疲劳设计的关键问题,各国规范对组合梁剪力连接件的疲劳设计方法仍采用容许应力幅进行计算。《公路钢混桥规》规定组合梁的抗疲劳设计应符合下列规定：

(1)承受动应力的结构构件或连接件应进行疲劳验算。
(2)在设计使用年限内,桥梁结构不应发生疲劳破坏。
(3)组合梁疲劳验算应采用弹性分析方法。
(4)组合梁疲劳荷载的选取应符合《公路钢桥规范》的相关规定。
剪力连接件的疲劳验算见式(6-62)～式(6-64)。

二、正常使用极限状态验算

(一)变形验算

(1)《公路钢混桥规》规定组合梁的变形计算应符合下列规定：
①组合梁在正常使用极限状态下的挠度可根据构件刚度按结构力学方法计算。
②计算组合梁在正常使用极限状态下的挠度时,应采用弹性分析方法考虑混凝土开裂、收缩徐变及预应力的影响。
③组合梁在正常使用极限状态下的挠度应考虑作用(或荷载)长期效应的影响。
(2)《公路钢混桥规》规定组合梁的刚度计算应符合下列规定：
①计算组合梁正常使用极限状态下的挠度时,简支组合梁截面刚度可取考虑滑移效应的折减刚度。连续组合梁采用未开裂分析方法时,全桥均应采用考虑滑移效应的折减刚度；连续组合梁采用开裂分析方法时,中支座两侧 $0.15L$ 范围以内区段组合梁截面刚度应取开裂截面刚度,其余区段组合梁截面刚度可取考虑滑移效应的折减刚度。
②组合梁考虑滑移效应的折减刚度 B 可按下列公式计算：

$$B = \frac{EI_{un}}{1+\zeta} \tag{6-83}$$

$$\zeta = \eta \left[0.4 - \frac{3}{(\alpha L)^2} \right] \tag{6-84}$$

$$\eta = \frac{36E_s d_{sc} p A_0}{n_s k h L^2} \tag{6-85}$$

$$\alpha = 0.81 \sqrt{\frac{n_s k A_1}{EI_0 p}} \tag{6-86}$$

$$A_0 = \frac{A_c A}{n_0 A + A_c} \tag{6-87}$$

$$A_1 = \frac{I_0 + A_0 d_{sc}^2}{A_0} \tag{6-88}$$

$$I_0 = I_s + \frac{I_c}{n_0} \tag{6-89}$$

式中：E_s——钢材弹性模量(MPa)；
　　I_{un}——组合梁未开裂截面惯性矩(mm^4)；
　　　ζ——刚度折减系数；当 $\zeta \leq 0$ 时,取 $\zeta = 0$；

A_c——混凝土板截面面积(mm^2);
A——钢梁截面面积(mm^2);
I_s——钢梁截面惯性矩(mm^4);
I_c——混凝土板截面惯性矩(mm^4);
d_{sc}——钢梁截面形心到混凝土板截面形心的距离(mm);
h——组合梁截面高度(mm);
L——组合梁跨径(mm);当为连续组合梁时取等效跨径 $L_{e,i}$,如图 6-5a)所示;
k——连接件刚度系数,$k=V_{su}$(N/mm),V_{su}为圆柱头焊钉抗剪承载力;
p——连接件的平均间距(mm);
n_s——连接件在一根梁上的列数;
n_0——钢材与混凝土弹性模量的比值;当采用作用(或荷载)准永久组合效应时,式(6-86)和式(6-89)中的 n_0 应采用考虑长期效应的换算模量比 n_L。

(二)开裂验算

组合梁负弯矩区混凝土板在正常使用极限状态下最大裂缝宽度 ω_{fk} 应按《公路钢筋混凝土及预应力混凝土桥涵设计规范》(JTG 3362—2018)的相关规定计算。由作用(或荷载)频遇组合效应引起的开裂截面纵向受拉钢筋的应力 σ_{ss} 应满足下列要求:

(1)钢筋混凝土板应按下式计算:

$$\sigma_{ss} = \frac{M_s y_s}{I_{cr}} \tag{6-90}$$

式中:M_s——形成组合作用之后,按作用(荷载)频遇组合效应计算的组合梁截面弯矩值;
I_{cr}——由纵向普通钢筋与钢梁形成的组合截面的惯性矩,即开裂截面惯性矩;
y_s——钢筋截面形心至钢筋和钢梁形成的组合截面中性轴的距离。

(2)B 类部分预应力混凝土板应按下式计算:

$$\sigma_{ss} = \frac{M_s \pm M_{p2} - N_p y_p}{I'_{cr}} y_{ps} \pm \frac{N_p}{A'_{cr}} \tag{6-91}$$

式中:M_{p2}——由预加力在后张法预应力连续组合梁等超静定结构中产生的次弯矩;
N_p——考虑预应力损失后预应力钢筋的预加力合力;
y_p——预应力钢筋合力点至普通钢筋、预应力钢筋和钢梁形成的组合截面中性轴的距离;
y_{ps}——预应力钢筋和普通钢筋的合力点至普通钢筋、预应力钢筋和钢梁形成的组合截面中性轴的距离;
A'_{cr}——由纵向普通钢筋、预应力钢筋与钢梁形成的组合截面的面积;
I'_{cr}——由纵向普通钢筋、预应力钢筋与钢梁形成的组合截面的惯性矩。

负弯矩区组合梁混凝土板工作性能接近于混凝土轴心受拉构件,由式(6-90)和式(6-91)计算得到组合梁混凝土板纵向钢筋平均应力,代替混凝土轴心受拉构件钢筋应力值,按钢筋混凝土轴心受拉构件计算负弯矩区组合梁混凝土板最大裂缝宽度。

第六节 简支组合梁算例

一、设计资料

某单跨等截面钢-混凝土简支梁桥,跨径为40m,计算跨径为39m,立面图如图6-35所示,横断面图见图6-36。桥面全宽12.5m,单向3车道,主梁间距3.3m,两侧桥面板悬挑1.3m。组合梁全高为2m,其中钢板梁梁高为1.67m。混凝土桥面板梁间厚度为250mm,悬臂板端部板厚也为250mm,钢板梁上方包括承托的厚度为330mm,承托过渡段高宽比为1:3。钢板梁的上翼缘板宽为700mm,厚度为30mm;下翼缘板宽为1 000mm,厚度为40mm;钢梁腹板厚度为16mm。梁间横向联结系纵桥向每4.875m设置一道。钢板梁与桥面混凝土通过焊钉连接件组合,钢板梁上翼缘共布置4列焊钉,焊钉连接件直径为φ22,焊钉熔后长度为180mm,详细尺寸见图6-37。汽车荷载等级为公路-Ⅰ级。

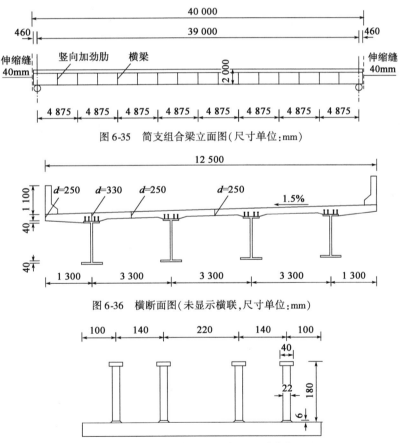

图6-35 简支组合梁立面图(尺寸单位:mm)

图6-36 横断面图(未显示横联,尺寸单位:mm)

图6-37 焊钉横桥向布置及尺寸图(尺寸单位:mm)

钢板梁钢材强度等级为Q345,重度为$\rho_s = 78.5 \text{ kN/m}^3$,弹性模量$E = 2.06 \times 10^5 \text{MPa}$;混凝土强度等级为C50,重度为$\rho_c = 25.0 \text{ kN/m}^3$,弹性模量$E_c = 3.45 \times 10^4 \text{MPa}$;桥面铺装采用80mm厚的沥青混凝土,重度为$\rho_{沥青} = 24.0 \text{ kN/m}^3$。

二、有效宽度与截面几何特性计算

(一)混凝土桥面板有效宽度计算

参照《公路钢桥规范》和《公路钢混桥规》进行组合梁混凝土板有效宽度计算。

1. 中梁混凝土板有效宽度[图6-38a)]

$L_e = 39\text{m}$,$L_e/6 = 6.5\text{m} > b_1 = 1.40\text{m}$
故中梁混凝土板翼缘全截面有效。

2. 边梁外翼缘混凝土板有效宽度[图6-38b)]

$L_e = 39\text{m}$,$L_e/6 = 6.5\text{m} > b_1 = 1.06\text{m}$
故边梁混凝土板翼缘全截面有效。

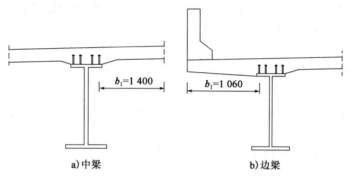

图6-38 桥面板有效宽度计算示意(尺寸单位:mm)

(二)钢板梁翼缘有效宽度计算

参照《公路钢桥规范》公式5.1.8-3进行钢板梁翼缘有效宽度计算。

1. 钢板梁上翼缘有效宽度

边梁与中梁的上翼缘:

$b_i = 0.35\text{m}$,$l = 39\text{m} \Rightarrow \dfrac{b_i}{l} = \dfrac{0.35}{39} = 0.009 \leqslant 0.05$

故边梁与中梁的上翼缘全宽有效。

2. 钢板梁下翼缘有效宽度

边梁与中梁的下翼缘:

$b_i = 0.5\text{m}$,$l = 39\text{m} \Rightarrow \dfrac{b_i}{l} = \dfrac{0.5}{39} = 0.013 \leqslant 0.05$

故边梁与中梁的下翼缘全宽有效。

(三)截面几何特性计算

在计算短期荷载效应采用的换算截面几何特征时,钢材和混凝土弹性模量比值:

$$n_0 = \frac{E_s}{E_c} = \frac{2.06 \times 10^5}{3.45 \times 10^4} = 6$$

在计算长期荷载效应采用的换算截面几何特征时,钢材与混凝土的有效弹性模量比值为:
$$n_L = n_0[1 + \psi_L \phi(t, t_0)]$$

式中,考虑混凝土收缩作用时 ψ_L 取 0.55;考虑永久作用时 ψ_L 取 1.1;$\phi(t, t_0)$ 按《公路钢筋混凝土及预应力混凝土桥涵设计规范》(JTG 3362—2018)取值,构件的理论厚度为 250mm,与年平均相对湿度相关的系数取 40% ≤ RH ≤ 70%,加载龄期取 28d,通过内插可求得徐变系数终极值 $\phi(t, t_0) = 2.13$,则

计算混凝土收缩作用时: $n_L = n_0[1 + \psi_L \phi(t, t_0)] = 6 \times (1 + 0.55 \times 2.13) = 13.03 \approx 13$;

计算永久作用时: $n_L = n_0[1 + \psi_L \phi(t, t_0)] = 6 \times (1 + 1.1 \times 2.13) = 20.06 \approx 20$;

截面特性计算示意如图 6-39 所示,其计算结果汇总见表 6-5。

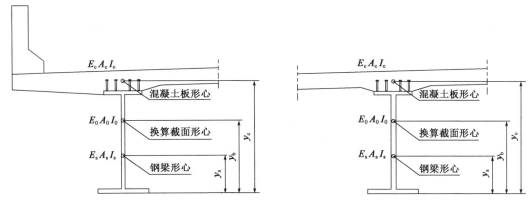

图 6-39 截面特性计算示意

截面特性计算结果汇总表　　　　　表 6-5

梁号	截面特性	混凝土板截面	钢梁截面 ($n = \infty$)	短期荷载效应 ($n_0 = 6$)	考虑混凝土收缩的长期荷载效应 ($n_L = 13$)	考虑永久作用的长期荷载效应 ($n_L = 20$)
边梁	面积(mm²)	$A_c = 831\,040$	$A_s = 97\,440$	$A_0 = 236\,619$	$A_{0L} = 161\,533$	$A_{0L1} = 139\,073$
	中和轴距梁底距离(mm)	$y_c = 1\,866$	$y_s = 701$	$y_b = 1\,386$	$y_b' = 1\,163$	$y_{b1}' = 1\,050$
	截面惯性矩(mm⁴)	$I_c = 5.62 \times 10^9$	$I_s = 5.14 \times 10^{10}$	$I_0 = 1.30 \times 10^{11}$	$I_{0L} = 1.04 \times 10^{11}$	$I_{0L1} = 9.13 \times 10^{10}$
中梁	面积(mm²)	$A_c = 847\,865$	$A_s = 97\,440$	$A_0 = 239\,437$	$A_{0L} = 162\,831$	$A_{0L1} = 139\,916$
	中和轴距梁底距离(mm)	$y_c = 1\,859$	$y_s = 701$	$y_b = 1\,388$	$y_b' = 1\,166$	$y_{b1}' = 1\,053$
	截面惯性矩(mm⁴)	$I_c = 6.46 \times 10^9$	$I_s = 5.14 \times 10^{10}$	$I_0 = 1.30 \times 10^{11}$	$I_{0L} = 1.04 \times 10^{11}$	$I_{0L1} = 9.14 \times 10^{10}$

三、荷载与内力计算

(一)永久作用计算

边梁钢梁自重:$q_s = 97\,440 \times 10^{-6} \times 78.5 \times 1.1 = 8.41 (\text{kN/m})$;

中梁钢梁自重:$q_s = 97\,440 \times 10^{-6} \times 78.5 \times 1.2 = 9.18 (\text{kN/m})$(考虑钢梁加劲肋和横撑的影响,边梁钢梁自重放大系数取 1.1,中梁钢梁自重放大系数取 1.2);

边梁混凝土桥面板自重:$q_s = 25 \times 831\,040 \times 10^{-6} = 20.78 (\text{kN/m})$;

中梁混凝土桥面板自重:$q_s = 25 \times 847\ 865 \times 10^{-6} = 21.20 (kN/m)$;

桥面上非受力结构由铺装层和防撞栏杆组成。本例题铺装层厚度为80mm,宽度为11.5m(扣除护栏宽度),重度为24kN/m³,故每延米重量为$24 \times 0.08 \times 11.5 = 22.08 (kN/m)$。估计单侧防撞栏杆的荷载集度为10.0kN/m。每根梁上非受力结构的自重为:

$$q_{sec} = \frac{22.08 + 10 \times 2}{4} = 10.52 (kN/m)$$

以下计算以边梁为例。

1. 一期恒载作用下

恒载弯矩:$M_{g1} = (q_c + q_s)l^2/8 = (8.41 + 20.78) \times 39^2/8 = 5\ 549.7 (kN/m)$;

恒载剪力:$Q_{g1} = (q_c + q_s)l/2 = (20.78 + 8.41) \times 39/2 = 569.20 (kN)$。

2. 二期恒载引起跨中截面弯矩和支点剪力

恒载弯矩:$M_{g2} = \frac{q_{sec}l^2}{8} = \frac{10.52 \times 39^2}{8} = 2\ 000.12 (kN \cdot m)$;

恒载剪力:$Q_{g2} = \frac{q_{sec}l}{2} = \frac{10.52 \times 39}{2} = 205.14 (kN)$。

(二)可变作用计算

公路-Ⅰ级汽车荷载的均布荷载为$q_k = 10.5 kN/m$,集中荷载为$P_k = 2(L_0 + 130) = 338 kN$,剪力效应计算时需乘1.2系数(计算以边梁为例)。

1. 跨中弯矩计算

采用刚性横梁法计算组合梁跨中截面的荷载横向分布系数,经计算,边梁荷载横向分布系数为$m_c = 1.01$(双车道折减系数ξ为1),中梁的荷载横向分布系数为$m_c = 0.673$(三车道折减系数ξ为0.78)。

汽车荷载引起边梁跨中截面弯矩为:
$$M_q = (1 + \mu)\xi m_c (q_k \Omega + P_k y_k) = 6\ 948.15 (kN \cdot m)$$

2. 支点剪力计算

采用杠杆原理法计算组合梁支点截面的荷载横向分布系数,经计算,边梁荷载横向分布系数为$m_o = 0.894$(双车道折减系数ξ为1),中梁的荷载横向分布系数为$m_o = 1.06$(双车道折减系数ξ为1)。绘制荷载横向分布系数沿桥跨方向的变化和支点剪力影响线如图6-40所示。

m变化区段内附加三角形荷载重心处的剪力影响线坐标为:$\bar{y} = 1 \times \left(39 - \frac{1}{3} \times 4.875\right) / 39 = 0.958$,影响线面积为$\Omega = \frac{1}{2} \times 39 \times 1 = 19.5 m$。

边主梁支点的最大剪力为:$Q_{0q} = Q'_{0q} + \Delta Q'_{0q}$。

$Q'_{0q} = (1 + \mu)\xi(m_1 P_k y_k + m_c q_k \Omega)$
$= 1.3 \times 1 \times (1.01 \times 405.6 \times 0.874 + 1.01 \times 10.5 \times 19.5) = 734.29 (kN)$

将集中力P_k布置于支点处时,$Q'_{0q} = 1.3 \times 1 \times (0.894 \times 405.6 \times 0.874 + 1.01 \times 10.5 \times 19.5) = 680.83 (kN)$,可见计算所得的支点剪力小于将集中力布置于第二道横梁处所得剪力,所以取后者为计算剪力值。

$$\Delta Q'_{0q} = (1+\mu)\xi \frac{a}{2}(m_o - m_c)q_k \bar{y}$$

$$= 1.3 \times 1 \times \frac{4.875}{2} \times (0.894 - 1.01) \times 10.5 \times 0.958 = -3.70(\text{kN})$$

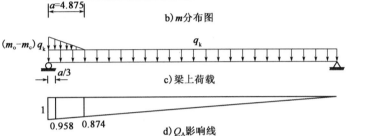

图 6-40 支点剪力计算模型(尺寸单位:m)

故边主梁支点截面的最大剪力为:$Q_{0q} = Q'_{0q} + \Delta Q'_{0q} = 734.29 - 3.70 = 730.59(\text{kN})$。

将永久作用和可变作用产生的内力计算结果汇总见表6-6。

内力计算结果汇总　　　　表 6-6

梁号	荷载类型	跨中弯矩(kN·m)	支点剪力(kN)
边梁	一期恒载	5 549.74	569.20
	二期恒载	2 000.12	205.14
	活载	6 948.15	730.59
中梁	一期恒载	5 775.14	592.32
	二期恒载	2 000.12	205.14
	活载	4 629.81	679.97

四、承载力验算

以下计算以边梁为例。

1. 一期恒载作用下

钢梁上下缘应力:

$$\begin{cases} \sigma_{sb} = \dfrac{M_{g1}}{I_s}y_s = \dfrac{5\,549.74 \times 10^6 \times 701}{5.14 \times 10^{10}} = 75.68(\text{MPa})(\text{拉}) \\ \sigma_{su} = \dfrac{M_{g1}}{I_s}(y_s - h_s) = \dfrac{5\,549.74 \times 10^6 \times (701 - 1\,670)}{5.14 \times 10^{10}} = -104.62(\text{MPa})(\text{压}) \end{cases}$$

钢梁腹板剪应力:

$$\tau_{sw} = \frac{Q_{g1}}{A_w} = \frac{569.20 \times 10^3}{25\,440} = 22.37(\text{MPa})$$

2. (考虑长期效应)二期恒载作用下产生的应力

钢梁上下缘应力：

$$\begin{cases} \sigma_{sb} = \dfrac{M_{g2}}{I_{0L1}} y'_{b1} = \dfrac{2\,000.12 \times 10^6}{9.13 \times 10^{10}} \times 1\,050 = 23.00(\text{MPa})(\text{拉}) \\ \sigma_{su} = \dfrac{M_{g2}}{I_{0L1}} (y'_{b1} - h_s) = \dfrac{2\,000.12 \times 10^6}{9.13 \times 10^{10}} \times (1\,050 - 1\,670) = -13.58(\text{MPa})(\text{压}) \end{cases}$$

混凝土板上下缘应力：

$$\begin{cases} \sigma_{cb} = \dfrac{M_{g2}}{n_{0L}I_{0L}}(y'_{b1} - h_s) = \dfrac{2\,000.12 \times 10^6}{20 \times 9.13 \times 10^{10}} \times (1\,050 - 1\,670) = -0.68(\text{MPa})(\text{压}) \\ \sigma_{cu} = \dfrac{M_{g2}}{n_{0L}I_{0L}}(y'_{b1} - h) = \dfrac{2\,000.12 \times 10^6}{20 \times 9.13 \times 10^{10}} \times (1\,050 - 2\,000) = -1.04(\text{MPa})(\text{压}) \end{cases}$$

钢梁腹板剪应力：$\tau_{sw} = \dfrac{Q_{g2}}{A_w} = \dfrac{205.14 \times 10^3}{25\,440} = 8.06(\text{MPa})$

3. 活载引起的截面应力

钢梁上下缘应力：

$$\begin{cases} \sigma_{sb} = \dfrac{M_q}{I_0} y_b = \dfrac{6\,948.15 \times 10^6}{1.30 \times 10^{11}} \times 1\,386 = 74.08(\text{MPa})(\text{拉}) \\ \sigma_{su} = \dfrac{M_q}{I_0}(y_b - h_s) = \dfrac{6\,948.15 \times 10^6}{1.30 \times 10^{11}} \times (1\,386 - 1\,670) = -15.18(\text{MPa})(\text{压}) \end{cases}$$

混凝土板上下缘应力：

$$\begin{cases} \sigma_{cu} = \dfrac{M_q}{n_0 I_0}(y_b - h) = \dfrac{6\,948.15 \times 10^6}{6 \times 1.30 \times 10^{11}} \times (1\,386 - 2\,000) = -5.47(\text{MPa})(\text{压}) \\ \sigma_{cb} = \dfrac{M_q}{n_0 I_0}(y_b - h_s) = \dfrac{6\,948.15 \times 10^6}{6 \times 1.30 \times 10^{11}} \times (1\,386 - 1\,670) = -2.53(\text{MPa})(\text{压}) \end{cases}$$

钢梁腹板剪应力：

$$\tau_{sw} = \dfrac{Q_{0q}}{A_w} = \dfrac{730.59 \times 10^3}{25\,440} = 28.72(\text{MPa})$$

4. 温度梯度效应计算

根据第六章第三节温度效应相关知识，结合《公路钢桥规范》中规定，组合梁的温度梯度应按《公桥通规》的相关规定计算。

桥面采用80mm厚沥青混凝土铺装层，$T_1 = 14℃$，$T_2 = 5.5℃$，$t = 280\text{mm}$（图1-47）。由此可得，钢梁温度为$T_{钢梁} = \dfrac{120 \times 5.5}{300} = 2.2(℃)$，混凝土温度为$T_1 = 14℃$，温差约为12℃。

(1) 钢梁比混凝土板高12℃时：

$P_T = \alpha_T \Delta T_t E_s A_s = 1.2 \times 10^{-5} \times 12 \times 2.06 \times 10^5 \times 97\,440 \times 10^{-3} = 2\,890.46(\text{kN})$

钢梁上下缘应力

$$\sigma_{sb} = -\alpha_T \Delta T_t E_s + \dfrac{\alpha_T \Delta T_t E_s A_s}{A_0} + \dfrac{\alpha_T \Delta T_t E_s A_s a_s y}{I_0}$$

$$= \frac{1.2 \times 10^{-5} \times 12 \times 2.06 \times 10^5 \times 97\,440}{236\,619} +$$

$$\frac{1.2 \times 10^{-5} \times 12 \times 2.06 \times 10^5 \times 97\,440 \times (1\,386 - 701) \times 1\,386}{1.30 \times 10^{11}} -$$

$$1.2 \times 10^{-5} \times 12 \times 2.06 \times 10^5 = 3.66(\text{MPa})(拉)$$

$$\sigma_{su} = -\alpha_T \Delta T_t E_s + \frac{\alpha_T \Delta T_t E_s A_s}{A_0} + \frac{\alpha_T \Delta T_t E_s A_s a_s y}{I_0}$$

$$= \frac{1.2 \times 10^{-5} \times 12 \times 2.06 \times 10^5 \times 97\,440}{236\,619} +$$

$$\frac{1.2 \times 12 \times 2.06 \times 97\,440 \times (1\,386 - 701) \times (1\,386 - 1\,670)}{1.30 \times 10^{11}} -$$

$$1.2 \times 10^{-5} \times 12 \times 2.06 \times 10^5 = -21.77(\text{MPa})(压)$$

混凝土板上下缘应力

$$\sigma_{cb} = \frac{\alpha_T \Delta T_t E_s A_s}{n_0 A_0} + \frac{\alpha_T \Delta T_t E_s A_s a_s y}{n_0 I_0} = \frac{1.2 \times 10^{-5} \times 12 \times 2.06 \times 10^5 \times 97\,440}{6 \times 236\,619} +$$

$$\frac{1.2 \times 10^{-5} \times 12 \times 2.06 \times 10^5 \times 97\,440 \times (1\,386 - 701) \times (1\,386 - 1\,670)}{6 \times 1.30 \times 10^{11}} = 1.32(\text{MPa})(拉)$$

$$\sigma_{cu} = \frac{\alpha_T \Delta T_t E_s A_s}{n_0 A_0} + \frac{\alpha_T \Delta T_t E_s A_s a_s y}{n_0 I_0}$$

$$= \frac{1.2 \times 10^{-5} \times 12 \times 2.06 \times 10^5 \times 97\,440}{6 \times 236\,619} +$$

$$\frac{1.2 \times 10^{-5} \times 12 \times 2.06 \times 10^5 \times 97\,440 \times (1\,386 - 701) \times (1\,386 - 2\,000)}{6 \times 1.30 \times 10^{11}} = 0.48(\text{MPa})(拉)$$

(2)钢梁比混凝土板低12℃时：

同理可得：

$$\begin{cases} \sigma_{sb} = -3.66\,\text{MPa} \\ \sigma_{su} = 21.77\,\text{MPa} \end{cases} \quad \begin{cases} \sigma_{cb} = -1.32\,\text{MPa} \\ \sigma_{cu} = -0.48\,\text{MPa} \end{cases}$$

5.整体温度(均匀温度)

根据《公桥通规》表4.3.12-2，湿热地区混凝土桥面板钢桥的最高温度取为39℃，最低温度取为-6℃。组合梁施工温度取为20℃，因此整体升温 $\Delta T_z = 39 - 20 = 19(℃)$，整体降温 $\Delta T_z = -1 - 20 = -21(℃)$。

(1)整体升温时：

钢梁上缘

$$\sigma_{t,su} = -\Delta\alpha_T \Delta T_z E_s + \frac{\Delta\alpha_T \Delta T_z E_s A_s}{A_0} + \frac{\Delta\alpha_T \Delta T_z E_s A_s a_s y}{I_0} = \frac{2 \times 10^{-6} \times 19 \times 2.06 \times 10^5 \times 97\,440}{236\,619} +$$

$$\frac{2 \times 10^{-6} \times 19 \times 2.06 \times 10^5 \times 97\,440 \times (1\,386 - 701) \times (1\,670 - 1\,386)}{1.30 \times 10^{11}} -$$

$$2 \times 10^{-6} \times 19 \times 2.06 \times 10^5 = -3.46(\text{MPa})(压)$$

钢梁下缘

$$\sigma_{t,sb} = -\Delta\alpha_T \Delta T_z E_s + \frac{\Delta\alpha_T \Delta T_z E_s A_s}{A_0} + \frac{\Delta\alpha_T \Delta T_z E_s A_s a_s y}{I_0} = \frac{2\times10^{-6}\times19\times2.06\times10^5\times97\,440}{236\,619} +$$

$$\frac{2\times10^{-6}\times19\times2.06\times10^5\times97\,440\times(1\,386-701)\times1\,386}{1.30\times10^{11}} -$$

$$2\times10^{-6}\times19\times2.06\times10^5 = 0.97(\text{MPa})(拉)$$

混凝土板上缘

$$\sigma_{t,cu} = \frac{\Delta\alpha_T \Delta T_z E_s A_s}{A_0 n_0} + \frac{\Delta\alpha_T \Delta T_z E_s A_s a_s y}{I_0 n_0}$$

$$= \frac{2\times10^{-6}\times19\times2.06\times10^5\times97\,440}{236\,619\times6} +$$

$$\frac{2\times10^{-6}\times19\times2.06\times10^5\times97\,440\times(1\,386-701)\times(2\,000-1\,386)}{1.30\times10^{11}\times6}$$

$$= 0.95(\text{MPa})(拉)$$

混凝土板下缘

$$\sigma_{t,cb} = \frac{\Delta\alpha_T \Delta T_z E_s A_s}{A_0 n_0} + \frac{\Delta\alpha_T \Delta T_z E_s A_s a_s y}{I_0 n_0} = \frac{2\times10^{-6}\times19\times2.06\times10^5\times97\,440}{236\,619\times6} +$$

$$\frac{2\times10^{-6}\times19\times2.06\times10^5\times97\,440\times(1\,386-701)\times(1\,670-1\,386)}{1.30\times10^{11}\times6}$$

$$= 0.73(\text{MPa})(拉)$$

(2) 整体降温时：

钢梁上缘

$$\sigma_{t,su} = -\Delta\alpha_T \Delta T_z E_s + \frac{\Delta\alpha_T \Delta T_z E_s A_s}{A_0} + \frac{\Delta\alpha_T \Delta T_z E_s A_s a_s y}{I_0}$$

$$= -2\times10^{-6}\times(-21)\times2.06\times10^5 +$$

$$\frac{2\times10^{-6}\times(-21)\times2.06\times10^5\times97\,440\times(1\,386-701)\times(1\,670-1\,386)}{1.30\times10^{11}} +$$

$$\frac{2\times10^{-6}\times(-21)\times2.06\times10^5\times97\,440}{236\,619} = 3.83(\text{MPa})(拉)$$

钢梁下缘

$$\sigma_{t,sb} = -\Delta\alpha_T \Delta T_z E_s + \frac{\Delta\alpha_T \Delta T_z E_s A_s}{A_0} + \frac{\Delta\alpha_T \Delta T_z E_s A_s a_s y}{I_0} = -2\times10^{-6}\times(-21)\times2.06\times10^5 +$$

$$\frac{2\times10^{-6}\times(-21)\times2.06\times10^5\times97\,440\times(1\,386-701)\times1\,386}{1.30\times10^{11}} +$$

$$\frac{2\times10^{-6}\times(-21)\times2.06\times10^5\times97\,440}{236\,619} = -1.07(\text{MPa})(压)$$

混凝土板上缘

$$\sigma_{t,cu} = \frac{\Delta\alpha_T \Delta T_z E_s A_s}{A_0 n_0} + \frac{\Delta\alpha_T \Delta T_z E_s A_s a_s y}{I_0 n_0}$$

$$= \frac{2\times10^{-6}\times(-21)\times2.06\times10^5\times97\,440\times(1\,386-701)\times(2\,000-1\,386)}{1.30\times10^{11}\times6} +$$

$$\frac{2\times10^{-6}\times(-21)\times2.06\times10^{5}\times97\,440}{236\,619\times6}=-1.05(\text{MPa})(\text{压})$$

混凝土板下缘

$$\sigma_{\text{t,cb}}=\frac{\Delta\alpha_{\text{T}}\Delta T_{z}E_{s}A_{s}}{A_{0}n_{0}}+\frac{\Delta\alpha_{\text{T}}\Delta T_{z}E_{s}A_{s}a_{s}y}{I_{0}n_{0}}$$

$$=\frac{2\times10^{-6}\times(-21)\times2.06\times10^{5}\times97\,440\times(1\,386-701)\times(1\,670-1\,386)}{1.30\times10^{11}\times6}+$$

$$\frac{2\times10^{-6}\times(-21)\times2.06\times10^{5}\times97\,440}{236\,619\times6}=-0.80(\text{MPa})(\text{压})$$

6. 混凝土收缩产生的截面应力

按钢梁与混凝土板之间的温差 −15℃ 计算,计算方法同温度荷载。

$$\begin{cases}\sigma_{\text{sb}}=4.55\text{MPa}\\\sigma_{\text{su}}=-27.21\text{MPa}\end{cases}\quad\begin{cases}\sigma_{\text{cb}}=1.65\text{MPa}\\\sigma_{\text{cu}}=0.60\text{MPa}\end{cases}$$

7. 徐变产生的截面应力

采用有效弹性模量法考虑混凝土的徐变效应,公式(6-34)中徐变系数 $\phi=2.13$,徐变影响系数 $\psi_{\text{L}}=1.1$。

$$N_{\text{c}}=\frac{M_{\text{g2}}}{n_{0}I_{0}}(y_{\text{c}}-y_{\text{b}})A_{\text{c}}=\frac{2\,000.12\times10^{3}}{6\times1.30\times10^{11}}\times(1\,866-1\,386)\times831\,040=1\,022.88(\text{kN})$$

$$P_{\text{L}}=\frac{\phi}{1+\psi_{\text{L}}\phi}N_{\text{c}}=\frac{2.13}{1+1.1\times2.13}\times1\,022.88=651.73(\text{kN})$$

$$\sigma_{\text{cb}}=-\frac{1}{n_{\text{L}}}\left(\frac{P_{\text{L}}}{A_{0\text{L}}}+\frac{M_{\text{L}}a_{\text{cL}}}{I_{0\text{L}}}\right)+\frac{\phi_{\tau}}{1+\psi\phi_{\tau}}\sigma_{\text{cu}}$$

$$=-\frac{1}{20}\left[\frac{651.73\times10^{3}}{139\,073}+\frac{651.73\times10^{3}\times(1\,866-1\,050)\times(1\,670-1\,050)}{9.13\times10^{10}}\right]+$$

$$\frac{2.13\times0.68}{1+1.1\times2.13}=0.02(\text{MPa})(\text{拉})$$

$$\sigma_{\text{cu}}=-\frac{1}{n_{\text{L}}}\left(\frac{P_{\text{L}}}{A_{0\text{L}}}+\frac{M_{\text{L}}a_{\text{cL}}}{I_{0\text{L}}}\right)+\frac{\phi_{\tau}}{1+\psi\phi_{\tau}}\sigma_{\text{cu}}$$

$$=-\frac{1}{20}\left[\frac{651.73\times10^{3}}{139\,073}+\frac{651.73\times10^{3}\times(1\,866-1\,050)\times(2\,000-1\,050)}{9.13\times10^{10}}\right]+$$

$$\frac{2.13\times1.04}{1+1.1\times2.13}=0.15(\text{MPa})(\text{拉})$$

$$\sigma_{\text{su}}=-\frac{P_{\text{L}}}{A_{0\text{L}}}-\frac{P_{\text{L}}(y_{\text{c}}-y'_{\text{b}})(h_{\text{s}}-y'_{\text{b}})}{I_{0\text{L}}}$$

$$=-\frac{651.73\times10^{3}}{139\,073}-\frac{651.73\times10^{3}\times(1\,866-1\,050)\times(1\,670-1\,050)}{9.13\times10^{10}}=-8.30(\text{MPa})(\text{压})$$

$$\sigma_{\text{sb}}=-\frac{P_{\text{L}}}{A_{0\text{L}}}+\frac{P_{\text{L}}(y_{\text{c}}-y'_{\text{b}})y'_{\text{b}}}{I_{0\text{L}}}$$

$$=-\frac{651.73\times10^{3}}{139\,073}+\frac{651.73\times10^{3}\times(1\,866-1\,050)\times1\,050}{9.13\times10^{10}}=1.43(\text{MPa})(\text{拉})$$

将边梁与中梁各单项作用所产生的应力计算结果汇总,并按承载能力极限状态下作用效应的基本组合进行应力组合,见表 6-7 ~ 表 6-10。

应力组合结果汇总及验算表(边梁截面)　　　　　表 6-7

编号	荷载类型	钢梁上缘 (MPa)	钢梁下缘 (MPa)	混凝土板上缘 (MPa)	混凝土板下缘 (MPa)
①	一期恒载	-104.62	75.68	—	—
②	二期恒载	-13.58	23.00	-1.04	-0.68
③	活载	-15.18	74.08	-5.47	-2.53
④	温度梯度(正)12℃	-21.77	3.66	0.48	1.32
⑤	温度梯度(负)12℃	21.77	-3.66	-0.48	-1.32
⑥	整体升温 19℃	-3.46	0.97	0.95	0.73
⑦	整体降温 -21℃	3.83	-1.07	-1.05	-0.80
⑧	收缩	-27.21	4.55	0.60	1.65
⑨	徐变	-8.30	1.43	0.15	0.02
组合(1)	$1.1 \times \{1.2 \times (①+②+⑧+⑨) + 1.4 \times [③+0.75 \times (④+⑥)]\}$	-255.42	257.58	-7.15	-0.22
组合(2)	$1.1 \times \{1.2 \times (①+②+⑧+⑨) + 1.4 \times [③+0.75 \times (⑤+⑦)]\}$	-196.71	246.77	-10.57	-5.04
组合(3)	$1.1 \times \{1.2 \times (①+②) + 1.4 \times [③+0.75 \times (④+⑥)]\}$	-208.54	249.69	-8.14	-2.43
组合(4)	$1.1 \times [1.2 \times (①+②+⑧+⑨) + 1.4 \times 0.75 \times (⑤+⑦)]$	-173.33	132.69	-2.15	-1.14
组合(5)	$1.1 \times [1.2 \times (①+②+⑧+⑨) + 1.4 \times ③]$	-226.27	252.23	-8.81	-2.59
	强度设计值	270	270	270	22.4
	是否满足强度要求	是	是	是	是

注:表中应力符号以受拉为正,受压为负。

腹板截面剪应力验算表(边梁截面)　　　　　表 6-8

编号	荷载类型	剪应力(MPa)
①	一期恒载	22.37
②	二期恒载	8.06
③	活载(汽车荷载)	28.72
组合	承载能力极限状态验算基本组合 $\{1.1 \times [1.2 \times (①+②) + 1.4 \times ③]\}$	84.40
	强度设计值	155
	是否满足强度要求	是

应力组合结果汇总及验算表(中梁截面)　　　　　表 6-9

编号	荷载类型	钢梁上缘 (MPa)	钢梁下缘 (MPa)	混凝土板上缘 (MPa)	混凝土板下缘 (MPa)
①	一期恒载	-108.77	78.69	—	—
②	二期恒载	-13.51	23.02	-1.04	-0.68

续上表

编号	荷载类型	钢梁上缘（MPa）	钢梁下缘（MPa）	混凝土板上缘（MPa）	混凝土板下缘（MPa）
③	活载	-10.05	49.42	-3.65	-1.68
④	温度梯度（正）12℃	-21.90	3.59	0.46	1.30
⑤	温度梯度（降）12℃	21.90	-3.59	-0.46	-1.30
⑥	整体升温19℃	-3.51	0.95	0.95	0.72
⑦	整体降温-21℃	3.87	-1.05	-1.05	-0.80
⑧	收缩	-27.38	4.49	0.57	1.63
⑨	徐变	-8.23	1.37	0.15	0.02
组合(1)	1.1×{1.2×(①+②+⑧+⑨)+1.4×[③+0.75×(④+⑥)]}	-259.14	223.36	-4.34	1.04
组合(2)	1.1×{1.2×(①+②+⑧+⑨)+1.4×[③+0.75×(⑤+⑦)]}	-194.11	212.75	-7.78	-3.72
组合(3)	1.1×{1.2×(①+②)+1.4×[③+0.75×(④+⑥)]}	-206.23	215.61	-5.37	-1.15
组合(4)	1.1×[1.2×(①+②+⑧+⑨)+1.4×0.75×(⑤+⑦)]	-178.64	136.65	-2.16	-1.13
组合(5)	1.1×[1.2×(①+②+⑧+⑨)+1.4×③]	-223.88	218.11	-6.05	-1.30
	强度设计值	270	270	270	22.4
	是否满足强度要求	是	是	是	是

注：表中应力符号以受拉为正，受压为负。

腹板截面剪应力验算表（中梁截面） 表6-10

编号	荷载类型	剪应力（MPa）
①	一期恒载	23.28
②	二期恒载	8.06
③	活载（汽车荷载）	26.73
组合	承载能力极限状态验算基本组合 {1.1×[1.2×(①+②)+1.4×③]}	82.54
	强度设计值	155
	是否满足强度要求	是

五、剪力连接件验算

1. 荷载计算

剪力连接件在组合截面形成后开始受力，其中恒载和活载引起的水平剪力可以由式(6-55)计算：

$$V_{ld} = \frac{V_d S}{I_{un}}$$

式中：V_d——组合梁截面剪力设计值(N)；
  S——混凝土板对组合梁截面中和轴的面积矩(mm^3)；
  I_{un}——组合梁未开裂截面惯性矩(mm^4)。

组合梁桥的抵抗截面特性随荷载形式(如短期或长期)而变化，以考虑不同混凝土效应(如收缩和徐变)。这意味着总的纵向剪力等于针对相应抵抗截面上不同的竖向剪力值和不同模量比 n_0 等许多情况计算得到的纵向剪力之和。

二期恒载(考虑长期效应)产生的剪力为：

$$V_{ld,sec} = \frac{V_d S}{I_{un}} = \frac{\frac{q_{sec}l}{2}A_c(y_c - y'_{b1})}{I_{un}}$$

$$= \frac{\frac{10.52 \times 39}{2} \times 831\,040 \times (1\,866 - 1\,050) \times 10^3}{20 \times 9.13 \times 10^{10}} = 76.18(kN/m)$$

活载产生的剪力为：

$$V_{d活载} = \frac{V_d S}{I_{un}} = \frac{(Q'_{0q} + \Delta Q'_{0q})A_c(y_c - y_b)}{I_{un}}$$

$$= \frac{(734.29 - 3.70) \times 831\,040 \times (1\,866 - 1\,386) \times 10^3}{6 \times 1.30 \times 10^{11}} = 373.63(kN/m)$$

混凝土收缩变形或温差引起的组合梁结合面上的最大单位长度纵桥向水平剪力 V_{ms}，应该按式(6-66)进行计算：

$$V_{ms} = \frac{2V_s}{l_{cs}}$$

式中：V_s——混凝土收缩徐变或温差的初始效应在钢和混凝土结合面上产生的纵桥向水平剪力，$V_s = \sigma_c A_c$，其中 σ_c 为混凝土板形心处应力值[简化计算为 $\sigma_c = (\sigma_{cu} + \sigma_{cb})/2$]；
  l_{cs}——混凝土收缩徐变或温差引起的纵桥向集中剪力在结合面上的水平传递长度。取主梁相邻腹板间距和主梁长度 1/10 中两者的较小值。

由于主梁间距 3.3m < L/10 = 3.9m，剪力水平传递分布长度取为 3.3m。

温度梯度产生的水平剪力：

$$V_{d,\Delta T} = \frac{2V_s}{l_{cs}} = \pm \frac{2 \times \left(\frac{0.48 + 1.32}{2}\right) \times 0.831\,040 \times 10^3}{3.3} = \pm 453.29(kN/m)$$

整体升温产生的水平剪力：

$$V_{d,\Delta T整体} = \frac{2V_s}{l_{cs}} = \frac{2 \times \left(\frac{0.73 + 0.95}{2}\right) \times 0.831\,040 \times 10^3}{3.3} = 423.07(kN/m)$$

整体降温产生的水平剪力：

$$V_{d,\Delta T整体} = \frac{2V_s}{l_{cs}} = \frac{2 \times \left(\frac{-1.05 - 0.80}{2}\right) \times 0.831\,040 \times 10^3}{3.3} = -465.89(kN/m)$$

收缩产生的水平剪力：

$$V_{d\text{收缩}} = \frac{2V_s}{l_{cs}} = -\frac{2 \times \left(\frac{0.60+1.65}{2}\right) \times 0.831\,040 \times 10^3}{3.3} = -566.62(\text{kN/m})$$

现将上述计算结果汇总于表6-11。承载能力极限状态水平剪力示意如图6-41所示。

荷载计算汇总表（kN/m） 表6-11

编号		工况与组合	单位长度剪力值
①		二期恒载	76.18
②		活载	373.63
③		正温度梯度	453.29
④		负温度梯度	-453.29
⑤		整体升温	423.07
⑥		整体降温	-465.89
⑦		收缩	-566.62
承载能力极限状态	升温	1.1×1.2×(①+⑦)+1.4×②+0.75×(③+⑤)	940.21
	降温	1.1×1.2×(①+⑦)+1.4×②+0.75×(④+⑥)	-1133.64
正常使用极限状态	升温	频遇组合[①+⑦+0.7×②+0.8×(③+⑤)]	472.19
	降温	频遇组合[①+⑦+0.7×②+0.8×(④+⑥)]	-964.24
	升温	准永久组合[①+⑦+0.4×②+0.8×(③+⑤)]	360.10
	降温	准永久组合[①+⑦+0.4×②+0.8×(④+⑥)]	-1076.33

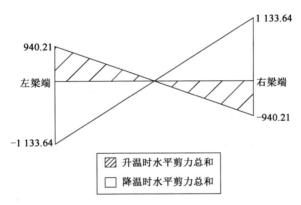

图6-41 承载能力极限状态水平剪力示意（单位：kN/m）

2. 抗剪承载力计算

(1) 单个焊钉抗剪承载力计算

根据第六章第四节剪力连接件构造与承载力的规定，组合梁的混凝土板应进行纵向抗剪验算，即焊钉连接件纵向抗剪承载力计算，采用式(6-53)计算。

$$A_{su} = \frac{1}{4}\pi d^2 = 380.13(\text{mm}^2)$$

$$0.43 A_{su} \sqrt{E_c f_{cd}} = 143.69(\text{kN})$$

$$0.7 A_{su} f_{su} = 0.7 \times 380.13 \times 400 = 106.44(\text{kN})$$

则焊钉抗剪承载力 $V_{su} = 106.44 \text{kN}$。

(2) 剪力钉的布置

剪力钉的数量和布置根据第六章第四节公式(6-56)结合上述计算结果,选取剪力值最大的左梁端及区段长度为1m进行计算:

$$n_{min} = \frac{V_{ld} l}{V_{su}} = \frac{1133.64 \times 1}{106.44} \approx 11 (个)$$

剪力钉纵桥向间距设置为200mm,$n = \frac{1000}{200} \times 4 = 20(个) > 11(个)$,1m的区段长度内共布置了20个。

因此,剪力钉的数量和布置满足要求。

3. 支点处焊钉承载能力验算

单位梁长的焊钉所受设计剪力值为:

$$V_d = \frac{V_{ld} a}{n}$$

式中:V_{ld}——纵桥向单位梁长的水平剪力(kN/m);

a——焊钉纵桥向间距(m);

n——单根梁焊钉数量。

(1) 承载能力极限状态验算

单根焊钉承载能力极限状态的设计剪力值为:

升温

$$V_d = \frac{V_{ld} a}{n} = \frac{940.21 \times 0.2}{4} = 47.01 (\text{kN}) \leq V_{su} = 106.44 \text{kN}$$

降温

$$V_d = \frac{V_{ld} a}{n} = \frac{-1133.64 \times 0.2}{4} = -56.68 (\text{kN}) \leq V_{su} = 106.44 \text{kN}$$

可知,单根焊钉承载能力极限状态满足设计要求。

(2) 正常使用极限状态验算

单根焊钉正常使用极限状态的设计剪力值为:

频遇组合升温

$$V_d = \frac{V_{ld} a}{n} = \frac{472.19 \times 0.2}{4} = 23.61 (\text{kN}) \leq 0.75 V_{su} = 79.83 \text{kN}$$

频遇组合降温

$$V_d = \frac{V_{ld} a}{n} = \frac{-964.24 \times 0.2}{4} = -48.21 (\text{kN}) \leq 0.75 V_{su} = 79.83 \text{kN}$$

准永久组合升温

$$V_d = \frac{V_{ld} a}{n} = \frac{360.10 \times 0.2}{4} = 18.00 (\text{kN}) \leq 0.75 V_{su} = 79.83 \text{kN}$$

准永久组合降温

$$V_{\mathrm{d}} = \frac{V_{\mathrm{ld}}a}{n} = \frac{-1\,076.33 \times 0.2}{4} = -53.82(\mathrm{kN}) \leqslant 0.75 V_{\mathrm{su}} = 79.83\mathrm{kN}$$

可知,单根焊钉正常使用极限状态承载力满足设计要求。

此外,书中的第六章第四节进一步给出了正常使用状态滑移的验算式(6-59)如下:

$$s_{\max} \leqslant s_{\lim}$$

其中,根据式(6-60)以及式(6-49)可知:

$$s_{\max} = \frac{V_{\mathrm{sd}}}{k_{\mathrm{ss}}}$$

$$k_{\mathrm{ss}} = 13.0 d_{\mathrm{ss}} \sqrt{E_{\mathrm{a}} f_{\mathrm{ck}}} = 13.0 \times 22 \times \sqrt{3.45 \times 10^4 \times 32.4} = 3.02 \times 10^5 (\mathrm{N/mm})$$

频遇组合

$$s_{\max} = \frac{V_{\mathrm{sd}}}{k_{\mathrm{ss}}} = \frac{48.21 \times 10^3}{3.02 \times 10^5} = 0.160(\mathrm{mm}) \leqslant 0.20\mathrm{mm}$$

准永久组合

$$s_{\max} = \frac{V_{\mathrm{sd}}}{k_{\mathrm{ss}}} = \frac{53.82 \times 10^3}{3.02 \times 10^5} = 0.178(\mathrm{mm}) \leqslant 0.20\mathrm{mm}$$

可知,单根焊钉正常使用状态滑移值满足设计要求。

将承载能力验算结果汇总于表6-12。

单根焊钉承载能力验算表(kN) 表6-12

工况			剪力值	抗力
承载能力极限状态		升温	47.01	106.44
		降温	-56.68	
正常使用极限状态	频遇组合	升温	23.61	79.83
		降温	-48.21	
	准永久组合	升温	18.00	
		降温	-53.82	

六、挠度验算

根据《公路钢桥规范》4.2.3条规定,公路钢桥应采用不计冲击力的汽车车道荷载频遇值(频遇值系数取为1.0),并按结构力学的方法计算竖向挠度,计算挠度值不应超过规定限值。根据《公路钢桥规范》11.3.2条规定,当计算组合梁正常使用极限状态下的挠度时,简支组合梁截面刚度采用考虑滑移效应是折减刚度B,折减刚度B按照《公路钢桥规范》中推荐的方法进行计算。

组合梁考虑滑移效应的折减刚度B应按式(6-83)~式(6-89)计算。

$$I_{\mathrm{B0}} = I_{\mathrm{s}} + \frac{I_{\mathrm{c}}}{n_0} = 5.14 \times 10^{10} + \frac{5.62 \times 10^9}{6} = 5.23 \times 10^{10}(\mathrm{mm}^4)$$

$$A_{\mathrm{B0}} = \frac{A_{\mathrm{c}} A_{\mathrm{s}}}{n_0 A_{\mathrm{s}} + A_{\mathrm{c}}} = \frac{831\,040 \times 97\,440}{6 \times 97\,440 + 831\,040} = 57\,199.75(\mathrm{mm}^2)$$

$$A_1 = \frac{I_{\mathrm{B0}} + A_{\mathrm{B0}} d_{\mathrm{sc}}^2}{A_{\mathrm{B0}}} = \frac{5.23 \times 10^{10} + 57\,199.75 \times (1\,866 - 701)^2}{57\,199.75} = 2\,271\,564.66(\mathrm{mm}^2)$$

$$\eta = \frac{36Ed_{sc}pA_{B0}}{n_s khL^2} = \frac{36 \times 2.06 \times 10^5 \times (1\,866 - 701) \times 57\,199.75 \times 167}{4 \times 106.44 \times 10^3 \times 2\,000 \times 39\,000^2} = 6.37 \times 10^{-2}$$

$$\alpha = 0.81\sqrt{\frac{n_s kA_1}{EI_{B0}p}} = 0.81 \times \sqrt{\frac{4 \times 106.44 \times 10^3 \times 2\,271\,564.66}{2.06 \times 10^5 \times 5.23 \times 10^{10} \times 167}} = 5.94 \times 10^{-4}$$

$$\xi = \eta\left[0.4 - \frac{3}{(\alpha L)^2}\right] = 6.37 \times 10^{-2} \times \left[0.4 - \frac{3}{(5.94 \times 10^{-4} \times 39\,000)^2}\right] = 2.50 \times 10^{-2}$$

因此，刚度为：

$$B = \frac{EI_{um}}{1+\xi} = \frac{2.06 \times 10^5 \times 1.30 \times 10^{11}}{1 + 2.50 \times 10^{-3}} = 2.67 \times 10^{16} (\text{N} \cdot \text{mm}^2)$$

简支梁作用均布车道荷载 q_k 时，其跨中挠度计算式为：

$$f_1 = \frac{5q_k l^4}{384B} = \frac{5 \times 10.5 \times 39\,000^4}{384 \times 2.67 \times 10^{16}} = 11.85 (\text{mm})$$

简支梁作用集中车道荷载 P_k 时，其跨中挠度计算式为：

$$f_2 = \frac{P_k l^3}{48B} = \frac{338 \times 10^3 \times 39\,000^3}{48 \times 2.67 \times 10^{16}} = 15.64 (\text{mm})$$

由活载引起的总挠度值为：

$$f_1 + f_2 = 11.85 + 15.64 = 27.49 (\text{mm}) < \frac{l}{500} = 78\text{mm}$$

组合梁挠度满足规范要求。

七、稳定验算

略。（见《桥梁钢结构设计原理》相关内容）

八、桥面板验算

略。（见《桥梁工程》相关内容）

第七节 组合连续梁算例

一、设计资料

某 3×40m 等截面钢-混凝土组合连续梁桥，中跨计算跨径为 40m，边跨计算跨径为 39.5m，立面图如图 6-42 所示，横断面图如图 6-43 所示。桥面全宽 12.8m，单向 3 车道，主梁间距 3.2m，两侧桥面板悬挑 1.6m。组合梁全高为 1.94m，其中钢板梁梁高为 1.6m。钢板梁间的混凝土桥面板厚度为 240mm，悬臂板端部板厚也为 240mm，钢板梁上方包括承托的厚度为 340mm，承托过渡段高宽比为 1:1。钢板梁的上翼缘板宽为 600mm，厚度为 24mm；下翼缘板宽为 800mm，厚度为 36mm；钢梁腹板厚度为 18mm。腹板仅设置横向加劲肋不设纵向加劲肋，加劲肋间距为 2 000mm，加劲肋宽 200mm，厚 20mm，有与横向联结系连接的横向加劲肋双侧布置，其他为单侧布置。梁间横向联结系顺桥向每 4m 设置一道。钢板梁与桥面混凝土通过焊钉连接件组合,钢板梁上翼缘共布置4列焊钉,焊钉连接件直径为 $\phi 22mm$,焊钉熔后长度180mm,详细尺寸见图6-44。汽车荷载等级为公路-Ⅰ级。(结构尺寸拟定未考虑优化)

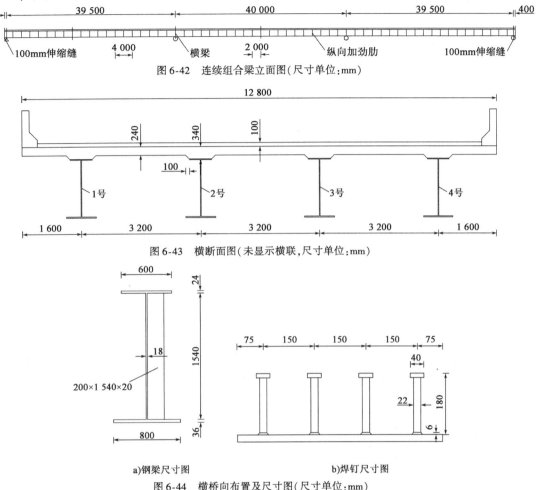

图6-42 连续组合梁立面图(尺寸单位:mm)

图6-43 横断面图(未显示横联,尺寸单位:mm)

a)钢梁尺寸图　　b)焊钉尺寸图

图6-44 横桥向布置及尺寸图(尺寸单位:mm)

钢板梁钢材等级为Q345钢材,重度为 $\rho_s = 78.5 kN/m^3$,弹性模量 $E = 2.06 \times 10^5 MPa$;混凝土强度等级为C50级,重度为 $\rho_c = 25.0 kN/m^3$,弹性模量 $E_c = 3.45 \times 10^4 MPa$;桥面铺装采用100mm的沥青混凝土,重度为 $\rho_{沥青} = 24.0 kN/m^3$。

二、有效宽度与截面几何特性计算

(一)混凝土桥面板有效宽度计算

参照《公路钢桥规范》和《公路组合桥规》进行组合梁混凝土板有效宽度计算。

1. 等效跨径[图6-45]

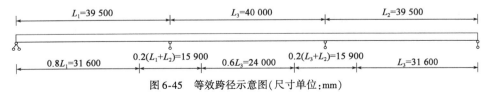

图6-45 等效跨径示意图(尺寸单位:mm)

2. 有效宽度计算

(1) 跨中中梁混凝土板有效宽度

$L_{e,2} = 15.9\text{m}, L_{e,2}/6 = 2.65\text{m} > b_1 = 1.375\text{m}$

故跨中中梁混凝土板翼缘全截面有效。

(2) 跨中边梁外翼缘混凝土板有效宽度

$L_{e,2} = 15.9\text{m}, L_{e,2}/6 = 2.65\text{m} > b_1 = 1.375\text{m}$

故跨中边梁混凝土板翼缘全截面有效。

(3) 支点中梁混凝土板有效宽度

$L_{e,1} = 31.6\text{m}, L_{e,1}/6 = 2.65\text{m} > b_1 = 1.375\text{m}$

$\beta_1 = 0.55 + 0.025 L_{e,1}/b_1 = 0.55 + 0.025 \times 31.6/1.375 = 1.125 > 1.0$

故支点中梁混凝土板翼缘全截面有效。

(4) 支点边梁外翼缘混凝土板有效宽度

$L_{e,1} = 31.6\text{m}, L_{e,1}/6 = 2.65\text{m} > b_1 = 1.375\text{m}$

$\beta_1 = 0.55 + 0.025 L_{e,1}/b_1 = 0.55 + 0.025 \times 31.6/1.375 = 1.125 > 1.0$

故支点边梁混凝土板翼缘全截面有效。

即全桥混凝土板全截面有效。

(二) 钢板梁翼缘有效宽度计算

根据《公路钢桥规范》中5.1.8中第2条"Ⅰ形、Ⅱ形和箱形梁桥的翼缘有效宽度 $b_{e,i}^s$ 按式(5.1.8-3)和式(5.1.8-4)计算,其适用条件见表5.1.8"。由于本例为连续梁,适用《公路钢桥规范》式(5.1.8-3)和式(5.1.8-4)。

1. 钢板梁上翼缘有效宽度

边梁与中梁跨中的上翼缘:

$b_i = 0.3, l = 0.8 \times 39.5 = 31.6 \Rightarrow \dfrac{b_i}{l} = \dfrac{0.3}{31.6} = 0.009 \leqslant 0.05$

故边梁与中梁跨中的上翼缘全宽有效。

边梁与中梁中支点的上翼缘:

$b_i = 0.3, l = 0.2 \times (39.5 + 40) = 15.9 \Rightarrow \dfrac{b_i}{l} = \dfrac{0.3}{15.9} = 0.019 \leqslant 0.05$

故边梁与中梁中支点的上翼缘全宽有效。

2. 钢板梁下翼缘有效宽度

边梁与中梁跨中的下翼缘:

$b_i = 0.4, l = 0.8 \times 39.5 = 31.6 \Rightarrow \dfrac{b_i}{l} = \dfrac{0.4}{31.6} = 0.013 \leqslant 0.02$

故边梁与中梁跨中的下翼缘全宽有效。

边梁与中梁中支点的下翼缘:

$b_i = 0.4, l = 0.2 \times (39.5 + 40) = 15.9 \Rightarrow \dfrac{b_i}{l} = \dfrac{0.4}{15.9} = 0.025 \leqslant 0.30$

因此边梁与中梁中支点的钢梁下翼缘有效宽度为：

$$b_{e,i}^{s} = \left[1.06 - 3.2\frac{b_i}{l} + 4.5\left(\frac{b_i}{l}\right)^2\right]b_i$$

$$= \left[1.06 - 3.2\frac{0.4}{15.9} + 4.5\left(\frac{0.4}{15.9}\right)^2\right] \times 0.4 = 0.393\text{m}$$

(三)截面几何特性计算

在计算短期荷载效应下的换算截面几何特征时，钢材和混凝土弹性模量比值：

$$n_0 = \frac{E_s}{E_c} = \frac{2.06 \times 10^5}{3.45 \times 10^4} = 6$$

在计算长期荷载效应下的换算截面几何特征时，钢材与混凝土的有效弹性模量比为：

$$n_L = n_0[1 + \psi_L\varphi(t,t_0)]$$

式中，考虑混凝土收缩作用时 ψ_L 取 0.55；考虑永久作用时 ψ_L 取 1.1；$\varphi(t,t_0)$ 按《公路钢筋混凝土及预应力混凝土桥涵设计规范》(JTG 3362—2018)取值，构件的理论厚度为 $h = 2A/u = 287\text{mm}$，年平均相对湿度相关的系数取 $40\% \leq RH \leq 70\%$，加载龄期取 28 天，通过内插可求得徐变系数终极值 $\varphi(t,t_0) = 2.08$。则：

混凝土收缩作用时：

$$n_{0L} = n_0[1 + \psi_L\varphi(t,t_0)] = 6 \times (1 + 0.55 \times 2.08) = 12.86 \approx 13$$

永久作用时：

$$n_L = n_0[1 + \psi_L\varphi(t,t_0)] = 6 \times (1 + 1.1 \times 2.08) = 19.73 \approx 20$$

截面特性计算结果汇总如表6-13。

截面特性汇总表 表6-13

梁号	截面特性	混凝土板截面	钢梁截面 ($n=\infty$)	短期荷载效应 ($n_0=6$)	考虑混凝土收缩的长期荷载效应 ($n_{0L}=13$)	考虑永久作用的长期荷载效应 ($n_L=20$)
边梁	面积(mm^2)	$A_c = 838\,000$	$A_s = 70\,720$	$A_0 = 210\,387$	$A_{0L} = 135\,182$	$A_{0L1} = 112\,620$
	中性轴距梁底距离(mm)	$y_c = 1\,806$	$y_s = 659$	$y_b = 1\,421$	$y_b' = 1\,206$	$y_{b1}' = 1\,086$
	截面惯性矩(mm^4)	$I_c = 3.69 \times 10^9$	$I_s = 3.05 \times 10^{10}$	$I_0 = 9.29 \times 10^{10}$	$I_{0L} = 7.52 \times 10^{10}$	$I_{0L1} = 6.53 \times 10^{10}$
中梁	面积(mm^2)	$A_c = 838\,000$	$A_s = 70\,720$	$A_0 = 210\,387$	$A_{0L} = 135\,182$	$A_{0L1} = 112\,620$
	中性轴距梁底距离(mm)	$y_c = 1\,806$	$y_s = 659$	$y_b = 1\,421$	$y_b' = 1\,206$	$y_{b1}' = 1\,086$
	截面惯性矩(mm^4)	$I_c = 3.69 \times 10^9$	$I_s = 3.05 \times 10^{10}$	$I_0 = 9.29 \times 10^{10}$	$I_{0L} = 7.52 \times 10^{10}$	$I_{0L1} = 6.53 \times 10^{10}$

三、内力计算

提供两种施工方法：活载组合梁施工和恒载组合梁施工。活载组合梁施工方法为：架设钢梁→浇筑正弯矩混凝土板→浇筑负弯矩混凝土板→施加二期恒载。恒载组合梁施工方法为：架设钢梁→浇筑正弯矩混凝土板→拆除临时支撑→浇筑负弯矩混凝土板→施加二期恒载。利用 Midas 软件建立 3×40m 活载组合梁模型，并基于结构的对称性，选取边跨边支点、边跨跨中附近距中支点 16m 处(最大正弯矩处)、中支点处以及中跨跨中处共 4 个控制截面，依次命名为1、2、3、4号截面。以中梁为例,边梁计算与中梁相似,故不再计算。采用 Midas 求解的各阶段、各控制截面的相关内力并将其汇总至表6-14和表6-15,内力符号规定为:弯矩以梁下缘受拉为正,受压为负。

活载组合梁施工方法内力计算汇总表　　　　表6-14

施工方法	作用	受力截面	内力	1号截面	2号截面	3号截面	4号截面
活载组合梁	架设钢梁	钢梁截面	弯矩 M_{g1}(kN·m)	0	708.5	−886.3	224
			剪力 V_{g1}(kN)	−86.1	0	133.2	0
	正弯矩桥面板浇筑	钢梁截面	弯矩 M_{g2}(kN·m)	0	2633.8	−2965.4	796.5
			剪力 V_{g2}(kN)	−321.6	3.1	358.5	8.3
	负弯矩桥面板浇筑	1、2、4 为组合梁截面 3 为钢梁截面	弯矩 M_{g2}(kN·m)	99.9	96.6	−468.6	80.7
			剪力 V_{g2}(kN)	−0.8	9.6	145.5	5.4
	二期恒载	组合梁截面	弯矩 M_{g3}(kN·m)	60.9	387.7	−445.7	78.5
			剪力 V_{g3}(kN)	−111.5	23.0	192.1	−13.0
恒载组合梁	架设钢梁	钢梁截面*	弯矩 M_{g1}(kN·m)	0	8.1	−79.3	45.4
			剪力 V_{g1}(kN)	−28.9	−20.2	38.5	7.1
	正弯矩桥面板浇筑	钢梁截面*	弯矩 M_{g2}(kN·m)	0	−42.3	−95.0	207.2
			剪力 V_{g2}	−107.9	−108.9	25.7	22
	拆除临时支撑	1、2、4 为组合梁截面 3 为钢梁截面	弯矩 M_{g2}(kN·m)	55	1453.3	−2845.2	693.7
			剪力 V_{g2}	−189.8	−34.4	407.5	−28.7
	负弯矩桥面板浇筑	1、2、4 为组合梁截面 3 为钢梁截面	弯矩 M_{g2}(kN·m)	24.3	64.7	−380.5	40.8
			剪力 V_{g2}(kN)	−1.8	−1.8	179.3	19.7
	二期恒载	组合梁截面	弯矩 M_{g3}(kN·m)	49.1	435.9	−469.8	80.5
			剪力 V_{g3}(kN)	−79.3	−2.3	79.7	1.5

注:*由于支架有一定的跨径,钢梁会受力,但数值很小,可以忽略,本例未忽略。

使用阶段内力计算汇总表　　　　表6-15

作用	受力截面	内力	1号截面	2号截面	3号截面	4号截面
最大移动荷载	组合梁截面	弯矩 M_{qmax}(kN·m)	0	703.8	100.8	633.6
		剪力 V_{qmax}(kN)	9.2	69.9	72.8	83.4
最小移动荷载	组合梁截面	弯矩 M_{qmin}(kN·m)	0	−131.0	−576.8	−224.6
		剪力 V_{qmin}(kN)	−89.9	−64.8	−166.6	−83.4
正温度梯度	组合梁截面	弯矩 M_{td}(kN·m)	−201.9	−112.4	41.3	39
		剪力 V_{td}(kN)	−10.6	−10.6	−10.6	0
负温度梯度	组合梁截面	弯矩 M_{td}(kN·m)	100.9	56.2	−20.7	−19.5
		剪力 V_{td}(kN)	5.3	5.3	5.3	0
整体升温	组合梁截面	弯矩 M_t(kN·m)	139.7	77.8	−28.6	−27.0
		剪力 V_t(kN)	7.4	7.4	7.4	−0.1
整体降温	组合梁截面	弯矩 M_t(kN·m)	−154.5	−86.0	31.6	29.8
		剪力 V_t(kN)	−8.2	−8.2	−8.2	0.1

四、施工阶段作用效应

(一)活载组合梁施工

活载负弯矩区段取中支座范围0.15L长12m,二期恒载包括桥面铺装与混凝土防撞护栏,沥青混凝土铺装厚10cm,取其重度为24kN/m³,混凝土防撞护栏每侧取10kN/m。最大正弯矩发生在边跨2号截面,即边跨距中支点16m处(最大正弯矩处),施工阶段作用均以此截面计算。

1. 在一期恒载作用下

钢梁上下缘应力:

架设钢梁与正弯矩桥面板浇筑时,截面为钢梁截面:

$$\begin{cases} \sigma_{sb1+2} = \dfrac{M_{g1}+M_{g2}}{I_s} y_s = \dfrac{(708.5+2\,633.8)\times 10^6 \times 659}{3.05\times 10^{10}} = 72.22(\text{MPa})(拉) \\ \sigma_{su1+2} = \dfrac{M_{g1}+M_{g2}}{I_s}(y_s - h_s) = \dfrac{(708.5+2\,633.8)\times 10^6 \times (659-1\,600)}{3.05\times 10^{10}} = -103.12(\text{MPa})(压) \end{cases}$$

式中:h_s——桥梁高度;

sb——钢梁下缘;

su——钢梁上缘;

I_s、y_s、M_{g1}、M_{g2} 见表格。

负弯矩桥面板浇筑时,截面受力为组合梁截面:

钢梁上下缘应力:

$$\begin{cases} \sigma_{sb3} = \dfrac{M_{g3}}{I_0} y_b = \dfrac{96.6\times 10^6}{9.29\times 10^{10}} \times 1\,421 = 1.48(\text{MPa})(拉) \\ \sigma_{su3} = \dfrac{M_{g3}}{I_0}(y_b - h_s) = \dfrac{96.6\times 10^6}{9.29\times 10^{10}} \times (1\,421 - 1\,600) = -0.19(\text{MPa})(压) \end{cases}$$

混凝土板上下缘应力:

$$\begin{cases} \sigma_{cb3} = \dfrac{M_{g3}}{n_0 I_0}(y_b - h'_s) = \dfrac{96.6\times 10^6}{6\times 9.29\times 10^{10}} \times (1\,421 - 1\,700) = -0.05(\text{MPa})(压) \\ \sigma_{cu3} = \dfrac{M_{g3}}{n_0 I_0}(y_b - h) = \dfrac{96.6\times 10^6}{6\times 9.29\times 10^{10}} \times (1\,421 - 1\,940) = -0.09(\text{MPa})(压) \end{cases}$$

所以一期恒载作用下产生的应力:

钢梁上下缘应力:

$$\begin{cases} \sigma_{sb} = \sigma_{sb1+2} + \sigma_{sb3} = 72.22 + 1.48 = 73.70(\text{MPa})(拉) \\ \sigma_{su} = \sigma_{su1+2} + \sigma_{su3} = -103.12 - 0.19 = -103.31(\text{MPa})(压) \end{cases}$$

混凝土板上下缘应力:

$$\begin{cases} \sigma_{cb} = -0.05(\text{MPa})(压) \\ \sigma_{cu} = -0.09(\text{MPa})(压) \end{cases}$$

2. 二期恒载作用下产生的应力

钢梁上下缘应力:

$$\begin{cases} \sigma_{sb} = \dfrac{M_{g3}}{I_0} y_b = \dfrac{387.7 \times 10^6}{9.29 \times 10^{10}} \times 1\,421 = 5.93(\text{MPa})(拉) \\ \sigma_{su} = \dfrac{M_{g3}}{I_0}(y_b - h_s) = \dfrac{387.7 \times 10^6}{9.29 \times 10^{10}} \times (1\,421 - 1\,600) = -0.75(\text{MPa})(压) \end{cases}$$

混凝土板上下缘应力:

$$\begin{cases} \sigma_{cb} = \dfrac{M_{g3}}{n_0 I_0}(y_b - h'_s) = \dfrac{387.7 \times 10^6}{6 \times 9.29 \times 10^{10}} \times (1\,421 - 1\,700) = -0.19(\text{MPa})(压) \\ \sigma_{cu} = \dfrac{M_{g3}}{n_0 I_0}(y_b - h) = \dfrac{387.7 \times 10^6}{6 \times 9.29 \times 10^{10}} \times (1\,421 - 1\,940) = -0.36(\text{MPa})(压) \end{cases}$$

(二)恒载组合梁施工

恒载组合梁负弯矩区段同样取中支座范围 0.15L 长度即 12m,二期恒载同活载组合梁。

1. 在一期恒载作用下

架设钢梁与正弯矩桥面板浇筑时,截面为钢梁截面:

$$\begin{cases} \sigma_{sb1+2} = \dfrac{M_{g1+2}}{I_s} y_s = \dfrac{(8.1 - 42.3) \times 10^6 \times 659}{3.05 \times 10^{10}} = -0.73\text{MPa}(压) \\ \sigma_{su1+2} = \dfrac{M_{g1+2}}{I_s}(y_s - h_s) = \dfrac{(8.1 - 42.3) \times 10^6 \times (659 - 1\,600)}{3.05 \times 10^{10}} = 1.06\text{MPa}(拉) \end{cases}$$

拆除临时支撑与负弯矩桥面板浇筑时,截面受力为组合梁截面:

钢梁上下缘应力:

$$\begin{cases} \sigma_{sb3+4} = \dfrac{M_{g3+4}}{I_0} y_b = \dfrac{(1\,453.3 + 64.7) \times 10^6}{9.29 \times 10^{10}} \times 1\,421 = 23.22\text{MPa}(拉) \\ \sigma_{su3+4} = \dfrac{M_{g3+4}}{I_0}(y_b - h_s) = \dfrac{(1\,453.3 + 64.7) \times 10^6}{9.29 \times 10^{10}} \times (1\,421 - 1\,600) = -2.92\text{MPa}(压) \end{cases}$$

混凝土板上下缘应力:

$$\begin{cases} \sigma_{cb3+4} = \dfrac{M_{g3+4}}{n_0 I_0}(y_b - h'_s) = \dfrac{(1\,453.3 + 64.7) \times 10^6}{6 \times 9.29 \times 10^{10}} \times (1\,421 - 1\,700) = -0.76\text{MPa}(压) \\ \sigma_{cu3+4} = \dfrac{M_{g3+4}}{n_0 I_0}(y_b - h) = \dfrac{(1\,453.3 + 64.7) \times 10^6}{6 \times 9.29 \times 10^{10}} \times (1\,421 - 1\,940) = -1.41\text{MPa}(压) \end{cases}$$

所以一期恒载作用下产生的应力:

钢梁上下缘应力:

$$\begin{cases} \sigma_{sb} = \sigma_{sb1+2} + \sigma_{sb3+4} = -0.73 + 23.22 = 22.49\text{MPa}(拉) \\ \sigma_{su} = \sigma_{su1+2} + \sigma_{su3+4} = 1.06 - 2.92 = -1.86\text{MPa}(压) \end{cases}$$

混凝土板上下缘应力:

$$\begin{cases} \sigma_{cb} = -0.76\text{MPa}(压) \\ \sigma_{cu} = -1.41\text{MPa}(压) \end{cases}$$

2. 二期恒载作用下产生的应力

钢梁上下缘应力:

$$\begin{cases} \sigma_{sb} = \dfrac{M_{g3}}{I_0} y_b = \dfrac{435.9 \times 10^6}{9.29 \times 10^{10}} \times 1\,421 = 6.67 \text{MPa}(拉) \\ \sigma_{su} = \dfrac{M_{g3}}{I_0}(y_b - h_s) = \dfrac{435.9 \times 10^6}{9.29 \times 10^{10}} \times (1\,421 - 1\,600) = -0.84 \text{MPa}(压) \end{cases}$$

混凝土板上下缘应力:

$$\begin{cases} \sigma_{cb} = \dfrac{M_{g3}}{n_0 I_0}(y_b - h_s) = \dfrac{435.9 \times 10^6}{6 \times 9.29 \times 10^{10}} \times (1\,421 - 1\,700) = -0.22 \text{MPa}(压) \\ \sigma_{cu} = \dfrac{M_{g3}}{n_0 I_0}(y_b - h) = \dfrac{435.9 \times 10^6}{6 \times 9.29 \times 10^{10}} \times (1\,421 - 1\,940) = -0.41 \text{MPa}(压) \end{cases}$$

(三)作用效应对比

通过 Midas 将上述两种施工方法所得应力累加值汇总至表 6-16,根据累加值绘制出应力分布图,以 2 号截面为例如图 6-46 所示。

施工阶段应力累加值汇总表(MPa)　　　　表 6-16

施工方法	荷载类型	位置	1 号截面	2 号截面	3 号截面	4 号截面
活载组合梁	一期恒载	钢梁上缘	−0.19	−103.31	133.29	−31.64
		钢梁下缘	1.53	73.70	−93.35	23.28
		混凝土板上缘	−0.09	−0.09	0	−0.08
		混凝土板下缘	−0.05	−0.05	0	−0.04
	二期恒载	钢梁上缘	−0.12	−0.75	0.86	−0.15
		钢梁下缘	0.93	5.93	−6.82	1.2
		混凝土板上缘	−0.06	0.36	0.41	−0.07
		混凝土板下缘	−0.03	−0.19	0.22	−0.04
	施工阶段合计	钢梁上缘	−0.31	−104.06	134.15	−31.79
		钢梁下缘	2.46	79.63	−100.16	24.48
		混凝土板上缘	−0.15	−0.45	0.41	0.15
		混凝土板下缘	−0.08	0.24	0.22	−0.08
恒载组合梁	一期恒载	钢梁上缘	−0.15	−1.86	104.9	−9.21
		钢梁下缘	1.21	22.49	−73.46	16.69
		混凝土板上缘	−0.07	−1.41	0	−0.68
		混凝土板下缘	−0.04	−0.76	0	−0.37
	二期恒载	钢梁上缘	−0.09	−0.84	0.91	−0.16
		钢梁下缘	0.75	6.67	−7.19	1.23
		混凝土板上缘	−0.05	−0.41	0.44	−0.07
		混凝土板下缘	−0.02	−0.22	0.24	−0.04
	施工阶段合计	钢梁上缘	−0.25	−2.70	105.80	−9.36
		钢梁下缘	1.96	29.16	−80.65	17.92
		混凝土板上缘	−0.12	−1.82	0.44	−0.76
		混凝土板下缘	−0.06	−0.98	0.24	−0.41

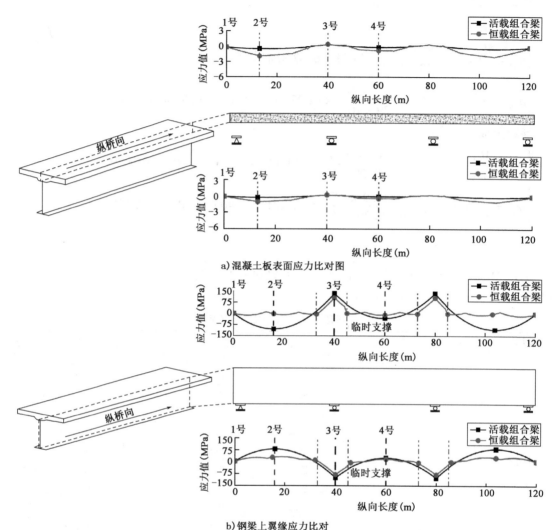

b) 钢梁上翼缘应力比对

图 6-46 两种施工方法正应力分布比对图(施工阶段应力累加)

整个施工阶段,将活载组合梁与恒载组合梁相比,针对钢梁截面而言,2 号截面为正弯矩区最大处,钢梁上翼缘压应力从 104.1MPa 降低至 2.7MPa;而下翼缘最大拉应力从 79.6MPa 降低至 29.2MPa。3 号截面为负弯矩区最大处,钢梁上翼缘拉应力从 134.2MPa 降低至 105.8MPa;而下翼缘最大压应力从 100.2MPa 降低至 80.7MPa,钢梁应力幅的降低能够使得钢梁更好地满足弹性设计要求。而对于混凝土板来说,2 号截面上翼缘压应力可从 0.45MPa 升高至 1.82MPa;而下翼缘最大拉应力从 0.24MPa 变为压应力 0.98MPa。3 号截面上翼缘拉应力基本保持不变在 0.42Pa 左右,下翼缘拉应力也维持同一水平在 0.23MPa 左右。

五、成桥阶段作用效应

承载力计算过程中,活载组合梁与恒载组合梁的计算类似,故不再赘述。以下计算以活载组合梁中梁为例,最大正弯矩发生在 2 号截面,即边跨距中支点 16m 处(最大正弯矩处),成桥阶段作用效应均以此截面计算。

(一)活载效应分析

(考虑短期荷载效应)活载引起的截面应力:
钢梁上下缘应力:

$$\begin{cases} \sigma_{sb} = \dfrac{M_{qmax}}{I_0}y_b = \dfrac{703.8\times10^6}{9.29\times10^{10}}\times1\,421 = 10.76(\text{MPa})(拉) \\ \sigma_{su} = \dfrac{M_{qmax}}{I_0}(y_b - h_s) = \dfrac{703.8\times10^6}{9.29\times10^{10}}\times(1\,421 - 1\,600) = -1.36(\text{MPa})(压) \end{cases}$$

混凝土板上下缘应力:

$$\begin{cases} \sigma_{cb} = \dfrac{M_{qmax}}{n_0 I_0}(y_b - h'_s) = \dfrac{703.8\times10^6}{6\times9.29\times10^{10}}\times(1\,421 - 1\,700) = -0.35(\text{MPa})(压) \\ \sigma_{cu} = \dfrac{M_{qmax}}{n_0 I_0}(y_b - h) = \dfrac{703.8\times10^6}{6\times9.29\times10^{10}}\times(1\,421 - 1\,940) = -0.66(\text{MPa})(压) \end{cases}$$

(考虑长期荷载效应)活载引起的截面应力:
钢梁上下缘应力:

$$\begin{cases} \sigma_{sb} = \dfrac{M_{qmax}}{I_{0L1}}y'_{b1} = \dfrac{703.8\times10^6}{6.53\times10^{10}}\times1\,086 = 11.70(\text{MPa})(拉) \\ \sigma_{su} = \dfrac{M_{qmax}}{I_{0L1}}(y'_{b1} - h_s) = \dfrac{703.8\times10^6}{6.53\times10^{10}}\times(1\,086 - 1\,600) = -5.54(\text{MPa})(压) \end{cases}$$

混凝土板上下缘应力:

$$\begin{cases} \sigma_{cb} = \dfrac{M_{qmax}}{n_L I_{0L1}}(y'_{b1} - h'_s) = \dfrac{703.8\times10^6}{20\times6.53\times10^{10}}\times(1\,086 - 1\,700) = -0.33(\text{MPa})(压) \\ \sigma_{cu} = \dfrac{M_{qmax}}{n_L I_{0L1}}(y'_{b1} - h) = \dfrac{703.8\times10^6}{20\times6.53\times10^{10}}\times(1\,086 - 1\,940) = -0.46(\text{MPa})(压) \end{cases}$$

考虑短期荷载效应的活载引起的截面应力在计算荷载组合时不考虑徐变产生的影响,而考虑长期荷载效应的活载引起的截面应力在荷载组合时需要考虑徐变产生的影响。

(二)温度效应分析

1. 温度梯度效应计算

按照《公路钢结构桥设计规范》中规定,组合梁的温度梯度应按《公路桥涵设计通用规范》(JTG D60—2015)的相关规定计算。

由于桥面采用100mm沥青混凝土铺装层,则 $T_1 = 14℃$,$T_2 = 5.5℃$,$t = 240\text{mm}$。则钢梁温度 $T_{钢梁} = \dfrac{160\times5.5}{300} = 2.9(℃)$,混凝土温度为 $T_1 = 14℃$,按不利情况取,则温差为12℃。

(1)温度梯度升温12℃:
钢梁上下缘应力:

$$\begin{cases} \sigma_{sb} = \dfrac{M_{td}}{I_0}y_b = \dfrac{-112.4\times10^6}{9.29\times10^{10}}\times1\,421 = -1.72(\text{MPa})(压) \\ \sigma_{su} = \dfrac{M_{td}}{I_0}(y_b - h_s) = \dfrac{-112.4\times10^6}{9.29\times10^{10}}\times(1\,421 - 1\,600) = 0.22(\text{MPa})(拉) \end{cases}$$

混凝土板上下缘应力：

$$\begin{cases} \sigma_{cb} = \dfrac{M_{td}}{n_0 I_0}(y_b - h'_s) = \dfrac{-112.4 \times 10^6}{6 \times 9.29 \times 10^{10}} \times (1\,421 - 1\,700) = 0.06(\text{MPa})(\text{拉}) \\ \sigma_{cu} = \dfrac{M_{td}}{n_0 I_0}(y_b - h) = \dfrac{-112.4 \times 10^6}{6 \times 9.29 \times 10^{10}} \times (1\,421 - 1\,940) = 0.10(\text{MPa})(\text{拉}) \end{cases}$$

(2)钢梁比混凝土板低12℃时：

同理可得：

$$\begin{cases} \sigma_{sb} = 0.86\text{MPa} \\ \sigma_{su} = -0.11\text{MPa} \end{cases} \quad \begin{cases} \sigma_{cb} = -0.03\text{MPa} \\ \sigma_{cu} = -0.05\text{MPa} \end{cases}$$

2.整体温度(均匀温度)

根据《公桥通规》，湿热地区混凝土桥面板钢桥的最高温度取为39℃，最低温度取为 -6℃。组合梁施工温度取为20℃，因此整体升温 $\Delta T_z = 39 - 20 = 19$℃，整体降温 $\Delta T_z = -1 - 20 = -21$℃。

(1)整体升温时：

钢梁上下缘应力：

$$\begin{cases} \sigma_{t,sb} = \dfrac{M_t}{I_0} y_b = \dfrac{77.8 \times 10^6}{9.29 \times 10^{10}} \times 1\,421 = 1.19(\text{MPa})(\text{拉}) \\ \sigma_{t,su} = \dfrac{M_t}{I_0}(y_b - h_s) = \dfrac{77.8 \times 10^6}{9.29 \times 10^{10}} \times (1\,421 - 1\,600) = -0.15\text{MPa}(\text{压}) \end{cases}$$

式中：t——温度；

sb——钢梁下缘；

su——钢梁上缘。

混凝土板上下缘应力：

$$\begin{cases} \sigma_{t,cb} = \dfrac{M_t}{n_0 I_0}(y_b - h'_s) = \dfrac{77.8 \times 10^6}{6 \times 9.29 \times 10^{10}} \times (1\,421 - 1\,700) = -0.04(\text{MPa})(\text{压}) \\ \sigma_{t,cu} = \dfrac{M_t}{n_0 I_0}(y_b - h) = \dfrac{77.8 \times 10^6}{6 \times 9.29 \times 10^{10}} \times (1\,421 - 1\,940) = -0.07(\text{MPa})(\text{压}) \end{cases}$$

式中：cb——混凝土下缘；

cu——混凝土上缘。

(2)整体降温时：

同理可得：

$$\begin{cases} \sigma_{t,sb} = 0.17\text{MPa} \\ \sigma_{t,su} = -1.32\text{MPa} \end{cases} \quad \begin{cases} \sigma_{t,cb} = 0.04\text{MPa} \\ \sigma_{t,cu} = 0.08\text{MPa} \end{cases}$$

(三)收缩效应分析

混凝土收缩产生的截面应力：按钢梁与混凝土板之间的温差 -15℃计算，计算方法同温度荷载。通过Midas软件提取出2号截面的计算结果，即距0号支座16m处(最大正弯矩处)弯矩。

钢梁上下缘应力：

$$\begin{cases} \sigma_{t,sb} = \dfrac{M_t}{I_{0L}} y'_b = \dfrac{307.3 \times 10^6}{7.52 \times 10^{10}} \times 1\,206 = 4.93(\text{MPa})(\text{拉}) \\ \sigma_{t,su} = \dfrac{M_t}{I_{0L}}(y'_b - h_s) = \dfrac{307.3 \times 10^6}{7.52 \times 10^{10}} \times (1\,206 - 1\,600) = -1.61(\text{MPa})(\text{压}) \end{cases}$$

混凝土板上下缘应力：

$$\begin{cases} \sigma_{t,cb} = \dfrac{M_t}{n_{0L} I_{0L}}(y'_b - h_s) = \dfrac{307.3 \times 10^6}{13 \times 7.52 \times 10^{10}} \times (1\,206 - 1\,700) = -0.16\,\text{MPa}(\text{压}) \\ \sigma_{t,cu} = \dfrac{M_t}{n_{0L} I_{0L}}(y'_b - h) = \dfrac{307.3 \times 10^6}{13 \times 7.52 \times 10^{10}} \times (1\,206 - 1\,940) = -0.23\,\text{MPa}(\text{压}) \end{cases}$$

(四)徐变效应分析

采用有效弹性模量法考虑混凝土的徐变效应，徐变系数 $\phi = 2.08$，徐变影响系数 $\psi_L = 1.1$。在2号截面处进行计算。

$$N_c = \dfrac{M_{g2}}{n_0 I_0}(y_c - y_b) A_c = \dfrac{387.7 \times 10^3}{6 \times 9.29 \times 10^{10}} \times (1\,806 - 1\,421) \times 838\,000 = 224.41(\text{kN})$$

$$P_L = \dfrac{\phi}{1 + \psi_L \phi} N_c = \dfrac{2.08}{1 + 1.1 \times 2.08} \times 224.41 = 141.96(\text{kN})$$

$$\begin{aligned}
\sigma_{cb} &= -\dfrac{1}{n_L}\left(\dfrac{P_L}{A_{0L1}} + \dfrac{M_L a_{cL}}{I_{0L1}}\right) + \dfrac{\phi_\tau}{1 + \psi \phi_\tau}\sigma_{cu} \\
&= -\dfrac{1}{20}\left[\dfrac{141.96 \times 10^3}{112\,620} + \dfrac{141.96 \times 10^3 \times (1\,806 - 1\,086) \times (1\,700 - 1\,086)}{6.53 \times 10^{10}}\right] + \\
&\quad \dfrac{2.08 \times 0.19}{1 + 1.1 \times 2.08} = 0.01(\text{MPa})(\text{拉})
\end{aligned}$$

$$\begin{aligned}
\sigma_{cu} &= -\dfrac{1}{n_L}\left[\dfrac{P_L}{A_{0L1}} + \dfrac{M_L a_{cL}}{I_{0L1}}\right] + \dfrac{\phi_\tau}{1 + \psi \phi_\tau}\sigma_{cu} \\
&= -\dfrac{1}{20}\left[\dfrac{141.96 \times 10^3}{112\,620} + \dfrac{141.96 \times 10^3 \times (1\,806 - 1\,086) \times (1\,940 - 1\,086)}{6.53 \times 10^{10}}\right] + \\
&\quad \dfrac{2.08 \times 0.36}{1 + 1.1 \times 2.08} = 0.10(\text{MPa})(\text{拉})
\end{aligned}$$

$$\begin{aligned}
\sigma_{su} &= -\dfrac{P_L}{A_{0L1}} - \dfrac{P_L(y_c - y'_b)(h_s - y'_b)}{I_{0L1}} \\
&= -\dfrac{141.96 \times 10^3}{112\,620} - \dfrac{141.96 \times 10^3 \times (1\,806 - 1\,086) \times (1\,940 - 1\,086)}{6.53 \times 10^{10}} \\
&= -2.60(\text{MPa})(\text{压})
\end{aligned}$$

$$\begin{aligned}
\sigma_{sb} &= -\dfrac{P_L}{A_{0L1}} + \dfrac{P_L(y_c - y'_b) y'_b}{I_{0L1}} \\
&= -\dfrac{141.96 \times 10^3}{112\,620} + \dfrac{141.96 \times 10^3 \times (1\,806 - 1\,086) \times 1\,086}{6.53 \times 10^{10}} = 0.44(\text{MPa})(\text{拉})
\end{aligned}$$

六、荷载组合与验算

(一)正弯矩区抗弯承载力验算

本算例在计算荷载组合时,采用短期荷载效应的活载效应+徐变效应进行计算。将中梁各单项作用所产生的在 2 号截面,即距 0 号支座 16m 处(最大正弯矩处)的应力计算结果汇总,并按承载能力极限状态下作用效应的基本组合进行应力组合,见表 6-17。

应力组合结果汇总及验算表(中梁截面)(MPa)　　表 6-17

编号	荷载类型	钢梁上缘	钢梁下缘	混凝土板上缘	混凝土板下缘
①	一期恒载	−103.31	73.70	−0.09	−0.05
②	二期恒载	−0.75	5.93	−0.36	−0.19
③	移动荷载	−1.36	10.76	−0.66	−0.35
④	温度梯度升温	0.22	−1.72	0.10	0.06
⑤	温度梯度降温	−0.11	0.86	−0.05	−0.03
⑥	整体温度升温	−0.15	1.19	−0.07	−0.04
⑦	整体温度降温	0.17	−1.32	0.08	0.04
⑧	混凝土收缩	−1.61	4.93	−0.23	−0.16
⑨	混凝土徐变	−2.60	0.44	0.10	0.01
基本组合	$1.1 \times \{1.2 \times (①+②) + 1.0 \times (⑧+⑨) + 1.4 \times [③ + 0.75 \times (④+⑦)]\}$	−143.63	124.08	−1.55	−0.91
基本组合	$1.1 \times \{1.2 \times (①+②) + 1.0 \times (⑧+⑨) + 1.4 \times [③ + 0.75 \times (⑤+⑥)]\}$	−144.38	129.96	−1.89	−1.10
频遇组合	$1.1 \times [1.0 \times (①+②+⑧+⑨) + 0.7 \times ③ + 1.0 \times ④ + 0.8 \times ⑦]$	−119.75	98.73	−0.97	−0.60
频遇组合	$1.1 \times [1.0 \times (①+②+⑧+⑨) + 0.7 \times ③ + 1.0 \times ⑤ + 0.8 \times ⑥]$	−120.40	103.78	−1.26	−0.77
准永久组合	$1.1 \times [1.0 \times (①+②+⑧+⑨) + 0.4 \times ③ + 1.0 \times ④ + 0.8 \times ⑦]$	−119.30	95.18	−0.75	−0.48
准永久组合	$1.1 \times [1.0 \times (①+②+⑧+⑨) + 0.4 \times ③ + 1.0 \times ⑤ + 0.8 \times ⑥]$	−119.95	100.23	−1.05	−0.65
	强度设计值	270	270	22.4	22.4
	是否满足强度要求	是	是	是	是

注:表中应力单位为 MPa,符号以受拉为正,受压为负。

(二)负弯矩区抗弯承载力验算

对中梁以规范为依据进行验算,依据《公路钢桥规范》中 5.1.7~5.1.19 条以及《公路钢混组合桥梁设计与施工规范》(JTG/T D64-01—2015)中 5.3.2 条,考虑剪力滞效应以及局部稳定效应对组合梁的影响,采用取有效宽度的方法来实现上述效应。此外,应力符号规定为:拉应力为正,压应力为负。本算例允许混凝土板在裂缝宽度限制内带裂缝工作。

中梁最大负弯矩发生在 3 号截面,即中支点截面,故采用开裂截面特性(不计入开裂混凝土的作用)对 3 号截面进行抗弯承载力验算。在仅配有普通钢筋的情况下,负弯矩作用下的混凝土翼板会开裂。在进行截面强度验算时,其有效截面则由有效宽度内的纵向受拉钢筋和钢梁两部分组成。计算组合截面惯性矩时,可以忽略钢筋和钢梁弹性模量之间的微小差别,将二者弹性模量视为相等来计算,3 号截面特性值见表 6-18。

3 号截面(开裂)特性汇总表　　　　　　　　　　　　　　　　　　表 6-18

位置	梁号	截面特性	钢梁截面 (施工阶段)	钢梁截面 (使用阶段)	开裂后换算截面
3 号截面	中梁	面积(mm^2)	$A_s = 69\,740$	$A_s = 70\,226$	$A_0 = 94\,554$
		中性轴距梁底距离(mm)	$y_s = 668$	$y_s = 664$	$y_b = 1\,222$
		截面惯性矩(mm^4)	$I_s = 3.00 \times 10^{10}$	$I_s = 3.03 \times 10^{10}$	$I_0 = 5.64 \times 10^{10}$

现将计算结果汇总到表 6-19。

应力组合结果汇总及验算表(3 号截面)(MPa)　　　　　　　　　　表 6-19

编号	荷载类型	上缘	下缘	钢筋
①	一期恒载	134.09	-95.92	0.00
②	二期恒载	2.99	-9.66	5.39
③	移动荷载	-0.68	2.18	-1.22
④	温度梯度升温	-0.28	0.90	-0.50
⑤	温度梯度降温	0.14	-0.45	0.25
⑥	整体温度升温	0.19	-0.62	0.35
⑦	整体温度降温	-0.21	0.68	-0.38
⑧	混凝土收缩	0.76	-2.45	1.36
⑨	混凝土徐变	1.53	-4.93	2.75
基本组合	$1.1 \times \{1.2 \times (① + ②) + 1.0 \times (⑧ + ⑨) + 1.4 \times [③ + 0.75 \times (④ + ⑦)]\}$	181.85	-142.30	8.74
	$1.1 \times \{1.2 \times (① + ②) + 1.0 \times (⑧ + ⑨) + 1.4 \times [③ + 0.75 \times (⑤ + ⑥)]\}$	182.80	-145.36	10.45
频遇组合	$1.1 \times [1.0 \times (① + ② + ⑧ + ⑨) + 0.7 \times ③ + 1.0 \times ④ + 0.8 \times ⑦]$	152.29	-120.99	8.63
	$1.1 \times [1.0 \times (① + ② + ⑧ + ⑨) + 0.7 \times ③ + 1.0 \times ⑤ + 0.8 \times ⑥]$	153.10	-123.62	10.09
准永久组合	$1.1 \times [1.0 \times (① + ② + ⑧ + ⑨) + 0.4 \times ③ + 1.0 \times ④ + 0.8 \times ⑦]$	152.52	-121.71	9.03
	$1.1 \times [1.0 \times (① + ② + ⑧ + ⑨) + 0.4 \times ③ + 1.0 \times ⑤ + 0.8 \times ⑥]$	153.33	-124.34	10.50
	强度设计值	270	270	330
	是否满足强度要求	满足	满足	满足
	钢梁最小安全系数	1.41	1.57	13.08

注:表中应力符号以受拉为正,受压为负。

(三)组合梁抗剪承载力验算

最大剪力发生在 3 号截面,即中支点截面,故选择对 3 号截面进行剪应力验算。根据《公路钢桥规范》第 11.2.2 条规定:组合梁截面的剪力应全部由钢梁腹板承担,不考虑混凝土板的抗剪作用。

组合梁截面抗剪验算应符合下列规定:

$$\gamma_0 V_d \leqslant V_u$$
$$V_u = f_{vd} A_w = f_{vd} h_w t_w$$

由此可得,组合梁竖向抗剪承载力为:
$$V_u = f_{vd}h_w t_w = 160 \times 1\,540 \times 10^{-3} \times 18 = 4\,435.2\,(kN)$$
现将计算结果汇总到表 6-20。

腹板截面剪应力验算表(中梁截面)   表 6-20

编号	荷载类型	剪力值(kN)
①	一期恒载	638.0
②	二期恒载	192.1
③	移动荷载	72.8
④	温度梯度升温	−18.2
⑤	温度梯度降温	9.1
⑥	整体温度升温	12.6
⑦	整体温度降温	−14.0
⑧	收缩	49.8
⑨	徐变	72.5
基本组合	1.1×{1.2×(①+②)+1.0×(⑧+⑨)+1.4×[③+0.75×(④+⑦)]}	1 305.18
	1.1×{1.2×(①+②)+1.0×(⑧+⑨)+1.4×[③+0.75×(⑤+⑥)]}	1 367.44
频遇组合	1.1×[1.0×(①+②+⑧+⑨)+0.7×③+1.0×④+0.8×⑦]	1 071.36
	1.1×[1.0×(①+②+⑧+⑨)+0.7×③+1.0×⑤+0.8×⑥]	1 124.79
准永久组合	1.1×[1.0×(①+②+⑧+⑨)+0.4×③+1.0×④+0.8×⑦]	1 047.33
	1.1×[1.0×(①+②+⑧+⑨)+0.4×③+1.0×⑤+0.8×⑥]	1 100.77
抗剪承载力		4 435.20
是否满足强度要求		满足

(四)剪力钉承载力验算

1. 剪力连接件计算

形成组合截面后,钢与混凝土结合面上单位长度纵桥向水平剪力 V_{ld} 按下式计算:

$$V_{ld} = \frac{V_d S_c}{n_0 I_{un}}$$

式中:V_d——形成组合截面后,组合梁截面剪力设计值(N);

S_c——混凝土板对组合梁截面中和轴的面积矩(mm^3);

I_{un}——组合梁未开裂截面惯性矩(mm^4);

混凝土收缩变形或温差引起的组合梁结合面上的最大单位长度纵桥向水平剪力,应该按下式进行计算:

$$V_{ms} = \frac{2V_s}{l_{cs}}$$

式中:V_s——混凝土收缩徐变或温差的初始效应在钢和混凝土结合面上产生的纵桥向水平剪力,$V_s = \sigma_c A_c$,其中 σ_c 为混凝土板形心处应力值(简化计算为 $\sigma_c = (\sigma_{cu} + \sigma_{cb})/2$);

l_{cs}——混凝土收缩徐变或温差引起的纵桥向集中剪力在结合面上的水平传递长度。取主梁相邻腹板间距和主梁长度 1/10 中两者的较小值。

组合梁桥的抵抗截面特性随荷载形式(如短期或长期)而变化,以考虑不同混凝土效应(如收缩和徐变)。这意味着总的纵向剪力等于针对相应抵抗截面上不同的竖向剪力值和不同模量比等许多情况计算得到的纵向剪力之和,如图6-47所示。

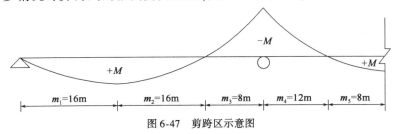

图6-47 剪跨区示意图

选取 $m_1 \sim m_5$ 为代表进行计算并根据计算结果布置焊钉连接件。根据《钢-混凝土组合桥梁设计规范》(GB 50917—2013)的7.5.3条规定,采用焊钉连接件时,可将 m_2、m_3、m_4、m_5 合并为一个区段进行计算和布置。

活载组合梁 m_1 区域最大纵向剪力发生在1号截面,即边支点剪力值最大,以此处截面的剪力为计算结果并在 m_1 区域布置焊钉连接件,将剪力值计算及组合结果汇总于表6-21,以绕截面内侧任一点有顺时针转趋势的剪力为正,反之为负。

m_1 区域纵向每米剪力计算结果及组合表(中梁截面)　　　　表6-21

编号	荷载类型	剪力值(kN)
①	一期恒载	0.00
②	二期恒载	-66.88
③	移动荷载	-53.87
④	温度梯度升温	75.94
⑤	温度梯度降温	-36.66
⑥	整体温度升温	-52.38
⑦	整体温度降温	57.61
⑧	收缩	-206.88
⑨	徐变	39.28
基本组合	$1.1 \times \{1.2 \times (① + ②) + 1.0 \times (⑧ + ⑨) + 1.4 \times [③ + 0.75 \times (④ + ⑦)]\}$	-201.35
	$1.1 \times \{1.2 \times (① + ②) + 1.0 \times (⑧ + ⑨) + 1.4 \times [③ + 0.75 \times (⑤ + ⑥)]\}$	-458.44
频遇组合	$1.1 \times [1.0 \times (① + ② + ⑧ + ⑨) + 0.7 \times ③ + 1.0 \times ④ + 0.8 \times ⑦]$	-165.17
	$1.1 \times [1.0 \times (① + ② + ⑧ + ⑨) + 0.7 \times ③ + 1.0 \times ⑤ + 0.8 \times ⑥]$	-385.83
准永久组合	$1.1 \times [1.0 \times (① + ② + ⑧ + ⑨) + 0.4 \times ③ + 1.0 \times ④ + 0.8 \times ⑦]$	-147.40
	$1.1 \times [1.0 \times (① + ② + ⑧ + ⑨) + 0.4 \times ③ + 1.0 \times ⑤ + 0.8 \times ⑥]$	-368.05

注:焊钉受力从二期恒载开始。

二期恒载产生的剪力为:

$$V_{1d,sec} = \frac{V_d S}{I_{un}} = \frac{V_d A_c (y_c - y_b)}{I_{un}}$$

$$= \frac{-111.5 \times 838\,000 \times (1\,940 - 1\,541) \times 10^3}{6 \times 9.29 \times 10^{10}} = -66.88 (\text{kN/m})$$

活载产生的剪力为:

$$V_{d活载} = \frac{V_d S}{I_{un}} = \frac{V_d A_c (y_c - y_b)}{I_{un}}$$

$$= \frac{-89.9 \times 838\,000 \times (1\,940 - 1\,541) \times 10^3}{6 \times 9.29 \times 10^{10}}$$

$$= -53.87(\text{kN/m})$$

由于主梁间距 $3.2\text{m} < L/10 = 3.95\text{m}$，剪力水平传递分布长度取为 3.2m。

温度梯度升温产生的水平剪力：

$$V_{d,\Delta T升温} = \frac{2V_s}{l_{cs}} = \frac{2 \times \left(\frac{0.10 + 0.19}{2}\right) \times 0.838 \times 10^3}{3.2} = 75.94(\text{kN/m})$$

温度梯度降温产生的水平剪力：

$$V_{d,\Delta T降温} = \frac{2V_s}{l_{cs}} = \frac{2 \times \left(\frac{-0.09 - 0.05}{2}\right) \times 0.838 \times 10^3}{3.2} = -36.66(\text{kN/m})$$

整体升温产生的水平剪力：

$$V_{d,\Delta T整体} = \frac{2V_s}{l_{cs}} = \frac{2 \times \left(\frac{-0.13 - 0.07}{2}\right) \times 0.838 \times 10^3}{3.2} = -52.38(\text{kN/m})$$

整体降温产生的水平剪力：

$$V_{d,\Delta T整体} = \frac{2V_s}{l_{cs}} = \frac{2 \times \left(\frac{0.14 + 0.08}{2}\right) \times 0.838 \times 10^3}{3.2} = 57.61(\text{kN/m})$$

收缩产生的水平剪力：

$$V_{d收缩} = \frac{2V_s}{l_{cs}} = \frac{2 \times \left(\frac{-0.51 - 0.28}{2}\right) \times 0.838 \times 10^3}{3.2} = -206.88(\text{kN/m})$$

徐变产生的水平剪力：

$$V_{d徐变} = \frac{2V_s}{l_{cs}} = \frac{2 \times \left(\frac{0.10 + 0.05}{2}\right) \times 0.838 \times 10^3}{3.2} = 39.28(\text{kN/m})$$

同理，活载组合梁 $m_2 \sim m_5$ 区域最大纵向剪力发生在 3 号截面，即中支点截面剪力值最大，以此处截面的剪力为计算结果并在 $m_2 \sim m_5$ 区域布置焊钉连接件，将剪力值计算及组合结果汇总于表 6-22。

$m_2 \sim m_5$ 区域纵向每米剪力计算结果及组合表（中梁截面） 表 6-22

编号	荷载类型	剪力值(kN)
①	一期恒载	0.00
②	二期恒载	115.23
③	移动荷载	-99.94
④	温度梯度升温	-15.71
⑤	温度梯度降温	7.86
⑥	整体温度升温	10.48

续上表

编号	荷载类型	剪力值(kN)
⑦	整体温度降温	-13.09
⑧	收缩	44.52
⑨	徐变	133.56
基本组合	1.1×{1.2×(①+②)+1.0×(⑧+⑨)+1.4×[③+0.75×(④+⑦)]}	160.82
	1.1×{1.2×(①+②)+1.0×(⑧+⑨)+1.4×[③+0.75×(⑤+⑥)]}	215.27
频遇组合	1.1×[1.0×(①+②+⑧+⑨)+0.7×③+1.0×④+0.8×⑦]	216.89
	1.1×[1.0×(①+②+⑧+⑨)+0.7×③+1.0×⑤+0.8×⑥]	263.56
准永久组合	1.1×[1.0×(①+②+⑧+⑨)+0.4×③+1.0×④+0.8×⑦]	249.87
	1.1×[1.0×(①+②+⑧+⑨)+0.4×③+1.0×⑤+0.8×⑥]	296.54

注:焊钉受力从二期恒载开始。

二期恒载产生的剪力为:

$$V_{1d,sec} = \frac{V_d S}{I_{un}} = \frac{V_d A_c (y_c - y_b)}{I_{un}}$$

$$= \frac{192.10 \times 838\,000 \times (1\,940 - 1\,541) \times 10^3}{6 \times 9.29 \times 10^{10}} = 115.23 \text{ (kN/m)}$$

活载产生的剪力为:

$$V_{d活载} = \frac{V_d S}{I_{un}} = \frac{V_d A_c (y_c - y_b)}{I_{un}}$$

$$= \frac{-166.6 \times 838\,000 \times (1\,940 - 1\,541) \times 10^3}{6 \times 9.29 \times 10^{10}}$$

$$= -99.94 \text{ (kN/m)}$$

温度梯度升温产生的水平剪力:

$$V_{d,\Delta T升温} = \frac{2V_s}{l_{cs}} = \frac{2 \times \left(\frac{-0.04 - 0.02}{2}\right) \times 0.838 \times 10^3}{3.2} = -15.75 \text{ (kN/m)}$$

温度梯度降温产生的水平剪力:

$$V_{d,\Delta T降温} = \frac{2V_s}{l_{cs}} = \frac{2 \times \left(\frac{0.02 + 0.01}{2}\right) \times 0.838 \times 10^3}{3.2} = 7.86 \text{ (kN/m)}$$

整体升温产生的水平剪力:

$$V_{d,\Delta T整体} = \frac{2V_s}{l_{cs}} = \frac{2 \times \left(\frac{0.03 + 0.01}{2}\right) \times 0.838 \times 10^3}{3.2} = 10.48 \text{ (kN/m)}$$

整体降温产生的水平剪力:

$$V_{d,\Delta T整体} = \frac{2V_s}{l_{cs}} = \frac{2 \times \left(\frac{-0.03 - 0.02}{2}\right) \times 0.838 \times 10^3}{3.2} = -13.09 \text{ (kN/m)}$$

收缩产生的水平剪力:

$$V_{d\text{收缩}} = \frac{2V_s}{l_{cs}} = \frac{2 \times \left(\frac{0.11 + 0.06}{2}\right) \times 0.838 \times 10^3}{3.2} = 42.52(\text{kN/m})$$

徐变产生的水平剪力:

$$V_{d\text{收缩}} = \frac{2V_s}{l_{cs}} = \frac{2 \times \left(\frac{0.33 + 0.18}{2}\right) \times 0.838 \times 10^3}{3.2} = 133.56(\text{kN/m})$$

全桥承载能力极限状态水平剪力如图 6-48 所示。

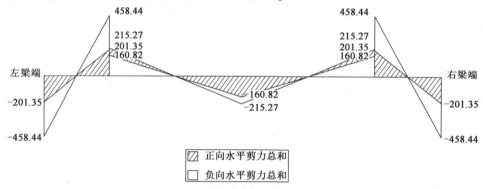

图 6-48　全桥承载能力极限状态水平剪力示意图(单位:kN/m)

2. 抗剪承载力计算

(1) 单个焊钉抗剪承载力计算

根据剪力连接件构造与承载力的规定,组合梁的混凝土板应进行纵向抗剪验算,即焊钉连接件纵向抗剪承载力计算,计算采用式(6-53)。

$$A_{su} = \frac{1}{4}\pi d^2 = 380.13(\text{mm}^2)$$

$0.43 A_{su} \sqrt{E_c f_{cd}} = 143.69(\text{kN})$

$0.7 A_{su} f_{su} = 0.7 \times 380.13 \times 400 = 106.44(\text{kN})$

则焊钉抗剪承载力 $V_{su} = 106.44 \text{kN}$。

(2) 剪力钉的布置

连接件的数量和布置结合上述计算结果,则对于 m_1 剪跨区,选用剪力值最大的左梁端及区段长度为 1m 进行计算,所需布置最少的焊钉连接件个数:

$$n_{\min} = \frac{V_{ld}l}{V_{4su}} = \frac{|-458.44| \times 1}{106.44} \approx 4$$

则对于 $m_2 \sim m_5$ 剪跨区每延米所需布置最少的焊钉连接件个数:

$$n_{\min} = \frac{V_{ld}l}{V_{4su}} = \frac{296.54 \times 1}{106.44} \approx 3$$

根据《公路钢结构桥梁设计规范》第 11.5.1 条规定:焊钉连接件的最大中心间距不宜大于 300mm。因此,连接件的布置取间距为 250mm。

则 $n = \frac{1\,000}{250} \times 4 = 16 > 4$,即 1m 的区段长度内共布置了 16 个。

(3) 支点处焊钉承载能力验算

单位梁长的焊钉所受设计剪力值为:

$$V_{\rm d} = \frac{V_{\rm 1d}a}{n}$$

式中：$V_{\rm 1d}$——纵桥向单位梁长的水平剪力(kN/m)；

a——焊钉纵桥向间距(m)；

n——单根梁焊钉数量。

对于m_1剪跨区：

①承载能力极限状态验算

单根焊钉承载能力极限状态的设计剪力值为：

$$V_{\rm d} = \frac{V_{\rm 1d}a}{n} = \frac{-458.44 \times 0.25}{4} = -28.65({\rm kN}) \leqslant V_{\rm su} = 106.44({\rm kN})$$

可知，单根焊钉承载能力极限状态满足设计要求。

②正常使用极限状态验算

单根焊钉正常使用极限状态的设计剪力值为：

频遇组合：

$$V_{\rm d} = \frac{V_{\rm 1d}a}{n} = \frac{-385.83 \times 0.25}{4} = -24.11({\rm kN}) \leqslant 0.75V_{\rm su} = 79.83({\rm kN})；$$

准永久组合：

$$V_{\rm d} = \frac{V_{\rm 1d}a}{n} = \frac{-368.05 \times 0.25}{4} = -23.00({\rm kN}) \leqslant 0.75V_{\rm su} = 79.83({\rm kN})。$$

可知，单根焊钉正常使用极限状态承载力满足设计要求。

此外，给出的正常使用状态滑移的验算公式如下：

$s_{\max} \leqslant s_{\lim}$

其中：

$$s_{\max} = \frac{V_{\rm sd}}{k_{\rm ss}}$$

$$k_{\rm ss} = 13.0 d_{\rm ss}\sqrt{E_{\rm a}f_{\rm ck}} = 13.0 \times 22 \times \sqrt{3.45 \times 10^4 \times 32.4} = 3.02 \times 10^5({\rm N/mm})$$

频遇组合：

$$s_{\max} = \frac{V_{\rm sd}}{k_{\rm ss}} = \frac{24.11 \times 10^3}{3.02 \times 10^5} = 0.119({\rm mm}) \leqslant 0.20({\rm mm})；$$

准永久组合：

$$s_{\max} = \frac{V_{\rm sd}}{k_{\rm ss}} = \frac{23.00 \times 10^3}{3.02 \times 10^5} = 0.113({\rm mm}) \leqslant 0.20({\rm mm})。$$

可知，m_1剪跨区单根焊钉正常使用状态滑移值满足设计要求。

对于$m_2 \sim m_5$剪跨区：

①承载能力极限状态验算

单根焊钉承载能力极限状态的设计剪力值为：

$$V_{\rm d} = \frac{V_{\rm 1d}a}{n} = \frac{215.80 \times 0.25}{4} = 13.49({\rm kN}) \leqslant V_{\rm su} = 106.44({\rm kN})；$$

可知，单根焊钉承载能力极限状态满足设计要求。

②正常使用极限状态验算

单根焊钉正常使用极限状态的设计剪力值为：

频遇组合：

$$V_d = \frac{V_{1d}a}{n} = \frac{263.56 \times 0.25}{4} = 16.47(\mathrm{kN}) \leqslant 0.75 V_{su} = 79.83(\mathrm{kN});$$

准永久组合：

$$V_d = \frac{V_{1d}a}{n} = \frac{296.54 \times 0.25}{4} = 18.53(\mathrm{kN}) \leqslant 0.75 V_{su} = 79.83(\mathrm{kN})。$$

可知，单根焊钉正常使用极限状态承载力满足设计要求。

此外，给出的正常使用状态滑移的验算公式如下：

$$s_{\max} \leqslant s_{\lim}$$

其中：

$$s_{\max} = \frac{V_{sd}}{k_{ss}}$$

$$k_{ss} = 13.0 d_{ss} \sqrt{E_c f_{ck}} = 13.0 \times 22 \times \sqrt{3.45 \times 10^4 \times 32.4} = 3.02 \times 10^5 (\mathrm{N/mm})$$

频遇组合：

$$s_{\max} = \frac{V_{sd}}{k_{ss}} = \frac{16.47 \times 10^3}{3.02 \times 10^5} = 0.055(\mathrm{mm}) \leqslant 0.20(\mathrm{mm});$$

准永久组合：

$$s_{\max} = \frac{V_{sd}}{k_{ss}} = \frac{18.53 \times 10^3}{3.02 \times 10^5} = 0.061(\mathrm{mm}) \leqslant 0.20(\mathrm{mm})。$$

可知，$m_2 \sim m_5$ 剪跨区单根焊钉正常使用状态滑移值满足设计要求。

七、挠度验算

根据《公路钢桥规范》4.2.3 条规定，公路钢桥应采用不计冲击力的汽车车道荷载频遇值（频遇值系数取为1.0），计算挠度值不应超过规定限值。根据《公路钢桥规范》第11.3.2 条规定，当计算组合梁正常使用极限状态下的挠度时，连续组合梁正弯矩区截面刚度采用考虑滑移效应的折减刚度 B，折减刚度 B 按规范推荐方法计算。负弯矩区段截面刚度采用开裂截面刚度，本算例中考虑负弯矩区段开裂。当车辆荷载按以下工况作用时，边跨将产生竖向向下的最大挠度，同时也将造成中跨产生竖向向上的最大挠度如图 6-49 所示，其中 $q_k = 10.5 \mathrm{kN/m}$，$p_k = 340 \mathrm{kN}$。

图 6-49　车道荷载纵桥向布置示意图

根据 Midas 提取汽车荷载造成的竖向向下的最大挠度为 32.1mm，竖向向上的最大挠度为 14.0mm，均小于规范规定的 $L/500$，即 $40\,000/500 = 80\mathrm{mm}$，故在活载作用下结构的变形值满足规范要求。其变形图如图 6-50 所示。

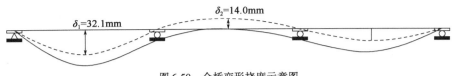

图 6-50　全桥变形挠度示意图

八、稳定验算

略。(见《桥梁钢结构设计原理》相关内容)

九、桥面板验算

略。(见《桥梁工程》相关内容)

【思考题】

1. 什么是活载组合梁与横载组合梁?
2. 简述组合梁的特点。
3. 混凝土桥面板的浇筑顺序有哪几种,各自的优缺点是什么?
4. 简述剪力连接件的结构形式,它们在构造上有何要求?
5. 试比较组合梁中混凝土徐变、收缩和温差应力计算的异同点。
6. 推导混凝土徐变、收缩和温差应力的计算方法。
7. 剪力连接件有哪些形式,并以刚度不同进行分类,说明在组合梁中剪力连接件的受力性能异同。
8. 组合截面连续梁桥主要有哪些负弯矩的处理方法?简述它们的特点和适用范围。
9. 简支组合梁桥课程设计。

第七章
钢拱桥

钢拱桥具有很大的跨越能力且富有美感。在地形等条件合适的时候选用钢拱桥,也能获得比较好的经济效果。虽然从拱的受压看,采用钢结构建造拱的稳定问题更加突出,混凝土材料似乎是拱桥更好的选择。然而,钢材具有自重轻、建造速度快以及具有可焊性等特点,在施工期间非常有优势。

拱桥的使用范围非常广泛,没有非常明显的跨径分布区间。对于高山深谷,两岸陡峭,不便于修建桥墩的桥位,拱桥是可供选择的方案。美国科罗拉多桥是一个典型实例,此桥处于大峡谷,桥面到水面高差213m,而且两岸陡峭,不便于修建桥墩。在丘陵和平原地区的铁路桥中,虽不存在修建桥墩的困难,但由于铁路桥要求很好的刚度,当跨径很大时,拱桥常常成为选择方案。宜万铁路万州长江大桥就是这样的例子。最初万州桥曾经考虑钢筋混凝土斜拉桥,考虑到刚度要求,最终选择了钢拱桥。另外,在城市和广袤的平原上,也不乏采用钢拱桥的例子。纤细优美的拱式造型为城市增添光彩,突出于广阔平原上的拱桥与环境相得益彰。

第一节 钢拱桥的组成与类型

一、按结构体系区分

按照结构体系不同,拱桥可以分成简单(体系)拱桥和组合体系拱桥。

(一)简单体系拱桥

简单体系拱桥仅有拱圈是主体受力构件,桥道系为局部承载和传力结构,不参与主拱联合受力。简单体系均为有推力结构,拱的推力直接由墩台或基础承受。

按照主拱圈的静力图式,简单拱桥可分为三铰拱、两铰拱、单铰拱及无铰拱,见图7-1。

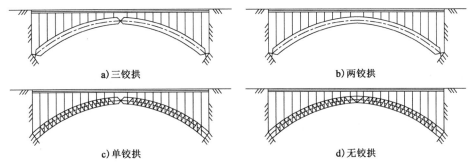

图7-1 按结构体系分类

三铰拱为外部静定,拱脚和拱顶均设铰。在地基条件不好时,三铰拱结构可以较好地适应。桥面在铰处需设置伸缩缝,桥面纵坡在伸缩缝处会出现折角,影响结构的整体线形,不利于行车与养护,而且铰的构造和维护也不理想。历史上曾修建过一些三铰钢拱桥,现已基本不建。

单铰拱为外部二次超静定,只是在理论上可行,一般在拱桥的加固改造中采用。单铰拱极少用,较常见的是二铰拱和无铰拱。

两铰拱拱脚设铰,外部一次超静定。这种拱应用范围较广,拱脚处没有弯矩,对拱肋截面选择比较有利。既可应用于实肋拱桥,也可应用于桁肋拱桥等。

无铰拱桥或称固端拱桥,外部三次超静定,结构刚度大、挠度小,是钢拱桥最经济的结构形式。两端拱脚固定的无铰拱适用于地质情况良好的桥位,因为这种结构不能承受支点位移,任何较大位移都会造成严重后果。大跨径无铰拱在设计时,通常须考虑因结构非线性因素引起的附加应力。

(二)组合体系拱桥

在现代钢拱桥中,行车系的行车道梁往往与拱组合,共同受力,形成拱梁组合体系桥。拱梁组合体系,或称组合体系拱又可因构造形式和支承条件的不同,受力特点有较大的差异。拱梁组合体系桥有单跨或多跨的布置形式,见图7-2和图7-3。

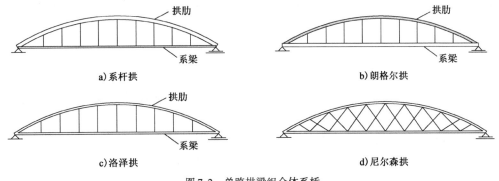

图7-2 单跨拱梁组合体系桥

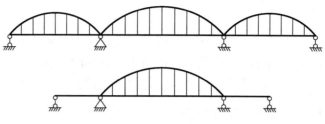

图 7-3 多跨拱梁组合体系桥

根据拱肋和梁(刚性系杆)相对刚度的大小,无推力拱梁组合体系桥可划分为:柔性系杆刚性拱(系杆拱)、刚性系杆柔性拱(朗格尔拱)、刚性系杆刚性拱(洛泽拱)等。

1. 柔性系杆刚性拱——系杆拱

具有竖直吊杆的柔性系杆刚性拱称为系杆拱,见图7-2a)。悉尼港湾桥、英国朗克恩桥等均采用系杆拱形式。

在柔性系杆刚性拱体系中,系杆的刚度远小于拱肋的刚度(一般 $EI_{拱}/EI_{梁}>80$),组合体系中的荷载基本上由拱肋承受,系杆只起了取代地基平衡拱的水平推力的作用。此时系杆和吊杆均为柔性杆件,只承受轴向拉力,基本不承受弯矩。

2. 刚性系杆柔性拱——朗格尔拱(梁)

具有竖直吊杆的刚性系杆柔性拱,称为朗格尔拱,见图7-2b)。在朗格尔拱中,假定拱肋和吊杆为铰接,采用加劲梁之后才能保持稳定的形状。忽略拱肋绕其水平轴的截面惯性矩,它只承担轴向力。拱肋的刚度与系梁的刚度相比小得多(一般 $EI_{拱}/EI_{梁}<1/80$),拱肋只分担小部分荷载,而刚性系梁不仅承受拱的推力,还要承受弯矩,成为拉弯组合构件,该体系以梁为主要承重结构。它相当于把桁架弦杆与梁组合起来,曲线桁架对梁加劲,形成刚性梁的曲线桁架。

该体系一般按先梁后拱的方法施工,由梁单独承担自重,而后加的二期恒载和活载则由组合体系共同承担。如我国江西的九江长江大桥即为朗格尔体系。

3. 刚性系杆刚性拱——洛泽拱

具有竖直吊杆的刚性系杆(梁)刚性拱,称为洛泽拱,见图7-2c)。在洛泽拱中,拱与梁的刚度比例适中,都有大的抗弯刚度,端部采用刚性连接,荷载引起的内力在拱肋和系杆之间按刚度分配。这种体系刚度较大,因而适用于在设计荷载较大的公路桥梁、重载的铁路桥梁以及公铁两用桥梁中采用。我国的万州铁路长江大桥和京沪高铁南京大胜长江大桥均采用此类形式。

4. 尼尔森体系拱

尼尔森体系拱桥是把系杆拱、朗格尔拱和洛泽拱中的竖直吊杆换成斜吊杆的一种拱桥。如图7-4所示的尼尔森拱桥的斜吊杆,包括为单斜杆形式、双斜杆形式及密斜杆形式。其中,对于跨径较大的情况,多用密斜杆形式。尼尔森体系拱具有如下特征:拱肋和系杆的轴向力与竖直吊杆的拱桥相比,轴力没有显著的不同,但弯矩大幅度减少了,基本可按轴力的大小来设计具体的拱轴截面;适当地选择吊杆的间距和倾角,吊杆可仅按拉力设计。吊杆的设计内力与它在桥长方向的安装位置没有多大关系。对铁路桥而言,可有效避免铁路活载大而使部分吊杆失效导致的应力重分布。由于斜杆的存在大大地减少了拱桥的剪切变形,使得尼尔森体系桥梁的最大挠度远小于其他形式的系杆拱。一般地,尼尔森体系的一阶振动频率为常见拱桥的1.5~4.0倍,具有较好的动力性能,相同的行车条件下,跨径越大,对尼尔森体系的拱桥越有利。尼尔森体系斜交吊杆能够使更多截面参与共同受力,结构应力和位移变化更加匀顺,分配更加合理。但尼尔森拱存在吊杆(钢丝)松弛的问题,因为吊杆为斜杆,在活荷载偏载的作用下吊杆受到压力,因吊杆不能抵抗压力,故吊杆钢丝会出现松弛。近梁端的吊杆出现松弛,将会对桥梁产生致命威胁,对结构和吊杆疲劳也会产生不利的影响。可以通过对梁端附近的吊杆竖直配置、增加恒载重量,使吊杆处于受拉状态等方法避免吊杆出现松弛。

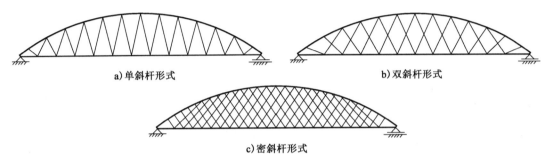

图7-4 尼尔森体系拱桥吊杆形式

如图7-5所示为各种拱桥的单位用钢量。

二、按支点反力区分

1. 有推力拱桥

拱脚处的水平推力是拱桥的固有特点,水平推力作用于基础上,且不容许产生水平位移,故一般只在两岸有坚硬地质条件时采用。依靠人工基础勉强采用,会明显增加投资。

2. 无推力拱桥

拱梁组合体系桥将拱与梁两种基本结构组合在一起,共同承受荷载,充分发挥了梁受弯、拱受压的结构性能。因体系是外部静定结构,兼有拱桥跨越能力大和梁桥对地基适应能力强两大

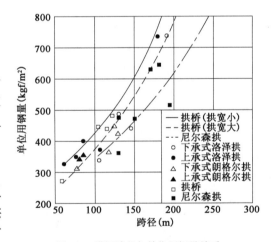

图7-5 拱梁跨径与单位用钢量关系

特点,故应用范围较广。我国的钢拱桥多属此类体系。在拱脚处采用系杆的拱梁组合体系都是无推力拱桥。在组合体系的单孔拱桥中,应将支座设在系梁与拱肋的系统线交会处。在多孔拱桥中,交会处位置高于支承处,成为中承式拱桥。中承式拱桥的水平力也可以不让支承处承受,而是通过细节设计平衡于上部结构内部。在大江大河上墩身一般都很高,水平力会给下部结构增加很大负担,所以在这种情况下,采用无推力拱是理所当然的。九江长江大桥、大胜关长江大桥等都是这种类型的例子。

刚架系杆拱桥中,拱与桥墩固结,但又有系杆承受推力,对外表现为少推力结构,一般也被归入无推力体系。因此,无推力组合体系拱桥,又可分为完全无推力的拱梁组合体系和少推力

的钢架系杆拱桥。

三、按拱肋空间形式区分

拱肋空间形式有平行拱、提篮拱、外倾式拱、单肋拱及单肋双层拱,见图7-6。

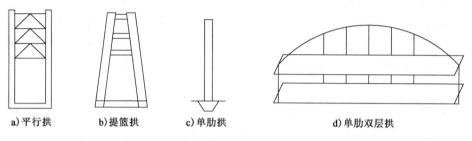

图7-6 按拱肋空间形式分类

平行拱肋出现得最早,第一座钢拱桥——伊兹(Eads)桥就是平行拱肋式的,在钢拱桥中使用较多。

随着人们对桥梁美学的日益重视和材料科学、施工技术的创新,促进了一些新颖的桥型出现。1963年原联邦德国建成了跨径248.8m的提篮式系杆拱桥(弗马恩桥)。提篮拱就是将通常的中(下)承式平行肋拱的拱肋向桥轴线方向倾斜,形成空间的拱式结构(亦称为X形拱)。提篮拱能有效解决平行拱施工过程中的面外稳定问题,提高结构的横向稳定性,同时外形也极富美学价值。提篮拱设计的关键是确定拱肋横向倾角。拱肋横向内倾角增加时,全桥横截面由门形刚架变为了斜腿刚构,从而可以大大提高拱桥的侧向刚度,增加拱桥的面外稳定性。同时,内倾角的取值对提篮拱扭转振型影响较大,随着内倾角的增大,横撑长度变短,两片独立拱肋之间联系更加紧密,全桥扭转刚度变大,进行扭转振动所遇的阻力大幅增长,两肋更易表现出面内或面外振动的整体振型。内倾角度一般控制在3°~15°,以10°附近为佳,小于3°时产生的效果太小。

由于计算水平的进步,设计和施工能力的提高,也出现了许多造型奇特的异形拱。如蝶形拱、非对称拱等。天津大沽桥为不对称外倾式双肋拱。大拱圈拱高39m,面向东方,象征初升的太阳;小拱圈拱高19m,面向西方,象征月亮,预示着美好的未来与日月同辉(图7-7)。大沽桥跨径组成为24m+106m+24m,全长154m,主跨桥梁为106m。

图7-7 天津大沽桥

四、其他划分方法

按主拱结构形式可以分为钢箱拱、钢管拱、桁架式拱(肩拱)和桁式片拱,见图7-8;按车承位置分,有上承式、下承式和中承式,见图7-9。

对于设置吊杆的拱桥,吊杆的布置形式可分为:平行布置吊杆体系、无交叉的吊杆体系及有交叉的吊杆体系,见图7-10。

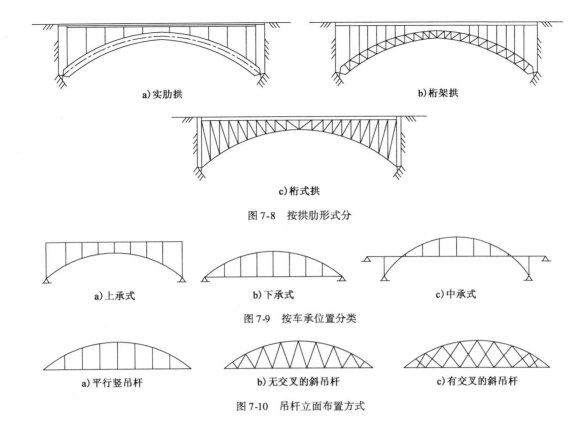

a) 实肋拱

b) 桁架拱

c) 桁式拱

图 7-8 按拱肋形式分

a) 上承式

b) 下承式

c) 中承式

图 7-9 按车承位置分类

a) 平行竖吊杆

b) 无交叉的斜吊杆

c) 有交叉的斜吊杆

图 7-10 吊杆立面布置方式

第二节 钢拱桥构造设计

一、拱桥传力途径

如图 7-11 所示为作用于拱桥的竖向荷载的传递路径。桥面受到纵向和横向的弯曲,通过横梁,有时是边梁将作用其上的荷载传递到吊杆下端,然后再将力由吊杆传递给拱。在压或压弯作用下的拱将力传递给支座和基础,如果有系杆,则将力传递给系杆。

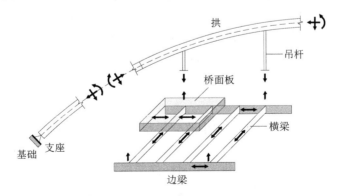

图 7-11 拱桥竖向荷载的传递途径

二、拱肋

拱必须设计成能够抵抗压力和弯矩共同作用的构件,拱截面惯性矩的拟定需要考虑拱的受压稳定性能和抗弯承载力。拱的稳定问题包括平面内稳定和平面外稳定,要求拱截面的主轴和次轴均具有足够大的惯性矩。如果较大截面惯性矩的轴在拱的竖向平面外用于抵抗拱的平面外屈曲,则在拱间可以不设或少设横撑。在跨径小时,拱肋可以使用轧制开口截面,这样可以大大简化吊杆的节点。

(一)拱肋结构形式

已建的钢拱桥均属于肋拱桥,拱肋作为拱桥结构的主要承重构件。拱肋一般需要承受较大的轴向压力,而在荷载变化情况下,还承受一部分弯矩,因轴力很大而弯矩较小,故拱肋属以受压为主的压弯构件。拱肋截面可分为实肋拱(管肋拱、箱肋拱)和桁肋拱等,见图7-12。

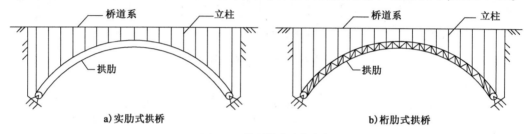

图 7-12 按照拱肋形式分类

1. 实肋拱

实肋主要用于跨径在200m以下的钢拱桥之中。跨径大于200m时,因为桁式拱肋材料的利用效率高,常采用桁式拱肋。对于跨径极小的,用工字形截面比箱形截面来得经济。然而,随着焊接技术的发展,使得箱梁的应用更加普遍,因此拱肋中现在极少用工字形截面。

由于圆钢管各向同性、截面封闭和回转半径大,对受压受扭均有利。钢管的端部封闭后,内部不易锈蚀,表面也难积灰尘和水,具有较好的防腐性能。因此,用圆钢管作为拱肋所修建的拱桥,称为管拱桥。对于宽跨比较小且处于风力较大的沿海或山谷地区的拱桥,圆形拱肋承受的横向风力较小,有利于提高拱的横向稳定性。

当跨径大于200m时,也有采用实体肋的,因为实体肋更为简洁美观,如美国的弗里蒙特桥,跨径达382.625m,主拱肋采用的就是箱肋。上海卢浦大桥跨径达550m,也采用的是箱肋。

对实腹式拱桥,洛泽拱和系杆拱的拱肋通常受轴向压力和弯矩的共同作用,拱肋的腹板也受到压缩应力,会导致腹板局部屈曲。截面尺寸拟定时,需要根据《公路钢桥规范》考虑各板件的局部稳定问题。

2. 桁架拱

桁架式拱肋的特点在于能够采用较小的材料截面取得较大的纵横向抗弯刚度,且杆件以受轴向力为主,能够发挥材料的特性。与箱形拱肋相比,桁架式拱肋减轻了自重,使拱桥具有更强的跨越能力,而且桁式拱肋具有每个节间杆件能够灵活地改变截面和钢种的特点。桁式拱肋各个构件较之实体肋要小,因此其制作、运输和安装都较实体肋更为方便,但有时由于受运输或安装条件限制,200m以下的跨径也采用桁式拱肋。当拱的跨径大于200m时,从对拱在活载作用下挠度控制的需要出发,桁式拱肋比实体肋显得更容易达到要求。所以,对于重载交通的公路桥和活载较大的铁路桥,可能在跨径不大时也需采用桁式拱肋。当然,对于跨径超过300m时,除非极为特殊的条件,一般应采用桁式拱肋。

拱肋桁架是桁架拱桥中的主要承重部分,其布置形式是否合理,对整个结构体系的设计质量起着重要的作用。在拟定桁架形式时,应根据桥位当地具体情况(如地形、地质、水文、运输等)、受力方式、跨径、制造及安装等选择一个经济合理的方案。

(二)拱轴线

在大跨径钢拱桥中常用的拱轴线线形包括:圆弧线、二次抛物线、悬链线及多次抛物线等,这些多是对应特定恒载分布模式的合理拱轴线。合理拱轴线的研究对于石拱桥或钢筋混凝土拱桥来说,可以使拱肋截面均匀受压,充分发挥材料良好的抗压性能。对于钢桁架拱桥而言,钢材具有良好的各向同性性能,能够抵抗很大的拉压应力,因此,其对拱轴线的要求相对降低。在已建成或在建的钢桁架和钢箱拱桥中,由于恒载更接近于均布,抛物线用得更多。两种拱轴线类型对结构的受力和用钢量影响均不大。

大跨径钢桁架拱桥拱轴线的选择,一般更多地从外形美观、与周围景观搭配协调、制作和施工方便来考虑。例如英国的朗格尔桥,拱轴线即采用半径为238m的圆弧线,拱肋上下弦之间的竖杆采用一定的倾斜角度,这样的安排充分体现了拱肋的曲线美,而且竖杆的径向布置也有利于拱肋的受力。

对于早期的柔拱刚梁组合桥,拱肋较多地采用折线,折线的交点落在抛物线上。这种折线从受力与构造上来说都优于曲线,尤其是采用刚性吊杆时,吊杆承受弯矩的作用,折线拱中吊杆所承受的弯矩会小于曲线拱。但折线拱的外观较差,特别是对于中小跨径的拱桥,现在已很少采用。

(三)拱肋高度

拱顶与拱脚的高度选择是钢拱桥设计中的重要参数,它们的选择不仅要满足受力的要求,同时也要考虑到全桥整体架构的和谐。根据拱肋高度的变化,可分为等高度拱肋和变高度拱肋两种。拱桥跨径较小时,拱肋高度一般采用等高度。当拱桥跨径较大时,拱肋高度倾向于采用变高度以适应拱肋内力分布并节省工程数量。

对于钢拱桥来说,拱肋的拱脚高度选择往往是由施工过程中产生的最大内力来控制,尤其是悬臂拼装的施工方法。拱顶高度多是由成桥以后运营状态产生的内力来决定,并且不宜取得过高,这样会影响桥梁的建筑高度,对于桁式拱来说,还会增加竖杆特别是斜腹杆的自由长度,不利于受压杆件的稳定。

对于简单肋拱桥,譬如钢箱肋拱桥,拱脚肋高为跨径的1/60~1/40,拱顶高度约为跨径的1/60~1/25。对于下承式拱桥,加劲梁高度一般为跨径的1/40~1/30,拱肋高度一般为跨径的1/5~1/4,矢跨比在1/8~1/7之间的情况也比较多。

等高度的桁肋拱拱顶高度为跨径的1/45~1/15;而变桁高的钢桁架拱桥的拱顶高度与跨径之比在1/45~1/30范围内;拱脚高度与跨径之比在1/10~1/7范围内,拱顶与拱脚高度之比在1/5~1/3范围内。

表7-1为各类型钢拱桥设计参数参考值(图7-13)。在超静定拱桥中如果肋高取得太大,

温度应力就会增加,同时由挠度产生的附加应力也相应地减小。但是在确定矢跨比 f/l 后,通过求出 $l/4$ 点附近的由主荷载产生的最大应力,适合的梁高就可以基本确定了。

各类型钢拱桥设计数据参考值   表 7-1

拱桥的类型	矢跨比 f/l	拱圈高跨比 h/l	系梁高跨比 H/l
实肋拱	1/10 ~ 1/7	1/60 ~ 1/25	—
肩拱	1/10 ~ 1/5	1/45 ~ 1/15	—
桁架拱	1/9 ~ 1/7	1/7 ~ 1/5	1/60 ~ 1/40
系杆拱	1/8 ~ 1/6	1/17 ~ 1/12	1/45 ~ 1/25
朗格尔拱	1/8 ~ 1/2.5	1/200 ~ 1/100	1/40 ~ 1/25
洛泽拱	1/10 ~ 1/3	1/60 ~ 1/30	1/60 ~ 1/30

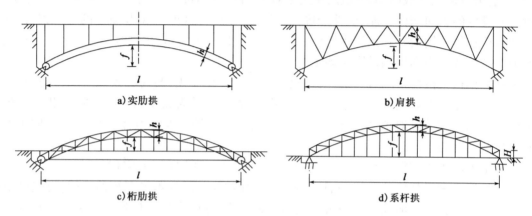

图 7-13　肋高与跨径的关系

(四)矢跨比

从美观角度来说,上承式无铰拱多建于山区,路线一般沿河而行,从侧向观桥的机会很多,采用较大的矢跨比较为美观。而下承式拱一般建于平原地带,一般来说有较长的引桥或引道,从行车者的角度来说,大交角侧向观桥的机会较少些,这时过大的矢跨比犹如一个窄而高的框架,显得不美观。另一方面,因周围不是陡峭的山体,较小的矢跨比容易与周围的环境协调,同时,由于系杆的存在,较坦的拱给人以力量的感觉。值得指出的是,国内在平原地区建设的拱桥,采用的矢跨比常常较大,一个原因是在设计方案时,通过立面图来考虑美观方面的因素。然而,实际上,桥梁的美观与观桥者的位置与角度有很大的关系。立面图是从垂直于桥轴线且视线水平时的观察效果,换言之,人要站在江中心且在较远处或较高处,这种观桥的机会是很少的。绝大部分的观桥机会是在侧向与桥梁成一定夹角的位置,从透视学来说,此时跨径显得短了,相应地矢跨比就大了。除了拱肋矢跨比之外,影响美观与设计的因素还有拱肋高度与跨径之比和桥面宽度与跨径之比。

钢拱桥常用的矢跨比为 1/10 ~ 1/5,有推力拱中 1/6 ~ 1/5 最为常用。当矢跨比在 1/6 ~ 1/5 这个范围内变化时,材料用量变化受矢跨比变化的影响不大。矢跨比有时根据特殊情况,也有取 1/17 或 1/2.5 的所谓极端值的。

矢跨比对于拱的钢重有很大的影响,对该值的选择须慎重。矢跨比越小就越容易做到美观,但拱的钢重就增加,由挠度所产生的附加应力及剪力也都变大。另一方面,矢跨比过大同样也会增加钢重,横向稳定性也不好,由拱的水平位移所产生的附加应力也变大。

三、系梁(杆)

无推力拱依靠系梁来平衡拱的水平推力,当系梁抗弯刚度很小、不承担弯矩时,成为系杆(甚至拉索)。对于系杆,可以采用板梁或型钢,它是一种被动式的系杆,用较大的截面积来抵抗拱的水平推力,产生的水平位移很小。随着现代高强钢材的发展,无推力拱中柔性系杆有的采用了高强钢丝或高强钢绞线,它可以通过张拉对拱施加压力,因此它是主动式的系杆。由于其抗拉刚度很小,在水平拉力作用下会产生较大的水平位移。对于恒载,它可以通过施加预应力使得这种水平位移在施工过程中消失。然而在活载作用下,由于系杆的抗拉刚度较小,根据变形协调条件,拱要承担较大的水平推力,拱脚处也会有较大的水平位移,这对拱的受力是不利的。因此,有时采用组合系杆,即钢箱加预应力束的系杆,预应力束来平衡恒载水平推力,钢箱来平衡活载水平推力。

对于大跨径的朗格尔拱、洛泽梁,系梁具有较大的抗弯刚度,其截面形式多采用桁梁或箱梁,有时也采用工字形加劲梁,但此时在梁端一般都要加劲,或做成箱形截面。从美观角度来说,山区多采用桁式加劲梁,城市则多用板梁。对加劲梁而言,桥面位置的选择要慎重考虑,下承式桥的桥面应尽可能地降低,但同时必须注意加劲梁的上弦杆和下弦杆的间距。

对于无推力拱桥系梁的高跨比见表7-1。其中朗格尔拱,系梁(加劲梁)高跨比是拱圈高跨比的4~5倍,而洛泽梁的拱圈与系梁高跨比比较接近。

对于无推力拱桥,拱的推力全部由系杆承担,因此系杆将承受较大的轴向拉力。系杆按照所用材料分类,可以分为平行钢丝束系杆、钢绞线系杆、钢结构系杆、预应混凝土系杆等。前三种类型系杆的特点如下:

1. 平行钢丝束系杆

系杆锚固区刚度大,直接受桥梁动荷载的影响小。佛陈大桥采用了平行钢丝束系杆。

2. 钢绞线系杆

由于系杆为承受推力的总体受力构件,恒载所占比例较大,活载引起的应力幅值较小,基本不存在风致振动和疲劳的问题,其动应力问题没有斜拉桥的斜拉索与拱桥吊杆的动应力问题突出,目前大部分系杆拱桥采用钢绞线系杆。

3. 钢结构系杆

钢结构系杆的贯通焊接连接是在系杆两头的临时预应力钢束张拉后进行的,钢结构系杆在临时预应力钢束放松后就建立了系杆拉力。广州市新光大桥、重庆市朝天门大桥等都采用了钢结构系杆方案。

四、桥面

桥面是将桥面上荷载传递给横梁或纵梁的基本构件,除了作为车辆行驶的支承面外,还必须满足抗弯刚度和承载力的要求。对于系杆拱桥,需要考虑桥面与系杆共同受力的贡献。下承式拱桥的桥跨结构是由拱肋、悬吊结构及横向联结系三部分构成。由于车辆在两片拱肋之间行驶,所以,需要用吊杆将纵、横梁系统悬挂在拱肋下,在纵、横梁系统上支承车道板,组成桥面系(行车道、人行道、栏杆等)。桥面系与其传力构件统称为悬吊结构。中承式拱桥的行车平面位于肋拱矢高的中部。桥面系一部分用吊杆悬挂在拱肋下,另一部分用刚架立柱支承在拱肋上。

在布置行车道时,必须注意在适当位置设横向断缝,以避免由于拱肋的变形桥面被拉坏。行车道系的断缝可设于跨径中部,也可设于边上。断缝设于跨径中部时,可采用双吊杆和双横梁的形式,将行车道系在横向完全断开,行车道系在水平面内,在断缝处做成企口。这种方法在构造上最简单,但双吊杆不太美观。另一种方法是将中央节间的行车道纵梁做成简支梁或一个小的挂梁形式,其两端分别用活动支座和固定支座直接支承在两边横梁上或特设的托臂上。这样在桥面中设置了两条断缝。采用这种方式,桥的外观比前一种好些。断缝设在跨径边上时,往往可以设在固定横梁上。

如图7-14所示为一座钢拱桥采用的组合桥面板的构造,包括钢筋混凝土板、横梁和边梁。混凝土板主要受弯,将局部车辆荷载传递给横梁。横梁的中心距离通常为5m,支撑于边梁上,而边梁通常与拱底位于同一水平面,并将横梁传递来的力传递给吊杆。混凝土板与横梁的上缘连接,在横梁的中心区域形成一个组合截面。

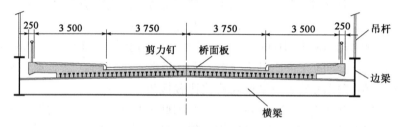

图7-14 拱桥中组合桥面板传统构造(尺寸单位:mm)

如果横梁的间距增加,需要增加设置小纵梁,沿纵向支撑混凝土板。这样边梁承担的荷载就可以减小,甚至消失。在这种情况下,吊杆与横梁相连,需要有较大的横梁截面。

系杆拱桥在设计与无系杆拱桥相比有很多不同。对于系杆拱桥,拱中压力的水平分量一定会传递给系杆。与如图7-14所示的桥面构造一样,边梁可以满足系杆抵抗拉力的功能,但桥面结构不能抵抗拉力。混凝土板和钢结构之间的连接设计必须要以避免板受边梁拉力的影响,需限制混凝土的开裂。因此,混凝土板不能与边梁直接相连,而是与横梁相连。同理,混凝土桥面板也不能与桥梁两端的横梁相连。

图7-15为现代拱桥桥面的构造。混凝土桥面板是系杆不可分割的一部分,与边梁一起共同抵抗拉力。与传统构造相比,对于给定的桥面板宽度,横梁的长度更短。横梁和边梁之间的节点受桥面板的保护而不易腐蚀,耐久性也得到了提高。另外,为了适合传递拉力,需要详细设计桥梁端部的桥面板。

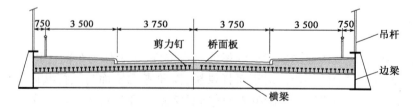

图7-15 有助于系杆抗拉的桥面板示例(尺寸单位:mm)

图 7-16 为桥面板参与系杆抗拉受力的两个例子。在图 7-16a)中,边梁与桁架单元构成平联,并与端横梁固结,整个桥面系统刚度较大。桁架单元是由工字形截面组成,上翼缘通过剪力钉与混凝土板相连。该结构的横梁间距小,吊杆与边梁相连接。在图 7-16b)中,平联设在了桥面结构端部,连接桥梁头两道横梁,并支承混凝土桥面板。该结构横梁间距大,由于没有边梁,横梁直接与吊杆连接。

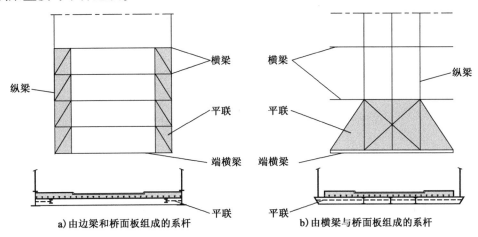

图 7-16 有助于系杆抗拉的桥面板示例

对于这两个例子,横梁与平联都是通过剪力连接件与混凝土板相连。通常情况下,在桥梁端部的横梁比其他位置的横梁有更大的抗弯刚度和抗扭刚度,以保证将拉力更好地传递给桥面板。但是,利用混凝土桥面板作为系杆的一部分有可能引起横向开裂,必须配置足够的纵向钢筋来限制开裂。

横梁和边梁之间节点例子见图 7-17。图中显示了钢筋混凝土板、横梁、剪力连接件以及焊接在边梁腹板上的竖向加劲肋。该连接构造为横梁提供了端部固定约束,使得横梁与边梁形成框架作用,可以加强边梁对侧向扭转屈曲的抗力。同时,此节点也可以将作用于边梁上的风力传递给桥面板,发挥平联的功能。

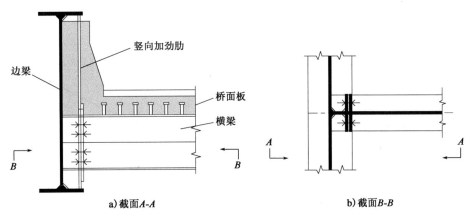

图 7-17 横梁与边纵梁之间的连接示例

五、梁端节点构造

朗格尔拱、洛泽拱,尼尔森拱等下承式拱桥的梁端为拱肋和加劲梁的刚结方式。朗格尔拱的拱肋在理论上不承受弯矩,只承受轴压力,截面形式通常为箱形,而系梁既承受弯矩又承受轴向力,其截面通常做成 I 字形,因此对于朗格尔拱的拱脚节点处的构造与受力较为复杂。图 7-18 为箱形截面拱肋和 I 形截面的加劲梁刚结时拱肋端部构造图。端梁节点在工厂组拼焊接。支座范围内的加劲梁腹板做成特别厚,它贯穿上翼缘进入拱肋内,直接焊接在拱肋截面上或通过隔板焊接。在拱和梁端部结合处,考虑板件局部屈曲,经常需要加厚腹板和配置加劲肋。但是,过度地加大腹板厚度,将导致加劲肋焊接工作量增加,同时残余应力的影响也将增大。

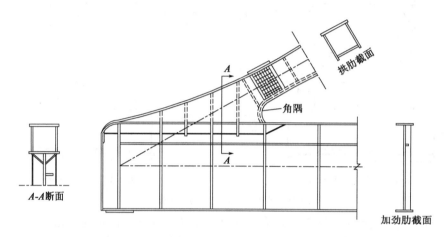

图 7-18 箱形截面拱肋和 I 形截面加劲梁相交处构造图

对于洛泽拱,由于拱肋和系梁的刚度相近,且二者都是承受压力和弯矩的构件,所以拱脚节点的构造设计相对容易,拱肋和系梁均为箱形或工字形截面。如图 7-19 所示为洛泽拱端部为箱形截面的拱肋和箱形截面的系梁刚结构造。对于拱肋和加劲梁相结合的截面受支反力作用,应力分布较为复杂。设计时应注意:①将内缘角做成圆形的方法较好;②若内缘角不是圆形,则 α 角宜尽可能大;③端部上缘的曲率半径 R 宜尽量大(图 7-20)。

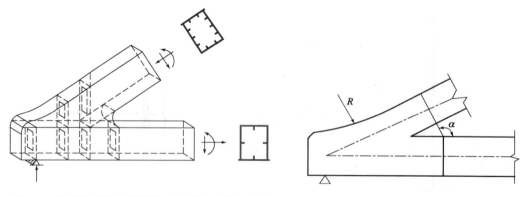

图 7-19 箱形截面拱肋和箱形截面加劲梁相交处构造图　　图 7-20 洛泽梁梁端节点简图

下承式拱桥端部应力状态也可以用有限元法来计算研究。一般在梁端部支点处附近,和简支梁应力分布类似,与支点附近相比其他部分的应力非常小。梁端部的应力集中现象,越靠近角隅处增大越明显,因此有必要增大角落处的半径来缓和应力集中现象。

六、横向联结构造

加劲梁(系梁)之间的横向联结构造与一般的板梁桥或桁梁相同。对于板梁或箱梁,桥道系的纵横梁与加劲梁的联结,实际上就构成了加劲梁的横向联结系。有时还加上斜撑,以加强加劲梁的整体性与横向刚度。

为了保证两片拱肋的横向刚度和稳定以承受作用在拱肋、桥面及吊杆上的横向水平力,必须在两片拱肋之间设置横撑。图 7-21 给出常见的横向联结系的构造形式。图 7-21a)中用菱形联结系(米字撑),它的水平荷载的反力凭借竖直桥门架,通过加劲梁传到主结构的支座上。图 7-21b)采用 K 形联结系(K 撑),在桥端的两节间设有桥门架。作用于拱肋的水平荷载直接传到主结构的支座处。图 7-21c)在拱肋间用空腹桁架式的纵向联结系(一字撑),节省了图 7-21a)的竖直的桥门架结构。用图 7-21b)、c)的结构时,全部吊杆可以用圆钢、钢索等柔性材料,整个桥梁呈现轻快的外观。也有全部省略横向联结系的无风撑拱,或称敞拱。

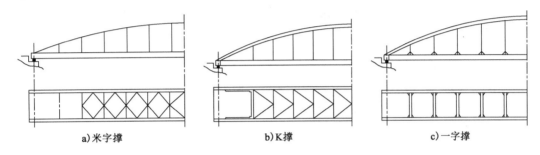

图 7-21 拱肋之间的横向联结系(横撑)的形式

七、吊杆

(一)吊杆类型

吊杆是一传力构件,它把桥面系荷载传递至承重构件拱肋。吊杆主要为轴心受拉构件。在钢拱桥中,吊杆按照结构特点一般可分为刚性吊杆和柔性吊杆两种形式。

使用刚性吊杆对增强拱肋的横向刚度有利,但钢材用量多,工艺较复杂。刚性吊杆多用钢管或型钢制成,一般情况下承受拉力,但在活载作用下也可能部分出现压力。工字形截面刚性吊杆主要用于柔拱刚梁和无风撑拱桥之中,其翼缘的设置一般都平行于桥轴。设计计算时,轴向力由腹板承担,而不计翼缘板的作用。当桥端部处吊杆可能承受压力时,翼缘板将发挥保证吊杆稳定的作用。刚性吊杆仍以承受轴力为主,但由于翼缘的存在,吊杆中也存在弯矩,特别是近桥端的吊杆长度较短,抗弯刚度较大,吊杆内的弯矩也可能较大。刚性吊杆与柔性吊杆(吊索)相比,其自重较大,在风荷载较大的建桥区域,注意其截面的抗风性能。

柔性吊杆(图 7-22)只承受拉力,不承受弯矩,构造简单,实际工程中采用较多。使用柔性吊杆可以部分消除拱肋与桥面系之间的互相影响,施工方便、外形较好,节省钢材。采用高强平行钢丝束或钢绞线制成的柔性吊杆系,只能承受拉力。近年来,有厂家已经开发了专用于拱桥的吊杆拉索,这种成品索已越来越多地应用于工程实践。

平行钢丝束拉索:在 20 世纪 80 年代,日本借鉴电缆制造技术,采用在小扭角的平行钢丝束拉索上热挤高密度聚乙烯(HDPE)外套,形成新型防腐技术。这种钢丝束拉索的小扭角使拉索具有自紧固的性能,同时又便于弯曲装盘运输,已成功应用于斜拉索和拱桥的吊杆。

钢绞线吊杆:将7丝钢绞线按一定规则平行排列,布置成正六边形(或拟六边形)截面,就成为平行钢绞线拉索。钢绞线拉索安装方便,张拉机具小,最初由法国工程师应用于斜拉桥,其后在欧洲得到推广。

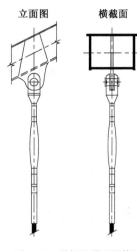

图7-22 吊杆及其连接构造

(二)吊杆布置

吊杆的间距,一般根据构造要求和经济、美观等因素决定。吊杆的间距即为行车道纵梁的跨长,当吊杆间距大,数目虽变少,但纵、横梁的用料增加;反之,吊杆数目增加,但纵、横梁用料变少。通常,吊杆取相等间距。

1. 吊杆形式

吊杆按其在拱平面内的布置形式不同,可分为平行竖吊杆、倾斜式吊杆及网状吊杆。平行竖直吊杆构造简单,施工方便,但桥道系刚度较低。倾斜式吊杆在国外的拱梁组合体系的钢桥中采用较多。斜吊杆和网状吊杆构造复杂,不易锚固。

2. 单吊杆与双吊杆

绝大多数拱桥都采用了单吊杆形式,但也有部分桥梁采用双吊杆构造。

(1)单吊杆体系

大多数拱桥采用单吊杆体系,它对拱上和桥道系中吊杆锚固的尺寸空间要求小,施工方便,但后期的吊杆更换中需额外施加一些更换辅助措施。

(2)双吊杆体系

双吊杆体系既可加强桥道系刚度,又减少了锚具尺寸和应力集中,且利于今后的换索工程,如浙江三门健跳大桥、广州丫髻沙大桥等。

横向双吊杆体系:随着桥梁工程界对运营期吊杆更换方便性的考虑,一些桥在设计时就考虑将同一吊杆位置处设计为双吊杆,利用吊杆大于2.0的安全系数储备,保证更换施工期(短暂工况)一根吊杆也能单独承载。同时在更换时,不需对交通进行长时间的封闭,较方便快速地进行吊杆的更换。横向双吊杆体系也就是在横桥向同一吊点布置成双吊杆,如宜宾戎州金沙江大桥260m中承式钢管混凝土拱桥、广西南宁市南宁大桥300m钢箱拱桥、重庆朝天门长江大桥(190m+552m+190m三跨连续钢桁拱桥)等。

纵向双吊杆体系:在纵桥向同一吊点布置成双吊杆即为纵向双吊杆体系,如广西南宁永和大桥等。与横向双吊杆体系相比,纵向双吊杆在换吊杆时取下一根吊杆时,相对于吊杆横梁的受力而言是偏心受扭的。其间距可根据结构的形式和受力情况作适当的选择。

(三)吊杆连接节点

吊杆的两端铰接是比较理想的,因为任何固结措施都会引起节点处的弯曲应力,从而导致节点疲劳开裂。对于小直径的钢筋或者钢索,可以采用标准的铰接节点,它们由一些铸件构成(图 7-22)。如果由于车轮冲击或者疲劳问题导致需更换吊杆,节点连接构造应该考虑到这一状况。铰接节点通常适合更换,因为它常包括一个可以临时拆除以更换吊杆的销。

吊杆与拱连接处的局部屈曲问题比较突出,在这些区域需对拱进行加强,以保证由吊杆传递的力具有好的分布。图 7-23 为一个箱形截面拱吊点局部加强的实例。

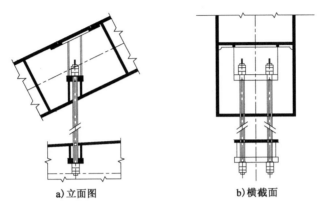

图 7-23　吊杆与箱形拱连接处加劲构造图

第三节　钢拱桥力学性能

一、拱轴线

拱轴线是拱桥概念设计中的重要参数,其值直接关系到拱肋截面的内力分布和大小。最理想的拱轴线是与拱上各种荷载的压力线相吻合,使拱肋截面只有轴向压力而无弯矩作用,这样可以使截面受力均匀,使材料强度充分利用。但由于活载、温度变化和材料收缩等因素的存在,这种理想拱轴线是不可能获得的。因此,在目前拱轴线线形的设计中多采用"五点重合法",即满足拱肋上少数几个关键截面的压力线与拱轴线重合的方法。

在大跨径钢拱桥中,常用的拱轴线线形包括:圆弧线、悬链线及抛物线(二次抛物线或多次抛物线)等,这些多是对应特定恒载分布模式的合理拱轴线。圆弧线对应的是轴向均布压力荷载;二次抛物线对应的是水平均布荷载;悬链线对应的是随拱轴线变化的荷载(图 7-24)。在国内和国外已建成或在建的钢桁架和钢箱拱桥中,拱轴线的形式主要是抛物线。

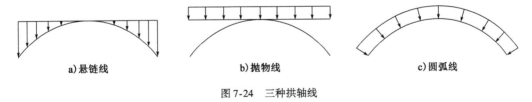

图 7-24　三种拱轴线

二次抛物线的线性比较美观,而且还可以通过调整矢跨比较获得满意的视觉效果。对于竖直均布荷载(图 7-25),由材料力学可知:

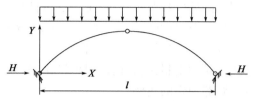

图7-25 竖直均布荷载作用下的拱的合理拱轴线

$$M_x^0 = \frac{ql}{2}x - \frac{q}{2}x^2, M_{\frac{l}{2}}^0 = \frac{ql^2}{8} \quad (7-1)$$

令 $M_x = 0$，由式(7-1)可得：

$$\left(\frac{ql}{2}x - \frac{q}{2}x^2\right) - \frac{ql^2}{8} \cdot \frac{y}{f} = 0 \quad (7-2)$$

求得：

$$y = -\frac{4f}{l^2}(x^2 - lx) \quad (7-3)$$

钢桁拱(图7-26)拱轴线分上、下弦杆轴线。桁架杆件轴线的延长线在节点处应相交于一点，则杆件以受轴力为主，否则将产生附加弯矩，对受力不利。如果构造上确实不交于一点，则应按实际图式计算内力，并加强杆件截面尺寸。

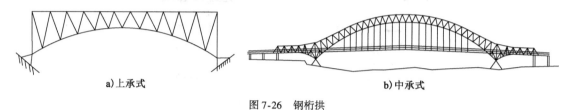

a) 上承式　　　　　　　　　　　　　b) 中承式

图7-26　钢桁拱

（一）上弦杆轴线

对于上承式钢拱桥，上弦杆轴线一般平行于桥面[图7-26a)]。单孔桁架拱桥在符合桥面纵坡规定的情况下可以做成圆弧形线或二次抛物线。考虑到桥面板参与结构共同作用，上弦杆和实腹段的轴线应该是包括参与共同受力作用的桥面板在内的截面重心的连线。

（二）下弦杆轴线

下弦杆(拱肋)轴线通常采用圆弧线、二次抛物线和悬链线。桁架拱表面上看是一个桁架，无合理拱轴问题，但是桁架拱本身是一个有推力的组合体系。

在恒载作用下，腹杆内力与桁架拱下弦轴线有关，一般是恒载压力曲线越接近下弦轴线时，腹杆内力越小，当恒载压力线在下弦杆轴线下方通过时，腹杆基本上都是受压。恒载压力线在下弦杆轴线上方通过时，下伸斜杆受拉。因此，从受力角度出发，桁架拱的下弦杆轴线应尽可能按恒载压力线来选择。一般桁架拱桥的下弦轴线常采用均布荷载作用下的压力线，即二次抛物线或拱轴系数较小的常用悬链线。

中小跨径的桁架拱桥，为了设计计算和施工方便，经常采用圆弧线作为下弦节点。节点之间宜用直线相连，使下弦轴线实际上为直线，以免受压的实腹段下缘为曲线，但这也将导致下弦杆内产生偏心弯矩。

二、拱桥的力学性能

在拱桥设计时所遇到的基本力学性能如下。

（一）两铰拱的水平反力

两铰拱的水平反力计算公式如下：

$$H = \frac{\int_0^l \frac{M_0}{I\cos\phi}y\mathrm{d}x}{\int_0^l \frac{y^2}{I\cos\phi}\mathrm{d}x + \int_0^l \frac{\cos\phi}{A}y\mathrm{d}x} \tag{7-4}$$

式中：I——拱肋截面惯性矩；

A——拱肋截面的面积；

ϕ——拱轴线与水平方向的夹角；

M_0——对应于简支梁计算跨径 l 的截面弯矩。

任一截面的 I 和 A 可分别由拱顶惯性矩 I_c 和拱顶截面截面积 A_c 表示：

$$I = \frac{I_c}{\cos\phi}, \qquad A = \frac{A_c}{\cos\phi} \tag{7-5}$$

将上式代入式(7-4)，则：

$$H = \frac{\int_0^l M_0 y\mathrm{d}x}{\int_0^l y^2\mathrm{d}x + \frac{I_c}{A_c}\int_0^l \cos^2\phi \mathrm{d}x} \tag{7-6}$$

设拱轴线是以支点 A 为起点的二次抛物线(图 7-27)，抛物线方程如下：

$$y = \frac{4f}{l^2}x(l-x) \tag{7-7}$$

式中：f——净矢高。

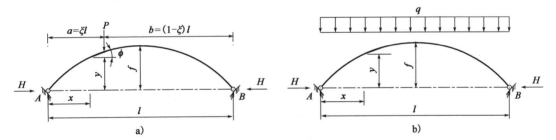

图 7-27 拱结构计算图式

拱桥矢跨比 f/l 小于 $1/6$ 的拱为坦拱，此时 $\cos\phi$ 近似等于 1，则：

$$\int_0^l y^2\mathrm{d}x = \frac{8}{15}f^2l, \qquad \int_0^l \cos^2\phi\mathrm{d}x = l \tag{7-8}$$

将上式代入式(7-6)，简化为：

$$H = \frac{\int_0^l M_0 y\mathrm{d}x}{\frac{8}{15}f^2l + \frac{I_c}{A_c}l} \approx \frac{\int_0^l M_0 y\mathrm{d}x}{\frac{8}{15}f^2l} \tag{7-9}$$

图 7-27a)表示集中荷载 P 作用下水平反力 H，等效简支梁截面弯矩 M_0 为：

$$\begin{cases} M_0 = \frac{Pb}{l}x & (0 \leqslant x \leqslant a) \\ M_0 = \frac{Pa}{l}x' & (0 \leqslant x' \leqslant b) \end{cases} \tag{7-10}$$

此时，对式(7-9)进行积分：

$$\int_0^l M_0 y \mathrm{d}x = \frac{Pfl^2}{3}\xi(1-\xi)(1+\xi-\xi^2) \qquad (7\text{-}11)$$

则可得 H:

$$H = \frac{5Pl}{8f}\xi(1-\xi)(1+\xi-\xi^2) \qquad (7\text{-}12)$$

如图 7-27b)所示为全桥受均布荷载 q 作用的情况:

$$M_0 = \frac{ql}{2}x - \frac{qx^2}{2} \qquad (7\text{-}13)$$

则有:

$$\int_0^l M_0 y \mathrm{d}x = \frac{q}{15}fl^3 \qquad (7\text{-}14)$$

因此,可求得式(7-9)的水平反力 H:

$$H = \frac{ql^2}{8f} \qquad (7\text{-}15)$$

(二)系杆拱系杆的拉力

两铰拱的两支点由系杆连接形成系杆拱(图7-28)。水平反力受到系杆的约束,整体为外部静定结构。系杆所产生的拉力为 X,在式(7-4)的分母中,将系杆伸长度 L/A_0 导入得:

$$H = \frac{\int_0^l \dfrac{M_0}{I\cos\phi} y \mathrm{d}x}{\int_0^l \dfrac{y^2}{I\cos\phi}\mathrm{d}x + \int_0^l \dfrac{\cos\phi}{A} y \mathrm{d}x + \dfrac{l}{A_0}} \qquad (7\text{-}16)$$

式中:A_0——系梁的截面积。

(三)拱肋截面内力

拱肋截面受轴向压力、剪应力和弯矩的作用,见图 7-29。截面内力推导时可以运用前面所求出的水平反力 H,根据平衡条件,沿拱轴方向合力 N 为:

$$N = -(V_A - P)\sin\phi - H\cos\phi = -Q_0\sin\phi - H\cos\phi \qquad (7\text{-}17)$$

沿法线方向剪力 Q 为:

$$Q = (V_A - P)\cos\phi - H\sin\phi = Q_0\cos\phi - H\sin\phi \qquad (7\text{-}18)$$

弯矩 M 为:

$$M = V_A x - P(x-a) - Hy = M_0 - Hy \qquad (7\text{-}19)$$

式中:Q_0、M_0——相对应简支梁截面的剪力和弯矩。

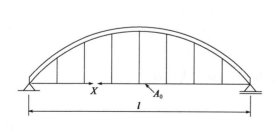

图 7-28 系杆拱系杆受力图式

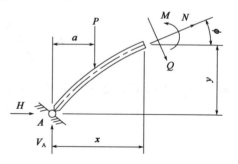

图 7-29 拱肋截面内力计算图式

(四)朗格尔拱(刚性系杆柔性拱)的截面内力

朗格尔拱的下弦杆(加劲梁),设计时需要考虑加劲梁的弯曲和轴向拉力,上弦杆(拱肋)设计要选择能受压的材料,因此拱肋的截面形状可以为桁架或箱梁截面。

如图7-30a)所示,拱肋受水平力 X,根据图中隔离体的平衡条件,沿拱轴切线方向的轴向力 N_k 为:

$$N_k = -X\sec\phi_k \quad (\text{"}-\text{"代表压力}) \tag{7-20}$$

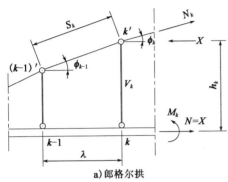 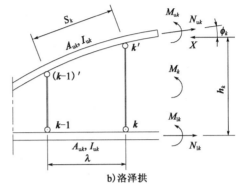

a) 郎格尔拱 b) 洛泽拱

图7-30 两种类型拱截面内力计算图式

由上吊点 k' 处的力矩平衡条件,吊杆所受拉力 V_k 为:

$$V_k = X(\tan\phi_{k-1} - \tan\phi_k) \tag{7-21}$$

上弦节点 $(k-1)'$、k' 处于二次抛物线上:

$$\left.\begin{aligned} y &= \frac{4f}{l^2}x(l-x), \quad \frac{\mathrm{d}y}{\mathrm{d}x} = \frac{4f}{l^2}(l-2x) \\ \tan\phi_{k-1} - \tan\phi_k &= \left(\frac{\mathrm{d}y}{\mathrm{d}x}\right)_{k-1} - \left(\frac{\mathrm{d}y}{\mathrm{d}x}\right)_k = \frac{8f}{l^2}\lambda \end{aligned}\right\} \tag{7-22}$$

故 V_k 可进一步表示为:

$$V_k = \frac{8f}{l^2}\lambda X \tag{7-23}$$

式中:l——跨径;

f——矢高;

λ——两吊杆之间水平距离。

加劲梁轴力 N 和弯矩 M_k 可由下式求得:

$$\left.\begin{aligned} N &= X \quad (\text{拉力}) \\ M_k &= M_0 - Xh_k \end{aligned}\right\} \tag{7-24}$$

式中:M_0——跨径 l 简支梁截面对应节点 k 位置的弯矩;

h_k——k 和 k' 之间的垂直距离。

当然,以上朗格尔拱各结构的截面内力和加劲梁所受的水平力,都可以运用计算机进行有限元分析计算。拱肋和加劲梁各节点按刚结处理,吊杆两端按铰接处理,拱肋截面惯性矩比加劲梁截面惯性矩小很多,拱肋的弯矩可以忽略不计。

(五)洛泽拱(刚性系杆刚性拱)的截面内力

洛泽拱的拱肋和系梁具有几乎相同的弯曲刚度,同时受顺桥向的弯矩作用。拱肋和系梁

的各自惯性矩为 I_{uk}, I_{lk},定义刚度比为 t_k:

$$t_k = \frac{(I_{uk}/s_k)}{(I_{uk}/s_k) + (I_{lk}/\lambda)} \tag{7-25}$$

洛泽拱全截面均受到弯矩 M_k 作用,拱肋弯矩用 M_{uk} 表示,系梁弯矩 M_{lk} 表示:

$$\left. \begin{array}{l} M_{uk} = t_k M_k = t_k (M_0 - Xh_k) \\ M_{lk} = (1 - t_k) M_k = (1 - t_k)(M_0 - Xh_k) \end{array} \right\} \tag{7-26}$$

各自截面的惯性矩的大小和承受的弯矩有关。拱肋和系梁轴向力分别为 N_{uk}、N_{lk},由下式计算:

$$N_{uk} = -X\sec\phi_k, \qquad N_{lk} = X \tag{7-27}$$

三、应力计算

当拱肋和系梁同时受到轴向力 N 和弯矩 M 的作用,设计其截面可以用核心矩计算比较简便。同时受轴向力 N 和弯矩 M 的作用截面的应力可以用下式表示(图 7-31):

$$\sigma_u = \frac{N}{A} - \frac{M}{I} z_u, \qquad \sigma_l = \frac{N}{A} + \frac{M}{I} z_l \tag{7-28}$$

式中:N——拉力;

M——弯矩(上缘为压,下缘为拉)。

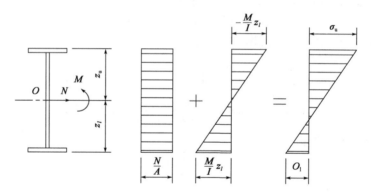

图 7-31 拱肋或系梁截面应力

因此,拱肋的 N/A 为负,系梁 N/A 为正。

为了求出核心矩,首先定义偏心距离 e:

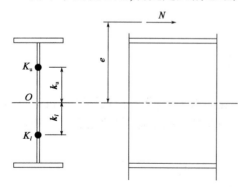

图 7-32 两种类型拱截面内力计算图式

$$e = \frac{M}{N} \tag{7-29}$$

如图 7-32 所示,可求出与形心 O 距离为 e 处的轴力 N 作用时的应力大小,将 e 代入式(7-28)中进一步变形可得:

$$\left. \begin{array}{l} \sigma_u = \frac{N}{A}\left(1 - \frac{eA}{I} z_u\right) = \frac{N}{A}\left(1 - \frac{e}{r^2} z_u\right) \\ \sigma_l = \frac{N}{A}\left(1 - \frac{eA}{I} z_l\right) = \frac{N}{A}\left(1 - \frac{e}{r^2} z_l\right) \end{array} \right\} \tag{7-30}$$

式中:r——截面的回转半径,则有 $r^2 = I/A$,于是令:

$$k_u = \frac{r^2}{z_l}, \quad k_l = \frac{r^2}{z_u} \tag{7-31}$$

式(7-30)变为：

$$\sigma_u = \frac{N}{A}\left(1 - \frac{e}{k_l}\right), \quad \sigma_l = \frac{N}{A}\left(1 + \frac{e}{k_u}\right) \tag{7-32}$$

$$M_u = N(k_l - e), \quad M_l = N(k_u + e) \tag{7-33}$$

这里定义：

$$W_u = Ak_l, \quad W_l = Ak_u \tag{7-34}$$

于是，式(7-32)最终表示为：

$$\sigma_u = \frac{M_u}{W_u}, \quad \sigma_l = \frac{M_l}{W_l} \tag{7-35}$$

式(7-31)定义的 k_u、k_l 如图7-32所示，表示截面重心至上、下核心点的距离，k_u 称为上核心距，k_l 称为下核心距。M_u、M_l 为力作用点分别位于上、下核心距的位置时所对应的弯矩。

四、稳定问题

钢拱桥拱肋的稳定性是拱桥设计的重要问题。拱肋的失稳按平面内和平面外分别考虑。如果拱肋与系杆之间采用柔性吊杆，则面内和面外都存在稳定问题。如果是采用刚性吊杆，则面内稳定不需要考虑，只计算面外稳定即可。提篮拱两条拱肋相互倚靠，拱间撑杆平衡杆的水平力，面外稳定一般都不会有问题。但提篮拱常常采用柔性吊杆，需要检算面内稳定。当拱桥的宽跨比如小于1/20的情况下，拱桥面外稳定性较差。

（一）失稳模态

与中心受压杆的临界力计算一样，不论拱端的约束情况如何，拱的轴线取用什么形式，拱的临界轴向压力均可以归结成求拱的屈曲计算长度的问题。实际上，拱肋的屈曲计算长度还受吊杆弹性支撑的影响，通常依靠连接两片拱的横撑来加强面外稳定性。因此，钢肋的稳定必须要考虑许多情况，如图7-33所示：

(1)拱平面内整体失稳；
(2)拱或者由横撑相连的双拱平面外整体失稳；
(3)吊杆间或者横撑间部分拱段发生平面内失稳或者平面外失稳。

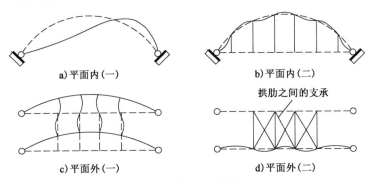

图7-33 拱的失稳模式

计算长度确定后，就可以计算临界力，并采用与其他受压弯作用的杆件相同的方法来进行验算。

（二）影响参数

影响拱稳定性的主要参数如下：

(1) 拱的结构形式对稳定计算长度有着重要影响。拱肋的失稳按平面内和平面外分别考虑。就受压柱而言，两端固结的拱的稳定计算长度比两端铰接的要短。铰接拱具有较大的面内屈曲长度。除非在拱间设置横撑，否则两端铰接的拱很容易发生面外失稳。图 7-34a) 为拱与端横梁和边梁连接三维示意图，以减小其屈曲长度。由于端横梁对拱起着弹性支撑作用，在计算拱的面外和面内屈曲长度时，必须考虑其抗扭和抗弯刚度。模型细节见图 7-34b)。

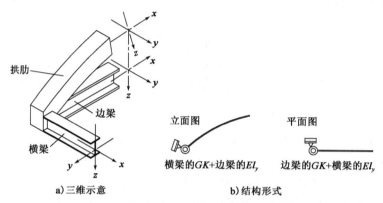

图 7-34　拱脚处横梁和边梁产生的半刚性约束

(2) 对于给定的跨径和荷载形式，拱承担荷载的大小随着矢高的增加而增加。这是由于消减拱受荷的水平力随着矢高的增加而减小，这也会导致拱的屈曲长度增加。这对于矢跨比 $f/l<0.3$ 的拱桥是有效的，而现代钢拱桥大多数是在这个范围内。

(3) 拱截面的惯性矩 I_x 和 I_y 对其稳定性起着决定性作用。其值越大，拱的屈曲抗力就越大。

(4) 拱间横撑（图 7-21）的面内刚度影响着拱的面外屈曲长度。

(5) 向内倾斜的拱依靠在拱顶设置的横撑能够提高整体结构的稳定性。

(6) 吊杆的轴向刚度和数量影响着拱的面内稳定性。吊杆越多，直径越大，其稳定效应越好。

(7) 与吊杆固结的主梁的抗弯刚度也影响拱的稳定性，这是因为主梁可以增强由吊杆提供的支撑作用。

上述最后两点，也就是关于吊杆和主梁对拱面内稳定的影响，见图 7-35。图 7-35a) 为两端铰接的下承式拱桥的结构形式。图 7-35b) 为图 7-35a) 所示拱的第一屈曲模态，吊杆和主梁对拱提供了恢复力。为方便计算，图 7-35c) 为拱的简化计算模型，即把拱模拟成一根受压直杆，其长度与拱跨径相等，在吊杆位置通过弹性支承模拟吊杆对拱的作用。

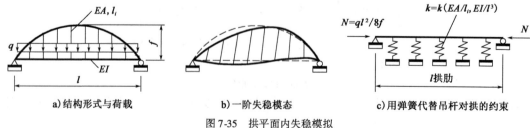

图 7-35　拱平面内失稳模拟

(三)拱的屈曲计算长度

参照中心压杆临界荷载计算公式,拱的临界压力(通常作为 1/4 跨径截面处的临界轴压力)可写成:

$$N_{cr} = \frac{\pi^2 EI_x}{S_0} \tag{7-36}$$

式中:S_0——拱的计算长度,$S_0 = aS$;
S——拱轴长度之半;
a——拱的长度计算系数,见表 7-2。

纯压均匀拱的计算长度系数 a 表 7-2

f/l	两铰拱			无铰拱			三铰拱	
	圆拱	抛物线拱	悬链线拱	圆拱	抛物线拱	悬链线拱	圆拱	抛物线拱
0.1	1.01	1.02	1.01	0.70	0.70	0.70	1.14	1.14
0.2	1.07	1.04	1.04	0.70	0.69	0.69	1.15	1.11
0.3	1.06	1.10	1.10	0.70	0.70	0.68	1.15	1.10
0.4	1.11	1.12	1.17	0.71	0.71	0.72	1.15	1.12
0.5	1.15	1.15	1.24	0.71	0.72	0.73	1.15	1.15

由表 7-2 所列的拱的计算系数可以看出一些重要的规律性,首先,对于相同矢跨比,相同边界条件的抛物线、悬链线及圆弧拱计算长度系数几乎相等。这说明,在相当大的范围内,形状的改变并不显著影响四分点的压屈轴力。计算长度系数几乎完全取决于拱的类型及其 f/l 的值,因此,对于设计来说,可将计算长度系数视作仅拱的类型及 f/l 的函数。

其次,在拱及其具有相同边界条件的压杆之间,其计算长度系数相接近,我们可以从物理概念上来理解这一规律。无铰拱反对称的屈曲形式可以用一根一端固定;另一端铰支,长度等于 S_0 的相应直杆的屈曲形式比拟。一端固定,另一端铰支的直杆的计算长度系数是 0.7。现在,无铰拱的系数是 0.68~0.72。同时,无铰拱反对称屈曲形式也可和简支直杆对应,简支直杆的计算长度为 1,现在两铰拱的这一系数是 1.01~1.24,且大多数小于 1.15。基于上两点规律性,我国公路桥涵规范分别给出二铰拱、三铰拱和无铰拱的计算长度 S_0 为 1.08S、1.19S、0.72S。

上面为拱的面内屈曲计算,如果要确定面外屈曲长度,就必须要考虑在结构上将两片拱连接在一起的横撑所提供的弹性支撑作用(图 7-33)。

【思考题】

1. 简述钢拱桥的分类以及各类型特征。
2. 简述钢拱桥的传力途径。

3. 钢拱桥的构造要求有哪些？
4. 钢拱桥吊杆有哪些类型？相应的受力特点是什么？
5. 哪些因素影响拱桥稳定性？
6. 推导钢拱桥拱肋常采用的合理拱轴线方程。
7. 推导钢拱桥无铰拱和两铰拱水平反力。

第八章
钢塔与缆索系统

悬索桥与斜拉桥均由梁、塔和缆(索)组成,主梁结构在第三章~第五章中已讲述,本章主要集中在悬索桥与斜拉桥中的钢塔和缆索体系上,其他内容不再赘述。

第一节 钢 塔

钢塔与混凝土塔相比,具有重量轻、抗震性能良好、施工快速等优点,因而在斜拉桥与悬索桥中均有应用。斜拉桥的桥塔大多采用混凝土桥塔,日本因钢材生产较多且考虑地震因素而修建了较多的钢塔斜拉桥,近些年我国也修建了钢塔斜拉桥,如南京长江三桥,为我国首座采用钢塔的斜拉桥。以美国为代表的大跨径悬索桥基本采用钢塔,日本悬索桥也一直沿用钢塔结构,我国多塔悬索桥如泰州长江大桥和马鞍山长江大桥的中塔等也采用了钢塔。

一、结构形式

一般来说,同等跨径的悬索桥与斜拉桥,悬索桥的索塔结构要比斜拉桥的简单一些。

首先,从塔高来看,悬索桥索塔的高度是由主缆的垂跨比决定的,为 $1/11L \sim 1/9L$(L 为桥梁主跨跨径),而斜拉桥索塔的高度是由斜拉索的角度范围所决定的,为 $1/5L \sim 1/4L$。因此,同等主跨长的悬索桥塔高要比斜拉桥的低。钢桥塔的高度确定原则与混凝土桥塔相同。

其次,从索塔在桥梁横向结构形式来看,悬索桥的索塔绝大部分为单层或多层门式框架,仅少数为两根塔柱之间具有交叉的桁式斜杆;而斜拉桥由于有单索面与双索面、平面索与空间索等区别而在塔架的形式上类型繁多,有较简单的独柱式、双柱式、单层或多层门式构架和复杂的 H 形、A 形、倒 V 形以及倒 Y 形等塔架。

最后,从构造上来看,悬索桥的索塔只需考虑在塔顶上布置主缆鞍座,而斜拉桥的索塔则必须考虑在塔柱上设有大量且细节复杂的斜拉索锚固构造。由于构造不同,悬索桥与斜拉桥的索塔受力形式略有差异,悬索桥以轴向受压为主,而斜拉桥由于有斜拉索的约束作用,除了轴向受压以外,还受到弯矩的作用。但是由于两者均为受压薄壁构件,因此结构的局部屈曲失稳和整体失稳是设计上的主要难点之一。

根据构造需要,钢塔柱按塔柱的数量可分为一肢、两肢、四肢等几种类型,两肢、四肢钢塔柱应设置若干道横系梁,以保证各肢共同受力。

(一)悬索桥钢塔

1. 桥梁索塔的纵向结构形式

对于悬索桥,其主塔在顺桥方向,按照力学性质可以分为刚性塔、摇柱塔及柔性塔三种结构形式,其顺桥向塔顶变形见图 8-1。

a) 刚性塔　　　　b) 柔性塔　　　　c) 摇柱塔

图 8-1　桥塔结构体系

(1)刚性塔

刚性塔是指塔顶水平变位量相对较小的桥塔。一般为单柱或者 A 形,为满足主缆纵向移位,索鞍容许有相对于塔顶的纵向位移。

(2)柔性塔

柔性塔是相对于刚性塔而言的,指塔顶水平变位量相对较大的桥塔。其下端一般为固接的单柱形式,在大跨径双塔三跨悬索桥中较多采用。一般在施工中主缆鞍下设辊轴,有控制地作相对于塔顶的纵向移动,成桥后再将塔顶主索鞍固定于塔顶,依靠塔柱的柔性来适应主缆在可变作用下的纵、横向水平位移。

(3)摇柱塔

摇柱塔为下端做成铰接的单柱形式。当塔顶产生纵向位移时,塔身必然要承受弯矩,在塔的下端设铰可以减轻塔身所受的弯矩,并让塔顶鞍座固结于塔。这样,主缆在塔顶的纵向位移,就可借塔的摆动来实现。且塔身所受的弯矩减小了,塔的用钢量就省了。

对于悬索桥桥塔的纵向形式,刚性塔一般用于多塔悬索桥(桥塔数量为 3 个或 3 个以上),特别是位于中间的桥塔,通过提高桥塔的纵向刚度,减小塔顶纵向位移,从而减小梁内的应力。摇柱塔一般只用于小跨径悬索桥。柔性塔因塔顶水平变位量相对较大,适用于大跨悬索桥,是现代大跨悬索桥常常选择的塔柱形式。

2. 桥梁索塔的横向结构形式

悬索桥钢索塔在桥梁横向的结构形式一般也有三种：

(1) 桁架式

在两根塔柱之间，除了有水平的横梁之外还有若干组交叉的斜杆组成桁架式结构。此种结构形式对塔顶的水平变位、用钢数量（经济性）及塔架内力（功能性）等方面均较有利。

(2) 刚构式

单层横梁或多层横梁的门架式为刚构式结构，这种结构形式在外观上明快简洁。

(3) 混合式

由桁架式和刚构式组合而成的结构为混合式。桥面以上为刚构式，以便在景观上明快简洁，而在桥面以下为桁架式，以改善塔架的功能性和经济性。

3. 截面形式

早期的美国悬索桥钢索塔采用铆结构，将钢板和角钢连接成多格式的塔柱，构造多复杂。目前悬索桥的钢桥塔一般均采用带有加劲肋的大钢板来组成大格室的截面。图8-2为日本本四联络桥中6座悬索桥的塔柱截面，它们在总体是十字形或T形截面，每根塔柱的格室较大且数量很少（有的只有一室），围成格室的四周钢板上均带有加劲肋（图中未示出）。

大鸣门桥	下津井桥	北备赞桥	南备赞桥	因岛桥	大岛桥

图8-2　日本本四联络桥中一些悬索桥的钢塔柱截面示意

(二) 斜拉桥钢塔

1. 桥梁索塔顺桥向的结构形式

斜拉桥钢索塔纵桥向的结构形式，一般为单柱形，如图8-3a)所示，在需要将索塔的纵向刚度做得较大时，也可将其做成如图8-3b)、c)所示的倒V形与倒Y形。此外，由于斜拉桥的拉索设计自由度很大，还可以做成弯塔、斜塔等其他形式。

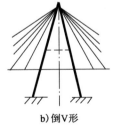
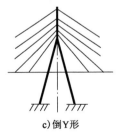

a) 单柱形　　　b) 倒V形　　　c) 倒Y形

图8-3　桥梁的纵向形式

2. 桥梁索塔横桥向的结构形式

由于斜拉桥有单索面与双索面、平面索与空间索等区别，因而其索塔横桥向结构形式的类型繁多。图8-4为几种常见的索塔横向结构形式。其中，图8-4a)适用于单索面斜拉桥，而图8-4b)适用于双索面斜拉桥。同纵向布置一样,倒 V 形索塔有时设置横杆梁成 A 字形索塔。

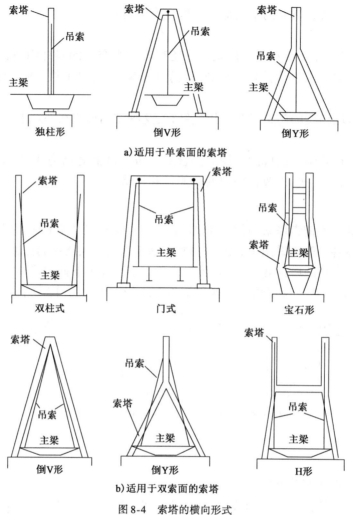

图 8-4 索塔的横向形式

3. 塔柱截面形式

斜拉桥大多数钢塔柱的截面做成矩形空心箱式,箱室四周的各主壁板上均布置有竖向加劲肋。箱室内上下相隔一定的距离设有水平横隔板。少数钢塔柱的截面做成 T 形或准十字形的空心箱式。图 8-5 为一些斜拉桥的钢塔柱截面示意图。目前世界上许多国家在桥梁建设中采用了钢塔,部分基本情况介绍见表 8-1。

世界上部分已建成钢塔桥梁一览表　　　　表 8-1

桥名	主孔跨径 (m)	塔柱高度 (m)	塔柱截面 形状	纵向尺寸 (m)	横向尺寸 (m)	钢壁板厚度 (mm)
圣-纳扎桥(法国)	404	68	矩形	2.5	2.0	
名港西大桥(日本)	405	122	矩形	4.0~5.5	2.7	22~34
岩黑岛桥(日本)	420	152.3	T 形	4.0~6.0	4.0	32~40
湄南河桥(泰国)	450	85.8 (122.5)	矩形	3.5~5.5	2.5~7.0	

续上表

桥名	主孔跨径(m)	塔柱高度(m)	塔柱截面形状	纵向尺寸(m)	横向尺寸(m)	钢壁板厚度(mm)
横滨海湾桥(日本)	460	172	矩形	5.0~9.0	4.0~5.8	
东神户大桥(日本)	485	146.5	十字形	5.3~7.3	3.5	
鹤见航道桥(日本)	510	180	T形	4.5~6.5	5.0	
名港中大桥(日本)	590	190	八角形	5.2~6.0	8.0	
多多罗大桥(日本)	890	220	矩形(带切角)	5.9~8.5	5.6~12	22~44
旧金山-奥克兰新海湾大桥(美国)	385	160	五边形	5.82~2.924	6.234~3.693	45~100
南京长江三桥(中国)	648	187.2(总高215.0)	矩形(带切角)	6.8	5.0	30~48
泰州长江大桥(中国)	1 080	191.5	矩形(带切角)	6.6~15.54	5.0	50~60
马鞍山长江大桥(中国)	1 080	127.8(承台至塔顶165.3)	矩形(带切角)	7~11	6.0	40~60

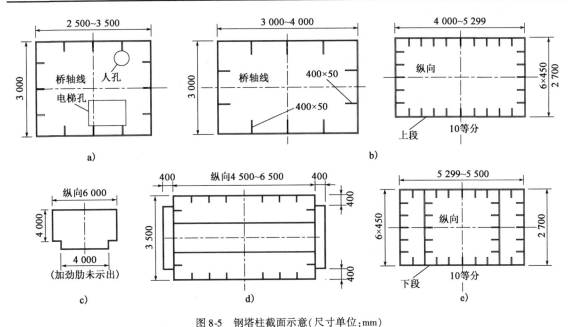

图 8-5 钢塔柱截面示意(尺寸单位:mm)

二、钢塔构造细节

对于钢塔的构造细节,应符合《公路钢桥规范》的相关规定。

1. 塔柱截面

钢塔宜采用箱形截面,多采用矩形截面,少数采用 T 形或准十字形等其他箱形截面。箱形截面宜为单室,当塔柱截面较大时,可在钢塔内布置横桥向和顺桥向竖隔板,将塔柱截面分为多室。为了抗风需要,也可采用带切角的截面,或根据受力需要选用截面形式。南京长江三桥钢塔采用了带切角的矩形截面,进行了 10 种尺寸的切角形式气动外形比选,发现切角长宽比增大时,涡振响应也有增大的趋势。最终选用了涡振响应最小的 $0.8m \times 0.7m$ 的切角截面。钢塔质量和阻尼较小时,在钢塔安装过程中及裸塔状态下都易产生涡激振动,因此可通过塔柱截面选型或附加气动装置改善钢塔的气动性能。此外,钢塔较高,还有发生驰振的可能性。

2. 塔柱横隔板

横隔板设置的目的是防止壁板失稳,因此横隔板应对壁板提供足够的支撑刚度,宜按 4m 间距设置。在满足对壁板加劲刚度的情况下,也可采用中间大部分挖空的横肋结构。另外,还可以为塔柱内升降机提供平台,为节段连接时提供工作平台等。横隔板的厚度应保证结构总体受力需要,并应对壁板提供足够的支撑刚度。还应设置必要的加劲保证承担面外竖向荷载,如人群荷载、机具荷载等。加劲肋宜设置在横隔板的下方。

3. 塔柱节段连接

钢塔节段划分应充分考虑节段运输的方便与节段安装时的设备吊装能力。钢塔节段间的连接一般有三种形式:一是焊接连接;二是普遍采用的钢塔节段端面金属接触与高强度螺栓共同受力;三是钢塔节段端面金属接触与高强度对拉螺杆共同传力。当塔柱太高时,高空焊接作业不易保证焊接质量。因此,较矮的钢塔节段之间可采用焊接的方式连接,较高的钢塔宜采用高强度螺栓与端面接触共同受力的连接形式。考虑端面接触共同受力时,应在高强度螺栓拼接板上开设金属接触率检查孔。

4. 塔柱钢混连接

钢桥塔与混凝土墩身、基础间应采用受力明确、传力匀顺、安全可靠的连接方式。根据结构受力需要和构造要求不同,钢塔柱和混凝土塔柱的连接位置可设在承台顶、下横梁顶或上塔柱中间。日本大部分桥梁是在承台顶面连接;泰国湄南河桥、日本鹤见航道桥等桥设在主梁顶面附近。对于南京长江三桥,由于长江南京段江面水位变化较大,不宜将钢混连接段放置在承台顶面,最终将钢混连接段放置于桥塔下横梁顶面。钢塔与混凝土塔柱(基础)的连接应安全可靠,必要时可通过试验验证。

5. 混合钢设计

钢塔宜采用高强度的钢材作为结构主材,可根据不同的应力要求选用不同强度等级材料。对国内的桥梁,不管是主梁、桥塔还是拱圈,由于材料生产、采购、加工等种种原因,同一座桥的材料,尤其是主要构件的材料,几乎采用相同的材料。国外许多桥梁,不管是主梁还是桥塔,均按照受力大小划定几个区域,不同的受力区域选用不同的材质,从而达到节省造价的目的。

6. 拉索与塔连接

拉索或者索鞍在塔上的布置应尽量避免桥塔受扭,根据桥塔截面的大小,可以采用两侧锚固,或者交叉锚固。斜拉桥钢塔锚固构造宜采用钢锚箱的形式。悬索桥索鞍下钢塔柱局部区域应根据应力情况,设置较厚的钢板与较强的加劲构造,防止局部失稳。

三、设计计算原则与计算步骤

(一)设计计算原则

1. 钢桥塔整体静力计算

钢桥塔整体静力分析宜采用空间板壳单元建立有限元模型,对于大型或复杂的钢桥塔亦可先采用空间杆系有限元方法进行整体静力计算,再对局部进行试验验证。应分别在施工与成桥状态选取最不利荷载工况对钢桥塔最大主压应力、最大主拉应力、最大纵向位移、塔底最大内力进行计算和验算。

2. 钢桥塔稳定性计算

钢桥塔设计必须进行整体稳定性和局部稳定性计算,并保证局部失稳不先于整体失稳发生。钢桥塔进行局部稳定分析时必须同时考虑几何非线性、材料非线性和结构初始缺陷的影响。根据钢塔在施工中与成桥后的受力状况,确定截面高度方向上壁板的厚度。

3. 钢桥塔动力分析

根据现行《公路桥梁抗风设计规抗》(JTG/T D60-01)进行钢塔的风荷载计算、动力特性分析、抗风稳定性验算。在进行钢桥塔动力分析过程中,根据结构的重要性和特殊性,如有必要应进行钢桥塔风洞试验研究。可通过塔柱断面切角或附加气动装置改善钢桥塔的弛振稳定性或抑制涡激共振。气动措施不能满足抗风要求时,可采用阻尼装置或主动控制钢桥塔施工过程中和成桥后的风致振动。

4. 钢桥塔抗震分析

钢桥塔应进行抗震分析,确保主塔的抗震安全。钢桥抗震分析时必须同时考虑钢塔柱与混凝土墩身的影响。一般跨径桥梁钢桥塔的地震荷载计算、抗震强度和稳定性验算、抗震措施可按现行《公路桥梁抗震设计细则》(JTG/T B02-01)进行;大跨径、特大跨径桥梁的钢桥塔抗震计算,应进行专题的研究和分析。若桥址地震的烈度为6度或7度,钢桥塔一般不由抗震控制设计,仅在关键部位进行局部加强处理。

(二)计算步骤

作用于桥塔上的荷载主要有:直接作用于桥塔的自重、风力、地震、温度等作用;通过主缆、加劲梁的支座等传递过来的竖向荷载;由主缆的纵向位移引起的塔顶水平位移。

桥塔一般被当作独立结构,在桥轴向及横向分别计算分析。对于纵向荷载,将塔按底部固定而顶部铰接于可压缩的支点(主缆的压力)的竖直梁来计算。

对于横向荷载,将塔视为底部固定的桁架、框架或者柱式结构,一般塔柱的横向刚度较主缆大很多,所以此时主缆的约束可以忽略不计。对于常用的柔性塔,因其较小的塔柱刚度,必须计算其屈曲临界荷载。

一般悬索桥桥塔的设计计算可以按照以下步骤进行:

(1)计算作用于塔的外力及塔的水平位移。

(2)截面的拟定。以刚度为大致标准拟定各构件截面及尺寸。

(3)塔顶和塔基的局部构造设计与验算。以计算得到的最大荷载组合结构为依据。

(4)对应力和屈曲进行验算。应分别在施工与成桥状态选取最不利荷载工况,计算顺桥向和横桥向的轴向压应力和弯曲应力,组合后验算各顺桥向、横桥向截面应力及屈曲。

(5)顺桥向荷载作用下的计算。纵向荷载是指顺桥向的风荷载、地震荷载、加劲梁和主缆传到主塔的活载;在活载作用下,桥塔将发生水平位移,由于主塔纵向抗推刚度相对较小,塔顶水平位移的大小主要是由主缆重力刚度的水平分量决定,而与塔的抗弯刚度关系不大;活载计算中常忽略塔的弯曲刚度,先求出主塔水平位移,再将它作为已知条件计算主塔内力。在计算中,必须考虑两种加载状态、最大竖向荷载与相应塔顶位移状态、最大塔顶位移与相应竖向荷载状态,一般来说,后一种状态可能更为不利。

(6)横桥向荷载作用下的计算。横桥向荷载包括风荷载、地震荷载以及主缆传来的横向水平力等。

(7)稳定承载力验算。

四、钢塔实例

(一)南京长江三桥

南京长江三桥有南北两座索塔,是我国首座桥梁钢塔。主塔为人字形钢塔柱,高 215m,塔柱外侧圆曲线部分半径 720m,设 4 道横梁,其中下塔柱及下横梁为钢筋混凝土结构,其他部分为钢结构。下塔柱 36.318m,塔柱截面横桥向宽度为 6.2~8.4m,顺桥向宽度为 8.0~12.0m。钢塔柱高 178.682m,截面尺寸上下相等,横桥向宽 5.0m,顺桥向宽 6.8m。除钢混结合段外,一个钢塔柱共分为 21 个节段,节段长 7.7~11.42m,一个节段的最大吊重不超过 160t,钢塔总质量约为 12 000t,钢塔柱构造见图 8-6。钢塔柱主体结构采用 Q370qD 钢,壁板厚 30~48mm,腹板厚 32mm,壁板加劲肋厚 22~24mm,腹板加劲肋厚 24mm,横隔板厚 14mm,横隔板加劲肋厚 10mm,塔高中部截面图见图 8-6。

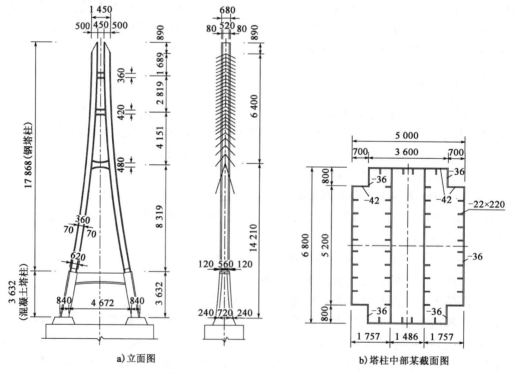

图 8-6 索塔一般构造图(尺寸单位:cm)

(二)泰州长江大桥

泰州长江大桥主桥为三塔悬索桥,跨径布置为 390m + 1 080m + 1 080m + 390m,中塔在水中、两个边塔在漫滩上。与两塔悬索桥相比,虽然都是以悬索为主要承载结构的桥梁,三塔悬索桥因为多了一个中塔,总体结构行为与两塔悬索桥有显著差别,最主要表现在中塔的边界约束、中塔的控制性工况和结构体系的不同。合理选择中塔结构形式,对于中塔本身受力、桥跨总体结构刚度以及主缆与中主鞍座间的抗滑移稳定性具有决定性意义。泰州长江大桥中塔,根据全桥结构刚度和主缆在中主鞍座中的抗滑移安全,结合中塔自身受力的要求,最终采用了纵向人字形钢塔。

中塔纵向呈人字形结构,塔柱高191.5m。塔柱纵向自上向下分三个区段:上部直线段、交点附近的曲线过渡段及下部斜腿段。塔柱两条斜腿中心交点以上塔柱高122.0m,交点以下塔柱高69.5m,斜腿段倾斜度为1:4。纵向宽度自塔顶的6.6m直线变化到曲线过渡段顶的10.6m,曲线过渡段半径为100m,塔柱纵向由10.6m变到15.54m;斜腿段纵向尺寸等高为6.0m。索塔横向为门式框架结构,塔柱横桥向尺寸自塔顶至塔底等宽为5.0m,塔柱共设置两道横梁。

塔柱截面为单箱多室布置,由四周壁板和两道腹板构成,根据受力要求,位于塔顶段和斜腿交叉点以上局部范围内增加了一块中腹板。为了减小塔柱截面的风阻系数,改善涡振性能,把塔柱外侧角点处切去0.6m×0.6m的4个矩形面积,将截面进行钝化。

钢塔柱主体结构按塔柱受力分别采用Q370qD、Q420qD钢。塔柱壁板厚度为50~60mm,腹板厚度为44~60mm,均采用板式加劲肋,加劲肋板厚为40mm和48mm;横隔板的间距为3m与2.5m两种,横隔板厚一般为16mm,特殊受力部位为24mm或32mm。

上横梁外形为横置的"K"形,连于塔柱顶部的直线段内,横梁内每隔3m距离设置一道横隔板。下横梁连于塔柱曲线过渡段内,高5m,顶、底板厚为32mm,均采用20mm×250mm板式加劲肋加劲。腹板厚为32mm。横梁内每隔3m设一道横隔板。

中塔采用顺桥向为人字形、横桥向门式框架的钢结构塔,承台以上塔高194m,交点以上塔柱高122m,交点以下塔柱高72m。两条斜腿在塔底的叉开量为36m,桥塔一般构造见图8-7。钢塔上部和下部采用Q370钢材,中间部分采用Q420钢材,外塔壁板厚有60mm和50mm两种规格,相应加劲肋为40mm×500mm和50mm×500mm。

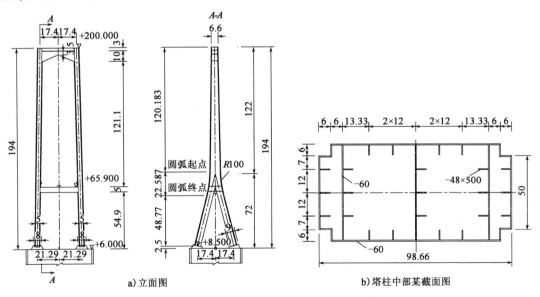

图8-7 泰州长江大桥中塔(尺寸单位:m;高程单位:m)

第二节 缆索系统

缆、索、链、绳都是柔性大的构件。独立的、直径较大的,称为缆,其特点是抗弯刚度很小,而抗拉刚度可以很大,故只适合于受拉。本节简要介绍悬索桥的主缆和斜拉桥的拉索。

一、悬索桥主缆

主缆是悬索桥的主要受力构件,有时也称为大缆。悬索桥的主缆形式一般全桥采用2根、平行布置。迄今为止,只有极少数悬索桥(如美国的维拉扎诺桥和乔治·华盛顿桥)在全桥设有4根平行的主缆。另外,日本的北港桥(主跨300m的自锚式悬索桥)只设了单根主缆。

主缆一般在跨径范围内通过吊索与加劲梁相连。但有的悬索桥(如丹麦大贝尔特桥)为减小竖向变位和增大扭转刚度,在跨中将主缆与加劲梁直接连在一起,形成缆结,使主缆对跨中一点相当于斜拉索作用。在1820年前后,法国工程师采用钢丝制作悬索桥的主缆,到1883年美国修建布鲁克林桥时,跨径就达到486m,从此开始了大跨径悬索桥的建设。钢丝强度的不断提高,使建成悬索桥的跨径现已接近2 000m。目前国内外都在研究可用作主缆的新型材料,如碳纤维等,主缆材料和构造的进步必将促进悬索桥向更大的跨径发展。

悬索桥的主缆可采用钢丝绳和平行钢丝束两种形式,前者一般用于中小跨径(跨径500m以下)的悬索桥,后者则适用于各种跨径的悬索桥。用于悬索桥的钢丝绳根据其规模大小可分别采用螺旋钢丝绳及绳股钢丝绳。平行钢丝束则根据其架设方法分为空中纺丝法和预制平行丝股法。前者是在施工现场通过移动的纺轮在空中编制而成,后者是预先在工厂(或工场)按规定的钢丝根数及长度制作成丝股,并做好锚头,绕在丝股盘上,然后运到现场通过牵引系统架设到设计位置。

悬索桥的主缆一般有以下基本要求:单位有效截面积的拉力强度大;截面密度大;结构延伸率小;弹性模量大;抗疲劳强度大;徐变小;易于运输、架设与锚固;防腐处理容易;价格便宜。

大跨径悬索桥主缆的索力大,所要求的钢丝数目多,为了减小主缆直径和提高弹性模量,基本上采用平行钢丝组成丝股,再由若干丝股组成密实的主缆。由平行丝股组成的主缆各丝股之间受力较为均匀,平行丝股主缆可制作成正六边形、圆形等形状,通过施工工艺,可将其架设成密实和理想的截面。

丝股的架设截面形式一般是正六边形,以便于丝股保持稳定和相对密实。由丝股排列成主缆的截面外形有尖顶型和平顶型两种,见图8-8。平行钢丝主缆的丝股按设计排列架设完成后,将外层丝股的定型带去掉,将丝股打散,然后进行初整形;在初整形后,用紧缆机进行最终整形,将主缆紧固到要求的截面大小时,用软钢带将其捆扎,使其保持要求的形状和尺寸,见图8-9,全部紧缆完成后,再进行下道工序。

主缆的安全系数主要由以下因素决定:主缆的构造、计算精度、恒载应力与活载应力之比、二次应力的影响、应力不均匀的程度、结构物的重要性等。选取适当的值作为主缆的安全系数,做到既保证结构的安全,又经济合理,这是降低悬索桥主缆材料用量的关键。国外早期悬索桥主缆的安全系数取得比较大,小跨径桥取得更大。目前一般都在2.5~3.0,对特大跨径桥,则由于二次应力、施工误差等的影响比小跨径桥要小,因此安全系数可取得小一些,如明石海峡桥取 2.3 左右。

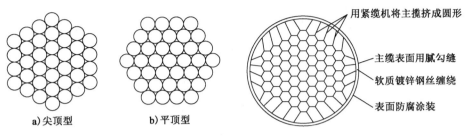

a) 尖顶型　　b) 平顶型

图 8-8　主缆内丝股的排列

图 8-9　紧缆后丝股的截面变形状态

二、斜拉桥斜拉索

(一) 斜拉索组成

拉索是斜拉桥的重要组成部分，起到传递主梁荷载至索塔的作用。

如图 8-10 所示，斜拉索主要由钢索、两端的锚具、减振装置和保护措施组成。一根拉索可划分为两端的锚固段、过渡段及中间段三个部分。其中，锚固段用来将拉索分别固定在索塔和主梁上，分为固定端和张拉端两种；过渡段包括锚垫板、导索管、减振器、填充材料；中间段即为索体。

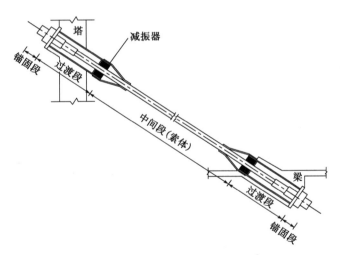

图 8-10　斜拉索的组成

(二) 斜拉索类型

为了便于运输和施工架设，拉索通常为多根细钢丝按一定方式捆扎而成，使其具有柔软性。根据捆扎形式不同，拉索分为封闭式钢索、平行钢丝索、钢绞线索三种形式，比较常用的是由 $\phi 5mm$ 或 $\phi 7mm$ 热镀锌钢丝组成的平行钢丝索，强度一般为 1 670MPa。钢丝拉索的截面形式见图 8-11。

图 8-11a) 为封闭式钢索 (Rocked Coil Rope)，最早由德国生产，并用于悬索桥和斜拉桥。这种钢索是在截面中心部布置圆钢丝，而外面由几层楔形和再外层由 Z 形的异形钢丝组成。

由于异形钢丝排列紧密,钢索截面的密实度可达到90%,而且封闭性好的外表面起到防锈蚀作用。为了使钢索具有一定的柔软性,制造时一般将钢丝按螺旋形式捆扎,但是钢丝按螺旋形式捆扎的钢索轴向拉伸刚度小,拉伸时还会因截面紧缩而伸长,引起预应力损失,因此在使用前需要对钢索进行预张拉,以消除由于截面紧缩引起长度伸长的影响,同时在设计时应考虑钢索的蠕变伸长对结构内力的影响。

图8-11b)为平行钢丝索股(Parallel Wire Strand,PWS),是将直径5mm的镀锌钢丝按一定根数(19、37、61、91、127等)平行捆扎成正六边形截面的索股,钢丝顺直无扭转。每根拉索由单股或者若干股PWS组成。PWS在悬索桥主缆中比较常用,自HiAm锚拉索和新型PWS拉索研制出来以后,PWS在斜拉桥中使用已不多见。

图8-11c)为新型PWS(new PWS)拉索,是由直径7mm的钢丝以小扭角捆扎而成,由于柔性比PWS索好,可满足运输要求(能够缠绕在卷筒上)。为了维持拉索的物理性能,扭角不能太大(一般小于4°)。截面不要求是六边形,钢丝根数可按受力要求选定。

图8-11d)为平行钢丝索(Parallel Wire Cable,PWC)。与平行钢丝索股不同的是,前者将平行钢丝扎成整根,并在六边形的最外去掉1~2根钢丝,使索的截面近似于圆形。而平行钢丝索直接将钢丝平行并拢、扎紧,截面不要求是六角形,因此截面内的钢丝根数可以自由地选定。另外,同新型PWS一样,钢丝按小扭角捆扎时可以增大柔性,以满足运输要求,这种钢索称为新型PWC(Spiral Parallel Wire Cable,SPWC)。

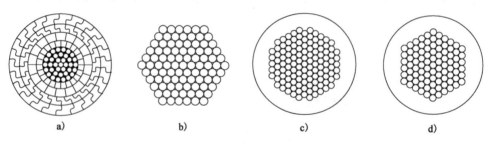

图8-11 斜拉索的类型

除了钢丝索以外,斜拉桥有时也采用钢绞线拉索。用7丝,或19丝,或37丝等钢丝在工厂扭结成钢绞线,由几根钢绞线组成斜拉索。钢绞线的标准强度一般不低于1 860MPa。

钢绞线索和封闭式钢索的弹性模量都较低,非弹性变形较大,不宜用于对拉索变形很敏感的斜拉桥。为了消除构造上的伸长变形,正式使用前需要进行预张拉,预拉力一般不超过断裂强度的55%。

(三)斜拉索锚具形式

斜拉索的锚具形式与拉索类型有关。钢丝斜拉索锚具有热铸锚、镦头锚、冷铸镦头锚等多种形式。热铸锚构造见图8-12a),将一个内壁为锥形的钢质套筒(称为锚杯)套在钢索上,然后将钢索端部钢丝散开,并在锚杯中灌入熔融的低熔点合金(如锡、铅、锌合金),待合金凝固后将和散开的钢丝在锚杯内形成一个头大尾小的塞子,传递拉索的拉力。锚杯可以用螺纹、销接、垫块等方式固定在桥梁结构上。锚杯构造形式与固定方式有关,在拉索张拉端必须具备和张拉设备相连的内螺纹。这种锚固方式主要适用于单股钢索和封闭式钢索。由于热铸锚在合金浇铸时温度较高,对钢丝的力学性能会带来一些不利的影响,因此现在已很少使用。

镦头锚构造如图 8-12b)所示,将钢丝穿过孔板后末端镦粗,固定在孔板的另一侧,将钢丝的拉力传递到孔板上。同热铸锚一样,锚杯构造与固定方式有关,张拉端必须具备和张拉设备相连的内螺纹。这种锚固方式主要适用于平行钢丝拉索,具有较好的耐疲劳性能。但是,随着后述的冷铸镦头锚出现,目前在斜拉桥也已经很少采用镦头锚。

冷铸镦头锚也称为 HiAm(High Amplitude)锚,是一种在热铸镦头锚的锚杯锥形腔后部增设一块钢丝定位板的锚固方式,钢丝通过锚杯以后穿过定位板上对应的孔眼镦头定位。锚杯中空隙用特制的环氧树脂与钢珠混合物填料在常温下铸凝,钢珠在混合物中形成承受荷载的构架。冷铸镦头锚是为了避免钢丝在锚具端部发生疲劳破坏而研制出来的特殊锚固措施,目前在斜拉桥中广泛应用。图 8-12c)为武汉长江公路桥使用的冷铸镦头锚。

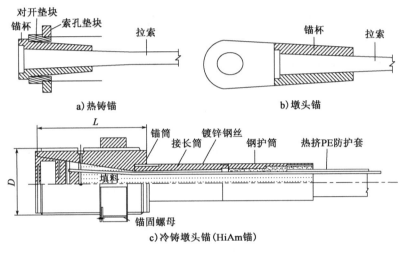

图 8-12 斜拉索的锚具形式

(四)斜拉索防护和减振措施

拉索耐久性是斜拉桥设计中比较重要的问题,由于暴露在大气中的拉索容易发生腐蚀,设计时除了考虑将来换索的可能性外,还必须对拉索采取防腐措施,延长使用寿命。

钢丝索的防护分钢丝防护和拉索外层防护两级,钢丝防护一般采用表面镀锌的办法,要求锌层附着量大于 $300g/m^2$,避免钢丝在外层防护措施实施前发生锈蚀。外层防护有柔性索套、半刚性索套和刚性索套三种方法,其中柔性索套是一种比较常用的防护方法,容许拉索发生较大的横向变位。索套用复合材料高密度聚乙烯(High Density Polyethylene,HDPE,简称 PE 套管)制作,最后在外表面进行色彩处理,一方面避免黑色 PE 索套有易吸热的缺点,另一方面可以满足美观需要。

柔性索套分为压浆和非压浆两种。压浆拉索一般在拉索外面用沥青或树脂材料涂抹,然后用玻璃丝布和树脂缠涂三层,最后在外面套上聚乙烯套管,并在管内压入水泥浆或树脂。树脂可以是环氧树脂、丙烯酸树脂或环氧—聚硫橡胶等。早期采用的压注水泥浆的拉索,使用过程中发现由于拉索与防腐材料弹模与线膨胀系数均不同,易造成管内填充材料与套管的破裂,从而失去防腐的作用,现已基本不用这种防腐体系。我国早期斜拉桥中采用这种防腐体系的索也大部分得到了更换。

非压浆拉索(新型 PWS 和 SPWC)的防护体系在工厂制造时就已完成,一般先将钢丝镀锌,然后在钢丝的空隙中填充防锈化合物或将整捆的索用防腐卷带缠包,最后在外面挤压一个高密度 PE 套管,见图 8-13。它是目前斜拉索普遍采用的防腐体系。

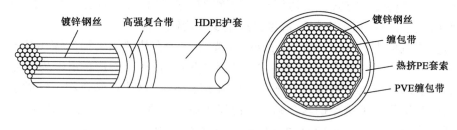

图 8-13 PE 套管防腐

用钢筋混凝土、预应力混凝土或钢材制作的套管,若容许拉索发生一定横向变位的称为半刚性套管;形成一个刚性杆件,不容许拉索发生横向变形则称为刚性索套。采用混凝土索套时,需要施加预应力,以免混凝土在反复荷载或动力荷载作用下开裂。刚性索套可以减小体系的挠度,节省用钢量,但施工较复杂,索套迎风面积大,对结构抗风不利,所以应用不多。

为了保证拉索的防护质量,除了耐久性外,要求防护层有足够强度而不致开裂,有良好的附着性而不脱落。

拉索在使用状态下由于张力很大,导致结构的振动阻尼非常小,在风、交通等动力荷载作用下极容易发生有害的振动,对结构安全性和耐久性不利。拉索的振动是比较复杂的结构动力问题,除了一般的线性振动问题以外,还会发生参数振动、风雨振、涡激振等多种复杂的振动现象。

为了避免拉索在使用中发生大振幅振动,一般需要采取一些减振措施。拉索减振措施根据原理和动力荷载类型不同有三种方法:气动控制法、阻尼减振法及改变结构动力特性方法。气动控制法是将斜拉索外表面做成如图 8-14a)所示的非光滑表面,使气流经过拉索表面时形成湍流,防止发生拉索涡激共振,同时阻碍雨线形成,避免发生风雨振。阻尼减振法是通过提高拉索的振动阻尼实现减振目的的方法,有安置在套管内的内置阻尼装置和安置在套管外的外置阻尼装置两种形式[图 8-14b)],这种方法通过附加阻尼装置增加结构的阻尼,起到减小拉索振幅的作用。改变结构动力特性法是将若干拉索之间用辅助索相互联结起来的方法,其原理是通过改变拉索的振动频率和提高结构阻尼的方法达到减振的目的。

a)表面非光滑处理方法　　　　　　　　b)外置阻尼装置

图 8-14 拉索减振措施

三、缆索设计计算

缆索构件及其附属设施的设计应考虑安全性、实用性和耐久性，斜拉索、吊索应考虑可调节、可检查、可监测、可维修和可更换。缆索构件及其附属设施应考虑单根钢丝的防护、钢丝间的防护、构件外表面的防护和构件连接处的防护。缆索构件往往细长而刚度小，在风、车辆等动荷载作用下容易产生振动而造成疲劳问题，同时也导致舒适感降低。结构设计时应考虑这些影响，设置合理的阻尼或减振装置。索构件设计除了应考虑《公桥通规》中规定的永久作用、可变作用和偶然作用以外，还应考虑裹冰荷载、更换与断裂等偶然工况的影响。

缆索构件的受拉承载能力极限状态应满足下式要求：

$$\gamma_0 N_d / A \leq f_d \quad \text{或} \quad \gamma_0 N_d \leq N_R \tag{8-1}$$

式中：N_d——轴向拉力组合设计值，各项作用的分项系数和组合系数都取 1.0；

A——缆索构件的截面面积；

f_d——缆索构件的抗拉强度设计值；

N_R——缆索构件的抗拉承载力设计值。

$\gamma_0 N_d / A \leq f_d$ 适用于采用高强平行钢丝、钢绞线、普通钢材等制成的受拉构件计算；$\gamma_0 N_d \leq N_R$ 适用于钢丝绳构件计算。

缆索的疲劳设计应按《公路钢桥规范》5.5节中抗疲劳设计进行，疲劳抗力根据缆索的疲劳强度曲线和疲劳细节构造分类可分别从图 8-15 和表 8-2 中查取。

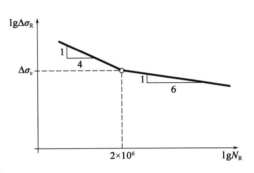

图 8-15 缆索构件的疲劳细节曲线

缆索构件的疲劳细节构造分类　　　　表 8-2

受拉构件类型	构造分类 $\Delta\sigma_c$[MPa]	受拉构件类型	构造分类 $\Delta\sigma_c$[MPa]
钢丝绳	150	平行钢丝束	160
平行钢绞线束	160		

注：采用疲劳荷载模型 I 时，$\Delta\sigma_D = \left(\dfrac{2}{5}\right)^{1/6} \Delta\sigma_c = 0.858\Delta\sigma_c$。

锚头验算应满足下列要求：

(1)锚头锚杯内钢丝锚固长度应满足锚固强度的要求，铸锚可按下式计算：

$$l_{sae} \geq \frac{0.625 f_k}{v} d_w \tag{8-2}$$

式中：l_{sae}——钢丝在锚杯内的锚固长度(mm)，见图 8-16；

f_k——钢丝破断强度(MPa)；

v——单根钢丝与合金在单位面积上的附着力，无试验资料时：铸体材料为热铸料，可取 $v = 25$MPa；铸体材料为冷铸料，可取 $v = 18$MPa；

d_w——钢丝直径(mm)。

(2)锚杯的承载能力极限状态应满足式(8-3)的要求，锚杯与铸体材料相互作用示意见图 8-16。

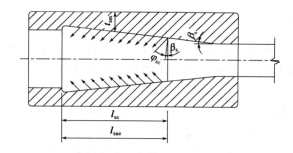

图 8-16 锚杯与铸体材料相互作用示意图

锚杯的承载能力极限状态应满足：

$$\gamma_0 \sigma_t \leqslant f_d \tag{8-3}$$

式中：σ_t——锚杯的环向应力；

f_d——锚杯材料的抗拉强度设计值。

锚杯的环向应力可按下式计算：

$$\sigma_t = \frac{F_t}{l_{sc} t_{sm}} \tag{8-4}$$

$$F_t = \frac{N_s}{2\pi \cdot \tan(\varphi_{sc} + \beta_s)} \tag{8-5}$$

式中：l_{sc}——铸体材料的有效长度，$l_{sc} = \frac{2}{3} l_{sae}$；

t_{sm}——铸体材料有效长度内锚杯的平均壁厚；

F_t——锚杯环向拉力，可按式(8-5)计算；

N_s——索股拉力组合设计值；

β_s——锚杯内锥面母线与轴线的夹角，$\tan\beta_s = 1/12 \sim 1/8$；铸体材料为热铸料时，斜度宜取高值；铸体材料为冷铸料时，斜度宜取低值；

φ_{sc}——锚杯内铸体上压力线与锚杯内锥面母线的夹角；铸体材料为热铸料时，可取 $\tan\varphi_{sc} = 0.2$；铸体材料为冷铸料时，可取 $\tan\varphi_{sc} = 0.45$。

【思考题】

1. 简述悬索桥钢塔与斜拉桥钢塔的异同。
2. 按照力学性质悬索桥钢塔可分为几种形式，并列举哪些桥采用上述形式。
3. 列举我国采用钢塔的桥梁。
4. 简述悬索桥主缆与斜拉桥斜拉索的异同。
5. 简述斜拉桥的拉索为什么要采取防护和减振措施，减振措施有哪几种？

第九章 钢桥施工

在公路钢结构桥梁设计阶段,应提出对制作、运输、安装、养护、管理等的相关要求,选择合理的结构形式,并考虑尽量采用标准化、通用化的结构单元和构件,同时构造与连接应便于制作、安装、检查和维护。尽管建设期的持续时间比结构的运营寿命短得多,但建造过程中造成的隐患和事故数量却是巨大的。设计和施工人员必须认识到自己的责任,在钢桥施工现场工作时严格遵守相关规范。

钢桥施工主要包括钢结构工厂加工和现场安装两大部分,桥梁钢结构应委托有相应资质的制造厂进行加工制造,在制造前制造厂应对设计图进行工艺性审查,然后再将其转化为加工图,将结构构件分解为板单元和零件,主要是为了便于制造厂生产加工。炼钢厂可以提供板材和型材,型材如角钢、槽钢、工字钢等,钢桥加工厂按设计将这些材料裁切成一定尺寸的板件,如有栓接需打孔,再将这些材料通过焊接和栓接组装起来,制成构件。构件包括梁节段、塔节段、拱节段、墩节段、钢锚箱、钢锚梁、拉杆、压杆、节点板、联结杆等。再将构件运到桥位之后,按设计图现场拼装成桥梁结构。桥梁结构主要包括梁(钢板梁、钢箱梁、钢桁梁)、拱(钢管拱、钢箱拱、钢桁拱)、墩(钢箱或钢管结构)、塔等,以及钢混组合结构中的钢梁或钢塔等。随着技术的发展,特别是信息技术的日新月异,各种数字化、自动化和信息化的手段不断增多,BIM技术、三维建模、数控设备以及工业机器人已在制造业和工程建设领域中越来越多地得到应用,应用这些先进的技术、工艺和设备,以提高效率、保证制造精度和工程质量。

钢结构制造施工组织方案、制造工艺方案和焊接工艺试验报告等应进行专家评审,由监理单位审批后报请相关单位。对设计文件进行工艺性审核时,通常需要考虑以下内容:①设计图的节段划分是否符合制造、运输和架设安装的条件;②构件是否标准化、通用化,以减少工装的制造量;③制造厂现有的设备和条件是否满足制造的要求;④焊缝布置、焊缝形式及操作空间是否合理及焊接变形对质量的影响;⑤选用钢材的品种规格是否与可能供应的材料相符;⑥制造数量、质量要求和运输方式等是否明确。钢结构制造单位,应根据设计图纸和经监理单位审批的钢结构制造工艺方案,绘制工厂加工图,并符合以下要求:①钢结构工厂制图包括加工制造零件图、板单元组拼图、构件组拼图、钢结构总拼图、厂内试装简图、工地拼装简图、构件汇总表等。②钢结构工厂制造图应考虑桥梁纵断线形、平面线形、横坡、预拱度、焊接变形、边缘加工余量、切割余量、制造温度、施工方法的影响。③板单元和构件划分时,焊缝宜避开结构受力位置和车轮经常直接作用位置。空间几何形状复杂的构件,或采用平面难以确定其几何尺寸的构件宜绘制三维图,或采用 BIM 建模。④工厂加工图应满足设计文件、制造工艺与精度要求,并报送监理单位和设计单位。

由于钢结构桥梁的成桥设计线形不能作为加工线形,因此涉及如何确定钢结构加工线形的问题,而在现场安装时,由于后续安装节段对前面安装节段变形有影响,因此还涉及如何确定钢结构安装线形的问题。钢结构易锈蚀,涂装防腐也是钢桥施工中一个重要环节。

第一节 钢桥制造线形与安装线形

钢结构桥梁的制造和安装应及时建立施工监控体系,且在制造前应具有构件的制造线形。为了保证钢桥最终的成桥线形与设计线形一致,必须准确计算钢梁的制造线形和施工中的悬臂前端的拼装高程。在钢梁制造的过程中,悬拼结构之间的拼装角度已经确定,为了保证拼装中结构的安全,拼装角度的调整量非常有限,这与悬臂浇筑混凝土的结构不同。过去由于桥梁控制理论不成熟,人们没有充分意识到传统安装线形和制造线形的差异,导致悬臂拼装的梁段与已拼装梁段之间的悬拼角度与制造线形不一致,不得不调整顶底板焊缝宽度,这必然导致个别焊缝宽度过大,不符合规范的要求,从而影响焊接质量和结构安全。

一、基本概念

悬臂拼装桥梁结构在制造和施工的不同阶段将涉及三种不同的线形:设计成桥线形、制造线形以及安装线形。设计成桥线形是指桥梁建造完成后所需要达到的设计线形;制造线形是主梁在制造过程中零应力状态下的线形;安装线形是指桥梁在安装过程中各新安装节段自由端连接成的线形。

悬拼桥梁施工控制中最关键的任务就是选择合适的制造线形和安装线形,使得桥梁结构最终达到设计成桥线形。

节段的安装过程是一个动态的过程,随着施工进度的发展,新安装节段不断改变,前一施工阶段的新安装节段变成了已完成节段,所以安装线形上的各点并不是同时存在的,而是随着施工阶段依次出现的。节段的安装过程中受到节段自重、施工荷载等因素的影响,这些影响会使节段产生挠度。求解安装线形的目的,就是考虑上述各种因素的影响,保证节段在安装完成后能达到成桥设计线形。简单来说,就是要注意结构安装预拱度的设置问题。

利用安装线形作为制造线形产生矛盾的主要原因是:制造线形是无应力的线形,而架设过程中已完成节段已经受力,新节段则基本上为无应力状态;新节段如果要保证安装高程就无法保持与已完成节段间转角关系。因此安装线形作为制造线形在理论上是不可行的。考虑到实际悬臂施工过程中根本没有这样一个状态,因此必须另外计算制造线形。

切线初始位移法和零初始位移法是对结构进行施工阶段分析时的两种不同的线形控制方法。由于有限元软件计算中节点的位移都是以节点生成的那一时刻节点所处的空间位置作为初始位置(该位置节点的位移为零)来计算位移的,所以即使对同一个结构来说,如果计算中对单元的生成时间规定得不同的话,则计算所得到的位移值也就会有所不同,但两种方法最终得到的成桥线形应当是相同的。

二、切线初始位移法求制造线形

切线初始位移法即将新节点初始坐标指定到沿着已生成的节段悬臂端的切线上。其悬臂施工的各个阶段在悬臂施工开始就以无应力的状态存在,即一次安装到位但是不计其重量,而后随着施工阶段的推进,当施工到目标节段后再开始增加该节段的重量。在线弹性的范围内,结构的制造线形为:

$$H_z = H_c - H_{vT} \tag{9-1}$$

式中:H_z——制造线形;

H_c——成桥线形;

H_{vT}——切线初始位移法得到的竖向位移。

下面以四个节段的悬臂安装为例,采用切线初始位移法计算其制造线形。每个节段的长度均为1m,截面为0.1m×0.1m的正方形,材料弹性模量设为$2.06×10^{11}$ N/m^2,泊松比为0.3,材料重度设为0,自重在之后通过外荷载方式加入,自重荷载集度为$q = 1\,500$N/m。边界条件为将节点1固结。模型共设5个节点,4个单元。

切线初始位移法计算安装线形时,将施工阶段分为7个过程(图9-1),具体过程如下:

阶段1:激活全部4个单元,激活节点1固结,将节段1自重采用均布荷载形式施加到单元1上,$q = 1\,500$N/m,模拟节段1的安装。

阶段2:将节段2自重作为等效节点荷载施加在节点2上。模拟起重机吊装节段2时对节段1的影响。其中等效节点荷载的计算方法参考结构力学中均布荷载可以等效为集中力和弯矩共同作用。等效节点荷载为:$F = 1\,500$N;$M = 750$N·m,方向为顺时针。

阶段3:加上与阶段2中等值反向的等效节点荷载以抵消节点2上的节点荷载,再将节段2自重采用均布荷载形式施加到单元2上。

阶段4:将节段3自重作为等效节点荷载施加在节点3上。

阶段5:加上与阶段4中等值反向的等效节点荷载以抵消节点3上的节点荷载,再将节段3自重采用均布荷载形式施加到单元3上。

阶段6:将节段4自重作为等效节点荷载施加在节点4上。

阶段7:加上与阶段6中等值反向的等效节点荷载以抵消节点4上的节点荷载,再将节段4自重采用均布荷载形式施加到单元4上。

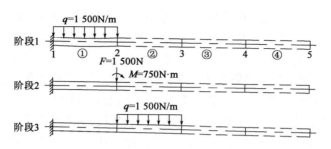

图 9-1 切线初始位移法过程示意

按照切线初始位移法，通过有限元软件计算得到的节点竖向位移见表 9-1，节点转角见表 9-2。

按照切线初始位移法计算的节点竖向位移（单位：mm）　　　表 9-1

节点	阶段1	阶段2	阶段3	阶段4	阶段5	阶段6	阶段7
节点1	0.0	0.0	0.0	0.0	0.0	0.0	0.0
节点2	-0.1	-0.6	-0.6	-1.6	-1.6	-3.0	-3.0
节点3	-0.3	-1.6	-1.8	-5.0	-5.0	-9.9	-9.9
节点4	-0.4	-2.7	-2.9	-8.7	-8.9	-18.7	-18.7
节点5	-0.5	-3.7	-4.1	-12.5	-12.8	-27.9	-28.0

按照切线初始位移法计算的节点转角（单位：rad）　　　表 9-2

节点	阶段1	阶段2	阶段3	阶段4	阶段5	阶段6	阶段7
节点1	0.000 0	0.000 0	0.000 0	0.000 0	0.000 0	0.000 0	0.000 0
节点2	0.000 1	0.001 0	0.001 0	0.002 8	0.002 8	0.005 4	0.005 4
节点3	0.000 1	0.001 0	0.001 2	0.003 8	0.003 8	0.008 2	0.008 2
节点4	0.000 1	0.001 0	0.001 2	0.003 8	0.003 9	0.009 2	0.009 2
节点5	0.000 1	0.001 0	0.001 2	0.003 8	0.003 9	0.009 2	0.009 3

则根据公式（9-1），可以得到制造线形的 5 个节点预拱值为：$H_{z1}=0\mathrm{mm}$；$H_{z2}=3.0\mathrm{mm}$；$H_{z3}=9.9\mathrm{mm}$；$H_{z4}=18.7\mathrm{mm}$；$H_{z5}=28.0\mathrm{mm}$。

三、零初始位移法求安装线形

零初始位移法即将新单元与已完成单元连接节点的初始位移采用已完成单元在该节点的计算值，指定新单元的自由端节点位移为零。节段按照成桥设计线形为初始状态安装，称为零位置安装法。假设节段从左向右安装，节段 1 已施工完成，产生了向下的挠度，安装节段 2 时，节段 2 的左节点与节段 1 的右节点相连，即具有相同的挠度。而节段 2 的右节点（即自由一端）仍位于设计线形上（模型中假设设计线形为 0－0 直线）。零初始位移法与切线初始位移法不同的是，切线初始位移法一开始就激活了所有单元，并且新节点生成在已完成节段的切线上（从表 9-2 节点转角可以看出）；零初始位移法随着施工阶段的进行逐步激活单元，而且新节点生成在设计线形上。因此等到最后一个施工阶段完毕时,此时各个节段的成桥竖向位移数值上等于最终的挠度值。同理,在线弹性范围内,结构的安装线形为:

$$H_a = H_c - H_v \tag{9-2}$$

式中:H_a——安装线形;
H_c——成桥线形;
H_v——成桥竖向位移。

模型的材料截面等数据均与切线初始位移法采用的设置相同。采用零初始位移法计算安装线形时,将施工阶段分为7个过程(图9-2),具体过程如下:

阶段1:激活单元1,激活节点1固结,选择所有与未激活单元相连的节点并将其固结。这是零初始位移法最关键的一步,保证其他新生成的节点处于设计线形上。再将节段1自重采用均布荷载形式施加到单元1上,$q = 1\ 500\text{N/m}$,模拟节段1的安装。

阶段2:将节段2自重作为等效节点荷载施加在节点2上。模拟起重机吊装节段2时对节段1的影响。其中等效节点荷载的计算方法参考结构力学中均布荷载可以等效为集中力和弯矩共同作用。等效节点荷载为:$F = 1\ 500\text{N}$;$M = 750\text{N} \cdot \text{m}$,方向为顺时针。

阶段3:激活单元2,选择与单元2相连的节点并将其上的约束删掉。加上与阶段2中等值反向的等效节点荷载以抵消节点2上的节点荷载,将节段2自重采用均布荷载形式施加到单元2上。模拟移走起重机,节段2安装完成。

阶段4:将节段3自重作为等效节点荷载施加在节点3上。

阶段5:激活单元3,选择与单元3相连的节点并将其上的约束删掉。加上与阶段4中等值反向的等效节点荷载以抵消节点3上的节点荷载,将节段3自重采用均布荷载形式施加到单元3上。

阶段6:将节段4自重作为等效节点荷载施加在节点4上。

阶段7:激活单元4,选择与单元4相连的节点并将其上的约束删掉。加上与阶段6中等值反向的等效节点荷载以抵消节点4上的节点荷载,将节段4自重采用均布荷载形式施加到单元4上。

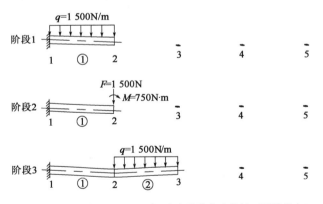

图9-2 零初始位移法过程示意(未安装的节点均处于固结状态)

按照零初始位移法,通过有限元软件计算得到的节点竖向位移见表9-3,节点转角见表9-4。

零初始位移法计算的节点竖向位移(单位:mm) 表9-3

节点	阶段1	阶段2	阶段3	阶段4	阶段5	阶段6	阶段7
节点1	0.0	0.0	0.0	0.0	0.0	0.0	0.0
节点2	-0.1	-0.6	-0.6	-1.6	-1.6	-3.0	-3.0
节点3			-0.1	-3.3	-3.3	-8.3	-8.3
节点4					-0.1	-9.9	-9.9
节点5							-0.1

按照零初始位移法计算的节点转角(单位:rad) 表9-4

节点	阶段1	阶段2	阶段3	阶段4	阶段5	阶段6	阶段7
节点1	0.00000	0.00000	0.00000	0.00000	0.00000	0.00000	0.00000
节点2	0.00015	0.00102	0.00102	0.00277	0.00277	0.00539	0.00539
节点3			0.00015	0.00277	0.00277	0.00714	0.00714
节点4					0.00015	0.00539	0.00539
节点5							0.00015

则根据公式(9-2),可以得到安装线形的5个节点预拱值为:$H_{a1}=0\text{mm}$;$H_{a2}=3.0\text{mm}$;$H_{a3}=8.3\text{mm}$;$H_{a4}=9.9\text{mm}$;$H_{a5}=0.1\text{mm}$。

四、制造线形和安装线形之间的关系

虽然切线初始位移法和零初始位移法计算出了两种线形,但实际上这两种线形是不矛盾的。切线初始位移法计算得到的是制造线形,零初始位移法计算得到的是安装线形。随着节段的逐步安装完成,制造线形将在该节段完成时在该节段的悬臂自由端达到安装线形。将切线初始位移法计算得到的制造线形坐标作为各个节点的初始坐标,模拟节段安装的结果,见表9-5。表中有下划线数据与零初始位移法计算得到的安装线形一致,即意味着安装线形代表着每一个节段安装完成时自由端节点的位置。

按照切线初始位移法计算的制造线形进行安装的结果 表9-5

节点	初始阶段	阶段1	阶段2	阶段3	阶段4	阶段5	阶段6	阶段7
节点1	<u>0.0</u>	0.0	0.0	0.0	0.0	0.0	0.0	0.0
节点2	<u>3.0</u>	2.8	2.3	2.3	1.4	1.4	0.0	0.0
节点3	9.9	9.7	<u>8.3</u>	8.2	5.0	5.0	0.0	0.0
节点4	18.7	18.3	16.0	15.8	<u>9.9</u>	9.8	0.0	0.0
节点5	28.0	27.4	24.3	23.9	15.4	15.2	<u>0.1</u>	0.0

第二节 桥梁钢结构架设

桥梁钢结构架设包含在现场进行的为建设钢结构桥梁所需的所有活动。建造的方法取决于现场条件、可用的起重设备以及承建单位的经验。在桥梁工程设计阶段,应考虑桥梁钢结构建造的现场安全性和经济性,选择最佳的建造方法。

一座运营中的桥,可能发生的作用同时发生且同时达到极端条件的概率非常小。但桥梁

架设过程中并非如此,不同可能发生的作用同时发生的概率大。需要对架设过程中的荷载组合以及对各施工阶段的实时控制进行详细分析。所以,有必要从最早的设计阶段考虑架设方法对结构承载力的影响。只有这样,桥梁概念设计才能被有效地执行。

钢桥施工

一座桥梁所处的地理位置、地形特征可影响钢结构的架设方法。以梁桥为例,架设的主要方法有:起重机地面架设、悬臂拼装、顶推施工、整孔吊装。

一、起重机地面架设

起重机地面架设(图9-3)是通过位于地面上的起重机起吊各种钢结构构件(主梁、横撑、平联)进行架设。由于在现场只需要很少设备和劳动力,这种钢结构架设的方法是非常有利的,然而,它需要起重机在现场有很好的可达性,并且只适用于桥梁相对接近地面(最多约15m)的情况。

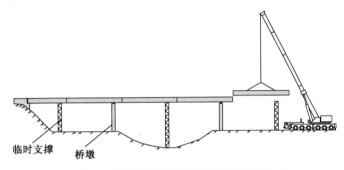

图9-3 地面起重机在临时支墩上架设钢梁

起重机地面架设时,根据桥梁跨径大小和起重能力等因素,可选择在桥跨内设计临时支撑进行架设。临时支撑可以分为连续式或分离式。连续临时支撑又称为满堂支架,分离式的又可称为临时支墩。满堂支架需要特别多的临时支撑构件,费用高,这也是如今很少采用这种方法的原因。只有在采用较大支撑构件时工地机械吊装能力不足或结构与地面空间很小的情况下才会采用满堂支架重型起重设备的发展意味着需要临时支撑时往往采用分离式的临时支墩(图9-3),而不是连续式的满堂支架。如果单个钢结构构件的尺寸允许达到桥梁的跨径,则可以避免使用临时支撑。

从地面架设的梁段长度一般都不会太大(最大可为30~40m),这需要保证在吊装过程中避免产生过大的横向扭转屈曲,结构承受的应力小于临界控制应力,构件在装卸和运输(承受集中力,如吊点等)过程中能够抵抗局部荷载,并确保已经建成的部分在风荷载或者起重机的冲击荷载作用等情况下始终保持安全。

对于具有多个桥墩的多跨梁桥,桥墩纵桥向刚度较小,利用起重机进行钢结构架设往往会导致桥墩受力显著增大(图9-4)。为了使梁段在顺桥向就位准确,在架设过程以固定在桥台上的梁段为起点,依次安装。温度变化 ΔT 将导致钢梁的伸长或缩短,进而拖动与钢梁相连接的具有固定支座的桥墩。桥墩顶处承受较大的水平推力,并发生位移,这将导致桥墩底部的弯矩超过运营阶段所承受的弯矩。由于架设时钢结构将直接暴露在阳光下,温度变化可能会达到50℃(已测得钢的温度超过60℃),因此会进一步加剧这一问题。特别在架设过程中,桥墩所承受力轴向力小于成桥或运营阶段,在桥墩底部的弯曲将更容易使混凝土桥墩产生开裂。为了避免上述情况,在架设过程中可使梁和支座之间临时自由移动[图9-4a)]。在最后的合龙状态下,将梁段上有固定于中间桥墩而另一端在桥台和靠近桥台的短桥墩用移动支座[图9-4b)]。这样可以解决架设过程中桥墩弯矩过大的问题。

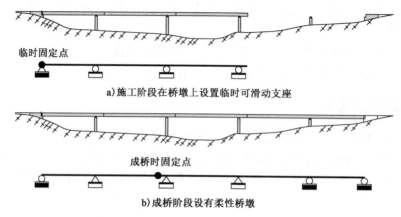

图9-4 考虑桥梁施工顺序的支座设置

在支架上焊接钢构件时,应先将构件准确定位并临时固定,定位时应预留焊缝焊接的收缩量和反变形量;焊接前,当构件的对接接口有间隙过宽、间隙宽度不一致、对接处钢板的错边量超差等问题时,应采用匹配件或定位件等临时工装对其进行矫正。钢梁构件尤其是钢箱梁的构件在支架上安装就位后焊接连接时,其焊缝在焊接后会产生收缩和变形,如果收缩量和变形量过大,可能会使钢箱梁的翼板外侧产生向上的翘曲,从而导致箱梁顶面横坡不足,因此需要预留焊缝焊接的收缩量和反变形量。构件在对接时其接口的偏差大是较为常见的现象,原因主要有:接口的边缘在切割或坡口加工时精度不够;焊接变形或在运输吊装过程中造成的接口处钢板变形;钢梁在预拼装时误差偏大等。因此除需要针对上述情况采取措施、减小制造时的误差、提高加工精度外,在安装连接时需要借助一些临时工装来对其进行矫正。

二、悬臂拼装

悬臂拼装法是指从桥墩开始悬臂向外连续逐段拼装梁段,并在跨中合龙成为一体的施工方法,适用于梁桥、斜拉桥、拱桥的钢箱梁和钢桁梁,以及钢拱肋的悬臂拼装施工。这种架设方法特别适合于大跨径(>100m)桥梁和那些远离地面或水面的桥梁。特别对于位于通航水道之上的桥梁,桥梁悬拼节段可以通过驳船运输到桥位处吊起就位。该方法非常适合于处理桥梁的线形问题和梁高相差很大的桥梁拼接。

以桥墩为中心对称悬臂拼装[图9-5a)]要求钢梁节段结构被固结在桥墩上。悬臂节段通过地面的起重机或通过位于已建成节段上的起重设备吊装到位。悬臂架设也可以考虑从桥台开始朝一个方向悬臂施工,例如桥梁的第一个节段利用起重机从地面吊装到位后可以作为下一跨悬臂施工的配重。如果跨径太大,可以使用临时支撑[图9-5b)]。

悬臂拼装法的难点是保持桥梁的水平和竖向线形。为了能够把相邻桥墩间的两个相对悬拼节段连接在一起,必须准确地设置预拱度以补偿悬臂在其自重作用下的挠度(图9-6),也需考虑后续结构重量和任何其他永久荷载引起的挠度用以补偿的预拱度。

在悬臂架设的过程中,钢梁节段由于其自重将承受很大的弯曲应力,也可能还需承受如起重设备重量或从已完成节段运输梁段的车辆重量。考虑上述因素后,需要对结构应力和变形以及整体抗倾覆稳定性进行检验。如果在无支撑的节段应力过大,则可以在梁段下部使用临时支撑,或在上部使用拉索来支撑悬臂钢梁(图9-7)。此外,箱梁和钢板梁的腹板必须能够抵抗由安装过程中起重设备在梁顶移动所产生的局部集中力。

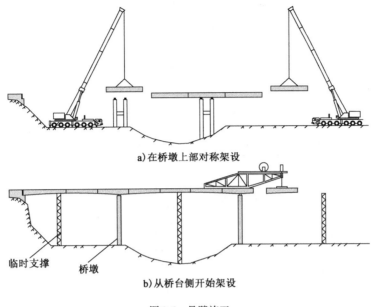

a) 在桥墩上部对称架设

b) 从桥台侧开始架设

图9-5 悬臂施工

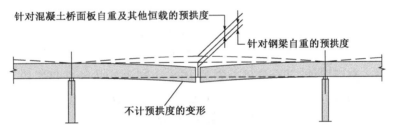

图9-6 悬臂梁由于自重产生的变形以及相应的预拱度设置

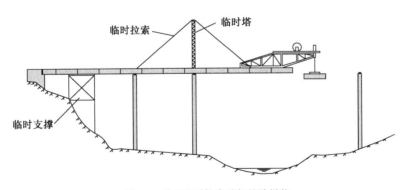

图9-7 采用临时拉索进行悬臂拼装

对于水平方向结构安全检查,有必要考虑风对悬臂的作用。为了增强钢板梁截面抵抗弯扭失稳或开口槽形截面抵抗扭转作用,需设置临时平联,使得结构在架设过程中形成闭口截面。

采用悬臂拼装施工的桥梁往往远离地面,桥墩细长,安装过程中每个桥墩都是底部固结、顶部自由的悬臂柱。桥墩的有效屈曲长度是它本身长度的 2 倍,需要研究桥墩在上部结构架设过程的稳定性。当悬臂拼装以桥墩为中心对称地进行时[图 9-5a)],并且侧向风只吹在一个悬臂上时,桥墩可能受到水平方向的扭矩。此外,桥墩还会受到横向风荷载和两悬臂上(起重设备等)的任何非对称荷载引起的弯曲作用。因此悬臂施工的过程中桥墩中的应力状态比较复杂,需要对其抗力和稳定性做详细的分析。

悬臂拼装合龙时,结构自重产生的弯矩见图 9-8。钢梁弯矩图 $M_y(g)$ 不是连续梁的受力图式。后续二期恒载和可变作用施加在合龙后的结构上时,钢梁弯矩图为连续梁的受力图式。为了检查桥梁结构的安全性,应把每种作用下的应力进行叠加。

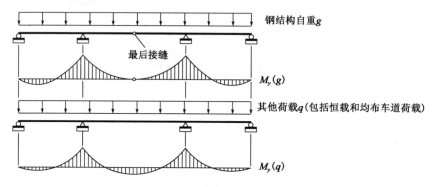

图 9-8　悬臂拼装施工阶段的结构形式及对应的弯矩图

栓接连接的钢桁梁在悬臂拼装施工时,连接处所需冲钉的数量应考虑承受荷载的大小经计算确定,但不得少于栓孔总数的 50%,其余栓孔应全部或部分安装高强螺栓。吊装钢桁梁构件时,起重吊钩应在构件完全固定后(梁段上安装 50% 冲钉和 50% 高强螺栓,主桁杆件上安装 50% 冲钉和 35% 高强螺栓,其余杆件上安装 30% 冲钉和 30% 的高强螺栓)方可松钩,松钩后应立即补足剩余栓孔的高强螺栓并施拧。在已安装的高强螺栓施拧后,再将冲钉分批替换成高强螺栓并施拧,替换时一次拆卸冲钉的数量应不超过冲钉总数的 20%。

采用栓接连接方式进行悬臂拼装施工时,所使用冲钉的公称直径宜小于设计孔径 0.3mm,并应与制造厂试拼时的栓孔重合率相适应。冲钉在使用时应穿保险销,防止掉落。采用焊接连接方式进行悬臂拼装施工时,构件或节段在对接时宜使用导向装置;钢箱梁宜采用组对匹配的连接件临时连接,允许误差应不大于 1mm。临时连接的强度应考虑所承受的荷载经计算确定,且起重吊钩应在构件或节段临时连接完全固定后方可松钩。焊接连接应按设计要求的顺序进行,设计未要求时,应从横向中线向两侧对称进行。

三、顶推施工

顶推施工是指沿着桥梁轴线在桥梁一端或两端,将梁节段一块一块连接到一起后,通过顶推或拖拉,将结构分段或整体移动到最终成桥位置处(图 9-9)。该方法适用于大跨径桥梁,目前顶推跨径可达 150m,但需要拉索支撑悬臂梁段。钢梁顶推施工方法在起重设备不能到达桥的全长时,或者地面上方的桥梁太高,使用地面起重机吊装无法完成时采用。

采用顶推施工允许钢梁节段在地面或平台上的装配区进行装配,意味着装配工作可以在比其他架设方法更方便的条件下进行,这对于焊接有关的操作是特别重要的。然而,顶推架设的方法受限于以下要求:

(1) 墩台附近有足够大的组装钢梁节段的空间,且与桥轴线在一条直线上。
(2) 如果从一端桥台开始顶推,桥梁必须是直的或是半径为常数的平曲线。
(3) 如果从两端桥台同时顶推,桥梁可以有直线和曲线段,但直线和曲线间的过渡区域不能太突然。
(4) 应优先选择等高度梁进行顶推,对于一些变高度梁,可以使用临时措施补偿顶推过程中高度的变化,也可进行顶推。
(5) 对于大跨径桥梁最好是封闭的横截面(槽形截面可通过临时平联形成封闭的箱形),以确保有足够的抗弯和抗扭刚度。

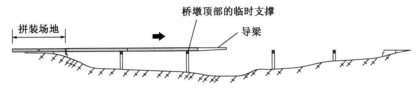

图 9-9　顶推法架设钢梁

1. 悬臂挠度处理

为了减小顶推过程中悬臂的自重,需要在钢结构的前缘安装一个重量较轻的导梁。导梁常常为桁架结构。为了补偿悬臂变形,当顶推接近桥墩时,为导梁配备一个特定的起重系统或采取变截面形式[图 9-10a)]。在行车道高度平面顶推以及对于小跨径桥梁,用这种方式的导梁是比较合适的解决办法。当不满足这些限制,挠度变得太大时,就需要一套悬臂吊装的系统,例如利用位于每个桥墩上的吊机[图 9-10b)],或采用临时拉索[图 9-10c)]大幅度减小悬臂挠度和桥墩上的负弯矩。

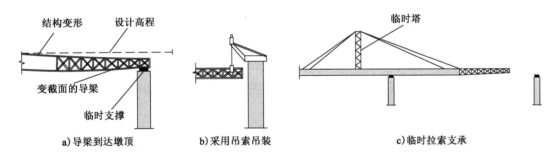

图 9-10　顶推施工中悬臂变形的补偿方法

当钢梁节段被顶推至桥台之上时,主梁的下翼缘非常接近于成桥状态的行车道的水平面上[图 9-11a)]或直接位于桥墩顶支座的水平面上[图 9-11b)]。对于前者,有必要在每个桥墩的顶部根据主梁的高度安装临时支撑以保证顶推结构在此滑动,一旦整个钢梁节段顶推到位就要降低主梁高度,使它至成桥的最终位置。对于后者,桥梁已被顶推至最终的水平高度位置,接下来只要稍微抬起钢梁将临时滑动支座更换为永久支座即可。采用后者方案,意味着浇筑桥台背墙和台后填土只能在顶推钢梁后进行。

为了减轻结构重量,通常只对桥梁钢结构部分进行顶推,当然也可以顶推已部分浇筑了混凝土桥面板的组合梁结构。如果某组合梁不便于先顶推后浇筑混凝土,可采取先浇筑混凝土的方案,但通常在顶推过程中,悬臂部分不包括混凝土桥面板。

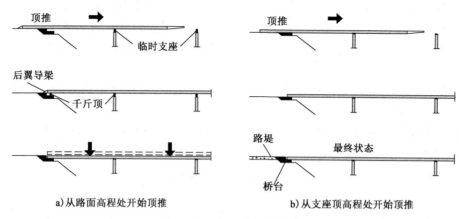

图 9-11 顶推施工时梁的竖向位置

2. 滑移装置和顶推移动

尽管钢梁顶推已被证明是很好的架设方法,但仍然需要谨慎执行。顶推除了需要设备来完成钢梁在墩顶上的移动外,还需要把钢梁节段顶推到支座最终位置的设备。无论推或拉,需要在任何时刻结构移动都能得到控制,也可以向后移动结构。为便于结构在桥墩上的运动,应配备顶推装置(图 9-12)。

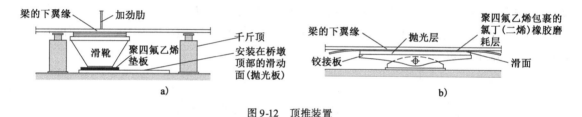

图 9-12 顶推装置

传统顶推装置由一系列辊轴组成,现已演变成可承受更高荷载的滑块设备。通过水平液压千斤顶施力,借助不锈钢板与四氟乙烯板特制的滑动装置,将梁逐段向对岸顶进。通常使用以下两个备选方案:

(1)图 9-12a)为顶推装置被固定到梁底下且随之移动的情况。这个方案的优点是允许滑靴临时固定在箱梁设置有局部承压的加劲肋之下,支承反力由有局部加劲的部位承受,接着用千斤顶将滑靴从一处局部加劲处移动到另一处局部加劲处承受支反力。此操作需要中断顶推,因此增加了顶推时间。

(2)图 9-12b)为顶推装置被固定在桥墩上并包含一个可转动铰。利用覆盖聚四氟乙烯滑动面的氯丁橡胶层帮助滑动。为了分配支座反力,顶推装置需要比前一个方案设计得更长。可转动的铰存在可使台座随梁转动。该方案比方案(1)顶推速度更快,但确实要求主梁腹板提供足够的抗力以承受支反力。这种类型的顶推装置是目前为止最常用的。

在台后装配区域和每个桥墩上方设横向导向装置,通常包含可引导主梁下翼缘的垂直轴辊。导向装置不仅保证了钢梁结构沿正确的方向移动,同时也保证了由顶推装置传递的集中力能正确居中。导向装置确保了梁翼缘不会出现平面外变形,并且没有不可预见的力矩或力传递到腹板。

顶推的速度可达 10m/h,然而对于相同桥梁而言,它会因不同的现场情况、不同的顶推方法而不同。例如,顶推装置的种类以及作用在结构上的横向风和阳光均会对顶推速度有影响。如果桥梁的挠度和支座反力与已预测的有差异则必须停止。在顶推的每个过程中,必须持续监测桥梁结构的响应。对于一座水平桥梁,实现钢梁节段移动所需的力通常为自重的 3%~10%。

根据桥梁位置应当尽可能避免在阳光过度充足的条件下顶推钢梁。阳光作用会在桥的横截面产生横向水平温度梯度,从而导致出现横桥向水平位移,无法再搭接到下一个桥墩。它也可能导致内力和水平支座反力与用于滑动和横向引导的设备不相适应。

原则上,顶推应在侧向风不显著的情况下进行,当风速超过约定值时,那么应延迟顶推开始的时间,或应该停止正在进行的顶推,又或者在极端情况下应退回钢梁以减少悬臂长度。

3. 抗倾覆检验

顶推架设方法比任何其他架设桥梁的方法需要更多的计算工作。有必要考虑较多数量的架设阶段数,这样才能比较精确地确定所有施工阶段的主梁内力、弯矩包络以及截面应力。

需要检验在任何时刻顶推结构的抗倾覆是安全的。图 9-13 为顶推施工的三跨连续梁桥,在导梁到达桥墩 2 之前,结构抗倾覆的安全可能无法得到保证。如果有必要的话,可以在后端放置一个平衡重量以确保结构的稳定性。

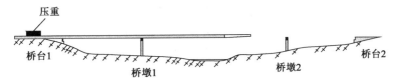

图 9-13 防止整体失稳的措施

4. 主梁的应力

顶推施工使整个结构产生和成桥状态下完全不同的应力状态。因此,需要对顶推的各阶段进行受力分析,特别是主梁的弯矩、剪力和支反力。结构顶推过程中由自重引起的负弯矩可能会很显著。以一座顶推施工的三跨连续梁为例,分为钢梁前没有设置导梁和设置 20m 长导梁两种情况,其中导梁为钢梁重量的一半,则顶推钢梁的负弯矩和正弯矩的包络图见图 9-14。可以看出,桥梁完工时的跨中截面在顶推期间承受较大的负弯矩,对于位于顶推的前两跨更加明显,同时,导梁的使用减小了一些负弯矩,例如 A 截面。从导梁重量和长度的角度看,选择导梁对顶推期间内力矩和内力的分配有着重大的影响。导梁最常使用长度介于最大跨的 1/4~1/3 之间。

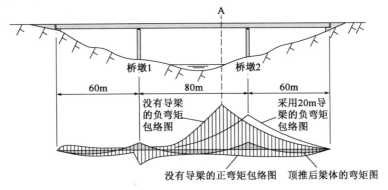

图 9-14 顶推过程中梁体的弯矩包络图

在顶推过程中,钢梁截面依次移过墩顶,各截面必须能够抵抗集中支反力的作用,尽管在成桥状态下支反力通过支承加劲肋被传递至梁腹板,但顶推过程中支反力并不只在支承加劲肋处(图9-15)。当没有垂直加劲肋存在时,在集中荷载下腹板对局部屈曲的抵抗会控制设计。顶推装置的功能之一是可纵向分配巨大的集中荷载。顶推过程中需要对支反力进行测量,以便检测真实值与预测值是否相符。如果实测值与预测值不同,那么必须作出改变,以保证反力能有效地分配而避免腹板屈曲。如果有必要的话,必须通过增加腹板厚度或在腹板的底部部分焊接竖向加劲肋来提高腹板对集中荷载的抗力。

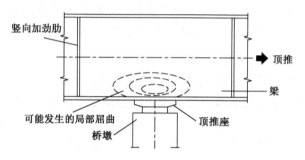

图9-15 顶推装置位于竖向加劲肋之前的支承效应

顶推过程中应测量和控制钢梁的挠度以避免导梁不能经过桥墩。如果有必要,可以使用千斤顶调整顶推装置的高度以使导梁截面顺利通过。位于每个墩顶和台后组装区的横向导向装置必须设计得能承受由任何侧向风引起的水平力。

5. 桥墩的应力

桥梁下部结构在顶推钢结构的过程中受到轴向力和弯矩作用,特别考虑到桥墩可能比较细长,作用效应更加明显。顶推时作用于桥墩的力是顶推装置与上部结构的纵向摩擦力和通过与桥墩接触的楔形导梁施加的水平分力。在架设阶段,桥墩与上部结构可以看作是相互独立的,上部结构对桥墩没有约束,桥墩计算长度与成桥阶段的失稳长度不同(图9-16)。

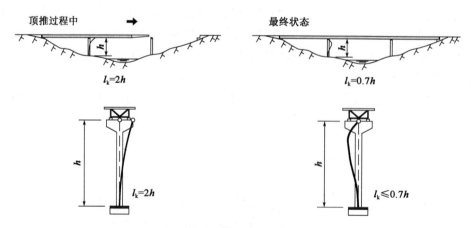

图9-16 桥墩失稳的有效长度

当悬臂的挠度根据导梁的形式被补偿,由于导梁为变截面,水平分力 H 会作用在桥墩上。变截面斜度为 α 的导梁前端经过桥墩时将引起一个支反力 R。由于该支反力不是垂直的,其水平分力推向桥墩,导致了桥墩产生附加弯矩(图9-17)。

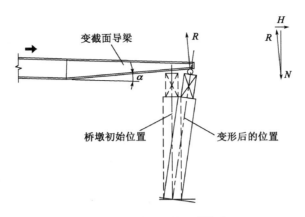

图 9-17 变截面导梁通过墩顶

四、整孔吊装

随着桥梁施工技术的提高,移动整个上部结构至桥位或者架设质量达数百吨的大型桥梁结构是可以做到的。最常用的方法是在驳船的帮助下通过横向滑动或旋转移动桥梁到位。例如,如果桥梁是位于其成桥位置轴线上的河岸上建造,则桥的一端可以作为一个浮子放置在驳船上(图 9-18),然后向位于对岸的桥台推动驳船,从而把桥梁移动到位。

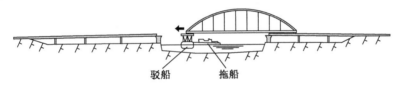

图 9-18 河道上采用驳船进行顶推施工

如果桥梁在一个远离它成桥位置的区域组装,那么整跨桥梁结构可以放置在浮船上从装配区域运输到成桥位置。也可以将整跨钢箱梁放到水中成为驳船,并保证其不进水,通过拖船牵引浮进至桥位。然后使用连接着千斤顶的缆索提起箱梁(千斤顶固定在桥墩和桥台上),并放置在正确的位置上。

第三节 现场拼装、运输与组装

组成桥梁钢结构的各种部件在工厂制造完成,需经历组装、运输和现场拼装过程,这三个环节相互影响,需要综合考虑,制订制造方案。

一、现场拼装

现场拼装比生产车间制作的质量差,因此,拼装设计时应该尽可能地限制现场接头的数量。对分解结构的不同选择进行研究以最大限度减少现场连接是钢桥制作的重要步骤。同时,由于起重设备能力的增加,当前的趋势是通过增大钢结构节段的尺寸和最大限度地利用已安装的梁段支撑后续安装的梁段来避免临时支架的使用。

现场接头宜优选焊接,因为它使预制构件拼装成一个完整的结构,简化了现场涂装的操作,使钢桥外观比较美观。焊接接头也避免在螺栓连接时在拼接板间出现湿气。现场焊接通常在比车间更不利的条件下进行,因此宜使用遮挡物以保护焊接操作不受天气影响,并对焊接焊缝进行更仔细的检查,这也就意味着现场焊接接头比在生产车间制造更加昂贵,所以限制其数量是有利的。采用大型钢结构子组件使得安装接头少,但对大型、重型件的运输和吊装提出更高的要求。在项目拟定过程中,尽早将涉及吊装的所有方面纳入考虑是非常重要的,所以这些应在桥梁概念设计和细节设计中加以适当考虑。

对于具有钢桥面板的钢桥,往往会涉及钢桥面板的现场拼装。现场拼装方案,要根据当地的制作、运输和施工架设等具体条件确定,在可能的条件下,尽可能减少桥面板的工地连接。纵向接头位置在两个纵肋之间的区域划分,尽可能避开车轮荷载作用较高的轨迹线,尽可能利用中央分隔带或安全带等设置桥面板纵向接头。

另外比较重要的是,现场接头应位于该结构的轻负载区域。图9-19为结构构件间的现场接头的两个例子示意,说明了现场接头的位置。图9-19a)为横截面两个半箱工地接缝,接头焊缝位于剪切应力较低的翼缘中部。图9-19b)为主梁纵桥向连接,拼接头位于弯曲应力较低的区域,应避免将横缝置于梁的跨中位置或支点位置。

对于现场焊接,应预先做好规划,以方便焊工的工作,因为在户外工作已是非常困难,特别应尽量减少仰焊的数量。同时必须选择好焊接顺序以限制残余应力和由于焊接引起的变形。焊缝区往往需要预热以减轻残余应力和变形。

进行现场焊接时,采取措施使需要焊接在一起的构件或板件按一定的次序摆放好是非常必要的。图9-20为钢板梁的现场接头的例子,钢板梁节段通过临时螺接使节段就位,再进行现场焊缝连接,焊接后需要除去螺栓和拼接板。

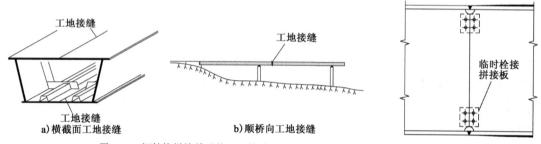

图9-19 钢结构拼接单元的工地接缝　　　　图9-20 临时栓接后再进行现场焊接

二、运输

结构构件在工厂制造完成后,需要运输到现场并在桥位处进行架设。车间制成的构件的最大尺寸和重量受生产车间的容量、运输的方式、现场的路径、安装使用的方法和设备所限。应采取措施防止钢构件在制作、运输、安装架设过程中出现过大变形和丧失稳定。受运输、安装架设条件的限制,钢箱梁尺寸不宜过大,应该尽可能避免将钢箱梁划分为开口截面进行运输和安装架设。就考虑交通运输而言,影响单个构件尺寸和重量的主要因素是:

(1)铁路:铁路网络中净空高度、货车的负载能力、货车长度的限制。

(2)公路:车道宽度、路线的平直度、通过桥下时净空高度,运载车辆的负载能力,位于运载路线桥梁的承载能力的限制。

(3)船舶:能够在可达线路上航行的船只的承载能力,桥下净空高度的限制。

对于铁路运输而言,可以通过铁路运输的最大长度约为15.5m,普通货车质量限制为60t,

在特殊情况下,特殊的货车可用于输送更大的荷载。由于铁路受轨道网布置的限制,若没有公路运输互补,铁路运输很难使用。如果使用高速公路运输,其质量限制为55t。负载超过这些数值的特殊运输需要授权才可以,且根据超过极限荷载的多少,荷载将需要在安保车辆或警方的伴随下通过。根据特殊负荷的大小和重量,可能有必要完全或者单方向封闭交通车流。公路车列的最大高度是由桥下和隧道内的净空决定的。主要道路的最小净空高度为4.5m。能够运输的最大重量也会被任何要越过的桥梁限制。相较于铁路或公路,长途运输使用驳船会是一个有利的选择。对于山区航空运输,直升机的手段可能是最好甚至是唯一的选择。一架功能强大的直升机,其容量约为40kN,这显然对钢构件的尺寸提出了一个非常严格的限制。

三、工厂组装

桥梁钢结构构件的组装是遵照施工图的要求,把已加工完成的各零件或半成品构件,用装配的手段组合成为独立的成品,这种装配的方法通常称为组装。构件应在专用胎架或平台上进行组装,用于组装的胎架或平台应具有足够的强度、刚度和稳定性,并应满足支承、定位、固定和操作等工作的需要。U肋与桥面板应采用自动定位或机械定位组装机进行组装。组装根据组装构件的特性以及组装程度,可分为板单元组装、节段组装和预总装。板单元组装,是装配的最小单元的组合,它由两个或两个以上零件按施工图的要求,装配成半成品的结构构件;节段组装,是把零件或半成品按施工图的要求,装配成独立的成品节段;预总装,是根据施工总图把相关的两个以上成品构件,在工厂制作场地上,按其各构件空间位置总装起来,其目的是客观地反映出各构件和装配节点,保证构件安装质量。当然,具体组装阶段的划分要根据实际工程情况灵活处理,上述三个组装阶段的每一个又可再细分,或只有其中的一个或两个阶段。

钢箱梁节段组装时,应按设计或施工监控的要求设置预拱度;大型扁平钢箱梁组装时,宜在横桥向设置工艺拱度。港珠澳大桥的钢箱梁工厂组装主要划分三个阶段:板单元组装,小节段组装,大节段组装。以上三个阶段均应在厂房中制造、组装。总体工艺流程如下:钢板预处理→下料→U肋制作→板单元组装→小节段组装→小节段除锈、涂装→大节段组装→补涂装→节段储存、装船、运输—桥上现场拼装(图9-21)。首先将钢箱梁划分为若干板单元构件,包括顶板单元、底板单元、斜底板单元、中腹板、边腹板单元、隔板单元、悬臂梁单元等[图9-21a)]。在满足设计要求的前提下,综合考虑供料、运输及批量生产等因素,本着尽可能将板单元尺寸做大,以减少其种类和数量及拼接工作量的原则,进行钢箱梁板单元构件尺寸划分。板件实现单元化,避免零散构件参与箱梁整体组装。这样所有单元可按类型在厂内专用胎架上形成流水作业制造,易于实现生产规范化,产品标准化,质量稳定化。板单元构件组装完成后在组装胎架上进行小节段钢梁的组装[图9-21b)]及预拼装,后运输至涂装厂房内进行除锈、涂装。在专用胎架上再进行大节段的组装,补涂装。大节段制造完成后,采用浮式起重机将梁段吊装至运输船上,固定后安全运输至桥位处现场拼装。随着制造业的技术发展,大型起重船的起重吊装能力的不断提升,在桥梁现场钢箱梁吊装的节段长度也在不断加大。常规钢箱梁吊装的节段长度一般小于18m,而有些大节段钢箱梁的最大安装长度已超过100m,吊重超过2 000t。大节段钢箱梁制造也有在长线胎架上直接采用单元件组装的。

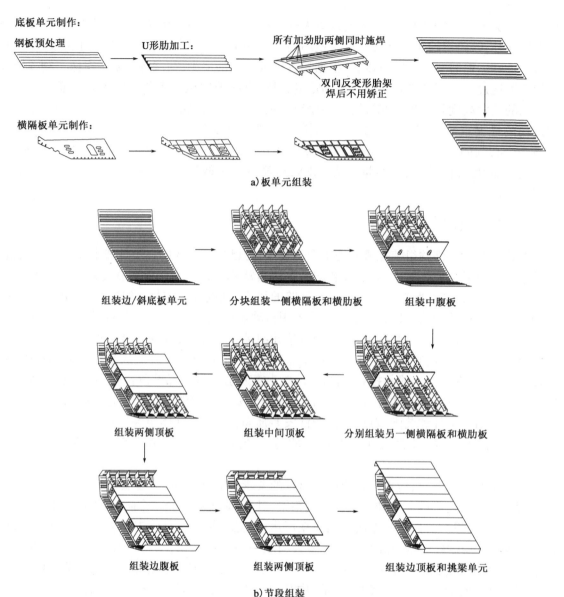

图 9-21 钢箱梁组装流程图

组装前,应熟悉图纸和工艺文件,并应按图纸核对零件编号、外形尺寸和坡口方向,确认无误后方可组装。所有板单元和杆件应在胎架上进行组装,每次组装前均应对胎架进行检查,确认合格后方可组装。钢桁梁、钢板梁翼缘板、腹板的接料长度宜不小于 1 000mm,宽度均不得小于 200mm,横向焊缝轴线距孔中心线宜不小于 100mm。钢箱梁顶板、底板、腹板接料的纵向焊缝与 U 肋、板肋焊缝间距不得小于 100mm。钢管拱弦管的接料长度应不小于 1 000mm,且不小于钢管直径,焊缝错开的最小距离应符合图 9-22 的规定。钢板梁的腹板和钢箱梁的顶、底、腹板接料焊缝可为十字形或 T 字形,T 字形交叉点的间距不得小于 200mm;腹板接料的纵向焊缝宜布置在受压区。组装时应将相邻焊缝错开,错开的最小距离应符合图 9-23 的规定。为了减少焊接结构的变形,可尽量采取先焊接组装成小件的装配顺序,并进行矫正,使得尽可能消除施焊产生的内应力后,再将小件组装成整体构件。

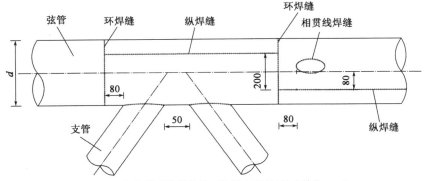

图 9-22　钢管拱弦管焊缝错开的最小距离(尺寸单位:mm)

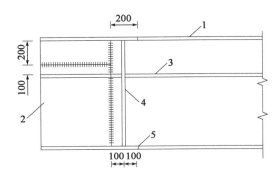

图 9-23　焊缝错开的最小距离(尺寸单位:mm)
1-盖板;2-腹板;3-板梁水平肋或箱形梁纵肋;4-板梁竖肋或箱形梁横肋;5-盖板对接焊缝

对采用埋弧焊、CO_2 气体保护焊及低氢型焊条手工焊等方法焊接的接头,在组装前应将待焊区域的铁锈、氧化皮、污垢、水分等有害物清除干净,使其表面露出金属光泽。清除范围应符合图 9-24 的规定。采用先孔法的杆件,组装时必须以孔定位;采用胎型组装时,每一孔群应打入的定位冲钉不得少于 2 个,冲钉直径不应小于设计孔径 0.1mm。

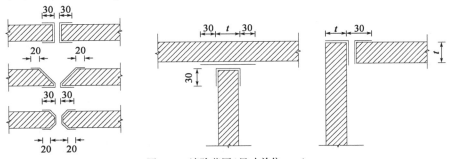

图 9-24　清除范围(尺寸单位:mm)

钢桁梁、钢板梁的杆件在成批制造之前,应进行试拼装,试拼装应按试装图的要求在制造厂内进行。试拼装的目的是检验图纸、工装、工艺的准确性和合理性。首批制造杆件、改变工艺装备或工艺装备大修时,均应选取有代表性的杆件进行试拼装;成批连续生产的杆件,每生产 15 孔梁应试拼装一次。用于试拼装的零件、板单元和杆件等均应经检验合格。试拼装应在钢结构涂装前在测平的胎架上进行,并应解除杆件与胎架之间的临时连接,使其处于自由状态。钢板梁应整孔试拼装;钢桁梁应采用平面卧式试拼装。连续钢桁梁的试拼装杆件应包括所有节点类型,每轮试拼装的数量宜不少于3个节段。试拼装时应使板层密贴,冲钉应不少于栓孔总数的10%,螺栓宜不少于栓孔总数的20%。试拼装过程中,应对杆件的拼接处有无相互抵触以及螺栓不易施拧等情况进行检查。对钢桁梁主桁弦杆竖板平面内和主桁间连接的栓孔,以及钢板梁主梁腹板平面内的栓孔,应100%自由通过较设计孔径小0.75mm的试孔器;其他栓孔应100%自由通过较螺栓公称直径大0.5mm的试孔器。有磨光顶紧要求的杆件,应有75%以上面积密贴,采用0.2mm塞尺检查时,其塞入面积应不超过25%。

钢箱梁、大节段钢桁梁、钢塔、钢箱拱和钢管拱等的构件在安装施工前,应进行预拼装。预拼装的目的是检验节段间接口的匹配精度和桥梁整体线形精度。预拼装与试拼装两者都是钢结构桥梁制造过程中非常重要的工序,其目标是通过对制造过程的质量预控来保证现场安装施工的精度。每批梁段制造完成后,应进行连续匹配预拼装,预拼装应按施工图纸规定的连接顺序进行。每轮预拼装结束并经检查合格后,应留下最后一个梁段参与下一轮次的匹配拼装。通常情况下,钢箱梁、钢桁梁、钢塔、钢箱拱和钢管拱的节段组装和预拼装可以同步进行。每轮预拼装均应进行线形控制。立式预拼装应测量调整高程,胎架顶面(梁段底)的线形应与设计或施工监控要求的梁底线形相吻合;侧卧式预拼装的胎架顶面应测平,连接处的平面位置应与设计或施工监控要求拱轴线线形吻合。预拼装的测量应在解除工艺板后进行。大节段钢箱梁宜先通过小节段钢箱梁的拼装并经检查合格后,再进行环缝焊接或栓接连接。

第四节 零件制造

钢结构桥梁在制造前,制造厂应对设计文件进行工艺性审核,且应按设计规定绘制加工图、编制制造工艺文件。钢结构桥梁的制造应按加工图、技术标准和制造工艺进行。当需要对设计图纸进行调整和变更时,应取得原设计单位的同意,并应履行相关的设计变更程序。桥梁钢结构零件制造涵盖了钢结构生产过程中在生产车间中进行的大部分操作。从平钢板和轧制型钢开始,加工过程包含钢板和型钢的矫正、切割、钻孔、磨削、坡口加工以及压弯加工等过程。

一、钢材矫正

工厂或焊接结构制造车间使用的轧制钢材,可能由于以下几个原因引起变形:一是钢材轧制过程中发生所不希望的变形,如凸起、波浪、弯曲、板边折弯、局部折弯等;二是运输过程中造成的变形;三是钢材在加工过程中,如切割等造成的变形。

变形的钢材会直接影响到后续的画线、号料、切割等工序的精确度。因此在焊接结构制造之前必须对钢材进行矫正。根据工厂的生产经验,10%~100%的钢板和扁钢(依厚度而不同)和15%~20%的型材(角钢、槽钢、工字钢)需要矫正。而材料加工过程中可能引起零件毛坯产生变形(如切割加热引起的扭曲变形),对这种变形的矫正称为第二次矫正。经矫正,下料成形后送往装配—焊接工序的零件应是符合图纸要求的零件。矫正就是利用钢材局部发生塑性变形,来消除原来所不希望的变形的过程。

钢材矫正的方法很多,按矫正时钢材的温度,分为热矫正和冷矫正。冷矫正是在常温下的矫正,冷矫正由于要产生冷作硬化,降低材料的塑性,所以只适用于矫正变形量较小的塑性材料。热矫正是将钢材加热至200℃~1 000℃时进行的,适用于矫正变形大、塑性差的钢材,或缺少足够动力设备时应用。采用热矫时,工艺要求应符合表9-6的规定。矫正后的零件应自然冷却,冷却过程中不得锤击和用水急冷。热矫正时,由于受热的高温区金属产生膨胀力,而使相距较远的低温区金属产生压应力,导致构件在两力交界处的组织松疏;一旦高温区急冷,无热量供给,松疏组织使其收缩复原而产生拉应力,有时会出现应力大于金属材料屈服点的情形,且加热区的钢材会有明显的脆化现象,因此规定不得用水急冷。

热矫工艺要求　　　　　　　　　　　表9-6

序号	牌号	交货状态	工艺要求
1	Q370qD、Q370qE Q420qD、Q420qE	TMCP+回火、TMCP	≤750℃,严禁保温
2	Q500qE	TMCP+回火、TMCP	≤700℃,严禁保温
3	其他钢种	热轧、正火等	≤800℃,严禁保温

按矫正时力的来源和性质,分为机械矫正、手工矫正、火焰矫正和高频热点矫正等。下面仅介绍焊接工厂中常用的机械矫正方法。钢板的变形矫正一般是在多辊矫平机上进行的。如图9-25所示,矫平机的工作部分由上下两列辊组成,下列为主动辊,通过轴承和机体连接,由电动机带动旋转,位置不能调节。上列为从动辊,可通过手动螺杆或串动升降装置作上下垂直调节,改变上下两列辊的距离,以适应不同厚度钢板的矫平。工作时钢板在上下两列辊间受到方向相反的力的作用,使钢板产生小曲率半径的交变弯曲,当应力超过材料的屈服极限时产生塑性变形,使钢板内长度不相等的纤维,在反复拉伸和压缩中趋于一致,达到矫正变形的目的。对钢板进行辊平处理时,制造厂的设备能力一般对较薄的板效果较好,而对厚钢板,特别是厚度大于32mm的钢板,辊平效果则较差,较难达到调整提高钢板表面平整度的目的,因此在采购厚钢板时可能需要对钢厂提出有关平整度的要求。

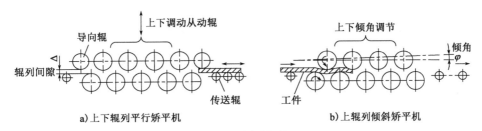

图9-25　多辊矫平机

根据轴辊的排列形式和调节轴位置的不同,常用的矫平机有两种:

1. 上下辊列平行矫平机[图9-25a)]

这种矫平机上下两列辊平行排列,当上下辊列的间隙略小于钢板的厚度时,钢板通过时便会产生反复弯曲,通常钢板需在矫平机上反复来回滚动多次,才能获得较好的矫正质量。上列两端的两个辊是导向辊,只起导向作用,而不起弯曲作用,由于受力不大,故直径较小。导向辊可单独上下调节,导向辊的高低应保证被矫正钢板的最后弯曲得以调平。

2. 上辊列倾斜矫平机[图9-25b)]

这类矫平机的上下辊列轴心连线不平行,而是形成一个很小的夹角,上列辊除能作上下调节外,还能借助转角机构改变倾角的大小。当钢板在辊列间通过时,弯曲曲率逐渐减小,到最后一个轴辊前,钢板的弯曲变形已接近弹性变形,所以这类矫平机不必安装导向辊。上列辊倾斜矫平机多用于薄板的矫正。

二、材料的预处理

采用机械或化学方法对钢材的表面进行清理称为预处理。预处理的目的是把钢材表面的铁锈、油污、氧化皮等清理干净,为后序加工做准备。常用的预处理方法有机械除锈法和化学除锈法。

(一)机械除锈法

机械除锈法常用的主要有喷砂、弹丸与抛丸。

1. 喷砂法

喷砂是目前广泛用于钢板、钢管、型钢及各种钢制件的预处理方法,它不但可以清除工件表面的铁锈、氧化皮等各种污物,而且能使钢材表面产生一层均匀的粗糙表面。喷砂设备系统如图9-26所示,压缩空气经导管1流经混砂管2内的空气喷嘴时,空气喷嘴前端造成负压,将储存在砂斗6中的砂粒经放砂旋塞3吸入,并与气流混合,然后经软管4从喷嘴5喷出,冲刷到工件的表面,使铁锈和氧化皮剥离,从而达到除锈的目的。喷砂使用的压缩空气的压力一般为0.5~0.7MPa。由于砂粒是从喷嘴喷出,这种运动状态的砂粒对喷嘴有较强的磨损作用,因此,喷嘴采用硬质合金、陶瓷等耐磨材料制成。砂粒采用坚硬的清洁干燥的硅渣,粒度应均匀。

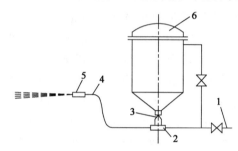

图9-26 喷砂设备系统

1-压缩空气导管;2-混砂管;3-旋塞;4-软管;5-喷嘴;6-砂斗

喷砂法质量好,效率高,但粉尘大,一般在密闭的喷砂室内进行。

2. 弹丸法

弹丸法利用在导管中高速流动的压缩空气气流,使铁丸冲击金属表面的锈层,达到除锈的目的。用于弹丸除锈的铁丸直径为0.5~0.8mm(厚板可用2.0mm),压缩空气压力一般为0.4~0.5MPa。

弹丸除锈法多用于零件或部件的整体除锈,但这种除锈法效率不高,为6~15m^2/h。

3. 抛丸法

抛丸法是利用专门的抛丸机将铁丸或其他磨料高速地抛射到钢材的表面上,以消除表面的氧化皮、铁锈和污垢。抛丸机有立式和卧式两种。立式抛丸机不易形成连续生产,一般应用少。卧式抛丸机对型材表面处理质量比较均匀,可直接用传送辊道输送,应用较广。

钢材经喷砂或抛丸除锈后,随即进行防护处理,其步骤为:首先用经净化过的压缩空气将原材料表面吹净。再涂刷防护底漆或浸入钝化处理槽中进行钝化处理,钝化剂可用10%磷酸锰铁水溶液处理10min,或用2%亚硝酸溶液处理1mim,最后将涂刷防护底漆后的钢材送入烘干炉中,用加热到70℃的空气进行干燥处理。

(二)化学除锈法

化学除锈法一般分为酸洗法和碱洗法。酸洗法可除去金属表面的氧化皮、锈蚀物等污物。碱洗法主要用于去除金属表面的油污。其工艺过程,一般是将配制好的酸、碱溶液装入槽内,将工件放入浸泡一定时间,然后取出用水冲洗干净,以防止余酸的腐蚀。

目前,很多工厂已将钢材的矫正、表面清理和防护作业合并在一起,组成钢材预处理流水线。流水线包括钢板的吊运、矫正、表面除锈清理、喷涂防护底漆和烘干等工艺过程。

如图9-27所示,钢板由传送辊道送入矫平机矫平后,进入预热室将钢板加热到40~60℃,以利于除去钢板表面的水分、油污,并使氧化皮疏松;然后进入抛丸室,由卧式抛丸机对钢板进行双面抛丸除锈,除锈后的钢板由辊道送入喷漆室,通常用高压喷涂机进行自动双面喷涂底漆,随后进入烘干室烘干。处理完的钢板就可由辊道直接送到下道工序,进行号料、切割等作业。

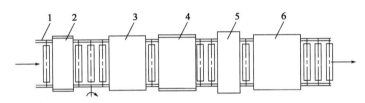

图9-27 钢板预处理流水线示意图
1-传送辊道;2-钢板矫平机;3-预热装置;4-抛光除锈机;5-喷漆装置;6-烘干装置

三、放样

所谓放样,就是在产品图样的基础上,根据产品的结构特点、制造工艺需要等条件,按一定比例(通常按1:1)准确绘制结构的全部或部分投影图,进行结构的工艺性处理和必要的计算及展开,最后获得产品制造过程所需的数据、样杆、样板和草图等。放样应根据加工图和工艺文件进行,应预留制作和安装时的焊接收缩余量及切割、刨边和镜平等加工余量。由上看来,放样工作必须要求高度的精确,否则结构的下料尺寸、成形样板、检验样板都会出现差错,以致产生废品,造成生产失误和混乱。

金属结构的放样一般包括线形放样、结构放样及展开放样。有些结构完全由平板或直杆组成,自然就无须展开放样。放样的目的为:

(1)检查设计图纸的正确性,包括所有零件、组件、部件尺寸以及它们之间的配合等。

(2)在不违背原设计基本要求的前提下,依据工艺要求进行结构处理。结构处理是每一个构件放样都必须解决的问题。结构处理主要是从工艺角度看焊接结构是否合理,并处理因材料、设备和加工条件等因素影响而可能出现的问题。结构处理需要放样者有比较丰富的专业知识和实际经验。

(3)利用放样图,结合必要的计算,求出构件用料的真实形状和尺寸(即算料和展开)。

(4)根据结构制造的工艺需要,利用放样图设计制造所需的胎夹具和模具。

(5)绘制供号料、画线用的草图,制作各类样杆、样板和样箱,准备数控纸带等。

(6)某些结构还可以利用放样图进行装配时定位,即"地样装配"。这时,放样图就画在装配平台上。

四、号料

所谓号料就是利用样板、样杆、号料草图及放样时得出的数据,在板料上画出零件用料的真实轮廓和孔口在材料上的真实形状,与之连接构件的位置线、加工线等,并标出相应的加工符号等的工作过程。号料应严格按配料单指定的钢料材质、规格进行;当钢料不平直或有锈蚀、油漆等污物时,应矫正清理后再号料。号料外形尺寸的允许偏差应为±1mm。

号料是一项重要的工作,必须按有关的技术要求进行。对号料的一般技术要求包括:

(1) 检查材料有无不允许存在的缺陷(如裂纹、夹层、表面疤痕、厚度不均匀等),并根据构件技术要求,酌情处理。

(2) 当材料有较大变形,影响号料精度时,应先进行矫正。

(3) 熟悉构件图样和工艺,合理安排各零件号料的先后顺序。

(4) 零件在材料上的号料位置和排列应符合下料(切割、剪切等)及后续加工的工艺要求。

(5) 号料前应将材料垫放平整、稳定,保证号料的精度。

(6) 正确使用号料用的工具、量具、样板、样杆,尽量减小号料操作引起的误差。

(7) 号料画线后,在零件的加工线、接缝线及孔的中心位置等处,根据加工需要打上錾印样冲眼。同时,按样板上的技术说明,用白铅油或瓷漆写上有关标注。

需要说明的是:在号料时,利用各种方法、技巧,合理排料,使原材料得以充分利用,将边角废料降到最低限度,最大限度地提高原材料的利用率,也是对号料的一项基本要求。

五、下料

下料是将零件或毛坯从原材料上分离下来的工序。钢板在下料前应进行辊平、抛丸除锈、除尘及涂防锈底漆等处理。主要受力零件下料时,应使钢板的轧制方向与其主要应力方向一致。常用的下料方法有锯削、气割、等离子切割、剪切、冲裁等。下面仅简单介绍工厂常用的剪切、气割、等离子弧切割等。切割前应将料面的浮锈、污物清除干净。钢料应放平、垫稳,割缝下面应留有空隙。切割工艺应根据其评定试验结果编制,切割表面不应产生裂纹。

(一)剪切

剪切加工的方法很多,但其实质都是通过上、下剪刃对材料施加剪切力,使材料发生剪切变形,最后断裂分离。常用的剪切机械的种类有:龙门式斜口剪床、横入式斜口剪床、圆盘剪床、振动式剪床和联合剪冲机床等。剪切仅可用于次要零件或剪切后仍需要加工的零件。采用剪切工艺时,钢板厚度宜不大于12mm,剪切边缘应平整,无毛刺、反口、缺肉等缺陷。剪切的尺寸允许偏差应为±2mm,边缘缺棱应不大于1mm,型钢端部垂直度应不大于2mm。

(二)气割

氧-乙炔焰切割是根据某些金属加热到一定温度时,在氧气流中能够剧烈氧化燃烧的性质,用割炬进行切割的。气割的过程由金属的预热、燃烧和氧化物被吹除三个阶段组成。

(1) 气割操作时,首先点燃割炬,随即调整火焰。预热火焰通常采用中性焰或轻微氧化焰。

(2) 开始切割时,应首先预热金属的边缘至燃点,一般碳素钢在纯氧中的燃点为1 100~

1 500℃,注意保持割嘴至工件表面的距离为 10～15mm,切割角度保持在 20°～30°,然后将火焰局部移出钢板边缘线以外,同时,慢慢打开切割氧开关。

(3)待预热的金属在氧流中被吹掉时,应迅速加大切割氧流量。当出现氧化铁渣随氧流一起从钢板背面飞出时,证明已经割透,即可按预定速度进行切割。

切割时上层金属燃烧时产生的热传至下层金属,使下层金属又被预热至燃点,切割过程由金属表面深入到整个厚度,直到将金属割透。同时,金属燃烧时产生的热量和预热火焰一起,又把邻近的金属预热到燃点,将割炬沿切割线以一定的速度移动,即可形成切口,将金属割开。

(三)数控切割

数控切割是按照数字指令规定的程序进行的热切割。它能准确地切割出直线与曲线组成的平面图形,也能用足够精确的模拟方法切割其他形状的平面图形。数控切割的精度很高,生产率也比较高。数控切割是由数控切割机来实现的,该机主要由两大部分组成:数字程序控制系统(运算控制小型电子计算机)和执行系统(切割机部分)。

数控切割的工作原理是:首先对切割零件的图样进行分析,看零件图线是由哪几种线形组成,并分段编出指令,再将这些指令连接起来并确定出切割顺序,将切割顺序编成程序输入计算机。计算机将程序编译并发出加工信息,由执行系统去完成,就可得到所要求切割的零件。

(四)等离子切割

如果对焊接电弧进行冷却,电弧就会自动收缩其截面,电弧温度也会相应提高。利用电弧的这一规律,我们对电弧强制进行冷却,获得了等离子弧。等离子弧的温度可以高达 30 000℃左右,现有的任何金属或非金属材料,都可以被其熔化。等离子弧切割就是利用等离子弧的高温,将被切割件瞬间局部熔化,然后等离子弧的高速气流将熔化物吹走来实现的。

零件宜采用精密(数控、自动、半自动)方法切割下料。在数控切割下料编程时除应考虑焊接收缩量之外尚应考虑切割热变形的影响;剪切仅适用于次要零件或剪切后仍需加工的零件;手工气割仅适用于工艺特定的或切割后仍需加工的零件。

六、坡口加工

根据设计或工艺要求,将被焊工件的待焊部位加工并装配成具有一定几何形状的沟槽,称之为坡口。焊接接头是否需要加工坡口,以及加工何种形式的坡口,应从以下几方面考虑:一是必须保证焊接接头的质量;二要兼顾经济效益;三要根据焊接结构的形状、大小及施焊条件;四要有利于减小焊接变形和应力。

(一)坡口的形状

焊接接头的坡口根据其形状的不同,可分为基本型、组合型及特殊型。

1. 基本型坡口

基本型坡口是一种形状简单、加工容易、应用普遍的坡形式。按照我国标准,基本型坡口主要有:工字形坡口;V 形坡口、单边 V 形坡口、U 形坡口、J 形坡口等。如图 9-28 所示。

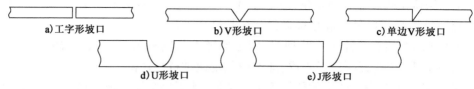

图 9-28 基本型坡口

2. 组合型坡口

组合型坡口是由两种或两种以上的基本型坡口组合而成。由我国标准来看,主要有 13 种,如图 9-29 所示。

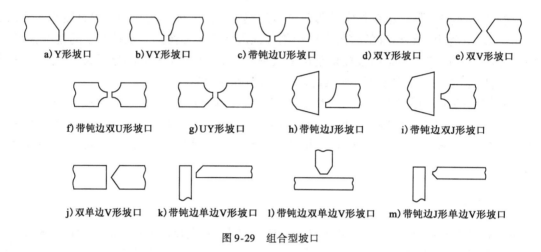

图 9-29 组合型坡口

(二)坡口加工方法

1. 风铲加工

用风铲加工 V 形或 X 形坡口时,风铲头的切削角度以 50°左右为宜,角度小时强度会降低,角度大时切削阻力会增大。为了减小铲削阻力和摩擦,防止铲头发热退火,铲头要适当地蘸些润滑剂。风铲加工坡口劳动强度大、噪声大、效率低,目前已较少使用。

2. 机械加工

机械加工坡口在刨边机上进行,可以刨削各种形式的坡口,机械刨边加工方法与手工铲边相比,不但效率高,而且质量好,所以在成批生产中已广泛采用。

3. 气割加工

氧-乙炔气割坡口,包括手工气割、半自动和自动气割机切割,其操作方法和使用工具与一般气割相同。只需将单个或多个割炬嘴,在割缝处偏斜成所需要的角度,就可割出多种形式的坡口。气割坡口的方法简单易行、效率高,能满足开 V 形或 X 形坡口的质量要求,已被广泛采用。但是切割后,必须清理干净氧化铁残渣。

4. 碳弧气刨加工

碳弧气刨是目前已被广泛应用的一种坡口加工方法,是利用碳极电弧的高温,将金属局部加热到熔化状态,同时再用压缩空气的气流将熔化金属吹掉,以达到刨削金属的目的。如图9-30所示为碳弧气刨示意图,图中碳棒1为电极,刨钳2夹持碳棒。气刨时,刨钳接正极,工件接负极,电弧在碳棒和工件之间产生,并熔化工件;压缩空气气流,及时将熔化的金属吹走,从而完成刨削。图中箭头Ⅰ表示刨削方向,箭头Ⅱ表示碳棒进给方向。碳棒与工件的倾角开始时取 15°～30°,然后逐渐增加到 25°～40°,即可进行正常刨削。

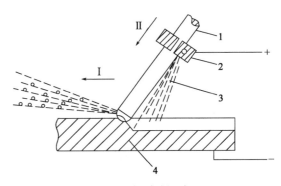

图 9-30　碳弧气刨示意
1-碳棒;2-刨钳;3-高压空气流;4-工件

碳弧气刨开坡口效率高,特别适用于仰、立位的刨切,无很大的噪声,工人的劳动强度较低。碳弧气刨在焊接生产中主要用于清根、刨除焊接缺陷、开坡口等。碳弧气刨在生产中会产生一定的烟雾,所以应注意通风。

七、压弯加工

在焊接结构制造中,由于很多零件都是由各种板材加工而来,弯曲加工在零件加工中就占据了相当大的比例,如钢箱梁的 U 加劲肋。大多数情况下弯曲加工是在冷态(常温)下进行的,根据需要也可以热弯成形。

(一)弯曲变形

用于弯曲加工的材料通常为钢材等塑性好的材料,其弯曲变形过程如下:

(1)弹性变形阶段。当材料上受到外弯曲力矩时,就会发生弯曲变形。材料变形区内靠近曲率中心的一侧(简称内层)的金属在弯矩引起的压应力作用下被压缩缩短。远离曲率中心一侧(简称外侧)的金属在外弯力矩引起的拉应力作用下被拉伸伸长。那么在内层与外层之间,就必然存在着一个既不伸长也不缩短的一个层面,称为中性层(图9-31)。

在材料弯曲的初始阶段,由于外弯矩的数值不大,当由弯矩引起的应力数值尚小于材料的屈服极限时,只能使材料发生弹性变形。

(2)塑性变形阶段。当外弯矩的数值继续增大时,弯曲件的曲率半径也随之缩小,由弯矩所引起的材料内应力数值开始超过其屈服点,材料变形区的内、外表面由弹性变形状态过渡到塑性变形状态,之后的塑性变形逐渐由内、外表面向材料中心扩展。

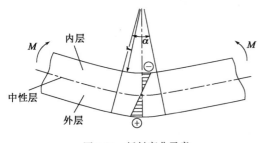

图 9-31　板料弯曲示意

(3)断裂阶段。材料发生塑性变形后,如果继续增大外弯矩,当材料的曲率半径小到一定程度,将因变形超过材料自身变形能力的限度,在材料受拉伸的外层表面首先出现裂纹,并逐渐向内扩展,致使材料最终发生断裂破坏。

弯曲变形过程中,无论宽板、窄板,在弯曲变形区内材料的厚度均有变薄现象。必要时应予以考虑。

(二)机械压弯成形

在压力机上使用弯曲模进行弯曲成形的加工方法称为机械压弯。

压弯成形时,材料的弯曲变形,有自由弯曲、接触弯曲及校正弯曲三种形式。图9-32为在V形模上进行的三种弯曲方式情况。如果弯曲时,工件仅与凸、凹模在三条线接触,弯曲圆角半径r_1是自然形成的[图9-32a)],这种弯曲方式叫作自由弯曲;如果工件弯曲到直边与凹模表面平行,而且在长度ab上互相紧靠时,停止弯曲,弯曲件的角度r_2等于模具的角度,而弯曲圆角半径仍靠自然形成[图9-32b)],这种弯曲方式叫作接触弯曲;如果将工件弯曲到与凸、凹模完全靠紧,弯曲圆角半径r_3等于凸模圆角半径$r_凸$时[图9-32c)]才结束弯曲,这种弯曲方式叫作校正弯曲。自由弯曲、接触弯曲及校正弯曲是在工件弯曲时,在塑性变形阶段,随着变形程度的加大而依次产生的。

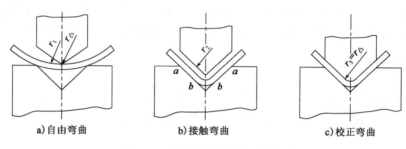

图9-32 板料弯曲的三种变形方式

自由弯曲所需压弯力小,但压弯时,仅靠调整凹模槽口的宽度和凸模的下压点行程位置来保证零件的形状,批量生产时质量不稳定,所以多用于小批生产中大型零件的压弯。

采用接触弯曲或校正弯曲,弯曲件的精度由模具保证,质量高而且稳定,但需要的弯曲力较大,而且由于模具制造周期较长,费用高,多用于大批量生产中的中、小型零件的压弯。

第五节　钢桥防腐涂装

桥梁钢结构在各种大气环境条件作用下而产生腐蚀,是一种自然现象。钢材的腐蚀按反应机理可分为化学腐蚀和电化学腐蚀。化学腐蚀过程不伴随电流的流动。钢材在高温工作条件下受到氧气O_2、二氧化硫SO_2、硫化氢H_2S和卤素等气体的腐蚀,就属于化学腐蚀。钢材在腐蚀过程中伴随有电流流动的叫作电化学腐蚀。钢材在潮湿空气中或在电解质溶液中的腐蚀,就属于电化学腐蚀。钢材按自然环境引起的腐蚀又可分为大气腐蚀、土壤腐蚀、海水腐蚀、淡水腐蚀和生物腐蚀等。钢桥上部结构所处的自然环境引起的腐蚀主要为大气腐蚀,对下部结构则还可能有其他的环境腐蚀,如海水腐蚀、淡水腐蚀、土壤腐蚀等。

一、钢桥防腐涂装体系

涂料防腐体系由底漆、中间漆和面漆构成。底漆主要起附着和防锈的作用,面漆主要起防腐蚀的作用,中间漆的作用介于两者之间。任何一种涂料均不可能单独使用,只有配套使用,才能发挥最好的作用。

底漆的防腐性能分为普通涂料和重防腐涂料。目前在钢桥中多采用以富锌漆(无机富锌、环氧富锌漆)为底漆的重涂料防腐涂装体系。在重涂料防腐体系中,富锌底漆对钢铁起阴极保护作用和屏蔽作用,即当中间漆和面漆完全失效后,腐蚀介质直接对富锌涂层起作用,富锌涂层以均匀腐蚀速率被腐蚀消耗;当局部锌颗粒被腐蚀后露出钢铁基体时,此时富锌涂层靠牺牲其余锌颗粒来保护钢铁不被腐蚀。中间漆和面漆是增加涂层的厚度,对钢铁起屏蔽作用和对富锌涂层起封闭作用,推迟和阻止富锌涂层及钢铁的腐蚀过早发生。面漆涂层直接暴露在腐蚀介质环境中,本身还具有耐腐蚀和耐老化等优良性能。

腐蚀环境特性是涂装体系设计中需要考虑的一个主要因素。一个腐蚀环境总是由多个因素复合而成的,通常按起最大作用的那个因素来区分环境,我国通常将自然环境分为以下几类:①田园区:农村、山区自然环境;②工厂区:含有二氧化硫和硫化氢的酸性大气环境;③海洋区:含氯离子大气环境;④城市区:介于工厂区和田园区之间的大气环境。涂料涂装体系设计时,应根据不同涂料及其底漆、中间漆和面漆的组合对环境的适应性进行合理的设计,形成一个配套的整体,如果选择不合适,会导致整个涂装体系失效。

钢结构涂装体系设计的一个重要内容是确定涂层的厚度。涂层厚度的确定一般应考虑以下几个因素:①钢材表面的原始状况;②钢材除锈后的表面粗糙度;③选用的涂料品种;④钢结构使用环境对涂料的腐蚀程度;⑤预想的维护周期和涂料维护的条件。一般来说,涂层的厚度由基本涂层厚度、防护涂层厚度和附加涂层厚度组成。基本涂层厚度是指涂料在钢材表面上形成均匀、致密、连续漆膜所需的最薄厚度(包括填平粗糙度波峰所需的厚度);防护层厚度是指涂层在使用环境中,在维护周期内受到腐蚀、粉化、磨损等所需的厚度;而附加涂层厚度则是指因以后涂装维修困难和留有安全系数所需的厚度。涂层厚度应根据实际需要来确定,过厚虽然可以增强防腐力,但附着力和机械性能都要降低;过薄则容易产生肉眼看不见的针孔和其他缺陷,起不到隔离环境的作用。

涂装按保护年限分为两类:普通型(10~15年);长效型(15~25年)。在涂层体系保护年限内,涂层95%以上区域的锈蚀等级不大于ISO 4628规定的Ri2级,无气泡、剥落和开裂现象。按涂装部位分为七类:外表面;非封闭环境内表面;封闭环境内表面;钢桥面;干湿交替区和水下区;防滑摩擦面;附属钢构件,包括防撞护栏、扶手护栏及底座、灯座、泄水管、钢路缘石等。《铁路钢桥保护涂装及涂料供货条件》(TB/T 1527—2011)给出所推荐的钢桥涂装体系如表9-7所示。《公路桥梁钢结构防腐涂装技术条件》(JT/T 722—2008)按不同的腐蚀环境和不同的结构部位给出了23种推荐的涂装体系,可参考该规范。

钢桥涂装体系(TB/T 1527—2011)　　　　　　　　　　　　表9-7

涂装体系	涂料(涂层)名称	每道干膜最小厚度(μm)	至少涂装道数	总干膜最小厚度(μm)	适用部位
1	特制红丹酚醛(醇酸)防锈底漆	35	2	70	桥栏杆、扶手、人行道托架、墩台吊篮、围栏和桥梁附属钢桥
1	灰铝粉石墨(或灰云铁)醇酸面漆	35	2	70	桥栏杆、扶手、人行道托架、墩台吊篮、围栏和桥梁附属钢桥
2	电弧喷铝层	—	—	200	钢桥明桥面纵梁、上承板梁、箱形梁上盖板
2	环氧类封孔剂	—	1	—	钢桥明桥面纵梁、上承板梁、箱形梁上盖板
2	棕黄聚氨酯盖板底漆	50	2	100	钢桥明桥面纵梁、上承板梁、箱形梁上盖板
2	灰聚氨酯盖板面漆	40	4	160	钢桥明桥面纵梁、上承板梁、箱形梁上盖板

续上表

涂装体系	涂料(涂层)名称	每道干膜最小厚度(μm)	至少涂装道数	总干膜最小厚度(μm)	适用部位
3	无机富锌防锈防滑涂料	80	1	80	栓焊梁连接部分摩擦面
	电弧喷铝层	—	—	100	
4	环氧沥青涂料	60	4	240	非密封的箱形梁和非密封的箱形杆件内表面
	环氧沥青厚浆涂料	120	2	240	
5	特制环氧富锌防锈底漆	40	2	80	钢桥主体,用于气候干燥、腐蚀环境较轻的地区
	或水性无机富锌防锈底漆				
	云铁环氧中间漆	40	1	40	
	灰铝粉石墨醇酸面漆	40	2	80	
6	特制环氧富锌防锈底漆	40	2	80	钢桥主体,主座用于腐蚀环境较严重的地区
	或水性无机富锌防锈底漆				
	云铁环氧中间漆	40	1	40	
	灰色丙烯酸酯族聚氨酯面漆	40	2	80	
7	特制环氧富锌防锈底漆	40	2	80	钢桥主体,用于酸雨、沿海等腐蚀环境严重、紫外线辐射强、有景观要求的地区
	或水性无机富锌防锈底漆	—	—	—	
	云铁环氧中间漆	40	1	40	
	灰色丙烯酸酯族聚氨酯面漆	40	2	80	

注:1. 对于温度较大地区,钢桥主体应采用断裂伸长率不小于50%的氟碳面漆。
  2. 对于栓焊梁生产或贮存在黄河以南地区时,宜采用无机富锌防锈防滑涂料喷涂摩擦面。
  3. 对于跨越河流的钢桥底面(包括桁梁下弦杆、纵横梁底面、下承板梁主梁和上承板、箱梁底面)、酸雨地区的钢桥应增加涂装底漆一道、中间漆一道。

二、钢桥结构表面处理

《公路桥涵施工技术规范》(JTG/T F50—2011)规定:钢桥的杆件和梁段在涂装前,应对其表面进行除锈清理。除锈应采用喷丸或抛丸的方法进行,除锈等级应符合设计规定,设计未规定时,应达到现行国家标准《涂装前钢材表面锈蚀等级和除锈等级》(GB 8923)规定的 Sa2.5 级,表面粗糙度 Ra 应达到 $25\sim60\mu m$;对高强螺栓连接面,除锈等级应达到 Sa3 级,表面粗糙度 Ra 应达到 $50\sim100\mu m$,且除锈后的连接面宜进行喷铝防锈处理,同时应清除高强螺栓头部的油污及螺母、垫圈外露部分的皂化膜。

(一)处理的对象

现在对于钢结构的表面处理,尽管比起以前有了较为深刻的认识,能够自觉地使用 ISO 国际标准或美国的 SSPC 规范来指导工作,但往往还是局限于表面处理即是打磨、喷砂等除锈工作以及除油除灰等表面清洁工作。随着涂装技术的发展和经验的积累,人们已经认识到氧化皮、盐分、油污、锈蚀产物、灰尘、电焊缝、设计缺陷均为重要的表面处理对象。这样可进一步的提高工作质量,涂料性能获得更好的发挥。

(二)表面处理要求

1. 结构预处理

构件在喷砂除锈前应进行必要的结构预处理,包括:

(1)粗糙焊缝打磨光顺,焊接飞溅物用刮刀或砂轮机除去。焊缝上深为 0.8mm 以上或宽度小于深度的咬边应补焊处理,并打磨光顺。

(2)锐边用砂轮打磨成曲率半径为 2mm 的圆角。

(3)切割边的峰谷差超过 1mm 时,打磨到 1mm 以下。

(4)表面层叠、裂缝、夹杂物,须打磨处理,必要时补焊。

2.除油

表面油污应采用专用清洁剂进行低压喷洗或软刷刷洗,并用淡水枪冲洗掉所有残余物;或采用碱液、火焰等处理,并用淡水冲洗至中性。小面积油污可采用溶剂擦洗。

3.除盐分

喷砂钢材表面可溶性氯化物含量应不大于 $7\mu g/cm^2$。超标时应采用高压淡水冲洗。当钢材确定不接触氯离子环境时,可不进行表面可溶性盐分检测;当不能完全确定时,应进行首次检测。

4.除锈

(1)磨料要求

①喷射清理用金属磨料应符合《涂覆涂料前钢材表面处理 喷射清理用金属磨料的技术要求 导则和分则》GB/T 18838.1—2002 的要求;

②喷射清理用非金属磨料应符合《涂覆涂料前钢材表面处理 喷射清理用非金属磨料的技术要求 第 1 部分:导则与分类》(GB/T 17850.1—2017)的要求;

③根据表面粗糙度要求,选用合适粒度的磨料。

(2)除锈等级

①热喷锌、喷铝,钢材表面处理应达到《涂覆涂料前钢材表面处理表面清洁度的目视评定 第 1 部分:未涂覆过的钢材表面和全面清除原有涂层后的钢材表面的锈蚀等级和处理等级》(GB/T 8923.1—2011)规定的 Sa3 级;

②无机富锌底漆,钢材表面处理应达到《涂覆涂料前钢材表面处理表面清洁度的目视评定 第 1 部分:未涂覆过的钢材表面和全面清除原有涂层后的钢材表面的锈蚀等级和处理等级》(GB/T 8923.1—2011)规定的 Sa2½级 ~ Sa3 级;

③环氧富锌底漆和环氧磷酸锌底漆,钢材表面处理应达到《涂覆涂料前钢材表面处理表面清洁度的目视评定 第 1 部分:未涂覆过的钢材表面和全面清除原有涂层后的钢材表面的锈蚀等级和处理等级》(GB/T 8923.1—2011)规定的 Sa2½级;不便于喷射除锈的部位,手工和动力工具除锈至《涂覆涂料前钢材表面处理表面清洁度的目视评定 第 1 部分:未涂覆过的钢材表面和全面清除原有涂层后的钢材表面的锈蚀等级和处理等级》(GB/T 8923.1—2011)规定的 St3 级。

(3)表面粗糙度

①热喷锌(铝),钢材表面粗糙度为 $Rz60\mu m \sim 100\mu m$;

②喷涂无机富锌底漆,钢材表面粗糙度为 $Rz50\mu m \sim 80\mu m$;

③喷涂其他防护涂层,钢材表面粗糙度为 $Rz30\mu m \sim 75\mu m$。

(4)除尘

喷砂完工后,除去喷砂残渣,使用真空吸尘器或无油、无水的压缩空气,清理表面灰尘。清洁后的喷砂表面灰尘清洁度要求不大于《涂覆涂料前钢材表面处理表面清洁度的评定

试验 第3部分:涂覆涂料前钢材表面的灰尘评定(压触粘带法)》GB/T 18570.3 规定的 3 级。

(5)表面处理后涂装的时间限定

一般情况下,涂料或锌、铝涂层最好在表面处理完成后 4h 内施工于准备涂装的表面上;当所处环境的相对湿度不大于 60% 时,可以适当延时,但最长不应超过 12h;不管停留多长时间,只要表面出现返锈现象,应重新除锈。

(三)表面处理方法

钢材表面处理常见的方法有机械清除法、酸洗清除法及火焰清除法。

1. 机械法

机械法又可分为手工清除、喷砂清除、喷丸清除和抛丸清除。

手工清除是用钢丝刷、刮刀将污物、锈皮、涂料除去。由于其劳动强度大、效率较低,目前只用于钢桥养护以及更换个别螺栓时。

喷砂清除是用压缩空气将砂粒喷向钢板表面,将锈皮、油污等清除后,立即喷涂保护层。使用本法时,砂粒应选用硬度高、带锐角的石英砂粒,粒径为 1~3mm,并保持干燥。风压宜为 0.4~0.5MPa。喷嘴孔直径 5~10mm,以耐高压并耐磨损的陶瓷制成。使用后,喷嘴孔径增大 3mm 时应更换新的。喷嘴距板面 5~20mm,喷嘴与板面的角度为 50°~60°。喷射时间经过试验确定,喷射时间过长会降低板面摩擦系数。若喷砂清除在工地进行,砂的回收率差,消耗量较大,必须有足够的储备。若喷砂清除在工厂进行,因构件、杆件清除打毛后须运到施工现场安装,为了防止待运期间钢板又因锈蚀并降低摩擦系数,因此必须在喷砂清除后,在钢板上喷涂保护层。

喷丸清除的基本原理与喷砂清除相同,只是以铁丸代替砂粒。铁丸直径为 1~4mm,若太小(0.3~0.5mm)则只能起到除锈效果而起不了打毛作用。铁丸为生铁制成,风压因较喷砂清除法高,一般为 0.7~0.8MPa。喷射角为 75°~90°,喷射口至板面距离为 100~130mm。喷丸所用设备及工具应具有一定的强度、刚度和硬度,并防止铁屑、飞刺等堵塞管路。其他喷射工艺与喷砂清除法相同。

抛丸清除的除锈打毛原理与喷丸相同。不同之处在于使用的工具抛丸机并不走动,而工件钢板则以约 1.5m/min 的速度行走前进,其速度可以根据锈蚀程度予以调整。抛出的铁丸直径为 1.5mm,钢板距抛头约 60cm。抛丸未清除的铁锈,仍须以喷丸补充清除。

2. 酸洗清除

酸洗清除法是将钢板放在酸溶液槽中进行酸洗,清除铁锈,然后置于冷水槽中冲洗,再放置碱水槽中中和。因其不能增加摩擦系数且成本较高,故很少使用。

3. 火焰清除

火焰清除利用高热还原焰烧掉钢板表面的松软氧化层、铁锈、油污、泥垢、涂料和硬的轧皮以满足表面的粗糙度。由于这种方法成本较高,处理后的摩擦系数仅为 0.3~0.4,低于一般设计要求(≥0.55),故国内很少采用。

上述各种方法中以喷砂、喷丸及抛丸三种方法效果较好。但无论在施工现场或工厂里,这三种方法都会严重污染空气,应配合除尘设备使用,以保护环境卫生。此外,为了节约铁丸的消耗,应对喷、抛过的铁丸进行回收,但回收的铁丸应除去铁锈、锈粉等杂质,以免堵住喷嘴及影响环境卫生。

使用上述方法将钢板表面的氧化皮、铁锈、油污和其他杂物清除干净后,须再用干净的压缩空气或铁刷将灰尘清理干净,摩擦面宜进行喷铝防锈处理。

三、钢桥涂装施工技术

《公路桥涵施工技术规范》(JTG/T F50—2011)规定:涂装方案应符合设计文件要求,并应符合《公路桥梁钢结构防腐涂装技术条件》(JT/T 722—2023)的规定。

(一)涂装要求

1．涂装环境要求

涂装施工时,杆件和梁段表面不应有雨水或结露,相对湿度不应高于80%;环境温度对环氧类漆不得低于10℃,对水性无机富锌防锈底漆、聚氨酯漆和氟碳面漆不得低于5℃。在风沙天、雨天和雾天不应进行涂装施工,涂装后4h内应采取措施保护,避免遭受雨淋。

2．涂料配制和使用时间

涂料应充分搅拌均匀后方可施工,推荐采用电动或气动搅拌装置。对于双组分或多组分涂料,应先将各组分分别搅拌均匀,再按比例配制并搅拌均匀。

混合好的涂料按照产品说明书的规定熟化。涂料的使用时间按产品说明书规定的适用期执行。-5~5℃温度下施工时,涂料本身的温度需符合产品说明书的规定。

底漆、中间漆涂层的最长暴露时间不宜超过7d,两道面漆的涂装间隔时间亦不宜超过7d;若超过,应先采用细砂纸将涂层表面打磨成细微毛面,再涂装后一道面漆。喷铝应在表面清理后4h内完成,涂层间隔的时间要求应符合现行《热喷涂金属件表面预处理通则》(GB/T 11373)的规定。

3．涂覆工艺

(1)涂覆方法

①大面积喷涂应采用高压无气喷涂施工;

②细长、小面积以及复杂形状构件可采用空气喷涂或刷涂施工;

③不易喷涂到的部位应采用刷涂法进行预涂装或在第一道底漆后补涂。

(2)涂覆间隔

按照设计要求和材料工艺进行底涂、中涂及面涂施工。每道涂层的间隔时间应符合材料供应商的有关技术要求。超过最大重涂间隔时间时,进行拉毛处理后涂装。

(3)二次表面处理

外表面在涂装底漆前应采用喷射方法进行二次表面处理。内表面无机硅酸锌车间底漆基本完好时,可不进行二次表面处理,但要除去表面盐分、油污等,并对焊缝、锈蚀处打磨至《涂覆涂料前·钢材表面处理 表面清洁度的目视评定》GB/T 8923规定的St3级。

(4)连接面涂装法

①焊接结构:焊接结构应预留焊接区域。预留区域外壁推荐喷砂除锈至GB/T 8923规定的Sa2½级,底漆采用环氧富锌涂料,中涂和面涂配套同相邻部位。内壁可进行打磨处理至GB/T 8923规定的St3级,采用相邻部位配套进行涂装。

②栓接结构:栓接部位采用无机富锌防滑涂料或热喷铝进行底涂。摩擦面涂层初始抗滑

移系数不小于0.55,安装时(6个月内)涂层抗滑移系数不小于0.45。栓接板的搭接缝隙部位,分以下两种情况处理:

a. 缝隙小于等于0.5mm时,采用油漆调制腻子密封处理;

b. 缝隙大于0.5mm时,采用密封胶密封(如聚硫密封胶等)。

栓接部位外露底涂层、螺栓,涂装前应进行必要的清洁处理。首先对螺栓头部打磨处理,然后刷涂1~2道环氧富锌底漆或环氧磷酸锌底漆50~60μm,再按相邻部位的配套体系涂装中间漆和面漆;中间涂层也可采用弹性环氧或弹性聚氨酯涂料。

(5)现场末道面漆涂装前

①应对运输和装配过程中破损处进行修复处理。

②应采用淡水、清洗剂等对待涂表面进行必要的清洁处理,除掉表面灰尘和油污等污染物。

③应试验涂层相容性和附着力,整个涂装过程要随时注意涂装有无异常。

4. 涂装后处理

涂装后,应在规定的位置涂刷杆件和梁段标记。杆件和梁段的码放必须在涂层干燥后进行,对局部损伤的涂层,应按规范的规定进行表面处理,并按原设计涂层补涂各层涂料。

涂料涂层的表面应平整均匀,不应有漏涂、剥落、起泡、裂纹和气孔等缺陷,颜色应与比色卡一致;金属涂层的表面应均匀一致,不应有起皮、鼓包、大熔滴、松散粒子、裂纹和掉块等缺陷。每涂完一道涂层应检查干膜厚度,出厂前应检查总厚度。

(二)涂装方法

在桥梁防腐蚀涂装过程中,主要采用涂装方法有四种:刷涂、辊涂、空气喷涂及高压无气喷涂。

1. 刷涂

刷涂施工是一种传统方法,在工业生产中大部分已由喷涂施工所取代。刷涂施工比其他施工方法速度慢,通常用于:

(1)辊涂或喷涂产生的零星工作以及用于损坏区域的局部修补。

(2)角和边的切割处。

(3)为了在裂缝或腐蚀麻坑处取得良好的渗透作用。

(4)一些关键的区域,如采用喷涂施工可能会由于周围表面的过喷涂而引起损坏。

(5)对焊接处、铆钉、螺栓、螺母、棱边、法兰、角落等的预涂。

毫无疑问,刷子的摩擦作用有助于良好的附着力。由于这一原因,刷涂常用于底漆的施工,也推荐用于水下器件的一般施工。刷涂施工的"润湿"作用使涂料和表面之间达到更好的接触。而使用喷涂施工时,涂料只附着在腐蚀层的顶部,仅有一点或毫无渗透作用,因此只有一点或毫无附着力。

2. 辊涂

在涂覆大平面时,辊涂比刷涂要快得多,而且可以用来涂大多数装饰性面漆。不过辊涂时的涂膜厚度不易控制,所以要根据不同的涂料类型来选择毛度合适的辊筒。一般情况下,可以选用酚醛芯辊筒,配以短绒或中长绒的辊筒套。

使用辊涂时,辊筒以交叉的走势在表面上滚动,将涂料均匀地分布在表面上。通常涂料以这种方式施工并结束,但如果需要的话,辊筒也可垂直或水平通过表面而停止。许多现代厚膜涂料不适宜刷涂施工,因为不易达到均匀一致的涂膜。

需要注意的是,辊涂不适用于第一道涂层的施工,主要是因为辊涂的渗透性不佳,容易在涂膜中、钢材的粗糙度或凹处内截留空气。

3. 空气喷涂

空气喷涂涂料由压缩空气流雾化,随气流运送到表面上。空气和涂料由各自的通道(渠道)进入喷枪,然后混合,再以限定的喷涂图形从喷气嘴喷出。空气喷涂按涂料的供给方式不同分为:压下式、吸上式及压送式三种形式(图9-33)。

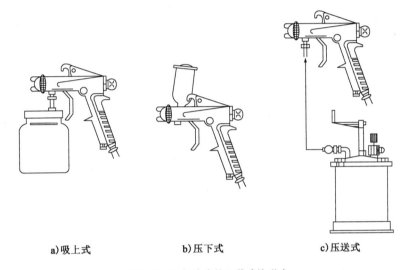

a) 吸上式　　　　b) 压下式　　　　c) 压送式

图9-33　空气喷涂的三种喷枪形式

压下式又称重力式,储漆罐在喷枪上面,涂料因重力作用而压下,由压缩空气雾化后喷涂。作业过程中要经常添加涂料,适用于小面积涂装和局部修补之用。

吸上式依靠压缩空气在喷嘴喷出的气流所产生的负压,将涂料雾化喷出。

对于桥梁这种大型钢结构来说,所使用的涂料又是现代高固体分重防腐蚀涂料,所以最佳的空气喷涂方式为压送式喷涂。这种喷涂方法在美国和日本应用较多。它用一根软管将压缩空气源与压力罐上的压力调校器相连,一部分空气以调整压力,通过压力调校器泄出,但大部分空气经由第二段软管进入喷枪,使里面的涂料在喷出时成为漆雾。进入压力罐内的空气将罐中的涂料压出,推入软管,再注入喷枪。同时还有一个搅拌器,可以防止涂料的沉淀。

压送式喷涂,带有压力供漆罐,容量约为20L,可以大大减少由于加料而浪费的时间,同时喷枪能自由转动,进行有效喷涂。这种喷涂方法对于水溶性的无机硅酸锌底漆特别适用。

4. 高压无气喷涂

高压无气喷涂不需要借助空气雾化溶料,而是给涂料直接施加高压,使涂料在喷出时雾化的施工方法。高压无气喷涂设备由动力、高压泵、蓄压过滤器、输漆管和喷枪等组成(图9-29)。

高压无气喷涂与空气喷涂的区别在于,它不是将空气与涂料混合而形成漆雾,所以称为"无气"喷涂。高压无气喷涂的雾化是凭借液压压力,使涂料在特别设计的喷嘴处雾化后喷出。雾化的压力一般由气动泵产生,它能产生很大的被压涂料与进气之间的压力比(20~65):1,常用的压力比为45:1。

高压无气喷涂的主要优点为:用稀释就可以喷涂厚浆型涂料;喷涂速度快,效益很高;与空气喷涂相比,能减少喷涂过量和反弹,减少涂料的损失;雾化后的涂料中不含空气,涂膜成形质量高。

四、钢桥底面防锈技术

钢结构的底面防锈处理,主要是利用锌或铝的牺牲阳极作用来进行阴极保护,它大大降低了钢材的锈蚀,方便了钢结构的二次除锈,或者整体涂层在使用过程中的维修,使大修时不必进行全部出白级喷砂,而只需局部除锈后涂中间漆和面漆。

实践证明,效果较好的主要有三种方法:金属热喷涂处理、镀锌处理及无机硅酸锌底漆涂装处理。这三种方法的共同点是耐蚀性强,与底材附着力强,涂层硬度高,耐碰撞,不怕运输和吊装过程中的机械损伤。金属热喷涂和富锌底漆涂装已经成为目前桥梁钢结构外露部分的重要防锈基底,在此基础上才进行环氧中间漆和面漆的涂装。

为了最大限度地保护桥梁用钢材,桥梁钢板在切割装配前必须先用无机硅酸锌车间底漆进行预处理。如果钢材要进行金属热喷涂或镀锌处理,则不必进行车间底漆的预处理过程。

1. 车间底漆预处理

车间底漆(shop primer),又称钢材预处理底漆(prefabrication primer)或保养底漆,主要应用在钢材的一次表面处理阶段,在钢材的切割电焊装配阶段起到临时保护作用。由于钢结构制造场所的空气通常十分恶劣,车间底漆可以保护钢材在此阶段不生锈,有利于后道漆的覆涂,大大减少了在分段组装后的二次除锈工作量。车间底漆的选择取决于很多因素,钢材的类型、车间生产程序和要求保护时限,二次表面处理的级别和采用方法,后续长效保护涂料的类型等。

车间底漆发展至今,主要有四种类型:聚乙烯醇缩丁醛车间底漆(PVB)、环氧富锌车间底漆、环氧铁红车间底漆、无机硅酸锌车间底漆。

其中,无机硅酸锌车间底漆,由于其良好的耐热性、突出的防锈性,以及与其他涂层很好的相容性能等已经成为目前在桥梁结构的主流产品。环氧富锌和环氧铁红车间底漆也仍有一定的市场。此外也有一些其他类型的车间底漆,如丙烯酸铁红车间底漆等,但使用并不多。

无机硅酸锌车间底漆以正硅酸乙酯为基料,配以锌粉以及其他颜填料、溶剂、添加剂等。无机硅酸锌车间底漆的固化成膜依靠正硅酸乙酯吸收空气中的水分水解后缩聚,然后与锌粉及钢材表面活性铁反应生锌—硅酸—复合盐而牢牢附着于钢铁表面。它具有极强的防锈性,可达9~14个月,且力学性能优良,耐热性好,热加工时损伤面少,已经成为目前主要应用的车间底漆。

2. 钢结构热喷涂处理

所谓热喷涂是指依靠专用设备产生的热源(火焰、电弧、等离子等),把金属或非金属固体材料加热熔融或软化,并利用热源自身的动力或外加高速气流雾化,使雾化的喷涂材料快速喷射到经过预处理干净的基体表面形成涂层的过程。很多环境下,金属热喷涂层的寿命被表明可以达到25年以上。但是其处理速度较慢,施工标准又高,使得最初的费用相对很高,但是它的长期使用寿命使其经济有效。最大的潜在寿命取决于表面处理、喷涂技巧等。

金属热喷涂是用火焰和电弧或者等离子技术进行施工。对于大型构件特别金属热喷涂主要有喷锌和喷铝两种,作为钢结构的底层,有着良好的耐蚀性能,使用寿命在30年以上。喷锌层已经是水下保护的首要选择,在大气环境中喷铝层和喷锌层是最长效的保护系统的首要选择。喷铝层是大气环境中的钢结构使用较多的一种选择,因为它比喷锌层的耐蚀性能还要强。喷铝层与钢铁的结合力强,工艺灵活,可以现场施工,适用于重要的不易维修的钢铁桥梁。

以前有些业主喜欢选择喷锌层,因为价格较低且外观较好。而喷铝层如果没有封闭会有一些锈迹。但是喷铝层厚度足够,锈迹就会没有,但是涂膜外观不如喷锌层好。研究表明,与喷锌层相比而言,喷铝层可能是更好的长效保护涂层。现在锌的价格大大超过了铝,因此喷铝比喷锌应用得更多。在对钢铁的保护方面,锌涂层的阴极保护作用突出,铝涂层的耐蚀性好,两者结合起来的锌—铝合金有着更强的保护作用。常用的锌—铝合金为85% Zn、15% Al,它的电位接近于锌,而耐蚀速度接近于铝,综合性能优于 Zn 涂层和 Al 涂层。

金属热喷涂是用火焰和电弧或者等离子技术进行施工。对于大型构件特别是野外施工,可以选择火焰和电弧喷涂法。以前沉重笨拙的喷枪和设备的运输,尤其是在野外施工,使得操作工很累,减小了金属热喷涂的效率。现在的先进设备和设计使电弧喷涂装置越来越轻便,易于运载、装配,大大提高了喷涂效率。

3. 热浸镀锌

热浸镀锌(hot dip galvanising)也是钢结构重要的防腐蚀处理工艺,广泛应用于高速公路护栏、灯杆等这些小构件,容易进行镀锌处理,但是大型的钢箱梁等显然是不可能用镀锌来处理的。在重防腐涂装界有一个说法,如果人可以提起这个钢结构,那么就用镀锌来处理,如果人提不起来,那么就使用无机硅酸锌底漆来处理。

在台湾地区,有很多小型铁路桥梁是整体镀锌防腐处理的,比如宜兰线东山站改建的三座桥梁,冬山河桥、力霸支线跨越桥和武著坑溪桥,其钢结构全部由台湾镀锌有限公司进行镀锌防腐处理,箱梁内部的镀锌效果也比较好。

【思考题】

1. 什么是钢桥结构的制造线形?
2. 什么是钢桥结构的安装线形?
3. 谈一谈设计成桥线形、制造线形以及安装线形三者之间关系。
4. 什么是零位移法和切线位移法?
5. 梁桥有哪些架设方法?并解释各种架设方法及适用条件。
6. 钢桥节段划分需考虑哪些因素?
7. 钢桥节段运输需要考虑哪些因素?
8. 谈一谈现场拼装、运输和组装三者之间的关系。
9. 零件制造分为哪些程序?
10. 钢材的表面清理分为哪些步骤?
11. 常用的下料方法有哪些?
12. 防腐涂装分为哪些类别?举例说明如何进行钢桥的防腐涂装设计。

参 考 文 献

[1] 中华人民共和国交通运输部. 公路钢结构桥梁设计规范:JTG D64—2015[S]. 北京:人民交通出版社股份有限公司,2015.
[2] 中华人民共和国交通运输部. 公路钢混组合桥梁设计与施工规范:JTG/T D64-01—2015[S]. 北京:人民交通出版社股份有限公司,2015.
[3] 国家铁路局. 铁路钢结构桥梁设计规范:TB 10091—2017[S]. 北京:中国铁道出版社,2017.
[4] 中华人民共和国交通运输部. 公路桥涵设计通用规范:JTG D60—2015[S]. 北京:人民交通出版社股份有限公司,2015.
[5] 中华人民共和国交通运输部. 公路工程技术标准:JTG B01—2014[S]. 北京:人民交通出版社股份有限公司,2014.
[6] 中华人民共和国交通运输部. 公路桥涵施工技术规范:JTG/T F50—2011[S]. 北京:人民交通出版社,2011.
[7] 中华人民共和国交通运输部. 公路桥梁钢结构防腐涂装技术条件:JT/T 722—2008[S]. 北京:人民交通出版社,2008.
[8] 国家铁路局. 铁路钢桥保护涂装及涂料供货条件:TB/T 1527—2011[S]. 北京:中国铁道出版社,2011.
[9] 中华人民共和国交通运输部. 公路钢筋混凝土及预应力混凝土桥涵设计规范:JTG 3362—2018[S]. 北京:人民交通出版社,2018.
[10] 交通运输部公路局. 关于推进公路钢结构桥梁建设的指导意见(征求意见稿)[EP]. 2016.
[11] 赵君黎,李文杰,冯苊. 我国公路钢桥的进与退[J]. 中国公路,2016(11):25-27.
[12] 吴冲. 现代钢桥[M]. 北京:人民交通出版社,2006.
[13] 聂建国. 钢—混凝土组合结构桥梁[M]. 北京:人民交通出版社,2011.
[14] LEBET J,HIRT M A. 钢桥(钢与钢—混组合桥梁概念和结构设计)[M]. 葛耀君,苏庆田,等译. 北京:人民交通出版社股份有限公司,2016.
[15] 赵廷衡. 桥梁钢结构细节设计[M]. 成都:西南交通大学出版社,2011.
[16] 项海帆. 高等桥梁结构理论[M]. 2版. 北京:人民交通出版社,2013.
[17] 苏彦江. 钢桥构造与设计[M]. 成都:西南交通大学出版社,2006.
[18] Björn Åkesson. Plate Buckling in Bridges and Other Structures[M]. London:Taylor & Francis Group,2007.
[19] 钱冬生. 谈桥梁[M]. 成都:西南交通大学出版社,2008.
[20] 陈绍蕃. 钢结构稳定设计指南[M]. 北京:中国建筑工业出版社,2013.
[21] BUICK D,GRAHAM W O. 钢结构设计手册[M]. 董聪,钟军军,译. 北京:中国电力出版社,2009.
[22] 陈惟珍,等. 钢桁梁桥评定与加固——理论、方法和实践[M]. 北京:科学出版社,2012.
[23] SUKHEN C. The Design of Modern Steel Bridges[M]. 2nd ed. Oxford:Blackwell Publishing

Company,2003.

[24] Vayas I,Iliopoulos A. Design of Steel-Concrete Composite Bridges to Eurocodes[M]. US:CRC Press,2014.

[25] 姚玲森. 桥梁工程[M]. 3版. 北京:人民交通出版社股份有限公司,2021.

[26] 陈宝春,陈友杰,赵秋. 桥梁工程[M]. 3版. 北京:人民交通出版社股份有限公司,2017.

[27] 邵旭东,胡建华. 钢—超高性能混凝土轻型组合桥梁结构[M]. 北京:人民交通出版社股份有限公司,2015.

[28] 钱振东,黄卫. 钢桥面沥青铺装养护维修及评价[M]. 北京:人民交通出版社股份有限公司,2014.

[29] 陈仕周,减东波,等. 钢桥面浇筑式沥青混凝土铺装技术[M]. 北京:人民交通出版社股份有限公司,2015.

[30] 卢永成,邵长宇. 长大公轨合建桥梁新技术[M]. 北京:中国建筑工业出版社,2015.

[31] 王国凡,张元彬,罗辉,等. 钢结构焊接制造[M]. 2版. 北京:化学工业出版社,2009.

[32] 拉达伊(Radaj. Dieter). 焊接结构疲劳强度[M]. 郑朝云,张式程,译. 北京:机械工业出版社,1994.

[33] DE JONG F B P. Renovation techniques for fatigue cracked orthotropic steel bridge decks[D]. PhD thesis, Delft University of Technology,2006.

[34] FHWA-IF-12-027,Manual for design, construction, and maintenance of orthotropic steel deck bridges[S]. Washington D C,USA:Federal Highway Administration, 2012.

[35] AISC Design manual for orthotropic steel plate deck bridges[S]. Chicago, Illinois, USA:AISC,1963.

[36] EI SARRAF R,LLES D,Momtahan,et al. Steel-concrete composite bridge design guide[R]. Auckland,New Zealand:NZ Transport Agency,2013.

[37] 中井博,北田俊行. 橋梁工学[M]. 东京:森北出版株式会社,1999.

[38] 長井正嗣. 橋梁工学[M]. 日本东京:共立出版株式会社,2003.

[39] 遠田良喜. 橋梁工学[M]. 日本东京:培風館,1997.

[40] 小西一郎. 钢桥(1-11)[M]. 北京:人民铁道出版社,1983.

[41] 英国标准学会 BS5400. 钢桥、混凝土桥及结合桥[M]. 成都:西南交通大学出版社,1987.

[42] 汉斯ＣP,富尔梅治ＤA. 现代公路钢桥设计[M]. 胡春农,译. 北京:人民交通出版社,1982.

[43] 曹治杰,余传禧. 正交异性板的计算[M]. 北京:中国铁道出版社,1983.

[44] ROGER L BROCKENBROUGH,FREDERICK S MERRITT. 美国钢结构设计手册[M]. 同济大学与轻型结构研究,钢桥与组合结构桥梁研究室,译. 上海:同济大学出版社,2007.

[45] 葛胜锦,余培玉,刘士林. 基于欧洲标准的钢—混凝土组合桥梁设计[M]. 北京:人民交通出版社,2010.

[46] 预应力混凝土技术协会. 复合桥梁设计施工指南[M]. 吴红军,译. 北京:人民交通出版社股份有限公司,2014.

[47] 别克·戴维森,格拉汉姆·W·欧文斯. 钢结构设计手册[M]. 6版. 董聪,钟军军,夏开全,等,译. 北京:中国电力出版社,2009.

[48] 中华人民共和国行业标准. 钢—混凝七组桥面技术规程:DB 51/T 1991—2015[S]. 北

[49] 中华人民共和国交通运输部.钢—混凝土组合桥面板技术规程:DB 51/T 1991—2015[S].北京:人民交通出版社股份有限公司,2015.

[50] 国家铁路局.高速铁路设计规范:TB 10621—2014[S].北京:中国铁道出版社,2014.

[51] 国家铁路局.铁路桥涵设计规范:TB 10002—2017[S].北京:中国铁道出版社,2017.

[52] 中华人民共和国交通运输部.钢纤维混凝土:JGT 472—2015[S].北京:中国标准出版社,2015.

[53] 中华人民共和国住房和城乡建设部.钢—混凝土组合桥梁设计规范:GB 50917—2013[S].北京:中国计划出版社,2013.

[54] 中华人民共和国住房和城乡建设部.钢结构焊接规范:GB 50661—2011[S].北京:中国建筑工业出版社,2012.

[55] 中华人民共和国住房和城乡建设部.钢结构现场检测技术标准:GB/T 50621—2010[S].北京:中国建筑工业出版社,2010.

[56] 日本道路协会.道路桥示方书.同解说(钢桥篇)[S].东京:丸善株式会社,2001.

[57] 法国标准化协会(AFNOR).Eurocode 3:钢结构设计 第1-1部分:一般规定和房屋建筑规定:NFEN 1993-1-1/NA[S].北京:人民交通出版社,2020.

[58] 英国标准化协会(BSI).Eurocode 3:钢结构设计第1-5部分:板结构:BS EN 1993-1-5:2006[S].北京:人民交通出版社,2020.

[59] BS5400 B S. Steel, concrete and composite bridges-Part 3: Code of practice for design of steel bridges[S].2000.

[60] AASHTO. AASHTO LRFD bridge design specifications[S]. Washington D C: American Association of State Highway and Transportation Officials (AASHTO),2007.

[61] 安云岐,易春成.钢桥梁腐蚀防护与施工[M].北京:人民交通出版社,2010.

[62] 刘新.桥梁涂装工程[M].北京:化学工业出版社,2008.

[63] 钱冬生,陈仁福.大跨悬索桥的设计与施工[M].成都:西南交通大学出版社,2015.

[64] 孙海涛.大跨度钢桁架拱桥关键问题研究[D].上海:同济大学,2006.

[65] 崔冰,孟凡超,冯良平,等.南京长江第三大桥钢塔柱设计与加工[J].中国铁道科学,2005,26(3):42-47.

[66] 华新,郑修典,周彦锋,等.泰州长江大桥三塔悬索桥钢中塔设计[J].公路,2009(7):68-74.

[67] 陈宝春.钢管混凝土拱桥[M].3版.北京:人民交通出版社股份有限公司,2016.

[68] 胡锹.混凝土结构徐变效应理论[M].北京:科学出版社,2016.

[69] 谢国昂,王松涛.钢结构设计深化及详图表达[M].北京:中国建筑工业出版社,2010.

[70] 黄融.上海长江大桥关键技术与创新[M].北京:人民交通出版社,2011.

[71] 戴永宁.南京长江第三大桥钢索塔技术[M].北京:人民交通出版社,2005.

[72] 广东省长大公路工程有限公司.港珠澳大桥三塔斜拉桥与大跨径装配式非通航孔桥施工技术[M].北京:人民交通出版社股份有限公司,2017.

[73] 王俊,向中富.特大跨钢桁拱桥建造技术[M].北京:人民交通出版社股份有限公司,2013.

[74] 李乔,卜一之,张清华.大跨度斜拉桥施工全过程几何控制概论与应用[M].成都:西南交通大学出版社,2009.

[75] 沈祖炎.钢结构制作安装手册[M].北京:中国建筑工业出版社,2011.

[76] 南京长江第三大桥建设指挥部.南京长江第三大桥工程建设技术总结(上、下册)[M].北京:人民交通出版社,2007.

[77] 张磊,俞菊虎.新型组合结构桥梁[M].北京:人民交通出版社,2012.

[78] 李国豪.桥梁结构稳定与振动[M].北京:中国铁道出版社,2003.

[79] 叶见曙.结构设计原理[M].2版.北京:人民交通出版社,2010.

[80] 曹治杰,余传禧.正交异性板的计算[M].北京:中国铁道出版社,1983.

[81] John W,Fisher.现代公路钢桥[M].项海帆,史永吉,等,译.北京:人民交通出版社,1978.

[82] 赵秋,陈美忠,陈友杰.中国连续钢箱梁桥发展现状调查与分析[J].中外公路,2015,35(1):98-102.

[83] 康晋,段雪炜,徐伟.平潭海峡公铁两用大桥主桥整节段全焊钢桁梁设计[J].桥梁建设,2015,45(5):1-5.

[84] 常付平,蒋彦征,李鹏.平潭海峡公铁两用大桥主桥整节段全焊钢桁梁设计[J].桥梁建设,2011,41(6):37-41.

[85] 中交公路规划设计院有限公司.港珠澳大桥主体桥梁工程施工图设计第五篇深水区非通航孔第二册钢箱梁[R].北京:中交公路规划设计院有限公司,2012.

[86] 吉伯海,傅中秋.钢桥[M].北京:人民交通出版社股份有限公司,2016.

[87] 郭在田.薄壁杆件的弯曲与扭转[M].北京:中国建筑工业出版社,1989.

[88] 郭金琼.箱形梁设计理论[M].2版.北京:人民交通出版社,2008.

[89] 夏志斌,姚谏.钢结构—原理与设计[M].2版.北京:中国建筑工业出版社,2011.

[90] 崔佳.建筑钢结构设计[M].北京:中国建筑工业出版社,2010.